《新中国城市简史》

推 荐 语

《新中国城市简史》作为一部研究新中国城市历史的专著，具有重要的学术价值和现实意义。该书系统地梳理了自新中国成立以来的城市历史，将70余年的城市发展划分为不同的阶段，并探讨了各个阶段的特点和发展趋势。这为理解中国城市在社会主义时期的发展提供了宝贵的历史视角和理论框架。这部作品填补了新中国城市史研究的空白，特别是在新中国城市历史分期和城市发展变迁方面做出了贡献。

——马敏（国务院中国史学科评议组召集人、教育部社会科学委员会委员、华中师范大学校学术委员会主席）

新中国城市发展史与党史、新中国史、改革开放史和社会主义发展史都有着十分密切的联系，帮助大众了解新中国城市发展的历史无疑是四史教育的重要组成部分，本书是一部具有鲜明时代特征和深刻学术价值的著作，《新中国城市简史》不仅适合城市研究领域的专家学者阅读参考，也是广大读者了解新中国城市发展历史、涵养文明风尚、培育和践行社会主义核心价值观的重要读物。

——刘国新（当代中国研究所研究员）

《新中国城市简史》不仅是一部学术专著，更是一部生动的爱国主义教育教材。书中在展现新中国城市建设辉煌成就的同时，也深入剖析了中国式城市治理体系和治理能力现代化的重要成果，书中关于城乡融合、产城互动、节约集约、生态宜居等理念的阐述，不仅是对当前城市发展实践的精准概括，更是对未来中国城市可持续发展路径的深刻探索。这对于我们坚定"四个自信"，特别是道路自信、制度自信，具有重要的理论价值和实践指导意义。

——周勇（中国城市史研究会副会长、西南大学马克思主义学院兼职教授）

本课题研究受"四川大学基地培育项目（四川大学城市研究所）"资助
本成果获邓小平故居陈列馆——四川大学国家革命文物协同研究中心资助

何一民 ◎ 主编

范瑛　付娟　何永之
任吉东　艾智科　付志刚 ◎ 副主编

新中国城市简史

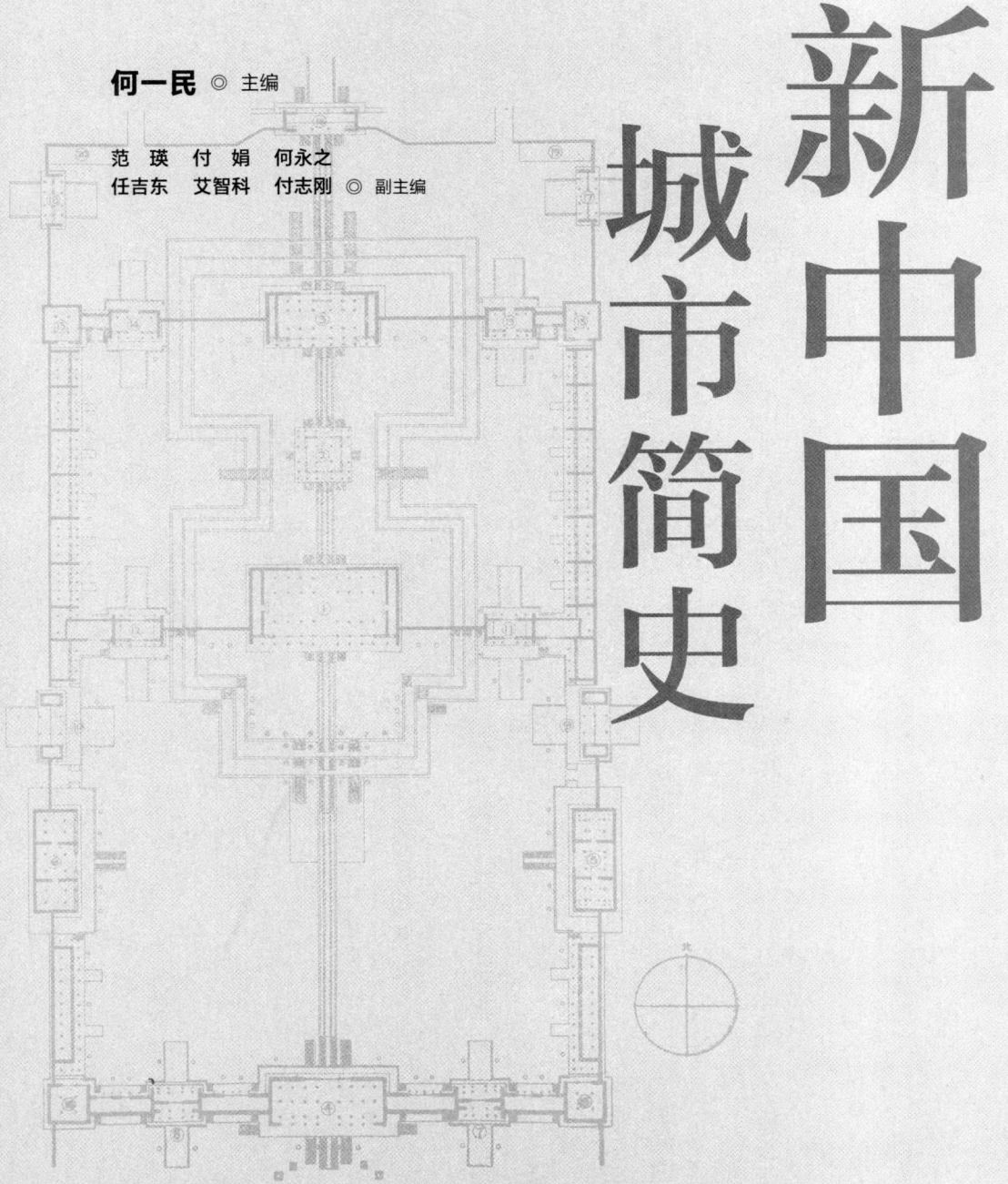

四川人民出版社

目 录

序　开展新中国城市史研究的重要意义　···　001

绪　论　···　007

　　一、新中国城市史研究的学术回顾 / 009

　　二、中国城镇化从步履蹒跚起步到进入"城市时代" / 012

　　三、新中国城市发展的历史特点 / 022

第一章　城市革新与再造　···　029

第一节　军管时期城市政权接管与秩序恢复 / 031

　　一、新中国成立前后中国共产党接管城市政策的形成 / 032

　　二、城市军事管制制度的确立 / 036

　　三、军管时期城市政权的接管 / 040

　　四、军管时期建立健全城市人民民主政权 / 046

　　五、军管时期城市经济秩序与社会秩序的恢复 / 049

第二节　国民经济恢复时期城市发展 / 061

　　一、城市管理机构的调整与重建 / 061

　　二、城市基础设施建设与环境整治 / 068

第三节　"一五"计划时期城市发展 / 073

　　一、工业新布局与城市空间分布的变化及发展 / 073

　　二、重工业优先发展与城市经济社会变迁 / 077

　　三、以工业为中心的不同类型城市规划与建设 / 081

第四节　城市规模、数量、分布的变化 / 086

一、城市规模的变化 / 087

二、城市数量的增加与城市分布的变化 / 090

第二章　艰难探索中城市的曲折发展　•••　097

第一节　"大跃进"时期城市的超前发展 / 099

一、城市建设的"大跃进" / 100

二、城市规模的扩大与空间格局的变化 / 109

三、城市数量快速增加 / 113

四、城市体系的变化 / 115

第二节　国民经济调整时期城市发展 / 121

一、城镇人口数量的变化 / 122

二、城市数量、规模等级的变化 / 128

三、城市与人口空间分布格局的变化 / 135

第三节　城市在曲折中发展 / 138

一、城市规划建设从停滞到逐渐恢复 / 138

二、城镇化进程停滞与有限发展 / 142

三、三线建设对中西部城市发展的推动 / 147

第三章　改革开放初期城市的发展　•••　155

第一节　改革开放初期城市活力的激发 / 157

一、改革开放与城市工作的逐步推进 / 158

二、城市规划建设的全面启动 / 160

三、城市发展方针的提出及影响 / 165

四、对外开放与沿海城市的发展 / 168

第二节　城市经济体制改革与城市发展 / *172*

一、城市经济体制改革的推进 / *173*

二、城市经济体制改革与内地中心城市的发展 / *181*

三、城市经济体制改革与中小城市的发展 / *186*

四、城市数量的增加与规模的扩大 / *190*

第三节　乡镇企业的兴起与小城镇发展 / *195*

一、经济体制改革与发展乡镇企业 / *196*

二、乡镇企业的勃兴与小城镇的快速发展 / *201*

第四章　改革开放新格局与城市加速发展　•••　*211*

第一节　对外开放新格局与城市发展 / *213*

一、沿海沿江城市的进一步开放 / *213*

二、沿边城市的开放与发展 / *221*

三、内陆省会城市的开放与发展 / *226*

第二节　城市空间布局与形态的加速变化 / *235*

一、开发区的普遍建立与城市的发展 / *236*

二、区域城市体系的初步构建 / *244*

三、沿海三大城市群的初步建设 / *252*

四、城市空间分布的变化 / *259*

第三节　城市建设与市民生活的变化 / *262*

一、城市交通建设的加快与多元化发展 / *262*

二、城市配套生活设施的建设 / *268*

三、房地产业的兴起与城市空间格局的变化 / *273*

第五章　新世纪初期城市发展的新格局　··· 279

第一节　改革深化与城镇化的快速发展 / 281

一、户籍制度改革与城市发展 / 282

二、"经营城市"与空间城镇化的高速发展 / 293

第二节　科学发展观与新世纪城市发展新态势 / 305

一、新型城乡关系的构建 / 306

二、新型工业化与城镇化的互动 / 315

三、城市文化产业的振兴 / 323

四、生态城市建设 / 333

第三节　区域发展战略与城市群发展 / 339

一、新世纪中国城镇化方针的演变与城市的发展 / 340

二、西部大开发与城市发展 / 344

三、东北振兴与城市发展 / 349

四、中部崛起与城市发展 / 353

五、沿海城市与三大城市群的快速发展 / 358

六、城镇化水平的提升与城市数量的变化 / 366

第六章　新时代城市的高质量发展　··· 371

第一节　新时代城市发展的成就与转型 / 373

一、新时代城市发展的巨大成就 / 374

二、中国式城镇化：从传统城镇化向新型城镇化的转变 / 377

第二节　城市群发展与都市圈建设 / 391

一、新时代城市群的发展与转型 / 392

二、新时代都市圈建设 / 402

第三节　新时代中小城市小城镇与国家中心城市建设 / *408*

一、新时代中小城市小城镇的建设与成就 / *408*

二、国家中心城市的布局与发展 / *417*

第四节　城市治理体系与治理能力现代化 / *427*

一、中国式城市治理体系形成的历史逻辑 / *427*

二、城市治理体系建设的理论和实践逻辑 / *432*

三、中国式城市治理体系的特点 / *436*

四、中国式城市治理能力的现代化提升 / *440*

结语：新中国城市发展的成就与特征　••• *445*

参考文献　••• *471*

后记　••• *508*

序：开展新中国城市史研究的重要意义

何一民

近代以后中国在外力推动下开启工业化、城镇化，成为西方国家工业化、城市化的追随者。新中国成立后，在中国共产党的坚强领导下，中国走出了一条独立发展的工业化、城镇化发展道路，仅用了半个多世纪的时间就完成了西方国家上百年才完成的城镇化进程，创造了数亿人口平稳地从农村转移到城市的人间奇迹；城市空间结构、产业结构、规模结构、社会结构和城市面貌发生了巨变，城市数量增加，规模扩大，并构建起较为完善的城市体系，城市群成为引领地区和国家发展的动力源；城市公共设施逐步完善并现代化，城市公共服务体系日益完备，人民的生活水平得到巨大提升。可以说这些伟大历史成就的取得，都是建立在坚持和加强党的全面领导这个基础之上，这是新中国城市建设和发展的最重要特征和最大优势。新中国的城市发展积累了丰富的经验，走出了一条发展中国家后发展城市化、现代化的独特道路，并在西方国家城市化进程中从"跟随者"转变为"领跑者"。中国城市的发展经验可以为其他发展中国家借鉴，并可为人类命运共同体构建贡献中国智慧和中国经验。

40余年前，随着中国改革开放的启动，中国城市史作为一门新的学科诞生。而今，随着中国进入中国特色社会主义新时代，新时代呼唤着中国城市史研究者的学术自觉，深入系统地开展新中国城市史研究。

改革开放推动了中国城市高速发展，但在当时有不少城市管理者和学者对城市的功能、作用和地位的认识还模糊不清，被束缚了思想和手脚，因此迫切需要从历史的视域来认识城市的功能、作用和地位，开展中国城市史研究成为时代的迫切需要。国家"七五"社科规划将上海、天津、武汉、重庆四座城市历史的研究列为国家社科重点项目，由此催生了一门新的学科。其后数年间，中国城市史研究逐渐在全国各地兴起，呈现出勃勃生机。中国城市史学作为一门伴随着改革开放而兴起的学科，经过40多年的迅猛发展，现已成为国内历史学的一个重要分支，取得了丰硕的研究成果，出现方兴未艾的局面。但是，中国城市史研究的发展有着"厚古薄今，重近代轻当代，重微观轻宏观"的特点，有关新中国城市史研究论著所占比例甚低。笔者于2020年受国家社科规划办委托开展"十三五"期间中国城市史研究调研，对2016年1月至2020年4月间中国知网所载有关中国城市史论文进行统计分析，共查阅到相关论文745篇，其中涉及新中国城市史研究的文章仅79篇，约占总量的10.6%，与近现代城市史论文所占58.1%相比，明显不足。

1949年中华人民共和国的成立标志着中国历史进入一个新的历史时期，中国城市发展也揭开新篇章。在中国共产党的领导下，中国进入工业化、现代化、城镇化和全球化的发展阶段，70余年来，中国城市出现天翻地覆的巨变，超过了历史上任何时期，并完成了从半殖民地半封建城市向社会主义城市的转型和从农业时代向工业时代的转型。城市在国家发展中的地位和作用越来越重要，成为带动区域发展的中心和强劲引擎，部分重要城市已经跻身世界顶级城市行列，对世界政治、经济和文化发展产生了重要影响。但是新中国城市史的研究却滞后于新中国城市的发展，很多研究领域还处于无人问津的状态。深入系统地开展新中国城市史研究，不仅因为这是一个亟待开辟的新兴研究领域，关系到中国城市史学科"三大体系"建设，而且已经成为时代发展的需要，当下中国进入中国特色社会主义新时代，并向第二个百年奋斗目标迈进，面临若干城市发展的新问题，亟须中国城市史研究者主动作为，在深入系统地研究新中国城市史的基础上，全面总结新中国城市发展的伟大成就与历史经验，为当代中国城市发展提供历史借鉴。流水已至，渠成有待。因而系统开展新中国城市史研究，具有重要性、必要性和紧迫性。

（一）新中国城市史是中华文明史的重要组成部分，加强相关研究有助于深入认识当代中华文明的价值和地位

城市是文明的要素和主要载体，历史上重大的变革和进步几乎都是发生在城市之中，重要的历史人物也大多在城市中活动，重大的发明创造也多在城市中进行。新中国成立以来，社会主义建设和改革开放主要是以城市为载体。城市史研究的一个重要任务，就是以文明发展为线索，勾勒出城市发展与变迁的进程，揭示出这一进程及人类社会架构作为一个整体的运动与变迁的规律性和阶段性。几千年来，城市发展史也可以说就是一部人类文明发展史，城市史不仅是研究一个国家或一个地区城市兴起发展的兴衰史，更是研究人类文明史的重要介入点。新中国发展起来的辉煌而灿烂的城市文明是当代中华文明的集中体现，开展新中国城市史研究将有助于深入揭示当代中华文明在世界文明史上的独特地位和作用。70多年来，中国已经从西方国家工业化、城市化、现代化的追随者向发展中国家工业化、城市化和现代化的引领者转变，加强新中国城市史研究，有助于为人类命运共同体的构建贡献中国智慧。

（二）加强"新四史"研究的需要

2021年，中共中央决定在全社会开展党史、新中国史、改革开放史、社会主义发展史宣传教育。新中国城市史与"新四史"关系十分密切，中国共产党领导中国社会主义革命与建设、新中国的发展变迁、改革开放的推进和深入发展、中国特色社会主义建设，都是以城市为主要载体。新中国成立以来，在坚持和加强党的全面领导的基础上，数亿人口从农村到城市的平稳转移，城市体系的完善，城市设施与服务的完备，为经济的发展、人民生活水平的提升提供了持久的动力，这些都是改革开放和社会主义现代化建设事业成果的集中展现。新中国城市作为区域和国家的中心和动力源，深刻地影响着区域和国家的发展，当代中国城市、城市群对世界的发展进程也产生着重要的影响。因而深入系统地开展新中国城市史研究，可以深化对中共党史、新中国史、改革开放史、社会主义发展史的研究，也有助于深刻认识建设中国特色社会主义现代化强国的必由之路。

（三）有助于正确认识和评价新中国城市发展的伟大成就，总结历史经验，探寻中国城市发展的规律与特点，为新时代坚持和发展中国特色社会主义城镇化之路提供强有力的学理支撑

1949年是中国历史分期的重要节点。新中国成立标志着中国半殖民地半封建社会结束，中华民族从此站起来了，中国特色社会主义事业随之启航，城市成为中国特色社会主义建设的重心所在。然而，新中国城市发展道路并非一帆风顺、一蹴而就的。新中国城市在70年间历经了新中国成立后30年的重建与曲折发展，改革开放后的快速发展、统筹发展，社会主义新时代的高质量、高速度发展三个阶段。新中国的历史虽然只有70余年，但城市发展的速度、质量和成就却超过了历史上任何时期。当今世界正面临百年未有之大变局，中国正在错综复杂的世界大变局中崛起，中华民族伟大复兴的目标清晰可见，以国家中心城市为核心的城市群发展在中华民族伟大复兴进程中的地位和作用越来越重要，因而开展新中国城市历史研究不仅具有学术价值，而且具有重要的现实意义和社会价值。新中国城市70多年的历程为中国未来城市发展积累了丰富的经验，需要研究者透过纷繁复杂的历史表象，立足丰富而翔实的历史文献资料，以马克思主义的科学发展理论为指导，认真总结历史经验，探寻新中国城市发展的规律和特点，为当代中国城市发展和建设提供历史的借鉴。

（四）有助于推动中国城市史"三大体系"建设

城市是中国社会、经济、文化发展的重要空间载体与结构组群，城市在社会经济发展中具有越来越重要的地位和作用，研究新中国城市的发展变迁对于我们全面、深入地了解和把握新中国历史发展具有至关重要的作用，是新中国历史研究不可分割的重要内容。深入系统研究新中国城市史，有助于更为全面真实地反映新中国历史的发展、演变。

城市史作为历史学的一个分支，具有多学科交叉的特点，近年来显示出强劲的学术生命力，受到广泛关注。中国城市史学科经过40多年的发展，取得了丰硕的研究成果，在学科理论和方法构建方面也颇有成绩。2020年国家社科基金重点项目最终成果《中国城市通史》（七卷本）的出版，标志着中国城市史学作为独立学科体系和学术体系的初步形成，但《中国城市通史》的下限止于1949年。新中国城市史是中国城市史学科的重要组成部分，缺乏新中国城市史的研究，中国城市史学"三大体系"构建是不完整的。因而深入系统地开展新中国城市史研究，是推动中国城市学科"三大体系"进一步完善的重要举措,也是开拓新的研究领域、培育城市史研究新的学术生长点的重要探索。深入开展新中国城市史将极大地推动中国城市史学科从目前历史学、历史地理学、经济史学、规划史学、人类学、社会学、环境学、考古学、民俗学、宗教学等学科各自为政的研究现状中突破和超越出来,形成以坚实而丰富的多学科理论为基础、融合多学科研究方法的综合学科体系。

（五）有助于人才培养和研究队伍建设

改革开放以来,中国城市史研究经过两代学人的共同努力,分别在中国相关高校社科院建立了20个中国城市史研究机构,形成了具有一定规模的研究队伍,目前正面临研究队伍的新老更替,因而深入系统地开展新中国城市史研究将吸引更多的青年学人加入中国城市史研究的行列,进一步推动青年人才的成长。特别是通过国家重大项目、年度项目和青年项目的设立来引领和带动跨区域、跨单位、跨学科的高水平研究团队的构建。

新时代中国特色社会主义城市建设与治理提出了新课题,构建新时代具有中国特色的哲学社会科学三大体系也提出了新的更高要求。新中国城市史研究工作者要增强责任感和使命感,要树立精品意识,通过扎实严谨的学术研究,推出一批高质量、有影响的成果,补齐中国城市史研究的短板,提升中国城市史研究在世界城市史研究中的话语权。

编写《新中国城市史》虽然具有重要的学术意义和现实价值,但是,由于新中国城市史的研究基础较为薄弱,很多研究领域还处于空白状态,无人问津,因而编写有很大难度。正因为有难度,也激发了我们的研究热情。2020年初夏,四川大学城市研究所在成都召开了《新中国城市史》编写学术研讨会,与会者除四川大学的相关研究者外,还有来自重庆、武汉的学者,天津社科院历史所的同人参加了线上研讨。此次会议取得共识,决定立即启动《新中国城市简史》的编写工作,由多个单位的研究者联合攻关。

本项目列入四川省"十四五"新闻出版规划,并于2022年获得四川省"十四五"新闻出版重点资助。本项目研究的立项得到时任四川省委宣传部副部长、新闻出版局局长周青先生的肯定和支持，他对如何编写《新中国城市简史》给予了一定的引导。本项目的出版也得到四川人民出版社社长黄立新先生和副总编辑江澄女士的关心支持。

参与本书撰写者人数较多，分别如下：

绪　　论：何一民

第一章：陆雨思、刘杨、付娟

第二章：王肇磊、涂文学

第三章：任吉东、熊亚平

第四章：艾智科

第五章：范瑛、李映涛、王立华

第六章：付志刚、黄沛骊、何永之、丁小珊

结　　语：何一民、何永之

何一民负责全书的体例框架设计，并负责对各章进行修改。范瑛、付娟、涂文学、任吉东、艾智科、付志刚等参加了编写组织工作。

中国国内对新中国城市史的研究才刚起步，资料积累和研究积累都极为不够，加上时间较为仓促，导致参与编写者所投入的时间与精力有所不同，故而本书各章完成进度和研究质量参差不齐。虽然本书有若干不足之处，但是能够形成一定的体例，并对新中国城市的发展变迁进行粗线条式的概述，相较以往则是前进了一大步。本书希望能够起到抛砖引玉的作用，期待有更多的研究者加入新中国城市史的研究行列。也敬请读者对本书提出批评和建议，以供我们将来修改。同时，希望本书的出版能为其后编写大型多卷本《新中国城市史》做一些研究准备。

绪 论

1949年10月1日，中华人民共和国（以下简称新中国）成立，标志着中国进入一个新的历史时期，中国城市发展也揭开新的历史篇章。在中国共产党的领导下，中国进入工业化、现代化、城市化和全球化的发展时期。70多年来，中国城市出现天翻地覆的变化，超过了历史上任何时期，并完成了从农业时代传统城市向工业时代现代城市、从半殖民地半封建城市向社会主义城市的转型，城市在国家发展中的地位和作用越来越重要，成为带动区域发展的中心和强劲引擎。从全球范围来看，新中国成立以来，中国从世界城市化、现代化的追随者，逐渐向城市化和现代化的引领者转变，正在为世界未来的发展和人类命运共同体的构建，提供中国经验和中国智慧，并对世界经济产生重要影响。在这样的背景下，经过三代学人的辛勤耕耘，中国城市史学科逐渐发展成为中国历史学的重要分支之一，研究成果相当丰硕。但值得注意的是，当下城市史研究的重点主要集中在近代和古代城市史相关领域，新中国城市史研究较为薄弱，关于新中国城市发展历史分期的讨论就更少。开展新中国城市史研究不仅具有重要的学术意义，而且具有特别的现实意义。要开展新中国城市史研究，首先就面临如何分期的问题，因为70多年来新中国城市的发展历程并非一条直线，而是历经曲折，有着明显的阶段性特征。本书对新中国城市史分期研究进行了学术回顾，进而对相关问题进行梳理，提出自己的一些思考，以期抛砖引玉，就教方家。

一、新中国城市史研究的学术回顾

中国城市史研究作为一个学科的起步，始于20世纪70年代末，其时正值中国对外开放对内改革之初。改革开放推动了中国城市高速发展，国家"七五"社科规划更是将上海、天津、武汉、重庆四座城市历史的研究列为国家社科重点项目，由此催生了这门新的学科。其后数年间，中国城市史研究逐渐在全国各地兴起，呈现出勃勃生机。中国城市史学作为一门伴随着改革开放而兴起的学科，经过40多年的迅猛发展，现已取得了丰硕的研究成果，出现方兴未艾的局面，至今已经成为国内历史学的一个重要分支。从20世纪80年代中期到2012年，大陆各类公开出版的有关城市史研究的论著、资料集、论文集上千种。通过对中国知网（CNKI）数据库进行检索，1979年至2013年，以"城市"为题名的文章有269249篇，其中文史哲类涉及城市的文章为16270篇，中国博士学位论文全文数据库涉及城市及城市史的论文达1813篇，中国优秀硕士学位论文全文数据库涉及城市的有17681篇。近十年来，相关研究成果更是突出，仅2016年1月至2020年4月，中国知网所载有关中国城市史的论文总数达745篇；选题涉及新中国城市史论文79篇、近现代城市史论文433篇、古代城市史论文179篇、跨时段研究的论文19篇、综述性论文22篇、理论研究论文10篇、书评文章3篇。近现代城市史研究的论文占58.1%，有关新中国城市史的论文仅占10.6%，这表明新中国城市史研究明显不足。另就专著来看，中国古代、近代城市史研究的专著占多数，主要集中在明清至民国时期，多部中国城市史通史性质著作的时间下限都止步于1949年。

近年来，新中国城市历史研究开始受到学界关注。但由于多种原因，不少期刊不发表或少发表新中国历史（包括城市史）的文章，目前所发表的与"新中国城市"主题紧密相关的论文近七成发表在《当代中国史研究》，约一成发表在《城市史研究》，余则为少数期刊或硕博士学位论文。新中国城市史研究主要涉及以下几个主题：一是"城市工作政策与城市管理制度"，此类研究重点在解放战争后期至新中国成立初期中国共产党的城市政策和城市接管等方面；二是"城市人口与城市化"，此类研究与新中国城市史有着较为密切的关系，但研究者也多非历史学研究者，重点探讨的是城镇人口的增长、工业化的发展、城市规模的变化等；三是"城乡互动与城乡关系"，此类研究主要探讨"城乡间人口迁移流动""工农业协调性""城乡社会文化互动"等议题；四是"城市政治与社会变迁"，此类研究主要以"中国城市中的政治运动""城市基层政权建设"为研究对象，重点在于揭示新中国不同时期城市政治运动、社会重构与转型以及城市社会变迁；五是"新中国城市居民生活与城市文化变迁"，此类研究多关注城市居民衣食住行的变化；六是"不同类型城市、区域城市和单体城市"，此类研究多以东中部城市为主，其他区域则较少涉及。

海外学术界对新中国城市也有一定程度的研究。美国加州大学是海外中国城市史研究的重镇，其代表性专著有约翰·威尔逊·刘易斯（John Wilson Lewis）主编的《共产党中国的城市》(*The City in Communist China*)（加州斯坦福，斯坦福大学出版社，1971年）、维克托·F.S.西特（Victor F.S.Sit）所著《中国城市：1949年以来大城市的成长》(*Chinese Cities：The Growth of the Metropolis since 1949*)（香港，牛津大学出版社，1985年）。近年来，海外新中国城市史研究出现"目光向下"趋势，并继续呈现出强烈的学科交叉特点。有的从社会史角度出发，关注以往多被忽视的弱势群体与城市问题（Chen 2012；Cunningham 2014），有的从媒介角度出发，关注电影、小说、戏剧等不同形式的媒介在城市文化与记忆塑造过程中所发挥的关键作用（Braester 2013；Song 2017），有的从日常生活和文化研究的角度出发，注重挖掘城市空间与政治文化的复杂构成（Solinger，2013；Wang，2018；He，2021&2022），司法与边疆研究在新中国城市史领域也结出了硕果（Tiffert 2015；Tai 2015）。不过，在新中国城市史研究成果的结构上，依旧存在明显的不均衡现象。对北京、上海等少数大城市的研究远多于其他城市；新中国时段所占比重较小，往往以收尾的形式出现，缺乏以该时段为核心的城市史研究专著，更缺乏系统研究新中国城市史的宏大历史叙事性专著。

通过对新中国城市史研究的学术回顾，可以发现当前海内外新中国城市史研究具有如下共同现象：一是从研究对象来看，相关研究目标城市多为沿海城市和经济发达地区大城市，整体上呈现出"东部压制西部"的态势；二是从所选取的研究时段看，大量论著研究时段集中在新中国成立初期（1949—1957年），其次为改革开放前后，新中国其他历史时期的城市史研究相对匮乏；三是从研究重点来看，以城市经济、城市建设规划为主；四是从现有研究成果发表的时间看，20世纪90年代是新中国城市史研究的一个高峰期，可能与新中国成立50周年有着直接的关系，2015年至2020年相关研究热度逐渐恢复，但并未形成强劲的势头。

从上可见，当前新中国城市史研究取得了一定成就，但也存在若干不足，无论是整体史研究还是个案研究都相对薄弱，不少领域甚至无人问津，研究时段缺乏连贯性，研究视野和研究方法也有待进一步拓展和创新，现有的研究无法全面地、系统地、多维地展示新中国城市历史变迁，对新中国城市发展的规律和特点的认识还不深入。因而需要深入系统开展新中国城市史研究，特别需要编写多卷本《新中国城市史》，以宏大叙事的视野来整合现有的研究，推动新中国城市史研究深入发展。但要编写多卷本《新中国城市史》的难度非常巨大，因而我们认为可先编写一本《新中国城市简史》，这就是本书编写的初衷。

二、中国城镇化从步履蹒跚起步到进入"城市时代"

中国曾是世界城市文明发源地之一,城市文明长期领先于世界。但近代以后,中国落后了。中国从农业时代向工业时代转型起步晚、起点低,反而成为世界城市化的追随者。18世纪欧洲开始发生工业革命,率先启动城市化,工业化、城市化从欧洲逐渐向亚洲、美洲等世界各国蔓延。

表1-1 1800—1980年世界城市化发展水平

年份	发达国家城市化率	发展中国家城市化率
1800	10%	9%
1850	16%	9%
1900	31%	10%
1920	37%	12%
1950	47%	18%
1970	61%	26%
1980	64%	31%

资料来源:李辉:《中国区域城市化模式与生态安全研究》,社会科学文献出版社,2017,第41—52页。

如表1-1所示,1800年,世界发达国家的城市化平均水平为10%,发展中国家的城市化平均水平为9%,两者差距不大。1900年,世界发达国家城市化平均水平增至31%,而发展中国家城市化平均水平为10%,后者仅比百年前增加了1个百分点,两者的差距明显扩大,而当时中国的城市化只有5%左右,落后于发展中国家城市化平均水平5个百分点,更低于发达国家城市化26个百分点。1950年,世界发达国家城市化平均水平增至47%,发展中国家城市化率增至18%,而此时中国的城市化率仅为10.6%,落后世界发达国家上百年,也落后于大多数发展中国家。新中国城市化正是基于这样的水平开始艰难起步。70余年来,中国城市化历经三个阶段的曲折发展,最终步入快速发展通道,初步实现了人类历史上最大规模的人口转移,城市人口已占全国总人口的一半以上。

（一）新中国城镇化的起步阶段（1949—1978年）：城镇化进程呈现曲折发展的态势

1949年中华人民共和国成立，中国城镇化进入一个新的发展阶段。但新中国成立之初世界即进入冷战对峙状态，西方主要资本主义国家对中国实行全面封锁，中国发展工业化、城镇化和现代化困难重重。此一阶段，党领导人民艰苦奋斗，全力推进工业化，社会主义建设取得巨大进步，1979年中国的国民生产总值为6175亿元[1]，比1949年的466亿元增长了12.25倍。随着工业化的发展，中国城镇化也出现了较大发展，1978年城市人口总量为11657.06万人，较1949年3949.05万增加了7708.01万，增长了1.95倍；1978年中国城镇化率为17.92%，较1949年的10.64%提高了7.28个百分点，年均增长率为0.25%。[2] 从以上统计可以明显地看到中国的城镇化滞后于工业化。之所以出现城镇化与工业化相背离的现象，其原因是多方面的，与国际环境和国内的政治、经济和社会发展都有着密切的关系。此一阶段中国城镇化的发展并不是一帆风顺，而是曲折多变。

新中国成立初期百废待兴。建立革命政权，以城市为中心来恢复经济发展生产、稳定社会秩序，成为当时的首要任务。此时期城镇化水平起点很低，区域城镇化发展极不平衡。为了彻底改变旧中国城镇化发展缓慢的状况，中国共产党和新中国政府通过采取变消费城市为生产城市、调整城乡关系、国民经济运行计划化等措施对城镇化发展道路、发展步骤、发展方向进行了逐步调整，从而促进了中国城镇化发展的根本性转变。政治机制成为主导城镇化发展的核心动力机制。1950年1月，北京市政府首先提出"变消费城市为生产城市"的发展方针，其后南京、成都、上海、天津等各大城市也相继提出类似的口号，并采取了若干具体措施。毛泽东等中共领导人很早就认识到"中国落后的原因，主要的是没有新式工业。日本帝国主义之所以敢于这样地欺负中国，就是因为中国没有强大的工业"[3]，"中国的民

---

[1] 中华人民共和国国家统计局：《关于1979年国民经济计划执行结果的公报》，国家统计局网站，https://www.stats.gov.cn/sj/tjgb/ndtjgb/qgndtjgb/202302/t20230206_1901922.html.
[2] 数据来自国家统计局人口统计司编：《中华人民共和国人口统计资料汇编（1949—1985）》，中央财政经济出版社，1988，第166、170、171、189页。
[3] 毛泽东：《我们共产党是要努力于中国的工业化的》，《党的文献》1993年第2期。

族独立有保障，就必须工业化"①。新中国成立后，周恩来也指出："我们的工业化就是要使自己有一个独立的完整的工业体系"，"我们所说的在我国建立一个基本上完整的工业体系，主要是说，自己能够生产足够的主要的原材料，能够独立地制造机器，不仅能够制造一般的机器，还要能够制造重型机器和精密机器，能够制造新式的、保卫自己的武器，像国防方面的原子弹、导弹、远程飞机；还要有相应的化学工业、动力工业、运输业、轻工业、农业等等"。②因此，新中国成立后，发展工业化成为国家的重要战略。"一五"期间，中国实施了一系列重大工程，能源、冶金、机械、化工、电子、航空等各类工业也取得了很大的成绩。工业化是城市化的产业基础，新中国工业的发展推动了一批城市快速兴起和发展，"一五"期间仅新增加的资源型城市就有21个。③1949年，中国的设市城市数为120个，1957年设市城市增至176个。④1958年，随着"大跃进"运动和"人民公社化"兴起，中国城市也出现"大跃进"——大量农村人口涌入城市，城市人口迅速增加，职工人数也大量增加。1958年末，"全国职工人数从1957年底的3101万人，猛增到5194万人，一年内增长77%"。⑤城市人口的快速增加，给城市带来巨大压力，最终不得不采取多种措施来裁减城市人口，压缩城市数量。20世纪60年代初期连续三年中国城市人口出现负增长，直到1964年城市人口才开始出现正增长（参见表1–2）。

表1–2 1949—1966年全国城市人口数和城镇化率

年份	全国总人口数（万人）	城市人口数（万人）	城镇化率（%）	全国人口增长率（%）	城市人口规模增长率（%）
1949	54167	5765	10.60	—	—
1950	55196	6169	11.20	1.90	7.01

---

① 《毛泽东选集·第三卷》，人民出版社，1991，第6页。
② 《周恩来选集·下卷》，人民出版社，1984，第232页。
③ 顾朝林：《中国城镇体系——历史、现状、展望》，商务印书馆，1992，第187页。
④ 中华人民共和国内务部编：《中华人民共和国行政区划简册》，法律出版社，1958，第85—89页。
⑤ 顾洪章主编：《中国知识青年上山下乡始末》，人民日报出版社，2009，第21页。

续表

年份	全国总人口数（万人）	城市人口数（万人）	城镇化率（%）	全国人口增长率（%）	城市人口规模增长率（%）
1951	56300	6632	11.80	2.00	7.51
1952	57482	7163	12.50	2.10	8.01
1953	58796	7826	13.30	2.29	9.26
1954	60266	8249	13.70	2.50	5.41
1955	61465	8285	13.50	1.99	0.44
1956	62828	9185	14.60	2.22	10.86
1957	64653	9949	15.40	2.90	8.32
1958	65994	10721	16.20	2.07	7.76
1959	67207	12371	18.40	1.84	15.39
1960	66207	13073	19.70	−1.49	5.67
1961	65859	12707	19.30	−0.53	−2.80
1962	67295	11659	17.30	2.18	−8.25
1963	69172	11646	16.80	2.79	−0.11
1964	70499	12950	18.40	1.92	11.20
1965	72538	13045	18.00	2.89	0.73
1966	74542	13313	17.90	2.76	2.05

说明：表中的城市人口统计包括设市的城市人口和非设市的城镇人口在内。

资料来源：中国社会科学院人口研究所《中国人口年鉴》编辑部编：《中国人口年鉴（1987）》，社科文献出版社，1988，第619页。

"文化大革命"期间，全国总人口和城市人口都呈快速增长态势，但城镇人口的增速低于总人口的增长，此一时期由于二元经济体制和二元社会结构的固化，城市对农村人口的吸纳能力极弱，此外，上山下乡运动使城镇人口向农村流动，更是导致城镇人口的减少，因而"文化大革命"十年间中国城镇化发展速度相对缓慢。此一时期全国总人口从72538万人增长到92420万人，十年间增长了近2亿人口，年平均增长率高达2.45%；全国城镇人口数量从13054万人增长到

16055万人，年平均增长率为2.09%。[①]

总的说来，改革开放前三十年中国城镇化的最大特征就是呈波浪式曲折发展，整体发展较为缓慢，除"一五"时期外，城市对劳动力的吸纳能力较低。城镇化发展缓慢的原因是多方面的，除了与计划经济体制有关外，以户籍制度建立为标志所形成的城乡"二元社会结构"和"二元经济结构"更是重要原因。在此期间，户籍制度、粮食供给制度、住宅制度、财产制度、就业制度、劳动保障制度、教育制度、医疗制度、燃料供给制度、养老制度等各种制度将城乡之间的天然联系分隔，从而造成了城乡之间日益扩大的差异，构成了前所未有的城乡壁垒，阻止了农村剩余劳动力向城市自由流动，甚至农村与农村之间的人口流动也受到严格控制，城市与城市之间的人口流动更受到严格管控，形成了城乡之间相互隔离和相互封闭的"二元经济结构"和"二元社会结构"。

总体而言，此一时期，制约城镇化发展的因素多于推动城镇化发展的因素，城镇化发展极为曲折。20世纪六七十年代中国城镇化进程相对缓慢，现代工业主要集中在部分大中城市，工业经济游离于农村经济之外，城镇化的拉力十分薄弱。与此同时，农村非农产业和农产品的商品化也受到限制，甚至作为资本主义的尾巴被割掉，因此，广大农村和小城镇的内生发展能力受到了严重限制，缺乏产业支撑，城镇化发展与区域经济发展之间的内在联系减弱，城市在区域经济发展的中心作用和功能也弱化。

（二）中国城镇化起飞准备阶段（1979—2012年）：一系列改革措施推动城镇化快速发展

1978年底，中共十一届三中全会召开，中国的基本国策发生了根本的变化，以经济建设为中心、对外开放和对内搞活的经济政策逐步推动高度集中的社会主义计划经济体制向社会主义市场经济体制转轨。以经济建设为中心的改革开放打破了城乡壁垒，释放了城市发展的活力，解放了农村生产力，大量农村剩余劳动力挣脱土地束缚涌向城市，而城市经济改革使城市产业对外来人口吸纳能力大幅度提高，城镇化进程加快，特别是东部沿海的长三角地区、珠三角地区、京津冀

---

① 中国社会科学院人口研究中心《中国人口年鉴》编辑部编:《中国人口年鉴（1986）》，社会科学文献出版社，1987，第617—619页。

地区的城市经济发展需要大量的劳动力，由此带动各地城镇化的发展，从而出现了前所未有的打工潮，人口从内地向东部沿海城市聚集。

改革开放以来，中国政府为推动城镇化的发展采取了一系列措施。20世纪80年代，相继实施了地改市、县改市、加强小城镇建设、撤社建乡、降低建制镇设镇标准、改革小城镇户籍管理、放宽农村人口进入小城镇的条件等多方面的制度和政策改革。20世纪90年代，中央进一步推出一系列新的改革政策，如国企改革、行政区划改革、户籍制度改革、就业制度改革、住房制度改革等，从而使城镇化进程进入快车道。1992年以来国民经济开始新一轮高速增长，城镇化进程再次加快。

从20世纪80年代初到20世纪末，中央在推进城镇化方面的政策出现了新的重大变化。一是放松农村人口向城镇流动的限制，允许农村人口进入城镇就业，鼓励农村人口就地转移到小城镇；同时，放宽国内城市之间人口自由流动的限制，人口的流动和就业限制政策也发生很大改变，除个别特大城市外其他城市的就业基本上不受户口限制。二是确立了以积极发展中小城市和小城镇为主的城镇化方针，这种方针虽然在一定程度上有利于解决中国农村劳动力过剩的问题，但是也带来了一些新问题，如中小城市和小城镇在短期内发展过快，不能承载过多的人口，城市管理、生态环境等都出现"病态"。其时，虽然中央政策强调严格限制大城市发展，但由于大城市自身的聚集和辐射功能远强于中小城市，各种经济要素和社会要素在其虹吸效应作用下自然向大城市集中，因而大城市的发展速度和发展水平均优于中小城市和小城镇，特别是中央直辖市和省会城市更是具有超强的虹吸效应，故而普遍快速发展，严格限制大城市发展的政策并未得到有效执行，这期间，上海、北京、天津的发展速度远快于其他城市，成为上千万人口的超大城市，而各省会城市、副省级城市也都相继发展成为百万人以上的特大城市。

1980年，中国的城镇化率仅为20.57%。随着改革开放的不断推进，1990年，中国的城镇化率增至26.22%。20世纪90年代以后，改革开放向纵深发展，工业化、城镇化、现代化浪潮从沿海向内地全面展开。1995年中国城市人口总量达35174万人，占中国总人口的29.04%。1995年城市人口比1978年城市人口净增加了17929万人，年均增长0.65个百分点。城镇化快速发展的区域也从沿海地区向内地全面展开，设市城市数量也较前增加，1995年全国设市城市达到640个，比1990年增加了173个；建制镇也增至16000多个，比1990年增加了4000多个。到2000年，中国的城镇化率达到36.89%，城市水平进一步提高。

表1-3　此阶段三次人口普查统计数据

1982年第三次人口普查			1990年第四次人口普查			2000年第五次人口普查		
总人口（万人）	城镇人口（万人）	城镇化率（%）	总人口（万人）	城镇人口（万人）	城镇化率（%）	总人口（万人）	城镇人口（万人）	城镇化率（%）
100393	20659	20.57	113057	29653	26.22	126228	46567	36.89

数据来源：国务院人口普查办公室编：《第三次全国人口普查手工汇总资料汇编》第六册《市镇人口》，1998，第2—3页；国务院人口普查办公室编：《中国第四次人口普查的主要数据》，中国统计出版社，1991，第32页；国务院人口普查办公室、国家统计局人口和社会科技统计司编：《2000年第五次全国人口普查主要数据》，中国统计出版社，2001，第18页。

按照世界早期发展工业化、现代化和城市化国家的先例来看，当一个国家的城市化率达到30%左右，这个国家的城市化发展速度将迈上新台阶——将从缓慢发展的城市化1.0阶段进入快速发展的城市化2.0阶段，因而在新世纪来临之际，中国城市化已经进入起飞的前夜。

2000年以后，中央进一步推行城市改革，并将促进城镇化发展纳入国家总体发展战略。中央提出："积极稳妥地推进城镇化。提高城镇化水平，转移农村人口，可以为经济发展提供广阔的市场和持久的动力，是优化城乡经济结构，促进国民经济良性循环和社会协调发展的重大措施。随着农业生产力水平的提高和工业化进程的加快，我国推进城镇化条件已渐成熟，要不失时机地实施城镇化战略。"[1]2001年3月，国务院下发了《批转公安部关于推进小城镇户籍管理制度改革意见的通知》，要求"通过改革小城镇户籍管理制度，引导农村人口向小城镇有序转移，促进小城镇健康发展，加快我国城镇化进程。同时，为户籍管理制度的总体改革奠定基础"。[2]由此拉开了全面户籍管理制度改革的序幕。

---

[1] 《中共中央关于制定"十五"计划的建议》，央视国际网，http://www.cctv.com/news/china/20001019/484.html.
[2] 《批转公安部关于推进小城镇户籍管理制度改革意见的通知》《关于推进小城镇户籍管理制度改革的意见》，中华人民共和国中央人民政府网站，http://www.gov.cn/gongbao/content/2001/content_60769.htm.

（三）中国城镇化进入"城市时代"，实现了人类发展史上城市化的一大奇迹，中国特色社会主义新时代城镇化从量的扩张向质的提升转变

21世纪以来，中国城镇化开始起飞，"城市化率以平均每年1.35个百分点的速度在加速增长，城市总人口年均增长2096万人。2011年末，中国城市人口占总人口比重达51.27%"[①]，首次超过全国总人口的一半，这是一个划时代的变化，从而标志着中国开始进入"城市时代"。

2012年，中共十八大召开。这次会议是在中国发展进入一个关键时期召开的，全会开启了中国全面建设小康社会、实现中华民族伟大复兴的新起点，中国特色社会主义建设进入新时代。中共十八大对于中国城市的健康发展也指明了新的发展方向，明确提出"新型城镇化"方针，为中国城镇化发展提出了新目标和新要求——中国必须走新型城镇化道路。新型城镇化是以城乡统筹、城乡一体、产城互动、节约集约、生态宜居、和谐发展为基本特征的城镇化，是大中小城市、小城镇、新型农村社区协调发展、互促共进的城镇化。新型城镇化以新发展理念为指导，以人的发展为核心，以不断满足人民群众对美好生活的需求为目标。

中共十八大确立了新时代以人为核心全面推进新型城镇化发展战略，城市建设进入提质增速、大繁荣大发展的新阶段。以人为核心的新型城镇化是在"五位一体"总目标要求下，以实现经济、政治、文化、社会、生态文明五个方面一体总揽、协调发展为目标；以人为核心就是要高度重视人在城市发展中的地位和作用。新型城镇化要求以绿色发展理念为指引，人与自然互动共生，对生产方式、生活方式、思维方式和价值观念进行革命性变革，进而构建"人、产、城"高度和谐统一的美丽宜居新型城市形态。新时代新型城镇化要求保护和弘扬中华优秀传统文化，延续城市历史文脉。城市是文明的载体，是中华民族共同精神家园的守望者，加强历史文化名城保护体现出对中华优秀传统文化的创造性转化、创新性发展。

新时代新型城镇化要求在充分认识、尊重、顺应城市发展规律的基础上，优化国土空间布局、产业结构和社会结构，以国家中心城市建设引领城市群、都市圈发展。新时代新型城镇化还要求城乡融合发展，实现全体人民共同富裕，在全面小康建设基础上，着力推进乡村振兴与城乡融合发展，彻底破除城乡二元结

---

① 中华人民共和国国家统计局：《2011年城镇化率达到51.27%》，人民网，2012年8月17日。

构，再以工补农、以城带乡，形成工农互促、城乡互补、协调发展、共同繁荣的新型工农城乡关系。

2012年，中央经济工作会议进一步把"积极稳妥推进城镇化，着力提高城镇化质量"列为经济工作的主要任务之一。国家发展改革委"根据中国共产党第十八次全国代表大会报告、《中共中央关于全面深化改革若干重大问题的决定》、中央城镇化工作会议精神、《中华人民共和国国民经济和社会发展第十二个五年规划纲要》和《全国主体功能区规划》"，着手制定并于2014年颁布了《国家新型城镇化规划（2014—2020年）》（以下简称《城镇化规划》）。《城镇化规划》是"按照走中国特色新型城镇化道路、全面提高城镇化质量的新要求，明确未来城镇化的发展路径、主要目标和战略任务，统筹相关领域制度和政策创新，是指导全国城镇化健康发展的宏观性、战略性、基础性规划"。[①]《城镇化规划》要求构建科学合理的城市格局，将城市发展与区域经济发展、产业布局紧密衔接，与资源环境承载能力相适应，将城乡统筹发展和生态文明理念全面融入城镇化全过程中。这是新时代背景下，中国城市转型并走上集约、智能、绿色、低碳发展道路的标志，基本确定了未来中国城市发展的总趋势。

2018年11月18日，中共中央、国务院发布《中共中央 国务院关于建立更加有效的区域协调发展新机制的意见》（以下简称《意见》），明确指出"实施区域协调发展战略是新时代国家重大战略之一，是贯彻新发展理念、建设现代化经济体系的重要组成部分。中共十八大以来，各地区各部门围绕促进区域协调发展与正确处理政府和市场关系，在建立健全区域合作机制、区域互助机制、区际利益补偿机制等方面进行积极探索并取得一定成效。同时要看到，我国区域发展差距依然较大，区域分化现象逐渐显现，无序开发与恶性竞争仍然存在，区域发展不平衡不充分问题依然比较突出，区域发展机制还不完善，难以适应新时代实施区域协调发展战略需要。为全面落实区域协调发展战略各项任务，促进区域协调发展向更高水平和更高质量迈进"，必须"建立更加有效的区域协调发展新机制"。《意见》明确提出"推动国家重大区域战略融合发展。以'一带一路'建设、京津冀协同发展、长江经济带发展、粤港澳大湾区建设等重大战略为引领，

---

① 《国家新型城镇化规划（2014—2020年）》，中华人民共和国国家发展和改革委员会，https://www.ndrc.gov.cn/fggz/fzzlgh/gjfzgh/201404/t20140411_1190354.html。

以西部、东北、中部、东部四大板块为基础，促进区域间相互融通补充"。以京津冀城市群、长三角城市群、粤港澳大湾区、成渝城市群、长江中游城市群、中原城市群、关中平原城市群等城市群推动国家重大区域战略融合发展，建立以中心城市引领城市群发展、城市群带动区域发展新模式，推动区域板块之间融合互动发展。①《意见》的制定和公布标志着中国城市开启了以大都市区、城市群为主体发展的新趋势。

新型城镇化战略使中国城市得到可持续发展，城镇化提质增速。2020年末中国总人口达1443497378人②，城镇人口为901991162人，占总人口的62.49%③。1949年，全国城镇人口只有5700万人，占总人口的10.64%。2020年中国城镇人口是1949年的15.82倍，71年间中国城镇人口净增加了84499万人，相当于2020年美国总人口3.29亿人的2.56倍、英国总人口0.67亿的12.6倍。可以说，世界上没有任何一个国家能够在如此短的时间内让数亿农村人口从阡陌土埂进入城市工作和生活。

与英美为代表的西方发达国家城市化进程相比，中国的城镇化没有拔根运动，农民进入城市更加平稳有序。国家为离乡进城农民保留了承包地和宅基地，使他们没有后顾之忧，进一步可融入城市成为市民，退一步可以回乡成为创业者或新式农民。

当下，城镇化成为推动中国经济社会发展的重要力量，不仅对于中国的可持续发展具有重要的作用，而且对于世界经济发展也有重要意义，成为影响世界经济发展的重要因素之一。当前，中国经济开始向国内国际双循环以内需拉动为主的增长轨道转移，城镇化则是内需拉动和投资拉动最重要、最持久的动力之一。城镇化的快速发展必然会带来生产方式及消费方式社会化的变革。"大量农村人口转移到城市之中，中小城市人口向大城市转移，必然带动城市数量的增加和城市规模的扩大，而城市人口的增加和城市规模的扩大，也就必然要推动城市基础

---

① 《中共中央 国务院关于建立更加有效的区域协调发展新机制的意见》，中华人民共和国中央人民政府，http://www.gov.cn/zhengce/2018-11/29/content_5344537.htm.
② 国家统计局：《至2019年末我国城镇化率为60.60%》，百家号，https://baijiahao.baidu.com/s?id=1655940301209516189&wfr=spider&for=pc.
③ 国家统计局：《第七次全国人口普查公报（第七号）》，国家统计局，http://www.stats.gov.cn/tjsj/tjgb/rkpcgb/qgrkpcgb/202106/t20210628_1818826.html.

设施建设、公共服务设施的建设以及房地产的发展，而基础设施、房地产既是投资拉动和消费拉动的重要动力，也是教育和重大科技等社会进步的共同平台。而城镇化的发展也必然带动农村的发展，城乡统筹、城乡一体化也将促进农村和农业的巨大变化。"①

中国城镇化的发展路径与演化，与西方发达国家和其他大多数发展中国家有很大的区别，既重视市场化和社会化的作用，同时也保留了国家力量和规划的作用，是社会化导向与政府规划导向相结合的城镇化发展模式。

未来10年中国人口总量将平稳增长，城镇化率继续提高，预计2030年中国城市人口总量将达到10亿人以上，城镇化率将达到70%左右。为了保证城镇化的可持续发展，当前中国需要打破原有路径依赖，以完善制度和深化改革为依托，增强经济韧性，提升资源配置效率，弥补消费升级短板，提高制度质量，激励制度创新，建立现代治理体系，提升治理能力现代化水平。为了确保城镇化以高效率、可持续性和包容性的方式发展，不仅要让更多的农村人口进入城市之中，而且也必须让他们进入城市后能够融入城市，由农民转化为市民。此外，要高度关注城市低收入人群，使之在城镇化进程中也普遍受益，确保城市弱势群体得到平等的发展机会。

三、新中国城市发展的历史特点

自新中国成立以来，我国城市发展走过了一段波澜壮阔的历程。从早期的摸索与初创，到改革开放后的快速发展，再到新时代的转型升级，新中国城市发展犹如一幅历史长卷，宏伟壮观，展现出独特的时代特征与发展特点。

（一）新中国成立后社会主义建设初期（1949—1978年）城市发展的特点

新中国成立之初，面临着经济重建和城市恢复等一系列艰巨任务。这一时期，我国城市发展的主要任务是恢复国民经济，稳定社会秩序，巩固新生的人民政权。以北京、上海、天津等大城市为例，通过接管、改造和建设，逐步恢复了

---

① 何一民：《跨越传统历史分期的界线：开拓20世纪中国城市史研究新方向》，《天府新论》2012年第2期，第130—134页。

城市功能，为后续发展奠定了基础。

新中国成立后的前30年，我国城市发展进入了一个崭新的历史阶段。这一时期，我国城市在政治、经济、文化和社会等方面都发生了深刻的变革。在新中国成立后的前30年，城市发展呈现出一系列独特的发展特点：

1. 城市发展受到国家发展战略的直接影响，城市功能发生转型

新中国成立后，城市从过去的消费型城市转变为生产型城市，以适应国家经济建设的需要。为了恢复战争创伤，巩固新生政权，国家将重点放在了恢复和发展经济上，以重工业为主导，优先发展工业化，因此城市经济结构发生重大变化，工业生产成为城市经济的主导产业，并由此兴起了若干工业城市和资源型城市。城市成为国家工业化的基地，大量工厂和企业在此建立，推动了城市经济的快速发展的空间结构的变化。

2. 城市发展受到计划经济的影响和制约

20世纪50年代，我国建立了计划经济体制和二元经济结构，城市发展受到影响和制约，城市规模、产业结构和空间布局等方面都受到严格的计划控制。在计划经济的作用下，政治中心城市和国家重点发展的城市优先得到资源配置，部分政治中心城市和国家重点发展的城市出现城市规模扩张。

3. 城市空间布局调整

按照"合理布局、区域协调"的原则，各级城市政府对城市空间布局进行调整。城市规划与建设注重均衡发展，但在工业化优先发展的背景下，先生产、后生活成为当时的主导思想之一，因此，不少城市的基础设施和公共服务设施建设滞后。在这一时期，国家提倡"城乡兼顾、全面发展"的方针，注重发挥城市在国民经济中的龙头作用，同时强调城市与农村的协调发展。这一理念在我国城市建设中得到了充分体现。

4. 国家对城市加强了规划与建设，城市基础设施得到显著改善

新中国成立初期，城市基础设施严重滞后，制约了城市的发展。在这一时期，国家加大了对城市基础设施建设的投入，如道路、桥梁、供水、供电等，为城市快速发展奠定了基础。在这一时期，我国开始对城市进行有计划的建设，注重城市规划和基础设施的完善。党和政府加强了对城市规划、建设和管理的领导，推动了城市住宅、交通、绿化等领域的快速发展。

5. 城市人口快速增长，城市人口结构发生了重大变化

随着国家经济的恢复和发展，城市人口迅速增长。一方面，大量农村人口向城市迁移，为城市建设提供了劳动力；另一方面，国家鼓励生育，城市人口自然增长率提高。此外，城市人口结构发生变化。随着国家工业化进程的推进，大量农村人口涌入城市，形成了新中国成立后第一次大规模的人口流动。这一时期，城市产业结构的变化也带来了职业结构的多样性，城市人口结构发生了显著变化，为城市带来了新的活力。

6. 城市文化事业蓬勃发展，城市文化生活繁荣

新中国成立后，城市文化事业得到了高度重视。各类文化设施如剧院、电影院、图书馆等迅速增加，丰富了人民群众的精神文化生活。城市文化事业得到了前所未有的发展，各类文艺团体、院校和研究机构纷纷建立，群众艺术团体也普遍出现，丰富了城市居民的精神文化生活。

7. 城市治理体系创新

我国城市建立了包括市委、市人大、市政府和市政协在内的四大班子管理体系。这种管理模式在中国的城市治理中扮演着重要的角色，涵盖了党的领导、权力机关、行政管理和民主监督等方面。为了适应城市发展的需要，我国在城市建设和管理方面进行了创新。政府设立了城市、建设、管理部门，加强了对城市基础设施和公共服务的直接管理和间接管理。

8. 城市对外交流与合作

新中国成立后，我国城市开始积极参与国际交流与合作，吸收国外先进的城市建设和管理经验，促进了城市的发展。

总之新中国成立初期，城市发展呈现出一系列显著特点，各级城市在一穷二白的基础上出现较快发展，呈现出政治、经济、文化、社会等多方面均发生巨变的特点，为改革开放以后国家和城市的发展奠定了坚实的基础。

（二）改革开放时期（1979—2012）城市发展的新特点

改革开放以来，我国城市发展进入了一个新的阶段。一是党和国家全面推进城市经济体制改革，以市场经济为导向，推进城市经济体制改革，释放城市活力。二是城市经济改革使城市产业结构得到调整，从以工业为主导，转向工业、服务业、高新技术产业等多元化发展。三是随着城镇化进程不断加速，城市规模

持续扩大，城市功能日益完善，城市面貌焕然一新，逐渐形成了以特大城市为中心的城市群。这一时期，城市发展呈现出以下特点：

1. 城市经济体制改革推动城市发展

改革开放以来，我国城市经济体制改革取得了显著成果。城市经济体制的转型，使城市在国民经济中的地位日益凸显，城市经济活力不断释放。城市经济体制改革为城市发展提供了强大动力，推动了城市经济持续、快速、健康发展。

2. 城市基础设施建设取得重大突破

改革开放后，我国城市基础设施建设取得了举世瞩目的成就。城市道路、桥梁、供水、供电、通信等基础设施得到全面改善，为城市居民提供了更加便捷的生活条件。城市基础设施建设的大力推进，为城市快速发展奠定了坚实基础。

3. 城市产业结构优化升级

随着改革开放的深入，我国城市产业结构不断优化升级。传统产业得到改造提升，新兴产业快速发展，服务业比重逐步提高。城市产业结构的优化升级，为城市经济持续增长提供了有力支撑。

4. 城镇化进程与乡村振兴协同发展

改革开放后，我国城镇化进程与乡村振兴战略相互促进、协同发展。城镇化进程带动了乡村经济发展，乡村振兴战略为城镇化提供了有力保障。城镇化与乡村振兴的协同发展，促进了城乡一体化，提高了农民生活水平。

5. 城市生态环境建设成效显著

改革开放以来，我国城市生态环境建设取得了显著成效。城市绿化、污染防治、节能减排等方面取得重大突破，城市生态环境得到明显改善。城市生态环境的优化，为城市居民提供了宜居的生活环境。

6. 城市文化传承与创新

改革开放后，我国城市文化在传承与创新中不断发展。城市文化底蕴得到挖掘和传承，同时融入现代元素，形成了独具特色的城市文化。城市文化的传承与创新，为城市注入了新的活力。

总之，改革开放后我国城市发展呈现出新的趋势，城市在国民经济中的地位日益重要。面对新的发展阶段，我国城市应继续深化改革，创新发展，为实现全面建设社会主义现代化国家的目标做出更大贡献。

（三）中国特色社会主义新时代（2012年以来）城市发展的新趋势

中共十八大以后，中国特色社会主义进入新时代，城市发展也进入一个新的历史时期，呈现出一系列新的趋势和特点。

1. 以人为核心，推进新型城镇化战略，提高城市品质

由于新型城镇战略的全面实施，我国城市发展由粗方式规模扩张向内涵式高质量发展转变。在改革开放初期，城市发展主要依靠工业区建设、土地扩张、房地产开发和人口增长。然而，随着资源的日益紧张和生态环境的恶化，新时代城市发展出现转型，更加注重内涵提升，强调创新驱动，推动产业转型升级，强化绿色发展理念，推进生态文明建设。

2. 城市发展呈现出规模化、集群化特征

随着区域经济一体化的推进，城市之间、城市与区域之间的联系日益紧密，形成了以特大超大城市为核心的19大城市群。这些城市群在经济发展、科技创新、文化交流等方面具有显著的竞争优势，成为推动国家发展的重要力量，成为区域发展的动力源和增长极，推动了我国经济的快速增长。

3. 城市经济发展从单一功能向多功能转型

过去，我国城市经济功能相对单一，主要以工业生产为主。如今，城市经济功能日益丰富，涵盖了科技、金融、文化、旅游等多个领域，形成了多元化的城市产业结构。城市成为国家经济发展的引擎，城市产业结构不断优化，高新技术产业、现代服务业等新兴产业快速发展，为城市经济增长注入了新的活力。

4. 城市发展更加注重人文关怀，逐步实现以人为本的发展

新时代确立了以人民为中心的城市发展理念，政府在制定城市发展战略，追求经济增长的同时，更加关注民生福祉，更加注重公共服务设施建设、生态环境保护、交通拥堵治理等方面，努力为居民创造宜居的生活环境，提高市民的生活质量。通过完善公共服务设施、优化城市环境、提升市民素质等措施，使城市成为宜居宜业之地。

5. 新型城镇化与乡村振兴同步进行，城市和城市群发展逐渐实现城乡融合、城乡融合化发展

在改革开放后，我国城镇化进程加快，大量农村人口涌入城市。城市发展开始关注农村地区，推动城乡融合发展，实现共同繁荣。

6. 城市发展呈现出国际化趋势

随着我国国际地位的不断提高，城市发展也逐步接入国际轨道。一方面，城市积极参与国际分工与合作，吸引外资企业投资；另一方面，城市主动对外交流与合作不断加深，提升了城市的国际影响力。

当今世界正经历百年未有之大变局，中国正在错综复杂的世界大变局中崛起，中华民族伟大复兴的目标清晰可见，以国家中心城市为核心的城市群发展在中华民族伟大复兴进程中的地位和作用越来越重要，因而开展新中国城市历史研究不仅是一个学术问题，而且具有重要的现实意义和社会价值。新中国城市70余年的历程为中国未来城市发展积累了丰富的经验，需要研究者透过纷繁复杂的历史表象，立足翔实的历史文献与资料，以科学发展理论为指导，认真总结历史经验，探寻新中国城市发展的规律和特点。

| 第一章 |

城市革新与再造

具有5000多年悠久历史的中国城市文明在19世纪中叶面临发展危机。1840年英国发动鸦片战争，战争以中英签订不平等的《南京条约》而结束，以此为开端，中国社会发生根本性的变化，逐渐由独立的主权国家沦为半殖民地半封建国家，部分城市沦为殖民地半殖民地城市，出现了畸形的发展。此后百余年间，中国经历了日益深重的苦难。从鸦片战争到解放战争，百余年间的长期战乱和社会动荡，使中国大部分城市都遭到不同程度的破坏。1949年中国共产党领导的新民主主义革命取得决定性胜利，1949年10月1日中华人民共和国成立，标志着半殖民地半封建社会的结束和新民主主义社会在全国范围内的建立，开始向社会主义社会过渡，由此揭开了中国城市发展的新篇章，饱受战争创伤的城市经历了革新与再造，成为推进中国工业化、现代化和城市化的重要载体。

第一节　军管时期城市政权接管与秩序恢复

新中国成立前后，随着中国共产党在解放战争中逐步取得胜利，越来越多的城市获得了解放。如何在夺取城市政权后接管城市工作、确立对城市的有效管理，恢复社会秩序和生产的发展，是中国共产党由革命党向执政党过渡的一项重要任务，也对共产党提出了严峻考验。中国共产党在建立新生的人民政权、打碎旧的国家机器、建立新的国家机器过程中，面临国民党治下的政治衰败、经济崩溃、社会混乱等一系列棘手问题，为维护和保持城市社会稳定，中共中央决定在各地新解放的城市成立集政治、军事、经济、文化、行政管理、公安、司法等各职权于一体的军事管制委员会，作为每个城市的临时政权机构，主要职责为对解放的城市进行接收、管理和改造工作，实现城市政权的重建与社会秩序的恢复，促进国民经济的恢复及社会主义工业化开展，为新中国城市发展和社会转型创造条件和奠定基础。

一、新中国成立前后中国共产党接管城市政策的形成

中国共产党成立后，高度重视城市的地位和作用，以城市为中心发动革命。但在第一次国内革命战争后，共产党领导中国革命走上了一条独特的道路，即农村包围城市、武装夺取政权的道路。将革命的重心从城市转向农村，并不意味着中国共产党对城市的放弃。中国共产党的诞生及其事业一直都与城市紧密相连，并在不同历史阶段根据具体实际不断调整城市政策，从而走出了一条"来自城市—离开城市—重返城市"的曲折之路[1]。夺取城市、建立以城市为中心的国家政权始终是中国共产党领导革命的重要目标。当中国革命即将取得胜利之际，中国共产党审时度势，制定了以城市为中心的新的工作目标，通过城市军事管制制度建设，实现对城市旧政权的改造与新政权的建设。

中国共产党的城市政策及工作一直是以马列主义的城市理论为指导。马克思、恩格斯通过系统地运用历史唯物主义和辩证唯物主义，从历史发展的角度对城市发展的一般规律，包括城市起源、城市发展、城市本质、城市功能、城乡关系等进行了科学的阐述。马列主义的城市理论是中国共产党探索城市政策的重要理论来源，同时，中国共产党及其领导人也在革命发展过程中，把马克思主义普遍真理与中国社会具体实际相结合，提出诸多城市理论与政策，并根据革命形势不断调整与城市的关系。土地革命战争时期，中国共产党形成了农村包围城市的革命策略，长期在农村动员人民群众开展武装斗争，积蓄革命力量。

随着革命斗争的发展，中国共产党将工作重心由农村转向城市成为必然。在抗战即将胜利时，中共中央提出了夺取城市、加强城市工作的战略部署。1944年6月，中共中央发出《中共中央关于城市工作的指示》，要求"必须把城市工作与根据地工作作为自己同等重要的两大任务"。[2]1945年中共七大召开，毛泽东在七大报告中明确指出："需要用很大的力量转到城市，准备夺取大城市，准备到城市做工作"，"城市工作要提到与根据地工作同等重要的地位，这不是口头上

---

[1] 苏宁：《中国共产党城市政策的变革与探索》，载上海市中国特色社会主义理论体系研究中心编：《中国特色社会主义理论体系与科学发展理论研讨会文集》，上海人民出版社，2012，第539页。
[2] 《毛泽东年谱（1893—1949）》（中卷），中央文献出版社，2013，第518页。

讲讲的，而是要实际上去做的"。①解放战争后期，随着人民解放军转入战略进攻阶段，将革命的工作重心从农村转移到城市更为重要与迫切。1948年9月，中共中央政治局会议指出：必须"加强城市和工业的管理工作，使党的工作的重心逐步地由乡村转移到城市"。②1948年秋，人民解放军解放了长春、沈阳、合肥、天津、北平等长江以北的城市151座，其中省会6座，重要城市5座，县城140座。③1949年4月，解放区共有城市870座。④

1949年3月，中共七届二中全会在西柏坡召开，正式确定将党的工作重心从农村转移到城市。全会明确地指出："从1927年到现在，我们的工作重点是在乡村，在乡村聚集力量，用乡村包围城市，然后取得城市。采取这样一种工作方式的时期现在已经完结。从现在起，开始了由城市到乡村并由城市领导乡村的时期。党的工作重心由乡村移到了城市。"⑤七届二中全会后，城市工作已是党的工作重心，如何接管城市、制定完备系统化的城市政策、建设城市政权，是中国共产党夺取全国革命胜利的关键。

接管城市政权是中国共产党工作重心由农村向城市转移的历史发展需要，也是夺取全国政权建设新中国的一个重要步骤。然而城市具有完全不同于农村的特点，中国共产党长期在农村领导人民群众建立根据地，从事武装斗争，大部分党的干部都不熟悉城市工作，缺乏接管城市、建设城市的经验，在解放战争初期，各地长期活动于农村的部队入城后往往不自觉地搬用农村工作经验，因而多次出现一定程度的失误。⑥中共中央极其重视解放军入城与接收城市中出现的问题，1949年初，毛泽东多次指出："如果我们的干部不能迅速学会管理城市，则我们将会发生极大困难"⑦，"必须用极大的努力去学会管理城市和建设城市"，"从我们接

---

① 《毛泽东文集·第三卷》，人民出版社，1996，第332—333页。
② 《毛泽东选集·第四卷》，人民出版社，1991，第1347页。
③ 《总部公布解放战争伟大战绩，半年来歼匪军百六十九万，两年半共歼敌四百卅三万，克城二百七十座，解放人口五千余万》，《人民日报》1949年1月31日，第1版。
④ 《解放军总部发表战绩公报，三个月歼敌三十万，起义和投诚敌舰艇五十六艘，解放南京等九十四座城市，敌军被俘达廿五万》，《人民日报》1949年5月28日，第1版。
⑤ 《毛泽东选集·第四卷》，人民出版社，1991，第1426—1427页。
⑥ 薄一波：《若干重大决策与事件的回顾》（上卷），中共党史出版社，2008，第5页。
⑦ 《毛泽东选集·第四卷》，人民出版社，1991，第1406页。

管城市的第一天起，我们的眼睛就要向着这个城市的生产事业的恢复和发展"[1]。因此，能不能顺利平稳地接管城市政权，制定适合城市特点的相关政策，并使城市在即将建立的人民国家中发挥它应有的作用，不仅是对中国共产党执政能力的一次考验和检阅，也是影响到中国共产党的形象和威信、关系到中国共产党能否治国安邦的大问题。[2]

中国共产党接管城市的政策，是在革命实践中不断探索和总结城市接管经验，逐渐形成、完善和成熟的。1947年8月31日，西北野战军前委在胜利结束沙家店战役后作出《关于蒋管区作战中几个问题的决定》，提出接管国统区城市之工厂、仓库、公司、商店、银行及税收、交通、卫生等机关全部财产的政策性决定，这是目前见到的最早的关于中国共产党接管城市工作比较系统、全面的文献。[3]随着解放战争解放区的扩大，为适应战争形势的发展，1947年10月毛泽东起草了《中国人民解放军宣言》，基本包含了所有城市接管所涉工作的基本原则。同年11月解放石门市（石家庄）的解放军某部根据相关文件精神，制定了对铁路、工厂、金融业、学校等系统的接收方式和程序。刘少奇亲自主持起草了《中央工委关于收复石家庄的城市工作经验》，提出如下五个方面的工作要点：一是"城市工作应作长期打算，以建设为方针"；二是"入城干部与士兵应保护机器、物资及一切建筑物，不得自由夺取"；三是"不准制新衣，大吃大喝，必须保持纯洁与艰苦的作风"；四是"缴获物资一律归公"；五是"除政府及公安局依法逮捕与没收财产外，禁止任何团体个人没收财产或逮捕殴打任何人"。[4]1948年2月19日，中共中央工委将收复石家庄所总结的经验转发各地解放军各部学习。1948年2月25日，中共中央发布《中共关于注意总结城市工作经验的指示》，要求各中央局、分局、前委对于自己占领的城市，"凡有人口五万以上者，逐一作出简明扼要的工作总结"，并限三至四个月内上报中央。[5]1948年2月27日，中共晋冀

---

[1] 《毛泽东选集·第四卷》，人民出版社，1991，第1427—1428页。

[2] 刘宋斌：《中国共产党对大城市的接管（1945—1952）》，北京图书馆出版社，1997，第3—4页。

[3] 周红妮：《中国共产党接管大城市纪实》，河北人民出版社，2013，第2页。

[4] 中央档案馆编：《中共中央文件选集》第17册，中共中央党校出版社，1992，第54—59页。

[5] 中央档案馆编：《中共中央文件选集》第17册，中共中央党校出版社，1992，第70页。

鲁豫中央局发出《关于工商业政策指示》，要求防止将农村斗争地主富农、消灭封建势力的办法错误应用于城市，对于城市中地主富农经营的工商业应予保护，应当坚决执行发展生产、繁荣经济、公私兼顾、劳资两利的经济工作方针。①

1948年春，人民军队在战场上的迅速推进，大批城镇相继解放，4月8日中共中央发出《再克洛阳后给洛阳前线指挥部的电报》，更为全面地提出执行新区城市政策的注意事项：（1）极谨慎地清理国民党统治机构，只逮捕其中主要反动分子，不要牵连太广；（2）对于官僚资本要有明确界限，不要将国民党人经营的工商业都叫作官僚资本而加以没收；（3）禁止农民团体进城捉拿和斗争地主；（4）入城之后，不要轻易提出增加工资减少工时的口号；（5）不要忙于组织城市人民进行民主改革和改善生活的斗争；（6）大城市目前的中心问题是粮食和燃料问题，必须有计划地加以处理；（7）国民党员和三青团员，必须妥善地予以清理和登记；（8）严禁破坏任何公私生产资料和浪费生活资料，禁止大吃大喝，注意节约；（9）市委书记和市长必须委派懂政策有能力的人担任。②

《再克洛阳后给洛阳前线指挥部的电报》是中共中央第一次系统提出城市接管的方针与政策，由此成为其后各地接管城市的基本大法。同时中央高层也根据不同城市的具体情况适时地作出针对性的指示。1948年6月，中共中央东北局发布《关于保护新收复城市的指示》，阐明中国共产党进城后必须遵循的行为准则，推进城市接管工作的正规化。1949年4月25日，人民解放军解放南京后，鉴于全国大中城市即将全部解放，中共中央以毛泽东与朱德两人的名义共同发布《中国人民解放军布告》"约法八章"：（1）保护全体人民的生命财产；（2）保护民族工商农牧业；（3）没收官僚资本；（4）保护一切公私学校、医院、文化教育机关、体育场所和其他一切公益事业；（5）除怙恶不悛的战争罪犯和罪大恶极的反革命分子外，凡属国民党中央、省、市、县各级政府的大小官员，"国大"代表，立法、监察委员，参议员，警察人员，区镇乡保甲人员，凡不持枪抵抗、不阴谋破坏者，人民解放军和人民政府一律不加俘虏，不加逮捕，不加侮辱；（6）为着确保城乡治安、安定社会秩序的目的，一切散兵游勇，均应向当地人民解放军或人民政府投诚报到；（7）农村中的封建的土地所有权制度，是不合理的，应当废除，

---

① 《党的政策重要文件汇集（1）》，华北军政大学政治部印，第75—80页。
② 《毛泽东选集·第四卷》，人民出版社，1991，第1323—1325页。

但是废除这种制度,必须是有准备和有步骤的,一般地说来,应当先行减租减息,后行分配土地,并且需要人民解放军到达和工作一个相当长的时期之后,方才谈得到认真地解决土地问题;(8)保护外国侨民生命财产的安全。①

总体来看,在新中国成立之前,中国共产党经过反复探索,已形成比较系统完备、符合中国革命实际和城市特点的接管政策,为新中国初期重建城市政权和社会秩序提供了条件和宝贵经验,概括起来主要包括:一是进城之初实行军事管制制度,建立权力集中的军管会;二是城市接收工作的方针为"各按系统,自上而下,原封不动,先接后分";三是城市经济工作的中心任务是迅速恢复和发展生产,把消费城市变为生产城市;四是对城市社会进行改造,及时安定人民生活;五是制定严格的入城纪律,组织起严明的接管队伍,及时而严厉地处理接管过程中发生的腐败现象等。②

以上五个方面的第一条,进城之初实行城市军事接管,是中国共产党在实践中总结出来重建城市政权、接收管理城市的新方法。

二、城市军事管制制度的确立

1949年,随着解放战争的推进,解放的城市数量越来越多,如何摧毁旧政权、建设新政权,如何管理城市,是中国共产党面临的紧迫问题。中国共产党取得军事上的胜利后,由于"革命势力没有巩固、完整的人民民主政权还没有建立、群众还没有组织起来、社会秩序还没有安定"③,要迅速恢复城市秩序、保护城市免遭破坏,必须依靠军队的力量,对社会进行整合。因此,中国共产党在新中国成立前后对解放的城市实行军事管制,用军队接管城市,设立中国人民解放军军事管制委员会,作为城市过渡性的临时政权机构。

这一重要决策是人民解放军转入战略进攻阶段后,在城市接管过程中总结出来的一条重要经验。1947年石家庄解放后不久,朱德就针对因组织上的不统一而

---

① 《毛泽东选集·第四卷》,人民出版社,1991,第1457—1459页。
② 刘宋斌:《中国共产党对大城市的接管(1945—1952)》,北京图书馆出版社,1997,第11—12页。
③ 李玉荣:《中共接管城市的理论与实践》,首都师范大学出版社,2000,第39页。

造成短期混乱的情况提出："以后打下大城市，打下来后，一个时期内，应该对城市进行军事管理。"①1948年初，鉴于过去几年在解放的城市中，曾多次出现违反中共中央制定的城市政策和工商业政策的现象，中共中央东北局总结工作，认为就是没有实行军事管制、没有把保护城市的责任明确交给军事管制委员会，才导致了这一结果。因此，1948年6月10日中共中央东北局下发《关于保护新收复城市的指示》，要求东北人民解放军"在新占领城市实行短期的军事管理制度。在占领城市初期，必须由攻城部队直接最高指挥机关担任该城的军事管理，所有入城工作的地方党、政机关及工作人员，一律听其指挥。为此，可以组织军事管理委员会，吸收地方党、政负责人参加，将保护新占城市的全部责任，交由军事管理机关担负"。②东北在新解放城市实行军事管制的方法，成为此后中国共产党在各地接管城市的统一模式。1948年11月，中共中央又连续下发两个有关军事管制问题的指示，全面肯定了各地已经取得的以军事管制为解放初期城市统治的经验，要求全国各大区在新解放的城市一律实行一定时期的军事管制。同时提出：军事管制实行的时间长短，不搞一刀切，各地"必须要看群众发动情形，反革命被镇压情形及周围环境巩固情形而决定"。③大城市一般应实行三到六个月的军事管制，中小城市一般要实行几个星期到两三个月的军事管制。其后，中共中央根据各地军事管制的实践，作出新的指示，规定"对新收复的人口在五万以上的城市或工业区，均应实行一个时期的军事管理制度。在占领城市初期，应指定攻城部队直接最高指挥机关军政负责同志，与地方党政若干负责人，组织该城市的军事管理委员会"。④

军管会由解放军的高级领导干部和地方党政负责人组成，重要城市的军管会必须报中共中央批准备案。各地城市军管会分别在人民解放军总部与大军区领导下，成为该城市军管时期统一的军政领导机关，也是该城市最高权力机关，统一指挥入城部队、党、政、民、机关与各接管人员，统一领导军事、政治、经济、文化事宜；城市军管会下辖市政府、警备司令部和各接管部门，分别对相关部门和重要企业进行军事管制。军事管制结束后，城市管理的全部权力移交市委、市

---

① 《朱德选集》，人民出版社，1983，第224页。
② 中央档案馆编：《中共中央文件选集》第17册，中共中央党校出版社，1992，第212页。
③ 《毛泽东年谱（1893—1949）》（下卷），中央文献出版社，2013，第413页。
④ 中央档案馆编：《中共中央文件选集》第18册，中共中央党校出版社，1992，第237—238页。

政府。1948年至1950年全国主要城市军管会情况见表1-4：

表1-4 1948—1950年全国主要城市军管会情况

城市	市军管会成立时间	军管会主任	军管会副主任	市长
济南	1948年9月25日	谭震林	曾山	郭子化
长春	1948年10月20日	唐天际	石磊、邹大鹏	邹大鹏
郑州	1948年10月22日	张际春	刘岱峰	宋致和
包头	1948年10月23日	李志民	杨震林	李维中
沈阳	1948年10月28日	陈云	伍修权、陶铸	朱其文
张家口	1948年12月25日	张苏	朱树材	
北平	1949年1月1日	叶剑英		叶剑英
天津	1949年1月15日	黄克诚	谭政、黄敬	黄敬
太原	1949年4月24日	徐向前	罗瑞卿、赖若愚、胡耀邦	
南京	1949年4月28日	刘伯承	宋任穷	刘伯承
杭州	1949年5月7日	谭震林	谭启龙、汪道涵	谭震林
武汉	1949年5月18日	谭政	吴德峰	吴德峰
西安	1949年5月24日	贺龙	贾拓夫、赵寿山、甘泗琪	贾拓夫
上海	1949年5月27日	陈毅	粟裕	陈毅
福州	1949年8月24日	韦国清		
兰州	1949年8月24日	张宗逊	张德生、吴鸿宾、韩练成、任谦	
西宁	1949年9月4日	冼恒汉	张国声	
长沙	1949年9月19日	萧劲光	王首道、陈明仁	
银川	1949年9月26日	杨得志	马鸿宾、朱敏、曹友参	
广州	1949年10月21日	叶剑英	赖传珠	
贵阳	1949年11月22日	苏振华		
桂林	1949年11月22日	陈漫远	何伟、仲伟	
重庆	1949年12月3日	张际春	陈锡联、张霖之	
成都	1950年1月1日	李井泉		
昆明	1950年3月4日	陈赓	周保中	

资料来源：李格：《新中国成立前后的城市军事管制》，《当代中国史研究》2010年第5期。

城市军管会的主要职责是在城市解放前夕混乱状态下接收城市政权，为新政权的建立奠定基础，因而全国各城市军管会机构设置具有以下共同特征：

其一，各城市军管会一般都按照不同的接管对象而分设专门的接管委员会，各机构之间的分工也较为明确。不同的城市，其机构设置大体相同，但也略有差异。上海、北平、成都等大城市人口较多，接管对象繁多，接管情况复杂，因而在军管会的统一领导之下分别设立政权、军事、经济、文化等机构，负责相关领域的接管工作，以尽可能全面、快速地完成接管工作，并避免不同机构之间的任务重复与工作对象冲突。比如上海市的军管会便下设政务接管委员会、军事接管委员会、财政经济接管委员会、文化教育接管委员会等，分别负责政治、军事、经济、文化等方面的接管工作。① 与之类似，成都市的接管委员会也下设有政务、财经、文教、军事、房产等接管委员会以及秘书处、公安处、外侨事务处、市政府、警备司令部等十大机构，分别接管不同的敌伪相关机构。② 当然，并非每个大城市的接管委员会都按照大的条块系统设立相应的接管委员会，有的城市设立了分类更为细化的接管机构。如西安经济领域的接管工作便分为财政处、农林处、金融处、工商处四个更为具体的机构，分别负责接收旧西安市政府的财政厅、盐务局、农业改进所、农业建设厅以及银行、官营交通机构等。③

其二，各城市军管会机构设置具有较为明显的针对性以及临时性特征。如北平市为了保证城市的经济能够顺利运行以维持正常的经济秩序和人员的就业，直接增设了物资管理委员会，负责全面接收和代管原属敌伪的所有官僚资本产业和城市基础设施行业。天津市除了设置工业、铁道、电讯、金融等12个专业接管处而外，还专门设立了一个"不管接管处"，负责接管其他接管部门遗漏或难以接管的相关机构、部门。上海市针对当时外侨人口较多，国际事务较为复杂的情况，专门设立了外侨事务处。同时，中央明确规定军管会的基本任务为："镇压反革命分子之活动，肃清反动武装的残余势力，恢复并建立革命秩序，保护人民生命财产及一切正当的权利，建立革命政权，保证城市政策的正确的执行，与有秩

---

① 《一九四九年上海军事管制委员会组织系统表》，上海市档案馆，档号：B1-2-244。
② 《成都市军事管制委员会组织条例（草案）》，中共成都市委党史研究室编：《接管成都》，成都出版社，1991，第114—115页。
③ 《准备接收西安初步计划》，选自西安市档案馆编：《西安解放》，陕西人民出版社，1989，第123页。

序地进行各种接管工作，协助工人职员，青年学生，及其他劳动群众组织起来，作为城市革命政权可靠的群众基础。在上述基本任务大体完成，城市秩序安定，一切市政机关建立并经过上级之批准以后，始得取消军管制。"[1]军事管制只是一种临时的制度，军管会也只是在完整的人民民主政权建立之前的一种过渡性政权机构，因而当城市人民政权建立后，它就完成了自己的使命，"军事管制就自然地成为不必要了，它的一切权力也就自然而然地为各级人民政府所代替了"。[2]

总之，新中国成立前后，每一座新解放城市所设立的军管会面临基本相同的社会局面，有着较为一致的历史任务，因而其机构设置、职能分类、工作方式等方面存有很大的共性，但是由于各个城市的历史基础不同，自身发展状况各有差异，解放的方式也有区别，所以各个城市的军管会仍根据具体城市的特殊情况，在总体规模、某些专门机构的设置、职能等内容上体现出不同的特色。

各地城市军管会的成立，弥补了旧政权被摧毁、新政权未建立这一段时间的政权空白，保证了中国共产党对旧政权和各项社会事业、大型企业的全面接管，为建立新生的人民政权提供了充足的时间，有效防止了城市可能出现的混乱。

中国共产党探索中国革命道路的过程，也是探索现代中国城市发展道路的过程。从进入农村到转向城市，从占领城市到管理城市，反映了中国共产党从革命政党向执政政党的转型，也折射出中国共产党对城市这一现代化空间聚集形式的战略指向。

三、军管时期城市政权的接管

在接管城市的过程中，旧政权的摧毁与新政权的建立是同步进行的，具体可分为两个阶段。第一个阶段实行军事管制，作为入城初期的统治形式，由军管会处理城市接管的一切主要事务，对旧政权进行接收，一般两三个月基本完成，持续时间较短，其后由军管会在接管、改造、利用旧政权基础上建立新政权；同时，在军管会领导下，可委任市长，成立市政府，展开城市管理相当部分的工作，军管会依然为城市的主要领导机关。第二个阶段军管会逐渐把城市管理的许

---

[1] 中央档案馆编：《中共中央文件选集》第18册，中共中央党校出版社，1992，第238页。
[2] 《刘少奇选集》，人民出版社，1981，第60页。

多权力转交给市政府，由市政府实施相关的管理职能，军管会的功能逐渐淡化，市政府基本成为城市管理的负责机构发挥主要作用，直至在人民群众普遍组织起来的基础上，建立人民行使当家作主的权力机关，军管会历史任务完成，逐渐淡出城市管理领导层。

彻底摧毁旧政权的国家机器和统治人民的工具，是无产阶级革命的首要任务，列宁对此进行专门论述："革命就是无产阶级破坏'行政机构'和整个国家机构，用武装工人组成的新机构来代替它"，"革命不应当是新的阶级利用旧的国家机器来指挥、管理，而应当是新的阶级打碎这个机器，利用新的机器来指挥、管理"。①列宁的论述为中国共产党接管旧政权、彻底摧毁旧政权的国家机器、建立新政权的国家机器提供了理论基础。毛泽东也明确指出："国家于革命后，一切制度都要改变的。巴黎公社所组织的政府，其失败原因之一，即不改变旧制度"，"国家是一个阶级拿了压迫另一个阶级的工具。我们的革命民众若将政权夺在手中时，对反革命者要用专制的手段，不客气地压迫反革命者，使他革命化；若不能革命化了，或赐以惨暴的手段，正所以巩固革命政府也"。②因此，军事管制时期，中国共产党在各个城市首要的任务就是接管旧政权，建立新政权，从而为顺利推进城市管理的其他各项工作提供强大的政权保障。

（一）军管会对内地城市的接管

为了更好地实现城市的接管，使城市能够更快更好地为新民主主义国家的建设和经济、社会发展服务，中国共产党军管时期城市接管的总方针是：完整保护和系统整套地接收城市，变国民党统治的半殖民地半封建城市为中国共产党领导下的新民主主义城市。东北、华北和华东等地的城市，因解放的时间先后不同接管的方针也略有差异。在较早解放的东北地区，解放军对接管城市采取了"各按系统、自上而下、原封不动、先接后分"的方针。稍后解放的北平和天津等则采用自上而下、全面系统和原封不动地加以接管，然后有分别、有步骤、有计划地加以处理和改造的方针。上海解放的时间稍晚，其接管则在吸取东北和华北接管经验基础上，"采取按照系统，自上而下、一般不动，先接后分的原则，但有的

---

① 《列宁文选集》第三卷，人民出版社，1984，第270—271页。
② 《毛泽东年谱（1893—1949）》（上卷），中央文献出版社，2013，第163—164页。

部门如财政、经济、后勤等则采取集中接收办法。除外资经营、中外合办、官商合办、私营之公用事业,应派军事代表管理监督,及一部分文教机关应予以管理以外,余均为接收"。①

解放军在不同的城市接管上尽管有所区别,但基本上都注意对旧政权的各个机构采取分类处理的原则,除必须破坏的以外,尽量多保存一些有用的东西,取得政治上的主动,经济上也便于恢复和发展,从而有利于国家的长治久安。②其内容包括以下三个方面:

1. 根据国民党各机关在政权中的不同职能和作用清理各级政府机关

对于执行反动统治专政职能的机构,如警察局、法院等,立即予以摧毁,停止一切活动,由人民政府取代,其人员经甄别后量才录用;对于具有较多社会管理职能和生产性的单位则不轻易打乱,如邮政、电信、交通等单位,在接收阶段尽量利用原有人员的管理经验与业务能力,让他们继续从事业务管理工作,军事代表只起政治领导和监督责任,待军代表熟悉业务并出任主要负责人后,再对此类机构予以整顿;对于保甲人员,则采取暂时控制利用的政策,待社会秩序稳定后,立即彻底摧毁保甲制度,建立基层人民政权组织。

2. 打碎旧政权的司法机关,废除旧政权的法律法统

军管会司法机关小组接管旧的司法机关后,立即委任各级负责人,建立人民的司法机关。在新的法律没有系统发布以前,人民司法机关的办事原则是:有纲领、法律、命令、条例、决议之规定,从其规定;没有上述规定者,从新民主主义政策③。根据中共中央的指示,各城市解放后不久,相继接管了旧法院,建立了新的人民法院。

3. 清理反动的党团组织和特务组织

军管会入城后,立即解散国民党、三青团、民社党、青年党及南京政府系统下的一切反动党团组织,收缴其各种反动证件,登记其成员,对少数反动分子实行管制。④在有些城市对已登记的反动党团成员进行审查,审查期间暂停其公民

---

① 《上海市军事管制委员会接收机构草案》,上海市档案馆馆藏档案,档号:B1-1-1853。
② 薄一波:《若干重大决策与事件的回顾》(上卷),中共党史出版社,2008,第8页。
③ 中央档案馆编:《中共中央文件选集》第18册,中共中央党校出版社,1992,第152页。
④ 中央档案馆编:《中共中央文件选集》第17册,中共中央党校出版社,1992,第487页。

权,并进行坦白运动,普通党员者恢复公民权,如是负责人及群众痛恨者则继续审查。

具体到政治、经济、文化、军事等不同方面,城市接收的主要任务又可以细分为:一是接管国民党的市政府;二是由军管会政务委员会负责进行市政接管工作,接管国民党市政府所属的警察局、社会局、民政局、财政局、地政局、教育局、卫生局、工务局、公用局等机构,对旧人员采取区别对待,量才录用,争取他们为人民服务;三是进行财经接管工作,接管国民党在重工业、轻工业、交通运输和通信业、金融业等各行业的官僚资本;四是进行文教接管工作,具体接管高等、中等和初等各类学校,接管研究机构,接管报纸刊物和广播电视台等新闻出版机构,接管电影戏剧等文艺团体;五是开展军事接管,接管国民党政府遗留下来的军工工业、武器及军事设备、军事文化教育娱乐机关、军队后勤机关等。

军事管制期间,由于各城市军管会严格遵循了中央制定的正确原则与方法,采取了恰当的步骤,各级新生人民政权较为迅速、顺利地完成了对城市旧政权的接收工作,未出现接管上的混乱与脱节,取得了巨大成就,这在中国历史上和世界历史上都是一项创举。和平解放的北平,仅用了半个月的时间,除将原北平市政机关完全接管外,还接管了经济、文化方面等共计575个单位。以战争方式取得政权的上海,军管会的接管工作在两个月内也取得了很好的成绩,市政方面接管了10处9局,财经、文化方面共接管了1005个单位,军事接管方面接收了38处陆军营房、1所印刷厂、17个广播电台,以及176个后勤、空军、海军部门等单位。[1] 南京解放后,军管会在四个月里共接收了1191个单位,其中,"伪中央系统机关(包括伪中央各部、院、会、党、团、宪、警及特务机构)计749单位……伪地方性机关(包括伪南京市政府与所属机关及其他地方性伪机关)计174单位"。[2] 成都军管会的接管工作同样取得了成功,于1950年3月16日完成接

---

[1] 《陈毅将军在沪各界代表会上关于上海市军管会和人民政府六七两月的工作报告》,《人民日报》1949年8月13日,第1版。
[2] 《南京市军管会和市政府工作,柯庆施副市长在各界代表会议上的报告》,《新华日报》1949年9月11日,第1版。

管工作，共接管284个旧政权单位。[①]通过对内地大量城市的接管，中国共产党已探索出一整套成功的、经得起检验的城市接管经验。

（二）解放军对新疆与西藏城市的接管

中国是一个多民族的国家，内陆边疆地区的政治、经济、文化与内地有着明显的差异性，因此中国共产党虽然在接管内地城市过程中形成了比较成熟的经验，取得了巨大的成就，但在接管少数民族边疆地区城市的过程中仍面临着各种新的挑战，中国共产党并未将内地接管模式和经验生搬硬套地加以运用，而是尊重区域差异性，因地制宜地采取了适合当地城市重建与发展的接管方法。当人民解放军进军新疆与西藏时，中共中央充分考虑到这些地区的边疆性、民族性及宗教信仰多元化等特征，在解放军入城时并不急于设立城市军管会，而是由解放军协助新成立地方政府或党工委对旧政权进行改造和建立新政权。

1949年9月新疆和平解放后，中共中央要求入疆部队遵照中共中央新疆分局制定的接管原则和工作方针："不设军管会，原省政府执行中央人民政府命令；地方部队迅速改编；原各机关负责人不动；由人民解放军一兵团各机关、部队派出军事代表协助办理清理移交事宜。"[②]解放军接管新疆城市的过程中，在借鉴内地接管城市的经验基础上，实行具有新疆特色的"接管方式"：如接管省会迪化（1954年改名乌鲁木齐）过程中，对国民党旧军政机关、企业、学校工作人员和起义部队采取"包下来"的政策，除少数特务反革命分子和坏分子予以清除处理外，其余全部留下，改造使用。[③]新疆其他大部分城市则在"战斗社""先锋社""新疆青年民主同盟"等中共领导的进步组织的前期准备和协助下进行和平接管。[④]1950年3月底，中共中央新疆分局基本完成了全疆各城市的接管工作，为

---

① 《本会关于接管人员条例、纪律、接管对象范围总结及查封、解散学校、妇女、会报社及其他资料》，成都军事管制委员会（1949—1950），四川省档案馆，全宗号：建西006，案卷号：5。
② 《中共迪化市委的成立》，《新疆日报》1949年12月11日。
③ 中共乌鲁木齐市委党史工作委员会编:《城市的接管与改造（乌鲁木齐卷）》，中共党史出版社，1997，第11—12、151、444—445、569、608页。
④ 参见张志安:《新疆和平解放原因浅析》，《实事求是》1988年第1期，第63—67页。

和平建政准备了前提条件。①

新疆城市的顺利接管为中国共产党接管西藏提供了重要经验。1951年5月23日，西藏和平解放，中共中央对西藏地区的接管尤为重视，考虑到西藏与新疆在区情上有较大的差异性，中共中央结合西藏的实际，提出："少数民族地区条件不成熟不能改革"②，"在西藏考虑任何问题，首先要考虑到民族和宗教这两件大事，一切工作必须慎重稳进"③。因此，入藏机关和人民解放军在进驻西藏各个城市时，未立即设立军管会，而是保留了西藏原来的政教合一地方政权管理体系，入藏机关和人民解放军则主要进行发展生产、城市基础建设和组织群众等经济与政治性工作④，为以后的接管工作创造条件。1959年3月10日，西藏地方政府和上层反动集团公开撕毁和平解放西藏的《十七条协议》，在拉萨悍然发动武装叛乱，中央人民政府在平叛后宣布撤销原西藏地方政府，同时命令在西藏各城市成立军管会。1959年3月23日拉萨市军事管制委员会率先成立，"其他各地的军管会，除班禅额尔德尼领导的后藏地区的首府日喀则没有必要建立外，都将陆续建立"。中央要求"在西藏各地，一俟秩序恢复，都将陆续建立西藏自治区的各级地方行政机构，并开始执行自治职权。在目前时期，自治制度与人民解放军军管制度同时并行。随着叛乱的平息，和平秩序的建立，自治制度将逐步完全替代军管制度"。⑤1960年1月7日国务院全体会议第93次会议通过《国务院关于西藏地区市、县行政区域划分的决定》，将西藏地区划分为1个市、72个县，设立7个专员公署。⑥至此，中国共产党对西藏城市的接管完成，城市的一切权利和义务回归到西藏人民手中。

---

① 参见付志刚、王肇磊：《新中国成立初期中国共产党对新疆城市的接管与政权重构》，《南都学坛》2016年第6期，第8页。
② 中共中央文献研究室、中共西藏自治区委员会、中国藏学研究中心编：《毛泽东西藏工作文选》，中央文献出版社、中国藏学出版社，2008，第18页。
③ 赵慎应：《张国华将军在西藏》，中国藏学出版社，1988，第59页。
④ 马正辉：《接管与经营：国家视野下的西藏城镇现代化历程探析（1951年至今）》，《西藏民族大学学报》（哲学社会科学版）2020年第4期，第46—53、156页。
⑤ 《新华社关于西藏叛乱事件的公报》，《中华人民共和国国务院公报》1959年第6期，第97—101页。
⑥ 《国务院关于西藏地区市、县行政区域划分的决定》，《中华人民共和国国务院公报》1960年第2期，第43—44页。

四、军管时期建立健全城市人民民主政权

新中国成立前后,城市民主建政与军事管制相伴而行。城市人民政府一般在城市解放之时就宣告成立,然而在军事管制与政权接收阶段,城市人民政府尚不能正常发挥政府职能,一般都是在军管会的领导下从事市政机关的接收工作,以市政府名义颁布法令。不过,军管会仅是特殊情况下的一种过渡性政权机构,"军管会能很好地接收城市及工厂和资财",但"军管会不能经营企业和工厂"。故中共中央根据接管平津的经验,在接管江南城市时特别指出:"军管会在接收后,应迅速将企业、工厂和物资,分别交给适当的机关管理和经营。例如将市政工业及其他若干工商业交市政府管理经营,其他工商业则组织若干公司来负责经营,否则很难开工营业,即使勉强开工,亦难长期维持。"[①] 由于军管会权力高度集中、军政一体化的组织形式,不利于城市多功能作用的发挥和正常业务工作的开展,因此随着城市接收任务的完成,其一切权力自然而然地还归各级人民政府,接管城市的任务转向对城市的管理和建设。

(一)建立各级人民政权

1948年11月15日,中共中央发布《中共中央关于军事管制问题的指示》,明确指出军事管制时期的目的之一,即"建立系统的革命政权机关,建立革命的警察、法庭、监狱,建立物资及生产的管制机关与监督机关,建立临时的各界代表会"[②]。因此,各地军管会根据这一指示,在新解放的城市除摧毁旧政权外,也立即着手建立各级人民政权。从全国范围来看,城市人民政府在城市解放之时即已宣告成立,有的城市和军管会同时合并成立,有的城市政府则迟于军管会建立;市长由上级领导机关或军管会任命,也可由军管会主任兼任。

城市人民政府的建立,主要是为军事接管工作结束后正式启动城市管理工作做准备。城市接收工作大体完成后,军管会内部按党、政、军、民、企的系统进行归并、划分、调整,原归属军管会的各级接收单位,陆续归口,成为实体单

---

① 中央档案馆编:《中共中央文件选集》第18册,中共中央党校出版社,1992,第235页。
② 中央档案馆编:《中共中央文件选集》第17册,中共中央党校出版社,1992,第487—488页。

位，相关单位的军代表遂被任为单位负责人，由此政府的各类职能部门相继建立起来，并使政府各系统的权力得以扩大。通过调整，城市政府开始成为完整的政权系统，并独立视事。

解放战争时期，城市人民政府的建设实践探索是从石家庄解放开始。1947年11月12日，人民解放军攻占石门市，1948年1月石门市改为石家庄市，正式确立起市、区、街三级政权机构。此后，济南、沈阳、天津、北平相继解放，基本上按照石家庄市的政府组织架构，设立市政府—区政府—街政府三级政权。如济南于1948年9月24日宣告解放，9月26日成立济南特别市政府，任命郭子化为市长、徐冰为副市长；1948年10月26日，济南特别市政府开始承接军管会的工作机构，原军管会的工商部改称工商局、文教部改为教育局、卫生部改为卫生局、政务部改为民政局、公安部改为公安局、财政部改为财粮局等；济南市下设11个区，各设区长1人，区政府内设民政科、教育科、财粮科、司法科、秘书科、事务科、通讯班等，有工作人员30余名[①]。

1949年4月，刘少奇提出城市政权机构模式应改为市政府—区公所两级，市政府统揽全市一切政治、经济、文化政务；区公所为市政府办事机构，执行市政府的一切政令；原街政府的一些政务放到公安分局所属的派出所，由派出所代替原街政府。济南、沈阳、天津、北平相继按要求改区政府为区公所，取消街政府，将其事务移交各公安派出所。然而，经过一段时间的实践，这种做法脱离了当时的社会实际，尤其是平津等大城市人口多，社会构成十分复杂，城市经济、文化比较发达，仅靠市一级政府行使政权，对于城市各项事务的管理可谓鞭长莫及。有鉴于此，1949年5月上海解放后，军管会仍然在市政府之下成立各区人民政府，1951年4月，上海市政府又在区政府之下新建了居民委员会，从而形成了市政府—区政府—居委会三级政权。上海市政府三级机构的设立对于解放的上海城市社会秩序的恢复和经济的发展发挥了很大的作用。因而三级政权的模式得到确立并被推广。

（二）组织各界人民代表会议

为加强政府和群众的联系，行使人民群众当家作主的权力，中国共产党在建

---

① 周红妮：《中国共产党接管大中城市纪实》，河北人民出版社，2013，第58页。

立新生人民政府的同时，还建立了各界人民代表会议这一过渡性的组织形式，作为巩固新生政权的政治基础。

1948年11月30日，中共中央发布《中央关于新解放城市中组织各界代表会的指示》，正式提出"在城市解放后实行军管制的初期，应以各界代表会为党和政权领导机关联系群众的最好组织形式"。其具体办法是，由军管会与市政府聘请，各民众团体、机关、单位推派各界代表，召开各界代表会，作为军管会和人民政府传达政策、联系群众的协议机关，其职权由军管会和临时政府赋予。各界代表会作为协议机关，对政府没有直接约束之权，主要是听取军管会及市政府关于施政方针、政策及工作情况的报告，提出批评和建议，并向军管会及市政府反映人民的意见和要求，向人民传达、解释各界人民代表会议的决议案，协助市人民政府推行。[1]

1949年8月19日，中共中央专门发出指示，要求"三万以上人口城市均须开各界代表会"；"中小城市至少每月一次，每次一天，至多两天。大城市每月或每两月一次，每次一天两天，至多三天"；"每次解决问题不要多，应集中在一两个问题上"；"代表应固定为半年改选一次，连选得连任。在六个月内，不称职者临时改换，未吸收者逐步增加"；"代表会毕，有向人民传达和解释会议报告和决定的任务"。[2] 1949年12月2日，中央人民政府委员会第四次会议通过关于省、市、县各界人民代表会议组织通则，明确规定各级各界人民代表会议的产生、组织和职权，促进了各地各级人民代表会议的建立。

军管时期各级各界人民代表会议是人民代表大会的前身。随着新生的人民政权的巩固，在中央的统一部署下，各地相继召开人民代表会议，到1951年10月，全国28个省中有27个省、8个省级行署、146个市、2038个县召开了人民代表会议，其中17个省、69个市、186个县的人民代表会议已代行人民代表大会职权，选举建立了同级最高权力机关。1952年底，除香港、澳门以及台湾以外，全国所有省、市、县、区、乡都召开了人民代表会议，30个省中的19个省、160个市中的85个市、2174个县中的436个县和绝大部分乡镇的人民代表会议代行了人民代

---

[1] 中央档案馆编：《中共中央文件选集》第18册，中共中央党校出版社，1992，第422页。
[2] 中央档案馆编：《中共中央文件选集》第18册，中共中央党校出版社，1992，第422页。

表大会职权。[①]人民代表会议的普遍召开，使人民民主专政获得了日益庞大的群众基础，为正式实行人民代表大会制度奠定了基础。

综上所述，军事管制是中国共产党建立人民政府初期建立的最有效的统治形式，也是新中国城市最初的人民民主专政。城市军管会通过接管旧政权所属一切军事、政治、经济、文化等部门与单位的全部资产和物品，摧毁了国民党在全国的政权基础；同时在接管过程中，注意区分内地与边疆城市的差异，制定出适应不同地域城市特点的接管政策，完成了对各地的实际控制，逐步建立并完善了新生的人民政权。当军管会完成接管城市的任务后，一切权力也由选举产生的各级人民政府代替，实现了城市政权从"接"到"管"的过渡。新政权建立后，立即制定了改造旧城市、建设新城市的方针政策，开始了大规模的社会改造和经济恢复工作。

五、军管时期城市经济秩序与社会秩序的恢复

中国共产党和人民解放军接管城市之初各地城市的状况是，经济处于崩溃边缘，物价高涨，市场混乱，社会乱象丛生，城市风气败坏，各种社会问题堆积如山，严重影响着人民的日常生产生活。能否妥善平稳物价、稳定市场、整顿治安，恢复社会秩序，扭转社会风气，关系到新生的人民政权能否在城市立足和巩固。为此在接管城市的过程中，中国共产党在全国范围内普遍开展了城市经济重建和社会再造工作。

（一）稳定金融、物价与恢复城市经济秩序

新政权成立前后，全国各城市恶性通货膨胀和物价飞涨的一个重要原因在于国民党政权滥发货币，法币与金圆券改革相继失败，国民党所掌控的国家垄断资本带头囤积居奇、投机倒把，使社会游资相继参与物资囤积和金融投机，造成国民经济濒临崩溃。新中国成立前后，新生的人民政权为解决财政困难不得已增发了一些货币，而人民币在进入市场流通的过程中又面临"进不了城"与"下不了乡"的严重局面，种种因素导致1949年至1950年全国范围内出现了四次大幅度

---

① 何沁主编：《中华人民共和国史》，高等教育出版社，1997，第28页。

物价上涨。根据《1949年中国经济简报》统计："一年来物价如与战前比较，则各地主要商品价格指数至十二月底，上海为战前的一二·四四六倍，天津为战前一四·五七一倍，汉口为战前一一·三八一倍，济南为战前一二·四五七倍。"①为了尽快稳定市场，平稳物价，在中央的统一领导下，新政权在全国范围内以城市为中心开展了一场稳定金融、物价的经济斗争，主要包括：兑换金圆券等旧币，禁止金银流通，肃清外国货币（以美钞为主），打击金融投机以及以粮、棉、煤为主的投机活动等。

1. 旧货币的清理和新旧货币的兑换

为了稳定金融秩序，新生的人民政权做了大量的工作。首先在法律上制定相关的政策法令，规定具体的货币兑换原则与方法；其次储备了大量的人民币，以备数额巨大的兑换之需；最后在人手上抽调干部，做好兑换的准备工作。

军管会和人民政府发布公告，明令金圆券等旧货币为非法货币，禁止流通。考虑到市民的实际困难，在规定时间内允许旧货币流通，市民可以按照政府制定的兑换法令，在人民银行兑换一定数量的金圆券，这一把老百姓利益放在首位的做法取得了人民群众的支持和信任，兑换工作完成得较为顺利。如北平军管会金融处先是在1948年12月下旬就制定了工作计划，抽调多名干部加入全市设立的247个代兑所工作，次年2月北平市政府发布"金字第一号"——《关于伪金圆券兑换办法的布告》，规定自布告发布之日起，伪金圆券可继续流通20天，工人、学生、独立劳动者、工厂职员、学校教职员、城市贫民，可按规定办法与优待比价进行兑换；确认人民币为本市本位币，一切公私会计与交易均以人民币为计算单位，并暂定冀钞和东北券为辅币；兑换的比价是金圆券对人民币10∶1，每人可以兑换的优待价限额为510元，而优待价为3∶1。据统计，从1949年2月3日到22日止，全市共兑进金圆券8.3170亿元，兑出人民币1.9847亿元。通过兑换，有99.2万人得到了1.1524亿元人民币的优待好处，平均每人多得人民币116元，按当时的粮价，可买小米11.6斤。②

---

① 《1949年中国经济简报》，载中国人民解放军政治学院党史教研室编：《中共党史参考资料》第19册，内部编印，1979，第60页。
② 戎子和：《回忆北京的财经接管工作》，载政协北京市委员会文史资料研究委员会编：《北京的黎明》，北京出版社，1989，第183页。

上海作为中国的金融中心城市，情况更加复杂，因而华东局对准备工作更加重视。上海解放后的第二天，新成立的上海市政府就发布了《关于使用人民币及禁用伪金融券的布告》，规定此后所有完粮纳税以及一切公私款项收付、物价计算、账务、债务、票据、契约均须以人民币为计算及清算单位，不得再以金圆券或黄金银元以及外币为计算及清算单位。1949年5月29日，中国人民银行上海分行发布《关于收兑伪金圆券办法的布告》，规定自1949年5月30日开始至6月5日，收兑比价第一天为1元人民币兑换金圆券10万元，以后每日公布比价；收兑票面限50万元及10万元两种，各种其他票面一概不兑。上述布告发出后，上海市军管会下属金融接管机构在全市设立了369个收兑点（其中包括一部分私营银行和钱庄）进行收兑。在收兑过程中，收兑的比价实际上并没有按布告所规定的那样每日比价进行改变，而是从头到尾都按一个比价进行收兑。从5月30日至6月5日的一个星期内，上海市政府共收兑金圆券359000多亿元，兑出人民币3.59多亿元（旧币），所收兑的金额占整个流通总额的53%。[①] 通过货币兑换，新政府很快稳定了金融市场，物价得以下降，人民群众的生活也得到基本的保障。

2. 打击金融投机以及以粮、棉、煤为主的投机活动

相比顺利完成的旧货币兑换工作，新政府禁止金银流通和肃清外国货币的工作则遇到极大阻力，遭到部分投机分子的顽固抵抗。对此，各个城市政府根据具体情况采取多种措施，予以坚决打击。对各种投机活动的打击分为两个阶段：第一阶段是各大城市严厉打击金融投机，第二阶段是打击以粮、棉、煤为主的投机活动。

（1）打击金融投机

在各大城市进行新旧币兑换、人民币刚进入市场尚未立稳脚跟之际，金融投机分子趁机抬高金银币值，引起金融市场的价格波动，直接导致物价的全面上涨。面对这一局面，在中央的统一领导下，军管会联合多个城市管理的职能部门，集中金银等货币物资，展开了对金融投机分子的严厉打击，各大城市都取得了打击金融投机的胜利，奠定了人民币的市场地位。

以天津市为例，天津市军管会针对收兑金圆券之后，天津倒卖金银的黑市活

---

① 陈穆：《接管官僚资本银行概述》，载政协上海市委员会文史资料工作委员会编：《上海解放三十五周年》，上海人民出版社，1989，第187页。

动仍十分严重的情况,首先发布通告:"严禁一切金银、银元计价流通、私相买卖和携带出市,但准许人民持有,凡愿出售必须向国家银行兑换。"同时严厉查缉,强制兑换,捉拿投机大户。最终银元被赶出天津市场,金价与物价开始脱离。1950年初,天津金银黑市基本肃清。①

北平情况与天津基本相同。北平解放之初,金银黑市价十分猖獗,王府井、前门、朝阳门等通衢要道形成了银元公开买卖的市场。对此,北平市军管会采取人民银行和公安部门合作的办法,对黑市进行调查摸底,做好打击准备;然后发出通告,严申禁令。1949年3月4日,军管会组织力量一齐出动,严缉查拿走私贩,三天内拘捕金银贩子380人,查获银元1778枚,及时地刹住了这股逆风,更加巩固了人民币在北京市场的地位。②

上海市政府进行的打击金融投机的斗争较之天津、北平更为艰苦,形势更为险恶。上海在旧中国曾是国内外投机资本的聚集地,投机性是旧上海经济的一大特色。上海解放不久,金融界的投机势力操纵黄金、白银、美元的价格,疯狂进行金融投机。从1949年5月28日至6月9日,每枚银元的价格猛涨两倍,银元暴涨又引起了整个市场物价的急剧上涨,严重影响了市民的生活和经济的稳定。在中央财委向上海市场抛出10万银元但未能缓解银元涨价的情况下,上海市政府果断采取强硬手段,于6月10日派军队和公安局查封证券交易所,逮捕238名扰乱金融的首要投机分子,并进行了为期一周的宣传教育和打击取缔金银投机活动,迫使投机贩子停止活动,银元价格很快下跌50%,物价下降8%。这场打击金融投机的斗争取得阶段性胜利,对巩固人民币在上海金融市场的地位,建立正常的经济秩序、稳定物价,均起着重要作用。

(2)打击以粮、棉、煤为主的投机活动

在各城市军管会和人民政府严厉打击金融投机活动取得阶段性胜利后,各城市的投机分子又掀起了以粮、棉、煤为主的商业投机活动。在中央的统一部署下,各城市政府根据实际情况,采取多种措施,充分利用国家力量和城市资源,

---

① 中共天津市委党史资料征集委员会、天津市档案馆编:《天津接管史录》(上卷),中共党史出版社,1989,第178页。
② 马句:《兑换人民币,取缔银元贩子》,载政协北京市委员会文史资料研究委员会编:《北京的黎明》,北京出版社,1989,第221页。

互相配合，共同努力，顺利实现了全国物价的回落。

城市金融投机风波平息后，市场物价暂时处于平静状态，但由于货币流通量的猛增，投机活动遂由银元转向了大米、纱布及煤炭，导致整体物价又出现上涨，尤以上海物价上涨最为快速。从1949年6月23日到7月30日上涨了1倍，其中7月11日至16日的6天内，米价上涨96%。上海市政府立即采取配售大米、抛售物资和加强市场管理等三项有力的措施，使投机活动很快受到控制。1949年10月，上海的投机商人又利用棉花、纱布作为突破口，掀起一场更为猛烈的涨价风。11月下旬，上海的棉纱价格上涨了3.8倍，棉布价格上涨了3.5倍，还导致全国物价急剧上涨，涨价风持续的时间长达50天之久。面对这一情况，在中央统一领导下，全国调集物资，于1949年11月25日在全国各大城市统一行动，集中敞开抛售相关物资，使囤积抬价的投机分子受到沉重打击。此外，上海市政府还运用经济手段，分别从金融、税收、价格、市场管理等几个方面，配合打击商品投机活动，迫使投机商人低价吐出囤积的物资。1950年春节期间，上海市政府又一次制止了春节期间由投机商掀起的抢购风。经过以上几个回合的斗争，上海的投机势力受到致命打击，人民币在市场上站稳了脚跟，物价渐渐平稳，人民的生活得到了改善。

西部内陆中心城市成都的投机势力也很猖獗。1950年初，成都的投机势力采取囤积居奇的方式哄抬物价。2月下旬，成都市军管会坚决打击，全力遏制，果断地通过川西贸易公司连日以低价大量抛出纱、布、食米，"各市场的货物卖气更旺，货物涌出，市场只听到一片卖声，各商竞相垮价，呈竞卖之势"[①]；其后，成都市军管会又决定抛售粮油、棉花、洋纱、布匹、食糖、纸张等重要生活物资，市场上各种货物的价格完全向川西贸易公司售价标准步步下降。2月22日，南北米市场的米每石为120万元，次日则跌至40多万元1石。同一天，其他物资的价格也下降了50%以上，零星小吃及菜蔬价格也相继下跌，2月21日每碗牛肉面为1.2万元，22日则降至0.6万元，23日仅卖0.3万元；22日每个锅盔（烧饼）为0.4万元，次日则降至0.1万元。23日猪肉每斤为1.6万元，比上一日下降了一

[①] 《匪特阴谋全部瓦解，市场各货跌势凶猛，卖声一片，市场仍看跌》，《工商导报》1950年2月24日，第1版；《市场趋向正常，物价继续下跌，疋头百货低价少交》，《工商导报》1950年2月25日，第1版。

半。①到2月28日，成都市场上一般物价都跌到了接近物价上涨前2月14日的价格水平，有些甚至还跌到了14日价格以下，市场至此渐复正常。②

综上所述可见，中国共产党对稳定金融及物价的努力是成功的。城市新政权通过运用强势的行政、军事力量及雄厚的资金和物资，加强对金融的管理，集中力量打击金融、粮食、纱布等市场的投机活动，采用抛售物资平抑物价、控制通货膨胀等措施，被事实证明是行之有效的，不仅稳定了城市经济秩序，还赢得了人民群众的信赖，提高了新政权在人民心中的威信，不太成熟的新政权由此开始掌握城市经济命脉，用实际行动证明中国共产党不仅能领导中国人民打碎旧秩序，而且有能力建设起一个独立、富强的新中国。

（二）城市的社会改造与社会秩序的恢复

在半殖民地半封建社会条件下，统治阶级专横暴敛，对民众残酷压迫和剥削，城市问题丛生，贫富不均、失业、腐败、犯罪、娼妓、吸毒、黑社会等是那个时期城市普遍存在的现象。因而中国共产党决心从根本上改变中国城市的面貌，在新解放的城市开始进行改造工程，整顿城市社会治安、净化城市社会风气。

1. 整顿城市社会治安

军管时期新政权整顿城市社会治安的工作主要包括以下四个方面的内容：

（1）收容和遣散残留在城市中的国民党散兵游勇

在人民解放军解放各城市的过程中，大批国民党正规军队被歼灭，剩下的或逃亡，或接受和平改编，一些游荡于社会上的散兵游勇进行着各种危害人民、破坏城市社会治安的活动。为此，各城市政府中的警备司令部、公安局以及其他单位相互配合，建立专门处理散兵游勇的机构，积极稳妥地对国民党的散兵游勇进行收容和遣散。

新中国成立前，北平市专门成立了北平市流散军人处理委员会，制定了流散军人和散兵游勇的处理方式以及收容方法。此外，平津卫戍司令部、北平市军管会和北平警备司令部还发布了一系列布告和命令。从1949年2月3日正式开始

---

① 《成都市军事管制委员会工商处关于二月来物价动态及我们的措施的报告》（1950年3月3日）四川省档案馆，全宗号：建西006，案卷号：10，原卷号：12。
② 《记取二月涨风的教训，商人们不要再投机》，《工商导报》1950年3月1日，第1版。

到3月21日止，北平市共收容和处理流散官兵30912人，收缴长短枪692支，轻机枪3挺，汽车30部，还有其他军粮及军用通信设备器材、药品、新旧被服等一批物资。①上海解放后，迅速成立由警备司令部、公安局、民政局等单位联合组成的治安委员会和军警民联合办事处，各区也成立相应的机构，统一指挥收容散兵游勇，同时统一协调处理市、区的治安工作。随后，淞沪警备司令部颁布《收容蒋军溃散官兵的决定》，发布命令责令散兵游勇限期到指定地点报到，听候处理。上海收容和处理散兵游勇工作从1949年6月10日开始，仅十余天就收容了近2万人。6月23日，上海市公安局发布《关于蒋匪在乡军人登记管理办法》，先后又有2827名散兵游勇前来登记。对于所收容的散兵游勇以及生活有困难的在乡军人，公安机关联合有关部门进行了遣散和安置。②其他各城市也都与北平和上海一样，采取了多种措施收容散兵游勇，使社会治安的隐患逐渐得到消解。

（2）打击城市盗匪抢劫活动

新中国成立初期，新旧政权交替，一些盗匪利用这一机会到处进行抢劫活动，严重影响社会稳定，对国家财产和人民安全造成危害。各城市军管会根据本地情况，采取了一系列措施对盗匪进行清剿和法办，对持枪杀人作恶多端者实行严厉镇压；对惯盗惯匪送法院判刑，长期管训，劳动改造；对胁从者，进行教育，取保释放，并交群众监督，防止其再犯。

北京是新中国的首都，军管会高度重视北京的社会治安，市公安局通过采取专门人员侦捕、加强巡逻、严格户口管理制度、发动群众检举、组织防匪小组、安置警铃等措施，取得良好的治理效果，从1949年2月至11月，共破获抢劫案309件，捕获人犯594名；破获盗窃案2880件，捕获人犯3774人。③经过集中整治后，北京市城区和郊区的抢劫案和盗窃案大为减少。

天津作为北方重要城市，在解放初期也一度出现较为严重的盗劫活动，1949年1月下旬到4月底，全市共发生抢劫案185起，盗窃案1503起。天津市公安局采取了多种办法进行打击，如提高干警队伍的素质和战斗力、加强对公共场所检

---

① 《北平市处理国民党流散官兵的工作总结》，《人民日报》1949年4月3日，第4版。
② 《收容蒋军溃散官兵的决定》，《关于蒋匪在乡军人登记管理办法》，上海市档案馆馆藏，档号：B1-1-20。
③ 《北京市公安局一年来公安工作报告》（1949年12月31日），载北京市档案馆编：《北平解放》下，中国档案出版社，2009，第690页。

查和侦察、加强对惯匪惯盗的调查和摸底、加强对枪支弹药的收缴等，破案率不断提高，1949年全年共破获抢劫案440起，破案率为75.8%，捕获犯人581人，缴获枪支125支，获赃物折合白布410匹；破获盗窃案3765起，破案率为82.5%，捕获犯人3849人，获赃物折合白布1600匹。①

广州市在解放的头几个月，抢劫案、盗窃案也非常多，仅1949年11月内就发生抢劫案514起，盗窃案278起。面对这种状况，广州市政府积极组织工人纠察队，动员广大人民群众，配合解放军广州警备区和广州市公安机关展开清除盗匪的工作。自1949年10月至1950年9月，广州市共破获抢劫案614宗，盗窃案3002宗②，有力地打击了盗匪的抢劫活动，保护了人民生命财产，维护了社会治安。除了京津等城市外，全国其他城市也都采取了很多措施，打击制止了各种违法行为，使社会治安逐渐得到恢复。

（3）收容游民乞丐

新中国成立初期，全国各地城市还充斥着大量的游民乞丐，影响市民生活，也加剧了社会秩序的紊乱。军管时期为根除这一长期存在的社会问题，根据中央关于"劳动生产与政治思想教育相结合""改造与安置相结合"的方针，各城市成立了收容所等专门机构，并采取了一系列有效措施，对游民乞丐进行收容、教育和劳动改造。各地城市收容处理游民乞丐的基本原则主要有三条：一是尽量动员说服其返乡生产；二是对老弱病残、无家可归者予以收容，并授以简单的生产技艺，使其能自食其力；三是集中组织有生产能力者参加生产。凡经动员说服而自愿回乡者，先登记，然后集中分发路费遣送。遣送的办法是本着负责到底的精神，由各城市人民政府电告相关省市并转各县，对返乡游民、难民、乞丐妥善安置。被遣送的对象，由政府出具返乡生产证明书；路途遥远者，派专人护送到交接地点。对有劳动能力而不愿返乡，或无家可归的难民、乞丐、游民，则将其集中起来，加以编组进行帮助教育，待其思想认识有所提高后，或劝其返乡生产，或送往指定的地区开垦荒地。收容的老弱病残且无家可归者，人民政府动员工商、慈善团体，以及社会人士募捐，筹集资金创办生产自救工厂，如草鞋厂、编竹器厂

---

① 《难忘的岁月——天津市初期社会整治纪实》，中共党史出版社，1994，第261页。
② 中共广东省委党史研究室编：《广东党史资料》第20辑，广东人民出版社，1992，第156页。

等,以达自食其力的目的。北平市从1949年5月27日至6月3日,共收容乞丐854人,经过教育改造后,大多数乞丐转变了思想,认识到了劳动光荣的道理,并走上了自食其力的道路。[①]天津市从1949年5月25日到7月31日,共收容1594名乞丐,其中有352人经教育后取保回家,自谋生路;有463人愿参加生产劳动,被编入劳动大军,到察哈尔、芦台开荒;另有210人遣送回籍,有464人转送教养院,有32人查明属于游兵散勇而移送"散兵处理委员会",另外有13人死亡,有58人潜逃,有2人移送法院。[②]成都市从1950年7月开始陆续成立了12个收容单位,到1953年12月底,全市共收容社会游民、乞丐15559人,经教育改造后,遣送回原籍的有4524人,介绍就业、结婚、领养的有4313人,送教养院收养的有4958人,移交相关单位处理的有965人,病亡的有772人。经过长达4年的艰苦工作,长期存在于成都市的游民乞丐问题基本得到解决。[③]国内其他城市的情况也与北平、天津和成都等城市大体相同,基本解决了旧社会长期遗留下来的游民乞丐问题。

（4）解决失业与社会救济

新中国成立初期,各大中小城市都普遍面临着严重的失业问题,截至1950年9月底,全国城镇失业人员已达472.2万人,失业率高达23.6%。[④]其中尤以上海、南京、武汉、广州、重庆五城市最为严重,上海在解放初有15万人陷于失业[⑤],重庆解放时全市失业人员达12余万人,还有10余万停工待业的人员[⑥],武汉市1950年有失业工人82816人[⑦]。全国各城市的失业工人及家属挣扎在饥饿线上,部分人

---

① 《中共北平市委关于收容乞丐工作总结》(1949年7月),北京市档案馆编:《北平和平解放前后》,北京出版社,1988,第398页。
② 《天津市民政局关于收容处理乞丐总结》(1949年9月20日),转引自张凤霞、马超:《建国初期党和政府成功治理乞丐问题历程及经验追溯》,《西南民族大学学报》(人文社会科学版),2015年第2期,第210—214页。
③ 中共成都市委党史研究室编:《接管成都》,成都出版社,1991,第191页。
④ 国家统计局社会统计司编:《中国劳动工资统计资料》(1949—1985),中国统计出版社,1987,第109页。
⑤ 中华全国总工会:《救济上海及全国各地失业工人告全国工人书》,《新华月报》1950年第2卷第1期。
⑥ 重庆市地方志编纂委员会总编辑室编纂:《重庆大事记》,科学技术文献出版社,1989,第290页。
⑦ 《武汉文史资料》编辑部:《武汉文史资料一九八九年第三辑:建国初期武汉大事选记》,武汉市政协文史资料委员会,1989,第63页。

沦为城市里的游民、乞丐，也有人为了生计偷盗或抢劫，危害城市社会治安的同时也严重影响了城市生产和社会秩序的恢复。

新生的人民政权十分重视解决失业问题，先后都成立了"失业工人救济委员会"等专门机构，采取失业登记和社会救济，以工代赈、生产自救、转业训练、移民就业、还乡生产，发放救济金等多项措施并举，帮助失业工人克服困难、渡过难关。据统计，截至1950年12月，部分大中城市参加生产自救者有79439人，还乡生产者有98408人，介绍就业者有365974人，以工代赈者有123854人，转业训练者有9072人，领救济金者有113190人，总计789937人，占全国失业工人的59.7%。① 失业问题虽然没有得到彻底解决，但是有了一定的缓解，很大程度上稳定了人心，为下一阶段经济的恢复和社会秩序的稳定创造了条件。

2. 净化城市社会风气

旧中国城市遗留下来的烟毒、娼妓是两大毒瘤，严重影响着社会风气，新政府接管城市后予以坚决取缔。

（1）严厉禁烟肃毒

"鸦烟流毒，为中国三千年未有之祸。"② 鸦片战争前后，烟毒就开始在中国泛滥，此后百余年间流毒不绝，一直是荼毒中国的重大社会问题。新中国成立前后，全国各地大小城市烟馆林立，吸毒人数多达2000万人，占总人口的4.4%。③ 如武汉在解放初有烟民6878人，贵阳有4万人，福州市有制、贩、运、售烟毒者359人，厦门有606人。④ 烟毒活动不仅与反革命活动相结合，还向新政权渗入，腐蚀了一批党政干部，严重威胁新政权的巩固，污染社会风气。对此，各城市军管会在中共中央的指示下，展开了一场全面的、有步骤的严厉的禁烟禁毒运动。这项运动大致经历了三个阶段：

第一阶段，从各地城市解放到1950年2月为止，主要是调查烟毒泛滥的情况，通过调查摸底，为新政权制定全国范围内的禁毒政策提供了比较准确的依据。

---

① 毛齐华：《一年来救济失业工人工作的成就》，《新华月报》1951年5月。
② （清）魏源撰：《海国图志》（中）卷37，岳麓书社，1998，第1092页。
③ 有林、郑新立、王瑞璞主编：《中华人民共和国国史通鉴》（第一卷），红旗出版社，1994，第7页。
④ 马维纲：《禁娼禁毒：建国初期的历史回溯》，警官教育出版社，1993，第128页。

第二阶段，从1950年2月至1951年底。1950年2月24日，中央人民政府政务院第二十次会议通过《严禁鸦片烟毒的通令》，标志着全国性禁烟禁毒运动正式开始。在中央人民政府统一领导下，在全国范围开展禁烟禁毒斗争，工作重点为禁种、禁运、禁吸，对烟民加强思想教育，禁烟禁毒取得重大成果。北京、上海、天津、武汉等大城市逮捕惩治的罪犯都数以千计，毒品泛滥严重的昆明市于1950年12月末当众销毁了收缴的鸦片110000两。① 截至1951年底，贵阳市共捕获烟犯6000余名，缴获鸦片123767两。②

第三阶段，从1952年初至年底，禁烟禁毒运动在全国范围向纵深发展。1952年4月15日，中共中央下发《关于肃清毒品流行的指示》，要求各地结合"三反""五反"运动，开展更加深入的大规模的群众性禁毒斗争，以彻底肃清毒品。8月，在公安部的统一部署下，各地城市公安机关集中力量连续组织三期破案行动，共逮捕毒贩82056人。③ 据统计，禁烟禁毒运动中天津市共挖出大小毒贩3086人，缴获烟土5914两，制毒机6台，其他制毒、吸毒用具4230件；西安市共处理毒贩10664人，缴获烟土20725两，制毒原料醋酸1821两，制毒机12台，制毒工具2164件。全国城乡共依法处理毒贩51627人，缴获毒品（折合鸦片）339万余两，制毒机235台，各种贩、运藏毒工具263459件。

禁烟禁毒运动截至1952年底胜利结束，中国各级城市基本消除了烟毒。

（2）整治娼妓

中国的娼妓始于殷商时代，至晚清民国，娼妓问题已成为中国社会的顽疾之一。在半殖民地半封建社会的旧中国，由于卖淫嫖娼合法化和社会化，娼妓业十分兴盛，尤其是在工商业繁荣、人口流动率较高的大中城市和交通枢纽、商业城镇，娼妓业更是兴盛。据统计，新中国成立初期，全国主要城市的妓院有近万家，其中上海登记在册的有800多家，妓女9000余人；天津登记在册的有530家，

---

① 马维纲：《禁娼禁毒：建国初期的历史回溯》，警官教育出版社，1993，第3页。
② 金士宝、廖以文：《贵州肃毒》，载马维纲：《禁娼禁毒：建国初期的历史回溯》，警官教育出版社，1993，第278页。
③ 马维纲：《禁娼禁毒：建国初期的历史回溯》，警官教育出版社，1993，第5页。

妓女1669人①；北京共有登记在册的合法妓院230户，妓女1421人②。但实际上妓院和妓女数远不止于此，暗娼并未统计在内，据调查，一些城市妓女数与当地人口的比例在1∶150~200。③娼妓业就像毒瘤一样危害着社会肌体，腐蚀着人们的灵魂，成为严重的城市社会问题。新政府决定彻底清除这一城市痼疾，彻底解救广大妇女，禁娼工作大体包括三个步骤：

第一，将妓院纳入管制范围，限制其发展。各城市政府相继颁布了对妓院进行管制的规定，公安机关依照这些规定，对妓院进行了登记，内容包括妓院的字号、老板、领家的姓名、住址，妓女人数，妓女中哪些是有"领家"的、哪些是"自混"的，有领家的妓女是在什么时间、什么地点、多少钱买来的，等等。同时，保护妓女的人身权利，为其转行创造条件。

第二，封闭妓院。封闭妓院主要有两种方式：一是作好充分准备，集中力量在统一时间，一举将全部妓院予以封闭，如北京即采取此种方式；二是"寓禁于限"的方针，即以缓和的方式，在较长的时间内逐步取缔妓院，上海、天津、武汉等城市则采取此种方式。

第三，收容、教育妓女。在对妓女和妓院老板的处理上，各地政府采取区别对待政策：对于妓院老板和领家，除关闭妓院外，还没收财产；对妓女则采取收容改造、教育从良、回原籍或就地参加生产等办法，加以妥善处理。

军管时期对娼妓的管制，有效地抑制了妓院的发展，各大中城市妓院和妓女人数大为减少。如到1949年10月，上海妓院减少至264家，妓女减少至1243人，1951年11月上海全市妓院仅剩下72家，妓女181人；天津市刚一解放，军管会即对妓院采取种种限制措施，到1950年初，天津的妓院减少了213家，妓女减少了899人。④截至1952年，各大中城市适时地封闭了残存的妓院。所有被收容教养的妓女最后都得到妥善安置，如北京收容的1316名妓女，经过教育改造后，结婚的有596人，占总数的45.3%；回老家的有379人，占总数的28.7%；作为妓女领家处理的62人，占总数的4.7%；另有209人无家可归，政府为她们建立了新生棉织

---

① 杨洁曾、贺宛男编：《上海娼妓改造史话》，上海三联书店，1988，第25页。
② 《执行第一届各界人民代表会议决议案情况及今后工作方针与计划的报告》（1949年11月20日），《北京市各届人民代表大会会议文献资料》，第27页。
③ 马维纲：《禁娼禁毒：建国初期的历史回溯》，警官教育出版社，1993，第7页。
④ 马维纲：《禁娼禁毒：建国初期的历史回溯》，警官教育出版社，1993，第21、51—52页。

工厂，让她们参加生产劳动，自食其力。①

新中国成立前后，中国共产党通过对城市实行军事管制，强化政府的权威和调控能力，运用多元化的综合手段，成功对旧社会遗留下来的污泥浊水进行了彻底涤荡，改变了旧中国诸多城市乱象，全国各地城市的治安状况明显好转，社会风气风貌得到很大改善，进一步稳固了中国共产党领导的城市新政权。

第二节　国民经济恢复时期城市发展

从1949年中华人民共和国成立到1952年底的三年国民经济恢复时期，是城市管理从军管制向地方政府管理过渡的时期，也是为日后大规模经济建设进行准备的时期。随着城市政治、经济和社会秩序的恢复重建，非常态的军管制逐步退出历史舞台，权力也移交给市政府，城市管理进入常态化轨道。如何改造半殖民地半封建社会的旧城市、建设社会主义的新城市，是这一时期中国共产党城市建设和管理面临的主要问题。三年国民经济恢复时期，中国的政治、经济和文化发生了根本性的巨变，城市面貌也发生了重大改变，新生的中华人民共和国开启了中国历史的新征程。

一、城市管理机构的调整与重建

从全国范围来看，随着1952年底军管制的普遍取消，城市进入常态化管理阶段，城市管理机构的调整与新设，是国民经济恢复时期城市管理较为鲜明的变化。

1953年1月13日，中央人民政府委员会第二十次会议审议通过了《关于召开全国人民代表大会及地方各级人民代表大会的决议》，"决议于1953年召开由人民用普选方法产生的乡、县、省（市）各级人民代表大会，并在此基础上接着召

---

① 北京市公安局编：《北京封闭妓院纪实》，中国和平出版社，1988，第68页。

开全国人民代表大会"①，各级人民代表大会和各级人民政府是人民行使国家政权的机关，这一决议标志着在全国范围内明确将城市管理的最高权力机关从军管会移交到各级新兴的人民政府，军管会的一切权力也由选举产生的城市政府完全替代。随着地方各级人民政府的建立，新中国成立初期具有强烈军事色彩和临时过渡性质的军管会，彻底退出了历史的舞台，中国共产党的城市管理工作，也随之进入了不断完善、动态调整的新阶段。

在三年国民经济恢复时期，城市管理工作尚属初创，大城市管理机构的调整与重建更加复杂，也是中国共产党城市工作的重点。

随着解放战争不断取得胜利，中共中央高度重视城市的建设与发展，在解放区内除保留原有的设市城市的建制以外，也不断增加了一些新的市建制。这一时期中共中央对市建制进行了制度创新，在省辖市之外增设了专区辖市，即将部分规模较大的县城和具有较为重要政治、军事意义的县城设置为专署直辖市。到1949年底，新中国共有设市的城市136个（不包括台湾和西藏），其中直辖市有12个，省辖市35个，专署直辖市65个。1952年设市的城市已经发展到160个。②

新中国成立初期，中国共产党在各城市建立了新政权，一般都经过了长短不一的军事管制时期，各级城市人民政府建设在同步进行，因而建立的时间也有先后。东北地区是最早解放的地区，因而市政府的建立也最早，哈尔滨于1946年4月解放，随即成立哈尔滨特别市政府，沈阳和长春也相继在1948年成立市政府。随着解放战争向全国推进，华北、华中、西北和东南沿海一带城市相继获得解放，石家庄、天津、郑州、南京、北平、西宁、兰州等城市相继成立了市政府。1949年华南、西南等区域也获得解放，广州、重庆、南宁、昆明、成都等城市也相继成立了市政府。1950年底，全国除西藏、海南、台湾等少数地区外都已解放，各城市都相继成立了市政府。但由于新生政权尚未稳固，军管会全面负责了大城市的接管工作，此时新成立的市政府仍在筹建阶段，大多沿袭解放前的城市管理机构，机构设置不完善，管理人员也多以旧社会的政府职员为主。

---

① 《关于召开全国人民代表大会及地方各级人民代表大会的决议》，中共中央文献研究室编：《建国以来重要文献选编》（1951年），中央文献出版社，1994，第16—17页。
② 《当代中国》丛书编辑部编辑：《当代中国的城市建设》，中国社会科学出版社，1990，第34页。

从职能发挥来看，新中国成立初期的市政府作用尚不突出，大多数城市政府实际上仅作为"军管会的下属机构之一，只起着一定的辅助作用"[①]，如 1949 年 5 月成立的西安市政府，属于军管会下属的十三个部门之一，负责掌管市政和接管、接收属于市政范围之内的敌伪机关、资料、文件、档案、人员等；成都市政府在 1950 年 1 月成立后，初期也只是军管会的下属机构之一，附设在政务接管委员会之下，职责限于接收旧市政府、旧市参议会等机关，动员群众进行市政建设等工作。随着形势的发展和城市工作的需要，新的人民政府在建设过程中，开始不断完善功能和结构，常设工作机构也不断增加，政府主要负责人也开始发生变化。从军管时期到国民经济恢复时期，上海、天津等地都重新编制了政府工作人员，军管会的负责人开始担任政府各部门的重要领导人，同时领导和充分利用旧人员积极开展城市管理的各项工作。

新中国成立后，鉴于各地城市管理与建设工作各自为政不利于国民经济的快速恢复，为加快社会经济发展，中央分阶段逐步把城市工作纳入国家统一指导的轨道。首先，尽快建立城市建设的管理机构。1949 年 9 月，中央人民政府经济委员会成立，计划局下设基建处，主管全国基本建设和城市建设，此后，中央人民政府财政经济委员会、建筑工程部、国家计委、国家建委、国家经委都先后负责过城市规划管理工作，或在特定时期进行过共同管理。1951 年 2 月，《中共中央政治局扩大会议决议要点》明确了城市建设的基本方针："在城市建设计划中，应贯彻为生产、为工人阶级服务的观点。"同年 8 月，中央财政经济委员会出台《基本建设工作程序暂行办法》，对建筑设计、施工等做出了规定，当月成立了国家建设工程局。[②]而在各地的政府机构中，也相应设立了建设局，后增设建设委员会，与建设局合署办公，具体负责城市的规划与建设工作。随着各地市建设局的机构设置与人员配备，以兰州为代表的部分大城市开始着手组织测量队进行地形图测绘工作，对城市及周边的经济、自然和人文资料进行搜集整理，这些工作也为后来的城市规划与建设奠定了基础。

为了进一步建立健全各级城市建设管理机构，中央于 1952 年 8 月在北京成立

---

① 何一民主编：《革新与再造：新中国建立初期城市发展与社会转型（1949—1957）》上册，四川大学出版社，2012，第 38 页。

② 王勇、李广斌：《中国城市群规划管理体制研究》，东南大学出版社，2013，第 76 页。

了建筑工程部（建工部），次年即增设城市建设局，主管全国城市建设及规划管理工作，同时新成立了城市规划局（处），负责全国的城市规划设计工作。城市建设局开始强调城市总体规划设计，特别是对新建城市与工业项目较多的城市，都要求进行城市总体规划设计，强调城市建设须规划先行、科学设计，为其他城市的建设开了一个好头。此后，全国各直辖市和省辖市相继成立了公用局、市政局或建设局等城市建设管理机构，具体分管城市的各项市政设施建设和管理。

1952年9月，中央人民政府财政经济委员会召开了新中国成立后的第一次城市建设座谈会，这是新中国城市建设历史上非常重要的一次会议。会议决定要自上到下从中央到地方建立健全各级城市建设管理机构，城市建设要统一规划、长期计划、分类建设、有序发展。会议决定将我国城市分为四类：重工业城市、工业比重较大的改建城市、工业比重不大的旧城市和一般城市，按分类原则有重点地进行城市建设的方针，要求39个城市设立建设委员会。在这次座谈会上，齐齐哈尔、北京、大同、包头、西安、兰州、大冶、成都八市被确定为重工业城市。

三年国民经济恢复时期，中共中央在城市工作中除了加强管理机构建设外，更重要的是恢复城市生产，恢复城乡经济，为大规模生产建设奠定基础。在中央统一管理、统一领导的指导思想下，城市工作被纳入国家财政经济工作，并根据国家大政方针与局势的变化不断调整，短期内也取得了实效。

在迅速恢复城市工商业生产和整顿经济秩序的基础上，中共中央和各省市政府对如何建设社会主义新城市进行了初步探索。新中国成立前后，中国面临十分严峻的财经形势，与"1949年与全国解放前的最高年份比较，农业总产值下降20%以上，工业总产值下降一半"，恶性通货膨胀和物价飞涨，人民生活质量严重下降。[1]在此危局之下，党中央任命陈云主管全国财经工作，并将陈云在东北解放过程中接管城市、稳定物价的经验推广到全国。通过上下一心的共同努力，新中国成立后只用了半年时间，就做到了财政的基本平衡和物价的基本稳定。1950年3月，中央颁布了《关于统一国家财政经济工作的决定》，明确了中央财经工作的指导方针："巩固财政经济工作的统一管理和统一领导，巩固财政收支的

---

[1] 曹源：《陈云与新中国共同走过的路》（上），中国共产党新闻网，http://www.dangshi.people.com.cn/n/2015/0615/c85037-27157611.html。

平衡和物价的稳定。"①在中央统一布置的原则下，因地制宜地实行三级财政制度，以调动地方的积极性。

新中国成立初期，党中央积极贯彻新民主主义革命时期的工商业政策，坚决保护民族工商业者的合法经营，抓好工商业调整工作，按照公私兼顾的原则，结合城市自身条件，积极恢复国营、私营以及手工业的生产，巩固了新生政权。尤其是对于私营工商业采取保护政策，帮助私营工商业恢复生产，从各方面扶持私营工商业的发展，采取了计划订货、统购包销等措施，稳定了人心与市场，取得了良好的成效。天津解放后的第二个月，89.5%的私营工厂复工生产，工厂数量也很快增加，从原来的9837户增加到12311户，职工人数也增加了18.2%②，这些举措也为城市经济的恢复奠定了基础。

除此之外，中央更注重培养城市管理人才。如何接收和管理城市，是长期以农村工作为重心的中国共产党在新中国成立后面临的新问题与新挑战。城市管理和建设需要有懂管理懂经济的人才，为此毛泽东号召全党同志"工作重心必须放在城市，必须用极大的努力去学会管理城市和建设城市"③。党中央迅速开办了一些干部学校，如华东大学、华北人民革命大学、华东军政大学、西北人民革命大学等，招收了大量革命知识分子进行整治思想教育，经过一段时间的培训就进入新政府工作，数十万学员被派往全国各地。除此之外，党中央抽调了大量南下干部，集中召开动员大会，学习城市政策与纪律。随着解放后城市管理与建设的推进，越来越多的共产党干部在实践中成长，迅速成为建设和管理新中国城市的骨干力量。

根据党中央"变消费城市为生产城市"的指导方针，三年国民经济恢复时期，城市建设坚持以经济建设为中心。④1950年10月，为保证中国的国防安全，中国人民志愿军入朝作战。争取抗美援朝的胜利成为首要任务，国家经济建设

---

① 陈云：《一九五一年财经工作要点》，中共中央文献研究室编：《建国以来重要文献选编》（1951年），中央文献出版社，1994，第198页。
② 中共天津市委党史资料政绩委员会、天津市档案馆编：《天津接管史录》（上卷），中共党史出版社，1989，第21页。
③ 毛泽东：《在中国共产党第七届中央委员会第二次全体会议上的报告》，《毛泽东选集》，人民出版社，1964，第1317—1318页。
④ 《变消费城市为生产城市》（社论），《人民日报》1949年3月17日，第1版。

的投资相应减少。"今年（1951年——作者注）大约只有相当于四万万美金这个数目。如果没有抗美援朝战争，则这方面的投资可以多得多。"[1]城市建设所必需的资金缺口如何解决，成为制约新中国城市发展的重大问题。在广泛调研的基础上，在城市工商业大体恢复的情况下，1951年3月政务院通过了《关于进一步整理城市地方财政的决定》，确定了城市各项附加税的种类及比率，"规定只保留工商业税附加，其他附加，一律停征。在工商业税中，只在营业税、所得税、临时商业税上附加。摊贩业税不附加。以上附加，国营企业与合作社同样负担。各城市现行附加比率，最低为百分之十，最高为百分之二十五，兹规定附加比率只能在百分之十到十五的范围以内"[2]，这次会议明确了城市地方财政可用于市政基础设施建设，从而为城市建设筹集了部分资金。在此期间，通过抑制通货膨胀，恢复城市工商业，在稳定城市经济秩序的基础上，逐步构建起了以国营经济为主导，多种经济成分并存发展的新民主主义经济模式，在坚持抗美援朝的同时兼顾城市的各项建设。1951年10月，为了支援抗美援朝，增加生产，厉行节约，各级城市广泛开展了爱国增产节约运动，工厂进行生产竞赛，号召工人增加生产，推动了工业生产的快速恢复和发展。

经过各方面努力，1951年的全国经济形势明显好转。根据浙江省政府的报告，1951年浙江省的工业总产值就增长40.7%，社会商品零售总额增长42.31%。[3]但在恢复和发展生产过程也开始出现贪污浪费现象，有鉴于此，中央于1951年底到1952年10月期间，开展了"三反""五反"与整风运动。"三反""五反"工作按照先城市、后农村，循序渐进、区别对待的方略在全国推进，最早在省会城市展开，然后是大中城市、小城市和农村。1952年，在城市私营工商业者中开展了"五反"运动，即反行贿、反偷税漏税、反盗骗国家财产、反偷工减料、反盗窃国家经济情报的运动。1952年1月，中央发出《关于在城市中限期展开大规模的坚决彻底的"五反"斗争的指示》，要求向违法资本家大张旗鼓开展"五反"运

---

[1] 陈云：《一九五一年财经工作要点》，中共中央文献研究室编：《建国以来重要文献选编》（1951年）第二册，中央文献出版社，1994，第190页。

[2] 财政部综合计划司编：《预算管理制度选编》第4分册《预算外资金》，中国财政经济出版社，1984，第2页。

[3] 中共浙江省委党史研究室、中共浙江省委统战部编：《中国资本主义工商业的社会主义改造》浙江卷（上册），中共党史出版社，1991，第9页。

动,虽然这场运动时间持续不长,但是却对违法私营工商户产生了强烈的震慑作用,配合了"三反"运动的开展,对城市私营经济的良性发展起到了积极作用。

总的来说,新中国成立后围绕着反腐开展的这些大规模群众运动,目的是稳定社会秩序和市场秩序、净化社会风气、巩固新生政权,从而集中力量全面快速推进国家建设,但在运动开展过程中如何解决大规模群众运动与经济建设的协调性问题,也是当时面临的重要问题。对此,中央高层再次明确了以经济建设为中心的指导思想。1952年2月,党中央针对县城和区上开展的"三反""五反"运动,严令"务须严格控制,不得妨碍春耕和经济活动"[1]。1952年5月,实际参与并领导运动的刘少奇重申城乡群众运动要保障春耕秋收经济活动,"对于尚未进行'三反'的县区乡和尚未进行'五反'的城市,中央已决定一律推迟进行,即在秋征以前凡未发动三反的县区乡和五反的城市,均不再发动,待今年秋征以后或明年再有步骤地来进行",所有县、区、乡干部的主要任务"应集中力量作好生产、城乡交流及土改复查"等经济工作[2],从而再次明确了以经济建设为中心的政策导向。在具体的"五反"运动中,北京、天津等地也出现了由于违法资本家被抓,建筑业开工不足、工人失业等问题,对此刘少奇在批示中明确"照顾长远利益,一切为了恢复经济"的思想,及时组织人力建立劳力调配机构等措施,以解决工人的燃眉之急。

在三年国民经济恢复时期,中央在如何管理私营工商业者、如何重建私营工商企业的劳资双方关系、加强和改善工人对工厂的管理与监督等方面,也做了初步尝试,但客观现实中各地不同程度存在着因运动而影响城市经济建设的现象。

1952年底,党中央明确提出:"党在这个过渡时期的总路线和总任务,是要在一个相当长的时期内,逐步实现国家的社会主义工业化,并逐步实现国家对农业、对手工业和对资本主义工商业的社会主义改造",随后"五反"运动在全国范围内基本结束。1953年后,以"一化三改"为核心的总路线与第一个五年计划的建设实施,增强了城市的生产功能,也加强了城市对周边乡村的辐射功能。

---

[1] 中央档案馆编:《中共中央文件选集》第8册,人民出版社,2013,第114页。
[2] 中共中央文献研究室、中央档案馆编:《建国以来刘少奇文稿(1952.1—1952.12)》第四册,中央文献出版社,2005,第189页。

二、城市基础设施建设与环境整治

旧中国半殖民地半封建社会，外敌入侵，内乱不止，战乱不断，城市缺乏稳定持续发展的条件，1949年中华人民共和国的成立，为城市的长期稳定发展提供了制度保障。三年国民经济恢复时期，随着城市政治重建和经济的恢复与发展，北京、天津和上海等大城市人口数量呈现爆发式增长，根据1953年的统计数据，北京市人口从新中国成立初的43.3万增长到97.5万[①]，上海市人口从128.27万增长到186.54万[②]，天津市人口从46.2万增长到70万[③]，人口的日益增多，城区也在不断拓展，在城市重建过程中需要满足城市居民的工作生活需要，修建城市基础设施，改善居住环境。三年国民经济恢复时期，城市基础设施建设的成绩十分显著。

（一）国民经济恢复时期各地城市基础设施和环境整治

经过了14年的抗日战争和3年解放战争，除了西北和西南的少数城市，全国绝大多数城市都遭到连年战火的破坏，呈现一派破败落后的景象。新中国成立初期地方各级城市政府对基础设施进行了修复和重建，城市风貌明显改观。

新中国成立初期的58个设市城市发展状况各不相同，其中既有以东三省的大连、沈阳、哈尔滨等为代表的长期控制在日军手中的殖民地城市，这些城市多为新扩建，现代市政基础设施建设相对较好；也有分布在沿江、沿海的通商口岸城市，如上海、天津、南京、广州、青岛、重庆等，这些城市的租界地的现代市政基础设施也较好；另外还有北京、西安、徐州、长沙、成都、昆明和乌鲁木齐等传统政治中心城市，这类城市的现代化公共设施相对较少。如北平于1949年1月和平解放，虽然没有受到战火的严重破坏，但各项城市基础设施相当简陋和落后，城市道路主要是土路和碎石路，公共交通以三轮车和人力车为主，仅有约50

---

① 国家统计局国民经济综合统计司编:《新中国五十五年统计资料汇编》，中国统计出版社，2005，第97页。
② 国家统计局国民经济综合统计司编:《新中国五十五年统计资料汇编》，中国统计出版社，2005，第369页。
③ 国家统计局国民经济综合统计司编:《新中国五十五年统计资料汇编》，中国统计出版社，2005，第131页。

辆电车和汽车,城市的自来水、电力供应严重不足,街巷里弄污水横流,垃圾乱扔,城市环境亟待治理;西北重镇西安的房屋也十分破旧,棚户茅屋随处可见,狭窄土路上尘土飞扬,晚上主要用油灯照明,自来水和电力也严重缺乏,城市环境脏、乱、差。其他传统城市的基础设施大同小异,都相对落后和缺乏。

1951年3月,政务院先后公布了《关于统一管理一九五〇年度财政收支的决定》和《关于进一步整理城市地方财政的决定》,增加了城市附加费等预算外资金,文件规定"各城市的市政建设费、小学教育文化卫生费、郊区行政教育费等开支,可征收城市附加政教事业费解决"[1],城市公用事业附加税因地制宜,不做统一规定。城市通过募集资金,以工代赈,结合爱国卫生运动,开始了基础设施与环境整治的工作,城市面貌有了较为明显的改善。城市基础设施方面主要进行了修建道路、桥梁与沟渠,修建城市供水、供电、供气等系统,清洁美化市容等工作;环境整治方面重点加强城市公共卫生系统的建设与管理,进行卫生防疫,改善民众健康条件等。

北京、上海、南京等地除了大规模修建住房外,都把疏浚河道、整治城市垃圾、治理城市污水的下水道等与人民群众生活密切相关的项目列为重点建设项目,不仅保证了城市的正常运行,还改善了人民的生活居住条件,获得了群众的积极支持,在经费和技术条件极端困难的情况下取得了很大成绩。以垃圾清运为例,北京解放一年清除了垃圾33.9万吨,把解放以前积存的20余万吨垃圾一举扫清;上海市政府在解放后两个月内,清除市区积存垃圾3.5万吨;成都清理积存百年以上的垃圾20多万吨;武汉、广州、南昌等地也进行了类似的群众性消除垃圾、疏通沟渠、填平污水坑等工作,还在城市中完善了相关的粪便处理及垃圾清运的设施机构与人员;南昌市动员了11808名工人、732辆大板车,清除了64574担垃圾,疏通沟渠173条,填塞污水坑90个、粪坑13个,整理公厕51座,水井53口;济南建了460个公厕,设有垃圾箱1200个,清扫队272人,每日运出垃圾110车(每车千余斤),城区的卫生环境得到明显改善。[2]河道治理方面,南京的

---

[1] 政务院:《关于统一管理一九五〇年度财政收支的决定》,财政部综合计划司编:《预算管理制度选编》第4分册《预算外资金》,中国财政经济出版社,1984,第1—2页。
[2] 何一民主编:《革新与再造:新中国建立初期城市发展与社会转型(1949—1957)》上册,四川大学出版社,2012,第123—124页。

秦淮河和玄武湖被疏浚，北京整治了北海和龙须沟，成都疏通了府河与南河，初步解决了城区的洪涝灾害。各地市政府还对下水道和污水沟进行了重点治理：北平解放前只有三分之一的街道有下水道，且大多年久失修，淤塞严重，市民有下水道设备者更少，仅占总户数的三分之一，北平和平解放后，市政府组织民众掏挖、疏浚及修整各式明沟暗渠，同时新建不少相关设施，共计修建缸管沟2577米，水泥管沟95.5米，探井123座，雨水口115座，大型渗水井及沉淀池各3座；沈阳市在1952年3月到4月份共疏通污水沟长达748千米；重庆市到1952年6月底止，共修理水沟共670千米。据统计，截至1952年底，全国各大城市疏通的臭水沟渠全长共达28.3万多千米，填平的污水坑总计4056万多平方米。[①]

与此同时，城市道路等基础设施建设也取得了巨大的成就。北平市的现代高级路面在解放前仅有9万余平方米，解放后一年新建的各种高级路面达1008万平方米，包括从颐和园到香山、广安门大街、宣外大街、朝阳大街及三里河到东柳树井等城市主干线。广州市政府在解放后也将城市道路建设作为重要工作，1950年到1951年间共抢修各种道路304条，总面积达94万平方米[②]，不仅便利了城市居民的出行，也恢复了城乡之间的交通联系，促进了城乡的物资和社会交流。

住房问题也是旧中国遗留下来的社会问题。新中国成立后，在中央的统筹安排下，各地城市政府在三年国民经济恢复时期，对城市危房、破房进行了全面的修缮维护。"北京市三年共修缮危房、破房约360万平方米，上海市修缮房屋100万平方米，广州市修缮危房57.7万平方米，鞍山市维修住宅62.2万平方米。"[③]不仅如此，各城市还新建了一批住宅。天津市把解决劳动者居住问题列为市政建设的两大任务之一，在中山门、西南楼、吴家窑、丁字沽等地修建了工人新村。据资料载，"到1952年底，成都市共新建住宅7.7万平方米，太原市共新建27.6万平方米，济南市共新建住宅20.4万平方米，北京市共新建住宅156.9万平方米，江

---

① 何一民主编：《革新与再造：新中国建立初期城市发展与社会转型（1949—1957）》上册，四川大学出版社，2012，第124页，注释2。
② 何一民主编：《革新与再造：新中国建立初期城市发展与社会转型（1949—1957）》上册，四川大学出版社，2012，第124—125页。
③ 《当代中国》丛书编辑部编辑：《当代中国的城市建设》，中国社会科学出版社，1990，第29页。

西省全省各城市共建住宅452.97万平方米"①。此外，上海、广州等城市也建设了大量的工人新村，很大程度上改善了劳动者的住房问题。

城市的供水和燃气供应问题也得到了重视。沈阳、大连、抚顺等许多城市都恢复和扩大了原来的供水设施，并相继成立自来水公司，统一建设供水管线，扩大城市供水面积，在对棚户区的改造过程中安装了自来水。"从1949年到1952年，全国有24个城市新建了自来水厂和相应的供水管网。"②1952年全国城市供水管道长度从1949年的6587千米增至8132千米。③此外，各地市政府也注意城市燃气管道建设，燃气管道长度迅速增加，1952年全国全年供气总量从1949年的3820万立方米增至9914万立方米。④

西藏和新疆等地的少数民族边疆城市，长期以来数量少，规模小，城市基础设施落后，解放后城市建设多以新建为主。1951年拉萨和平解放后，新建了一批学校、邮局、银行、发电站等公共基础设施，还修建了拉萨大礼堂、军区大院等公共建筑。新疆和平解放后，除了高度重视发展城市经济外，还重视对城市基础设施进行建设，从而使乌鲁木齐和伊宁等城市面貌得到了快速的改变。

伴随着城市基础设施的重建与发展，城市人居环境和城市面貌都有较大程度的改善，特别是不少城市的居住和环境都有较大的变化。北平在解放前有着大片低矮的简易房与棚户区，卫生及环境条件非常糟糕，如天坛附近的龙须沟，雨水、污水横流，垃圾成堆。北平和平解放后，市政府用半年时间对天坛的棚户区进行了改造，清理了积存多年的淤泥垃圾，修建了排水沟，铺设沥青路，安装自来水和电灯，通了有轨电车，这些翻天覆地的巨变，被老舍的话剧《龙须沟》真实地记录下来。

各地城市政府还注重城市公共文化服务，如举办识字班、扫盲班，普及基础

---

① 《当代中国》丛书编辑部编辑：《当代中国的城市建设》，中国社会科学出版社，1990，第29页。
② 《当代中国》丛书编辑部编辑：《当代中国的城市建设》，中国社会科学出版社，1990，第32页。
③ 国家统计局国民经济综合统计司编：《新中国五十五年统计资料汇编》，中国统计出版社，2005，第37页。
④ 国家统计局国民经济综合统计司编：《新中国五十五年统计资料汇编》，中国统计出版社，2005，第38页。

文化知识，各种职工业余学校、夜校、补习班等相继成立，对已工作的各类人员也展开文化普及工作，让城市劳动人民都拥有学习文化的机会。与此同时，各城市都相继增设图书馆、阅览室、体育馆、文化馆等公共文化设施，组织各种展览会、游艺会、演讲会等文化艺术活动，推动城市艺术体育活动的开展，尽可能地满足民众对精神文化的需求。

（二）国民经济恢复时期城市基础设施建设的特点

总的来说，国民经济恢复时期新中国各地城市基础设施建设取得了较大成就，呈现出以下特点：

一是城市建设从各自为政向统一计划转变。新中国成立之初各地城市的基础设施建设各自为政的现象突出。中央为此成立了统一的城市建设管理机构，将城市建设工作纳入统一部署、统一管理的轨道，使各地城市基础设施进入了有序的、规范的建设时期，城市建设更加强调规划性与计划性，同时，各地不断总结完善前期城市接管经验，使城市基础设施建设进入良性发展的阶段。

二是新建与整治维修相结合，较大程度上改变了城市脏、乱、差的面貌。各地城市根据情况因地制宜对住房、道路交通、自来水、电力设施、下水道等或修复或重建，使各地城市的住房、供电照明、交通设施、给排水系统和卫生条件得到了普遍改善。根据相关数据统计，"1949年至1952年，共修建排水管沟1037公里，清除垃圾约2000万吨"；"全国城市共维修房屋约2000万平方米"，"全国城市大约新建了1000万平方米的职工住宅"；"到1952年底，全国城市道路的总长度，由1949年的11127公里增加到12291公里"。[①]

三是强调人民城市人民建，一切以人民为中心，广泛进行社会动员，人人参与城市建设。在新中国成立初期，围绕着政权建设与社会秩序稳定，新政府在城市中普遍采用以工代赈和组织居民义务劳动等办法，充分发挥人民群众的积极性与主动性，通过广泛的社会动员，让人民群众主动参与到城市建设之中，将人民群众的切身利益与城市基础设施建设相结合，不仅保证了城市建设的成效，而且也极大地改善了广大民众的居住条件和生活环境，让民众对人民政府更加信赖。

---

① 《当代中国》丛书编辑部编辑：《当代中国的城市建设》，中国社会科学出版社，1990，第26、28—29页。

如北京市政府通过发动群众广泛参与疏浚北海、中南海、紫竹院、天坛等片区的排水沟系统建设,彻底解决了长期困扰当地居民居住环境极度恶劣的问题;南京市城市基建则以工代赈的方式动员了2万人参与城市建设;成都市也动员了约9万人参与城市基础设施建设。[①]其他各大中城市的做法也与此相似。正是由于充分发动民众,急民众生活之所急,从解决群众实际问题出发,从而获得广大民众的支持与信任,并积极参与其中,使各地城市政府在资金少、时间紧、任务重、困难多的情况下,能在最短的时间内完成城市环境整治与基础设施建设,取得巨大的成就,极大地提高了党和政府的威信。

第三节 "一五"计划时期城市发展

"一五"计划时期是奠定新中国社会主义工业化基础的重要阶段。在重工业优先发展、区域平衡发展与重点城市优先发展的战略思想指导下,新中国城市迎来了第一个高速发展时期,具体表现为以现代工业的布局为导向,推动城市的快速发展,城市发展主要动力由"以商兴城"向"以工兴城"转变,城市发展方式由自发性发展向国家有计划发展转变,与此同时,城市数量增加,城市规模扩大,城镇化水平也有较大提高。

一、工业新布局与城市空间分布的变化及发展

1953年至1957年是中国国民经济和社会发展的第一个五年计划时期,根据中国共产党关于过渡时期总路线的要求,"一五"计划所确定的基本任务是:集中主要力量进行以苏联帮助我国设计的156个建设单位为中心的、由限额以上的694个建设单位组成的工业建设,建立我国的社会主义工业化的初步基础。[②]其主要内容包括:"建立和扩建电力工业、煤矿工业和石油工业;建立和扩建现代化的

---

① 《当代中国》丛书编辑部编辑:《当代中国的城市建设》,中国社会科学出版社,1990,第28页。
② 《中华人民共和国发展国民经济的第一个五年计划(1953—1957)》,人民出版社,1955。

钢铁工业、有色金属工业和基本化学工业；建立制造大型金属切削机床、发电设备、冶金设备、采矿设备和汽车、拖拉机、飞机的机器制造工业"[1]，"使我国能够在社会主义大工业的物质基础上改造我国国民经济的原来面貌"[2]。中央政府根据区域均衡发展、资源分布、重点发展内地工业及充分考虑国防安全等原则，确定了以城市为重点的工业化建设区域布局。

这一时期，新中国城市发展与工业化紧密联系，城市发展必须服从于工业化建设，形成了以工业发展为导向和以重要城市为基地建设工业项目的新特点。"社会主义城市的建设和发展，必然要从属于社会主义工业的建设和发展；社会主义城市的发展速度必然要由社会主义工业发展的速度来决定。这个客观规律是决定我国城市建设方针必须是重点建设、稳步前进的根本原因。"[3]

20世纪50年代初，中央政府在制定"一五"计划时，共安排大中型建设项目694个，实际施工的达到921个；其中以苏联援建的"156项工程"为重点。此外，德意志民主共和国、捷克斯洛伐克、波兰、匈牙利、罗马尼亚、保加利亚6个社会主义国家也为我国的经济建设提供了帮助，共援助我国工业项目68个。从全国范围来看，"156项工程""主要配置在东北地区、中部地区和西部地区。150项中的106个民用工业企业，布置在东北地区50个、中部地区32个；44个国防企业，分布在中部地区和西部地区35个，其中有21个安排在四川、陕西两省"[4]（见表1-5）。

表1-5 "一五"时期实际实施的150项工业项目在17省份分布

省份	军用工业（项）	"一五"时期完成投资（万元）	民用工业（项）	"一五"时期完成投资（万元）
陕西	17	95576	7	16481
山西	8	45253	7	17820
辽宁	4	42670	20	311576
四川	4	8265	2	4486

---

[1] 《中华人民共和国发展国民经济的第一个五年计划（1953—1957）》，人民出版社，1955。
[2] 中共中央文献研究室编《建国以来重要文献选编》第6册，中央文献出版社，1993，第410—411页。
[3] 《贯彻重点建设城市的方针》，《人民日报》1954年8月11日。
[4] 薄一波：《若干重大决策与事件的回顾》（上卷），人民出版社，1997，第306页。

续表

省份	军用工业（项）	"一五"时期完成投资（万元）	民用工业（项）	"一五"时期完成投资（万元）
北京	3	15814	1	525
黑龙江	2	11407	20	129937
内蒙古	2	37434	3	11898
河南	1	147	9	46558
甘肃	1	3544	7	39174
江西	1	8936	3	7260
湖南	1	5893	3	7022
吉林	0	0	10	132772
河北	0	0	5	12732
云南	0	0	4	18175
湖北	0	0	3	39820
新疆	0	0	1	1981
安徽	0	0	1	472
合计	44	274939	106	798689

资料来源：陈夕主编：《中国共产党与156项工程》，中共党史出版社，2015，第554—556页。

中央政府对重点建设的工业项目如此布局，主要基于以下三方面的原因：

第一，在资源导向思想主导下，工程选址和布局以矿产资源丰富或能源供应充足的地区为重点，并充分利用东北、上海等部分旧有重工业基地的基础。"钢铁厂、有色金属冶炼厂、化工企业，主要摆在矿产资源丰富或能源供应充足的地区；机械加工企业，要摆在原材料生产基地的附近。如，在建设鞍山钢铁公司的同时，把一大批机械加工企业摆在了东北地区。长春汽车城、沈阳飞机城、富拉尔基重型机械加工基地，就是按上述要求建起来的。"[1]

---

[1] 薄一波：《"一五"计划奠定了工业化的初步基础》，见陈夕主编：《中国共产党与156项工程》，中共党史出版社，2015，第750页。

第二，着力改变旧中国城市工业分布与发展不均衡的格局，促进中西部经济落后地区城市发展。据1952年统计，我国沿海各省工业产值为238.1亿元，占全国工业总产值的69.4%，其中钢铁为85.8%，发电量为63.6%。[1]毛泽东在《论十大关系》中指出："这是历史上形成的一种不合理状况……为了平衡工业发展的布局，内地工业必须大力发展。"[2]为遵循和贯彻这一原则，中央政府在"一五"计划编制和实施期间，计划内地的工业建设占全国投资额的50%左右，而苏联援建的"156项工程"中有118项安排在内地城市，占实际建设投资项目（150个）的79%，沿海地区只占约21%。中央政府正是通过在内地重要城市布局大型工业项目，并以此带动其他工业、交通运输、商业、服务业和城市建设的发展，促进城镇人口就业。[3]"一五"期间先后建成以大中城市为中心的八大工业区：以沈阳、鞍山为中心的东北工业基地；以京、津、唐为中心的华北工业区；以太原为中心的山西工业区；以武汉为中心的湖北工业区；以郑州为中心的郑洛汴工业区；以西安为中心的陕西工业区；以兰州为中心的甘肃工业区；以成都、重庆为中心的西南工业区。"一五"计划完成之际，旧中国重要工业及工业城市绝大部分集于东部沿海地带的畸形状况发生了根本性的变化。

第三，基于国防军事战略的需要，大力在内地发展工业和城市。新中国成立后，以美国为首的西方发达国家对中国进行政治孤立、经济制裁与军事封锁。"一五"计划编制时期朝鲜战争尚未结束，蒋介石集团还在妄图反攻大陆，工业城市规划与建设不得不以内陆地区为布局重点，特别是国防工业企业，除了少量的工业企业必须摆放在沿海沿江城市外，大部分重要的工业企业都分布在战略纵深的内陆城市。[4]

"一五"计划时期，以苏联援建我国的"156项工程"为核心的694项重点建设项目，极大地填补了中国工业发展的空白，提高了工业建设的自力更生能力，建立起国民经济发展的基础性工业框架，改变了旧中国工业地理失衡的局面，并

---

[1] 国务院全国工业普查领导小组办公室、国家统计局工业交通物资统计司编：《中国工业经济统计资料1986》，中国统计出版社，1987，第226页。
[2] 《毛泽东文集》第7卷，人民出版社，1999，第26页。
[3] 薄一波：《若干重大决策与事件的回顾》（上卷），人民出版社，1997，第306页。
[4] 薄一波：《"一五"计划奠定了工业化的初步基础》，见陈夕主编：《中国共产党与156项工程》，中共党史出版社，2015，第750页。

形成八大新兴工业基地城市和21个重点扩建工业基地城市。

"156项工程"最终实施了150项,其中续建项目5项、扩建项目6项、改建项目21项、新建项目124项,分布在全国17个省、市、自治区,80%处于内陆省份新兴工业区的核心城市和重要的配套城市中。北京、包头、太原、大同、石家庄、西安、兰州、武汉、洛阳、郑州、株洲、沈阳、鞍山、长春、吉林、哈尔滨、富拉尔基(1954年划归齐齐哈尔市)、成都18个重点城市布点了88项,约占实际施工工程的60%。据统计,150项建设项目的设计总投资为202.2178亿元,实际完成投资为196.1335亿元,为设计总投资的96.8%。扣除不可比的因素,设计总投资为187.8亿元,则实际完成投资为设计投资的104.5%。①

为"156项工程"配套的694个限额工业项目也主要以内地城市为基地开工建设。1954年,国家计委先后批准了"一五"计划694项建设项目的选址方案。这些项目大体上分布在91个城市、116个工业镇。其中有65%的项目分布在京广铁路以西的45个城市和61个工业镇;35%的项目分布在京广铁路以东及东北地区的46个城市和55个工业镇。这一项目分布不仅从根本上调整了新中国工业化的空间取向,而且为中国城市尤其是内地城市的发展奠定了基础。

这些工业企业的设计与建设和城市建设有密切的关系,包括统一考虑供电、供水、排水、运输、住宅区等,以及其他公用事业的建设问题。在确定企业的厂址时,必须考虑整个城市建设的规划,同时城市建设的规划,也必须考虑各个企业的具体要求,否则势必产生返工、浪费和建设上长期不合理的现象。因此,为配合新厂的建设,必须加速各个重点城市的规划工作;同时,为密切各方面的联系和配合,还以各重点城市的市委为主,组织各有关方面来统一考虑和合理安排新建企业的具体厂址,组织新建企业之间、新建企业与原有企业之间以及各个企业与城市建设部门之间在勘察、设计和建设过程中的各种协作。

二、重工业优先发展与城市经济社会变迁

新中国成立之初,国力有限,"一五"计划期间,举国人力物力和财力集中

---

① 中国社会科学院、中央档案馆:《1953—1957中华人民共和国经济档案资料选编:固定资产投资和建筑业卷》,中国物价出版社,1998,第374—383页。

于发展生产和工业建设，当时形成了一种共识："只有工业发展了，才能带动交通运输业、文化教育事业等等的发展，也才可能出现主要为这些事业服务的城市。"①发展工业要优先发展重工业，"一五"计划中设计的基本建设单位将近3000个，其中限额以上的694个，限额以上属于重工业的项目达586个，占84.4%，重工业投资比例占工业总投资的88.8%，完全体现了以重工业建设为重点的建设方针。

1953—1957年是新中国城市工业化发展与经济结构调整的重要阶段。国家把重工业和基础设施建设放在首位，并逐步完成对农业、手工业和资本主义工商业的社会主义改造，解放了社会生产力，推动工业生产高速发展，产业结构也得到改善。这一阶段，第一产业占社会总产值的比重由41.1%下降为33.4%，第二产业比重由43.1%上升为51.2%，第三产业比重由15.8%下降为15.4%。在工业内部，重工业的增长以资源要素的大量投入为支撑，重工业占工业总产值的比重从1953年的37.3%上升为1957年的45%，轻工业比重从1952年的62.7%下降为55%，初步改变了长期以来中国重工业比重过低的状况。②工业在经济结构中增长集中体现在全国的重点建设地区与城市。

西北地区的工业发展以陕西省的西安为重点。"一五"计划期间，陕西省建成了以西安和咸阳为中心的纺织工业基地，初步形成了一个新兴的机械工业基地的框架，同时还建设了一批为工业建设提供智力支持的高等学校和中等专业学校。由于工业建设基本集中在关中地区陇海铁路沿线的西安、宝鸡、咸阳等城市，推动了这些城市的快速发展；在铁路沿线的虢镇、铜川、蔡家坡等城镇因工业区建设，城镇也得到较大发展。同时，城市建设注重城乡结合，以城市带动乡村共同前进。③1957年，陕西工业总产值完成11.34亿元，比1952年增长139.3%，年平均增长19.1%。从产品产量的完成情况看，1957年与1952年相比，电力增长5.2倍，原煤增长74%，原油增长8.3倍，棉纱增长2.1倍，棉布增长2.7倍，火柴增长60%。从产品成本降低的情况看，电力降低32%，原煤降低36.9%，棉纱降

---

① 《贯彻重点建设城市的方针》，《人民日报》1954年8月11日。
② 参见国家统计局国民经济综合统计司编：《新中国五十年统计资料汇编》，中国统计出版社，1999。
③ 参见陕西省地方志编纂委员会编：《陕西省志》第38卷《计划志》，陕西人民出版社，1995，第118页。

低9.7%，棉布降低21.6%。[1]

西南地区的成都也是"一五"计划时期国家重点布局城市。1954年国家对成都城市性质定为："省会，以精密仪器、机械制造及轻工业为主的工业城市。""一五"期间，国家在成都新建的大型骨干企业就达10多个，1957年成都已有工业企业1331家[2]，包括132厂、420厂、784厂、成都量具刃具厂、成都宏明无线电器材厂等9项国家"156项工程"重点项目。1957年成都市属工业总产值为8630万元（不含手工业总产值，1952年不变价），5年增长1.33倍，平均每年递增18.48%。其中，地方国营工业产值增长4.54倍，合作社营工业产值下降35.71%，公私合营工业产值增长4.29倍。私营工业在5年内预计一半以上转变为公私合营。1957年，成都全市工业总产值中地方国营、合作社营和公私合营工业所占的比重上升为78.82%，私营工业所占的比重将下降为21.18%。[3]

重庆也是西南地区的经济中心，能源工业成为"一五"建设的重点。根据西南地区工业发展的需要，国家决定将苏联援助的156项重点工程之一的自动化火力发电厂建在重庆，修建重庆发电厂。1952年11月，重庆发电厂第一期工程正式动工兴建，发电装机总容量为2×1.2万千瓦，工程总投资3614.13万元，占"一五"期间重庆重工业投资总额的6.28%。重庆发电厂第一期工程的全部设备均由苏联提供，40多位苏联专家参与了从勘测、设计、施工到试运行的全部过程。1954年4月和7月，两台1.2万千瓦的机组相继建成发电，成为西南地区第一座具有先进技术装备的火力发电厂。[4]

中部地区的合肥也是重点工业建设的城市。合肥市是安徽省的省会，在完成对资本主义工商业改造的同时，展开了大规模的经济建设，新建、扩建一批骨干企业，重点发展重工业，轻工业也得到加强。到1957年年底，合肥市的工业企业达518家。其中，全民所有制独立核算工业企业71家，集体所有制独立核算工业

---

[1] 陕西省地方志编纂委员会编：《陕西省志》第38卷《计划志》，陕西人民出版社，1995，第116—117页。
[2] 成都市人民政府研究室编：《2015成都调查与思考》，四川文艺出版社，2016，第256页。
[3] 成都市地方志编纂委员会编纂：《成都市志·计划志》，中国计划出版社，1995，第130页。
[4] 中共重庆市委党史研究室编：《中国共产党重庆历史第二卷（1949—1978）》，重庆出版社，2016，第116页。

企业24家。按轻重工业分，轻工业企业490家，重工业企业28家[1]，初步形成了以机械、轻纺、食品、化学为重点，门类比较齐全的工业体系。1957年年底，合肥全市工业总产值（包括手工业）为1.43亿元，较1952年的936万元增长14倍，年均增长70.2%，超额完成"一五"计划确定的目标。[2]

"一五"期间，在变消费城市为生产城市的口号下，不仅国家重点建设工业项目的城市，其他城市也在地方政府的计划下安排了很多建设项目，特别是各省会城市都在省级行政力量的作用下集中本省的资源、资金和人力发展了数量不等的工业企业，工业区建设使城市地域规模迅速扩展，工业空间激增成为城市发展的重要特点之一。

1954年6月，第一次全国城市建设会议决定：在旧城市建设新工业时，采取扩建而不是改建的方针，要尽量利用旧市区，有重点地建设新市区。部分城市采取"填空补实"的办法，在旧城区内的空地和旧城区边缘建设工厂。工业项目建设量大的城市开始在靠近主城区的郊区建设新工业区，如北京市从"一五"时期陆续建立起石景山钢铁机电工业区、丰台桥梁机车制造工业区、大郊亭化学工业区、十里堡棉纺工业区、双井机械工业区、九龙山玻璃化工工业区、堡头炼焦工业区、清河毛纺建材工业区、北沙河机械冶金工业区、酒仙桥电子工业区、大红门工业区、莲花池冶金机械工业区、窦店建材工业区等[3]；上海市相继建成沪东、沪西、沪南、沪北、闸北、徐家汇、北新泾、吴淞、高桥等工业区；天津市建设南郊、白庙、唐家口、西站西等工业区和仓库区；大连市建成寺儿沟工业区；景德镇建设东市区工业区；济南市建设西南部、北部、东部工业区；合肥市建设东郊工业区；南昌市建设城东、城北、城西工业区；福州市建设城西工业区等。[4]通过近郊工业区建设，这些城市的空间快速扩张，城市人口也随之增加。

"一五"计划期间，新建、扩建的重点建设项目陆续竣工和投产，需要大量劳动力，而东部沿海城市劳动力盈余较多，技术力量也相对较强。东部沿海城市工厂企业大批职工及其家属随同企业向西北、华北、西南等内地城市迁移，部分

---

[1] 合肥市地方志编纂委员会编纂：《合肥市志》第1册，安徽人民出版社，1999，第397页。
[2] 合肥市地方志编纂委员会编纂：《合肥市志》第2册，安徽人民出版社，1999，第1367页。
[3] 曹子西主编：《北京通史》（第10卷），中国书店，1994，第234—235页。
[4] 陈夕主编：《中国共产党与156项工程》，中共党史出版社，2015，第244页。

地区形成工厂整"建制"人口迁移的现象。与此同时，中央政府还抽调了东部沿海城市的一大批工厂企业管理干部、技术人员到新兴工业城市和重点建设城市支援经济建设。在工业移民潮影响下，中西部新建城市和重点建设城市的人口数量迅速增长，人口结构也发生较大变化。如陕西省的西安、咸阳、宝鸡等城市于1955年就净迁入人口32.34万人；内蒙古自治区的包头等城市在1953—1957年5年之间净迁入人口达109.94万人，年平均迁入21.99万人；1957年成都全市职工达到194198人，新增就业人数17168人，超过计划7168人[1]。1953—1954年两年间，吉林省长春第一汽车制造厂从外省招聘或接收分配来厂的工人就有1万多人（尚不包括随迁家属）。甘肃省兰州市的人口也从1953年的39.73万人增加到1959年的123.36万人，其中大部分迁入人口是为建设兰州炼油厂、兰州化学工业公司等大型工矿企业的需要而至。[2]东部的重要城市在此时期出现人口外流，1950—1957年间，上海市支援外地建设共迁出43.52万人，其中"一五"计划时期迁出33.65万人。[3]

三、以工业为中心的不同类型城市规划与建设

"一五"时期，国家经济建设要求集中力量发展工业，并且以发展重工业为主。城市建设也要为工业建设服务。1952年8月和1954年4月，中央人民政府政务院财政经济委员会先后两次召开城市建设座谈会，均强调城市建设要根据国家的长期计划，要为城市工业发展服务，针对不同城市有计划有步骤地进行新建或改建，加强规划设计工作和统一领导，克服盲目性，以适应大规模经济建设的需要。"一五"期间，国家按照发展工业的需要分别进行重点城市建设、新建城市建设和一般城市扩建（见表1-6）。

---

[1] 成都市地方志编纂委员会编纂：《成都市·志计划志》，中国计划出版社，1995，第134页。
[2] 路遇主编：《新中国人口五十年》，中国人口出版社，2004，第521页。
[3] 路遇主编：《新中国人口五十年》，中国人口出版社，2004，第520页。

表1-6 "一五"时期新建、扩建城市一览表

	数量	京广铁路以西	东北地区	京广铁路以东
新建城市	6	包头新区、洛阳（涧西区）、白银、株洲、茂名	富拉尔基	—
大规模扩建的城市	20	北京、石家庄、太原、大同、西安、兰州、武汉、成都、郑州、宝鸡、湛江	沈阳、旅大、鞍山、长春、吉林、哈尔滨、抚顺	上海、天津
一般扩建的城市	72	保定、邯郸、张家口、阳泉、长治、榆次、集宁、咸阳、天水、银川、西宁、乌鲁木齐、喀什、伊宁、焦作、新乡、安阳、宜昌、长沙、湘潭、广州、海口、韶关、南宁、柳州、桂林、凭祥、重庆、自贡、宜宾、南充、贵阳、遵义、昆明、个旧	海拉尔、乌兰浩特、本溪、锦州、葫芦岛、安东、阜新、营口、辽阳、通化、延吉、辽源、牡丹江、佳木斯、鹤岗、双鸭山、鸡西	秦皇岛、唐山、承德、济南、青岛、淄博、潍坊、徐州、杭州、芜湖、合肥、蚌埠、淮南、马鞍山、铜官山、南昌、景德镇、九江、黄石、福州

资料来源：《当代中国》丛书编辑部编辑：《当代中国的城市建设》，中国社会科学出版社，1990，第65—66页；戴均良主编：《中国城市发展史》，黑龙江人民出版社，1992，第385—386页。

（一）八大重点建设城市

八大重点建设城市是"一五"期间国家重点投资发展工业化的城市。1952年9月，在中央财政经济委员会主持召开的全国城市建设座谈会上，首次提出八大重点建设城市的概念。1954年6月，全国第一次城市建设会议对重点城市进行了一些调整，确定了西安、洛阳、兰州、包头、太原、成都、武汉和大同八个城市为"156项工程"重点建设城市。从国土空间分布来看，八大重点建设城市主要集中在中、西部地区，与国家"一五"计划中的华北、西北、华中、西南四大工业基地有着明确的对应关系。国家按城市近期建设范围内确定的建设项目将八大重点建设城市所需的建设资金列入国家计划进行分配，所以八大城市基本上能够获得足够的配套建设资金。1953—1957年，八大重点建设城市的基本建设总投资为55亿元，其中用于城市配套建设资金为9.7亿元，占基本建设总投资的

17.63%。八大重点建设城市的原有基础各有不同，而且规模也有差异，但新建部分的投资比例大体相近，接近于平均数。例如，太原市城市建设投资占基本建设投资的18.05%，洛阳市占15.78%，大同市占12.2%，西安市占20.6%。①

1953年10月，国家计委向中共中央建议，在同时有3个或3个以上新厂建设的城市中组建城市规划与工业建设委员会。11月，中共中央批准了国家计委的这一建议。此后，北京、西安、兰州、包头、太原、郑州、武汉、成都等城市都成立了城市规划与工业建设委员会。如中共中央华北局于1953年底成立以书记刘澜涛为主要负责人的包头基地建设委员会。②各重点建设城市也相继组织力量编制城市规划，从1955年至1957年，国家建委相继批准了成都、太原、西安、兰州、洛阳、包头、大同、湛江、石家庄、郑州、哈尔滨、吉林、沈阳、抚顺、邯郸15个城市的城市总体规划和部分详细规划。③

"一五"时期，国家建委为了在城市中进行大规模现代工业建设，推行了总甲方工作制，即在同时有几个工厂的城市新工业区内，国家建委指定一个主要工厂作为该工业区的总甲方，城市为乙方，由甲乙双方共同负责组织工厂建设和厂外工程、市政公用设施建设的协作。1954年底至1955年初，西安、兰州、洛阳、包头、太原、大同、成都、武汉等重点城市都先后组成了总甲方，与城市协同配合，共同研究解决在建设过程中出现的各种问题，共同完成工业建设和城市建设的任务。1956年5月，国务院常务会议通过《关于加强新工业区和新工业城市建设工作几个问题的决定》，肯定了这一工作经验。④该种工作方式有利于加快工业区的建设，如洛阳工业区建设在甲、乙双方相互配合之下，于1955年9月至1957年7月，仅用了23个月的时间，就建成了涧西区拖拉机厂、矿山机械厂、轴承厂、热电站等一批现代化工厂。

---

① 《中央批转中央重工业部关于国外设计工作经验初步总结报告（1953年8月21日）》，见陈夕主编：《中国共产党与156项工程》，中共党史出版社，2015，第238页。
② 李富春：《关于我国五年计划的方针任务的意见（1953年6月23日）》，见陈夕主编：《中国共产党与156项工程》，中共党史出版社，2015，第230页。
③ 《中央批转中央重工业部关于国外设计工作经验初步总结报告（1953年8月21日）》，见陈夕主编：《中国共产党与156项工程》，中共党史出版社，2015，第237页。
④ 《中央批转中央重工业部关于国外设计工作经验初步总结报告（1953年8月21日）》，见陈夕主编：《中国共产党与156项工程》，中共党史出版社，2015，第238页。

（二）新建城市

"一五"时期，国家为推动重工业优先发展战略，还选取了少数几个重点地区，在几乎空白的基础上建立起了多个新兴工业城市，主要有包头新区、洛阳涧西区、白银、株洲、茂名、富拉尔基等城市。这些新建城市的工业基础普遍薄弱，如包头在1949年时还只是一个非常落后的小城市，城区面积仅有4.3平方千米，人口7.9万人，城市的消费性特征明显，全市工业总产值仅990多万元[1]；城市基础设施也非常落后，市内6米宽的水泥马路只有3.5千米，其余皆是土路；给排水设施也十分简陋，1949年年产水量仅28.6万吨，只有440户官邸和商户通了自来水。[2]新中国成立前的株洲也只是湘潭县属的一个小镇，面积不过0.5平方千米、人口约0.7万人，全镇只有两家修理厂和几家小作坊。[3]"一五"时期，这几个小城镇依托国家重工业项目的建设，快速发展为现代化新兴工业城市，既满足了国家重工业发展的需要，也改变了城市职能，在一定程度上促进了区域城市体系的完善。

这些新建城市大都是以矿产资源的开发为主，如株洲重点是以开发铅、锌、锑、锰、煤、铁等矿产资源为主，国家和湖南省先后在这里建设了桃林铅锌矿、瑶岗仙钨矿、资兴矿区、白沙矿区、东波有色金属矿、株洲冶炼厂、湘潭锰矿等矿产企业，1957年株洲的工业总产值为11631万元，是1949年743万元的15.7倍[4]，矿产业的建立全面地带动了株洲城市的发展。位于中苏边境的富拉尔基，原本是一个小镇，"一五"时期，国家在这里建设了齐齐哈尔特种钢厂、富拉尔基热电厂、富拉尔基第一机器制造厂等重点工程，使该城镇迅速成长为一个大城市。"一五"期间，国家在包头建设了包头钢铁公司、内蒙古一机厂、二机厂、202厂、303厂、热电厂，由此形成了以包头钢铁公司为主的钢铁冶炼、加工和机械制造、能源生产企业，以及建材、化工、轻纺等现代工业基地。1957年包头市

---

[1] 王铎主编：《当代中国的内蒙古》，当代中国出版社，1992，第387—388页。
[2] 胡忠、杜光、刘兆文主编：《中国国情丛书——百县市经济社会调查（包头卷）》，中国大百科全书出版社，1997，第85页。
[3] 邓力群等主编：《当代湖南简史》（1949—1995），当代中国出版社，1997，第134页。
[4] 国家统计局城市社会经济调查总队编：《新中国城市50年》，新华出版社，1999，第155页。

的工业总产值达到3.05亿元，为1952年的7倍多，年平均递增54%。①

现代化工业的发展，推动这些城市规模的扩大，与生产相配套的城市基础设施与服务设施也获得了快速的发展。包头的建成区面积便由1949年的25平方千米增加到1957年的104平方千米，数年之间增长了316%。至1957年年底，全市总人口增至760164人，职工增至113846人，比1952年各增加0.9倍和10.18倍。②洛阳涧西区在5年间建成了20平方千米，组建了36个街坊的居住区，建成425幢三四层住宅楼，建筑面积85.7万平方米，有17152户职工迁入新居；开辟了56条道路，建设了55千米的排水管道和50千米的供水管道，保证了居住区的生活用水；开辟了3条公共汽车线路，保证了居住区内外的交通联系；新建了8所中学，10所小学，8个电影院、文化宫、曲艺厅，3家综合医院以及两个大型综合性市场，两座百货大楼，在涧西形成了一个10万人的新市区。③

（三）扩建城市

"一五"时期，中国的城市都出现了不同程度的发展，但是由于城市数量较多、分布广泛、规模大小不一、类型复杂，发展并不平衡，但基本上可以分为大规模扩建和一般扩建两类。

"一五"时期大规模扩建改建的城市包括重点建设城市共有20个，除北京、上海、天津等直辖市外，省会城市有沈阳、长春、吉林、哈尔滨、太原、西安、兰州、郑州、武汉、成都，非直辖和非省会的城市则有旅大、鞍山、抚顺、石家庄、大同、宝鸡、湛江。一般扩建的城市有72个，分布则十分广泛，不仅规模大小不一，而且城市类型也复杂多样，其中既有中华人民共和国成立前国民政府的首都南京和陪都重庆，也有东、中、西部部分省会城市，还有更多的地级城市和县级城市，还有中华人民共和国成立前的综合经济中心青岛和以煤、铁工业为主的专业性城市本溪。与大规模扩建城市相较，一般扩建城市发展速度相对缓慢。

---

① 胡忠、杜光、刘兆文主编：《中国国情丛书——百县市经济社会调查（包头卷）》，中国大百科全书出版社，1997，第67页。
② 胡忠、杜光、刘兆文主编：《中国国情丛书——百县市经济社会调查（包头卷）》，中国大百科全书出版社，1997，第37页。
③ 董志凯、吴江：《新中国工业的奠基石——156项建设研究（1950—2000）》，广东经济出版社，2004，第240页。

新中国成立初期，由于国家的整体经济实力尚不充裕，大部分城市只能依靠自身力量发展城市经济和对城市进行改建或扩建，也有部分城市的工业基础较好，因而发展相对较快，如鞍山、抚顺等城市有较好的工业基础设施，钢铁、煤炭、机械等重工业相对发达，因而这些城市在对原有工业进行改造与整合的基础上有了较大的发展。重庆虽然没有列入重点扩建城市范围，但由于是西南军政委员会的所在地，邓小平、贺龙等西南局领导人以战略家的眼光，从现代化城市发展的高度，着力推动城市建设，在"一五"时期建设了一大批公共设施，包括动物园、枇杷山公园、少年宫、重庆人民大礼堂，使重庆的城市面貌和基础设施大为改观。另外，也有部分在国家的统一调配下、依赖外来企业迁入获得较快发展的城市，比较典型的有开封等。开封的工业原来较为薄弱，但从1950年到1955年国家先后将上海、无锡的天同纱厂、锦新纱厂、龙华烟厂、豫明火柴厂、铸丰搪瓷厂等企业迁入开封，这些内迁企业逐渐形成开封城市的工业骨干力量，由此改变了开封的经济结构，推动了开封城市发展。[①]

总体而言，国家对于大多数城市旧城区建设都要求按照"充分利用、逐步改造"的方针进行建设，即充分利用原有房屋、市政公用设施，进行维修养护和局部的改建或扩建，由此也使城市基础建设有较大的发展。如烟台市1956年建成供水能力1.6万立方米的第一水厂，结束了"苦水城"的历史。景德镇为解决瓷业生产和人民生活用水，兴建日产1.15万立方米的观音阁水厂。南京市1953年至1955年第二次整治秦淮河城内段，疏浚河道，加固护岸。南昌市于1954年兴建孺子路下水道第一期工程，一举消除了旧地南部筷子巷一带2000多户居民长期遭受溃水之害。

第四节　城市规模、数量、分布的变化

新中国成立后，随着政权的逐步巩固，城市建设也逐步提上日程。"一五"计划时期，随着国民经济的快速复苏和社会主义建设的全面展开，城市数量较前有大幅度增加，城市规模得到较大发展，城市类型也出现新的变化。北京等重要

[①] 程子良、李清银主编：《开封城市史》，社会科学文献出版社，1993，第286页。

政治中心城市在经历了长期的战乱以后出现新的发展；同时，随着工业化的推进，一批新型工业城市兴起，城市的空间分布也发生了较大变化。

一、城市规模的变化

新中国成立后，中央政府迅速进行国民经济的恢复和发展，发展城市成为推动经济的重要抓手之一。1953年新中国开始实施第一个"五年计划"，随着社会主义事业的发展，特别是"156项工程"的上马，城市得到了快速发展[1]，一个重要表现就是城市规模的扩大。城市规模扩大可以从人口规模、地域规模和经济规模考察。

（一）城市人口规模的扩大

新中国成立初期，随着城市经济的发展，特别是在"变消费城市为生产城市"思想指导下，不同类型的城市都以发展工业经济为重点，而工业化的发展使城市对人口的拉力不断加大，城市人口增长较快，全国城市人口数由1949年的5765万人增至1957年的9949万人，8年间净增加了4184万人[2]，年均增加523万人。其中大城市人口增长速度较快，1949年中国百万人口以上的特大城市只有5个，特大城市人口约为1003.9万，1957年百万以上人口的特大城市已增至14个，特大城市人口增至3168.8万人。[3] 新中国初期国家采取"重点建设、稳步前进"的城市建设方针，因此"一五"时期我国八大重点建设城市的人口规模增加较快。参见表1-7：

---

[1] 何一民主编：《革新与再造：新中国建立初期城市发展与社会转型（1949—1957）》上册，四川大学出版社，2012，第401页。
[2] 中国社会科学院人口研究中心《中国人口年鉴》编辑部编：《中国人口年鉴（1985）》，中国社会科学出版社，1986，第284、811页。
[3] 国家统计局人口统计司编：《中国人口统计年鉴（1988）》，中国展望出版社，1988，第210—211页。

表1-7 1949—1957年八大重点建设城市人口表（不包括市辖县）

单位：万人

年份\城市	成都	西安	兰州	武汉	洛阳	包头	太原	大同
1949	66	39.76	17	101.8	7.5	9.0	21.46	8.91
1957	111	131	70	215	45	39.93	102	29.05
增长率（%）	68	229	312	111	500	344	226	226

资料来源：《当代中国》丛书编辑部编辑：《革新与再造：新中国建立初期城市发展与社会转型（1949—1957）》上册，四川大学出版社，2012，第224页。包头、太原、大同、武汉市的资料来自国家统计局城市社会经济调查总队编：《新中国城市50年》，新华出版社，1999，第86、129—131页；西安市资料来源于曹洪涛、储传亨主编：《当代中国的城市建设》，中国社会科学出版社，1990，第54页；兰州市1949年数据来自赵荣、杨新军等：《西北地区城市发展研究》，陕西人民出版社，2001，第35页，1957年的数据根据1957年9月24日《人民日报》第5版报道和1949年数据计算所得；武汉市1957年的数据根据1949年的数据和《现代中国经济大事典》第2639页数据计算所得；成都市数据源自《成都市城市建设统计年鉴》（1949—1998）；洛阳市1949年数据源自陈桥驿主编：《当代中国名城》，浙江人民出版社，1988，第34页，1957年数据源自郄学德等编辑：《河南省城建史志稿选编》第4辑，河南省城乡建设志编辑室，1988，第138页。

从表1-7可见，八大重点建设城市的人口增长率除了成都以外，其他7个城市人口都超过了100%。此外，其他各省省会城市的人口也都有不同程度的增长。"一五"计划期间，国家实行计划经济，主要通过行政力量配置资源，行政中心与经济中心进一步结合，我国城镇体系中各级行政中心城市得到优先发展，除首都北京发展最为快速外，各省会城市相比本省区内其他行政级别城市发展得更快更好。1949年至1957年，全国城市人口规模增长率为42.2%，而省会城市的人口规模增长率高达117.2%。[①]

（二）城市地域规模扩大

新中国成立初期，受资金的限制与国家建设布点方式的影响，城市发展以扩大规模为主。所有的城市都在"变消费城市为生产城市"思想的指导下不同程度地发展工业，随着越来越多工厂的建设，城市建成区规模也相应扩大。"一五"计划时期，中国的工业化多以重工业企业为主体，强调重点工程选址"要依托现有的大、

[①] 顾朝林：《中国城镇体系——历史现状展望》，商务印书馆，1996，第194页。

中城市",主要工业项目大多分布在城区或者城市近郊,而这些工业企业多是资金密集型和劳动密集型企业,占地较广,由此推动了城市用地规模的扩大。1954年,国家计委先后批准"一五"计划中的694项建设项目的选址方案,这些项目主要分布在91个城市以及116个工业镇。除了国家重点建设项目布置在部分大中城市外,其他各省区非重点建设城市也上马了很多工业建设项目,城市面积得到扩大。与此同时,各省会城市在省级行政力量的作用下,集中建设了数量较多的高等学校和科研机构,有些还在城市边缘开辟了数量不等的文教区,也在一定程度上扩大了城市空间范围。

1954年6月,第一次全国城市建设会议决定:在旧城市建设新工业时,要尽量利用旧市区,有重点地建设新市区。由于初期城市建设的方针,八大重点建设城市的空间规模扩张较快。参见表1-8:

表1-8 1949—1957年八大重点建设城市建成区面积变动情况(不包括市辖县)

单位:平方千米

年份\城市	成都	西安	兰州	武汉	洛阳	包头	太原	大同
1949	18.0	13.2	3.7	34.6	4.5	25	16.8	6
1957	33.3	41.2	15	103.8	25	104	168	15
增长率(%)	85	212	305	200	456	316	900	150

资料来源:转引自何一民主编:《革新与再造:新中国建立初期城市发展与社会转型(1949—1957)》上册,四川大学出版社,2012,第225页。

从表1-8可知,八大重点建设城市的建成区规模平均增长了3.28倍,增长最快的太原市区扩大了9倍,增长最慢的成都也扩大了0.85倍。太原是新中国成立后新建设的三大化工基地之一和华北最大的重工业基地,成都是国家在西南重点建设的最大的新工业基地和当时全国第二大电子工业基地。由此可见,工业区的建设是城市地域规模扩大的最重要的动因。

(三)城市经济的增强

新中国成立初期,中国以城市为载体来推动工业化,同时以发展重工业为导向,实行"重点建设,稳步推进"的城市建设方针,城市经济得到快速发展。1949年全国工业总产值为140亿元,1952年增至349亿元,1957年更增至704亿元[1]，8年间增加了4倍多，充分表明城市工业的快速增长。工业总产值占工农业总产值的比重由1949年的30.0%上升到1957年的56.7%。在新中国成立初期工农业都得到快速增长的情况下，工业总产值的比重增加了26.7%，说明工业总产值的增加比农业更为迅猛。在此背景下，各大中城市经济规模都得到显著扩大，尤其是八大重点建设城市经济增长更为快速。参见表1-9：

表1-9　1949—1957年八大重点建设城市工业总产值（按当年价格计算，包括市辖县）

单位：万元

城市 年份	成都	西安	兰州	武汉	洛阳	包头	太原	大同
1949	10139	11200	359.1	25269	74	1031	413	4249
1957	48418	71500	13545	145782		16021	16845	54231
增长率（%）	377	538	3672	477		1454	3978	1176

资料来源：转引自何一民主编：《革新与再造：新中国建立初期城市发展与社会转型（1949—1957）》上册，四川大学出版社，2012，第227页。

从表1-9可见，八大重点建设城市的工业总产值，以太原和兰州的增长最为快速，太原在8年间增长了3978%，兰州增长了3672%，增长相对较慢的成都和武汉也增长了3.5倍以上，远远超过其他非重点建设城市。这些城市不但自身经济实力迅速增强，而且带动了全国的工业化建设和城市经济发展。

综上所述，无论是从城市人口、城市地域规模看，还是从城市经济规模来看，新中国成立初期中国城市的建设皆取得了巨大的成就。

二、城市数量的增加与城市分布的变化

新中国成立初期，为了快速稳定和发展国民经济，中共中央对城市进行了大规模的调整和建设。在经济恢复时期，主要以调整为主，把人口在5万以上的城镇设为建制市。随着国家经济的恢复和发展，在抗日战争和解放战争中被破坏的城市得到重生，全国城市数量随之增加，超过了历史最高水平。在"一五"计划

---

[1] 国家统计局编：《中国统计年鉴（1983）》，中国统计出版社，1983，第13—15页。

建设时期，一批新兴工业城市迅速建成并得到快速发展，中央政府有计划地调整城市分布，在中、西部地区新建了一系列工业城市和资源型城市，随着这些城市的发展，初步改变了近代以来我国城市主要集中在东部的状况，开启了扭转我国城市畸形分布的进程，使东、中、西部城市的分布开始趋向平衡。

近代以来，随着中国商品经济的发展，全国城市数量有了较大的增加，据统计，1936年，中国5万人口以上的城市有191个[1]，但是经过抗日战争、解放战争，至1947年底，减少为168个[2]，这种情况一直延续到1949年底。

从建制市发展看，自1921年正式创立市制开始，当时全国共设有南京、上海2个特别市和无锡、杭州、宁波、安庆、南昌、汉口、广州、梧州8个普通市，共有10个建制市。[3]之后，中国建制市呈逐年上升之势，据1948年4月由南京国民政府内务部方域司编印的《中国之行政督察区》记载，其时全国共计66个设市城市[4]，其中直辖市有12个：南京、北平、上海、天津、青岛、重庆、大连、哈尔滨、沈阳、西安、汉口中、广州；省辖市有53个：连云港、徐州、杭州、蚌埠、南昌、武昌、长沙、衡阳、成都、自贡、神州、厦门、台北、基隆、新竹、台中、彰化、嘉义、台南、高雄、屏东、汕头、湛江、桂林、贵阳、唐山、石门、济南、烟台、威海、太原、兰州、西宁、归绥、包头、陕坝、张垣、迪化、锦州、营口、鞍山、旅顺、通化、安东、四平、长春、吉林、牡丹江、延吉、佳木斯、北安、齐齐哈尔、海拉尔。以上城市分别归属31个省，台湾省的省辖市数量最多，达到9个；其次为辽宁省，有4个省辖市；山东省和绥远省各有3个省辖市；江苏、湖南、四川、福建、安东、吉林、松江等省各有2个省辖市；另外，浙江、安徽、江西、湖北、广西、云南、贵州、山西、甘肃、青海、察哈尔、新疆、辽北、合江、黑龙江、嫩江、兴安17个省分别都只有1个省辖市。[5]解放战争后期，

---

[1] 胡焕庸等：《中国人口地理》（上），华东师范大学出版社，1984，第260页。
[2] 浦善新主编：《中国城市小百科》，星球地图出版社，1997，第6页。
[3] 刘君德等：《制度与创新——中国城市制度的发展与改革新论》，东南大学出版社，2000，第31页；浦善新主编：《中国城市小百科》，星球地图出版社，1997，第14页。
[4] 《当代中国》丛书编辑部编辑：《当代中国的城市建设》，中国社会科学出版社，1990，第18—20页。
[5] 《当代中国》丛书编辑部编辑：《当代中国的城市建设》，中国社会科学出版社，1990，第20页，绪论。

国民政府将部分县城升格为建制市,1949年底,全国建制市增至136个。[①]

1949年9月26日,中国人民政治协商会议确定在我国实行大行政区制度,即按照地域差别,将各省区和11个直辖市[②]分为几个行政区实行管理。同年12月,政务院也正式以法律形式将大行政区这一组织原则固定下来。"各大行政区人民政府是各该区所辖省(市)高一级的地方政权机关,并为中央人民政府政务院领导地方政府工作的代表机关。"[③]大行政区于1954年废除,同时直辖市的数量也大幅减少。

表1-10 1949—1953年中国直辖市分类情况

中央直辖市		北京、天津
行政区直辖市	华东区	上海、南京
	中南区	武汉、广州
	西南区	重庆
	西北区	西安
	东北区	沈阳、旅大、鞍山、本溪、抚顺
省直辖市		哈尔滨、青岛

资料来源:该表根据《中华人民共和国行政区划(1949—1997)》一书的相关数据编制。

新中国成立后,在三年国民经济恢复时期,为了更好地发挥城市在区域发展中的中心带动作用,同时考虑到区域平衡,故有计划地在原城市数量相对较少的地区增设一批建制市,分别是:湖州、淮南、泉州、漳州、淄博、商丘、黄石、襄阳、株洲、邵阳、湘潭、洪江、益阳、邯郸、阳泉、长治、通辽、咸阳、南郑、平凉、天水、临夏、吴忠、喀什、伊宁、清江、台东、潮州、北海、景德

[①] 详见中华人民共和国民政部行政区划处编:《中华人民共和国行政区划手册》,光明日报出版社,1986,第128—131页。另据中华人民共和国民政部编:《中华人民共和国行政区划(1949—1997)》(中国社会出版社)等资料证明,绍兴是1949年成为建制市,所以建制市为136个。

[②] 新中国成立初期,曾设立过直辖制度。除去中央直管的北京、天津以外,其他几个大行政区也有各自的直辖市,共计12个直辖市。

[③] 中央人民政府法制委员会编:《中央人民政府法令汇编》,人民出版社,1952,第89页。

镇、上饶、内江、宜宾、万县、南充、泸州、遵义、个旧、下关、拉萨、雅安、五通桥、合川、麻栗坡、河口、常德、延吉47个城市。同一时期，又撤销了一批建制市：赤峰、兰溪、衢州、阜阳、萍乡、抚州、周村、南阳、肇庆、汉中、山海关、金州、榆林、石岛、龙口、羊角沟、当涂、大通、宣城、三河、亳城、汝南、朱集23个城市的市建制。到1952年底，全国的建制市增加为160个。①

1953年，新中国开始实施第一个五年计划，为了适应"一五"计划基本建设的需要，配合工业的发展，国家有计划地对建制市的设置做了局部调整，一方面新增设了一批建制市，另一方面也撤销了部分原来的建制市。此时期新增的城市有：包头（新区）、洛阳（涧西区）、白银、株洲、茂名等城市。1953年中国共有26个省、1个自治区（内蒙古自治区）、14个直辖市、1个地方（西藏地方）和1个地区（昌都地区），另有152个设市城市，包括75个地级市和73个县级市，另有县城2239个。1954年，设市城市增加到164个，包括82个地级市和89个县级市，另有县城2263个。

1957年，"一五"计划即将结束之际，中国的地方行政建制为22个省、4个自治区、3个直辖市以及1个筹备委员会，建制市增至176个②，比"一五"计划开始之时增加了16个，比1949年增加了40个，可见，新中国成立初期，城市数量一直呈现稳步增长态势，且增长速度较快。

新中国成立后，随着建制城市数量的增加，城市分布也发生变化，一个突出的现象就是内陆城市数量的显著增加。

由于自然地理环境的差异和政治、经济发展的不平衡性，旧中国遗留下来的城市在区域分布上也极不平衡，据1948年统计数据，东部地区有建制城市26个，中部地区有22个，西部地区只有10个。③新中国成立之初，中央规定凡人口5万

---

① 《当代中国》丛书编辑部编辑：《当代中国的城市建设》，中国社会科学出版社，1990，第34页。
② 1957年中国建制市数目有几种不同的说法，比较常见的有以下几种：（1）176个，据《伟大的十年》《中华人民共和国行政区划简册》《中华人民共和国行政区划手册》《新中国城市50年》等；（2）177个，据《中国人口统计年鉴》《中国人口年鉴》《当代中国的城市建设》《中国城市发展史》《中外城市化比较研究》等；（3）178个，据《中国城市手册》等。
③ 何一民主编：《革新与再造：新中国建立初期城市发展与社会转型（1949—1957）》上册，四川大学出版社，2012，第203页。

以上的城镇可以设市，并有计划地增设建制市。[①]1952年底，全国建制市增加到160个。新增城市主要集中在中西部地区，这与国家在这些地区通过集中力量发展城市工业，采取有计划、有重点地建设城市基础设施等政策有关，也与正在制定的"一五"计划工业布局有着密切的关系，鹤岗、抚顺、本溪、阜新、大同、株洲、郑州、洛阳等新设建制城市，也成为"156项工程"项目布局的重点建设城市。由于国家在广大的中西部地区新建了一批新工业城市，城市分布不均衡现象有所改变。全国新设城市主要分布在湖南、四川、河南、云南、甘肃、黑龙江、内蒙古、山西、河北、安徽、福建等省区；同时东部地区撤销了23个城市，主要集中在安徽、山东、浙江等省。同一时期，因种种原因新设城市中也先后撤销了8个城市，它们是赤峰、葫芦岛、汝南、老河口、北碚、合川、河口、麻栗坡。[②]因此，8年中新增城市40个，平均每年增加5个。值得一提的是，资源型城市异军突起，在非县城基础上兴起6座，它们是双鸭山、平顶山、鹤岗、铜陵、马鞍山和玉门。

建制城市的增减使城市分布也发生了显著变化。在新中国成立之初，鉴于旧中国区域发展的严重不平衡，同时从平衡区域发展和国防安全的需要出发，中央全力调整国家经济布局，实施区域均衡发展战略，"一五"计划中规定："在全国各地区适当地分布工业的生产力，使工业接近原料、燃料产区和消费地区，并适合国防的条件，来逐步地改变这种不合理的状态，提高落后地区的经济水平。"[③]随着工业建设的全面展开，中西部地区的经济水平得到显著提高，一批新兴工业城市也迅速发展起来。1955年11月国家建委指出："为适应生产力的合理布局，今后新建的城市，主要应在京汉线以西。"[④]1956年5月8日，国务院常务会议通过了《关于加强新工业区和新工业城市建设工作几个问题的决议》，确定了在我国内地有计划地建设新工业基地的方针。"一五"期间，东部沿海地区基本建设投资217.26亿元，占投资总额的36.9%，内地基本建设投资275.57亿元，占投资总

[①] 顾朝林等：《中国城市地理》，商务印书馆，1999，第87页。
[②] 顾朝林：《中国城镇体系——历史现状展望》，商务印书馆，1996，第169—170页。
[③] 《中华人民共和国发展国民经济的第一个五年计划（1953—1957）》，人民出版社，1955。
[④] 中国社会科学院、中央档案馆编：《1953—1957中华人民共和国经济档案资料选编：固定资产投资和建筑业卷》，中国物价出版社，1999，第809页。

额的46.8%。[1]1954年，国家计委先后批准了"一五"计划694项建设项目的厂址方案，有65%的项目分布在京广铁路以西的45个城市和55个工业镇，另外35%的项目则分布在京广铁路线以东及东北地区的46个城市和55个工业镇。[2] "一五"计划最后投入施工的150个项目中的106个项目，有50个布置在东北地区，有32个项目布置在中部地区；44个国防工业企业除9个与造船业相关的项目必须放在沿海地区外，其余35个项目都布置在中、西部地区，其中有21个项目安排在四川和陕西两省。[3] 按省区统计，1958年的城市数量比1949年有较大幅度增加的省份主要有山西（4个）、吉林（3个）、黑龙江（3个）、福建（3个）、江西（3个）、湖南（7个）、广东（4个）、四川（7个）、贵州（3个）、云南（3个）、甘肃（8个）[4]，湖南、四川和甘肃3个中西部省份增加城市数量在7个或以上。由此可见，全国新增加的城市主要集中在中、西部地区，我国中西部地区城市较少，城市分布极不平衡的问题得到了初步改善。

---

[1] 国家统计局固定资产投资统计司编：《1950—1985中国固定资产投资统计资料》，中国统计出版社，1987，第104页。
[2] 《当代中国》丛书编辑部编辑：《当代中国的城市建设》，中国社会科学出版社，1990，第48页。
[3] 庄林德、张京祥编著：《中国城市发展与建设史》，东南大学出版社，2002，第230页。
[4] 国家统计局城市社会经济调查总队编：《新中国城市50年》，新华出版社，1999，第3页。

| 第二章 |

艰难探索中城市的曲折发展

1958年到1978年改革开放前,是中国城市曲折发展的时期。[①]在这个时期中国社会主义建设经历了艰难的探索,城市的发展也经过了超速发展、控制发展和停滞发展三个阶段,此一时期的城市制度和规划多有变化,城市建设既取得了较大成就,也出现了若干违背城市规划、建设应遵循的客观规律的急躁冒进倾向,也出现了社会主义城市建设的正确思想没有得到贯彻落实等新情况、新问题,针对这些新问题、新情况,国家先后实施了"调整、巩固、充实、提高"等方针政策,并在解决城市建设与发展实际问题的过程中,克服困难,不断探索中国自己的城市建设道路,从而为改革开放时期以后中国城市建设与发展积累了极为重要的经验。

第一节 "大跃进"时期城市的超前发展

"一五"计划是新中国系统建设社会主义的开始。在此期间,中国面临西方资本主义国家的政治孤立、经济制裁与军事封锁,但是在党中央的直接领导下,中国集中主要力量进行以苏联帮助我国设计的"156项工程"为中心、由694个大中型建设项目组成的工业建设,建立我国社会主义工业化的初步基础,发展部分集体所有制的农业生产合作社,以建立对农业和手工业社会主义改造的基础,基本上把资本主义工商业分别纳入各种形式的国家资本主义的轨道。

"一五"计划取得很大的成就,1957年社会主义经济成分在我国国民经济中占有绝对的优势。基础投资也达到预期的成就,5年间进行了550亿元的总投资,新增固定资产46亿元,是1952年固定资产原值的1.9倍。5年内新建工矿项目1万多个,其中大中型项目有921个,若干重要工业企业得以建立,中国工业结构残缺不全的现象得到改变;科学、文教、卫生、艺术事业也有很大发展。1957年工

---

① 根据研究主旨,本章节所研究的城市仅限于中国大陆,未包括中国台湾省的城市和香港、澳门两个特别行政区。

农业总产值达到1241亿元，比1952年增长67.8%。1957年的国民收入比1952年增长53%，人民生活水平有很大提高。"一五"计划初步奠定了我国社会主义工业化和城镇化发展的基础，为其后我国城市建设与发展起到了重要的支撑作用。[①] 由于"一五"计划所取得的成就使越来越多的人产生了尽快改变我国经济文化落后状况的迫切愿望，因而一场席卷全国的"大跃进"运动迅速兴起。1958年5月以后，"大跃进"运动向城市扩张，首先在钢铁工业实践，1959年进一步扩大到科技、文教、卫生等各个领域，形成了全社会的建设热潮，城市建设也出现了"大跃进"。

一、城市建设的"大跃进"

1958年5月，"在用城市建设的大跃进来适应工业建设的大跃进"的号召下，我国各地城市建设都掀起了"大跃进"运动。[②] 各省区市纷纷编制了超常发展的城市规划设计，城市基本建设也超常投资和大规模开工建设，城市工业同样出现超常发展的态势。

（一）快速编制超常发展的城市规划

我国一些大中小城市受"大跃进"思想的影响，为了实现消灭"三大差别"、早日向共产主义过渡的目的，出现了盲目扩大城市规模的倾向，快速制定了超常发展的城市规划。[③] 1957年7月，建工部在山东青岛召开城市规划工作会议，确定了"先粗后细、粗细结合的快速规划"做法。会后，全国各省大中城市以及许多县级城市，甚至一些规模较大的建制镇，都采取了"快速规划"的方法，编制城镇建设规划。[④] 例如，上海于1958年和1959年先后制定了《上海市1958年城市建设初步规划总图》《关于上海城市总体规划的初步意见》，提出用15年左右时间，压缩旧市区人口至300万左右，控制近郊人口至100万左右，发展卫星城镇，

---

① 当代中国研究所：《新中国70年》，当代中国出版社，2019，第86页。
② 范恒山、陶良虎：《中国城市化进程》，人民出版社，2009，第128页。
③ 汪德华：《中国城市规划史纲》，东南大学出版社，2005，第162页。
④ 董鉴泓主编：《中国城市建设史》，中国建筑工业出版社，2004，第412页。

人口达到180万—200万人，市区和近郊城市用地面积400平方千米，形成以市区为主体，近郊工业区和远郊卫星城镇既相对独立于市区又有机联系的群体组合城市。① 天津在1959年为适应"大跃进"形势下的工业发展，着手编制了超常发展的城市规划，规划在1958年至1972年间，市区人口规模要达到300万—350万人，近郊工业点增至400万—450万人，市区用地规模由119平方千米增至370平方千米。② 1959年湖北省武汉、沙市、宜昌、黄石等建制市也编制了打破常规的城市建设规划或城市总体规划。③ 人口规模仅为10万人的襄樊、银川等城市也分别提出了建设120万人和100万人的超常发展规划。④ 地处雪域高原的西藏拉萨因边疆建设需要编制了《拉萨市城市规划说明书》初稿。⑤ 据统计，湖南省在1958—1960年间累计完成了10市17县的城市规划，其中区域城市初步规划1个，城市总体规划26个（次），县镇功能分区规划17个，工业集镇初步规划11个，近期建设详细规划29个。⑥ 同时，全国还有39个相当专区的地区编制了区域城市规划。⑦

在"快速规划"思想的指导和"大跃进"形势影响下，1960年4月在广西桂林市召开的第二次全国城市规划工作座谈会，提出了"要在十年到十五年左右的时间内，把我国的城市基本建设成为社会主义的现代化的新城市"。会议还提出要根据人民公社的组织形式和发展前途来编制城市规划，提倡以体现工、农、兵、学、商五位一体的"人民公社规划"，即按照人民公社生产和生活的"十网""五化"和"五环"⑧来制定城市规划。此外还根据"大跃进"需要，提出城

---

① 《上海城市规划志》编纂委员会编：《上海城市规划志》，上海社会科学院出版社，1999，第95—98页。
② 天津市地方志编修委员会编著：《天津通志·城乡建设志》，天津社会科学院出版社，1996，第58页。
③ 湖北省地方志编纂委员会编：《湖北省志·城乡建设志》（上），湖北人民出版社，1999，第6页。
④ 王凯：《我国城市规划五十年指导思想的变迁及影响》，《规划师》1999年第4期，第23—26页。
⑤ 公保扎西：《图说拉萨》，北京出版社，2008，第178页。
⑥ 湖南省地方志编纂委员会编：《湖南省志·建设志·城乡建设》，湖南出版社，1997。
⑦ 董鉴泓主编：《中国城市建设史》，中国建筑工业出版社，2004，第412页。
⑧ "十网"，即生产网、食堂网、托儿网、服务网、教育网、卫生保健网、商业网、文体网、绿化网、车库网；"五化"，即生活集体化、家务劳动社会化、公社园林化、教育普及化、卫生经常化；"五环"，即环形供水、环形供电、环形供煤气、环形供热、环形交通运输。

市路网的规划建设思路，特大城市主干道宽度为80—100米、大城市为60—80米、中等城市为40—50米。①这次会议为全国城市规划的"大跃进"起到了推波助澜的作用。于是，全国许多城市纷纷重新修订了城市总体规划，盲目扩大城市的规模。西安市将城市规模扩大到220万人。②南京市为配合工业"大跃进"在《一市三县轮廓规划》（1958年）的基础上又编制了《南京地区区域规划（初稿）》（1960年），开展了城市外围规划建设，当年即选定新建工厂厂址130处，核拨各类建设用地1200余万平方米。③内蒙古自治区呼和浩特市亦在这一时期编制了"搞大城市"的区域规划。④

随着城市规划编制的"大跃进"，一些大城市还根据"在大城市周围建立卫星城"的精神制定了卫星城规划。例如，1959年底上海市先后编制了建设吴泾、闵行、松江、安亭和嘉定五个卫星城的发展规划。⑤成都则将龙泉镇和青白江大弯镇规划建设为主要的卫星城镇。⑥1960年南京市编制了建设10个卫星城的发展规划，即在江南地区建设湖熟、秣陵、汤山和板桥四个卫星城市，在江北地区建设六合、冶山、珠江、桥林、大厂镇和瓜埠六个卫星城市，并在卫星城规划龙潭、凤凰山、燕子矶、淳化、甘家巷五个工业区和梅山、灵山、云台山三个矿区。⑦此外，北京⑧、武汉⑨、西安⑩、广州⑪等大城市亦在"大跃进"期间编制了卫

---

① 董鉴泓主编：《中国城市建设史》，中国建筑工业出版社，2004，第412页。
② 董鉴泓主编：《中国城市建设史》，中国建筑工业出版社，2004，第412页。
③ 薛冰：《南京城市史》，南京出版社，2008，第108—109页。
④ 董瑞海、春兴：《呼和浩特城市规划历史研究（1949—1979年）》，载董卫、李百浩、王兴平主编：《城市规划历史与理论》第3辑，东南大学出版社，2018，第289—290页。
⑤ 吴静等编：《上海卫星城规划》，上海大学出版社，2016，第65页。
⑥ 成都市地方志编纂委员会编纂：《成都市志·城市规划志》，四川辞书出版社，1998，第13页。
⑦ 孟建民：《城市中间结构形态研究》，东南大学出版社，2015，第181页。
⑧ 刘健：《基于区域整体的郊区发展：巴黎的区域实践对北京的启示》，东南大学出版社，2004，第42页。
⑨ 刘剀：《武汉三镇城市形态演变研究》，华中科技大学出版社，2017，第115—116页。
⑩ 西安市地方志编纂委员会编：《西安市志》第二卷《城市基础设施》，西安出版社，2000，第48页。
⑪ 广东省地方史志编纂委员会编：《广东省志·城乡建设志》，广东人民出版社，2006，第49页。

星城市建设规划。

　　上述"快速规划"和"人民公社规划"的做法脱离了当时中国社会经济发展水平和城市建设的实际,受工业建设冒进思想的影响,各级城市都不切实际地希望扩大城市规模,力求在短期内发展大城市、特大城市,并急于改变城市空间结构、经济结构和基础设施,不顾自身力量过早过大规模地改造旧城区,并大建楼堂馆所,导致了这一阶段城市布局与建设出现盲目混乱的现象,由此带来若干问题,烂尾楼、烂摊子、烂尾工程频繁出现。20世纪60年代初,部分大城市开始对前期超常规发展规划做了压缩性修订。如天津提出"压缩改造旧市区,严格控制近郊区"的建设原则,将城市人口发展规模压缩至270万—280万人,城市用地规模压缩至316.8平方千米。[1]中央此时也发现了这一时期的城市规划与建设存在的问题,1960年11月至12月,中央在北京召开了第九次全国计划工作会议,对过去两年出现的盲目规划和超前建设进行了严厉批评,会议由此明确规定"三年不搞规划"。[2]中国各地的城市规划编制工作遂因此逐渐停顿,直到1963年全国第二次城市工作会议后,部分省份因城市建设需要才又恢复了城市总体规划的编制工作,如江苏省徐州、南通、清江等城市。[3]1966年"文化大革命"开始后,全国性的城市规划编制工作基本停止,城市建设亦处于混乱状态。20世纪70年代初,党和国家为改变建设混乱局面,确保"四五"计划的完成,提出了"必须用极大的努力去学习管理城市和建设城市"的方针,使城市规划编制工作得以逐步恢复。陕西咸阳、汉中、宝鸡、铜川[4],江苏南京、镇江、无锡、常州、连云港[5]以及其他省区的部分城市开始重新编制或修订城市发展总体规划。总的来说,"大跃进"时期快速制定超常发展的城市规划,脱离了当时城市建设的实际情况,给城市发展带来了不良影响,后期被迫缩减和停止,不少城市的规划机构也因此而裁撤,不利于城市的长远发展。但对这一时期的城市规划和20世纪70年代后

---

[1] 天津市地方史志编修委员会编著:《天津通志·城乡建设志》,天津社会科学院出版社,1996,第58页。
[2] 许英:《城市社会学》,齐鲁书社,2002,第182页。
[3] 江苏省地方志编纂委员会编:《江苏省志·城乡建设志》,江苏人民出版社,2008,第211页。
[4] 陕西省地方志编纂委员会编:《陕西省志·建设志》,三秦出版社,1999,第340页。
[5] 江苏省地方志编纂委员会编:《江苏省志·城乡建设志》,江苏人民出版社,2008,第211—212页。

期部分城市的恢复发展也不能因此全盘否定，这些规划在一定程度上确定了各地城市的基本布局，安排了城市的工业发展和各项基础设施的建设，为改革开放时期新一轮城市规划的编制提供了重要的历史经验与教训。

（二）以钢铁为中心推进城市工业和基本建设的大发展

1956年社会主义改造顺利完成，之后，党和国家为进一步加快国民经济的发展速度，制定了社会主义建设总路线。1958年1月南宁会议后，中央提出了《工作方法六十条》，要求采取群众运动的方式发展社会经济建设，"争取在三年内大部分地区的面貌基本改观"。[1]同年2月2日《人民日报》发表社论，指出："我们国家现在正面临着一个全国大跃进的新形势，工业建设和工业生产要大跃进，农业生产要大跃进，文教卫生事业也要大跃进。"[2]从而拉开了以钢铁建设为中心的城市工业建设的"大跃进"序幕。

工业作为城市经济的核心，其发展水平也是衡量城市发展程度的最重要指标之一。故党和政府在新中国成立后便将实现工业化确定为城市建设的重要目标之一。在社会主义改造完成之后，中共中央针对新中国城市工业发展的历史与现状，于1958年5月召开了中共八大二次会议，会议提出"要大大地提高我国的劳动生产率，使我国工业在15年或者更短的时间内，在钢铁和其他主要工业产品的产量方面赶上和超过英国"的建设目标。[3]在工业化发展初期，基础建设需要大量的钢铁，因而主要发达国家都确立了以发展钢铁为中心的重工业优先发展的思路，中国的钢铁产量相比十分落后，因而大力发展钢铁工业成了当时国家和城市建设的核心任务，并在1958年开始的工业"大跃进"运动中起了带头作用。相关部门为了完成超英的任务指标，急剧提高了钢铁产量计划。[4]在"大跃进"思想指引和钢铁高指标的影响下，不仅主要的钢铁企业提高了钢铁生产的指标，而且全国各个城市也都开展了轰轰烈烈的大炼钢铁运动。鞍钢在樱桃园、弓长岭矿区建造了一批100立方米的小高炉，在灵山建了一座小型转炉炼钢厂。吉林市江南钢

---

[1] 武力主编：《中华人民共和国经济史》上卷，中国时代经济出版社，2010，第329页。
[2] 《我们的行动口号——反对浪费，勤俭建国》（社论），《人民日报》1958年2月2日，第1版。
[3] 刘少奇：《中国共产党中央委员会向第八次全国代表大会第二次会议的工作报告》，人民出版社，1958。
[4] 汪海波等：《新中国工业经济史》，经济管理出版社，2017，第135—136页。

铁厂建成一座13立方米的洋高炉。太原钢铁厂、武汉钢铁厂、包头钢铁厂等大型钢铁企业也仓促建造了一批"小洋群"。[1]除原有鞍山、本溪、太原、武汉、包头等城市的钢铁基地扩建外，其他城市也纷纷上马钢铁工业，其中西安在1958年11月就建立起了小土炉3413个，建成电炉和炼钢转炉163个。[2]河南[3]、福建[4]、山东、宁夏、青海、四川、贵州、云南、湖南、浙江等省城市均建造了大量的小土炉和小洋炉，甚至部分城市的机关、部队、学校和其他工厂也办起了炼铁厂。[5]

为保证"钢铁元帅升帐"，其他工业部门建设指标也不断加码，首先是机械工业和电力工业。为适应钢铁工业建设高指标的要求，机械工业进行了大规模的基本建设。1958—1961年，施工项目猛增至2000多个，其中大中型项目200多个，四年内全部建成的有20个（详见表2-1）。部分投产的机械电力工业还有兰州石油化工机器厂、郑州砂轮厂等近百个。经过这一时期的大规模建设，西安、武汉、哈尔滨、成都、兰州、郑州、合肥、保定、杭州、长沙、湘潭、石家庄、洛阳、齐齐哈尔等大中城市发展成为机械、电力工业基地。此外，在"大跃进"期间，国家不仅强调机械电力工业老厂的产能翻番，而且还以国家之力在部分大中城市大规模兴建新的工厂，并鼓励各省、各地区和各县甚至各人民公社在县城和建制镇大办机械工业和电力工业，形成了机械工业"遍地开花"，以及"全民办电"的发展格局。[6]

表2-1　1958—1961年机械工业全部建成大中型工厂城市分布一览表

城市	工厂名称
沈阳	沈阳重机厂
齐齐哈尔	第一重机厂
哈尔滨	哈尔滨第一工具厂、哈尔滨电碳厂、哈尔滨三大动力厂二期工程、哈尔滨绝缘材料厂

---

[1] 刘淇主编：《辉煌的二十世纪新中国大纪录》，红旗出版社，1997，第21页。
[2] 唐协平：《西安市"大跃进"运动研究》，硕士学位论文，西北工业大学，2002。
[3] 王金瑞：《论河南省的"大跃进"运动》，硕士学位论文，河南大学，2002。
[4] 彭勇：《福建省"大跃进"运动研究》，硕士学位论文，福建师范大学，2008。
[5] 武力主编：《中华人民共和国经济史》上卷，中国时代经济出版社，2010，第338—339页。
[6] 汪海波等：《新中国工业经济史》，经济管理出版社，2017，第138—140页。

续表

城市	工厂名称
武汉	武汉重型机床厂、武汉锅炉厂
西安	西安绝缘材料厂、西安电力电容器厂、西安高压高瓷厂、西安仪表厂
成都	成都量具刃具厂
长沙	湖南动力机厂
石家庄	石家庄农业机械厂
保定	保定变压器厂
洛阳	洛阳轴承厂、洛阳第一拖拉机厂、洛阳矿山机器厂
湘潭	湘潭电机厂

资料来源：汪海波等：《新中国工业经济史》，经济管理出版社，2017，第138页。

此外，这一阶段我国城市的纺织、煤炭等工业部门也获得了一定的发展，促进了近代以来中国城市轻工业的进一步发展，而且还在煤炭开采的过程中形成了以煤炭采掘和深加工为核心的煤炭城市，如淮南、淮北两个城市等。[①]

1958—1961年的大规模工业建设推动了新中国国有工业企业的大发展，其总数从1957年的49600个，增加到1961年的96000个，集体所有制企业也由119900个增加到158000个（其中社办工业117000）[②]，形成了钢铁、石油石化、冶金、机械、采矿、纺织、飞机制造、汽车等十几个基本工业行业[③]，初步形成了以城市为中心的较为完整的工业体系。这在一定程度上提高了城市生产与再生产的能力，强化了城市的生产功能，加快了新中国城市工业化发展的进程。尽管这一时期的工业建设超出了客观条件，造成了较为严重的浪费，对当时国民经济协调发展产生了许多消极的影响，但其对城市工业化发展的积极促进作用无疑是巨大的，具有非凡的历史性意义。

---

① 焦华富：《试论煤炭城市人口自然结构的演化特征——以淮南、淮北市为例》，《经济地理》2001年第4期，第423—425页。
② 汪海波等：《新中国工业经济史》，经济管理出版社，2017，第140页。
③ 本书编写组：《中国共产党简史》，人民出版社、中共党史出版社，2021，第200页。

（三）城市基本建设广泛开展

为了将消费性城市转变为生产性城市，为了向"大跃进"时期各项事业建设提供保障，从中央到地方都加大了城市基本建设的投入。这一时期中国城市的基本建设除各类工业项目广泛开展外，城市道路、住房、公用事业等方面的建设也取得了较大的进展。

随着"大跃进"时期以钢铁为中心的大规模工业建设进程的加快，城市基本建设也出现了"冒进式"发展的新特点，即全面倡导"快速规划"，取消对城市建设的限制，盲目扩大城市规模。为适应超常规发展城市的需要，各级城市道路建设也纷纷进入"大跃进"模式。如北京市为了配合首都十大建筑工程建设的需要，在1958年《城市建设总体规划初步方案的要点》中提出：东西长安大街、前门大街、地安门大街等主要街道将拓宽到100—110米，并向外延伸出去。同年8月，《北京市总体规划说明草案》对东西长安大街、前门大街和鼓楼南大街三条主干道的宽度调整为120—140米，并提出北京城市一般干道宽80—120米，次干道宽60—80米。[1] 上海、武汉、成都、西安、广州、沈阳等城市亦有类似规划。各城市根据这些"大马路主义"开展了大规模的城市道路建设，城市道路通车里程迅速增加。北京市城市道路由1957年的1155千米增加至1958年的1328千米，1959年迅速增加到2017千米，1960年又增至2028千米；上海市则从1959年的1210千米增至1960年的1271千米。[2] 这一时期武汉新修了中南路、中北路、冶金大道、关山一路、紫阳路、东湖路、中华路、珞喻路等城市次干道，全长共计62.1千米。[3] 广州新建了黄埔大道、车陂西路、南岸公路等道路以连通旧城区和新工业点。[4] 其他大中小城市亦大致如此。由于城市道路等基础设施建设需要有相当的超前性，因而这些在当时看似超前和不实用的规划，却在很大程度上奠定了城市的基本格局和框架，为未来数十年城市的发展奠定了基础，随着汽车时代

---

[1] 王军：《城记》，生活·读书·新知三联书店，2003，第293页。
[2] 国家统计局国民经济综合统计司编：《新中国五十年统计资料汇编》，中国统计出版社，1999，第156、356页。
[3] 武汉地方志编纂委员会主编：《武汉市志·城市建设志》，武汉大学出版社，1996，第189—221页。
[4] 周霞：《广州城市形态演进》，中国建筑工业出版社，2005，第102—103页。

的到来，这些道路建设显示了超前规划的作用。

"大跃进"时期，由于工业大规模建设，各工厂扩大招工规模，工人数量大增，致使城市人口在短期内出现了快速的增长，加剧了城市的居住问题。为解决工人住房问题，各城市和工厂企业纷纷建设工人新村（区）。如上海市在近郊五角场、彭浦、桃浦、闵行、松江等工业区和卫星城镇兴建了工农新村、彭浦新村、桃浦新村、红旗新村、海滨新村和桃园新村等。[①]广州兴修了广州石油化工厂生活区、黄埔新港生活区、广州文冲船厂生活区等工人新村。[②]天津、武汉、西安、成都、重庆、昆明、郑州、沈阳等城市均有工人新村的修建。工人新村（区）的建设，对解决当时出现的城市工人居住问题起到了较大的积极作用，但大多数工人新村受条件的限制还存在生活设施建设相对滞后的现象。

随着"大跃进"时期城镇化、工业化的快速发展和人口规模的迅速增加，出于保障城市生产生活的需要，各城市还开展了交通、饮水等城市公用事业的建设（见表2-2），这在一定程度上改善了城市居民日常生活条件，提升了城市发展的水平。

表2-2　1958—1961年中国城市公用事业发展情况

年份	供水				公共交通			供气	
	日供水（吨）	供水管线（千米）	生活用水（万立方米）	工业用水（万立方米）	公共汽车（辆）	公共电车（辆）	出租车（辆）	燃气管道长度（千米）	供气总量（万立方米）
1958	615.3	14617	64138	51584	5830	688		1921	25401
1959	748.5	15457	78860	91102	6791	981	1010	1964	39159
1960	1020.8	15889	99150	139326	7255	1502	834	2075	47444
1961					7322	1702		2119	53417

注：中国台湾的城市和香港、澳门未统计在内。
资料来源：国家统计局国民经济综合统计司编：《新中国五十年统计资料汇编》，中国统计出版社，1999，第26—29页。

---

① 丁桂节：《工人新村："永远的幸福生活"——解读上海20世纪50、60年代的工人新村》，博士学位论文，同济大学，2007。
② 胡冬冬：《1949—1978年广州住区规划发展研究》，硕士学位论文，华南理工大学，2010。

二、城市规模的扩大与空间格局的变化

"大跃进"时期,中国开展了大规模的工业建设活动,由此带动各级城市规模出现了快速的扩张,主要表现为城市人口规模的增加和用地规模的扩大。[①]

(一)城市人口数量的迅速增加

1958—1961年是中国城镇化冒进的重要时期,因短期内大量招收农村人口进入各工矿企业当工人,各大城市的人口数量大增。例如,"大跃进"时期,上海的国有企业和集体企业职工总人数出现快速增长,1957年上海的职工总人数为211.78万人,1960年则增至285.95万人,净增加了74.17万人,增长了35%。[②] 北方工业中心天津的工矿企业职工人数也由1957年的86.2万人增加到1960年的135.4万人,净增加了49.2万人,增加了57.1%。[③] 就连当时对人口严格控制的国家政治中心首都北京的各类企业职工人数也出现很大的增长,由1957年108万人增至1960年的185.22万人,净增加了77.22万人,增长了71.5%。[④] 伴随着城市企业职工数量的急剧增加,全国城市人口总量也出现大幅度的增长,北京、上海、天津三座城市的人口总数分别由1957年的415.4万人、689.69万人和529.65万人增加至1960年的739.6万人、1056.3万人和583.53万人,分别净增加了324.2万人、366.61万人和53.88万人。[⑤] 各省区重要城市的人口亦在此期出现了较为明显的增长,如1960年内蒙古包头市的非农业人口"比1957年增加了50.35万,增长了1.16倍,其中市内迁移人口增加了42.93万,年平均增长14.31万人。三年间,

---

[①] 一般说来城市规模的变化主要指人口规模、用地规模和经济规模三个方面。鉴于经济规模在城市发展指标上所体现出的竞争力亦附加于前文工业发展等经济要素上,在此仅从人口规模和用地规模分析1958—1961年间中国城市的发展变迁情况。

[②] 国家统计局国民经济综合统计司编:《新中国五十年统计资料汇编》,中国统计出版社,1999,第341页。

[③] 国家统计局国民经济综合统计司编:《新中国五十年统计资料汇编》,中国统计出版社,1999,第167页。

[④] 国家统计局国民经济综合统计司编:《新中国五十年统计资料汇编》,中国统计出版社,1999,第141页。

[⑤] 国家统计局国民经济综合统计司编:《新中国五十年统计资料汇编》,中国统计出版社,1999,第140、165、340页。

净迁移人口占总增加人口的85.26%"。[1]福州市的城区人口则从1957年的606274人增加到1960年746460人。[2]

一些建制城镇的人口因工业建设"大跃进"也有较大的增加。如1957年浙江萧山县城厢镇的人口总量为20766人,到1960年增加到了41299人,翻了一番。[3]福建浦城县南浦镇的人口亦从1957年的3074人增至1960年的3359人。[4]这远超过了"大跃进"时期工业与城镇建设的发展速度。

如果从全国城市人口整体考察,同样也呈现大幅度增加的态势。全国"城市人口由1957年的9949万人猛增到1960年的13073万人,三年城镇人口净增加了3124万人,短时间内让城市人口比重由1957年的15.4%提高到1960年的19.7%,城镇化率也提高了3.5%,年均提高1.17%。"[5]1957—1960年,中国城市人口规模出现快速的增长,但由于区域差异,不同省区的城市规模增长也有较大差异(见表2-3),另外不同等级规模的城市发展也有较大差异。参见表2-4。

表2-3　1957—1960年各地区城镇人口变化

地区	城镇人口（万人）		1960年比1957年增长（%）	地区	城镇人口（万人）		1960年比1957年增长（%）
	1957年	1960年			1957年	1960年	
北京	321	456	42.1	河南	445	532	19.6
天津	353	404	14.4	安徽	273	465	70.3
上海	634	716	12.9	江西	225	460	104.4
河北	363	481	32.5	湖北	411	574	39.7
山西	252	338	34.1	湖南	315	405	28.6
内蒙古	175	360	105.7	广西	175	227	29.7

---

[1] 宋迺工主编:《中国人口·内蒙古分册》,中国财政经济出版社,1987,第171页。
[2] 福建省福州市人口志编纂委员会编:《福州市人口志》,方志出版社,1999,第39页。
[3] 沈璧:《萧山城厢镇志》,浙江大学出版社,1989,第76页。
[4] 《南浦镇志》(香港中文大学服务中心藏书),第79页。转引自李若建:《"大跃进"与困难时期小城镇人口变动研究》,《中山大学学报》(社会科学版)2001年第1期,第125页。
[5] 邢鹏:《中国城市化进程与不断变化的风险格局度》,《上海保险》2006年第21期,第21—27页。

续表

地区	城镇人口（万人）		1960年比1957年增长(%)	地区	城镇人口（万人）		1960年比1957年增长(%)
	1957年	1960年			1957年	1960年	
山东	450	540	20.0	四川	671	844	25.8
辽宁	950	1212	27.6	贵州	165	359	117.6
吉林	384	605	57.6	云南	237	305	28.7
黑龙江	545	878	61.1	陕西	285	498	74.7
江苏	579	876	51.3	甘肃	169	220	30.2
浙江	358	588	64.2	青海	30	70	133.3
福建	237	374	57.8	宁夏	24	51	112.5
广东	530	734	38.5	新疆	94	139	91.5

注：表中天津系城市人口；河北省系非农业人口。

资料来源：《全国各省、自治区、直辖市历史统计资料汇编》，中国统计出版社，1990；另参见李若建：《"大跃进"时期的城镇化高潮与衰退》，《人口与经济》1999年第5期，第42—46页。

表2-4　1957—1961年中国不同等级城市人口占城市总人口的比重

年份	特大城市		大城市		中等城市		小城市	
	总人口（万人）	占比(%)	总人口（万人）	占比(%)	总人口（万人）	占比(%)	总人口（万人）	占比(%)
1957	2317.73	42.8	1001.41	18.5	1104.29	20.4	989.26	18.3
1958	2361.92	38.9	1309.48	21.6	1402.12	23.1	993.21	16.4
1961	2938.31	42.5	1263.06	18.3	1546.35	22.4	1158.60	16.8

注：中国台湾的城市和香港、澳门未统计在内。

资料来源：国家统计局城市社会经济调查总队编：《新中国城市50年》，新华出版社，1999，第21—22页。

（二）城市用地规模的扩大

1958—1961年，随着工业建设的广泛开展，各地城市为了保障工业的发展，相继在城市郊区划拨了大片的土地兴建工厂和工人新村及其附属设施，使城市用地规模迅速扩大。例如，北京在"大跃进"时期城区范围迅速向旧城外扩展[1]，特别是向东西方向发展，使北京城市外部形态慢慢由"凸"字形向三角形演变。[2] 广州自1958年开始城市用地空间也不断向东、向北发展，白鹤洞、车陂、南岸、夏茅、江村、员村等城郊乡村地区因众多工厂和工人新村的兴建成为广州新的工业区，城市建成区面积急剧扩大，1962年广州的建成区面积达到了76平方千米。[3] 南京在1958—1961年间为配合工业区建设核拨各类建设用地1208万平方米，以至于南京建成区在短短的三年时间内增加了27平方千米[4]。郑州于1958年在陇海路南侧兴建了棉纺工业区及其配套设施，用地面积高达600万平方米，构成了郑州城市新的发展空间，极大地拓展了郑州城市的空间规模。[5]

1960年以后，国家实施"调整、巩固、充实、提高"的方针，城市建设也在调整之列，因而不少城市在此之后都相继进行了调整，压缩了城市发展规模，但是经过"大跃进"运动时期的城镇化大扩张，不少城市的规模仍然较1958年以前有不同程度的扩大（见表2-5）。

表2-5　1957—1965年中国部分城市建成区面积变化一览表

单位：平方千米

城市	1957年	1965年	城市	1957年	1965年
石家庄	41	48	大同	15	25
沈阳	115	159	丹东	20	22
鞍山	63	64	齐齐哈尔	71	119
抚顺	76	88	佳木斯	28	32
无锡	16	22	常州	13	19

---

[1] 艾伟、庄大方、刘友兆：《北京市城市用地百年变迁分析》，《地理信息科学》2008年第4期，第490页。
[2] 吕拉昌、黄茹：《新中国成立后北京城市形态与功能演变》，华南理工大学出版社，2016，第27页。
[3] 周霞：《广州城市形态演进》，中国建筑工业出版社，2005，第103、165页。
[4] 薛冰：《南京城市史》，南京出版社，2008，第108—109页。
[5] 朱军献：《因革之变——中原区域中心城市的近代变迁》，山西人民出版社，2013，第276—277页。

续表

城市	1957年	1965年	城市	1957年	1965年
合肥	21	50	南昌	22	50
青岛	36	57	荆州	4	6
长沙	13	21	株洲	20	28
南宁	44	51	柳州	35	64
南充	2	4	郑州	40	72

注：中国台湾的城市和香港、澳门未统计在内。
资料来源：国家统计局城市社会经济调查总队编：《新中国城市50年》，新华出版社，1999，第129—131页。

从表2-5所列城市可见，1957年至1965年表中所有城市建成区空间面积都有不同程度的增加，多的达到1倍多，如南昌的城市面积增加了127%，柳州的城市面积扩大了82.9%。

总之，1958—1961年，中国城市规模普遍有所扩大，无论是人口规模还是用地规模都有了显著的增长。

三、城市数量快速增加

"大跃进"运动期间，作为工业建设最重要的基地——城市的快速发展不仅表现为城市规模的扩大，而且也表现在城市数量增加上，主要表现为建制城市和建制镇的数量有较快速的增加。

新中国成立以后，根据城市发展的历史状况和现状，在民国时期建制城市的基础上增设了一些新的建制市，以适应城镇化发展和工业建设的需要，1949年中国的建制市共有136个，经过社会主义改造和"一五"计划的建设发展，1957年中国建制市数量增至176个。与此同时，建制镇的数量也发生了较大变化。以建制市和建制镇为主体，形成了具有中国特色的城市体系。

1957年全国除台湾、香港和澳门外，共有建制城市176个：北京、上海、天津、南京、武汉、广州、重庆、西安、沈阳、鞍山、抚顺、本溪、保定、唐山、秦皇岛、石家庄、张家口、太原、大同、呼和浩特、包头、旅大、安东、营口、辽阳、锦州、阜新、长春、吉林、哈尔滨、齐齐哈尔、牡丹江、佳木斯、徐州、无锡、杭州、宁波、南通、苏州、烟台、佛山、江门、韶关、柳州、梧州、海口、温州、合肥、蚌埠、芜湖、福州、厦门、南昌、济南、青岛、郑州、开封、新乡、安阳、辽源、长沙、汕头、湛江、南宁、桂林、成都、自贡、贵阳、昆明、兰州、邯郸、满洲里、西宁、常德、景德镇、淄博、洛阳、北海、遵义、株洲、银川、乌鲁木齐、承德、海拉尔、乌兰浩特、通辽、旅顺、通化、鹤岗、泰州、新海连、扬州、镇江、常州、嘉兴、湖州、绍兴、屯溪、九江、赣州、潍坊、德州、济宁、许昌、漯河、宝鸡、汉中、沙市、宜昌、四平、清江、常熟、漳州、泉州、吉安、上饶、商丘、黄石、湘潭、邵阳、洪江、衡阳、益阳、万县、泸州、南充、天水、平凉、临夏、吴中、长治、阳泉、金华、淮南、威海、内江、宜宾、雅安、五通桥、个旧、下关、咸阳、伊宁、喀什、通州、汉沽、邢台、泊头、延吉、周口、驻马店、信阳、南阳、襄樊、津市、潮州、石岐、榆次、抚州、临清、玉门、集宁、巴彦浩特、公主岭、鸡西、双鸭山、马鞍山、铜官山、南平、焦作、安庆、凭祥、伊春、平顶山、鹤壁、三门峡。其中中央直辖市3个、地级市92个、县级市81个。[①]1958年，中国的建制市数量为184个，1960年增至199个，1961年更增至208个。"大跃进"时期中国建制城市数量发生了较大变化，城市数量增加较快，其间有增加也有撤销，而新设城市数量远大于撤销城市数量（见表2-6）。

表2-6 1958—1961年中国建制市设置与撤销大致情形

年份	设置	小计	撤销	小计	更名
1958	侯马、赤峰、朝阳、白城、临沂、泰山、聊城、惠州、肇庆、安顺、都匀、东川、铜川、白银、张掖、酒泉、德乌鲁、克拉玛依	18	通州、汉沽、邢台、泊头、泰州、常熟、周口、驻马店、凭祥、巴彦浩特	10	清江更名淮阴；铜官山更名铜陵；泰山更名泰安

---

① 陈潮、陈洪玲主编：《中华人民共和国行政区划沿革地图集》，中国地图出版社，2003，第217—218页。

续 表

年份	设置	小计	撤销	小计	更名
1959	潍溪、茂名	2	潮州、惠州、石岐、肇庆、五通桥、雅安、北海	7	
1960	汉沽、宣化、巴彦高勒、浑江、安达、北安、三明、新余、萍乡、枣庄、菏泽、新汶、鄂城、沙洋、郴州、六枝、大理、拉萨、格尔木、大柴旦、冷湖、石嘴山、青铜峡	23	旅顺、公主岭、下关	3	
1961	沧州、邢台、海勃湾、乌达、岳阳、娄底、冷江、冷水滩、东江、安江、肇庆、凭祥、哈密	13	沙洋、鄂城、张掖、德乌鲁	4	新海连更名为连云港

注：中国台湾的城市和香港、澳门未统计在内。
资料来源：陈潮、陈洪玲主编:《中华人民共和国行政区划沿革地图集》，中国地图出版社，2003，第218页。

这一时期除建制市的数量有较大幅度的增加外，建制镇的数量也出现较快增加。据统计，1958年中国的建制镇共有3621个，1961年建制镇的数量增加至4429个，净增加了808个。[①]

1958—1961年间建制市和建制镇数量的增加，在一定程度上反映了中国城镇化的发展进程，但由于受"大跃进"冒进思想的影响，建制市和建制镇脱离了当时中国的城镇化发展实际，导致城镇化过快发展，从而造成了一些问题。在1961年以后，国家根据实际情况对新增建制市和镇进行调整，撤销了部分建制市和建制镇。

四、城市体系的变化

1958—1961年间，中国的城市体系发生了较大变化，主要表现为城市行政体

---

① 范恒山、陶良虎:《中国城市化进程》，人民出版社，2009，第6页。

系、规模体系和空间结构体系的变化。

（一）城市行政体系的变化

城市在发展历程中，其政治功能是一个非常重要的先导因素。国家为便于地方治理，往往根据城市在国家发展战略中的地位赋予它们不同的行政等级，从而在历史演变进程中逐渐形成了城市行政等级体系。1957—1961年间，中国城市的行政体系因政治因素出现调整和变化，形成了直辖市—地级市—县级市—建制镇四级城市行政体系（见表2-7和表2-8）。

表2-7　1957—1961年中国城市发展的行政等级变化情形

单位：个

年份	直辖市	地级市	县级市	合计
1957	3	92	81	176
1958	2	68	114	184
1959	2	74	103	179
1960	2	87	110	199
1961	2	79	127	208

注：中国台湾的城市和香港、澳门未统计在内。
资料来源：国家统计局城市社会经济调查总队编：《新中国城市50年》，新华出版社，1999，第4页。

从表2-7可见，此一时期中国的建制市主要分为三个行政层级，即直辖市、地级市和县级市。1957年直辖市有3个，北京、上海和天津，1958年至1961年，天津不再是直辖市，直辖市减为2个。地级市包括省会城市和省辖市，1957年地级城市共有92个，1958年锐减至68个，1959年增至74个，1960年再增至87个，1961年又减至79个，由此可见此一阶段地级市数量变动较大，也可以看出国家对地级市的数量管控较为严格。县级市总体数量增加较多，1957年为81个，至1961年增至127个，相比1957年增加了46个。总体而言，中国的行政建制城市总量有较大幅度的增加，以县级城市增加为主。具体变动的城市参见表2-8：

表2-8 1958—1961年中国建制市行政级别调整大致情形

年份	建制市行政级别调整大致情形
1958	天津降为地级市；玉门升为地级市；邯郸、保定、石家庄、张家口、唐山、秦皇岛、烟台、淄博、开封、洛阳、三门峡、平顶山、新乡、安阳、焦作、鹤壁、海口、佛山、石岐、湛江、江门、韶关、汕头、潮州、北海、南宁、桂林、柳州、梧州、遵义、个旧降为县级市
1959	张家口、安庆、开封、安阳、焦作、三门峡升为地级市
1960	邯郸、保定、石家庄、唐山、承德、安达、鹤岗、咸阳、鹤壁、宝鸡升为地级市
1961	淄博、枣庄、南宁、桂林、柳州、梧州升为地级市；邯郸、保定、石家庄、唐山、承德、张家口、安阳、鹤壁、焦作、三门峡、咸阳、宝鸡、玉门降为县级市

注：（1）中国台湾的城市和香港、澳门未统计在内。
（2）天津在1949—1957年间与北京、上海为直辖市。
资料来源：陈潮、陈洪玲主编：《中华人民共和国行政区划沿革地图集》，中国地图出版社，2003，第218页。

此一阶段，行政建制城市的数量变化实际上也是当时中国政治、经济发展状况的反映。随着中国工业化、城镇化的发展，城市在地区中的地位和作用增强，城市数量的增加是大趋势。其时除了建置城市外，中国还有在1000余个县政府所在地的中心城镇和2000余个建制镇，这些城镇严格地讲都属于城市范畴，但由于中国特殊的国情，未纳入城市行政等级体系之中。

（二）城市规模体系的变化

经过新中国成立初期的发展，建制市开始逐渐形成了比较稳定的规模等级体系。1957年，中国城市人口在100万人以上的有10个，50万—100万人的城市18个，20万—50万人的城市36个，20万人以下的城市112个。此后，各级城市数量逐渐增加，到1961年，城市总数增至208个，其中100万人以上的城市为15个，50万—100万人的城市为22个，20万—50万人的城市为33个，20万人以下的城市为138个（见表2-9）。

表2-9 1958—1961年我国建制市等级体系逐年变化表

年份	城市总数（个）	100万以上 城市数（个）	占比（%）	50万—100万 城市数（个）	占比（%）	20万—50万 城市数（个）	占比（%）	20万以下 城市数（个）	占比（%）
1958	184	11	5.97	19	10.33	36	19.57	118	64.13
1959	179	15	8.38	20	11.17	32	17.88	112	62.57
1960	199	15	7.54	24	12.06	32	16.08	128	64.32
1961	208	15	7.21	22	10.58	33	15.87	138	66.34

注：中国台湾的城市和香港、澳门未统计在内。
资料来源：相关数据根据国家统计局城市社会经济调查总队编：《新中国城市50年》，新华出版社，1999，第4页；陈潮、陈洪玲主编：《中华人民共和国行政区划沿革地图集》，中国地图出版社，2003，第218页；顾朝林：《中国城镇体系——历史、现状、展望》，商务印书馆，1992，第187页综合统计而来。

总体来看，城市规模越大，数量越少，城市规模越小，数量越多。但是，大城市人口占城市人口总数的比重远大于中小城市。1957年全国城市非农业人口总数为6005万人，其中居住在100万人以上城市的人口数为2531万人，占城市非农业人口总数的42.1%；50万—100万人口规模的城市的非农业人口数为1289万人，占城市非农业人口总数的21.5%；20万—50万人口规模的城市的非农业人口数为1073万人，占城市非农业人口总数的17.9%；20万人以下的城市的非农业人口数为1112万人，占城市非农业人口总数的18.5%。到1960年，100万人以上规模城市的非农人口数量得到较快增长，达到了3506万人，占当年全国城市非农业人口总数的44.6%；50万—100万人口规模城市的人口增长亦增至1960万人，占全国城市非农业人口总数的25.0%；20万—50万人口规模城市的非农人口数为1496万人，占全国城市非农人口数的19.1%；20万人以下的城市的非农人口数量虽也有一定的增加，达到1161万人，占比却比1957年有所下降，减少了7.2个百分点，为11.3%。[1] 由于大城市政治地位、自然地理区位和经济条件以及文化环境都优于中小城市，其虹吸效应远超中小城市，人口、资源、资金、技术、信息等向大城市集中，形成了大城市优先发展规律，这种规律在全世界都具有普遍性、长期性。

---

[1] 顾朝林：《中国城镇体系——历史、现状、展望》，商务印书馆，1992，第189页。

（三）城市空间分布格局的演变

随着1958—1961年中国城市的快速发展，新建制市不断设置，我国城市的地理空间格局也发生了相应改变。在国家行政力量的引导下，中国东部、中部、西部因国家城市建设的侧重点不同发展水平也不同，此一时期，国家出于冷战时期的国防考量和经济平衡发展需求，不断加大对中西部的扶持力量，因而中西部地区城市数量的增长明显快于东部（见表2-10）。

表2-10　1957—1961年中国东部、中部、西部城市分布情况

单位：个

年份	东部地区	中部地区	西部地区	合计
1957	73	73	30	176
1958	72	73	39	184
1959	68	74	37	179
1960	73	82	44	199
1961	77	88	43	208

注：中国台湾的城市和香港、澳门未统计在内。
资料来源：国家统计局城市社会经济调查总队编：《新中国城市50年》，新华出版社，1999，第6页。

从表2-10可见，1957年至1961年，中国城市数量总体有一定幅度的增加，共增加了32个城市，但三大区域的增加数量不均衡，东部地区的城市仅增加了4个，占全部新增城市总数的12.5%；中部地区的城市则增加了15个，占全部新增城市总数的46.9%；西部地区新增城市总数为13个，占全部新增城市总数的40.6%。三大区域从城市数量来看，中部地区超过了东部地区，西部地区的城市虽有较大幅度增加，但仍然落后于中东部地区。从城市人口的地区分布上，中部地区的市区人口和非农业人口的增长数量多于东部城市和西部城市，东部城市的人口增长量次之，西部人口的增长相对较慢。但城市市区人口和非农业人口的总量和比重，仍是东部城市居首，中部城市次之，西部城市最少（见表2-11、表2-12）。

表2-11　1957—1961年东部、中部、西部城市人口分布状况

单位：万人

年份	东部地区 市区人口	东部地区 非农业人口	中部地区 市区人口	中部地区 非农业人口	西部地区 市区人口	西部地区 非农业人口	总计 市区人口	总计 非农业人口
1957	4002.26	3185.22	1966.95	1489.71	1108.06	737.76	7077.27	5412.69
1958	5171.37	3434.73	2331.55	1744.39	1715.79	887.61	9218.71	6066.73
1961	5360.25	3778.71	3222.44	2169.52	1549.78	958.59	10132.47	6906.32

注：中国台湾的城市和香港、澳门未统计在内。
资料来源：国家统计局城市社会经济调查总队编：《新中国城市50年》，新华出版社，1999，第19页。

表2-12　1957—1961年东部、中部、西部城市人口占城市全部人口比重

单位：%

年份	东部地区 市区人口	东部地区 非农业人口	中部地区 市区人口	中部地区 非农业人口	西部地区 市区人口	西部地区 非农业人口	总计 市区人口	总计 非农业人口
1957	56.6	58.8	27.8	27.5	15.7	13.6	100	100
1958	56.1	56.6	25.3	28.8	18.6	14.6	100	100
1961	52.9	54.7	31.8	31.4	15.3	13.9	100	100

注：中国台湾的城市和香港、澳门未统计在内。
资料来源：国家统计局城市社会经济调查总队编：《新中国城市50年》，新华出版社，1999，第20页。

经过1958—1961年四年的建设与发展，中国城市在空间分布上有了一些新的变化，即中部、西部因工业大规模的建设出现了新的城市，中西部城市在数量增加的同时，城市地理空间格局也在一定程度上得到了优化，从而初步改变了近代以来中国城市偏重于东部地区分布的格局。

综上所述，1958—1961年在"大跃进"运动的推动下中国城市较新中国成立初期有了更进一步的发展，这不仅表现在建制市（镇）和城市人口数量的增长上，而且在城市的区域分布、城市体系的发展上也呈现出优化的趋势，城镇化增

长率和城镇化水平均有较大程度的提高（见表2-13）。

表2-13 1958—1961年中国城市发展基本状况

年份	全国人口（万人）	市镇人口（万人）	城镇化水平（%）	城镇化年增长率（%）	建制市数（个）	建制市年增加数（个）	建制镇总数（个）
1958	65994	10721	16.25	0.85	176	0	3621
1959	67207	12371	18.41	2.16	183	7	
1960	66207	13073	19.75	1.34	199	16	
1961	65859	12707	19.29	-0.46	208	9	4429

注：中国台湾的城市和香港、澳门未统计在内。
资料来源：马海龙、陈雪琴：《新型城镇化空间基础》，宁夏人民出版社，2016，第7页。

但值得注意的是，"大跃进"时期，中国城市建设与城镇化发展呈现出比较明显的冒进特征。这一阶段的城镇化发展水平增长过快，脱离了当时城市建设与发展的实际，这在一定程度上超出了这个时期中国城市发展的有效承载能力，国民经济发展也因过于冒进而出现了较为严重的失衡，导致城镇化发展出现较多的问题。针对这些在"大跃进"时期城市工业化所表现出的冒进问题，主管国家经济建设的周恩来和陈云认为："现在马跑得很危险。这样骑下去，后年、大后年更危险。"[1]因而果断要求"决不要提出提早完成工业化的口号"[2]。这些认识为党和国家根据以工业化为核心的城市建设中的实际情况，纠正工业化建设不符合实际情况的高速度、高指标的急躁冒进问题，促进中国城镇化健康发展奠定了基础。

第二节 国民经济调整时期城市发展

1961年后，针对"大跃进"运动导致中国城市发展出现的一些问题，党和国家做了初步纠正，对社会主义建设规律有了新的认识，即要以"农、轻、重"为

---

[1] 霞飞：《陈云与反冒进》，《世纪风采》2018年第6期，第5页。
[2] 宋毅军、任元娜：《陈云和周恩来在1956年反冒进前后》，《党史文苑》2015年第17期，第5页。

序进行社会主义建设,综合平衡有计划按比例发展国民经济。1961年1月,中共八届九中全会决定对国民经济实行"调整、巩固、充实、提高"八字方针,取代"大跃进"时期的"多、快、好、省"的提法;强调"化肥生产、外贸、城市人口增长、农业政策和煤的生产"协调发展。[①]1962年1月,党中央召开"七千人大会",对社会主义事业发展和城市建设目标做了进一步调整,通过克服盲目性、压缩基建、降低积累率、把住财政银行两个总闸门、精简队伍和国有工业企业关停并转等措施的实行,把工农关系和城乡关系的紧张状况逐步缓和下来。1964年,党和国家提出了"四个现代化"的社会主义建设目标,进一步促进了城市的恢复发展。在党中央的正确领导下,经过1961年至1965年的调整、巩固、充实、提高,我国的国民经济面貌和城市建设发生了很大的变化,城镇化也逐步走上了健康发展的轨道。

一、城镇人口数量的变化

为解决"大跃进"时期国民经济建设和城市发展出现的冒进、超常规等问题,从1960年9月起,党和国家开始对国民经济建设进行调整,即大量压缩基本建设规模与投资,从缩减城市人口规模的层面,将中国城镇化超常规发展的冒进态势降下来。

(一)全国城镇人口总量的变化

在1961—1965年国民经济调整时期,国家通过精简职工人数、压缩基本建设规模、严格控制城市人口迁入等方式,减轻城市发展压力,使全国城镇人口总数及其所占人口比例呈现出明显的下降趋势。

首先,精简职工减少城市人口数量。为解决"大跃进"时期城市人口的迅猛增长和农产品短缺之间的严重矛盾,1961年和1962年,中共中央先后出台了《关于减少城镇人口和压缩城镇粮食销量的办法》《关于精减职工工作若干问题的通知》《关于进一步精减职工和减少城镇人口的决定》等政策,明确提出要减少城

---

① [美]R.麦克法夸尔:《剑桥中华人民共和国史(上):革命的中国的兴起(1949—1965)》,[美]费正清编,谢亮生等译,中国社会科学出版社,1990,第297页。

镇职工人数和城镇人口。中央要求各级机关裁并机构，减少层次，减少现有人员1/3到1/2，要求各机关、企事业单位的职工，特别是1958年以来从农村招收的职工，凡能回农村的，都要回去。①于是，大量城镇人口相继离开城市，进入农村。例如上海于1962年迁出的职工及家属高达10.8万余人。②另据统计，1961年与1962年全国城市人口净迁入率分别为-39.1%和-45.2%。此一时期全国共精减职工共约1887万人，包括家属在内共减少城市人口2600万。③

其次，压缩基本建设规模。据统计，1960—1962年间国家对城镇的投资急剧下降，从1960年的389亿元减少到1963年的71亿元，这直接影响了各地工业和城镇基础设施建设，进而城市工矿业职工人数开始大幅减少。以湖南省为例，1961年1月湖南省强调工交企业今后要把支援农业作为首要任务，提出基本建设必须缩短战线，按照"关、停、并、转、缩、退、保"的不同办法压缩基建规模。当年湖南全省县以上地方工业企业裁减420个，占总数的16.9%，停建基本建设项目700多个，基建投资压缩到3.93亿元，比1960年减少近10亿元，1962年又进一步减少到2.03亿元。④南京市也大幅压缩基建规模，缩短基建战线，1961年南京全市停建、缓建了南京钢铁厂、汽轮电机厂和13对煤井等一批基建工程，基建规模相比1960年压缩了67.2%。1962年全市基建单位从1961年的220个减少到113个，投资总额比1961年又压缩了33%。连同1960年下半年，三年时间里南京停建、缓建了372个基建项目。⑤当时中国最大的经济中心城市上海也大规模地压缩基础建设投资，1961年的基建投资比1960年减少近60%，1962年比1961年又减少了55%，全年总投资仅为2.19亿元，上海的全民所有制基建企业职工因此也精简了一大半。⑥一些中等城市也同样采取压缩基建的办法来调整结构，如河南开封市于1961年9月按照"八字方针"及"工业七十条"文件精神，有计

---

① 陈潮、王锡光编：《中国县市政区沿革手册》，中国地图出版社，1992，第43页。
② 熊月之主编，承载著：《上海通史·第13卷》，上海人民出版社，1999，第150页。
③ 杨子慧主编：《中国历代人口统计资料研究》，改革出版社，1996，第1553页。
④ 金大陆、金光耀主编：《中国知识青年上山下乡研究文集》（中），上海社会学院出版社，2009，第362页。
⑤ 中共南京市委党史工作办公室编：《风雨同舟：南京探索前进三十年（1949—1978）》，中共党史出版社，2002，第349页。
⑥ 熊月之、周武主编：《上海——一座现代化都市的编年史》，上海书店出版社，2009，第541页。

划、有步骤地调整工业结构，缩短工业战线，重点是钢铁和机械工业，坚决实行"保、关、并、缩、退"，将48个地方国营企业退为集体所有制企业，关停了一钢厂、二钢厂、轻工机械厂、新新布厂等，同时充实加强了化肥厂、阀门厂、仪表厂、火柴厂、玻璃厂等10个工业企业。[1]

表2-14　1960年、1962年国家投资、工农产品产量及城乡人口变动情况比较

项目	1960年	1962年
基本建设投资（亿元）	384	67
钢铁产量（万吨）	1866	667
煤炭产量（亿吨）	3.97	2.19
粮食（市斤）	2370	3200
精减职工（万人）	—	2000
减少城镇人口（万人）	—	2600
农村劳动力（万人）	17901	21278

资料来源：张京祥、胡嘉佩：《中国城镇体系规划的发展演进》，东南大学出版社，2016，第23页。

在此期间，全国各地城市普遍受到投资减少和工矿企业关、并、停建的影响，数以万计的建筑和工业企事业单位关闭，导致大量工矿企事业单位职工返迁农村（见表2-14）。特别是1961年由于建设项目减少和2.5万个国家工业企事业单位关闭，547万工业工人和295.6万建筑工人失去了收入来源，被迫返回农村，另外还有大约1000万城市居民也被安排到农村定居，从事农业生产。在以收缩发展重工业为基础的工业化策略论争下，1962年又关闭了另外1.8万个国家工业企事业单位，大约有419万工业工人和157万建筑工人失去工作岗位，同时有2000万城市居民迁居农村。[2]

再次，严格控制农村人口迁入城市、小城镇人口向城市迁移、中小城市人口

---

[1] 中共河南省委党史研究室编：《二十世纪六十年代河南国民经济调整》，中共党史出版社，2017，第137页。

[2] 张京祥、胡嘉佩：《中国城镇体系规划的发展演进》，东南大学出版社，2016，第354—355页。

向大城市迁移，并大力鼓励知识青年上山下乡，进一步缩减城市人口规模。1964年，国务院批准了公安部《关于户口迁移政策的规定》，严格控制城镇人口的迁移和迁入。1964年1月，中共中央、国务院发布《关于动员和组织城市知识青年参加农村社会主义建设的决定（草案）》，提出"今后一个相当长的时期内，有必要动员和组织大批的城市知识青年下乡参加农业生产……同时，这样做，也为城市未能升学、就业的知识青年开辟了一条广阔的就业门路"。于是，全国各级城市政府响应中央号召，纷纷组织城市知识青年到农村从事农业生产，大量的城镇人口迁移到了广阔的农村地区。据统计，国民经济调整时期全国城市人口年均迁入率为35.9%，迁出率为53.3%，净迁出率为17.4%，1965年全国城镇人口总量降至9885万人，比1960年净减少了3100万。[1]

国民经济调整时期各地城市都严格执行人口压缩政策，城市人口规模普遍出现缩减。据统计，1963年与1960年相比，全国城镇人口共减少了1427万，城镇人口占全国人口的比重也由19.7%下降到16.8%，城镇化水平骤降2.9个百分点。1964年至1965年全国城镇人口进一步回落，1965年更是由10950万人降到了9885万人，又减少了1065万人，仅占总人口的13.63%[2]，远低于1960年的19.7%，参见表2-15。

表2-15　1960—1965年全国城镇人口变化情况

年份	总人口（万人）	城镇总人口（万人）	城镇人口占比（%）
1960	66207	13073	19.7
1961	65859	12707	19.3
1962	67295	11659	17.3
1963	69172	11646	16.8
1964	70499	10950	15.4
1965	72538	9885	13.63

资料来源：国家统计局城市社会经济调查总队编：《中国城市四十年》，中国统计信息咨询服务中心，1990，第101—106页。另参见张新华：《中国共产党推进新中国城市化的历史进程及其基本经验研究》，2014，第64页。

---

[1] 张一耿主编：《城市统计工作实用手册》，中国统计出版社，1990，第10页。
[2] 谢文蕙、邓卫编：《城市经济学》，清华大学出版社，1996，第75页。

最后，城市建制的变化也是导致城镇人口减少的原因之一。在1961—1965年国家根据城市建设发展的客观实际调整并减少了全国市镇建制。1963年全国共有177个建制市，比1960年减少了22个市，1965年又减少至169个市（见表2-16）。

表2-16 全国县市政区1962—1965年统计表

单位：个

年份	县	相当县级单位				县级总计	市
		自治县	旗	自治旗	其他		
1962	1962	55	49	3	6	2075	194
1963	1981	61	50	3	6	2101	177
1964	1992	62	50	3	3	2110	169
1965	2004	66	51	3	1	2125	169

资料来源：陈潮、王锡光编：《中国县市政区沿革手册》，中国地图出版社，1992，第211页。

（二）各地区城市人口的变化

1961—1965年，中国绝大多数城市都经历了城市人口大幅减少的过程，只是减少的幅度存在较大的差别。总体来看内陆地区城市人口减少的幅度大于沿海地区，城市人口下降幅度超过30%的有贵州、青海、宁夏几个内陆省区。

1961—1963年，从全国范围来看，城市人口下降了10.9%。以全国平均水平为标准来衡量，各地区可以分为以下几种类型：一是1958年至1960年城市人口增速高于全国平均水平且1961年至1963年城市人口下降速度高于全国平均水平的有河北、山西、内蒙古、江苏、浙江、安徽、江西、湖北、贵州、陕西、青海、宁夏、新疆等13个省区，这些地区基本在长江流域和长江以北；二是1958年至1960年城镇人口增速低于全国平均水平，但1961年至1963年城镇人口下降速度却高于全国平均水平的有山东、河南、湖南、四川、云南、甘肃等省份；三是1958年至1960年城镇人口增速高于全国平均水平，1961年至1963年城镇人口下降速度低于全国平均水平的有北京、吉林、黑龙江、福建、广东等省市，主要集中在东北和东南沿海等经济基础较好的地区；四是1958年至1960年城镇人口增速低于全国平均水平，同时1961年至1963年城镇人口下降速度也低于全国平均水平，有天津、辽宁、上海、广西，除广西外，都属于经济较发达的地区。由此看出，经济发达地区在大规模精减城镇人口中所受的影响相对要小一些。[1]

人口增减情况具体到不同的城市又有较大差异。例如，北京、天津、上海总人口数在1961年至1965年间分别增加了57.9万人、53.57万人、34.8万人。[2]其中北京市总人口从1961年的729.2万人增加到1963年的759.9万人；非农业人口从1961年的433.8万人到1962年的420.6万人，减少了10余万人，其后才又缓慢回升，至1965年北京市的非农人口达到447.8万人。[3]天津市总人口数在调整期间也呈上升趋势，从1961年的584.23万人逐年上升到1965年的637.8万人；非农业人口略有下降，1961年天津市的非农人口为337.01万人，1963年减至333.12万人，其后逐渐回升，1965年天津的非农人口增至350.19万人，超过了1960年341.34万人的规模。上海市全市总人口在此期间也呈增长趋势，1961年上海市的总人口为1058.99万人，1965年总人口增至1093.79万人，净增加34.8万人；此一时期上海的非农业人口却呈下降趋势，1961年上海的非农人口为722.97万人，1965年减至716.04万人，净减少了6.93万人，其中1962年的非农人口数降至最低点，仅为707.21万人，比1961年净减少了15.76万人。1961年，上海的国有经济单位和城镇企业单位就业人口数为264万人，1962年降至233万人，净减少了31万人，1963年以后才逐渐上升，至1964年又增长到256万人，1965年继续回升至272万人，比1961年净增加了8万人。[4]

东北地区城市是我国传统的重工业基地，此时期城市人口的调整也较大，如1961年吉林市的国有经济单位和城市单位就业的人口数比1960年下降了12万人，1962年全市总人口再从170万人下降至146万人，降幅为16.4%，1963年以后人口处于缓慢回升状态，1965年全市总人口增至152万人。[5]华中地区的工业重镇武

---

[1] 李若建：《"大跃进"时期的城镇化高潮与衰退》，《人口与经济》1999年第5期，第42—43页。

[2] 国家统计局国民经济综合统计司编：《新中国五十年统计资料汇编》，中国统计出版社，1999，第140、165、340页。

[3] 国家统计局国民经济综合统计司编：《新中国五十年统计资料汇编》，中国统计出版社，1999，第140页。

[4] 国家统计局国民经济综合统计司编：《新中国五十年统计资料汇编》，中国统计出版社，1999，第341页。

[5] 国家统计局国民经济综合统计司编：《新中国五十年统计资料汇编》，中国统计出版社，1999，第290页。

汉市，人口同样在此期间呈下降趋势，1960年武汉市总人口为448.7万人，1961年降至438.16万人，1962年再减至433.54万人，1963年才开始停止下滑，1964年全市总人口回升至452.13万人，超过1961年的人口总数。[①]这一时期，武汉人口之所以呈现持续下降态势，与国家的调整和发展政策有着直接的关系，1960年至1962年，由于武汉市坚决执行国家的调整政策，全市总人口平均每年减少4.28万人，平均增长率为-9.59%。1963年以后，武汉成为国家重点扶持发展的对象，随着工业投资和基础建设投资金的增加，武汉全市总人口呈逐年上升趋势，从1963年到1968年，平均每年增加7.49万人，平均增长率17.27%，平均增长速度1.66‰。[②]除上述城市外，其他地区城市人口增减态势亦大体相似。

二、城市数量、规模等级的变化

（一）城市建制的调整与城市数量的变化

1961—1965年国民经济调整时期，因投资减少和工矿企业关、并、停建以及户籍管理和限制城市人口等政策的影响，全国各级城市人口规模普遍减少。同时国家对城市建制也进行了一些调整，城市数量发生变化。1963年12月，中共中央、国务院颁发了《关于调整市镇建制、缩小城市郊区的指示》（以下简称《指示》）[③]，《指示》提高了设市建镇的标准，要求重新审核和调查原有的建制镇、市，对于不符合设置标准的市、镇予以撤销。国家相关部门遂按照《指示》精神对全国城市建制做了相应的调整，同时叫停了市领导县体制，此后很多城市随即撤销了市管县的制度，城市规模由此缩小。经过此轮两年左右的调整，全国建制市和建制镇数量都有不同程度的减少。1963年6月底，全国建制市的数目由1961年底的208个减少到179个，至1965年建制市数量仅有168个，建制镇数量由1961年底的4429个减少到1962年底的4219个，共减少了210个（见表2-17）。

---

① 皮明庥主编，陈芳国、黄建芳本卷主编：《武汉通史·中华人民共和国卷》，武汉出版社，2006，第416页。
② 皮明庥主编，陈芳国、黄建芳本卷主编：《武汉通史·中华人民共和国卷》，武汉出版社，2006，第418页。
③ 张本效主编：《城市管理学》，中国农业大学出版社，2017，第79页。

表2-17 1962—1965年中国城市发展的行政等级变化情况

单位：个

年份	直辖市	地级市	县级市	合计
1962	2	81	111	194
1963	2	78	97	177
1964	2	75	90	167
1965	2	76	90	168

资料来源：国家统计局城市社会经济调查总队编：《新中国城市50年》，新华出版社，1999，第4页。

这一时期新设建制市数量极少，累计新设建制市仅5个，分别是1962年设立的泰州市，1964年设置的惠州市、北海市和1965年设置的图们市、嘉峪关市。与新设置建制市相比，撤销建制的城市却多达40余个，分别是1962年的汉沽市、金华市、湖州市、娄底市、安江市、东江市、都匀市、哈密市、嘉兴市、绍兴市、岳阳市、冷江市、冷水滩市、安顺市、六枝市，1963年的宜化市、榆次市、侯马市、北安市、临清市、泰安市、临沂市、聊城市、菏泽市、屯溪市、新余市、洪江市、津市市、郴州市、白银市、吴忠市、青铜峡市，1964年的乌兰浩特市、巴彦高勒市、朝阳市、抚州市、汉中市、平凉市、临夏市、酒泉市、大柴旦市、冷湖市以及1965年的新汶市、格尔木市等，其中汉沽市、宜化市、北安市、宜化市、菏泽市、郴州市、青铜峡市、大柴旦市、冷湖市、格尔木市等10个市是1960年才新设置的，都相继在1962年至1965年间被撤销。①

建制镇的设置和撤销与建制市几乎同步，"大跃进"时期全国的建制镇数量快速增加，但在调整时期，为了渡过困难阶段，中央颁布了新的市镇设置标准，提高了设镇条件，这导致1964年全国设镇数开始明显减少。②通过该时期的调整，全国小城镇数量也大幅度减少，从1961年的4429个减少到1965年的2905个，平

---

① 陈潮、陈洪玲主编：《中华人民共和国行政区划沿革地图集》，中国地图出版社，2003，第217—218页。部分城市在此期间城名发生了变化，如1958年清江市更名为淮阴市，在1964年名称又改成了清江市。
② 戴均良：《中国市制》，中国地图出版社，2000，第45—48页。

均每年减少304.8个。1965年的小镇数量比1958年小城镇数量3621个还要少716个[①]（见表2-18）。

表2-18 1962—1965年全国城镇化水平

年份	全国人口（万人）	市镇人口（万人）	城镇化水平（%）	城镇化年均增长（%）	城市总数（座）	城市年均增加数（个）	建制镇总数（个）
1962	67295	11659	17.33	-1.96	198	-10	4219
1963	69172	11646	16.84	0.49	174	-24	2877
1964	70499	12950	18.35	1.51	169	5	2902
1965	72538	13045	18	-0.35	169	0	2905

资料来源：马海龙、陈雪琴：《新型城镇化空间基础》，宁夏人民出版社，2016，第7页。

值得注意的是，经过大规模的调整之后，随着国民经济的恢复，工业区建设再次提上日程，国家在1964年至1965年间增设了部分特殊政区（见表2-19），这些特殊政区为发展工矿企业的地区，其后逐渐演变为中国特色社会主义新型城镇。[②]

表2-19 调整时期的特殊政区情况

设置年份	特殊政区类别	特殊政区名称	级别
1960	专门设置于旅游风景名胜区的管理局	南岳管理局	
1961		井冈山管理局	
1964	特区	黑龙江省伊春特区、大兴安岭特区、安徽省铜陵特区、河南省平顶山特区	地级
1965		黑龙江省七台镇特区，贵州省六枝特区、盘县特区	县级

[①] 李建钊：《小城镇发展与规划指南》，天津大学出版社，2014，第23页。
[②] 赵聚军：《中国行政区划改革研究——政府发展模式转型与研究范式转换》，天津人民出版社，2012，第94页。

续表

设置年份	特殊政区类别	特殊政区名称	级别
1965	工矿区	山东省淄博工矿区	地级
		云南省东川矿区、内蒙古自治区白云鄂博矿区	县级
1965	垦区、盐区及山区	辽宁盘锦垦区、浙江省庵东盐区、云南省西盟山区等	

资料来源：安应民：《基于南海主权战略的海洋行政管理创新》，中国经济出版社，2015，第113页；龙朝双、谢昕主编：《地方政府学》，中国地质大学出版社，2001，第201—202页。

在国民经济调整时期，在党中央的领导下，国家相关部门和地方党委、政府经过几年的调整，城乡经济开始恢复，城市建设有了一些起色，城市人口和城镇化率也出现正增长，1965年全国城镇化率达到了18%（见表2-20）。

表2-20　1962—1965年中国不同规模城市的城市人口占城市全国人口比

年份	特大城市		大城市		中等城市		小城市	
	总人口（万人）	占比（%）	总人口（万人）	占比（%）	总人口（万人）	占比（%）	总人口（万人）	占比（%）
1962	2743.33	42.8	1227.44	19.1	1278.02	19.9	1166.45	18.2
1963	2825.84	43.5	1264.16	19.5	1364.69	21	1037.4	15
1964	2975.99	45.1	1254.25	19.0	1365.47	20.7	1007.34	15.2
1965	3006.06	44.9	1291.02	19.3	1350.02	20.2	1043.53	15.6

资料来源：国家统计局城市社会经济调查总队编：《新中国城市50年》，新华出版社，1999，第21页。

（二）城市规模等级与城市人口变化

因国家调整城市行政管理体制和控制城市发展规模的需求，不同等级城市的规模在国民经济调整时期都发生了较大的变化。就中国城市非农业人口增减变化情况来看，1962—1963年间基本上是城市规模越大，其非农业人口减少的幅度相对越小。从城市的行政等级来看，行政级别越高的城市其人口规模的波动幅度就越小。根据这一时期各级城市人口规模变化情况的分析得出,特大城市的人口增长率为 –0.4%,大城市的人口增长率为 –2.3%,中等城市的人口增长率为 –6.4%,小城市的人口增长率为 –6.7%,全国城市的平均增长率为 –3.3%[①]。北京、天津、上海三个直辖市在1961—1965年间的减少幅度不如其他城市显著(见表2-21)。

表2-21　1961—1965年各大城市人口及非农人口状况所占比重情况

年份	城市	上海	天津	北京
1961	城市人口(万人)	1058.99	584.23	729.2
	非农业人口(万人)	722.97	337.01	433.8
	比重(%)	68	58	59
1962	城市人口(万人)	1057.86	595.63	732.2
	非农业人口(万人)	707.21	333.12	420.6
	比重(%)	67	56	57
1963	城市人口(万人)	1073.64	615.33	759.9
	非农业人口(万人)	710.15	342.73	433.1
	比重(%)	66	56	57
1964	城市人口(万人)	1086.22	629.52	776.3
	非农业人口(万人)	712.83	349.64	442.6
	比重(%)	66	56	57
1965	城市人口(万人)	1093.79	637.8	787.1
	非农业人口(万人)	716.04	350.19	447.8
	比重(%)	65	55	57

[①] 城市规模主要分为特大城市、大城市、中等城市、小城市,除1953年均依据非农业常住人口划分。按照国家常用标准,非农业人口超过100万的为特大城市,50万至100万人的为大城市,20万至50万人的为中等城市,20万人以下的为小城市。参见李若建:《"大跃进"时期的城镇化高潮与衰退》,《人口与经济》1999年第5期,第45页。

此时期除直辖市外，绝大部分中国城市的人口都呈下降态势，直辖市的人口增长率为0.4%，省会城市的人口增长率为-3.1%，一般城市的人口增长率为-5.3%，全国城市的平均增长率为-3.3%。其中1962—1963年城市非农业人口增长最慢的20个城市大部分是工矿业城市。另外，那些匆忙建立又很快撤销的城市人口规模出现大起大落。例如，1960年青海省格尔木市的城镇人口在1957年的基础上增加了3万人，增加了1倍，由于增加太快，城市的承载力超出负荷，因而在1961年至1963年国民经济调整时期格尔木市的城市人口因压缩建设、控制城市人口政策的实行迅速减少2万多人，城市行政建制也随之而撤销。[1]

从1963年开始，随着各项国民经济调整政策的实施，经济开始停止下降，出现新的发展，部分城市开始新的建设，城市人口也开始由负增长转变为恢复性增长。例如，成都市通过三年调整，生产建设得到恢复发展，人民生活水平得到改善和提高，死亡率大大降低，人口自然增长又恢复到"高出生、低死亡、高增长"的模式；随着三线建设战略的实施，部分东中部工厂内迁成都，职工及其家属亦随之迁入，因而成都的人口在1965年间就新增了3.6万人，当年人口机械增长率达35.1%。[2]与此同时国内其他城市人口数量亦在这一时期出现了恢复性增长。1965年全国城镇人口规模达到了13045万人，相较1963年增加了1399万人，仅比1960年少了28万人。[3]

随着国民经济调整时期各级城市人口规模的增减，各规模等级城市的数量也发生了相应的变化。据统计，1962年至1963年中国特大城市（城市人口100万以上）增加了1个，共15个，大城市（50万至100万人）的城市由20个减少至18个，中等城市（20万至50万人）由52个增加到54个，小城市数量变化最大，减少了25个，从112个下降到87个（见表2-22）。

---

[1] 丁伟志、王恒生主编：《中国国情丛书——百县市经济社会调查（格尔木卷）》，中国大百科全书出版社，1992，第105页。
[2] 何一民：《成都学概论》，巴蜀书社，2010，第305页。
[3] 国家统计局国民经济综合统计司编：《新中国五十年统计资料汇编》，中国统计出版社，1999，第121页。

表2-22　1962—1965年我国建制市等级体系变化情况表

年份	城市总数（个）	100万人以上 城市数（个）	占比（%）	50万人—100万人 城市数（个）	占比（%）	20万人—50万人 城市数（个）	占比（%）	20万人以下 城市数（个）	占比（%）
1962	198	14	7.1	20	10.1	52	26.3	112	56.5
1963	174	15	8.6	18	10.3	54	31	87	50.1
1964	169	13	7.7	16	9.5	43	25.4	95	57.4
1965	171	13	7.6	16	9.4	43	25.4	99	57.9

注：1964年缺鹤岗、安达城市人口。
资料来源：顾朝林：《中国城镇体系——历史、现状、展望》，商务印书馆，1992，第187页。

通过相关数据统计和研究来看，国民经济调整时期中小城市数量减少最多，这与中小城市单一的产业经济结构有着密切的关系，这类城市特别容易受到国民经济发展对资源需求的变化和产业结构调整的冲击，经济发展韧性较差。与中小城市相比，大城市经济抗冲击能力较强，国家对大城市的政策相比中小城市的扶持力度更大，因而在中小城市出现衰落的同时，大城市反而出现虹吸效应，城市人口规模的增长远快于中小城市。据相关研究表明，20世纪60年代初，经过国家对国民经济进行调整，城市人口从负增长转变为恢复性增长，对比1957年，1965年人口100万人以上的城市增加了3个，城市人口数增加了476万人；50万—100万人口的城市增加了2个，城市人口数减少了131万人；20万—50万人的城市人口增加了326万；20万人的小城市数量由1957年的115个减少到99个，减少了14%，城市人口总数基本持平（见表2-23）。

表2-23　我国1957年、1965年各规模等级城市数量和人口增长情况对比

年份		1957	1965	变化情况
城市总数（座）		176	171	减少了5个
城市非农业人口（万人）		6005	7081	增加了1076万人
100万以上	城市数（座）	10	13	增加了3个
	占城市总数比（%）	5.6	7.6	提高了2个百分点
	人口数（万人）	2531	3007	增加476万人
	占城市非农人口比（%）	42.1	42.5	增加了0.4个百分点

续 表

	年份	1957	1965	变化情况
50万—100万	城市数（座）	14	16	增加了2个
	占城市总数比（％）	8	9.4	提高了1.4个百分点
	人口数（万人）	1289	1158	减少了131万人，降低了10.2%
	占城市非农人口比（％）	21.5	16.4	降低了5.1个百分点
20万—50万	城市数（座）	37	43	增加了6个
	占城市总数比（％）	21	25.1	提升了4.1个百分点
	人口数（万人）	1073	1399	增加了326万
	占城市非农人口比（％）	17.9	19.8	提升了1.9个百分点
20万以下	城市数（座）	115	99	减少了16个，减少了14%
	占城市总数比（％）	65.3	57.9	降低了7.4个百分点
	人口数（万人）	1112	1112	没有变动
	占城市非农人口比（％）	18.5	15.7	降低了2.8个百分点

资料来源：史晋川、李建琴：《当代中国经济》，浙江大学出版社，2008，第282页。

三、城市与人口空间分布格局的变化

国民经济调整时期，中国城市空间分布格局也发生了一些变化。从东、中、西部三大区域的分布看，不同区域的城市数量均有不同程度的减少，其中，中部地区城市数量减少最多，但其占比总体变化不大（见表2-24）。

表2-24　1961—1965年国民经济调整时期中国城市发展情况
（按东、中、西部区域分类）

单位：个

年份	合计	东部地区	中部地区	西部地区
1961	208	77	88	43
1962	194	73	82	39
1963	177	67	74	36
1964	167	68	68	31
1965	169	67	70	32

资料来源：国家统计局城市社会经济调查总队编:《新中国城市50年》，新华出版社，1999，第6页。

从表2-24可知，国民经济调整时期，全国城市数量整体有较大幅度的减少，1965年比1961年减少了39个城市，而东、中、西部三大区域的城市数量也随之而发生了变化，其中，至1965年，东部地区的城市数量由1961年的77个减少至67个，减少了10个，占城市总数的39.64%，相比1961年的占比37.02%有一定程度的提高；同期中部地区的城市减少最多，减少18个，相比1961年的占比有所下降；西部地区城市减少了11个，相比1961年的占比也有所下降。西部地区的城市总量较少的格局并未发生改变。

此一时期，中国的城镇人口分布也有一些变化。从城镇人口总量来看，1962—1965年，全国城市市区人口从9461.05万人下降到8857.62万人，但城市非农业人口总数仍然呈上升态势，从1962年的6415.24万人上升到6690.63万人。另外从区域分布来看，东、中、西部的城镇人口分布也有一定的变化（见表2-25）。

表2-25 1962—1965年城市人口东部、中部、西部、东部分布状况

单位：万人

年份	东部地区 市区人口	东部地区 非农业人口	中部地区 市区人口	中部地区 非农业人口	西部地区 市区人口	西部地区 非农业人口	总计 市区人口	总计 非农业人口
1962	5207.39	3617.99	2872.86	1944.94	1380.8	852.31	9461.05	6415.24
1963	4878.32	3641.77	2780.26	1962.24	1388.78	888.08	9047.36	6492.09
1964	4881.57	3701.38	2770.23	2001.41	1326.37	900.27	8978.17	6603.05
1965	4821.83	3737.58	2690.78	2005.49	1345.01	947.56	8857.62	6690.63

资料来源：国家统计局城市社会经济调查总队编：《新中国城市50年》，新华出版社，1999，第19页。

从表2-25可见，东部地区的市区人口和非农业人口都明显高于中西部地区，1962年东部地区的市区人口为5207.39万人，占全国市区人口总数的55.04%，是西部地区城市市区人口的3.77倍；东部地区非农业人口为3617.99万人，占全国非农业人口总数的56.40%，是西部地区非农业人口的4.24倍。由此可见，东西部地区城市数量有差距，而城市人口的差距更是远超城市数量的差距。1965年，东部地区市区人口为4821.83万人，占全国市区人口总量的54.43%，是西部市区人口总数的3.58倍；1965年东部地区的非农业人口为3737.58万人，占全国非农业

人口的55.86%,是西部地区非农业人口的3.94倍,相比1962年略有一点变化,但总体上看东、西部城市人分布不平衡的状态没有发生根本性的改变。东部地区的非农业人口明显高于中部地区,约占全国非农业人口的1/2;而中部地区的非农业人口又是西部地区非农业人口的2倍多(见表2-26)。这意味着国民经济调整时期城市人口仍偏重于中东部的格局没有发生太大的改变,且城市人口过度集中于大城市(见表2-27)。

表2-26　1962—1965年东部、中部、西部城市人口占城市全部人口比重

单位:%

年份	东部地区 市区人口	东部地区 非农业人口	中部地区 市区人口	中部地区 非农业人口	西部地区 市区人口	西部地区 非农业人口	总计 市区人口	总计 非农业人口
1962	55	56.4	30.4	30.3	14.6	13.3	100	100
1963	53.9	56.1	30.7	30.2	15.4	13.7	100	100
1964	54.4	56.1	30.9	30.3	14.8	13.6	100	100
1965	54.4	55.9	30.4	30.0	15.2	14.2	100	100

资料来源:国家统计局城市社会经济调查总队编:《新中国城市50年》,新华出版社,1999,第20页。

表2-27　国民经济调整时期中国城市人口发展状况(按人口规模分类)

年份	总计(万人)	比例(%)	特大城市(万人)	比例(%)	大城市(万人)	比例(%)	中等城市(万人)	比例(%)	小城市(万人)	比例(%)
1961	6906.32	100	2938.31	42.5	1263.06	18.3	1546.35	22.4	1158.60	16.8
1962	6415.24	100	2743.33	42.8	1227.44	19.1	1278.02	19.9	1166.45	18.2
1963	6492.09	100	2825.84	43.5	1264.16	19.5	1364.69	21.0	1037.40	16.0
1964	6603.05	100	2975.99	45.1	1254.25	19.0	1365.47	20.7	1007.34	15.3
1965	6690.63	100	3006.06	44.9	1291.02	19.3	1350.02	20.2	1043.53	15.6

注:城市人口规模未统计镇的人口数。

资料来源:国家统计局城市社会经济调查总队编:《新中国城市50年》,新华出版社,1999,第21—22页。

综上所述，20世纪60年代初期，在党中央"调整、巩固、充实、提高"八字方针的指导下，通过对国民经济进行结构性调整，"大跃进"时期城市建设的盲目性和超常规发展带来的诸多问题得到了纠正，中国城市发展逐步恢复到正常状态。从1963年夏开始，中国社会主义各项事业和城市建设呈现明显的发展势头。到1965年底，调整国民经济的任务全面完成，全国工农业总产值超过了历史最高水平；农、轻、重的比例得到改善；积累与消费的比例关系也基本恢复正常；国家财政收支平衡，市场稳定，人民生活水平有所提高。[①]这一时期中国城镇化发展的环境得到改善，城市建设开始恢复并有所发展，大、中、小城市的结构得到了一定程度的优化，城市规模也逐渐恢复并有所扩大。特别是1964年底党中央提出了实现"四个现代化"的新的历史使命之后，为中国城镇化发展确立了新的目标。

第三节　城市在曲折中发展

1966年，正当我们国家克服了国民经济的严重困难，完成了经济调整任务，开始执行发展国民经济的第三个五年计划，城市建设逐步恢复并向前进一步发展的时候，"文化大革命"发生了。"文化大革命"期间，城市发展受到严重冲击，但党和人民对"左"的错误的斗争从未停止，使城市和经济遭受的破坏得到一定程度的限制，社会主义城市建设在一些重要领域仍然取得了一定进展。

一、城市规划建设从停滞到逐渐恢复

"文化大革命"时期，城市建设发展政策受到国家整体局势的影响，经历了一个由停滞到逐渐恢复的过程。

1966年"文化大革命"开始后，受极左思想影响，许多符合社会主义建设规律的正确思想和政策被废弃。在城市建设方面具体表现为：

一是城市规划被废弃，城市建设停滞，城市管理失序，城市问题突出。"文

[①] 本书编写组：《中国共产党简史》，人民出版社、中共党史出版社，2021，第198页。

化大革命"开始后,各级城市政府受到冲击,在极左思潮影响下,城市规划被废弃,城市建设停止,城市管理也处于无序状态,各地城市均处于盲目的混乱状态,甚至连首都北京也不例外。1967年1月,国家建委下发《关于一九六六年北京地区的建房计划审查情况和对一九六七年建房计划的意见》等文件,提出北京市"旧的规划暂停执行",并规定"一九六七年的建设,凡安排在市区内的,应尽量采取见缝插针的办法,以少占土地和少拆民房",要求"干打垒"建房。这个文件下达后,给北京的城市建设带来极大的负面影响。由于城市规划"暂停执行",在此后的五年多的时间里,北京市的建设基本上是在脱离城市规划指导的状态下,各机关单位企业团体都各自为政,甚至相当部分易燃、易爆和噪声严重的工厂企业都在城市居住区内盲目扩建,严重污染城市生态环境,带来不少问题。东部特大城市上海在1967年"一月风暴"以后,城市建设也处于无政府状态,城市管理失序,城市问题极为突出,如上海市有480条道路被413家工厂占去46万平方米的路面,被用作马路仓库,乱堆物料,造成道路交通秩序混乱,严重破坏了市容,污染了环境,影响了城市交通。江西省省会南昌市的城市规划机构被撤销以后,一批工程技术人员下放到农村,城市建设和管理也处于无序状态,城市基础设施建设停滞,城市管理失序,道路失修失养,车辆完好率低,交通事故频繁,公共交通秩序极其混乱;城市供水紧张,居民半夜排队挑水,经常因为争水发生斗殴及私自打开消防栓取水等问题。[①]"文化大革命"时期,类似的城市问题在全国绝大多数城市都不同程度、不同形式地出现。

二是城市园林绿地、文物遭到严重破坏,私人住房被挤占,导致城市文化和人居环境遭到破坏。1966年8月,"红卫兵"首先在北京掀起了一场破"四旧"(旧思想、旧文化、旧风俗、旧习惯)的运动,并迅速传遍全国。城市园林和文物古迹被列为"四旧",遭到空前的破坏。1968年,南昌市著名的古迹万寿宫佑民寺被拆除,佑民寺的铜佛、普贤寺的铁像被投入熔炉毁掉。兰州市兴隆山风景区的古建筑被毁,崔家崖古寺被拆光,滨河路上5公里长的观赏花木被拔光,各类绿地被占被毁200多亩。杭州西湖也遭到严重破坏,著名古刹灵隐寺和素有"佛国"之称的上、中、下天竺的寺院,均被工厂占用,以"南屏晚钟"著称的净慈寺,则被部队占用;每天有4000多立方米污水直接排入西湖,使湖水变黑发

---

① 赵永革、王亚男:《百年城市变迁》,中国经济出版社,2000,第106—107页。

臭。在"破四旧"运动的影响下,全国的城市公共绿地也遭到严重破坏,到1975年全国城市公共绿地面积下降为62015公顷,比1959年的128212公顷减少了一半多。在"文化大革命"初期,各地城市都发生了大量抄家和挤占私人住房的行为,据统计,全国各地城市被挤占、没收的房屋达3243万平方米,其中有自住房屋1095万平方米。为数最多的是北京市,被挤占、没收的房屋中私人自住的房屋就有107万平方米。[1]

三是城市基础设施建设滞后,市政建设存在较多问题。主要表现在以下几方面:

a. 城市住宅紧张,这是城市建设中非常突出的一个问题。由于20世纪50年代以后有人口大量出生,进入60年代中后期,这些50年代出生的人口成长起来,而城市住房建设却处于滞后状态,因而住房困难成为当时城市最普遍的现象之一。据对190个城市的统计数据显示,70年代中期平均每人居住面积仅为3.6平方米,比新中国成立初期的人均4.5平方米还减少了0.9平方米。另据不完全统计,全国城市缺房户共有323万户,占城市居民总户数的17%。

b. 市政公用设施建设严重不足,如城市供水设施跟不上发展需要,据不完全统计,1976年全国主要城市日缺水量已达880万立方米。北京、天津、西安等13个城市在1972年夏季用水高峰时,每日缺水共109万立方米,相当于这些城市日供水能力的30%。[2] 城市排水设施建设也严重滞后,全国各城市建成区中,有一半以上的面积没有排水管网,晴天时污水横流,雨后积水成灾。城市每天排出的工业废水和生活污水,有绝大部分未经处理即排入江河湖泊,造成严重的污染。

c. 道路交通建设滞后。20世纪70年代中后期全国城市平均每人道路面积只有2.8平方米,行车速度低,交通拥挤,事故频繁。城市公共交通车辆少,乘客多,运力和运量不相适应,普遍出现乘车难的问题。

d. 城市布局较为混乱,环境污染较为严重。由于城市建设长期无人管理,单位、企业和个人在城市中到处见缝插针,乱拆乱占,出现了大量违章建筑,形成了大量的棚户区。例如,北京市在1971年至1975年间,出现各种违章建筑约50万

---

[1] 赵永革、王亚男:《百年城市变迁》,中国经济出版社,2000,第107—108页。
[2] 《当代中国》丛书编辑部编辑:《当代中国的城市建设》,中国社会科学出版社,1990,第102页。

平方米。太原市在规划道路红线内乱建的违章建筑达10多万平方米，被完全或部分占用的规划道路有30余条。1976年时，全国城市绿化覆盖率平均已不足10%。经过"文化大革命"的浩劫，许多城市的环境、市容，被折腾得脏乱不堪。

"文化大革命"中期，主持政府工作的周恩来等领导人与冒进的城市建设思想作斗争，加强了城市经济建设与城市管理工作，重新制定了一系列符合中国社会主义发展规律的城市建设政策，为中国的城市建设工作迎来了转机，城市建设机构和城市规划工作逐渐恢复。1971年6月，在党中央和国务院的指导下，北京市召开了城市建设和管理工作的会议，决定恢复城市规划工作机构，尽快研究北京市的建设和城市总体规划中的方针性问题，重新编制新的规划总图和制订有关管理办法，会议还通过了加强北京市城市建设管理的文件。[①]

1972年5月，国务院批转国家计委、国家建委、财政部《关于加强基本建设管理的几项意见》，其中规定："城市的改建和扩建，要作好规划，经过批准，纳入国家计划。"同年12月，国家建委新设立了城市建设局，统一指导和管理全国的城市规划、城市建设工作。[②]自此，全国各省、市、自治区也开始恢复城市规划、建设和管理工作。

1972年，国家建委城建局成立以后，先后召开了城市公共交通座谈会、城市液化石油气座谈会、城市供水座谈会、城市消烟除尘经验交流会[③]，也恢复了中断七年的城市建设统计年报制度。[④]同时，国家在实行全面税制改革方案的基础上，重新规定了城市维护费的来源，为城市建设提供了基本的经费保障。[⑤]

1973年9月，国家建委城建局在合肥市召开了部分省市城市规划座谈会，讨论了当前城市规划工作面临的形势和任务，对城市建设局草拟的《关于加强城市规划工作的意见》《关于编制与审批城市规划工作的暂行规定》《城市规划居住区

[①] 中国城市规划学会编：《中国城乡规划学学科史》，中国科学技术出版社，2018，第220—221页。

[②] 孟建民：《城市中间结构形态研究》，东南大学出版社，2015，第189—190页。

[③] 赵永革、王亚男：《百年城市变迁》，中国经济出版社，2000，第114页；张树军主编，荆彦周副主编：《图文共和国年轮（3）》，河北人民出版社，2009，第1468页。

[④] 辽宁省地方志编纂委员会办公室主编：《辽宁省志·统计志》，辽宁民族出版社，2001，第500页。

[⑤] 唐凤岗、李九燕编著：《城市管理基础教程》，河北科学技术出版社，2009，第27页。

用地控制指标》等三个文件草稿征求了意见。①这是自1960年桂林城市规划座谈会后，召开的又一次城市规划座谈会。会后，南京、合肥等大中城市相继成立了城市规划机构，西安、延安、广州、天津、旅大、辽阳、南昌、宜昌、襄樊、沧州、邢台、邯郸等城市都陆续开展了新一轮的城市规划工作。

1974年5月，国家建委下发了《关于城市规划编制和审批意见》和《城市规划居住用地控制指标》等文件，使被废弛了十几年的城市规划有了重新编制和审批的法规依据。1975年4月，国家建委城市建设局在广东省湛江市召开小城镇规划建设座谈会，有湛江、北海、宜昌、岳阳新会、晋城、辛集、廊坊、衡水、湘乡等许多小城镇的代表参加，讨论了国家建委城建局起草的《关于加强小城镇建设的意见》，与会者还研究了建设小城镇的方针政策。这次会议有力地推动了全国城市规划和城市建设工作的开展。②

"文化大革命"十年期间，城市规划与建设从停滞到逐渐恢复与发展，中央虽然从政策层面开始纠正错误，但是在具体的执行过程中受到极左思潮的影响，中央的意图不能得到很好贯彻，致使城市规划、建设和管理的问题仍然突出。

二、城镇化进程停滞与有限发展

"文化大革命"持续的时间长达十年，国家建设遭到新中国成立以来时间最长、范围最广、损失最大的挫折，城市规划建设与发展也受到很大影响，城镇化进程经历了较长时期的停滞。这一时期，党中央仍在探索中国城市发展的道路，并在一些领域取得了一定的进展。

（一）城镇化进程的停滞

"文化大革命"初期，中国政治、经济和社会等各领域都出现混乱现象，经济状况也不断恶化。其直接后果之一就是中国城镇化总体进程也因此停滞不前。1966年全国城镇人口为13313万人，占全国总人口的17.9%；1976年，全国城

---

① 邓小兵、车乐：《制度变革：城市规划管理的效能之路》，华南理工大学出版社，2018，第40页。
② 中国城市规划学会编：《中国城乡规划学学科史》，中国科学技术出版社，2018，第221页。

镇人口增至16341万人，但在全国总人口中的占比反而有所下降，仅为17.4%。"文化大革命"十年间，全国总人口和城镇人口都有所增加，但是城镇人口增加的速度低于农村人口增加的速度，城镇化率始终处于停滞不前状态（详见表2-28）。

表2-28　1966—1976年中国城乡人口构成

年份	人口数（万人）		占总人口比重（%）	
	城镇	乡村	城镇	乡村
1966	13313	61229	17.9	82.1
1967	13548	62820	17.7	82.3
1968	13838	64696	17.6	82.4
1969	14117	66554	17.5	82.5
1970	14424	68568	17.4	82.6
1971	14711	70518	17.3	82.7
1972	14935	72242	17.1	82.9
1973	15345	73886	17.2	82.8
1974	15595	75264	17.2	82.8
1975	16030	76390	17.3	82.7
1976	16341	77376	17.4	82.6

资料来源：国家统计局编：《中国统计年鉴（1983）》，中国统计出版社，1983，第104页。

"文化大革命"期间，造成中国城镇化进程停滞不前的原因是多方面的。由于受国内国际等多种因素的制约，从20世纪50年代开始出现的影响城镇化健康发展的各种问题一直都未能得到很好的解决。随着"文化大革命"的发展，除了政治动乱给经济发展和城市建设造成损失外，国民经济的产业结构不合理问题更加突出，农业多年来发展缓慢，城市经济体制日渐僵化，城乡分隔日趋严重，这些都阻碍了中国城镇化的发展，甚至出现了逆城市化现象。1950年以后，中国迎来了人口出生的一个高峰，从1950年到1958年的9年间，共有1.87亿人出生，平均每年出生2080万人。这一时期新出生的人口分别在1966年到1974年达到劳动年龄[①]，由此在1966年以后中国出现了一个就业高峰期，由于"文化大革命"时期城市经济发展受到很大

---

① 《当代中国》丛书编辑部编：《当代中国的劳动力管理》，中国社会科学出版社，1990，第60页。

影响，城市劳动部门难以安排全部新增适龄人口就业，以知识青年为主的城市人口不得不大量地迁往农村，城市人口向农村转移，从而出现了中国式的逆城镇化现象。

"文化大革命"中后期出现的人口逆城市化现象实际上是20世纪50年代末人口逆城市化现象的延续。"大跃进"运动时期，中国一度出现农村人口大量向城市迁移的现象，但是由于过度超前发展导致国民经济比例失调，国民经济逐步进行了调整，因而不得不放慢城市经济和城镇化的发展速度，为了解决城镇就业矛盾，只能将多余的城镇人口向农村转移，虽然这种做法与人口城镇化的大趋势背道而驰，但却有效地缓解了"大跃进"运动后出现的经济困难。[1]1969年以后，居住在城市的三届初中、高中学生，都相继达到了就业的年龄，但由于极左路线的影响，国民经济发展处于停滞状态，城市产业部门吸纳劳动力的能力弱化，城镇经济发展的困难无法解决他们的就业。为了缓解城市就业压力，只能将成千上万的城镇知识青年送到农村安家落户，接受贫下中农的"再教育"。这种不正常的城乡人口大流动，造成了整个社会劳动力的极大浪费，也使国家背上了沉重的财政负担，还造成了城市与乡村社会经济生活的极大混乱，对整个国家的城镇化的正常发展非常不利。据统计，"文化大革命"十年间，前后累计约有3000万城市知识青年、职工及其家属，以及政治上有"问题"的人从城市迁移到农村。[2]

为何会出现这种人口大规模逆向流动的现象？除政治运动等因素外，从20世纪50年代开始的过度重型化的工业结构，导致了资本对劳动力的排斥，造成了城镇就业的不足。城镇化是随着工业化的发展逐步实现的，任何一个国家的工业化发展初期阶段，资本都是稀缺的要素，而劳动力则十分丰富。据统计，每亿元投资，用在轻工业能容纳劳动力1.6万人，用在重工业只能容纳0.5万人，轻工业容纳劳动力的能力是重工业的3.2倍，而每亿元投资能够提供的利税，轻工业是重工业的4.8倍。[3]但是，新中国成立后，发展工业化受到当时国际国内环境种种条件的制约，中国政府只能采取重工业优先发展战略，从1953年到1978年，中国全民所有制的重工业的基本建设投资占全部工业投资的90%以上。[4]由于优先发

---

[1] 张弥:《中国人口史论纲》，中国财富出版社，2018，第144页。
[2] 杨云彦:《区域经济的结构与变迁》，河南人民出版社，2001，第165页。
[3] 苏少之:《1949—1978年中国城市化研究》，《中国经济史研究》1999年第1期，第36—49页。
[4] 马晓河:《中国城镇化实践与未来战略构想》，中国计划出版社，2011，第50页。

展重工业，一方面就业机会减少了，另一方面也不利于建设资金的积累，进而制约了创造新的就业岗位的可能。据有关专家推算，从20世纪50年代到80年代中期，由于产业政策的影响，工业资本积累所吸纳的新增就业劳动力人数不到应吸纳劳动力人数的一半。[①]这种重工业优先发展战略及其相应的计划经济体制，使资本过度集中于城市产业，而劳动力过度集中于农业，第三产业的发展则被忽视，尽管中国经济出现较快的增长，然而非农产业部门吸纳劳动力就业的能力并不强，特别是"文化大革命"期间，大规模的政治运动更是导致城市产业吸纳劳动力的能力减弱。因而，为了解决日益增多的城镇适龄就业人口，唯一较好的办法就是将城镇适龄人口转移到农村去。

（二）城市数量和规模的有限发展

"文化大革命"期间，中国城镇化总体进程虽然基本上停滞不前，但是城市数量、城市群、城市布局等方面，相比此前还是有一定的变化与发展。

首先，为配合工业化建设，新建、改建、扩建了一大批工业城市，支持了工业和整个国民经济的发展。从20世纪60年代中期开始，中央从国家战略高度，开始实施三线建设，除了根据战略需要，在"山、散、洞"原则指导下，在西南地区的群山之间分散地建设了大批工厂企业外，也在西南地区建设起一批新兴的工业基地和城市，如大型工业基地有四川省的攀枝花钢铁工业基地、贵州省的六盘水煤炭工业基地等，这些工业基地逐步发展为工业城市。一些西南地区原来工业基础薄弱的城市，经过三线建设，工业逐渐发展壮大，发展成为重要的工业城市，除西安、重庆、成都、攀枝花、昆明、柳州、贵阳、兰州、酒泉等重要工业城市外，德阳、绵阳、广元、乐山、西昌、六盘水、遵义、自贡、泸州、内江、达县等城市的工业生产能力也因三线建设而大大增强。

在中央政府主导下，各省采取集中化、大型化地推进工业建设，从而使一批特大城市、大城市出现优先发展。1978年，中国有建制城市191个，比新中国成立之前的58个建制市增加了133个。其中，100万人口以上的特大城市增至29个，50万—100万人口以上的大城市增至36个，大城市和特大城市占城市总数的

---

① 陈文科：《大国发展的十大困惑——大国发展经济学难点探索》，湖北人民出版社，1994，第63页。

28.8%，人口占全国城市人口的72.5%。[①]北京、上海、天津三大直辖市，不仅是我国的特大城市，而且也进入世界30个特大城市和东亚6个特大城市之列。

其次，在工业化、城镇化进程中，逐渐出现工业城市集群的雏形。一是在东北地区逐渐形成了辽中工业城市区，20世纪50年代至70年代，在国家的扶持下，以沈阳、抚顺、鞍山、本溪、辽阳五大城市为核心的辽中城市群发展成为中国重要的现代工业基地和工业城市集群，1977年，这五座城市的市区非农业人口有424万人，占辽中地区城镇总人口的81.2%；二是华北地区也形成了以北京、天津和唐山为中心的工业集中区，1977年，京、津、唐三个城市的城区非农业人口达到569万人，占华北地区城镇总人口的64.7%；三是华东地区也形成了包括南京、镇江、常州、无锡、苏州五个城市在内的苏南工业区，其非农业人口占江苏11个城市非农业人口总数的68.5%，苏南五个城市连同上海构成我国长江三角区现代工业城市群的雏形；此外，还有华中地区形成了株洲—湘潭—长沙、武汉—鄂州—黄石两个城市群雏形。这些现代工业城市集群雏形的形成，对于促进中国的现代工业和整个国民经济的发展，以及城镇化的健康发展都具有重要的意义。

再次，在城市发展中地区工业布局和城镇人口分布有所改善。三线建设工程实施的高潮阶段，国家一度限制沿海城市建设新的项目，集中力量在大西南进行工业建设。虽然这一决策对沿海地区城市并不完全合理，但是对于内地的工业发展和城市建设却起到了积极的推动作用，在一定程度促进了区域平衡发展，对于经济发展落后的西部地区的发展起到了重要的推动作用。到1979年，西南和西北地区各省区拥有的全民所有制工矿企业由1952年的300多个，增加到8万多个；包括中部省区在内的内地国营企业固定资产占全国的比重由27.1%提高到53.6%。[②]内地工业的发展，初步改变了中国工业布局不平衡的格局，也使现代城市布局偏重于沿海地区的状况略有改观。

最后，城市市政建设取得了一定的成绩。1972年全国城市公共交通车辆有15831辆，1975年增至21338辆，三年共增加了5507辆；全国城市供水也从1973年

[①] 根据国家统计局人口统计司编：《中国人口统计年鉴（1990）》，科学技术文献出版社，1991，第596—597页计算。
[②] 康志新：《1980年的中国基本建设》，《中国经济年鉴（1981）》，经济管理杂志社，1982，第142页。

的日产能力1775万立方米,增加到1975年的2170万立方米,平均每年增长197.5万立方米;民用液化石油气由1972年的23457立方米增加到1975年的820711立方米,液化气钢瓶由16797个猛增到681769个,分别增长了34倍和40倍。[1]

上述城市建设所取得的成就,充分体现了城市在曲折中的发展,为改革开放时期中国城市建设与发展提供了十分有益的探索。

三、三线建设对中西部城市发展的推动

三线建设是中国在20世纪六七十年代基于战备需要而对全国工业布局进行的一次大规模的战略性调整。其核心是在中西部大后方建设和发展以军工为核心的重工业基地,以应对潜在的战争威胁。自20世纪60年代中期开始,大批工厂企业、职工、干部等从东部一线地区城市迁到内地,中央财政资金大量投向三线地区[2]。三线建设成为这一时期经济建设的重中之重。据统计,1965年至1980年,国家累计向三线地区投资2052.68亿元,占同期全国投资的39.01%,而在三线建设高峰的"三五"计划期间,这一比例更是高达49.43%。[3]不论是从战略格局还是投资规模上看,三线建设都主导了这一时期中国的工业建设,对国民经济发展产生了深远的影响,深刻改变了中国工业化进程和城市发展格局。

三线建设时期,国家围绕三线工业项目选址及其配套建设附属工业、服务设施的需要,一方面在内地非城市地区集中兴建了渡口(1987年改为攀枝花市)、六盘水、十堰、金昌等四个新兴工业城市;另一方面,为保证依托于既有城市和城镇而布点的三线项目能够尽快投产,国家又对这类三线项目布点较多的城市和城镇进行了一定程度的有计划改建和扩建,不仅促进了内地九个中心城市的快速发展,还迅速建成了70余个新兴城市。此外,在三线建设"大分散"布局的推动下,内地上百个农业城镇因工业建设获得较大规模的改造,城镇经济职能得到极大强化,且

---

[1] 《当代中国》丛书编辑部编辑:《当代中国的城市建设》,中国社会科学出版社,1990,第100—101页。
[2] 三线地区包括四川(含重庆)、贵州、云南、陕西、甘肃、宁夏、青海7个省区及山西、河北、河南、湖南、湖北、广西等省区的腹地部分,共涉及13个省区。
[3] 国务院三线建设调整改造规划办公室《三线建设》编写组编:《三线建设》,内部资料,1991,第32页。

城镇规模持续扩大，为下一阶段全国城市发展奠定了坚实的基础（详见表2-29）。

表2-29　1964—1980年三线地区新建、扩建的主要城市、城镇

城市类型		数量	城市名	城市发展模式
新建城市		4个	渡口（四川，1965年）、六盘水（贵州，1978年）、十堰（湖北，1969年）、金昌（甘肃，1981年）	在非城市地区集中新建
扩建城市	新兴工业城市	57个	四川：德阳、绵阳、江油、广元、自贡、泸州、宜宾、内江、乐山、峨眉、雅安、西昌、遂宁、南充、华蓥、达县、涪陵、万县 贵州：遵义、安顺、都匀、凯里 云南：个旧、东川、曲靖、昭通、开远、玉溪、楚雄 陕西：宝鸡、咸阳、汉中、铜川、渭南、韩城 甘肃：玉门、嘉峪关、酒泉、张掖、武威、白银、临夏、平凉、天水 青海：格尔木 宁夏：石嘴山、吴忠、青铜峡 山西：侯马、榆次、临汾 河南：洛阳、三门峡、平顶山、南阳、焦作、鹤壁、濮阳、义马	依托老城扩建
	中心城市	9个	重庆、成都、贵阳、昆明、西安、兰州、西宁、银川、太原	依托老城扩建
新兴工业城镇		100余个	在三线建设中，仅四川省就建成了新兴工业城镇60余个。典型城镇如绵竹县汉旺镇、德阳县罗江镇和江油县中坝镇、武都镇等。因这类城镇数量多、分布广，此表不作详细统计	主要依托老镇扩建

注：（1）限于篇幅，本表仅列出三线地区4个新建城市的建市时间。

（2）本表所列的三线城市仅为不完全统计，但能基本反映出当时三线地区城市发展的主要情况。

资料来源：国务院三线建设调整改造规划办公室《三线建设》编写组编：《三线建设》，内部资料，1991，第210—223页；三线地区主要城市的确定，参见《当代中国》丛书编辑部编：《当代中国的四川》等11个相关省区卷；《当代中国的基本建设》（上、下册），中国社会科学出版社，1989；三线地区城市建制资料，参见《中华人民共和国县级以上行政区划沿革（1949—1983年）》，地图出版社，1984；《中华人民共和国行政区划图册（1986）》，地图出版社，1986。

三线建设时期,在"工农结合、城乡结合、有利生产、方便生活,城市要为生产建设、为劳动人民服务"[1]的城市建设方针指导下,三线地区的城市建设工作取得了明显的成就。1964年至1980年间,全国共新增设城市56个,城市总数也由167个增加到223个,增长了33.5%,年均增长率约2%。其中,三线地区新设城市29个,占同期全国新设城市的52%,年均增长率约3.1%。[2]三线建设在推动内地城市发展的同时,还有力地促进了内地城市在总体上由消费城市向工业城市的转型,一大批类型多样、功能各异的现代化工业城市得以建成(详见表2-30)。

表2-30 1964—1980年三线地区建成或基本建成的主要工业城市

重型工业城市	国防工业城市	重庆、成都、绵阳、乐山、西昌、贵阳、遵义、安顺、都匀、凯里、西安、宝鸡、咸阳、汉中、天水、酒泉
	煤矿城市	六盘水、铜川、渭南、韩城、平顶山、焦作、鹤壁、义马、石嘴山
	石油工业城市	玉门、南阳、濮阳、南充
	冶金工业城市(含有色金属等)	重庆、成都、渡口、江油、峨眉、达县、贵阳、六盘水、昆明、个旧、东川、楚雄、兰州、嘉峪关、酒泉、金昌、白银、太原、娄底、冷水江
	电力工业城市	三门峡、乐山、宜宾、六盘水、宜昌、太原、丹江口
	化学工业城市	重庆、成都、自贡、内江、泸州、宜宾、昆明、昭通、开远、兰州、格尔木、太原
	机械(含电子)工业城市	重庆、成都、德阳、绵阳、广元、乐山、峨眉、西昌、自贡、内江、泸州、雅安、涪陵、万县、华蓥;贵阳、遵义、安顺、都匀、凯里;昆明、曲靖;西安、宝鸡、咸阳、汉中;兰州、天水、张掖、武威、临夏、平凉;西宁、银川、吴忠;太原、侯马、榆次、临汾;洛阳、十堰、襄樊、荆门;怀化、洪江、常德、邵阳、吉首

---

[1] 《当代中国》丛书编辑部编辑:《当代中国的城市建设》,中国社会科学出版社,1990,第609页。

[2] 国家统计局城市社会经济调查总队编:《中国城市四十年》,中国统计信息咨询服务中心,1990,第3页。

续表

轻型工业城市	纺织工业城市	重庆、成都、达县、内江、遂宁、南充、西安、咸阳、沙市、临汾
	其他类型轻工业城市	乐山、绵阳、南充、宜宾、贵阳、玉溪
重型工业兼交通枢纽型城市		重庆、成都、贵阳、昆明、西安、宝鸡、兰州、格尔木、洛阳、焦作、怀化、太原
综合性工业城市		重庆、成都、贵阳、昆明、西安、兰州、太原

注：从严格意义上的城市类型讲，没有国防工业城市这一城市类型，其大多属于重型工业城市。因研究需要，特列国防工业城市一类，原因在于国家在该10余个城市及其郊区、郊县和山区建设了数十个重要的国防科研院所、百余个大中型国防企业及为之配套的军民结合、民用企业和城市服务设施。

资料来源："工业城市分类标准"参见顾朝林等：《中国城市地理》，商务印书馆，1999，第185页；国务院三线建设调整改造规划办公室《三线建设》编写组编：《三线建设》，内部资料，1991，第210—223页；参见《当代中国》丛书编辑部编《当代中国的四川》等11个相关省区卷；德阳、绵阳、广元、遂宁城市资料，参见《绵阳专区支援重点建设领导小组办公室关于支持国家重点建设工作情况汇报》（1965年10月26日）；绵阳市档案馆馆藏档案：《中共绵阳地委国防工业办公室档案（1965—1983年）》，全宗号：74，目录号：1，案卷号：4；政协自贡市委员会编：《三线建设纪实》，四川人民出版社，2009。

从表2-30可见，三线建设在内地相继建成了一批核心工业城市、重要工业城市及工业城镇，培育出多个工业城市群体，其类型不仅包括国防、煤矿、石油、冶金、电力、化工、机械电子等重工业城市，而且还包括纺织等轻工业城市和工业兼交通枢纽城市以及综合性工业城市等。这些新兴工业城市的建设与发展，进一步为中国工业化和城市现代化发展打下了坚实基础。因此，以重工业城市为主体的不同类型工业城市的兴起，不仅代表了三线建设时期中国城市的发展方向，更是此一时期中国城市的发展主体。

三线建设时期中国城市在超常发展的基础上还呈现出聚集发展的显著特点。由于这一时期国家经济建设的重点始终放在三线地区，全国城市工业投资和新兴城市发展的重心，突进式地由东北、华北和京广铁路沿线及其以东地区西迁至三线建设地区，进而迅速形成了三大新兴工业城市带：一是以宝成线、成昆线、贵昆线、川黔线、襄渝线、成渝线为发展轴，以成都、昆明、贵阳、重庆为中心，包括德阳、绵阳、广元、乐山、西昌、渡口、六盘水、遵义、自贡、泸州、内江、达县等数十个中小工业城市和工业城镇组成的"四边形状"的西南工业城市聚集区;二是以陇海线中西段为发展轴,以西安、兰州为中心,包括咸阳、宝鸡、汉中、略阳、渭南、临潼、兴平、天水、金昌等数个中小工业城市和工业城镇组成的呈带状的西北工业城市聚集区;三是以太焦线和焦柳线中北段为发展轴,以太原、洛阳、焦作、襄樊为中心,包括侯马、南阳、十堰、宜昌、怀化等中小工业城市和工业城镇组成的华北、华中西部带状的工业城市聚集区。在这三大新兴城市带中,重庆、成都、西安、兰州、太原等核心大城市,经过国家的大规模资金投入和重点建设,都相继发展成为西南、西北、华北地区的综合性工业中心城市和我国极为重要的国防科技、机械、电子、冶金、化学工业集中的中心城市。它们不仅是国家工业体系和城市体系中不可或缺的重要组成部分,而且还承担着保障国防安全和维持战时国家经济正常运行的特殊功能。

1969年至1971年,在中央的安排下,三线建设进入第二次高潮。[①]这次建设高潮的直接诱因就是珍宝岛事件。按照毛泽东对三线的判断,如果北方爆发战争,那么东北、华北、西北就成了第一线,而南方和沿海则转变为后方和三线。正是基于这一判断,此次三线建设的主要区域放在了南方和沿海城市,从而直接推动了东部城市的发展。

在这次新的工业建设高潮中,上海等东部沿海城市的战略地位发生了变化,国家加大了对东部沿海城市的建设力度和投入,重点以加强本城市基础工业和军事工业为主。从1969年10月开始,上海对机械、冶金、化学和电子行业进行大规模的技术改造,并于1970年投资2.5亿元开展以这些行业为重点的基础工业大会战。[②]上海在这次新的三线建设高潮中不但减少了内迁工厂和工人数量,而且城市工业得到较大的发展,综合实力得到进一步增强。

广东的发展态势有所不同。国家相关部门根据战略分析,将广州、梅州、佛山等地的大批军工企业、骨干企业迁移至韶关;另外,中央和广东省还投资建设了韶关冶炼厂、广东综合塑料厂、七四五矿等一批企业;工具厂、铸锻厂、轴承厂等大批企业在韶关市区和各县相继涌现,韶关地方工业急剧扩展,开始形成机

[①] 陈夕总主编:《中国共产党与三线建设》,中共党史出版社,2014,第570—571页。
[②] 《上海人民政府志》编纂委员会编:《上海人民政府志》,上海社会科学院出版社,2004,第290页。

电、机械、冶炼等门类比较齐全的工业体系。据统计，1969年韶关全区工业总产值达44232万元，占全区工农业总产值的51%，工业总产值首次超过农业总产值。至1978年底，韶关全区工业企业达1781家，工业总产值149744万元，占全区总产值的66.2%。韶关市在短短17年的时间里就改变了工业落后的局面，直接推动了城市的发展。这个时期，由于重工业投资较大，重工业比重上升到历史最高峰达73%，成为广东仅次于广州的重工业城市[1]，城市功能也因三线建设而彻底转变。

福建省在三线建设开始之时，处于第一线，因而自1964年起，福建的经济建设重点和有限的投入主要放在闽西山区，沿海的企业也向山区搬迁，沿海城市则以轻工业为主。到1978年，福州、厦门、莆田、泉州、漳州等沿海重要城市的工业产值虽然也较高，占全省工业产值的44.3%，但是以轻工业为主。而全省主要的大中型重工业企业，如三明钢铁厂、三明化工厂、三明纺织厂、永安维尼龙厂、水泥厂、青州造纸厂、南平铝厂、邵武重型机器厂、龙岩特种钢厂及原有的军工厂都集中分布在武夷山脉与戴云山脉之间狭窄的山区河谷地区。这些在三线建设时期建设的新式工业企业改变了福建的工业布局，也极大地促进了闽西地区城市的发展，其典型当为三明市。三明地处闽西山区，长期以农业、林业等为主要经济支柱。三线建设时期，福建省内和省外企业，尤其是大量重工业工厂迁至三明市，彻底改变了三明的城市经济结构。至1977年，三明市已建成投产的省、地、市三级全民所有制企业有冶金、机械、化工、电力、木材加工、农药、玻璃、塑料、纺织、印刷、服装、食品等门类，共计有74家，集体所有制和公社办的工厂有68家。1977年，三明市的工业总产值是1950年的2964倍，较1965年增长了6倍多。[2]

总之，三线建设在客观上推动了西部城市和部分一、二线省区城市的发展，特别是使西部城市迅速崛起，成为新中国城市体系中的新骨干。西部城市的发展又拓展和完善了新中国的城市体系，进一步改变了新中国城市体系的空间分布格局，从而有力地促进了新中国城市体系的更新。

---

[1] 韶关市史志办公室、清远市史志办公室：《中国共产党韶关历史》，中共党史出版社，2013，第310—311页。
[2] 《三明市概况》，三明市档案馆，案卷号：105-18-3。

首先，三线城市的兴起丰富了中国城市体系的功能结构。三线建设时期中国经济建设的重点高度集中在国防科技工业、能源原材料工业、机械工业等重工业上，围绕这些工业部门，国家在三线地区重点建设了一大批各种类型的工业、矿业、制造业城市。据表2-30统计，在这批新兴工业城市中煤矿城市有9个、石油工业城市有4个、冶金工业城市有20个、电力工业城市有7个、化学工业城市有12个、机械工业城市有48个、纺织工业城市有10个、综合性工业城市有7个。不同功能的工业城市的发展极大地促进了三线地区以工业城市为发展方向的城市功能结构的转变，并为改革开放后中国城市体系功能结构的深化拓展奠定了基础。

其次，三线城市的兴起推动了中国城市体系地域结构出现一定的区域均衡态势。1964年，全国共有设市城市167个，东部地区68个，其城市数量和城市人口数在全国所占比重分别为40.7%和54.4%；中部地区68个，其城市数量和城市人口数在全国所占比重分别为40.7%和30.9%；西部地区31个，其城市数量和城市人口数在全国所占的比重分别为18.6%和14.8%。经过十余年的发展，到1980年全国共有设市城市223个，东部地区78个，其城市数量和城市人口数在全国所占比重分别为35.0%和48.6%；中部地区100个，其城市数量和城市人口数在全国所占比重分别为44.8%和32.8%；西部地区45个，其城市数量和城市人口数在全国所占的比重分别为20.2%和18.6%。[1]三大区域间的城市比例由1964年的1∶1∶0.46转变为1980年的1∶1.28∶0.58。这些数据变化表明，三线建设时期中西部城市发展明显快于东部地区，中部地区城市数量从68个增加到100个，增长了47%，城市数量比重上升了4.1个百分点，城市人口比重上升了1.9个百分点；西部地区城市数量从31个增加到45个，增长了35.5%，城市数量比重上升了1.6个百分点，城市人口比重也上升了38个百分点。

最后，三线城市的兴起推进了中国城市体系规模结构的快速壮大。三线建设时期，成都、贵阳、昆明、西安、兰州、西宁、银川、太原等西部城市的人口规模增长率平均达268.54%。[2]到1980年，贵阳、昆明、兰州都已经发展成为100万

---

[1] 国家统计局城市社会经济调查总队编：《中国城市四十年》，中国统计信息咨询服务中心，1990，第3、54页。
[2] 据顾朝林：《中国城镇体系——历史、现状、展望》，商务印书馆，1992，第193—194页内容计算所得。

人口以上的特大城市[①]，足见这一时期西部城市人口规模增长之快。此外，1964—1980年，全国大城市从18个增长到30个，增长了66.7%；中等城市从42个增长到72个，增长了71.4%；小城市却始终保持在100个左右。[②]其中，三线重点建设的洛阳、宝鸡等城市已发展为全国性的大城市，渡口、十堰、焦作等城市已进入全国中等城市之列。由此可见，"文化大革命"期间，全国城市体系的规模结构呈现出大城市、中等城市优先发展，小城市缓慢发展的基本样态。

综上所述，"文化大革命"期间，受到"左"倾思想路线的影响，中国城市处于停滞不前的一个低度发展阶段。但必须要看到，"文化大革命"期间党和广大人民与"左"倾错误的斗争，在一定程度上限制了其破坏范围，社会主义的城市建设在一些重要领域仍然取得了一定进展，特别是三线建设有力地促进了西部城市的发展，为西部地区的传统发展注入了新的活力，奠定了西部工业化与城镇化持续发展的新基础，使得西部地区可以加快融入国家城市发展体系中，为西部地区在改革开放后的发展奠定了基础，也在相当程度上推动了以内地城市为重点的中国城市体系的新扩展和新完善。

---

① 国家统计局城市社会经济调查总队编：《中国城市四十年》，中国统计信息咨询服务中心，1990，第74—77页。
② 国家统计局城市社会经济调查总队编：《中国城市四十年》，中国统计信息咨询服务中心，1990，第5页。

| 第三章 |

改革开放初期城市的发展

1976年10月,"文化大革命"结束,中共中央在拨乱反正之后,于1978年12月召开了十一届三中全会,全会重新确立党的马克思主义路线,确定了"解放思想,开动脑筋,实事求是,团结一致向前看"的方针,决定把全党工作重点转移到社会主义现代化建设上来,决定实施对内改革、对外开放的政策。这次全会"标志着中国共产党重新确立了马克思主义思想路线、政治路线和组织路线,实现了新中国成立以来党的历史上具有深远意义的伟大转折,开启了我国改革开放和社会主义现代化建设历史新时期"[1]。随着基本国策和国家经济体制的重大转变,中国城市也走上了新的发展轨道。

随着改革开放的全面实施,城市在国家社会经济发展中的地位和作用越来越重要,越来越突出,以城市为中心和以中心城市来带动区域发展逐渐成为一种共识,强化城市的功能,尤其是经济功能成为城市建设的重要内容。1980年,国家在沿海地区设立了四大经济特区,其后又相继在沿海地区设立了14个开放城市,作为中国对外开放的试验田。1985年,对中国城市来讲也是一个重要的时间节点,这一年中共中央决定全面启动城市改革,重点是对国有企业进行改革,打响了经济体制改革的攻坚战。是年,中央将珠三角、长三角、闽南三角洲确定为沿海经济开放区,这是在改革开放背景下,外向型城市发展模式在东南沿海完成局部突破的标志。1985年以后,广大内地城市的改革也全面推进,城市经济体制改革所带来的制度创新,使城市充满活力,中国大多数城市开始进入快速发展的启动期;随着乡镇企业的大发展,小城镇也出现了较快的增长与发展。

第一节 改革开放初期城市活力的激发

1978年中共十一届三中全会召开,无论对于中国的国家命运还是城市发展都

---

[1] 新华社:《改革开放四十年大事记(1978年)》,百家号,https://baijiahao.baidu.com/s?id=1620267993326661715&wfr=spider&for=pc。

具有划时代意义。虽然这次会议对城市建设与发展并没有太多提及,但是这次会议在总体精神上却对城市发展进程产生了深远的影响。

一、改革开放与城市工作的逐步推进

1978年3月,国务院在北京召开了第三次全国城市工作会议。会议认为:"二十八年来,我国城市工作取得了巨大成就。旧中国遗留下来的消费城市已被改造为生产城市。沿海老城市大步前进,在发展现代工业、支援农业、支援内地等方面发挥了积极作用。许多地区,特别是三线地区建起了一批新的工业城镇,出现了一些像大庆那样的'工农结合、城乡结合、有利生产、方便生活'的新型工矿区,为我国的城镇建设提供了新鲜经验。随着生产的发展,城市的市政建设和服务事业也有很大进步,人民群众的生活福利得到逐步的改善。"[①]但是中国城市建设仍然存在着很多突出问题,与发展经济和不断改善人民生活的要求不相适应,特别是在"文化大革命"极左路线的影响下,"城市各方面工作造成了极为严重的损失,城市建设和管理中积累的问题已经成了堆:城市规划长期废弛,城市建设和管理工作薄弱、混乱,大城市规模控制不住,小城镇的方针贯彻不力,'骨头'与'肉'的关系很不协调,城市职工住宅和市政公用设施失修失养、欠账很多"。[②]因此,中央要求各省、市、自治区的城市工作必须适应国民经济高速发展的需要,为实现新时期的总任务做出贡献。多年积累下来的问题必须积极而有步骤地加以解决,否则,必然会拖四个现代化的后腿。中央高度肯定了城市在国民经济发展中的地位和作用,明确指出:城市是我国经济、政治、科学、技术、文化、教育的中心,在社会主义现代化建设中起着主导作用。城市建设是形成和完善城市多种功能、发挥城市中心作用的基础性工作。各省城市承担起七大任务:一是提高对城市和城市建设重要性的认识,坚持城市建设与经济协调发展;二是建立合理的城镇体系,走有计划发展的道路;三是搞好城市规划,加强规划

---

① 建设部编:《中共中央印发关于加强城市建设工作的意见节录》,中国计划出版社编:《中国城市建设标准规范与政策法规大全》(下),中国计划出版社,1994,第2292页。
② 建设部编:《中共中央印发关于加强城市建设工作的意见节录》,中国计划出版社编:《中国城市建设标准规范与政策法规大全》(下),中国计划出版社,1994,第2292页。

管理；四是改革城市建设体制，增强活力，提高效益；五是加强城市基础设施建设，创造良好的投资环境和生活环境；六是管好用好城市建设资金，充分发挥投资效益；七是城市政府要集中力量搞好城市的规划、建设和管理。中央进一步明确要求：要真正把城市的各项管理、建设工作抓起来，要有强有力的城市管理机构，把城市规划、房产、市政工程、公用事业、园林绿化等都管起来。城市各管理部门都要建立健全规章制度，并认真贯彻执行，迅速改变无章可循和有章不循的状况。城市中的各项建设，都应按照城市总体规划进行安排，服从城市有关部门的统一管理。无论新建、扩建、改建和翻修，都应在城市建设部门办理手续，不得随意开工、乱拆、乱占、乱挖、乱建。对违章建筑，城市管理部门有权检查制止，进行处理，直至拆除。①

第三次全国城市工作会议要求必须加强党对城市建设的领导，"城市工作，关系着国民经济和人民生活的各个方面，涉及面广，政策性强，必须加强党的领导。各省、市、自治区党委要把城市工作列入议事日程，定期讨论城市工作，研究和解决重大问题。城市党委和市革命委员会对于城市的各项工作，要统筹兼顾，全面安排，按照党的方针、政策，认真抓好。不论部属、省属或外地派驻机构、党政机关和军事单位，都要自觉遵守所在城市的各项制度和规定。工业、农业、交通、财贸、政法、文教、卫生、体育、人防等各部门，都要树立全局观念，在市委一元化领导下，同心协力，密切配合，有重点、有步骤地把城市建设好，管理好"②。

这次会议还提出了控制大城市规模，多搞小城镇的要求，并在其后形成了"严格控制大城市，合理发展中等城市，加快发展小城镇"的城市发展方针。③

1979年，党中央还提出了要有计划地发展小城镇和加强城市对农村的支援。中央认为发展小城镇是加快实现农业现代化，实现四个现代化，逐步缩小城乡差别、工农差别的必由之路。为了推动现代化的发展，各省市自治区"还可以运用现有大城市的力量，在它们的周围农村中，逐步建设一些卫星城镇，加强对农业

---

① 建设部编：《中共中央印发关于加强城市建设工作的意见节录》，中国计划出版社编：《中国城市建设标准规范与政策法规大全》（下），中国计划出版社，1994，第2292页。
② 建设部编：《中共中央印发关于加强城市建设工作的意见节录》，中国计划出版社编：《中国城市建设标准规范与政策法规大全》（下），中国计划出版社，1994，第2292页。
③ 何一民：《我国西部城市发展的方针》，《城市发展研究》1996年第6期，第17页。

的支援。北京、上海、天津、沈阳、武汉和其他一切有力量这样做的城市,要在当地党委的统一领导下,负责带好几个县的农业现代化"①。

改革开放后,以经济建设为中心,确立了以城市带动农村、以农村促进城市发展的基本思路。国家在"六五"计划(1981年至1985年)中突出和强调了城市在国家和区域发展中的地位和作用,尤其强调大城市在组织生产和经济引领中的作用。1982年时任党和国家领导人在第五届全国人民代表大会第五次会议上着重指出:"特别要着重发挥大中城市在组织经济方面的作用。……要以经济比较发达的城市为中心,带动周围农村,统一组织生产和流通,逐步形成以城市为依托的各种规模和各种类型的经济区。这是改革的方向,需要有领导、有准备、有步骤地通过试点,积累经验,逐步实施。"②党的方针路线的改变,推动确立了城市在经济建设中的重要地位和关键角色,从而使城市发展出现新的变化。

20世纪80年代初,经济改革的步伐从农村向城市迈进,以1984年城市经济体制改革为又一个转折点,改革的重点从农村转向城市。城市经济体制从扩大企业自主权开始,逐步向广度和深度发展,国家经济政策的重点与落脚点开始转向城市,以城市统领区域发展成为新趋势。③城市发展的动力机制也随之发生变化,政府导向与市场机制相结合成为城市发展的双动力源。

二、城市规划建设的全面启动

新中国成立后,国家高度重视城市规划,相继在重要城市建立了规划机构,并对若干城市进行了科学的规划。"大跃进"运动以后,国家决定三年内不搞城市规划。其后受"文化大革命"影响,很多城市的规划部门被裁撤,规划人员改行,相关工作陷入停滞状态。

1978年第三次全国城市工作会议重新提出城市规划的重要性,认为必须"搞好城市规划,加强规划管理","城市规划是城市建设发展的蓝图。各级政府要

---

① 《中共中央关于加快农业发展若干问题的决定》,中共中央文献研究室编:《三中全会以来重要文献选编》上,人民出版社,1982,第165页。
② 《关于第六个五年计划的报告》,《人民日报》1982年12月14日,第1版。
③ 参见张书成:《新中国城市化政策演化进程与评价研究》,上海交通大学出版社,2019,第61页。

充分发挥城市规划对城市各项建设进行综合指导的作用,使之成为城市建设和管理的重要依据和手段。城市规划工作必须面对现实、面向未来,适应社会主义有计划的商品经济的发展和对外开放、对内搞活经济的需要。既能指导城市的长远发展,又能指导当前的各项建设。既有一定阶段内相对稳定的目标,又要根据经济、社会的发展进程适时进行调整和补充。要大力加强城市规划的实施管理。经过批准的城市规划具有法律效力,要严格实施。规划管理权必须集中在城市政府,不能下放。城市内各项建设的布局、定点和选址都要以城市规划为依据;城市规划区范围内所有单位(包括中央和部队所属单位)和居民的建设活动,都必须服从城市规划安排,不允许各自为政和自行其是。城市规划的实施管理要同城市土地管理紧密结合起来,重点解决好合理用地、节约用地,严格进行各项建设用地的规划与审查,坚决制止违法用地和违章建设"[1]。在中央的新要求下,全国各地城市规划编制工作重新提上日程。

1979年,国家城市建设总局成立。1980年,在国务院的统一部署下,国家建设总局召开了全国城市规划工作会议,系统总结了新中国成立后30年城市规划的历史经验。在此背景下,国家先后颁布了《城市规划编制审批暂行办法》(1980年)、《城市规划定额指标暂行规定》(1980年)、《城市规划条例》(1984年)和《中华人民共和国城市规划法》(1990年)、《城市规划编制办法》(1991年)、《城市规划编制办法实施细则》(1995年)。这一系列具有法律效应的法规性文件的颁布,不仅规范了城市规划设计的编制程序与内容,也明确了城市规划设计的审批权限,对保证与提高城市规划设计的质量起了十分重要的作用。

1982年国务院设立城乡建设环境保护部,国家城市建设总局并入该部,其中有关规划的职能和机构改组为城市规划局(后改称司),负责管理全国城市规划工作。1984年城乡建设环境保护部和城市规划局改由该部和国家计划委员会双重领导,省、自治区和直辖市则由省、区、直辖市的建设委员会或建设厅主管城市规划工作。其后各级城市相继设立城市规划局或城市建设局,部分城市还建立了以市长为首的规划委员会。中国城市规划编制工作在全国范围内逐渐有序展开。截至1984年底,全国已有190多个建制市完成了城市总体规划的编制,占设市城

---

[1] 《关于加强城市建设工作的意见》,中国城市规划网,http://www.planning.org.cn/news/view?id=3460.

市总数的70%。先后已有唐山、兰州、呼和浩特、长沙、沈阳、武汉、合肥、南宁、西宁、拉萨、太原、杭州、重庆、济南、石家庄、北京、抚顺、银州、南京、西安、鞍山、青岛、昆明、郑州、成都等25个城市的总体规划获得国务院批准。[1]1986年底，国务院又审批了38个重要城市的总体规划，及时地指导了各级城市大规模恢复性建设和改造工作。截至1988年底，全国400多个建制市和2000多个县城、建制镇的第一轮总体规划编制审批工作全部顺利完成，中国城市规划工作实现了历史性跨越。[2]此后中国城市进入有规划并基本按规划进行建设的新阶段。

改革开放以来，各级城市建设在城市规划引导下获得了较大的发展，呈现出阶段化特征：1978—1984年是改革开放新时期城市建设的第一阶段，呈现出恢复性"人口拉动城建"特征。此一阶段先后有2000多万上山下乡的知青和干部返回城市就业，允许城乡人口自由流动，不少城市出现了越来越多的暂住人口，这些暂住人口实际上成为常住人口，导致不少城市人口快速增长，人口的增长成为推动城市建设的重要动力，由于在过去的30年间，各级城市在道路、住房以及基础设施建设方面都欠账较多，因而此一时期的发展呈现恢复性建设的特征；1984—1992年，随着城市经济体制改革的启动与不断推进，经济发展成为推动城市建设的重要动力，特别是沿海特区和开放城市因大量引进海外资金、技术和设备，经济出现快速发展，不仅大中城市出现了成片的工业开发区，而且若干小城市和小城镇也因内外资本的进入和乡镇企业的发展，出现了"工业化地区"，极大推动了沿海特区和沿海开放城市以及小城镇的空间扩大和城市建设的发展。

改革开放初期，除了沿海特区和开放城市得到优先发展外，北京、天津、沈阳、南京等内地重要的城市规划建设也都取得较大进步，成为城市规划建设的领头羊。

北京市作为新中国的首都，其城市规划和建设一直都得中央的高度关注和支持，北京市是新中国成立以后城市规划历史最早，并在设计领域不断取得突破的典型城市。1978年中共十一届三中全会之后，北京市政府及时编制了新总体规划方案，1983年该城市规划方案经国务院批准正式实施，成为改革开放后第一个被

---

[1] 国家统计局城市社会经济调查总队编：《新中国城市50年》，新华出版社，1999，第59页。
[2] 汪德华：《中国城市规划史》，东南大学出版社，2014，第567页。

正式批准施行的城市总体规划方案。这次新编制的城市总体规划在对历次规划总结、提高和深化的基础上，重点突出了北京市的城市性质，确立其为中国的政治中心和文化科技中心，该规划提出北京城市空间未来发展的新思路，即"旧城逐步改建，近郊调整配套，远郊积极发展"，从而确立了积极保护北京老城区，向外拓展新城区的发展格局。该规划提出从整体上要保护传统北京的历史风貌与特色，提高北京历史文化名城的地位，同时为了适应发展的需要，一方面对郊区加大基础设施的配套完善工作，提升郊区的宜居性，增强其对人口的疏解能力；另一方面加大远郊新城区的建设力度，使之发展成为现代化新城。

天津市作为直辖市，早在1976年就开始着手编修城市总体规划，次年基本完成编制工作，并上报市建委审批。由于天津曾受到唐山大地震的影响，城市建设需处理的最重要工作是开展灾后重建，这也是新编制的城市总体规划的重点。在编制城市规划的同时，天津市向中央上报了《关于天津市地震后住宅及配套设施恢复重建问题的报告》。1980年，该报告得到党中央和国务院批准，中央要求天津"必须首先搞好总体规划"，"做好分期实施规划，把当前的建设和长远规划结合起来"。1980年代初期，天津市集中力量进行了有史以来最大规模的城市规划编制和总体规划修订工作。1984年4月，天津市城建规划部门将新编制的《天津市城市总体规划纲要》《天津市总体规划说明书》《天津市震损住宅及配套设施恢复重建三年规划》和34个专项规划上报市政府审批。随后，又根据1984年国家颁布的《城市规划条例》所规定的城市规划的任务以及天津制定的20年经济翻两番的发展目标，对天津的城市性质、人口规模、总体布局、内外交通等方面规划加以修改，1985年编制完成了《天津市城市总体规划方案》，以及汇报说明、专项规划和图纸等，并上报国务院。1986年8月，国务院原则同意了这个方案。

天津市城市总体规划是以天津市经济发展战略设想为依据，充分发挥天津在交通、资源、工商业、科技力量等方面的优势，以1990年为近期、2000年为远期进行了战略性部署。规划明确了天津城市性质：具有先进技术的综合性工业基地、开放型多功能的经济中心和现代化的国际性港口城市。该城市总体规划建议，到20世纪末，天津全市常住人口控制在950万人左右，其中城市人口的比例由54.9%提高到64%；城市用地规模由1984年的200平方千米扩大至330平方千米；城市建设重点以调整改造旧市区、重点开发建设海河下游和滨海地区，配套建设近郊卫星城，积极扶植远郊县镇为发展方向；城市布局采取"一条扁担挑两头"的构思，即以海河为轴线，改造老市区作为全市的中心，工业发展重点东移，由市区与滨海地区形成城市两个主体，与周围郊县的卫星城、城镇及重点乡镇组成多层次的城镇网络体系。20世纪80年代天津正是在该规划引领下，推动了城市建设与经济、社会发展。

沈阳市是20世纪80年代较早恢复规划工作的城市之一。此一时期，沈阳的城市规划主要集中在交通领域，重点规划了对外交通，特别是将铁路运输和航空运输进一步整合，规划建设沈阳新北站、客车技术作业站、裕国大型编组站、南郊兴建桃仙国际航空港。这一规划和建设，很大程度上改善了沈阳和周围地区的交通联系，加大了沈阳的聚集力和辐射力。与此同时，沈阳也对市内交通进行了规划和大规模改建，着重规划了中环路和外环路，兴建了84千米的快速外环路；沈阳还十分重视城市生态环境的规划与建设，对贯穿市区的河道进行整治，改善水质，同时规划并兴建绿化带和林荫路，生态环境建设取得了显著效果。由于沈阳经济的发展，城市建成区规划也做了较大调整，建成区从市区扩大至近郊，特别是将棋盘山风景区划入市区，与东陵组成绿色生态带，既加强了对风景名胜古迹的保护，也对城市与乡村一体进行了整合，使城市生态环境得到进一步改善。

长春市于1985年进行了城市规划编制，其规划的亮点在于较好地处理了旧城改造和开发新区之间的关系，通过对旧城区进行逐步改造，不断改善旧城的居住环境，增强旧城区的宜居性；同时加大对新区的开发，将工业开发集中到新区。长春的城市规划在绿化建设和环境保护方面也走在前列，规划提出要把长春市的城市绿化提高到一个新水平，同时还提出尽快改变城市燃料结构，解决市区的烟尘污染问题，使长春成为我国城市生态绿化建设较好的城市之一。

南京市是在20世纪80年代和90年代两次率先完成总体规划的编制和修编工作的省会城市之一。南京城市规划在空间布局上曾有过较大调整，第一次城市规划受到当时流行的规划思路的影响，提出"圈层式"城市空间结构。但是圈层式空间结构只适合规模较小的城市，当城市建成区的空间扩大到一定范围，圈层式空间结构就会导致中心城区的巨大压力，造成交通拥挤等问题。南京经过一段时间的实践之后，第二次提出"沿长江轴向发展"的空间规划，形成轴向发展的多中心结构，城市规划建设一步步完善，适应了城市不同阶段的发展。南京城市规划还高度重视对历史文化名城的保护，包括对明城墙遗址、优秀近代建筑、历史文化保护区等都做出了严格的保护规划，尽力减少城市开发对城市文脉的破坏。

苏州是一座历史文化古城，又是一座新兴现代化经济中心城市，在改革开放之初，苏州城市的规划备受各方面关注。20世纪80年代初，苏州所编制的城市总体规划提出保护古城区和发展新区并重的思路，把"全面保护古城风貌，发展西部新区建设"写进了总体规划的指导思想和原则之中。这一规划的编制和实施，使苏州的古城区得到妥善保护与更新。苏州的工业建设集中在西部新区，该新区于1989年底基本建成，使苏州城市发展空间大为改善。

总体上看，20世纪80年代中国的城市规划取得令人瞩目的成绩，城市规划工作全面恢复，城市建设进入有序的稳定发展阶段。所取得的成绩如下：一是有效地调节、控制了特大城市和大城市的增长，促进了中小城市的发展，城镇布局渐趋合理。1980年《全国城市规划工作会议纪要》提出控制大城市规模、合理发展中等城市、积极发展"小城市"的方针，一些特大城市如北京、上海、天津、沈阳等，积极建设卫星城镇，对控制中心城市的工业和人口起到一定作用。二是推动城市综合开发和配套建设。由于城市规划的编制和规划的法制地位得到加强，城市规划在指导新区开发和旧区改建的过程中，发挥了越来越突出的主导作用。在全国房屋建设呈空前增加的情况下，各地政府要求开发公司必须在城市规划的指导下开展各项建设活动，保证了城市用地结构的优化和开发的合理，如安徽合肥长江路改造便是在城市规划的引导下进行的科学的合理开发，得到建设部的推广，成为这一时期按规划实施旧区改造的典型。三是较好地解决了城市近期建设与远景发展之间的关系。由于有了城市总体规划和近期规划，各地政府高度重视城市规划的阶段实施，近与远的矛盾有了协调的可能，社会经济发展计划与城市规划相结合，实现了城市规划的综合指导作用，推动了城市社会经济与空间环境布局的全面发展。[①]

三、城市发展方针的提出及影响

改革开放初期，虽然中央高度重视并肯定了城市在国民经济发展中的地位和作用，但对于采取何种方式来发展城市，政府内部及学界存在不同的看法，尤其是针对中国城市发展方针，学术界展开了激烈争论。工业革命以来，随着工业化

---

① 汪德华：《中国城市规划史》，东南大学出版社，2014，第578页。

的大力推进,城市问题日益增多,如生态环境问题、交通问题、失业问题、犯罪问题等,成为全球共同关注的大问题。其时普遍存在一种观点,即认为城市问题的产生与城市规模有着密切的关系,城市规模越大城市问题越多,因而不少研究者主张严格控制城市的规模。新中国成立以来,中国政府一直都实施控制城市规模的政策,特别是在二元经济结构和社会结构形成以后,以户籍人口管理为特征的管理模式更严格地控制了大城市发展,大城市人口的增长一般以人口的自然增长为主。改革开放以后,城市规划法规定,中国的城市按规模分为五个等级,即城市市区(包括城区和郊区)非农业人口200万人及以上为超大城市、100万—200万人为特大城市、50万—100万人为大城市、20万—50万人为中等城市、20万人以下为小城市。1978年召开的全国城市工作会议确立了"严格控制大城市发展,合理发展中等城市,加快小城市和城镇发展"的基本方针。改革开放以后,随着农村改革的推进,农村劳动力得到释放,大量剩余劳动力流向城市,给不少大中城市带来压力。1983年,著名社会学家费孝通在《小城镇、大问题》中提出,"解决农村剩余劳动力问题要以小城镇为主,大中小城市为辅,加强小城镇建设是中国社会主义城镇化的必由之路"[①]。以此为发端,关于我国到底应该采取何种城镇化战略,学界展开了激烈讨论。争论的焦点就是我国城镇化道路的最佳选择是什么,由此形成了比较具有代表性的观点和流派,主要有大城市重点论、小城镇重点论、中等城市重点论和多元复合论等。

改革开放之初,中国城市的基础设施薄弱,人口生育高峰和知青返城造成了巨大的就业压力,鉴于对资本主义大城市种种弊端的宣传,中央在1978年提出了"控制大城市规模,多搞小城镇"的国家城市发展总方针,1980年召开的"城市规划工作会议"又提出了"控制大城市规模,合理发展中等城市,积极发展小城市"的方针。[②]其后在《中华人民共和国国民经济和社会发展第六个五年计划》中,中央进一步强调:"认真执行控制大城市规模,合理发展中等城市,积极发展小城市的方针。新建大中型工业项目,一般不要放在大城市,尽量放到中小城市或郊区。工业技术改造,要和城市规划相结合。特大城市和部分有条件的大城

[①] 费孝通:《小城镇、大问题》,《江海学刊》1984年第1期。
[②] 中国城市建设年鉴编委会编:《中国城市建设年鉴(1986—1987)》,中国建筑工业出版社,1989,第15页。

市，要有计划地建设卫星城镇。城镇建设要根据综合开发的原则进行"[①]。"七五"规划也进一步强调："继续贯彻执行'控制大城市规模，合理发展中等城市，积极发展小城市'的方针，切实防止大城市人口规模的过度膨胀，有重点地发展一批中等城市和小城市。坚决防止大城市过度膨胀，重点发展中小城市和城镇"[②]。1989年，国家为了适应城镇化发展的需要，将城市发展方针修改为"严格控制大城市规模、合理发展中等城市和小城市"，并写进了1989年12月26日第七届全国人大常委会第十一次会议通过的《中华人民共和国城市规划法》中，使之具有了法定意义。

新中国成立以后，国家多次通过调节建制市及建制镇的设置标准以及户籍管理等相关制度来控制城镇化的进程和城市发展的规模。为了适应国家不断发展的社会经济形势，1955年、1963年、1984年、1992年城市和城镇的建制标准多次修订，整体呈不断放宽的态势，设市城市数量不断增多，对中、小城市的发展起了积极的促进作用。

改革开放以后，由于大量农村人口进入城市和小城镇，户籍成为一个十分重要的问题，国家逐渐放宽了小城镇的户籍管理限制，1984年国家相关部门允许农民进入集镇落户，要求对那些有经营能力或在乡镇企业单位长期务工的农民，公安机关应准予落常住户口，以此保护农民进入城镇从事经济活动的权利，为其从事其他活动提供方便。此后城镇人口迅速增加，城镇化水平快速提高。尤其值得一提的是，作为行政单位的"县"和"市"在政治地位、财政拨款、特殊政策的照顾以及吸引外资的能力等方面都有极大的不同，因此有的县便千方百计、想方设法地撤县建市，从而形成了20世纪90年代中期的"建市热"。

从上述内容可见，我国在改革之初至20世纪80年代末，主要实行的是以发展中小城市和小城镇为主的城镇化战略，走的是"抓小控大"的城镇化道路。一方面中国政府沿袭了新中国成立以来自上而下的城镇化制度安排，以防止西方资本主义发达国家普遍出现的"大城市病"在中国出现；另一方面是基于现实国情

[①] 《中华人民共和国国民经济和社会发展第六个五年计划摘要》，中华人民共和国发展和改革委员会，https://www.ndrc.cn/fggz/fzzlgh/gjfzgh/200709/p02191029595670483752.pdf.
[②] 《中华人民共和国国民经济和社会发展第七个五年计划（1986—1990年）》，中国人大网，https://www.gov.cn/test/2006-03/20/content_231451.html.

的需要，其时中国农村人口总数巨大、城市基础设施建设落后、城乡二元分割体制固化，大力发展大城市存在诸多困难，大力发展中小城市和小城镇便成为当时的优先选择。20世纪80年代和90年代初，中国小城市的年平均增长速度最快，中等城市次之，大城市的发展相对慢得多。有学者统计，1980年至1996年期间，小城市的数量和人口年平均增长速度分别为8.41%和8.78%，中等城市分别为6.61%和6.60%，大城市则分别只有3.50%和3.75%。[1]同时，中小城市的经济实力大增，据不完全统计，1987年全国中小城市国民生产总值达2338.4亿元，占全国城市的43.10%，中小城市的国民收入达1936.2亿元，占全国城市的44.10%。[2]

四、对外开放与沿海城市的发展

对外开放是中共十一届三中全会作出的伟大战略决策，是我国长期实行的一项基本国策。通过实施对外开放，引进外资与先进技术，为社会主义建设提供重要的补充。在对外开放的组织实施上，根据地理位置、自然资源、运输条件、能源供应和经济技术发展不平衡等实际情况，中国沿海城市改革开放可以分为三个阶段，即20世纪80年代沿海城市的开放、20世纪90年代浦东开发开放和21世纪初天津滨海新区开发开放。其中，20世纪80年代沿海城市开放的历程主要以经济特区、沿海开放城市和沿海经济开放区的递次演进为主要特征。

（一）经济特区的建立与初步发展

1979年4月8日，中共广东省委第一书记习仲勋在中央工作会议上向党中央提出，要求中央给予广东改革开放的特殊政策，在邻近港澳和沿海地区划出一些区域专门用于对外合作交流和吸收外资。1979年7月，中共中央、国务院同意在广东省的深圳、珠海、汕头三市和福建省的厦门市试办出口特区。1980年5月，中共中央和国务院决定将深圳、珠海、汕头和厦门四个出口特区改名为经济特区。同年8月，第五届全国人民代表大会常务委员会第十五次会议批准《广东省经济特区条例》，

---

[1] 王放：《论中国可持续的城市化道路——兼论现行城市发展方针的局限性》，《人口研究》1999年第5期，第56—63页。
[2] 张爱珠：《城市发展方针与城市化》，《城市开发》1989年第12期，第11—14页。

深圳、珠海等经济特区相继兴建。经济特区实行特殊的经济政策和经济管理体制，建设资金以吸收利用外资为主，经济所有制实行以社会主义公有制为主导的多元化结构；经济活动在国家宏观经济指导调控下，以市场调节为主；对外商投资予以优惠和方便；经济特区的主管部门拥有较大的经济管理权限。1985年以前，沿海四个经济特区主要进行以创建投资环境为重点的基础设施建设，从1986年起，各经济特区都开始致力于发展以工业为主、工贸结合、农牧渔和旅游业并举的外向型经济。

中央之所以在沿海最先设立深圳、珠海、汕头和厦门四个经济特区，主要是从地理条件和对外联系等方面进行的考虑。深圳、珠海、汕头和厦门四个经济特区都濒临大海，分别面向南海和台湾海峡，都可以发展便利的海上交通，扩大对外经济交往，也有利于引进外资和外企。深圳毗邻香港，珠海靠近澳门，汕头位于韩江三角洲南端，厦门地处闽南金三角中部。这四个城市有着对外开放的有利地理位置，并且毗邻港澳台，特别是距香港很近，香港既是著名的国际金融中心、贸易中心、信息中心、货运中心，又与国内经济关系十分密切，对国内具有很大的依赖性。香港人的语言文化与广东相近，改革开放之初中国将香港作为通往世界的桥梁。另外，广东和福建两省均是著名的侨乡，有数百万上千万的华侨旅居港澳地区、东南亚各国和世界许多国家，港澳同胞很多来自深圳、东莞、珠海、汕头等地，东南亚国家的中国侨民以潮州人为多，厦门的闽南人在国外经商的也很多，因而这些地区与海外的联系都较为密切，国家在广东、福建这两省开办经济特区，对广大华侨回乡发展经济具有特别的吸引力。同时，港澳台都是中国领土，加强与这些地方的经济联系和经济合作，无疑可为日后解决港澳台的政治问题和经济上的衔接提供必要的基础。

沿海经济特区城市在改革开放之初，借助国家的各种优惠政策，走在开放前沿，吸收了大量海内外资本、技术和人才，内地的企业和科技工商人员都纷纷涌向这些特区城市，使这些城市出现超常的发展，特别是靠近港澳的深圳发展快速。深圳特区是中央根据邓小平的倡议，于1980年8月正式成立，是中国设立的第一个经济特区，成为中国改革开放的排头兵和窗口。深圳1979年设市之初城市人口仅有3万人，城市建成区面积为3.5平方千米。作为进行改革开放的试点城市，中央高度关注深圳的城市规划，1981年，中央发文要求把深圳特区建成工商业、旅游等综合性的经济特区。深圳市委、市政府按照中央的要求组织力量精心编制深圳市《社会经济发展大纲》，然后在此基础上编制了《深圳经济特区总体规划》，对城市布局进行了重大调整，第一次提出了城市组团式发展的基本框架和思路。深圳城市规划极具特色，是我国实施城市总体规划最成功的城市之一，对城市发展起了很好的导向作用。

深圳的发展跳出了体制之外，强调以市场调节为主，以发展外向型工业、出口创汇为主。由于深圳实行灵活机动的特殊政策，不仅吸引了大量外资，也吸引了大量国内资金，在发展工业方面取得了很大的成就。除创造了举世瞩目的"深圳速度"外，还为国内进行改革开放积累了很多经验。虽然有关深圳的发展引起过一定的争议，但是，深圳的改革开放的方向一直得到邓小平和中央领导的肯定。1986年，深圳市城市总体规划得到国务院批准，随即进入全面建设和发展阶段。深圳作为中国改革开放的先锋，在短短十年间从一个边陲小镇发展成为一座初具规模的现代化城市，1989年深圳市的人口增至141.6万人，比1979年的3万人增加了约46倍；1989年，深圳的GDP约100亿元人民币，比1980年的GDP约2.7亿元人民币，增加了约36倍。21世纪初，"深圳已经初步建成为一座具有良好规划结构布局的世界著名的现代化城市。其城市规划的作用、贡献很大，积累的经验也丰富，是我国城市规划的优秀典型"[①]。

（二）14个沿海港口城市的开放

1980年国务院决定编制中长期发展规划，1981年"六五计划"编制完成，这是继"一五计划"之后编制较完备的一个发展规划。"六五计划"明确提出："要特别注意发挥沿海城市在扩大对外经济技术交流中的作用。除广东、福建继续实行特殊政策和灵活措施外，要给上海、天津等沿海城市以更多的自主权，使他们能够利用自己的优势，在引进和消化技术、利用外资、改造老企业和开拓国际市场等方面，发挥更大的主动性和积极性。"[②]1984年1月至2月，邓小平视察了深圳、珠海、厦门三个经济特区，分别题词："深圳的发展和经验证明，我们建立经济特区的政策是正确的"，"珠海经济特区好"，"把经济特区办得更快些更好些"。1984年2月，邓小平在视察广东、福建、上海等经济特区回京后，与中央几位负责同志谈话时，提出了要办好经济特区和增加对外开放城市，可以考虑再

---

① 汪德华：《中国城市规划史》，东南大学出版社，2014，第650页。
② 《关于第六个五年计划的报告》，《人民日报》1982年12月14日，第1版。

开放几个港口城市。1984年3月26日中共中央书记处和国务院召开了沿海部分城市座谈会,这次会议向中央建议,进一步开放由北至南14个沿海港口城市,作为我国实行对外开放的一个新的重要步骤。1984年4月,中共中央和国务院确定大连、秦皇岛、天津、烟台、青岛、连云港、南通、上海、宁波、温州、福州、广州、湛江、北海等14个沿海港口城市为开放城市。这些沿海港口大中城市,对内对外交通便捷,工业基础较好,技术水平和管理水平也比较高,科教文化事业比较发达,既有对外开展经济贸易的经验,又有对内进行经济技术协作的网络,均是我国经济比较发达的城市。通过放宽某些政策,改革现行的某些管理制度,就可以在很大程度上增强这些城市及其企业开展对外经济活动的活力,充分利用国外资源(包括资金、物资、技术、知识、人才)扩展国际市场,将对外开放与城市工业结构改组、企业技术改造、管理体制改革紧密结合起来,必将大大加速经济的发展,使城市和地区得到快速发展,人民群众的收入也可以得到增加。

自20世纪80年代中期起,国家将14个沿海港口城市和4个经济特区城市作为对外开放的窗口和试验田,在东部沿海地区从北到南构成了我国对外开放的前沿地带,在现代工业、交通、商业贸易等方面加大对外开放,成为连接中国与世界的中介,有利于繁荣国内市场、扩大对外贸易、传递经济信息、培养输送人才、支援和带动腹地、促进全国经济建设,同时积累更多开放发展的经验。

国家为了促进沿海14个开放城市的发展,在借鉴经济特区的实践经验上,制定了沿海开放城市的优惠政策,主要包括税收优惠政策和扩大沿海开放城市开展对外经济活动的自主权。税收优惠政策主要有:对设在沿海开放城市老市区的外商投资企业以及从事机械制造业、医疗器械业、制药业、农业、林业、畜牧业、渔业和水利业、建筑业的企业,减按24%的税率征收企业所得税;对生产出口产品所实际耗用的进口原材料、零部件、元器件、包装物料等的外商投资企业,免征进口关税和进口环节增值税;开放城市企业生产的出口产品,除国家限制出口的产品以外,免征出口关税;对在沿海开放城市的老市区内开办的外商投资企业,凡属于技术密集、知识密集型的项目,外商投资在3000万美元以上,回收投资时间长的项目,属于能源、交通、港口建设的项目,可减按15%的税率征收企业所得税;对外商在中国境内没有设立机构而有来源于沿海开放城市的股息、利息、租金、特许权使用费和其他所得,除依法免征所得税的以外,都减按10%的税率征收所得税。

中央扩大沿海开放城市的对外经济活动的自主权包括三个方面：一是采取扶持政策和灵活措施支持开放城市利用外资、引进先进技术加快发展老企业和建设新厂，放宽利用外资建设项目的审批权限；二是兴办经济技术开发区，引进我国现代化建设急需的先进技术，特别是技术、知识密集型项目和新兴工业项目，利用外资项目的审批权限进一步放宽，可对照经济特区的规定执行；三是增加外汇使用额度和外汇贷款，以保证这些城市引进先进技术和进口必要的关键设备、仪器仪表的需要。税收优惠政策和扩大自主权是有机结合在一起的，前者是为了增强对外商的吸引力，后者是为了增加地方和企业发展对外经济活动的能力，把二者结合起来，使沿海开放城市通过对外经济活动的开展，推动科学技术进步，扩大对外贸易，加速经济建设，并带动各自腹地经济的发展。[①]

随着国家对沿海开放城市相关优惠政策的落地和实施，中国从北到南一下子就增加了十几个对外开放的窗口，使外资有更多的投资场所和选择余地，有力地加快了引进外资与先进技术的步伐。开放政策激活了沿海14个开放城市的经济发展潜力，使其经济总量在短期内迅速扩张，经济实力大大增强。1984年，14个沿海开放城市的国内生产总值合计为1075.5亿元，1994年达到7452.2亿元，10年间增长5.93倍。1984年，沿海14个城市的国内生产总值超过百亿元的仅上海、广州两个城市，到1994年天津、青岛、大连、宁波、烟台等四个城市的经济总量也超过或接近百亿元。从产值分布看，上海、广州的综合实力虽然位居前列，发展较快，但是它们在沿海经济总量的比重却呈下降趋势，随着对外开放的不断深化，一批沿海大中型城市的经济实力不断增强，它们在沿海经济发展中的占比不断提高，其中有部分城市从中型城市向大城市发展，从大城市向特大城市发展，沿海经济的总体布局趋向合理化和均衡化。

第二节 城市经济体制改革与城市发展

城市是我国经济、政治、科学技术、文化教育的中心，是现代工业和工人阶

---

① 《中共中央、国务院关于批转〈沿海部分城市座谈会纪要〉的通知》，中国经济网，http://www.ce.cn/xwzx/gnsz/szyw/200706/07/t20070607_11633951.shtml.

级集中的地方，在社会主义现代化建设中起着主导作用。新中国成立后，我国的城市经济有了巨大的发展，但是在经济发展过程中也出现若干问题，特别是指令性计划往往跟不上经济与社会的需要，经济发展的动力不足，因而加快城市经济体制改革成为改革开放新时期城市经济进一步发展的内在要求，党中央在对经济发展规律的深刻把握基础上，下定决心全面系统地推进经济体制改革，以适应对内搞活、对外开放的发展需要，以推动整个国民经济更好更快地发展。1978年12月中共十一届三中全会以后，尤其是《城市经济体制改革试点工作座谈会纪要》《中共中央关于经济体制改革的决定》等重要文件公布以后，城市经济体制改革由扩大企业自主权开始，逐步向广度和深度发展，由此对城市发展产生了深远影响，中国城市的数量和规模都发生重要的变化。

一、城市经济体制改革的推进

城市是现代生产力的主要空间载体，它对于生产力的发展具有十分重要的推动作用。城市作为一个经济有机体，具有综合性整合功能，相比分散的农村，城市更能使经济要素有机地结合起来，从而提高劳动生产率和经济效益，推动社会生产力发展。城市也是所处地域的经济中心，具有强大的聚集力和辐射力，能够带动和促进周围地区以及农村经济的发展。在计划经济时期，中国城市内部的整合功能未能有效发挥，外部的聚集与辐射作用也被弱化。因此，改革开放初期，一个重要任务就是要通过城市经济体制改革，充分发挥城市对内部经济要素的整合功能和对外部的聚集辐射功能，进而发挥城市的经济中心作用，促进国民经济快速发展。改革开放初期的10余年间，中国城市经济体制改革大致分为三个阶段。

第一阶段是从1978年12月到1984年。虽然这一阶段改革的重点在农村，但也在城市进行了两项大的改革试验和探索。

一是逐步扩大企业自主权。1978年10月，四川省选择了六户国营大中型企业进行扩大企业自主权的试点，不久后试点企业发展到100家。1979年5月，国家经济委员会等有关部门在吸取了四川省扩权经验的基础上，在北京、上海、天津选择了首都钢铁公司、上海柴油机厂、天津自行车厂等8家企业作为进一步扩大自主权的改革试点。同年7月，国务院下达了《关于扩大国营工业企业经营管理自主权的若干规定》《关于国营企业实行利润留成的规定》《关于开征国营工业企业固定资产税的暂行规定》《关于提高国营工业企业固定资产折旧率和改进折旧费使用办法的暂行规定》《关于国营工业企业实行流动资金金额信贷的暂行规定》等5个文件,要求各地方、各部门按统一规定的办法选择少数企业进行试点。这些文件规定:企业在完成国家计划的前提下,多余的生产能力可以根据市场需要自行安排生产;企业在完成国家计划收购任务后,多余的产品可自行销售;实行利润留成,根据企业经营的好坏提取留成利润,企业可以自行安排利用利润留成建立起来的生产发展基金、集体福利基金和职工奖励基金;提高固定资产折旧率,折旧基金大部分归企业使用,在保证生产资料得到合理使用的前提下,企业有权将折旧基金、大修理费和生产发展基金结合起来使用;实行固定资产有偿占用制度,企业对多余和闲置的固定资产有权转让或出租;实行流动资金金额信贷制度;鼓励企业发展新产品;企业有权向有关部门申请出口其产品,并按规定取得外汇分成;企业有权根据自己的实际需要,决定其机构设置,任免中层和中层以下干部,不需上级批准;企业有权按国家劳动计划指标择优录取职工,有权依职工表现对其进行奖罚,包括给予开除处分。由于扩大企业自主权改革引起很大反响并取得较好的经济效果和社会效应,国家决定加大试点范围。1979年底,全国开展企业自主权改革的试点企业扩大到4200个,1980年试点企业增加到6600个,约占全国预算内工业企业总数的16%,占全部产值的60%,占全部利润的70%。[1]试点企业在利润留成、生产计划、产品销售、资金使用、干部任免等方面有了部分自主权,生产力得到解放,干部和职工的生产积极性得到提高,生产效率也有了很大提升。据对5777个试点企业的统计,1980年完成的工业总产值比1979年增长6.89%,实现利润增长11.8%,上缴利润增长7.4%[2],超过了试点前的发展水平,也高于非试点企业。

二是进行城市经济体制综合改革试点。1981年10月,国务院批准沙市为全国第一个综合改革试点城市。1982年4月,国务院批准常州为综合改革试点城市。1983年3月,国务院确定重庆为综合改革试点城市,并实行计划单列,享有省级经济管理权限。1984年以后,国务院陆续批准武汉、沈阳、大连、南京、青岛、

---

[1] 汪海波等:《新中国工业经济史》,经济管理出版社,2017,第438页。
[2] 国家经济体制改革委员会编:《中国经济体制改革十年》,经济管理出版社、改革出版社,1988,第230页。

宁波六市为综合改革试点城市,其中武汉、沈阳、大连、青岛、宁波五市为计划单列市,享有省级经济管理权限。其后又批准广州、西安、哈尔滨、厦门四个大城市为计划单列市,享有省级经济管理权限。到1984年底,党中央和国务院以及各省、自治区确定的综合改革试点城市多达58个。

此一时期,国家进一步在城市经济改革方面放宽政策,如允许多种经济形式和经营方式的存在,加快城乡商品流通体制改革,以城市为中心组织经济活动,此外在实行市县体制、企业改组联合等方面也都进行了许多改革探索,取得了一定的成效和经验,使城市经济的发展出现了多年未有的活跃局面。这些改革和探索,对于1984年以后中国城市经济体制改革的全面展开具有重要示范意义。"1979年到1980年扩大企业自主权的改革试点是在我国传统的、相当僵化的产品计划经济体制下进行的。扩大企业自主权试点的实践说明,传统的经济体制不利于我国社会主义生产力的发展,必须对其进行改革。这一试点的深远影响在于,它在传统经济体制上撕开了一个口子,由此而始,我国城市经济体制改革的面不断扩大,改革不断向纵深发展。这一试点所取得的成效为全面进行城市经济体制改革建立了一个良好的开端。"[①]

1984年4月,中央在北京召开了"城市经济体制改革试点工作座谈会",这次会议对城市经济体制改革的方针政策、思路和举措又取得了新的突破,主要内容包括六个方面:一是加快城市经济体制改革试点的步伐,强调"城市经济体制改革要有战略性的突破,必须加快改革试点的步伐。要坚决贯彻对外开放、对内搞活经济的方针,着眼于最大限度地调动企业和劳动者的积极性,着眼于打破各种分割封锁,建立社会主义的统一市场。当前,试点城市要以搞活企业和搞活流通为重点,带动其他各项改革";二是简政放权,搞活企业,强调"搞活企业,把企业的巨大潜力挖掘出来,是增强城市经济实力,发挥城市经济中心作用的基础,是当前城市经济体制改革的首要任务";三是开放市场,搞活流通,指出"搞活流通,是促进生产、发挥中心城市作用的重要前提";四是探索城市新的计划化管理体制,认为"要搞活企业,搞活流通,发挥城市经济组织的作用,必须对计划管理体制进行改革";五是完善市领导县的新体制,提出"实行市领导县新体制的城市,在行政机构的改革和行政区划的变动基本完成后,要加快经

---

① 马洪等主编:《中国改革全书(1978—1991)》,大连出版社,1992,第606页。

济体制的改革，为探索和完善这种新体制作出努力"；六是增加一批改革试点城市，建议"除了国务院已确定的试点城市外，有条件的省、自治区都可以自行选定一、二个中等城市作为改革试点……把试点城市作为经济体制改革的'试验田'"①。这次会议为中共十二届三中全会通过的《中共中央关于经济体制改革的决定》做了充分的准备。

第二阶段从1984年10月至1988年。1984年10月中共十二届三中全会召开，全会作出《中共中央关于经济体制改革的决定》，以此为标志，中国的改革进入了以城市为重点的"全面改革的局面"。

《中共中央关于经济体制改革的决定》（以下简称《决定》）对城市经济体制改革具有十分重要的意义。《决定》首先强调："必须按照把马克思主义基本原理同中国实际结合起来，建设有中国特色的社会主义的总要求，进一步贯彻执行对内搞活经济、对外实行开放的方针，加快以城市为重点的整个经济体制改革的步伐，以利于更好地开创社会主义现代化建设的新局面"。全会指出："城市企业是工业生产、建设和商品流通的主要的直接承担者，是社会生产力发展和经济技术进步的主导力量"，"城市企业是否具有强大的活力，对于我国经济的全局和国家财政经济状况的根本好转，对党的十二大提出的到本世纪末工农业总产值翻两番的奋斗目标的实现，是一个关键问题"。《决定》强调"增强企业的活力，是以城市为重点的整个经济体制改革的中心环节"，要围绕中心环节解决好两个方面的关系问题，第一，"确立国家和全民所有制企业之间的正确关系，扩大企业自主权；确立职工和企业之间的正确关系，保证劳动者在企业中的主人翁地位"，第二，"确立国家和企业、企业和职工这两方面的正确关系，是以城市为重点的整个经济体制改革的本质内容和基本要求"。

《决定》首次提出了社会主义经济是"在公有制基础上的有计划的商品经济"，强调"商品经济的充分发展，是社会主义经济发展不可逾越的阶段"。因此，改革的基本任务就是"建立具有中国特色的、充满生机和活力的社会主义经济体制，促进生产力的发展"；改革的中心环节则是增强企业活力。《决定》提出围绕这一中心任务，还需要进行计划体制、价格体系、国家机构管理经济的职能

---

① 《1984年4月城市经济体制改革试点工作座谈会纪要》，http://app.reformdata.org/print.php?contentid=3946.

和劳动工资制度等方面的一系列配套改革。

改革开放之初，中国的改革是从农村开始并取得突破，取得了成功经验，农民的生产积极性得到很大提高，农村经济得到很大发展，农民的生活也有很大改善，为以城市为重点的整个经济体制改革提供了极为有利的条件。到80年代中期，中国的改革重点要从农村转向城市，才能更好地开创社会主义现代化建设的新局面。城市企业是工业生产、建设和商品流通的主要的直接承担者，是社会生产力发展和经济技术进步的主导力量，城市企业提供的税收和利润，占全国财政收入的80%以上，因此城市企业生产和经营的积极性、主动性、创造性能否充分发挥，对于我国经济发展全局和国家财政经济状况是否能好转至关重要，也是关系到中共十二大提出的到20世纪末中国工农业年总产值翻两番的奋斗目标能否实现的一个关键因素。因此，如何增强现有企业的发展活力，成为城市经济体制改革的中心环节。中央决定通过城市经济体制改革赋予企业六大自主权，即在服从国家计划和管理的前提下，企业有权选择灵活多样的经营方式，有权安排自己的产供销活动，有权拥有和支配自留资金，有权依照规定自行任免、聘用和选举本企业的工作人员，有权自行决定用工办法和工资奖励方式，有权在国家允许的范围内确定本企业产品的价格等。企业改革的目的就是要使企业真正成为相对独立的经济实体，成为自主经营、自负盈亏的社会主义商品生产者和经营者。[①]

中共十二届三中全会是改革开放史上的一次重要会议，邓小平对全会通过的《中共中央关于经济体制改革的决定》给予很高的评价，认为它是马克思主义基本原理和中国特色社会主义实践相结合的政治经济学，"将在中国的历史发展中写上很重要的一笔"[②]。《中共中央关于经济体制改革的决定》的公布和实施，标志着中国全面开始从计划经济体制向有计划商品经济体制的转变，也标志着中国经济改革进入以城市经济体制改革为中心的新阶段。

从1984年开始，国务院陆续发布了13个文件共97条规定，为搞活企业创造条件。各级城市围绕这些放权规定，结合本地实际情况，制定了一系列放权细则，如牡丹江市制定了269条，哈尔滨市制定了510条，石家庄市制定了1000多

[①] 王鸿模、苏品端：《20世纪的中国：改革开放的征程》，河南人民出版社，2001，第369页。

[②] 《邓小平文选·第三卷》，人民出版社，1993，第78页。

条实施规定。[1]

1985年3月,中央在北京又召开了全国城市经济体制改革试点工作座谈会,提出1985年改革试点城市的主要任务是:进一步搞活企业,尤其是搞活大中型企业;进一步对外对内开放,发展横向经济联系;综合运用经济杠杆,加强宏观的调节与管理。试点城市应从这三个方面努力探索,力争取得新的突破。同时中央重申"强企业活力,是城市经济体制改革自始至终必须紧紧抓住的中心环节",特别强调改革的重点、步骤、方法都要根据不同城市的特点,因地制宜,不搞"一刀切"。

1985年底,党中央、国务院批准进行经济体制综合改革的试点城市有沙市、常州、重庆、武汉、沈阳、南京、大连等七个。各省、自治区确定的经济体制综合改革试点城市有54个,即石家庄、邯郸、唐山、秦皇岛、太原、呼和浩特、包头、丹东、长春、营口、吉林、四平、哈尔滨、牡丹江、杭州、宁波、湖州、温州、合肥、蚌埠、福州、厦门、三明、泉州、南昌、九江、景德镇、萍乡、济南、潍坊、郑州、开封、漯河、安阳、襄樊、长沙、衡阳、广州、佛山、湛江、江门、南宁、柳州、成都、贵阳、遵义、都匀、昆明、西安、兰州、天水、西宁、银川、乌鲁木齐。经国务院批准赋予省级经济管理权限、实行计划单列的城市有重庆、武汉、西安、沈阳、大连、哈尔滨、广州等七个区域中心城市。另外,中央确定给予成都、太原、长春、昆明、牡丹江等五个城市以省级经济管理权或代行省的部分经济审批权。1987年2月,全国经济体制改革试点城市达到72个,这72个综合改革试点城市大体上可分为两种类型,一种是由国家统一部署,有计划、有步骤地进行改革的城市,如1979年在江苏省的南京等几个城市进行的财政体制改革试点,在广州、重庆、武汉等27个城市进行的金融体制改革试点,在丹东、潍坊、江门等16个中等城市进行的机构改革试点等。另一种是由中央确定改革方向,由各试点城市在改革的实践中积极探索,创造出新鲜经验,尔后再逐步推广的。如沈阳市实行工业企业租赁、集体企业破产;石家庄发展生产资料市场;武汉市进行的国有资产有偿转让等。无论是哪一种试点工作,都是由国家体改委、国务院有关部委和各省、市共同组织完成的。此一时期的72个综合改革试点城市,既有省会城市,也有省辖大中城市;既有以工业为主的城市,也有商

---

[1] 张神根主编,中共中央党史研究室第三研究部编:《新时期城市经济体制综合改革》,中共党史出版社,2011,第338页。

业发达的城市；既有综合性的城市，也有以一业为主的城市。这些试点城市经济发展不平衡，改革的步伐、方法也不尽相同，但是，各试点城市都从本地实际情况出发，从各个不同的维度探索改革道路，创造改革经验，推动改革前进，取得了若干经验，为中央进一步全面深化经济体制改革创造了条件。

1988年初，国务院公布了《关于在全国城镇分期分批推行住房制度改革的实施方案》，提出中国城镇住房制度改革的目标是"按照社会主义有计划的商品经济的要求，实现住房商品化"，具体政策包括合理调整公房租金等，标志着中国城镇住房制度改革开始全面推开。

1988年3月，《政府工作报告》强调"深化企业改革，增强企业特别是全民所有制大中型企业的活力，是整个经济体制改革的核心"。1989年3月，《关于一九八九年经济体制改革要点的通知》明确了当年改革的主要内容是"进一步完善和发展企业承包经营责任制，着重强化企业的竞争机制、风险机制和自我约束机制"等。

此一阶段，城市经济改革另一重大任务就是充分发挥城市的经济中心功能。1981年3月，《人民日报》发表社论，大力宣传"充分发挥中心城市的作用"。1982年国务院提出要"通过中心城市和工业基地把条条块块协调起来，形成合理的经济区域和经济网络"。从1983年起，国家为增强中心城市的作用，扩大地区经济合作，先后把沈阳、大连、哈尔滨、宁波、厦门、青岛、武汉、广州、重庆、西安、南京、深圳、长春、成都等14个城市列为"计划单列城市"，赋予这些城市相当于省一级的经济管理权限，从而扩大了这些城市的经济自主权，提高了它们的经济地位和作用。1985年，国务院领导人发表了《搞好城市改革，发挥城市功能》的讲话，全面阐释了城市改革的指导思想，提出城市不单单是工业基地，而是具有多种功能作用，不仅要为自身服务，还有为整个经济区域服务，考核城市也不能只单纯考量工业总产值，还要看辐射面的大小和吸引力的强弱。[1]

1985年以后，城市改革进入行政区划设置领域，改革的方向是进一步降低市镇设置标准，推进城乡一体化发展。此一时期相继推行了"撤乡设镇""撤县设市""镇管村""市县合并""市领导县"等改革举措。1987年底，全国153个

---

[1] 国家经济体制改革委员会编：《中国经济体制改革十年》，经济管理出版社、改革出版社，1988，第593页。

地级市领导了703个县，加上京、津、沪三大直辖市管辖的县，共有727个，占县（包括县级市）总数的33.1%。[①]建制镇也从"城区型"向"城乡混合型"转变，通过区划和行政管理体制的改革，市县政府和城镇政府掌控资源的能力得到加强，可以在更大的空间区域内进行资源整合，有利于建制市和建制镇更快地集聚人口和经济要素，为城市优先发展创造了制度条件。

20世纪80年代中期，城市经济体制改革相比农村改革进展相对较慢，其增长效益似乎远远不如农村和对外开放两极，但正是城市经济的主体作为国家"双轨制"经济改革模式的"存量"部分，避免了因改革的单兵突进导致的社会阻力增大，对维护国家和社会稳定，起到了平衡作用；各改革试点城市从实际出发，在探索渐进改革模式方面发挥了积极作用。城市综合改革以"摸着石头过河"的方式，从计划经济向社会主义市场经济的过渡，为20世纪90年代以后成功找到正确改革目标创造了条件。20世纪80年代的城市改革试点工作是与新时期城市经济体制改革共同发展起来的。"没有改革试点，也不会有后来中国城市经济蓬勃发展的局面。因此，无论其成效显著与否，其历史地位都是不容忽视的。"[②]

第三阶段是1988年至1991年。经过1984年至1988年的城市经济体制改革全面展开，企业逐步成为相对独立的商品生产者，政府对经济的管理开始从以直接管理为主过渡到间接管理为主，中国经济体制进入了一个双重体制并存的时期。由于新旧体制并存，经济运行中存在大量摩擦，经济生活中不稳定因素增加。针对国民经济中出现的问题与弊病，党中央和国务院及时进行了政策调整，提出了治理整顿、深化改革的方针。

1988年底，中国的经济体制改革进入了治理整顿、深化改革的阶段，主要工作就是完善前几年出台的各项改革措施，同时进行了一些新的改革试点。如1989年5月，国务院公布并组织实施我国的第一个产业政策；1990年5月，国务院颁布《中华人民共和国城镇国有土地使用权出让和转让暂行条例》；1990年11月，上海证券交易所正式成立，12月19日正式开张营业；1991年1月，取消出口补

---

① 张神根主编，中共中央党史研究室第三研究部编：《新时期城市经济体制综合改革》，中共党史出版社，2011，第345页。

② 张神根主编，中共中央党史研究室第三研究部编：《新时期城市经济体制综合改革》，中共党史出版社，2011，第349页。

贴，各类外贸企业实行自主经营，自负盈亏；1991年3月，国务院批准建立27个国家高新技术产业开发区；1991年5月，大幅度调整平价粮油的销售价格；等等。

1991年10月，经过三年的治理整顿，各项目标已基本达到，国务院宣布治理整顿作为一个时期已经结束，中国将从1992年起加快改革的步伐，新的一轮城市经济体制改革的时机已经成熟。

二、城市经济体制改革与内地中心城市的发展

20世纪80年代，中国开展的城市经济体制改革对不同层级城市的发展都产生了深刻的影响：一是城市的多功能作用得到了恢复和发展；二是随着商品经济的发展，企业之间、城市之间、城乡之间的横向联合逐步由小到大、由简到繁、由近及远、由松到紧、由低层次向高层次发展，取得了明显的成效，如重庆市在大力促进本市企业联合的同时，主动开拓了"西南一片"和"长江一线"的联合；三是城乡协调发展的局面开始形成，由于实行市带县、市管县的行政体制以后，有效地发挥了城市领导农村、带动农村发展的作用，使城乡的不同优势结合了起来，构成了一个整体的经济优势；四是经济对外开放度日益提高，越来越多的城市都主动开放，主动作为，大力招商引资；五是促进了城市建设，改善了人民生活；六是解放了生产力，促进了城市经济持续发展和经济效益的提高。[1]

城市经济体制对中心城市的影响大于一般中小城市。所谓中心城市与一般大中城市既有共性，也有一定区别。1986年前中国的大城市、特大城市有50余个，但并不是所有的大城市都可以成为中心城市，"只有较高层次的经济中心，及属于较大区域性（一省或数省）经济中心以上的大城市，才能称为中心城市"[2]。因此，当时中国的中心城市主要有上海、天津、北京、沈阳、大连、武汉、广州、西安、重庆、南京、杭州、宁波、福州、厦门、济南、青岛、石家庄、太原、哈尔滨、长春、兰州、合肥、南昌、郑州、长沙、南宁、柳州、成都、贵阳、昆明等30个城市。改革开放新时期，区域中心城市的发展明显快于同区域内的其他城

---

[1] 邱靖基：《中心城市经济体制综合改革的成就与经验》，《经济管理》1987年第12期，第17—20页。

[2] 陈永忠：《城市经济体制改革研究》，四川省社会科学院出版社，1986，第153—154页。

市、北京、沈阳、石家庄、重庆等都是此一时期经济体制改革试点较为成功、发展较快的城市。

北京作为首都，可以在党中央及各部委的直接领导下推进相关改革，在经济体制改革方面具有很大的优势。1979年5月，国家经济委员会等部门选择首都钢铁公司、北京内燃机总厂、清河毛纺厂等全国8家企业进行扩大企业自主权、实行利润留成改革试点。随后，北京市又在中央的指示下明确了加快发展城市集体经济等思路。中共十二届三中全会以后，北京进一步探索国营企业承包经营责任制和租赁制改革。1984年，北京有100家市属重点工业企业实行了不同形式的承包经营责任制，部分企业试点推行厂长（经理）负责制，推动企业进一步深化内部改革。1989年11月，北京市围绕转换企业经营机制，出台《关于进一步搞好国营大中型工业企业的若干政策》，将进一步增加企业特别是国营大中型企业的活力作为深化经济体制改革的中心环节。同时推进住房体制改革、市场管理体制改革等多项改革。

各项改革事业的进行，推动了北京经济的发展。1984年，北京全市共有工业企业4291个（其中市区2713个），职工169.3万人，工业总产值为281.7亿元（其中市区为263.7亿元），全市共有商业营业网点近6万个。1985年，北京市的工业企业增至5388个（其中市区3466个），较1984年增加1097家；有职工149.4万人，较1984年减少了19.9万人；工业总产值增至314.7亿元（其中市区291.6亿元），较1984年增加了33亿元，年增长率达11.7个百分点；另外零售商业、饮食业、服务业网点也增至7.7万个，较1984年增加1.7万个，从业人员47.7万人。1986年，由于调整了生产结构和产品结构，北京轻重工业的协调发展有所改变。北京市通过经济体制改革，工业经济效益有所提高，地方预算内15个总公司工业企业产品销售收入比1985年增长8.7%，实现利税增长4.8%，工业产品质量稳定提高率由1985年的81.8%上升到97.1%。1992年，北京市工业生产总值增至101085.8亿元（其中市区780.1亿元），较1985年工业总产值增加了320倍。[①] 随着北京经济的发展，城市人口也日益增长，城市建设不断发展。1978年北京全市有人口849.7万人（其中市区492.6万人），1985年增至957.9万人（其中市区586万人），1988年超过1000万人（其中市区679.4万人），1990年增至1035.7万人

---

① 国家统计局城市社会经济调查总队编：《新中国城市50年》，新华出版社，1999，第69—75页。

（其中市区699.5万人），1991年增至1039.5万人（其中市区705万人），1992年增至1044.9万人（其中市区709.2万人）。城市基础建设方面也有很大的变化。1984年末，北京市有营运公共汽车和电车4221辆，营运线路长度1923千米，地铁一号线开通运营；全市共有出租汽车4279辆；城市居民的自来水普及率也有很大提高，日供水能力达156.4万吨；全市的下水道增至1858千米；使用煤气、液化石油气的居民有96万多户，城区、近郊区居民炊事气化率已达72.3%；全市有公园37处，公共绿地面积3.361公顷。1985年，北京新开、调整公共电、汽车线路19条，增开小公共汽车线路17条，城市公共汽车（包括地铁）达到4592辆，客运人数达到33.4亿人次/年；出租汽车增至2万辆；全年共新建、扩建道路135千米，城市道路长度达2696千米。到1991年，仅北京市区的公共汽车就增至7.4万辆，出租汽车14354辆，极大地方便了城市居民和外来者的出行。

沈阳市也是城市经济体制改革的重要试点城市，1984年以前主要进行了企业分配制度、联产计酬、开放消费品市场、资金市场和试产资料市场、企业租赁、厂长负责制、股份制等方面的试点改革。沈阳市为搞活企业，对企业实行了简政放权，进行了所有权与经营权分离的试点；在企业内部进行了企业领导体制、分配制度、经营方式等方面的小配套改革。1984年7月，国务院批准沈阳进行城市经济综合体制改革，享有省级经济管理权限，实行计划单列，在搞活企业、搞活流通、搞活市场、转变政府职能、横向联合等方面不断取得进展。1987年10月以后，沈阳确定经济发展实行外出内联双向循环的发展战略。经济体制改革促进了沈阳经济格局的演变和城市的发展：一是促进了城市工商业的发展。1987年沈阳的工业总产值达到211.2亿元，比1978年增长了1.3倍，全市集体工业企业总产值达到50.4亿元，为1978年的3倍。全市社会商品零售额达到71.7亿元，比1978年增长3.3倍。集体商业社会商品零售额达到19.9亿元，为1978年的11.7倍。二是促进了城市人口的增长。1978年沈阳全市有人口466.7万人（其中市区354.4万人），1985年增至532.7万人（其中市区420.1万人），1988年增至557.1万人（其中市区444.1万人），1990年增至570.3万人（其中市区453.9万人），1991年增至574.2万人（其中市区457.6万人），1992年增至577.4万人（其中市区460.9万人）。三是促进了城市基础设施建设，从改革开放之初至1987年的八年间，沈阳全市用于城建的资金达到56亿元，相当于新中国成立以来沈阳城建投资总和的88%。城市供水、供气、交通、道路等基础设施有了很大改善，市容市貌发生了很大变化。1978年以后的10年间，沈阳累计修建住宅1.69万平方米，相当于新中国成立以来辽宁省新建住宅总和的79%，城市人均居住面积由1978年的3.5平方米增加到5.1平方米。

石家庄市作为省会城市经济体制改革的试点，成效十分显著。石家庄在城市经济体制改革方面经历了三个阶段。第一个阶段为起步阶段，石家庄市围绕"引'包'字进城"，着力解决国家与企业、企业与职工的分配关系，进一步搞活企业，扩大企业自主权，为企业进一步发展创造外部条件，使改革能够初步配套，把承包制推向大企业，综合运用经济杠杆，为进一步搞活企业创造外部条件，同时为推行厂长（经理）任期目标责任制进一步实行配套改革。在经济体制改革的第二个阶段，石家庄市继续紧紧抓住搞活企业这个中心环节，坚定不移地推进企业改革，在八个集体企业实行了股份制试点，在40多个企业推行了租赁经营，形成了多层次、多方位、多形式的联合体300多个，其中以工业名优产品为龙头联合体104个，商业流通网络联合体144个，科研生产联合体90多个，联合协作的网络涉及全国28个省份300个市县的2700多个企业单位。在经济体制改革的第三个阶段，石家庄市根据不同情况向企业推荐了十种承包办法，确定了内外配套改革措施，以拖拉机厂等一批企业为承包试点，推动全市承包经营责任制的普遍推广和完善深化工作。1987年底，有90%的工业企业和92%的商业企业按照新的承包要求，重新落实了承包经营责任制。经过1978年以后的十年改革，石家庄市经济得到显著发展，人口不断增长，城市建设日益进步。在经济方面，1987年石家庄全市工业总产值达到87.9亿元，比1993年增长82.7%。1984年至1987年的四年间，平均每年增加10亿元，平均增长速度为16.3%，而1978年至1984年五年间总共才增长10亿元。十年间，全市社会商品零售总额由1978年的6.6亿元增至27.73亿元，市区对外贸易收购总值由1978年的1.82亿元增加到10.21亿元。市区铁路旅客发送人数由1978年的380万人增加到799.3万人。石家庄的城市人口也出现增长，石家庄市进入特大城市行列，1978年石家庄市区人口为92.5万人，1984年增至113万人，1986年增至119万人，1988年增至126万人，1990年增至132万人，1992年增至136万人。在城市建设方面，石家庄城市建设取得了巨大成就，仅在旧城改造方面，就将中山路老商业区装饰一新，新建成20个居住小区和西南文教区，国际大厦、工贸中心、百货批发大楼、全国电子展销中心、粮油贸易中心、银泉酒家、乐仁堂药店、省体育馆、科技大厦、省图书馆、新火车站、长途汽车站、解放石家庄纪念碑等几十座高大建筑拔地而起，遍及全市，"呈现出一个现代化城市轮廓"[①]。

重庆市是非省会城市进行经济体制改革的典型城市，1978年以后重庆经历了起步试验、综合改革和深化改革三个阶段。十年期间改革取得了巨大的成效：一是企业活力大大增强。经济步入持续稳定发展的轨道。1950年至1978年的29年间，重庆的工农业总产值的平均增长速度为6.5%，改革开放以后的九年间（1979—1987年），重庆工农业总产值平均增长率约为11%；二是重庆市的中心城市作用得到进一步发挥。重庆在进行综合改革试点的五年间，与全国28个省、市建立了横向经济联系，初步形成了城乡联合一点、毗邻地区一面、五省区六方一篇、长江沿岸城市一线、沿海地带一环的五个层次的横向经济联合战略格局；三是重庆地方经济实力有所增强，对国家的贡献有所增大。1987年，重庆国民生产总值为131亿元，是1978年46.7亿元的2.8倍；国民收入达到111亿元，是1978年40.6亿元的2.7倍；四是人民生活水平有了显著的改善，1986年重庆城市居民人均收入达到910元，比1979年的267元增长了2.4倍，平均每年增长19.1%，扣除物价上涨因素，实际收入平均年增长14%。[②]

随着城市经济体制改革不断取得成效，重庆的城市人口和城市建设也有显著变化。1978年重庆市人口有1330.98万人（其中市区人口241.17万人），1985年增至1405.52万人（其中市区人口277.94万人），1988年增至1460.11万人（其中市区人口292.81万人），1990年人口增至1483.68万人（其中市区人口298.44万人），1991年增至1492.50万人（其中市区人口300.98万人），1992年增至1496.96万人（其中市区人口302.96万人）。[③]

城市建设方面的成就也十分显著，1984年，重庆全市自来水供水能力已经达到日供水36.3万吨；城市铺装道路总长909千米，共有城市公共汽（电）车1062辆，营运线路104条，营运线路总长度达3258千米，大小出租汽车114辆。新建住宅面积1675万平方米，人居条件得到很大改善。1986年，重庆新增城市房屋建

---

① 石家庄市地方志编纂委员会编：《石家庄市志》第1卷，中国社会出版社，1995，第197页。
② 张神根主编，中共中央党史研究室第三研究部编：《新时期城市经济体制综合改革》，中共党史出版社，2011，第28—30页。
③ 张神根主编，中共中央党史研究室第三研究部编：《新时期城市经济体制综合改革》，中共党史出版社，2011，第28—30页。

筑面积3817万平方米；自来水日供水增至77.7万吨，全年供水总量为28384万吨；城市铺装道路长度增至1189千米，公共汽（电）车增至1238辆；市区的下水道总长度为1476千米，城市建成区园林绿地面积为1486公顷。①

三、城市经济体制改革与中小城市的发展

中小城市是指城市人口在50万人以下的城市，其中20万人至50万人的城市为中等城市，20万人以下的城市为小城市。1978年，中国的中小城市有153个，1980年增至178个，1988年增至376个，1990年增至408个，1992年增至454个。改革开放以后，中小城市数量迅速增加，这与城市经济体制改革有着直接的关系。此一时期，沙市、常州、海城和漯河分别是中小城市的发展典型。

沙市在改革开放之初是一个中等城市，也是全国首批经济体制综合改革试点城市，其经济体制改革从工业改组和企业联合起步。1979年初，沙市相关部门制定了《关于组建工业公司、总厂的若干问题的意见》，提出要在统一规划的基础上，打破行业和地区界限，改革手工业管理方式。企业联合和扩大企业自主权的试点揭开了沙市综合改革试点的序幕。这一年，沙市首批组建了机床、冶金、广播电视、塑料等四个公司和南湖机械、柴油机两个总厂，同时开始在42家国营企业实行以扩大利润留成权、内部分配权、中层干部任免权、部分产品销售权为主要内容的扩权试点。1980年以后，沙市又组建了仪器仪表、服装、食品、日用化工、造船等五个公司和阀门、自行车、床单、毛巾等四个总厂。②

1981年7月31日，沙市的经济体制改革进入了综合改革试验阶段，总体改革方案包括对计划体制改革、金融体制改革、科技体制改革、劳动制度改革、分配制度改革、城建体制改革等多方面。同年，沙市先后将69个企业（占全市企业数的20%）组建成18个企业性公司（总厂），这些公司（总厂）组建后，技术实力显著增强，迅速开发了14个"拳头"产品，推动工业产值和利税平均每年分别以

---

① 参见国家统计局城市社会经济调查总队编：《新中国城市50年》（新华出版社1999年版）以及《中国城市统计年鉴》相关各年中的统计数据。
② 参见黄士贞、宋雁：《沙市经济体制综合改革十年》，中国城市经济学会中等城市经济研究会编：《中等城市经济改革与发展》，南京出版社，1992，第103—113页。

22.3%和21.68%的速度增长，同时，还在企业内部推行"专业划细、核算划小，目标管理"的分级分权式管理体制。

1984年中共十二届三中全会以后，沙市市按照中央关于经济体制改革的决定，进一步从企业经营机制、市场运行机制、政府管理经济三个方面进行了综合改革探索，重点抓了市场机制的建立，提出了围绕发挥城市功能，敞开城门，实行面向江汉平原、面向全省、面向全国的"三个面向"，建立开放型经济，大力开拓工业消费品市场。1984年，中共沙市市委和政府将企业简政放权具体化为"一放三改"："一放"就是层层放权，"三改"即改干部任免制为聘用制和选举制、改固定工制为合同制、改固定工资制为浮动工资制。同期，沙市在利改税的基础上，实行承包经营责任制。1987年沙市在全市范围全面推行企业责任承包制。此外，在改革批发体制方面，按照站、市合并，站批零"一条鞭"的模式，组建批发公司和批零兼营的市级公司，初步理顺了批发机构的关系。1988年，沙市全市工业系统自销批发总额（地方产品）达61%以上，自销零售总额占15%。在改革物资供应体制、发展生产资料市场方面，逐步建立起物资市场网络，并先后加入省内八市的综合物资协作网络和全国17个物资联营联销网。在改革金融管理体制方面，从1985年起围绕建立资金市场，提高资金使用效益进行了一系列深层次的改革尝试，包括开拓资金市场、开辟直接融资渠道等。

经过一系列的经济体制综合改革，沙市的城市经济和城市建设均有较快发展。1984年沙市有企业329个，总产值17.3亿元；1985年企业总数增至359个，总产值增至19.7亿元；1986年企业总数增至367个，总产值增至21.9亿元。1989年，沙市城区商业服务网点达到4451个，平均每千人拥有17.4个。经济的发展推动了城市人口的增加，1984年沙市有人口24.68万人，1985年增至25.37万人，1986年增至27.73万人，1987年增至29.44万人，1988年增至30.99万人，1989年增至32.57万人。城市交通也有很大的发展，先后新建、扩建、改建了13条主、次干道，显著改善了沙市的市内外交通拥堵状况；市区公共汽车营运线路长度在1990年底达到138千米，营运车辆达118辆，全年运客量3775万人次。[①]

常州自1982年3月被国务院正式批准为经济体制综合改革的试点城市后，于

---

① 参见黄士贞、宋雁：《沙市经济体制综合改革十年》，中国城市经济学会中等城市经济研究会编：《中等城市经济改革与发展》，南京出版社，1992，第113页。

同年10月，进入单项改革方案的实施阶段。1984年初开始，常州按照中央加快经济改革的要求，进一步"下放权力，搞活城乡基本生产经营单位，市场相应配套改革，宏观上更多地运用经济手段"，从整体上深化了前一时期的单项改革。1986年初，根据中央提出的八字方针，常州市按照三个层次组织和推进了改革工作：第一个层次是抓全国性的改革任务，巩固企业改革成果，进一步深化企业改革；第二个层次是抓国务院和上级有关部门下达给常州市的单项改革任务，主要有金融改革、住房改革、政府机构改革等试点，还有市领导县的体制完善、生产资料放开等单项改革；第三个层次是从地方实际出发，研究城市整体配套改革的途径。以上改革促进了常州市的经济发展，一方面优化了经济结构，增强了发展后劲，改革后的几年中，全市利税在500万元以上的企业从19个发展到53个。1987年，全市工农业总产值达151亿元。另一方面促使企业由内向型向外向型转变，全市1987年外贸总值达11.3亿元，是1978年的3倍多，出口商品有15个大类，近400个品种，远销100多个国家和地区。[①]

经济改革还促进了常州的人口增长和城市建设。1984年常州市区人口增至51.26万人（其中非农业人口44.69万人），首次进入大城市行列；1985年常州城区人口增至52.27万人（其中非农业人口46.10万人），1986年增至53.80万人（其中市区人口46.25万人），1987年增至63.31万人（其中非农业人口48.47万人），1989年增至65.82万人（其中非农业人口51.91万人）。随着经济发展和人口增加，常州的城市建成区规模不断扩大，1984年常州的城市建成区面积为94平方千米，1985年增至99平方千米，1986年增至187平方千米。1978年以后的10年中，常州市共新建城区居民住房335万平方米，是1978年前30年建房总面积的3倍[②]。

海城市于1984年4月被确定为辽宁省县级综合改革试点单位，此后数年间经济体制改革大体经历了三个阶段。1984年4月至1985年3月为全面展开阶段，制定了《关于二十项改革的决定》，在经济、政治、科技、教育等十个方面展开各项改革。1985年4月至1986年2月为调整、完善阶段，主要是按照中央关于经济

[①] 国家经济体制改革委员会编：《中国经济体制改革十年》，经济管理出版社、改革出版社，1988，第201页。

[②] 国家经济体制改革委员会编：《中国经济体制改革十年》，经济管理出版社、改革出版社，1988，第201页。

体制改革的总体要求，巩固、完善已有的改革成果，存利除弊，沿着已经明确的改革方向继续探索。1986年3月以后为继续深化阶段，主要是根据发展有计划的商品经济的客观要求，实行"两权分离"，为改革企业经营机制和健康发展注入新的活力，创造良好的外部环境。

海城市的综合体制改革，打破了僵化的旧体制和条块分割的局面，增强了城市自主全面组织社会经济活动的功能，让城市起到了连接广大农村的纽带作用，促进了城市经济的发展。1988年末，海城市的国民生产总值为36亿元，是1983年的2.9倍；社会商品零售总额达到7.4亿元，是1983年的2.8倍。[1]在人口方面，海城1985年市区人口有98.48万人，其中非农业人口21.07万人；1986年全市人口增至99.21万人，其中非农业人口19.89万人；1987年为100.17万人，其中非农业人口20.05万人；1988年全市人口增至101.11万人，其中非农业人口增至20.39万人；1989年增至101.98万人，其中非农业人口20.61万人。[2]

除了中等城市在经济体制改革中有很大发展外，不少小城市在经济体制改革中也得到较大发展，河南省漯河市便是其中之一。漯河在改革开放之初仅是一个县级市，1983年，漯河市成立经济体制改革领导小组，对国营企业实行利改税。1984年6月，漯河市被河南省确定为城市经济体制综合改革试点城市，1985年国家把漯河市与郑州市一起作为全国经济体制改革的试点城市，被时人称为"内陆特区"，1986年，国家将漯河市提升为省辖地级市。漯河市提出"苦战三五载，漯河变珠海"的口号，紧紧围绕增强企业活力这个中心工作，实行政企分开、简政放权、扩大企业自主权、推行厂长负责制等改革措施，同时加大对外开放，搞活流通，建立多形式、多渠道、少环节、开放式的商品流通体制。漯河市的改革以人事制度为突破口，以搞活企业和流通为重点，采取了多项经济体制改革措施：一是简政放权，增强企业活力。政府各职能部门先后制定了115条简政放权措施，使企业有了自我改造和自我发展的能力；二是在企业内部普遍推行以承包为主的多种形式的经济责任制，调动企业和职工的积极性；三是实行党政分设，强化企

---

[1] 国家经济体制改革委员会编：《中国经济体制改革十年》，经济管理出版社、改革出版社，1988，第640页。
[2] 国家经济体制改革委员会编：《中国经济体制改革十年》，经济管理出版社、改革出版社，1988，第640页。

业行政指挥系统,同时选定五个企业进行厂长负责制试点;四是搞活流通,建立新的流通网络,先后新建29个批发交易市场。1986—1988年,漯河市重点抓现有企业技术改造和技术进步,抓重点项目建设,发展集体企业,发展乡镇企业,同时立足发挥交通优势,多渠道建设各种市场,深购远销,大进多出,以流通的发展促使经济振兴。①

改革开放初期,随着城市经济体制改革的深入推进,漯河各项建设事业发生了巨大变化。1978年末,漯河市有国营工业企业41个,职工11880人,固定资产原值7082万元,年产值14551万元;1985年末,漯河的国营工业企业增至44个,职工19545人,固定资产13300万元,年产值28222万元;1988年末,漯河市有国营工业企业46个,职工22006人,固定资产23742.3万元,年产值47313.94万元。1978年,漯河市有集体工业企业99个,职工9536人,年产值3802万元;1985年,集体工业企业增至109个,职工120007人,年产值8040万元;1988年,漯河有乡以上集体工业企业122个,职工15209人,年产值25542.19万元。经济的发展推动了城市人口的增加,1984年,漯河市区人口为15万人,1986年增至16万人,1988年增至18万人,1990年增至20万人,1992年增至21万人。漯河的市政建设也发生了巨大的变化,1976年至1985年,漯河市扩建了解放路南段、交通路南段等10条道路,扩宽了解放路、勤俭街、民生街等街道,全长24700米,面积20.2万平方米。1986年新建、扩建道路七条,长7370米。1975年有公交营运线路五条(其中市内两条),1976年至1987年增购大型客车六部,营运线路增至六条(其中市内三条),1988年增加"4"路公共汽车营运线路两条,当年,漯河市公共交通公司有职工98人,固定资产101.5万元,营运车辆16部,正常营运线路八条,年客运量40.9万人次。②

四、城市数量的增加与规模的扩大

随着城市经济体制改革的起步和不断深入,城市的数量有很大变化,城市的经济规模和人口规模以及用地规模都有很大的发展。由于城市在区域发展中的中

---

① 漯河市地方史志编纂委员会编:《漯河市志》,方志出版社,1999,第5页。
② 漯河市地方史志编纂委员会编:《漯河市志》,方志出版社,1999,第5页。

心作用不断增强，伴随改革开放的推进，撤地设市也成为一种新趋势，由此推动我国建制市的数量出现显著增长。1983年2月15日，中共中央、国务院又下发了《关于地市州党政机关机构改革若干问题的通知》，要求各省"积极试行地、市合并"。原来所设置的地区行政公署只是作为省、自治区政府的派出机关，地区并没有实际的行政机构设置，撤地设市后，市作为一级行政机构拥有立法权，可以自主制定地方性法规，在决策方面也有更多的自主权。1983年，相继有绍兴、莆田、三明、烟台、济宁、潍坊、咸阳等地区改为市，此后越来越多的地区改设为市，由此推动建制市数量的快速增加。据统计，1978年，全国有建制市193个；1985年城市经济体制改革进入全面推开阶段，建制市数量增至324个，增长了68%；1992年，全国建制市又增至517个，比1978年增长了168%。参见表3-1：

表3-1 1978—1992年我国建制市数量变化表

单位：个

年份省份	1978	1980	1985	1988	1990	1991	1992
合计	193	223	324	434	467	479	517
北京	1	1	1	1	1	1	1
天津	1	1	1	1	1	1	1
河北	9	9	12	19	23	25	27
山西	7	7	10	12	13	13	15
内蒙古	9	10	16	16	17	17	17
辽宁	10	12	17	20	20	22	25
吉林	9	9	12	20	22	22	23
黑龙江	11	12	16	24	25	25	27
上海	1	1	1	1	1	1	1
江苏	11	11	13	22	26	28	31
浙江	3	8	11	22	25	26	29
安徽	11	12	15	17	18	18	18
福建	6	6	10	12	16	16	18
江西	8	10	12	14	16	16	17

续 表

年份 省份	1978	1980	1985	1988	1990	1991	1992
山东	9	9	19	30	34	36	40
河南	14	16	18	24	26	27	27
湖北	6	10	14	29	30	30	31
湖南	10	14	20	25	26	26	27
广东	10	13	15	19	19	20	26
广西	6	6	11	12	12	12	12
海南	1	1	2	3	3	3	4
四川	11	13	19	23	23	24	27
贵州	5	5	6	8	9	9	10
云南	4	4	11	11	11	11	12
西藏	1	1	1	2	2	2	2
陕西	5	6	8	11	12	12	12
甘肃	4	4	12	13	13	13	13
青海	1	2	2	3	3	3	3
宁夏	2	2	4	4	4	4	4
新疆	7	8	15	16	16	16	17

资料来源：国家统计局城市社会经济调查总队编：《新中国城市50年》，新华出版社，1999，第3页。

表3-2　1978—1992年我国建制市人口规模和数量变化表

单位：个

年份	全国合计	特大城市	大城市	中等城市	小城市
1978	193	13	27	60	93
1980	223	15	30	72	106
1985	324	21	31	93	179
1986	353	23	30	95	205
1987	381	25	30	103	223

续表

年份	全国合计	特大城市	大城市	中等城市	小城市
1988	434	28	30	110	266
1989	450	30	28	116	276
1990	467	31	28	117	291
1991	479	31	30	121	297
1992	517	32	31	141	313

资料来源：国家统计局城市社会经济调查总队编：《新中国城市50年》，新华出版社，1999，第8页。

改革开放以后，一方面是城市经济体制改革，解放了生产力，城市经济大幅度增长，城市对人口的拉力加大，对劳动力的吸纳能力也不断增强，另一方面，农村农业改革也释放了大量剩余劳动力，国家不再限制农村剩余劳动力的流动，允许农村人口自由进城务工，并在招工、人口管理等方面进行了若干改革，大量农村人口进入城市之中，特别是沿海开放城市的三资企业和小城镇的乡镇企业亟须增加劳动力，因而城市人口规模不断扩大，城市数量也随之而增多。

1978年，全国建市总数仅193个，其中人口在100万人以上的特大城市仅13个，占城市总数约7%；人口在50万至100万人的大城市有27个，约占城市总数的14%；人口在20万至50万的中等城市有60个，约占城市总数的31%；人口在20万人以下的小城市有93个，约占城市总数的48%。

1985年，100万人以上的特大城市数量增至21个，约占城市总数（324个）的6%；人口在50万至100万人的大城市增至31个，约占城市总数的10%；人口在20万至50万人的中等城市增至93个，约占城市总数的29%；人口在20万人以下的小城市增至179个，约占城市总数的55%。

1992年，人口100万人以上特大城市增至32个，约占城市总数（517个）的6%；50万至100万人的大城市维持在31个，约占城市总数的6%；人口20万至50万人的中等城市增至141个，约占城市总数的27%；人口20万人以下的小城市增至313个，约占城市总数的61%。

从上可见，1992年中国建制城市的数量较1978年增加了324个，增幅达167.9%；其中特大城市增加了19个，增加了146.2%；大城市增加了4个，仅增加了14.8%；中等城市增加了81个，增加了135%；小城市增加了220个，增加了236.6%。总体而言，城市数量增幅很大，其中特大城市和小城市增加的比重相对较高，尤其是小城市增加的幅度较大，达两倍多。

伴随着城市数量的增长和人口规模的变化，城市的分布也发生了一定程度的变化。参见表3-3：

表3-3　1978—1992年我国建制市分布变化表

年份	合计	东部地区	中部地区	西部地区
1978	193	69	84	40
1979	216	78	95	43
1980	223	78	100	45
1981	233	83	102	48
1982	245	89	108	48
1983	289	103	122	64
1984	300	105	127	68
1985	324	113	133	78
1986	353	129	144	80
1987	381	144	154	83
1988	434	162	181	91
1989	450	172	187	91
1990	467	181	193	93
1991	479	191	194	94
1992	517	215	202	100

资料来源：国家统计局城市社会经济调查总队编：《新中国城市50年》，新华出版社，1999，第6—7页。

从上可见，中国城市的分布极不平衡，东、中、西部三大板块的城市数量有较大差异。1978年，东部地区的建制市为69个，约占建制市总数的36%；中部地区的建制市为84个，约占建制市总数的44%；西部地区的建制市仅40个，约占建制市总数的21%。中部地区的城市数占比最高，是西部的两倍多。1985年，建制市总数增至324个，其中东部地区的建制市有113个，约占35%，其占比较前略有下降；中部地区的建制市增至133个，约占建制市总数的41%，其占比下降了3个百分点；西部地区的城市数量增至78个，约占建制市总数的24%，其占比较前增加了3个百分点，这说明改革开放以后西部地区的建制城市数量较前有所增加，增幅超过东、中部地区。1992年，建制市总数增至517个，东部地区的建制市增至215个，较1985年净增102个，约占建制市总数的42%，相比1985年占比提高了7个百分点，这表明20世纪80年代后期东部地区的城市增长很快，人口和经济重心向东部转移的趋势明显；1992年，中部地区的城市增至202个，较1985年净增69个，增幅较小，约占建制市总数的39%；1992年，西部地区的城市数量增至100个，较1985年净增22个，西部城市数量约占全部城市总数的19%，无论城市总数还是占比都远远落后于中部和东部地区。

中国城市在东、中、西部三大板块空间分布变化表明，在改革开放初期，西部地区城市数量增长较快，但随着改革开放的进一步深入，东部地区对内改革、对外开放的力度进一步加大，国际资本、技术、人才也向中国的东部沿海城市转移，推动中国的经济重心和人口向东部转移，东部城市数量迅速增加，城市规模也进一步扩大，而深处内陆的中西部地区，尤其是西部地区的发展明显落后于东部地区。

第三节　乡镇企业的兴起与小城镇发展

所谓乡镇企业，"在社会习惯的意义上是指：在农村社区中由农民创办的、以农民投资为主体或就业者以农民为主的非农业企业，包括第二和第三产业（不包括金融服务业）"，其前身为20世纪50年代的"社队企业"，即在大办人民公社时期由人民公社兴办的非农业企业，1984年正式更名为"乡镇企业"。[1] 随着改革开放的深入，乡镇企业迅速发展，不仅改造了原有小城镇，而且促进了新的小城镇的崛起，探索出了一条农村城镇化的新路，这就是农村集镇的建设依托于乡

---

[1] 陈锡文、赵阳、陈剑波等：《中国农村制度变迁60年》，人民出版社，2009，第203—204页。

镇企业的发展，乡镇企业的发展依托于农村集镇的建设。[1]经济体制改革促进了乡镇企业的发展，而乡镇企业的发展则推动了小城镇的崛起。

一、经济体制改革与发展乡镇企业

"乡镇企业"是在国家经济体制改革过程中，"正式取消人民公社'三级所有、队为基础'的经营体制，并恢复了乡（镇）政府各村民自治组织，为了与新的体制和新的情况相适应"，由"社队企业"更名而来的，因此，乡镇企业的发展与经济体制改革是相伴而行的。在国家公布的关于经济体制改革的文件中，对发展乡镇企业的方针政策，有着比较明确的规定。1979年国务院颁布的《关于发展社队企业若干问题的规定（试行草案）》规定了发展"社队企业"的意义、方针、经营范围、调整和发展规划、资金来源、所有制、城市工业的产品扩散、产供销的计划、政府部门应给予的扶持以及价格、补贴、税收政策及劳动报酬，利润使用、经济管理、技术革新、管理机构等。此项规定基本确立了乡镇企业此后的基本政策框架。[2]其后，国家相继在《全国农村工作会议纪要》、《当前农村经济政策的若干问题》(1983)、《中共中央关于一九八四年农村工作的通知》(1984)等文件中对支持乡镇企业的发展做了明确的要求。

中共十二届三中全会以后，城乡发展出现新局面。1985年1月1日，中央公布《中共中央、国务院关于进一步活跃农村经济的十项政策》，规定"对乡镇企业实行信贷、税收优惠，鼓励农民发展采矿和其他开发性事业"[3]。乡镇企业在中央政府的扶持之下，在短短几年时间内，总产值已经达到2000亿元以上，吸收劳力6000万人，为农村克服耕地有限、劳力过多、资金短缺的困难，为建立新的城乡关系，找到了一条有效的途径。[4]

事实上，1978—1992年间，乡镇企业数量经历了多个阶段的变化。1978年，全国有乡镇企业152万余个，1979—1983年，乡镇企业的数量逐渐下降，1983年

---

[1] 熊学忠、刘建荣主编，方虹副主编：《乡镇企业概论》，云南人民出版社，1995，第206页。
[2] 陈锡文、赵阳、陈剑波等：《中国农村制度变迁60年》，人民出版社，2009，第215—216页。
[3] 《中共中央国务院关于"三农"工作的一号文件汇编》，人民出版社，2010，第59页。
[4] 《中共中央国务院关于"三农"工作的一号文件汇编》，人民出版社，2010，第73页。

降至134万余个。1984年以后，随着经济体制改革的推进，乡镇企业的数量猛增，1984年底乡镇企业总数增至164万余个，1985年乡镇企业如雨后春笋般地出现，达到1200余万个，1988年乡镇企业达到1800余万个，约是1978年的11.8倍，是1984年的10.97倍。1991年以后乡镇企业继续增长，达1900余万个，1992年超过2080万个。参见表3-4：

表3-4　1978—1992年中国乡镇企业统计

年份	企业数（个）	从业人员（人）	总产值（万元）	营业收入（万元）
1978	1524268	28265566	5143762	4314605
1979	1480416	29093382	5607346	4910989
1980	1424661	29996774	6783256	5961252
1981	1337563	29695646	7672570	6703609
1982	1361771	31129107	8923265	7717790
1983	1346407	32346356	10193112	9286986
1984	1649641	38480993	14208425	12681513
1985	12225000	69790000	27284000	25656000
1986	15153065	79371390	37170474	33642663
1987	17502540	88051829	50549782	45977203
1988	18881644	95454636	75024393	66197002
1989	18686282	93667793	84018182	77626777
1990	18734397	92647539	97803459	86136066
1991	19087422	96136273	118105787	105827949
1992	20819581	106247146	178799564	163895582

资料来源：农业部乡镇企业局组编：《中国乡镇企业统计资料（1978—2002年）》，中国农业出版社，2003，第3—11页。

从表3-4可见，1978—1992年间中国乡镇企业出现了快速的发展，乡镇企业的数量从1978年的152万余个增加到1992年的2080万余个，增加了12.68倍；乡镇企业的从业人员从1978年的2826.5万人增加到1992年的10624.7万人，增加了2.76倍；总产值从1978年的5143762万元，增加到1992年的178799564万元，增加了33.76倍；营业收入也从1978年的4314605万元增加到1992年的163895582万元，增加了36.98倍。由此可见，改革开放以来乡镇企业有很大的发展，不少乡镇企业从小到大、从弱到强，在国民经济中的比重也日益提高。

大部分乡镇企业都建立在小城镇，乡镇企业的快速发展，成为推动小城镇发展的重要动力，如1982年吴江县震泽镇的乡镇企业就发展到了61个，仅县办和镇办企业（不包括镇郊的"社队企业"）的产值就达到5506万元，比1956年的工业产值增加了305.89倍，比1978年增长81.9%。高邮县八桥镇70年代开始兴办"社队企业"，1983年已有10个工厂，产值617万元，占全乡工农业总产值的50%。[1]1966年盐城市的社镇企业只有280多个，多数只是粮棉加工和铁木农具的制造和修理，1970年代中期，有一部分集镇开始兴办"社队企业"，十一届三中全会以后才有较大的发展。据1983年统计，盐城市的乡镇企业已有5603个，职工24万余人。盐城市大冈镇1978年乡镇工业产值为849万元，1983年增至2000万元，"现在镇上已有国营企业十六个，大集体企业七个，社镇企业二十八个"[2]。

天津市宁河县的乡镇工业在1984年以后有较大发展，到1986年底，乡镇工业企业发展到578个，其中产值百万元以上的骨干企业42个，拥有机械、化工、皮鞋、纺织、造纸、建材、服装、外贸产品加工等10多个行业。1987—1989年，年产值100万元以上的企业增至103家，其中产值500万元至1000万元的企业共12家，产值1000万元以上的4家，产值超过1亿元的1家。[3]武清县1979年有"社队企业"1321个，从业人数达6万余人，总收入31028万元，利润3091万元，其中工业企业产值为19844万元。随着改革的不断深入，乡镇企业异军突起，1984

---

[1] 费孝通：《论小城镇及其他》，天津人民出版社，1986，第86—87、123—124、125、129—130页。

[2] 费孝通：《论小城镇及其他》，天津人民出版社，1986，第86—87、123—124、125、129—130页。

[3] 宁河县地方史志编修委员会编：《宁河县志》，天津社会科学院出版社，1991，第290—291页。

年5月县内出现社员联营企业，1985年各乡（镇）村工业发展到2623个，各种联合体822个，市乡联营工业9个，全年产值67175万元，是1978年的3倍。1990年乡镇工业发展到5117个，产值33.7亿元。①

乡镇企业经过改革开放十余年的发展，不仅已成为相当一部分地区农村经济的重要支柱，而且已成为整个国民经济的重要组成部分。一方面要坚持实行"积极扶持，合理规划，正确引导，加强管理"的方针；另一方面也要对乡镇企业中存在的问题，按照"调整、整顿、改造、提高"的要求，认真加以解决。中央要求乡镇企业在治理整顿期间，各地要组织力量按照国家产业政策的要求，对乡镇企业进行分类调查，具体帮助它们调整产业结构、产品结构和企业结构。在乡镇企业比较发达的地方，重点是加强经营管理，狠抓技术进步，提高产品质量和经济效益。②

1990年，中央出台《关于制定国民经济和社会发展十年规划和"八五"计划建议的说明》，对发展乡镇企业高度重视，要求各级政府一方面继续坚持"积极扶持，合理规划，正确引导，加强管理"的方针，促进乡镇企业继续健康发展；另一方面也"应当引导乡镇企业进一步调整结构，提高产品质量，提高经济效益，保持适当速度，与整个国民经济协调发展"，"对不同地区的乡镇企业，在发展方向和速度等方面，要区别对待，分类指导"，"农业和乡镇企业要互为依托，因地制宜，采取亦工亦农、离土不离乡等多种形式，吸纳农村富余劳动力"，"乡镇企业要因地制宜，积极发展利用当地原材料的农副产品加工和建筑材料等工业，在合理规划和开发资源的前提下发展采矿业，并发挥劳动密集和传统工艺的优势，努力发展为大工业配套服务的产品和出口创汇产品"。③

1991年，国家经济体制改革委员会在《国家经济体制改革委员会关于一九九一年经济体制改革要点》中规定："继续稳定乡镇企业各项政策，完善乡镇企业承包制。同时，探索合理划分企业所有权与经营权的不同办法，以保证企业的集体所有制性质和企业经营的灵活性。改善乡镇企业的经营环境，培育和建立

---

① 李宝锟主编：《武清县志》，天津社会科学院出版社，2004，第340—341页。
② 中共中央文献研究室编：《十三大以来重要文献选编》（中），人民出版社，1991，第1179—1180页。
③ 中共中央文献研究室编：《十三大以来重要文献选编》（中），人民出版社，1991，第1386页。

生产要素市场。根据国家的产业政策,对出口创汇的乡镇企业和生产名、特、优产品的企业及部分骨干企业所需的主要原材料,应加强计划指导。继续抓好县级经济综合改革试点工作。"[1]同年,《中共中央关于进一步加强农业和农村工作的决定》规定:"积极发展乡镇企业是繁荣农村经济、增加农民收入、促进农业现代化和国民经济发展的必由之路。要继续贯彻'积极扶持、合理规划、正确引导、加强管理'的方针,坚持不懈地办好乡镇企业。按照国家产业政策,有步骤地调整产业结构和产品结构,搞好技术改造,提高产品质量和经济效益","要因地制宜,分类指导",要"加强乡镇企业经营管理,稳定和完善企业经营承包制"[2]。

1992年初,国家经济体制改革委员会下达《关于一九九二年经济体制改革要点》,强调要继续进一步发展乡镇企业,调整农村产业结构,促进农村劳动力的合理流动,壮大集体经济实力。内陆地区的乡镇企业,要采取多种形式,引进沿海地区的资金、人才和技术,提高经营管理水平。沿海地区的乡镇企业,要不断增加投入,加强技术改造,提高技术档次和产品质量水平。增强乡村集体企业的生产经营自主权,强化所有者对企业的约束权。切实加强乡镇企业劳动保护工作,维护职工的合法权益。[3]正是在中央一系列相关文件的引导下,乡镇企业在1992年以后再次出现大发展态势。

综上所述,1978年以后,随着我国经济体制改革的不断深入,发展乡镇企业的方针政策也不断丰富和完善,"积极扶持,合理规划,正确引导,加强管理","因地制宜,分类指导"等是这些方针政策的核心内容,对乡镇企业的快速健康发展具有重要意义,而乡镇企业的发展也奠定了小城镇发展的经济基础。[4]

---

[1] 中共中央文献研究室编:《十三大以来重要文献选编》(下),中央文献出版社,2011,第1585页。
[2] 中共中央文献研究室编:《十三大以来重要文献选编》(下),中央文献出版社,2011,第1769页。
[3] 中共中央文献研究室编:《十三大以来重要文献选编》(下),中央文献出版社,2011,第1927—1928页。
[4] 中共中央文献研究室编:《十三大以来重要文献选编》(中),中央文献出版社,2011,第1179—1180页。

二、乡镇企业的勃兴与小城镇的快速发展

改革开放之初的小城镇，一般是指县城和非县城的建制镇以及部分工矿区，也有研究者认为"所谓小城镇，是指农村地区一定区域内工商业比较发达，具有一定的市政设施和服务设施的政治、经济、文化、科技和生活服务中心，是一种正在从乡村性的社区变成多种产业并存，向着现代化城市转变中的过渡性社区"，"小城镇包括四类，县城（县政府所在地的建制镇）、其他建制镇、有一定规模的集镇以及大中城市郊区的卫星城镇"。[①] 改革开放以后，乡镇企业的大发展，推动了小城镇的兴起。据统计，1978年我国有县辖建制镇2850个。随着国家对建制镇标准的放宽，特别是随着乡镇企业的发展，建制镇的数量迅速增加，规模扩大，1983年有建制镇（含县辖建制镇和市辖建制镇）2968个，1992年增至14191个。[②]

表3-5　1978—1992年我国建制镇变化表

年份	县级单位数	镇（政府）数	乡政府数	县辖建制镇数	市辖建制镇	全部建制镇
1978	2138			2850		
1979	2137			2851		
1980	2137			2874		
1981	2136			2845		
1982	2133			2819		
1983	2080	16252		2781	187	2968
1984	2069	91171		6211	612	6823
1985	2046	7956	83182	7511	1629	9140
1986	2017	9755	61766	8464		
1987	1986	10280	58016	9121	1982	11103

[①] 许玲：《大城市周边地区小城镇发展研究》，陕西人民出版社，2007，第14—17页。
[②] 罗宏翔：《中国小城镇发展研究（1949—2002年）》，高等教育出版社，2005，第22—23页。

续表

年份	县级单位数	镇（政府）数	乡政府数	县辖建制镇数	市辖建制镇	全部建制镇
1988	1936	10609	45393	8614	2867	11481
1989	1919	11060	44704	9088		
1990	1903	11392	44446	9115	2884	11999
1991	1894	11882	43660	9308	2844	12152
1992	1848	14135	34115	10587	3604	14191

资料来源：罗宏翔：《中国小城镇发展研究（1949—2002年）》，高等教育出版社，2005，第22—23页。

县城是县域内的政治、经济和文化中心，县级行政单位的驻地一般都是建制镇。[1] 县城相比非县城的建制镇更有发展优势，特别是在土地资源、招商引资、人才与技术引进等方面都远胜于非县城的建制镇，因而改革开放之初，县城的乡镇企业发展快于非建制镇，如宁河县城、静海县城、藁城县城、广宗县城和滑县县城的发展都是乡镇企业促进县城发展的典型。

天津市所辖芦台镇（2020年撤销，并入天津市宁河区）在改革开放之初，即在县政府的直接推动下大力发展乡镇企业，1986年，芦台镇已建有乡镇企业81家，其中工业企业49家、建筑业3家、运输业3家、商业19家、服务业7家。天津市芦台线材总厂位于芦台镇西端，1970年创办，占地面积2.4万平方米，有固定资产861.3万元，年生产能力达3300吨，1986年该厂有工人500人，1989年增至630人。芦台织物厂位于芦台镇，1976年开办，到1986年有从业人员440人，固定资产104.5万元，年产值300万元。1989年，芦台镇有县属企业20家、镇属企业33家、村属企业26家。芦台镇东部为工业区，厂房林立；中间为商业区，店铺栉比；北部、南部、西部为居民区，楼房错落棋布，其空间布局也在一定程度上体现出乡镇企业对芦台镇发展的影响。

静海镇位于天津西南的静海县县城，从1978年以后就大力发展乡镇企业，到1990年县城共有乡镇企业423家，其中工业企业56家、交通运输企业72家、建筑

---

[1] 罗宏翔：《中国小城镇发展研究（1949—2002年）》，高等教育出版社，2005，第29页。

企业9家、商业企业138家、饮食企业69家、服务企业88家，有12家企业被列为县管重点企业。其中，静海镇三街童鞋厂为静海镇三街村属企业，建于1980年，占地面积0.73万平方米，当时只有固定资产3万元，生产儿童皮鞋，到1990年有职工407人，固定资产216.5万元，年产值975.8万元，利润73.6万元。天津市海轻联合带钢厂原为静海镇五街村属企业，建于1987年12月，占地面积2.22万平方米，由静海五街、天津市一轻局供销经理部、天津自行车厂三方联营，1988年12月投产，生产热轧卷板、热轧带钢等，1990年该厂有职工175人，固定资产489.4万元，年产值2540.2万元，利润165.6万元。乡镇企业对静海县城经济和居民职业结构均产生了影响，并为其后撤县改区创造了条件。

河北省藁城县城的发展也与乡镇企业密不可分。20世纪80年代，藁城县的乡镇企业有较大发展，县政府所在地城关镇的乡镇企业具有相当的规模，如第二造纸厂属于镇办集体企业，位于县城西侧，占地4万平方米，主要生产普通白纸、52克凸版纸、32克有光纸等，1985年该厂有职工320人，年产各种纸2581吨，完成产值400万元，利润17.4万元[1]。

广宗县城关镇的乡镇企业数量、规模、年产值均居全县首位。主要镇办企业有特种工程塑料厂、纸箱厂、木器厂，社办企业有漳河化工厂、粉丝加工厂、精工预制件厂、龙飞印染厂、南三里庄木器厂、五里庄建筑队和纺织厂等，个体办企业有面粉加工、木器加工、饮食、批发门市、服务业、印刷、建筑等行业。1990年，全镇工业总产值916万元。在广宗县城的乡镇企业中，西关建筑公司位于新城区，始建于1981年，有职工60人，工程技术人员14人，1987年产值120万元，利税15万元。兴华木器厂位于新城区，为个体企业，占地面积1000平方米，有职工12人，生产办公用具和家具等，1987年完成产值85万元，实现利税10万元。城镇木器厂建于1978年，位于老县城东街，为个体企业，有职工20人，1987年创产值60万元，实现利税7.2万元。广宗镇纸箱厂位于广宗县新城区，1985年建厂，为镇办集体企业，占地面积2000平方米，有职工32人，1987年产值120万元，实现利税12万元。[2]由此可见，乡镇企业对广宗县城新城区的形成和发展有一定影响。

---

[1] 藁城市地方志编纂委员会编：《藁城县志》，中国大百科全书出版社，1994，第176页。
[2] 广宗县地方志编纂委员会编：《广宗县志》，方志出版社，1999，第75—76、238—240页。

河南省滑县县城即道口镇，1987年前后有国营、集体和个体工业企业134家，其中较大的有造纸厂、印刷厂、粮机厂、柴油机厂、机床厂、车辆厂、农机修造厂、针棉纸厂、油厂、化肥厂、化工厂、线材厂、饲料加工厂、服装厂、糕点厂、酱菜厂、砖瓦厂、电缆厂、制锹厂、玻璃厂、磷肥厂、齿科材料厂、电厂、酒厂、烧鸡罐头厂、果脯厂、橡胶厂、布鞋厂、制药厂等。这些企业中，属于乡镇企业的道口烧鸡罐头厂，建于1984年，1987年有职工49人，完成产值230万元。滑县电机厂初建于1958年，1987年有职工153人，产值66.1万元。道口锅炉厂建于1973年，1986年正式转为镇办厂，1987年有职工60人，固定资产49万元。道口电线总厂建于1981年，1987年产值为150万元。[①]因此，在此期间，滑县县城的乡镇企业有了较大发展，乡镇企业在工业发展和城镇建设中也发挥了较大的作用。

  乡镇企业的发展除对县域经济发展产生了重要影响外，还影响了非县城的建制镇的发展。改革开放以后，中国各地小城镇普遍兴起，其原因是多方面的，也与乡镇企业的发展有着密切的关系。费孝通等人经过实地调查发现，"吴江县小城镇兴盛的主要和直接的原因是社队工业的迅速发展"[②]。吴江县盛泽镇在解放初期只有2.2万多人，到1983年时增至2.6万人，1990年，全镇人口已达10万，镇容也发生了很大变化。盛泽镇之所以发生这些变化，与乡镇企业的发展有很大关系。1990年，盛泽镇有丝织、印染、服装等可以列入丝绸类的企业130多家，其中几千人以上的大厂就有10多家，拥有各种丝织机1万多台，职工近4万人，其中最突出的是盛泽镇印染总厂。该厂创办于1984年，当时仅有74名职工、6口染缸、11间简易棚，其后从印染厂扩大到生产真丝绸及各种化纤合成产品，形成了纺织印染一条龙的企业集团，1987年产值首次突破亿元大关，1990年生产量达1.4亿米，产值超过4亿元，纯收入2000万元，有职工1195人，日产能力达60万米，是全国乡镇企业中最大的丝绸化纤印染专业厂。[③]吴江县芦墟镇的发展也与乡镇企业有关，1981年芦墟镇的农、副、工业总产值只有2800万元，但到1990年芦墟镇的农、副、工业总产值达到2.8亿元，10年间增加了9倍，关键原因就是

---

① 滑县地方史志编纂委员会编：《滑县志》，中州古籍出版社，1997，第100—101、344页。
② 费孝通：《论小城镇及其他》，天津人民出版社，1986，第32页。
③ 费孝通：《费孝通文集》第十二卷（1990—1993），群言出版社，1999，第148—149页。

乡镇企业的发展，芦墟镇的乡镇企业有25家，其中有9家较大的企业是和上海的工厂联营，有4家是合资企业，1988年芦墟镇有部分乡镇企业开始生产出口产品，1990年外贸收购额达到3400万元，芦墟镇在吴江县成为仅次于北库、盛泽和震泽的建制镇。①

除上述费孝通的研究所涉及的建制镇外，江苏省吴江县的七都镇、浙江省湖州市所属的南浔镇、温州市属的龙港镇（现龙港市）等建制镇在这一时期的发展，也体现出乡镇企业与建制镇发展之间的关系。

七都镇位于江苏省吴江县（现吴江区）西南隅，清代曾为震泽县属的七镇之一。1949年新中国成立后建七都乡，1992年12月撤乡建镇。七都的乡镇企业可以追溯到1958年七都公社组织铁、木等工匠成立的手工业合作社，后其改组为农具厂、农机厂、机电厂。20世纪70年代末至80年代初，丝织厂、电缆厂等相继开办。"从此以工业为主体，七都的整个经济结构发生根本性的转型，经济开始高速增长。"到1992年，全镇乡村企业有101家，年产值49897万元，固定资产12000万元。随着改革开放后乡镇企业和农村经济的发展，七都的人口稳步增长，1983年，共有人口7401户31728人，集镇人口817人，到1990年，总户数增至7935户，人口增至32267人，集镇人口增至942人，1992年，总户数减少到7898户，人口增至32424人，集镇人口增至1148人。②

南浔镇是一个具有悠久历史的名镇，清末以前属乌程县震泽下乡，1949年以后归吴兴县管辖，成为其五大镇之一。该镇在1950年仅有5家私营小厂、151家个体手工业户，1978年以后，市属国营、二轻工业企业和镇村办集体工业企业（乡镇企业）齐头并进。1986年撤乡并镇后，镇村工业（乡镇企业）异军突起。1988年全镇工业总产值为3.22亿元，比1978年增长8.4倍，其中镇村工业总产值从406.78万元增至1亿元，增长了23.6倍。当时，全镇已有工业企业183家，职工11749人，形成以机电、制革、皮革、制丝、化工为主体的多门类产业体系。1992年，工业已形成制丝服装、制革皮件、通信电缆、建材、家电、轻工业机械六大系列，工业总产值达到7亿元，其中镇村工业产值达到3亿元。随着

---

① 费孝通:《费孝通文集》第十二卷（1990—1993），群言出版社，1999，第157—158页。
② 刘豪兴、冯月根等:《中国乡村考察报告：乡镇社区的当代变迁——苏南七都》，上海人民出版社，2002，第3—23页。

以镇村工业（乡镇企业）为重要组成部分的社会经济的发展，南浔镇的人口快速增长，镇区日益扩展。1978年，南浔共有人口11999人，其中非农业人口11961人；1980年分别增至13175人和13151人；1986年乡镇合并，分别增至40800人和16400人；1990年分别增至42951人和17900人；1992年分别为43363人和17726人。到1992年，镇区面积由解放初的1.2平方千米扩建至2.5平方千米。[1]

龙港镇的快速发展虽然始于大力吸引农民进城，但农民进城后，龙港镇的"第一件事情就是如何发展经济问题"，其解决途径之一，便是大力发展乡镇企业。据统计，1989年，全镇完成工业总产值1.53亿元，占全县工业产值的20%，税收1470万元。此后龙港经济保持高速发展，1990年工业总产值达到2.3亿元，1991年为3.15亿元。产业结构逐步由单一的塑料编织业向编织、印刷、仪器仪表、工艺美术、食品水产等多种行业发展。1993年，随着行政区域的调整，龙港镇面积扩大到58平方千米，建成区面积8平方千米，总人口12.73万人，工商企业1800多家，个体工商户6500家，工农业总产值13.21亿元，其中工业总产值12.56亿元。[2]在这一时期龙港镇的快速发展过程中，"农民自己出钱出力建设一批乡镇企业，建造住宅，建造生活生产的大量公共设施，自己找门路解决就业问题等等"[3]的发展思路发挥了重要作用。而这一思路及其实践成效，也体现了乡镇企业与建制镇发展之间的密切关系。

20世纪80年代，不仅南方非县城的建制镇发展与乡镇企业有关，北方也同样如此。天津市所属小站镇在改革开放以后也大力发展乡镇企业，1982年底，全镇共有乡镇企业48个，工业总产值4551.83万元，其中村办企业占84.9%，从业人员达到6616人。1986年，镇办和村办企业发展到105家（不含个体、联合体），年产值9718万元，乡镇企业已经成为小站镇经济的主要支柱。[4]1992年，小站镇共

---

[1] 南浔镇志编纂委员会编：《南浔镇志》，上海科学技术文献出版社，1995，第4—5、36、56—57、81—107、284页。
[2] 金逸民、张军主编：《中国小城镇发展战略研究》，中国农业科学技术出版社，2004，第309—310页。
[3] 金逸民、张军主编：《中国小城镇发展战略研究》，中国农业科学技术出版社，2004，第308页。
[4] 《小站镇志》编修委员会编：《小站镇志》，《小站镇志》编修委员会出版，1993，第1、6页。

有六个层次的乡镇企业591家，其中镇属企业11个，新兴集体企业5个，工农联办企业8个，村办企业151个，个体联合体302个，从业人员21571人，工业总产值达到70473.7万元。[1]小站镇已经初步形成了以轻工、化工、机械、电子、仪表为主的工业体系，成为农、工、商并举的新型城镇。全镇占地面积61.5平方千米（其中镇区面积1.5平方千米），有10个居委会和26个村委会，总人口为16876户56058人，其中农业人口11926户41362人，非农业人口5250户14696人。

天津市津南县葛沽镇是一个具有悠久历史的古镇。1980年以后，葛沽镇乡镇企业"更具规模及现代化，有的产品进入国际市场。个体私营工业也应运而生，工业的发展容纳了相当数量的农余劳力，也成为农业的经济支柱和利国利民的重要经济来源"[2]。葛沽镇的工业可以分为全民所有制、集体所有制和私人所有制三种形式。集体所有制企业又可以分为镇办企业、村办企业、街道办企业三种，其中镇办企业20个，街道办企业27个，村办企业118个。乡村企业的发展推动了葛沽镇人口的增加，1964年葛沽镇共有6955户34835人，1982年增至11436户48781人，1990年增至14659户50585人。改革开放后，全镇人口职业构成发生了较大变化，不少农民从土地上解放出来，进入乡镇企业中成为工人。其时，"办工业风起云涌。各村都有自己的工厂3至5个，有的还多，使就业人数由1982年的25438人增加到1990年的31552人"[3]。

河北省藁城县所属建制镇中，梅花镇于1984年建镇，1987年前后有乡镇企业628个，其中镇办工厂主要有塑料、预制构件、人造毛皮、电石等。村办企业主要有化工、针织、纺织、造纸等行业。全镇总面积25平方千米，人口1.73万人。其中镇区呈方形的格式布局，有南北和东西大街各5条，中心的南北大街两旁有商业服务楼、卫生院楼、饭店楼、银行楼等建筑，有60%的住户和72%的劳动力从事商业和其他服务业。全镇人均收入比1978年增长了近三倍。丘头镇于1985年建镇，1978年全镇仅有几个社办小厂，到1987年有镇办企业8个，村办企业25个，联合体和个体办918个，行业有农机修造、陶瓷、造纸和食品加工业等，从

---

[1] 《小站镇志》编修委员会编:《小站镇志》，《小站镇志》编修委员会出版，1993，第130页。
[2] 津南区《葛沽镇志》编修委员会编:《葛沽镇志》，葛沽镇志编修委员会出版，1993，第4页。
[3] 津南区《葛沽镇志》编修委员会编:《葛沽镇志》，葛沽镇志编修委员会出版，1993，第33—36页。

业人数达到592人，占全镇劳动力总数的54%。此外，丘头镇还利用炼油厂的原料建立了镇办安瓶厂、塑料厂等乡镇企业。全镇总面积28平方千米，人口19628人。其中镇区面积约6平方千米，北部为炼油厂的生活区，南北大街已发展成为商业大街，有百货、食品、五金交电等集体商业门市9家，个体商店211个。在丘头镇的发展战略中，"狠狠抓住近靠石家庄炼油厂的地理优势，大力发展镇办企业"是其重中之重，由此可见乡镇企业对其发展的影响。贾市庄镇于1984年建镇，在20世纪60年代以前，全镇仅有一两个"支农"小厂，到1987年前后有镇办、村办、联合体和个体企业998个，实现产值1852万元，比1986年增长39%。从"目前从镇外到镇区从事第二产业的'摆动人口'150人，常年从事二、三产业的镇外农业人口100余人"，"随着工农业生产的发展，全镇人民生活迅速提高"等记述可知，乡镇企业对其发展颇有影响。南孟镇于1984年建镇，镇办企业以1971年的镇办铸造厂为开端，到1987年前，镇里的乡镇企业已有化工厂、面粉厂、棉油厂、磷肥厂、保温材料厂等，食品、电镀、制砖等各类企业也迅速发展，"该镇1987年工业总产值728万元，比1978年增长14.5倍。镇区人均收入647元"，乡镇企业发展成为推动该镇发展的重要因素。丽阳镇于1984年建镇，乡镇企业发展迅速。到1987年时有镇办企业7个，村办企业17个，其中镇办纺织厂年产值177万元，棉油加工厂、面粉厂、制造厂、轧钢厂等亦初具规模，全镇工业总产值达到1231万元，占到工农业总产值的46%，"农民自理口粮进镇人口700余人，从事第二产业的'摆动人口'1000余人，常年从事二、三产业的约计2500人"，乡镇企业对城镇发展的带动作用由此可见一斑。[①]

　　河北省元氏县建制镇中，南佐镇位于县境西北部，其乡镇企业原本以米面加工、挂面制作、小型农机具修造等为主，后又兴建了印刷、化学、玛钢等工厂。1984年，全镇工业总产值为77万元，1987年为507.5万元，三年增长了5.5倍。镇区人口5025人，面积7.5平方千米，其中建成区面积1.1平方千米，呈不规则的方形。"随着工业企业飞速发展，南佐已为元氏县山区工副业生产中心"，一语道出

---

① 石家庄地区地名办公室等编：《石家庄地区集镇志》，河北人民出版社，1988，第29—45页。

了乡镇企业对该镇发展的影响。①

河北省平山县建制镇中的东回舍镇,"是平山县工业的中心","经济以工业为主",1987年有乡镇企业588个,其中镇办企业6个,村办企业58个,分为建材、矿山机械、造纸、食品加工、摄影材料、塑料编织等行业,从业人数达到3725人,全镇工业产值达到1766万元,占全镇工农业总产值的63%。镇区面积1.2平方千米,人口1290户5500人。南甸镇于1985年被批准为建制镇,其工业基础较好,到1987年底共有155家工业企业,其中镇办工业7个,村办企业52个,个体、联合体96个,从业人数达到1386人,全镇工业产值达到701万元,镇区面积3平方千米,人口1357人,东街、市场街、南平街两侧建有服务楼、饭店、旅社、电影院、百货商场等建筑,据记载,"1949年建国前的南甸镇,是一个以农业为主体,兼有少量商业、服务业的小镇,新中国成立后,尤其是中共十一届三中全会以来,全镇工农业生产迅速发展,全镇面貌焕然一新","选矿厂、水泥厂、面粉厂、造纸厂、化工厂、石米厂、硅石加工厂等150多家企业占据着镇经济的主导地位",乡镇企业带动了经济的快步发展,同时促进了镇区的配套建设。②

山东省寿光市羊口镇的乡镇企业在1978年以后也有较大发展。1980年镇属工、渔业企业发展到24个,职工总数3853人,经济总收入1515万元,工业总产值851万元,固定资产总值1160万元。1990年底,羊口镇办企业发展到43个,有职工4712人,经济总收入10027万元,工业总产值4718.5万元,固定资产总值10964万元。③人口方面,"随着改革开放的不断深入,外市和本市乡镇到羊口经商者越来越多,居住人口也随之增加"④。1978年羊口镇有2252户12406人,1980年增至2379户14473人,1984年增至3179户13799人,1988年增至4477户18252人,1990年增至4766户18215人,1991年增至5163户18355人。乡镇建设也取得

---

① 石家庄地区地名办公室等编:《石家庄地区集镇志》,河北人民出版社,1988,第75—78页。
② 石家庄地区地名办公室等编:《石家庄地区集镇志》,河北人民出版社,1988,第153—159页。
③ 山东省寿光市羊口镇志编委会:《羊口镇志》,山东潍坊新闻出版局,1998,第169—170页。
④ 山东省寿光市羊口镇志编委会:《羊口镇志》,山东潍坊新闻出版局,1998,第81页。

较大的发展,"特别是1985年农村政策进一步放宽,改革开放进一步深入,镇区建设步伐加快。国有、集体、个体所建楼房遍布镇区。到1997年底,镇区建设已具规模。新的街道纵横交错,道路宽广,十里长街贯通镇东西。楼房高低错落有致,机关、工厂、学校、商店、居民区布局合理,已成为一个渔、盐、商各业发达,水陆交通方便,市井繁荣的现代化小城镇"[①]。

从上述内容可见,改革开放以后,乡镇企业的发展很快带动县城及非县城小城镇经济的发展,进而推动人口增长和镇区建设。此外,还有大量非建制镇也因乡镇企业的发展而人口增加、规模扩大,并向建制镇转变,因而建制镇的数量在20世纪80年代末出现快速增加,90年代初,全国的建制镇的数量突破了1万个。

经济体制改革带动乡镇企业发展,乡镇企业发展促进城镇人口增长和镇区建设,充分显示了经济体制改革、乡镇企业与小城镇发展之间的良性互动关系,为20世纪90年代改革开放新格局的出现和城镇的发展创造了条件。

---

① 山东省寿光市羊口镇志编委会:《羊口镇志》,山东潍坊新闻出版局,1998,第97页。

| 第四章 |

改革开放新格局与城市加速发展

20世纪90年代初，中国特色社会主义事业面临巨大挑战。在纷繁复杂的国内外局势中，邓小平视察了武昌、深圳、珠海、上海等地，发表一系列谈话，阐明了社会主义的本质，强调坚持改革开放，发展社会主义市场经济，是对中共十一届三中全会以来的基本理论和实践的深刻总结。随后，1992年，中共中央政治局通过了《关于加快改革、扩大开放、力争经济更好更快地上一个新台阶的意见》，同年10月，中共十四大明确了建立社会主义市场经济体制的改革目标，改革开放的新局面逐步形成，城市进入了快速发展的轨道。

第一节 对外开放新格局与城市发展

中共十四大后，对外开放进一步扩大，形成了多层次、多渠道、全方位开放的格局。首先是以上海浦东的开发为龙头，进一步开放长江沿岸城市，带动长江三角洲和整个长江流域城市发展。同时，加速广东、福建、海南、环渤海湾地区开放和开发，这些地方的城市现代化展现出新的活力。这一时期，国家就东北、西南、西北方向的沿边城市开放做出重要决策，边疆城市迎来新的发展机遇。

一、沿海沿江城市的进一步开放

（一）沿海城市的进一步开放与发展

沿海城市在对外开放中有着较为明显的区位优势，经过改革开放以后十余年的发展，这一优势进一步增强。特别是五个经济特区和14个沿海开放城市，在利用外资、发展外向型经济、促进城市土地开发、活跃资本市场等方面，发挥着举足轻重的作用。这对城市自身的现代化建设和辐射带动力的增强都产生了重要影响。

1. 持续推动经济特区新的开放发展

经济特区是20世纪80年代确立的以发展"三资"企业为主，实行产品外销的特殊经济区域,其利用外资的主要方式是"三来一补"(即来料加工、来样加工、来件装配和补偿贸易)。在一系列先行先试的优惠政策引导下,深圳、珠海、汕头、厦门四个城市以及海南省的海口等城市形成了新的发展模式。20世纪90年代,国家进一步明确了经济特区的发展目标和方向。1992年,邓小平考察深圳、珠海等城市,肯定了经济特区的发展,并要求坚持扩大开放。1994年,国务院下发《关于加强经济特区建设的若干意见》,指出:"特区是我国对外开放步伐迈得最大和利用外资、引进先进技术与管理经验最集中的地区,是发展开放型经济以及我国同国际沟通和接轨的主要'桥梁'和'窗口'。"[1]在此背景之下,深圳、珠海、汕头、厦门及海南进一步明确了各自的发展定位。

深圳制定的战略目标是"建成综合性的经济特区和多功能、现代化的国际性城市"。为此,深圳开展了大规模的引资行动,充分利用保税区的政策,在沙头角、福田等地兴建工厂和培育物资交易市场。同时,深圳大力推进农村城镇化,撤销了福田、罗湖、南山3个区的行政村,建立居委会和实业股份有限公司,统一城市规划建设、人口管理和发展战略等方面的资源,采取经营放开、价格放开、用工放开、工资放开、政策放开的商贸措施,深化港口及口岸管理体制改革。在城市规划上,对宝安、龙岗两新区采取区分定位和一体战略。宝安区以航空港和立体化交通为枢纽,以精细化工、电子机械为主体,发展商贸、金融、旅游、高科技产业、创汇农业,建设现代化新城区;龙岗区则以盐田港和大工业基地及优美的自然海滨环境为依托,建成国际国内港口货物集散中心、大工业基地和滨海旅游中心。按照规划,深圳在2000年的城市建成区面积达到350平方千米,并逐步形成东、西海和空港"两翼起飞"的构想,形成布局合理的"中心城—卫星城"大都市格局,建成亚太地区新兴的国际性港口城市。

珠海的发展定位为"以工业为主,同时在科技、旅游、金融、商贸、运输、农渔牧等行业综合发展的现代化花园式的国际滨海大城市"。按照中共广东省委的要求,"珠江三角洲经济区要扩大开放,进一步优化产业机构,成为我省开放新格局的主体"[2],珠海不断优化投资环境,加强内引外联,拓展与澳门在经济机

---

[1] 袁木:《历史的足迹——中国在改革开放中前进》(五),新华出版社,1996,第296页。
[2] 《中共广东省委省人民政府关于进一步扩大开放的若干意见》,广东省档案馆编:《改革开放三十年重要档案文献·广东(3)》,中国档案出版社,2008,第1123页。

构和基础设施建设方面的合作。这一时期，珠海的城市发展逐步形成了北起淇澳岛北岸，南至横琴岛，东起淇澳岛东岸，西到磨刀门水道，约326平方千米的新城区。为此，珠海把全市分为六个功能区，中区是政治、文化、金融、商贸和高新技术产业中心；北区以高等教育、科研、旅游、娱乐等服务业为主；南区则以电子信息、纺织、新型建材及轻加工业为主；西区主要发展以大港口为主体的立体交通运输业，以及以能源、石化、冶炼、原材料等为主体的重工业；东区主要发展远洋航运补给中心和仓储中转基地、保税区、海岛旅游业及海洋产业；横琴岛则主要发展高新科技产业以及金融、商贸、旅游等第三产业。

汕头的发展目标是建设现代化国际港口城市。1993年1月11日，国家批准设立汕头经济特区保税区，进一步加快了汕头的对外开放步伐。汕头充分利用港口优势，发展转口贸易、仓储服务。同时，汕头重点发展高新技术产业区，引入包括美国、德国、法国、新加坡等国家的一批外资进驻，在电子信息、机电制造、生物工程、新能源等领域逐步形成规模产业布局。汕头积极发挥在对外开放中的沿海优势、特区优势、侨乡优势、对台优势和商贸优势，力图通过建设大港口，开辟大通道，发展大市场，加强同东南亚、港澳台的对接，以粤东、闽西南和赣东南为腹地，加速同世界经济接轨。

厦门的定位是建设"国际化的港口大城市"。1993年，厦门市委决定，充分利用特区优势，加快改革步伐，率先建立社会主义市场经济体制。同时，厦门加快实施自由港政策，开发象屿保税区，发展转口贸易。为了更好地扩大开放，厦门对城市功能进行了分区定位。除了原有的经济特区区域外，厦门着力在海沧区发展外向型、多功能的综合性工业园区和港区；在杏林区引进跨国企业，发展技术含量高和附加值高的产业，实现产业升级；在集美设立台商投资区。此外，厦门还规划建设火炬高技术产业开发区，建立以电子信息等高新技术企业为主体的外向型产业基地。到20世纪90年代末，厦门已经形成不同形态、各有特色、相互配套的新型城市功能布局。

海南则制定了优先发展旅游业，加快农业综合试验区建设，构建外向型、创汇型的现代大农业，推动海南走向世界的发展目标。1992年7月，海南省委、省政府出台《关于进一步扩大开放深化改革加快特区建设步伐的意见》，要求"把外引内联工作推上新台阶"，迅速扩大"引进国内外资金的规模"，"充分发挥政策优势和自然资源优势，形成一批支柱产业，建立起工农贸旅协调发展的外向型经济体系"。①海南把洋浦经济开发区作为建设的重点,实行"进区放开、区内搞活、出区管好"的关内境外政策,在税收和金融方面实施优惠政策。同时,推动海口保税区和全省产权交易市场建设。在此影响下,海口、三亚等城市迈入了新的发展阶段。

2. 沿海开放城市的进一步开放与发展

经过十多年改革开放,沿海开放城市有了较大变化,特别是城市经济的外向度以及由此带来的城市生活变化,已十分明显。这些沿海开放城市在历史上多为对外经济联系紧密的水陆交通枢纽和重要的商品集散地,有着较为优越的地理条件和发展基础。营口、威海、大连、秦皇岛、天津、烟台、青岛、连云港、南通、上海、宁波、温州、福州、广州、湛江、北海等16个城市,沿中国海岸线由北至南分布,这些沿海城市在改革开放以后享受了一些经济特区的特殊政策,在对外贸易中发挥自主权,构成了中国对外开放的"新月形"城市带。1992年以后,面对新一轮对外开放,沿海开放城市进一步扩大对外经济活动权限,大力吸引外资,更好地发挥了参与国际经济交流门户的作用,进一步促进了城市现代化的发展。

沿海开放城市的现代化步伐加快。1992年,沿海开放城市(含营口、威海)的GDP总量为3911亿元,占全国GDP约14.4%。到2000年,沿海开放城市的GDP总量为17231亿元,占全国GDP约17.2%。2000年沿海开放城市GDP总量比1992年增长了约3.4倍。这一时期,沿海开放城市的经济发展速度要远高于内地城市,第一产业占GDP比重不断下降,第三产业占GDP比重迅速上升,外向型经济特征明显。以广州为例,1992年广州的进出口总值为70.75亿美元,到2000年增长到233.5亿美元,增长了约2.3倍。城市经济的发展促进了人口的增长和城市空间的拓展。广州原有的城市基础设施和建成区空间已远不能满足其发展需要。于是,广州市在1996年编制城市总体规划时提出了"南拓、北优、东进、西联"的发展战略。2000年,国务院批准广州市将番禺、花都撤市改区,广州市的主城区增至10个行政区,市辖区面积扩大到约3843平方千米。同时,广州市还以天河体育中心为核心,逐步形成了多功能、复合化的商业和商务中心。②经过十年的发展,

---

① 《中共海南省委海南省人民政府关于进一步扩大开放深化改革加快特区建设步伐的意见》,海南年鉴编辑委员会编:《海南年鉴》(1993)·卷二·《海南政治与法制年鉴》,海南年鉴社,1993,第61—62页。
② 曾伟玉主编:《转型与跨越——广州改革开放四十年(上)》,广州出版社,2018,第221—222页。

广州市的人口也迅速增长，户籍人口由1991年的602万人增加到2000年的701万人，增长了约100万人。2000年，广州的城镇化率已达到83.79%。除广州市以外，其他沿海开放城市的城镇化也迅速推进，人口规模均有较大增长，城市公共设施不断完善。例如，2000年大连市全市年末户籍总人口为551.5万人，比1999年末增加6.2万人，城市城镇化为49.9%，城市公共绿地面积从1991年的2525公顷增加到2000年的10315公顷。2000年烟台市的常住人口为663.57万人，户籍人口为645.80万人，城镇化率为45.77%，城市公共绿地面积从1991年的1261公顷增加到2000年的4019公顷等。①

沿海开放城市的辐射作用显著增强。"城市是区域商品、金融、交通等流通中心，商业发达，有充足的资金、现代化的交通运输。大城市是区域工业中心，集中着先进技术、设备，是区域服务中心，城市是区域科技、文教、信息中心，能发展先进技术、培育优秀人才。……城市经济具有较强的吸引力和辐射力，能吸纳周围地区的人力、资金、技术，又把城市文明扩散到周边。"②沿海开放城市充分利用改革开放新格局形成的有利时机，凭借水陆交通便利，获得了不同程度的发展。这些城市大力推进对外贸易，吸引国外资金、技术和设备，工贸并举，实现劳动密集型向技术、知识密集型产业转化，吸引了大量廉价劳动力，进而也带动了周边城市的发展。为了扩大城市的辐射带动作用，这一时期以沿海开放城市为节点的道路交通建设迅速推进。据统计，广州2000年通车的公路里程达到5021公里，比1990年增长41.3%；1991年至2000年的十年间广州新建跨江大桥七座，其中1997—1998年是桥梁交付使用的高峰期，江湾大桥、解放大桥、华南大桥、东圃大桥、鹤洞大桥、番禺大桥均为这两年通车。上海在20世纪90年代也掀起了交通建设的高潮，1992年至1999年，上海完成了《"三环十射"快速干道规划》《1991年—2020年上海市公路网规划》《上海市高速公路网规划（1999—2010年）》的编制，建成奉浦、徐浦等大桥，由上海出发至杭州、南京等方向的高速公路全线通车；上海与嘉兴、杭州、苏州、无锡、常州、镇江、南京等周边

---

① GDP及人口等统计数据由汇聚数据之城市数据查询平台提供，参见https://gdp.gotohui.com/.
② 孙全胜：《中国特色城市化道路的历史透视和现实选择（下）》，中国书籍出版社，2019，第426页。

城市的联系更加紧密。其他沿海开放城市的交通建设极大增强了它们对周边城市的辐射带动作用。

受多种条件的限制，沿海开放城市发展呈现不均衡的状态。尽管沿海开放城市几乎同时获得了中央所赋予的发展政策，大多数城市都拥有较为优越的地理条件和交通区位，但它们的发展进程和城镇化水平并不一致，有的还相差甚远。总体而言，这一时期，上海、广州、天津为沿海开放城市的第一梯队，福州、大连、青岛、宁波、烟台、温州、南通为沿海开放城市的第二梯队，威海、湛江、秦皇岛、连云港、营口、北海为沿海开放城市的第三梯队。20世纪90年代，沿海开放城市的发展在各梯队之间以及同梯队内部之间都表现出了十分明显的差距。以对外贸易为例，上海、广州、天津三市在沿海乃至全国各城市外贸出口中占据领头雁地位，三座城市在1998年的外贸出口额合计已超过300亿美元，差不多占到当年全国外贸出口总额的1/6。就GDP总量而言，2000年，第一梯队三个城市的GDP总量为8908亿元，占当年沿海开放城市全部GDP的51.7%；其中，第一梯队的上海当年的GDP为4812亿元，第三梯队的北海当年的GDP仅为114亿元，前者是后者的约42.2倍，同处第三梯队的威海市在2000年的GDP为511亿元，也是北海市的约4.5倍。从人口规模增长来看，1992年北海市的户籍人口为123万人，到2000年有143万人，仅增长20万人；而距离北海市不远的湛江市在1992年有户籍人口568万人，到2000年增至695万人，增长了127万人。可见，在相同的发展机遇面前，沿海开放城市由于所处的具体环境不同，加之各自的发展定位以及制定的方针、政策不同，其发展的成效也不同，这对它们后续的现代化推进产生了深远影响。

（二）沿江城市的开放开发与发展

1. 以上海浦东为龙头带动长江流域城市的整体开放与发展

浦东开发是中央在20世纪90年代开始付诸实践的重大战略性决策。中共十四大报告指出："上海浦东开发开放为龙头，进一步开放长江沿岸城市，尽快把上海建成国际经济、金融、贸易中心之一，带动长江三角洲和整个长江流域地区经济的新飞跃。"[1]1993年1月1日，浦东新区正式宣告成立。浦东的开发开放可以

---

[1] 中共中央文献研究室编：《十四大以来重要文献选编（上）》，中央文献出版社，2011，第19页。

视作中国改革开放新格局形成的重要标志之一，不仅对于上海的发展，而且对于中国城市的整体发展也产生了深远影响。

浦东的开放是上海城市功能的一次显著提升。作为近代以来中国与世界联系最为紧密的城市，上海在改革开放后迎来了巨大发展，同时也承担着引领全国城市发展和迈向国际都市的重大使命。因此，浦东的开发开放，在金融上，逐步培育和形成成熟的离岸金融功能；在贸易集散方面，以外高桥保税区为基地，形成国内国际主要的中转口岸和亚太地区重要的转口贸易区；在工业生产上，以高新技术开发为先导，培育形成出口加工产业；在交通运输上，通过机场、港口建设，发挥国际国内客货运集散作用。经过建设，浦东的GDP从1990年的101亿元增加到2000年的923亿元。在浦东开发开放的推动下，上海作为全国经济中心的城市功能得到进一步夯实，为将其建成重要的国际经济、金融、贸易中心城市奠定了基础。

浦东的开放带动了长江三角洲乃至整个长江流域城市的发展。浦东对外开放的一个显著特点是大力引进境外资本，活跃市场主体。1995年6月，国务院颁布《关于"九五"期间上海浦东新区开发开放有关政策的通知》，赋予浦东包括财政税收和资金、扩大市场开放度和准入度以及扩大审批权限等一系列的新政策，进一步体现了浦东对外开放的先行先试作用。据统计，1999年时浦东新区三资企业对工业产值的贡献率超过50%，极大促进上海产业的发展，这一效应也迅速辐射至长江三角洲和长江流域的主要城市。1995年，中共十四届五中全会首次从中央层面明确建设以上海为龙头的长三角及长江沿江地区经济带。这实际上是对浦东的带动作用的一次肯定。浦东的开发开放，不仅促进了长三角及长江沿江地区外资的引入发展，而且还促进了以苏州、无锡、杭州、常州、南京、武汉等为代表的一批长江流域城市的产业升级。1997年7月18日，长江流域产权交易共同市场在浦东成立，这是由上海、四川、江苏、江西、安徽、重庆、湖南、青海、福建9个省、直辖市共同发起组建的全国第一个开放、统一的产权大市场，大大促进了长江流域企业资产重组。1998年，长江沿线累计协作项目达8832项，融通资金2700多亿元。[①]

以上海浦东为龙头的开放，对长江三角洲以及整个长江流域的城市发展产生了重要影响。第一，外向型经济更加明显。这是当时城市经济转型的一种必然现

[①] 汪亮等：《上海改革开放40年大事研究·卷十一·对内开放合作》，上海人民出版社，2018，第98—100页。

象，也大大活跃了城市的生产要素；第二，城市人口迅速增长。在社会主义市场经济的驱动下，人口由乡村向城市聚集，由内陆向长江三角洲和长江沿岸城市流动，这些城市的工农业生产、居住及生活空间得到了进一步拓展；第三，城市聚集和辐射效应更加凸显。在产业布局的影响下，上海、苏州、无锡、常州、杭州、南京、镇江、武汉、重庆等长江沿江城市形成了比较明显的聚集效应，并带动了周边腹地城市发展；第四，城市道路交通建设进一步加快。这一时期，机场、港口及高速公路建设加快，大大促进了长江流域的交通运输，增强了以上海为中心的长江流域各城市之间的联系，为长江经济带和城市带的构建创造了条件。

2. 长江流域城市加速开放发展

长江是中国重要的经济带，是近代以来中国城市开放和港口贸易较为集中的区域。长江流域城市的加速开放发展是20世纪90年代中国城市形成的一个比较明显的发展态势，对21世纪初中国经济的持续发展和经济重心的继续南移产生了重要影响。

三峡工程的建设是这一时期长江流域城市开放发展的一个重要契机。改革开放后，国家多次就三峡工程修建问题进行论证。1992年，全国人大七届五次会议通过了关于修建三峡工程的决议。三峡工程的修建是基于国家发展战略特别是长江流域资源综合利用的考虑，对促进这一区域的城市发展产生了重要影响，首先是重庆直辖被提上议事日程。重庆市是西南地区的经济重镇，工业基础雄厚，改革开放后被列为计划单列市。党中央和国务院考虑到解决三峡移民问题，经过多次讨论和统筹安排，将原隶属四川省的万州地区、黔江地区、涪陵地区划入重庆市的管辖范围。"通过设立重庆直辖市，提高重庆市经济中心城市的作用和地位，同时带动这一区域经济发展。"[①]作为长江上游的经济中心，重庆的直辖进一步提升了城市的首位度，"充分发挥特大城市在区域经济发展中的龙头作用、窗口作用和辐射作用，造就出一批各具特色、充满生机与活力的中小城市，共同构成一个强大的城市群，从而加速和带动区域的工业化、城镇化和现代化水平"[②]。

三峡工程的建设还推动了湖北一批城市的开放发展。1992年，宜昌实现地市合

---

① 李鹏：《关于三峡工程及重庆直辖的回顾》，周勇主编：《重庆直辖时刻——设立重庆直辖市文献选编1996.7—1997.6》，重庆出版社，2017，第13—14页。
② 中共重庆市委党史研究室：《设立重庆直辖市纪实》，《改革开放实录（3）》第4辑，中共党史出版社，2018，第1562页。

并，宜昌市下辖3区、2市、7县。1994年，荆州与沙市合并[①]，仙桃、潜江、天门3市单列为湖北省直管市。这一系列的行政区划和管理体制改革，正是湖北根据三峡工程的建设对省域城市发展所做出的调整。由此，湖北形成了以省会武汉为核心和枢纽，包括四个不同类型的区域城市体系："鄂东以武汉、黄石、鄂州为中心，是全省工业产业密度最大、城镇化程度最高的地区；鄂中南以荆沙、荆门为中心，地处江汉平原腹地，城市规模和水平居全省之首，形成大中小城市和小城镇相融合的城镇网络；鄂西北以襄樊、十堰为中心，依托汉江、襄渝铁路线和汉水，构成鄂西北城市区；鄂西南以宜昌为中心，依托举世瞩目的三峡工程，促进城市化发展。"[②]

这一时期，国家制定了一系列政策，以推动长江流域城市的开放发展。1992年6月，重庆、武汉等城市被财政部率先列入实行分税制改革试点的城市，按税种划分中央和地方收入来源，以推进财政体制改革。1992年7月30日，国务院决定对外开放重庆、岳阳、武汉、九江、芜湖等五个沿江城市，加上之前已经开放的南京、苏州、无锡、常州、镇江、扬州等城市，长江沿岸的主要城市迎来开放新机遇。1992年10月，中共十四大报告提出"长江三角洲和整个长江流域经济的新飞跃"。此后，国家在制定"九五"计划时明确指出，发挥通江达海以及农业发达、工业基础雄厚、技术水平较高的优势，以浦东开发开放、三峡建设为契机，依托沿江大中城市，逐步形成一条横贯东西、连接南北的综合型经济带。不难看出，在多重因素的作用下，长江流域已经逐步形成中心城市作用明显、区域层次分明的发展格局。在这个格局下，上海是全国的经济中心，同时也是长江下游的中心，带动南京、杭州、苏州、嘉兴等苏南浙北城市发展，而浦东开发开放成为沿江城市乃至整个中国发展的引擎；中游以武汉为中心，同时形成了宜昌、荆沙等次中心城市；上游以重庆为中心，带动万州、涪陵等城市发展。

二、沿边城市的开放与发展

1992年，国务院批准黑河、绥芬河、珲春、满洲里、二连浩特、伊宁、博

[①] 初为荆沙市，1996年经国务院批准，改为荆州市。
[②] 周志纯等主编：《跨世纪的举措——湖北大城市研究》，湖北科学技术出版社，1996，第8页。

乐、塔城、畹町、瑞丽、河口、凭祥、东兴、丹东等14个城市为沿边开放城市。这些城市涉及黑龙江、吉林、辽宁、内蒙古、新疆、云南、广西等省区，这些城市均处于内陆边境地区，分别与朝鲜、俄罗斯、蒙古、哈萨克斯坦、缅甸、越南等国家毗邻。沿边城市的开放，是继沿海城市开放后党中央作出的又一重大决策，是中国发展陆地接壤国家边境贸易采取的重要战略措施。1996年1月，国务院发出《关于边境贸易有关问题的通知》，对边境贸易管理形式、税收等若干问题做出具体规定，强调要积极支持边境贸易和边境地区对外经济合作的发展。

（一）东北地区和内蒙古沿边城市的开放与发展

东北三省和内蒙古自治区的黑河、绥芬河、珲春、满洲里、二连浩特和丹东等沿边开放城市主要面向朝鲜、俄罗斯和蒙古国，联动东北亚。东北地区与朝鲜有着紧密联系，在自然资源、历史文化和发展基础上有着较为相近的基础。以丹东为例，该市处于辽东半岛一翼，与朝鲜新义州隔鸭绿江相望，是中国大陆海岸线的最北端，资源十分丰富，地下矿藏有50多种，植物资源方面人参、山楂、板栗、芦笋、草莓等土特产十分著名，另有大中型港口建设的条件，在丝绸、纺织、造纸、化纤、电子、机械仪表工业等方面都有较好的发展基础，为此，丹东被赋予"建设成为东北东部地区外贸基地和贸易港口"的时代使命。

珲春市在对外开放发展中也同样具备较为优越的条件，珲春与朝鲜、俄罗斯均相邻，地理上呈"金三角"位置，同时，珲春拥有吉林省最大的煤田，黄金储量居吉林省第二位，铁、铜、铅等金属也十分丰富，在采矿、机械、焦化、水泥、电子、木材以及食品加工等方面都有较好的工业基础；1992年，吉林省按照国务院要求，拟定了珲春开放开发的措施，对其国民经济和社会发展计划实行省级单列，并下放对外贸易和外商投资等一系列审批权，可建立外汇结算与地方融资机构，珲春被定义为"综合性的、外向型的、现代化的边境开放城市"和"重要的对外贸易窗口和东北亚经济合作的中心"。[①]

绥芬河与黑河两市则都紧邻俄罗斯，分别位于黑龙江的东部和北部。其中，绥芬河市距离俄罗斯格罗捷阔沃市仅25千米，距离符拉迪沃斯托克港、娜霍特卡

---

① 《吉林省人民政府关于加快珲春市开放开发的通知》，吉林省开发区管理协会编：《吉林开发区年鉴（1988—1995年）》，吉林人民出版社，1996，第138页。

港和东方港这三个吞吐能力在3000万吨左右的港口约300千米。因此，绥芬河市制定了以食品工业为龙头，以建材工业、轻型加工业为两翼的经济发展策略，同时建立农副产品生产和加工出口基地，被视作对俄罗斯、日本的重要经济贸易口岸。[①]黑河市与俄罗斯阿穆尔州首府布拉戈维申斯克市隔江相望，在水路、铁路、公路等方面形成运输网，有着较为丰富的矿藏资源，与俄罗斯、日本、泰国、新加坡、澳大利亚等国家都有经贸往来，边境贸易较为活跃。1992年黑河市被确定为沿边开放城市后，开辟建设了国家级经济合作区，形成了易货贸易、现汇贸易、旅游贸易、转口贸易等多种贸易形式。黑河市确定了城市发展目标，即将黑河市建设成为中国"北部边疆最大的国际商铺""同俄罗斯及其他独联体各国开展经贸合作的主要枢纽""多功能、现代化的国际城市"。[②]

满洲里市和二连浩特市是位于内蒙古的沿边开放城市。满洲里市地处中俄蒙三角地带，北接俄罗斯，西邻蒙古国，是第一欧亚大陆桥的交通要冲，也是中国通往俄罗斯等独联体国家和欧洲各国的重要国际大通道，还是中国对俄、蒙进出口商品的重要集散地。1992年，经中俄两国政府换文，赋予中国满洲里"俄国后贝加尔斯克公路口岸"的国际口岸地位。满洲里市新建了国际公路口岸，规划建设八条通道，满足年通过货运量为300万吨，客运量为150万人次。满洲里市被列为沿边开放城市后，进一步加强了口岸功能建设，着重开发本地丰富的电力、农牧业和矿产资源。根据发展规划，满洲里市将城市分为经济合作区、商贸综合服务区、能源开发区、外向型农业开发区、风光旅游区、市贸易区等多个功能区，城市功能日趋完善，其聚集力和辐射力不断增强。二连浩特市与蒙古国扎门乌德相邻，是中国通往蒙古国唯一的铁路口岸，也是北京—乌兰巴托—莫斯科国际列车的出境口岸，加上二连浩特市的油田、煤炭、芒硝、原盐等资源丰富，新中国成立以后相关产业也得到较大发展。二连浩特市被列为沿边开放城市后，充分发挥口岸和资源优势，加强基础设施建设，改善投资环境，推动边境贸易进一步繁荣。

---

① 崔龙鹤:《东北经济概论》，延边大学出版社，1993，第236页。
② 乌杰主编:《中国城市概览》，改革出版社，1996，第360页。

（二）西北地区沿边城市的开放与发展

西北地区的沿边开放城市包括伊宁市、博乐市、塔城市，主要面向哈萨克斯坦，联通中亚。这三个城市都位于新疆西北边陲，分别与哈萨克斯坦的潘非洛夫区、阿拉科勒区、乌尔扎尔区相连。伊宁市是伊犁哈萨克自治州的地级行政区首府，地处伊犁河谷盆地中部，有着较为优良的矿产资源、畜牧业资源、林业资源和生物资源，相比新疆其他地区，水资源也特别丰富，盛产牛、羊肉制品。博乐市处于准噶尔盆地西南部，境内阿拉山口与哈萨克斯坦土西铁路接轨，为欧亚第二大陆桥的重要通道。塔城市地处塔额盆地北缘，塔尔巴哈台山南坡，境内河流纵横，湖泊星布，金、铜、铁等矿产资源较为丰富。伊宁、博乐、塔城三市都有着优越的对外开放条件。1992年，国务院批复在伊宁、博乐、塔城设立边境经济合作区。其中，伊宁边境经济合作区以"环境立区、工业强区、商贸兴区"三大战略为指导，重点发展工业、商贸流通业等，辅助发展建材业、纺织工业、机械装备制造业等，博乐边境经济合作区则主要发展棉纺服装加工、石材集控、石油化工等，塔城边境经济合作区主要发展出口加工业。在20世纪90年代进一步推动对外开放过程中，这三座城市充分利用地理位置优势，挖掘农牧和矿产等资源，在中国与中亚诸国以及欧洲陆上经济交往中发挥着特殊作用。因此，资源与交通成为推动伊宁、博乐和塔城发展的重要动力。

（三）西南地区沿边城市的开放开发与发展

西南地区的沿边开放城市主要有畹町、瑞丽、河口、凭祥、东兴，其中，畹町、瑞丽、河口为云南边境城市，凭祥、东兴为广西边境城市，这些城市面向缅甸、越南，联通东南亚。畹町地处滇藏高原南缘，与缅甸特区九谷市隔河相望，曾是南方丝绸之路的重要关隘，在抗战时期是国际援华西南通道的陆路要冲，1992年5月，畹町被列为沿边开放城市，同年9月，畹町获批设立5平方千米的边境经济特区，对此，畹町围绕"贸、工、旅、农"制定了经济发展战略，定位为"一个转口、贸易、加工、旅游四位一体的现代化口岸城市"[①]。1999年1月1日，

---

① 《中国市县经济社会发展概览》编委会主编：《中国市县经济社会发展概览（第一卷）》，中国言实出版社、改革出版社，1998，第560页。

国务院批准撤销畹町市,将其行政区域并入瑞丽市。瑞丽市三面与缅甸接壤,其国境线是中缅边境上界碑最密集、渡口最多的地段,瑞丽的煤、铁等矿产资源较为丰富。在边境开放发展中,瑞丽享有扩大对外经济管理权限,对进口的162种商品实行免税政策,积极促进转口贸易,引入泰国、缅甸、新加坡等国家的外资,逐步形成了以边贸为主的商贸体系。同时,瑞丽以发展对外贸易为契机,加大基础设施建设,促进旅游资源开发,成为"中国优秀旅游城市"。瑞丽的城市发展目标是"建成一座具有边境特色和民族风格的现代化、国际化商贸城市"[1]。河口市地处云南红河与南溪河交汇处,与越南老街、巴刹、猛康三市县接壤,是滇越铁路的重要节点城市。1996年,滇越铁路恢复运营,给河口对外贸易和旅游注入活力。河口通过发展加工贸易,兴办边境经济合作区,加快了城镇化进程,逐渐形成了"集边贸、旅游、亚热带经济区于一体的国际口岸城市"[2]。

凭祥市和东兴市均位于广西壮族自治区南部,分别与越南谅山市和芒街市相连。凭祥市盛产柑橙、龙眼、菠萝、沙梨等水果,稀土矿藏丰富,交通较为便利,有湘桂铁路贯穿境内,是中越边境贸易的重要货物集散地。凭祥市设有弄尧、浦寨、平而、油隘等四个边贸互市点,在友谊关右侧谷地设有浦寨贸易开发区,是中国通往东南亚各国的陆路通道和最大的内陆口岸。东兴在改革开放后属乡镇建制,其濒临北部湾渔场,海产和盐业资源较为丰富,有北仑河大桥通越南,拥有中国进入越南及中南半岛最便捷的水陆通道,1992年9月26日,国务院批准设立东兴边境经济合作区。1996年4月29日,经国务院批准,民政部同意设立东兴市(县级),由防城港市代管,东兴市积极发挥沿边开放城市和边境经济合作区的优势,依靠少数民族地区和侨务政策,大力推动边境贸易,逐步形成由老城区、综合商业文化中心、综合贸易中心构成的组团式城市空间结构,通过发展对外贸易,东兴市定位为"建成一个具有贸易、国贸、地贸、边贸、旅游和加工三大功能的边陲城市"[3]。

---

[1] 中国城市发展研究会主办:《中国城市年鉴》1999年总第15期,中国城市年鉴社,1999,第573页。
[2] 范宏贵、刘志强等:《中越边境贸易研究》,民族出版社,2006,第317—318页。
[3] 赵连钧:《沿边开放的理论与实践》,黑龙江人民出版社,1998,第169页。

三、内陆省会城市的开放与发展

1992年6—7月,国家批准哈尔滨、长春、呼和浩特、石家庄、昆明、南宁、乌鲁木齐、太原、合肥、南昌、郑州、长沙、成都、贵阳、西安、兰州、西宁、银川等18个省会城市加大对外开放力度。这些城市远离海洋,是中国内陆省份的政治、经济和文化中心,在经贸、文教、科技等方面有着比较集中的发展优势。内陆省会城市的开放,是20世纪90年代中国城市迈向现代化、国际化的重要一环,是改革开放从沿海向内陆腹地推进的必然结果,也是改革开放新格局形成的重要标志之一。

(一)东北地区内陆省会城市的开放与发展

东北三省中除辽宁外,吉林、黑龙江均不临海,属内陆省份。东北地区自20世纪以来便是我国重要的工业基地和粮食生产基地,也有较好的交通基础,城市相对发达。然而,在改革开放进程中,东北的社会经济发展步伐虽然有所加快,但东北的省会城市与沿海城市和南方省会城市相比,发展仍较为缓慢,到20世纪90年代就逐渐形成了较大差距。

哈尔滨是黑龙江省会,早在20世纪上半叶就拥有较为完整的工业体系,并且成为国际性商业中心。1897年,中东铁路开始建设,哈尔滨成为交通枢纽,工商业开始向此聚集,城市近代化步入一个新的开端,20世纪初期,先后有33个国家的16余万侨民聚集在此,在此后30年间,哈尔滨逐步发展成为区域经济中心和国际性城市。新中国成立后,在国家统一规划下先后有13项苏联援建工程、16家"南厂北迁"企业在哈尔滨兴建,另有哈军工、哈工大、哈兽研、哈焊接等一批大学和科研机构在哈尔滨兴建扩建,奠定了其坚实的工业基础和科教支撑。改革开放前,哈尔滨已经发展成为综合性工业城市,成为国家重要的工业基地。改革开放初期,哈尔滨城市现代化建设明显加快,对外交往更加频繁,提出了"建成东北亚重要国际经贸城的战略目标"和促进松花江两岸共同繁荣的构想。[1]这一时期,哈尔滨虽有较大发展,但与沿海城市相比却相对缓慢,特别是原有的工业产业结构不合理,不少工厂企业技术老化,机器设备陈旧,产品质量下降,市场

---

[1] 《改革开放以来哈尔滨发展成就及展望》,《哈尔滨日报》2006年4月30日。

占有率逐年降低，不少工厂企业出现亏损。20世纪90年代，在中央开放政策的引领下，哈尔滨不断加强对外开放，每年举办中国哈尔滨国际经济贸易洽谈会，形成连接东北区经济贸易的纽带，成为开拓俄罗斯、独联体以及世界各国市场的窗口和桥梁。1996年，国务院批准松花江地区与哈尔滨市合并组成新的哈尔滨市。新成立的哈尔滨市下辖七区十二县（市），行政区划面积5.3万平方千米，成为中国行政辖区面积最大的省会城市。在推进社会主义市场经济建设过程中，哈尔滨实施工业强市战略，推动国企改革，在2000年结束了工业连续九年全行业亏损的局面。这为哈尔滨以后的城市发展进一步奠定了坚实的基础。

长春是吉林省省会，也是东北亚经济发展中的重要城市和东北亚地区沿海通往大陆腹地的交通要冲。新中国成立后，长春的工业有了较大发展，特别是国家在长春建设的第一汽车制造厂，使长春形成了以汽车工业为核心的工业体系；长春电影制片厂的设立，使长春在电影文化等方面享有盛誉。20世纪90年代，在国家开放政策的扶持下，长春加大了开放发展步伐。经济技术开发区和高新技术产业开发区建立后，长春进一步融入社会主义市场经济发展的大潮中，与世界的联系更加紧密。"九五"期间，全市共审批外商投资企业1000多家，累计实际利用外资12.4亿美元，比"八五"时期增长1.2倍。外贸出口逐年增长，由1995年的7亿美元增至2000年的16.3亿美元，占全市国内生产总值的16.4%。长春是中国光学技术的发源地之一，拥有众多的光电科研院所和产业集群。经过发展，长春在2000年时已形成了以长春市为中心的连接省内外各地的18条干线公路和铁路以及39条国内外航线。此时，长春已成为东北地区重要的交通、通信枢纽和物流中心，以及工农业基础雄厚、商业较为繁荣的区域中心城市。

（二）华北地区内陆省会城市的开放与发展

呼和浩特，是内蒙古自治区首府和中国北方沿边省份的重要商贸中心、交通枢纽城市，也是新兴的工业城市。改革开放后，呼和浩特的城市发展形成了新的特点，逐步改变了农畜牧业主导的局面，到20世纪90年代，包括轻纺、食品、电子、机械、化工、冶金、建材等在内的产业都具有了一定的规模和基础。呼和浩特还依靠毗邻地区丰富的煤炭、油气资源，兴建了100万吨大型炼油厂。与此同时，乡镇企业得到发展，城郊型经济开始兴起，这进一步拓展了城市发展空间。经过20世纪90年代不断深化的改革开放，呼和浩特在进入新世纪之际已经发展成为一座民族特色鲜明、功能多样的开放型城市。

石家庄，是河北省省会，地处华北平原的重要通道，交通地理位置优越，有着较好的工业基础。改革开放以后，石家庄不断增强综合经济实力，完善城市基础设施。20世纪90年代，国家加大内陆省会城市的开放力度，石家庄充分发挥铁路、公路和航空资源优势，加大对外开放招商引资，同168个国家和地区开通互办特快邮递业务，与190多个国家和地区进行直拨通信联系。[1]20世纪90年代，石家庄在推进社会主义市场经济建设中，大力发展商贸，通过改善流通环境，兴建网点，使市场进一步繁荣，成为全国重要的商品集散地。经过改革开放20年的发展，石家庄城市规模进一步扩大，市域平均人口密度达到580人/平方公里，随着市政设施的不断完善，石家庄城市现代化水平得到较大提升。

太原是山西省省会，位于山西省中部、晋中盆地北部地区，地处中国中部地区向北部地区过渡区，也是环渤海地区的边缘区域。新中国成立后，太原的经济有较大发展，成为资源型区域中心城市。改革开放后，太原定位为"能源重化工基地的中心城市"和"以冶金、机械、煤炭、化工为主导的工业城市"。20世纪90年代，太原在国家加大开放政策的推动下，也进一步扩大开放，调整经济发展方式，进行产业结构调整，确立了建设"以能源重化工为基础的高科技、大流通、多功能、开放型的现代化工业城市"的发展目标。[2]为配合城市建设与发展，1998年，太原对城市行政区划进行调整，由原来的三个城区、两个郊区变为迎泽区、杏花岭区、万柏林区、尖草坪区、小店区、晋源区六个城区。同时，太原实施城市美化工程，通过科学规划，启动汾河城区段治理，开展"一桥两路"建设，大大改变了城市环境。

（三）西北地区内陆省会城市的开放与发展

乌鲁木齐，是新疆维吾尔自治区首府，地处欧亚大陆板块的地理中心，是第二座亚欧大陆桥中国西部桥头堡和中国向西开放的重要门户。改革开放后，乌鲁木齐经济得到迅速发展，城市空间布局沿南北轴线不断延伸，一批市政设施逐步

---

[1] 政协石家庄市委员会编：《石家庄历史文化丛书·石家庄城市发展史》，中国对外翻译出版公司，1999，第351页。

[2] 吴殿廷编著：《区域分析与规划高级教程》，高等教育出版社，2004，第247页。

建立。20世纪90年代,乌鲁木齐充分利用区位优势,加大对外开放力度,城市建设步入快速发展时期。一方面,乌鲁木齐继续开发建设粮食、棉花、甜菜等生产基地和煤炭、冶金、石油加工等综合性工业基地;另一方面,乌鲁木齐不断改善投资环境,与63个国家和地区建立了经济联系,与阿拉木图等6个城市结为友好城市,国际商贸业繁荣。这一时期,乌鲁木齐城市人口迅速增长,城市用地规模以中心城区为基础向外不断拓展,城市环境整治也初见成效。经过发展,乌鲁木齐已经成为西北地区重要的商品交易集散地和交通运输重要节点和仓储中心,同时也是工业特色明显的现代化新兴城市。

西安,是陕西省省会,位于关中平原,是中国华北、华中、西南地区通往大西北的重要枢纽,是承东启西的桥头堡。改革开放后,西安开启社会经济发展的新篇章。20世纪90年代,西安加大了对外开放力度,不断增强与世界的联系,逐步由一个传统的内陆城市发展为开放的"工农商贸并举"的多功能城市。西安通过全方位扩大开放,改善投资环境,与世界100多个国家(地区)有直接贸易往来。随着各项政策的实施,西安城市建设发生了巨大变化,供水、供电、交通以及环境卫生设施不断完善。到2000年,西安中心城区面积达180余平方千米,总人口680余万人,其中市区人口390余万人。这一时期,西安分别在西南郊和北郊建立高新技术产业区和经济技术开发区,建设国际航空港,兴建和扩建铁路站场,修建了一批公路主次干道,形成了航空、铁路、公路相结合的四通八达的交通网络。在不断发展中,西安逐步成为"北方中西部最大的科技、教育、商贸、旅游、金融、信息和现代加工工业中心"[①]。

兰州,是甘肃省省会,是关中平原通往河西走廊的重要连接点,也是国家向西开放的战略平台之一。改革开放后,兰州进入快速发展时期。20世纪90年代,在建立社会主义市场经济体制进程中,兰州发挥西北重要交通枢纽的优势,不断扩大对外开放,工农业基础进一步夯实,商业市场更加繁荣,产业结构逐步优化,经济总量由1992年的约100亿元,增加到2000年的约300亿元。在城市建设方面,兰州迈出了新的步伐。1995年开始,兰州启动了城市主干道拓建工程、旧城区改造工程、安居工程、小街巷整治改造工程、西水东调工程、南河道引水疏

---

① 朱士光、吴宏岐主编:《古都西安·西安的历史变迁与发展》,西安出版社,2003,第573页。

浚工程、煤气供热管网工程等,全面改善了城市的基础设施和公用设施,使兰州的市区环境和城市形象焕然一新。①通过发展,兰州的城市功能逐步完善,在西北地区商贸集散和辐射带动作用进一步增强,区域经济中心地位得到巩固。

西宁,是青海省省会,是黄河上游和青藏高原上的区域中心城市。西宁水资源和矿产资源丰富,处于以欧亚大陆桥为纽带的陇海经济带,同时又是从兰州进入西藏的重要通道。在改革开放中,西宁充分发挥资源和区位优势,逐步形成了特色鲜明的经济发展道路。20世纪90年代,西宁进一步扩大开放,同美国、日本、韩国、俄罗斯等国家的企业合作,吸引外资在汽车维修、服装、电力、建筑等行业投资。同时,西宁大力开发石油、天然气以及铜、铝、锌等资源,促进工业发展。随着经济的发展,西宁城市规模进一步扩大。1999年,湟中县、湟源县划归西宁市管辖,市区总人口达71.1万人。在开启西部大开发的进程中,西宁力图建成"黄河上游多民族聚居的生态城市"和"青藏高原资源开发的前进基地和深精加工中心"。②

银川,是宁夏回族自治区首府,东临黄河,西屏贺兰山,是河套地区商品粮基地,也是黄河上游的重要节点城市。改革开放后,银川加快发展步伐,城市面貌有了明显变化。到20世纪90年代,银川进一步扩大开放,通过招商引资,活跃市场,逐步建立起了包括化工、机械、纺织、建材、电子、仪器、仪表、食品工业等在内的工业体系。1997年,宁夏河东机场通航,形成了公路、铁路、航空为一体的现代化运输体系。"九五"期间,银川全市经济年均增速达到9.5%。到2000年,银川的产业结构调整为11∶44∶45。③在加快城市经济发展的同时,银川不断完善基本农田保护区规划,强化生态保护,加大城市交通和基础设施建设力度,城市功能逐步健全,人居环境有了较大改善。

(四)华东地区内陆省会城市的开放与发展

合肥,是安徽省省会,地处长江、淮河之间,是华东地区的重要区域中心

---

① 汪永国:《浓墨重彩绘华章——日新月异的兰州城市建设》,《党的建设》1999年第9期,第5页。
② 赵真理:《刍议西宁城市定位与城市发展》,《大开发探索——西部大开发青海大发展理论研讨会论文集》,青海省社会科学界联合会,2000,第147页。
③ 《银川市2000年国民经济和社会发展统计公报》,银川市统计局,2001年2月16日。

城市。改革开放后,合肥城市迅速发展。20世纪90年代,安徽省适时制定了"开发皖江,呼应浦东"的战略决策,将合肥和黄山列入开发开放北、南"两个点"。[1]1995年,安徽出台了《关于进一步推进皖江开发开放若干问题的意见》。同年,合肥开始第二轮土地承包,涌现出一大批规模种植大户及农业产业化龙头企业,为现代农业发展奠定了基础。1996年开始,合肥抓住被列为全国优化资本结构试点城市的历史机遇,先后对纺织、机械、电子等行业的国有企业进行深化改革。通过发展,合肥的产业结构更趋合理,城市经济基础更加稳固。1999年,国务院批复的有关合肥城市的规划中明确合肥是长江流域重要的中心城市之一,城市总体布局已向西南跨出了312国道,突破了风扇形布局形态,大城市骨架初现。

南昌,是江西省省会,地处长江中游、鄱阳湖以南,是华东地区的重要区域中心城市,也是全国铁路交通枢纽城市。改革开放后,南昌城市发展进入快车道。20世纪90年代,南昌进一步改善招商环境,改进招商方式,拓宽招商领域,着力搞好重点招商项目的全过程跟踪服务。与此同时,南昌加大城市基础设施建设投入,实施"一江两岸"路堤系列工程,加快森林公园开发建设。1994年9月1日,赣江上的第一座大桥南昌大桥开工建设,南昌城市发展空间得到拓展。1998年,南昌新火车站南部工程顺利完工,进一步增强了城市在全国铁路交通网中的枢纽作用。1999年,昌北国际机场正式投入使用,南昌成为重要的公路、铁路、航空立体交通城市。这一时期,南昌立足增强综合服务功能,突出发展第三产业、都市工业和社区服务业。同时,南昌强化专业批发市场建设,以增强省会城市集散功能和辐射功能。2000年,南昌启动红谷滩新区建设,力图形成滨江城市风貌特色、具有水绿交织的良好生态环境、高标准市政设施和较完善公共服务设施的综合新区。[2]经过发展,南昌的城市现代化水平得到较大提升,城市功能得到进一步完善。

---

[1] 安徽省地方志编纂委员会编:《安徽省志·计划统计志(上)》,方志出版社,1998,第105页。

[2] 《2000年南昌市政府工作报告》,南昌市人民政府网站,http://mzj.nc.gov.cn/ncszf/zfgzbga/200001/20f7a43917fe4b93b12f05a879244c22.shtml。

(五)华中地区内陆省会城市的开放与发展

郑州,是河南省省会,位于黄河中游,具有承东启西、贯通南北的地理优势。郑州在铁路、公路、航空方面有着突出的优势,这对城市发展产生了重要影响。20世纪90年代,郑州加大对外开放力度,积极促进社会主义市场经济发展。截至1999年底,全市累计批准成立外商投资企业2156家。郑州拥有两个国家级的高新技术产业开发区和经济技术开发区,吸引17个国家和地区投资。[①] 1997年,国家五部委正式批准郑州为全国商贸中心改革试点城市,郑州由此朝着中国特色社会主义现代化商贸城市迈进。这一时期,郑州积极开展交通秩序治理、城市河道治理、旅游秩序治理、城市环境质量治理,为郑州的经济发展和实现从省会城市向国家区域性中心城市的跨越创造了良好的投资环境和社会环境。[②]在城市规划和建设上,郑州统筹考虑居住、教育、商贸、文化娱乐设施等,力求做到同步规划,同步建设,合理布局,协调配套,城市功能逐步完善。到2000年,郑州已经成为陇海兰新经济带的重要中心城市和中国重要的交通枢纽性城市。

长沙,是湖南省省会,位于湘江下游,是一个有着重要区位优势和较雄厚工业基础的区域中心城市。改革开放后,长沙快速发展。20世纪90年代,抢抓机遇,大力改善投资环境,招商引资,外资规模在中西部仅次于武汉、成都。1995年7月,长沙市辖县(市)撤区并乡建镇,形成辖五区三县一市格局。"九五"期间,长沙制定了"科技兴市,开放强市,流通活市,依法治市"的发展战略,高起点筹划长沙、大规模建设长沙、全方位开放长沙、严要求治理长沙,着力发展机械、家电、电子、食品、建材五大支柱产业。[③]长沙持续加强科技、文化和高新技术产业的投入,为城市发展注入新的活力。1998年长沙经济开发区设立,2000年升为国家级新区。长沙经开区致力于建成为集科工贸为一体的、环境优美的、现代化综合经济技术开发区。经过不断努力,长沙城镇化水平得到较大提升,经济有了显著增长。1992年,长沙GDP为149.87亿元,到2000年,增长为720.85亿元。

[①] 《崛起的现代化商贸城市——郑州》,《中国信息报》2000年9月7日,第5版。
[②] 袁文良:《郑州奋力向国家区域性中心城市跨越》,《中国旅游报》2000年8月4日,第B04版。
[③] 光明:《长沙市确定"九五"奋斗目标》,《湖南政报》1996年第1期,第40页。

（六）西南地区内陆省会城市的开放与发展

成都，是四川省省会，位于四川盆地以西，是西南地区重要的中心城市。改革开放后，成都的城市面貌发生巨大变化。进入20世纪90年代，成都在国家政策的有力支持下，进一步扩大开放，工商业迅速繁荣，城市发展形成了新的活力。成都是"中国内陆型的综合性工业城市"[1]，是西部战略高地，1993年，国家明确成都为西南地区的科技中心、商贸中心、金融中心和交通、通信枢纽，同年，成都提出了建设国际大都会的目标。成都是全国重要的电子工业基地之一，形成了以电子、机械、冶金、化工、食品、建材、轻纺等为主，有37个行业大类的多门类的工业体系。1992—1997年，成都市政府成功实施了府南河综合整治工程，城市人居环境得到了明显改善。在城市功能分区上，成都做了系统规划，形成了功能合理布局的城市空间格局：东部是工业区，集中了主要的大型工业；南部为科技文教区，集中了重要的大专院校和科研机构，并经国家批准设立了成都高新技术开发区；西边为生活、娱乐、商贸区；北边则以物资加工、集散为主；城市中心区域以政治、文化、金融、商贸为主。[2]这种功能分区对成都的城市发展产生了重要影响，也为成都在21世纪建设国家中心城市奠定了良好的基础。

昆明，是云南省省会，位于西南边陲，是中国面向东南亚、南亚的国际性商贸旅游城市。改革开放后，昆明迎来新的发展机遇。20世纪90年代，昆明进一步明确城市定位，扩大开放，经济社会取得更大进步。1993年8月，第一届昆明进出口商品交易会举办，有来自45个国家和地区的代表参会。此后，昆交会每年举办，并发展成为集对外经贸洽谈、商品展览、招商引资、经济合作等为一体的国际商务平台。在城市建设方面，昆明加大对道路、立交桥、供排水、电力通信等基础设施的投入，开展滇池治理，城市面貌发生了较大变化。到1999年，昆明以举办世界园艺博览会为契机，新建和改扩建道路29条，修补和拓宽16条，兴建水厂、污水处理厂，整治七条河道，新建和改造八个绿色广场、九个公园[3]，城市

---

[1] 何一民：《建设国际大都会初探——以成都为例》，《四川大学学报》（哲学社会科学版）1994年第3期，第105页。

[2] 成都市建设管理委员会：《浓墨重彩绘蓉城——成都改革开放以来城市面貌大变样》，《城市发展研究》1999年第3期，第30页。

[3] 《迎接99世博会，昆明城市建设掀高潮》，《建筑》1998年第7期，第27页。

公共设施和整体环境有了明显变化，山水园林型生态城的格局初现。在迈向21世纪的征程中，昆明把商贸和旅游作为重点领域，致力于城市发展从"国内区域性经济中心"向"跨国性区域中心"[①]的转变。

贵阳，是贵州省省会，地处云贵高原黔中山原丘陵中部，是"我国大西南通往东部、南部沿海通道的重要中心城市，以及连接西南、华南两大经济区的重要节点"[②]。改革开放后，贵阳以经济建设为中心，城市发生了巨大变化。20世纪90年代，贵阳对外开放步伐加快，与国内外的经济联系进一步增强。进入"九五"时期，贵阳按照"完善城市基础设施，建设金融商贸旅游中心，培育都市文化风貌，全面提高文明素质"的指导思想，进一步推进城镇化建设。一方面，强化中心区商贸、金融、信息、通信、旅游服务等功能，调整产业结构；另一方面，以金阳新区建设为重点带动旧城改造，协同新区与旧城发展。[③]在城市建设方面，贵阳于1992—2000年间修建了瑞金路、中华路、花果园立交桥、三桥立交桥等58条路、29座桥，构成了贵阳城市空间发展的经纬线和支撑城市交通运行的大动脉。1998年，贵阳火车站工程启动，为加大客货流通，进一步增强贵阳与西南、华南、华东各省的联系奠定基础。1999年，贵阳人民广场开始建设，新增城市绿地5万平方米。这一时期，随着现代化建设的加快，贵阳的城市区划得到调整。1996年，原安顺地区管辖的清镇市和修文、息烽、开阳三县一并划归贵阳市管辖，这既进一步扩大了贵阳的城市规模，又拓展了21世纪贵阳的城市发展空间。

南宁，是广西壮族自治区首府，位于华南、西南的接合部和云贵高原的东南边缘地带，是西南出海通道的重要枢纽。[④]南宁在改革开放后，迎来了城市发展的春天。进入20世纪90年代，充分"发挥地处南北钦防的'金三角'，是我国西南地区与广州、深圳、港澳及东南亚的连接点、中转站、桥梁和枢纽的区位优

---

① 刘瑞华：《昆明城市发展战略目标》，《城市发展研究》1998年第4期，第50页。
② 余黔明等：《贵阳城市的发展与区街经济》，《贵阳师范大学学报》（社会科学版）1996年第4期，第10页。
③ 卢守祥：《抢抓机遇，加快贵阳现代化城市建设步伐》，《城乡建设》2000年第7期，第35页。
④ 在地理划分上，广西常作为华南省份，但也有不少规划和研究报告将其列为西南省份，或西南与华南的接合地区。例如《南宁市1998—2020年经济发展战略研究》指出的南宁城市定位是："成为华南、西南地区重要的区域性经济中心之一，成为连接华南、西南及西南出海大通道上的枢纽城市和综合服务基地。"故此处将南宁作为西南地区的内陆开放省会。

势"①,进一步扩大对外开放。1992—1998年南宁外贸出口年均以26.88%的速度递增。②同时,南宁积极推动高新技术开发区、经济技术开发区、大沙田开发区、沿海经济走廊开发区、华侨投资区等五个开发区的建设,发挥对外开放的示范、辐射、带动作用,城市功能得到进一步完善。1999年,国务院批复的《南宁城市总体规划1995—2010年》明确将南宁定位为西南地区连接出海通道的重要枢纽城市,要求南宁充分发挥区位和交通优势,加强铁路、公路、通信等基础设施和文化设施的建设,促进经济和社会发展,把南宁市建设成为经济繁荣、科教发达、社会文明、设施完善、具有民族特色和亚热带风光的现代园林城市。③

第二节 城市空间布局与形态的加速变化

20世纪90年代初,在党中央明确了坚定不移推行改革开放,建立中国特色社会主义市场经济体制的目标后,在国家主导下,各省(区、市)主动作为,迅速形成了改革开放新格局,由此产生了一次新的资本要素配置,极大地促进了全国城市的发展。这一时期,中国各地城市空间布局与形态都发生了深刻的变化:就单体城市而言,开发区的建立为城市发展注入新的活力,旧城改造和新城拓展同步推进,城市空间逐步拓展;就区域而言,中心城市对周边中小城市的带动、辐射作用进一步增强,区域城市体系的建设发生新的变化;就国家整体来看,京津冀、长三角、珠三角三大城市群已初现雏形,其他区域的城市也处于从分散的城市向城市群转化的进程之中。

---

① 南宁市社科联:《实施开放带动战略 加快南宁经济发展——提高南宁市对外开放水平对策研究》,《广西社会科学》1997年第6期,第9页。
② 李立民等:《南宁增加出口、利用外资和扩大对外开放对策选择》,《改革与战略》2000年第2期,第52页。
③ 《国务院关于南宁市城市总体规划的批复》,《中华人民共和国国务院公报》1999年第6期,第168—169页。

一、开发区的普遍建立与城市的发展

开发区是指由国务院和省、自治区、直辖市人民政府批准在城市规划区内设立的经济技术开发区、保税区、高新技术产业开发区、国家旅游度假区等实行国家特定优惠政策的各类城镇化区域。开发区的设立是为吸引外部生产要素、促进自身发展所采取的特殊举措,因而开发区对于资本具有很大的吸引力,由此产生了虹吸效应。改革开放后,国家先后在经济特区和沿海开放城市率先探索建立了开发区,以更好地集中利用各种资源促进城市发展。1981年,国家批准沿海开放城市建立经济技术开发区。1984年,沿海14个开放城市相继建立了15个国家级经济技术开发区。由于开发区对于发展城市经济的促进作用巨大,进入20世纪90年代,随着中国对外开放新格局的形成,各类层级的开发区如雨后春笋般地出现,设立开发区成为各地城市发展的一种模式和城市经济发展的新生长点,直接推动了城市社会经济的发展和城镇化进程。

(一)开发区的设立推动城市的发展

国际上常把1574年意大利建立的雷格亨自由港视作第一个开发区,之后各国在推进经济发展过程中设立了包括自由贸易区、保税区、出口加工区、边境贸易区、科学工业园区等不同形式的开发区。20世纪80年代,中国开始在一些城市划定区域,实施优惠政策,就此形成了第一批开发区。中国的开发区一般由国务院或省级人民政府批准设立。根据不同的规划,开发区在享受政策、运作模式、发展方式等方面不尽相同。

1. 浦东新区作为国家发展战略的引领作用

建设上海浦东新区是20世纪90年代初国家作出的重大发展战略决策,浦东也因此成为全国规模最大、最有影响的城市开发区。按照当时的初步设想,在浦东外环线以内按照区域构成的"点、线、面"进行规划建设。其中,"点"的规划建设,主要是小陆家嘴中央商务区(CBD)、各重点开发小区和已经确定了功能的重点地区;"线"的规划建设,主要是市政管线的专业规划和重要道路两侧的详细形态规划建设;"面"的规划建设,主要是各乡(镇)的集镇、"一乡一点"

的工业、住宅分布、社会公益设施以及绿化等的规划建设。①浦东的开发大大拓展了上海的城市建设空间。1992年，《上海市浦东新区城市总体规划》出台，指出浦东的城市发展目标是建成"有合理的发展布局机构、先进的综合交通网络、完善的城市基础设施、现代的信息系统以及良好的生态环境的现代化新区"②。按照规划，浦东分为中心城、新兴工业城、外高桥—高桥分区、张江—北蔡综合区、周家渡—六里综合分区、川沙—施湾分区。规划人口近期（1991—2000年）180万人，远期（2001—2020年）250万人，用地规模400平方千米。③各区在金融、商务、加工制造、港口、科研、新技术等不同领域发展，形成功能互补的新城区发展格局。上海计划通过浦东的规划和发展，带动浦西改造与发展，从而"加强和完善上海作为全国经济中心城市的功能，为把上海建设成为国际经济中心、金融中心和贸易中心奠定基础"④。

浦东的规划集中了全国有影响的城市规划设计师和建筑学者。吴良镛认为，浦东建设要立足于高水平的空间艺术规划设计，提出要"将黄浦江沿岸作为贯穿上海南北的'绿轴'"，"将陆家嘴作为城市建筑'高潮'"，"预留大片绿地作为浦东的'绿心'"，"将两座过江大桥与'绿心'相沟通形成'绿环'"，"沟通陆家嘴与花木区'绿心'间的'斜轴'"。⑤邵辛生认为，浦东新区"采取轴向开发、组团布局、滚动发展和经济功能积聚、社会生活多中心、用地布局开敞的城市模式"。南北以黄浦江为轴向，东西则由浦西经外滩向东延伸，以陆家嘴为浦东新区的起点，经中心商务区、金融贸易中心、张扬路购物中心、行政管理中心、文化博物中心、旅游开发中心，到张江高科技园区。陆家嘴、外高桥、庆宁寺、张江、周家渡等各区域分区开发，"分区之间或分区外围，规划大面积生态绿地空间，结合文化娱乐、体育运动、旅游开发、投资环境，进行综合开发"⑥。

---

① 《浦东规划将达到"四个一流"》，《文汇报》1993年10月15日。
② 王健等：《国家战略与上海发展之路（1949—2019）》，上海人民出版社，2019，第212页。
③ 中共上海市委组织部、中共上海市委宣传部、上海市地方志办公室编：《上海通志（干部读本）》，人民出版社，2014，第113页。
④ 中共上海市委党史研究室编，黄金平、龚思文著：《潮涌东方：浦东开发开放30年》，上海人民出版社，2020，第49页。
⑤ 吴良镛：《关于浦东新区总体规划》，《城市规划》1992年第6期，第5—6页。
⑥ 邵辛生：《上海浦东新区总体规划初探》，《城市规划》1992年第6期，第13—14页。

浦东是包含陆家嘴、外高桥、金桥、张江四个国家级开发区在内的城市新区，其规划层次之高、整体性之强，都较为罕见。浦东的规划，充分考虑了浦东与浦西、上海与长三角，以及内部建筑与环境、功能分区与要素集成、人口聚集与交通组织等多重关系，可以视作20世纪90年代中国城市规划的集大成之作，代表了当时中国城市规划的理念、思路和方向，对中国其他城市发展产生了重要影响。

2. 中外合作的苏州工业园区的示范效应

1994年，经中国和新加坡两国政府协商，共同在苏州建设工业园区。苏州工业园区是在中新两国合作模式下进行建设的经济技术开发区，规划面积为70平方千米，约等于苏州旧城面积的5倍。与其他开发区相比，苏州工业园区的特点是学习运用新加坡公共管理的经验，在城市管理和城市资源调配上发挥优势，着力建设一个新型的现代工业城。

苏州工业园区规划借鉴了新加坡城市规划的经验，较好地处理整体与局部的关系。在规划之初，苏州工业园以园区总体规划为基础，分批编制分区规划、地段规划和景观规划，并随着发展更新规划，同时将工业园区规划纳入苏州城市总体规划，体现了规划的系统性和完整性。从1994年开始，苏州工业园先后完成了中新合作开发区的概念规划和周边地区的概念规划，开发区一、二、三期总体规划和发展指导规划，周边地区五乡镇的镇区总体规划和发展指导规划，"从而使成片区开发和周边地区的城镇纳入了统一的规划体系之中，保证了园区规划始终超前于开发建设，有效地指导了开发建设，为园区的有序发展奠定了基础"[①]。苏州工业园区的规划体现了高水平和标准化的特点，充分考虑功能布局的合理性。首期规划采取轴向布局形式，中间是生活和商业用地，工业用地居两边。其中，居住区围绕商业区，中心商城、商业服务中心、邻里中心等三级商业网络与居住区合理配置，从而缩短了居住、就业、购物和消费娱乐产生的空间距离，有助于缓解城市交通的拥挤。与此同时，苏州工业园区的规划充分尊重苏州传统的建筑特点和风格，注重利用河网、湖泊，形成水景，"兼顾国际化城市和苏州水乡城市在风格上的和谐统一"；同时又尽可能吸收新加坡的先进做法，"突出了科技发展，注重生活和环境质量，目标是建设一个具有现代化功能、国际化标准的新

---

① 陈启宁：《苏州工业园区的城市规划》，《规划师》1999年第2期，第38页。

社区"。[1]

苏州工业园区规划本质上仍然是一种城市空间的新拓展和资源的重新配置，然而在中新合作的背景下，苏州工业园区在规划上体现出了比较明显的前瞻性。不仅如此，苏州工业园区的规划继承了苏州传统城市格局和风貌的特点，是传统与现代有机融合的产物。因而苏州工业园区的规划和发展在全国各城市开发区发展中起了十分重要的示范作用。

3. 全国各重要城市开发区的普遍建立

开发区的设立，经过20世纪80年代的实践产生了积极效果，并在迈向21世纪的中国特色社会主义市场经济体制建设过程中得以不断丰富和提升。随着全方位对外开放格局构建的加快，开发区建设经验得到进一步推广。20世纪90年代初，国家先后批准了营口、长春、沈阳、哈尔滨、威海、昆山、杭州、萧山（2001年撤市设区）、温州、福清、漳州、广州、惠州、芜湖、武汉、重庆、乌鲁木齐、北京等城市设立开发区，共计18个。与此同时，一些省份也试点自行建立了若干开发区，在一定范围内实施相关的优惠政策。开发区的规划由此在各地迅速展开，以吸收新的理念和模式为城市发展绘制蓝图，这也成为新中国城市发展史上的一次"新潮"。

北京作为首都，于1992年开始建立经济技术开发区，并在两年后得到国家正式批复。北京经济技术开发区最初规划用地15平方千米，从东向西依次为工业区、公建区和居住区。公建区主要由公共建筑构成，包括商务、医院、酒店、公寓等。规划对道路系统、绿化系统、给排水和供暖系统、通信系统等都做了设计。由于远离市中心，北京经济技术开发区的规划不受古城格局和建筑风貌的影响，而是根据开发区内产业发展和人口居住、生活需要进行规划，并适时调整。1996年，北京对开发区的规划进行了完善，除进一步明确开发区是"北京经济发展的新的增长点，是以经济发展为主的综合性、现代化新城"之外，对以原规划范围为核心的7个组团共143平方千米配套协作区进行了适当调整，并"将部分非重要地段的公建用地调整为无污染的高层工业用地，将居住区内区位不太好的

---

[1] 黄雪良：《苏州工业园区借鉴新加坡规划建设经验的实践》，《城市规划汇刊》1999年第1期，第21—22页。

居住用地改为工业用地"[①],进而增加了工业用地范围。

  这一时期,一批省会城市的开发区也纷纷展开规划,并在实践中逐步完善。省会城市的开发区一般经国务院批准,在省级人民政府支持下,由该省会城市推动建设。这些开发区多远离城市中心,以发展工业为主,形成出口创汇规模。作为一省对外开放的窗口,省会城市开发区的规划往往集中全省资源,体现其先导和示范意义。广州经济技术开发区是全国首批10个国家级经济技术开发区之一,最初规划面积9.6平方千米,到20世纪90年代末,已扩大近4倍。1993年,武汉经济技术开发区正式获国务院批复,规划面积为10平方千米,以发展轿车产业为主,逐步完善区内的道路网络和水、电、气管网和通信设施建设,建设绿化广场,1994年出台的《武汉经济技术开发区"九五"计划及到2020年长期规划纲要》提出:"力争在20世纪末建成城市功能基本完善,生产力布局初具规模,商业贸易初步繁荣的新兴'汽车城'。"[②]与其他一些城市开发区规划明显不同的是,武汉经济技术开发区明确的发展方向是建设汽车城。沈阳经济技术开发区也于1993年正式获得国务院批复,规划总面积32平方千米,分三期开发建设,一期为4.5平方千米,二期为7.7平方千米,三期为19.8平方千米,沈阳经济技术开发区着力引进外资项目,加大出口创汇力度,形成了汽车、化工、医药、食品为重点的四大支柱产业,到1999年时,沈阳经济技术开发区已发展"成为沈阳市最具活力的经济增长点和对外开放、外向型经济发展的示范区"[③],并对城市其他区域的发展产生辐射、带动作用。杭州经济技术开发区在规划之初就定位为杭州市东部的一个工业卫星城,注重规划的超前性、科学性,1993年正式获得国务院批复后,规划确定开发面积为10平方千米,外围控制面积17平方千米,到1999年,杭州开发区的行政管辖面积扩大到104.7平方千米,杭州经济技术开发区以引进工业项目为主,同步推进学校、医院、消防站、商业网点、体育中心、商住区等城市综合配套设施建设。

---

① 马麟、朱绍宝:《北京经济技术开发区总体规划的充实与完善》,《北京规划建设》1997年第S1期,第10—11页。
② 《改革开放实录》编写组编:《改革开放实录第三辑》(4),中共党史出版社,2018,第2906页。
③ 沈阳市财政局、沈阳市统计局编:《历史的跨越:纪念沈阳对外开放二十周年》,辽宁人民出版社,1999,第99页。

除了直辖市和省会城市外，一些中小城市在这一时期也获批设立国家级、省级或市级经济技术开发区。这些城市开发区往往临近大都市或拥有天然港口优势，其规划以引进外资、发展工业、促进出口为主导目标，进而形成经济外向型城市新区。例如1992年6月，南通市委、市政府做出了《关于加快市经济技术开发区建设若干问题的决定》，明确"以港口为前沿，以老城区为依托，以工业为重点，以外向开拓、贸易兴区为突破，大力吸引外资，积极开拓高新技术产业，形成老城区、开发区相互靠拢，依江拓展的具有综合功能的现代化新城区"[①]。昆山经济技术开发区在正式获批时已形成约10平方千米的规模，基本的道路交通和桥梁建设初具规模，1992年之后，昆山开发区又规划了大量配套设施，包括科教、文娱、金融、保险等项目，昆山开发区发挥紧邻上海的区位优势，突出"对外吸引和对内辐射的两种功能"[②]，到2000年时开发区已拓展至约25平方千米，成为一个以高新技术产业为主导的功能较为齐全的新城市空间。惠州大亚湾开发区在规划和建设过程中，同样利用了毗邻大都市的区位优势，开发区距离惠州50余千米，距香港60多千米，规划面积达265平方千米，根据规划，大亚湾开发区的发展思路为以港口带工业，以工业带城建，具体而言，大亚湾开发区的建设目标是"以发展临海型大工业为主，逐步发展远洋港口，协调发展旅游业的外向型经济区"[③]。

由上述内容可见，20世纪90年代兴起的开发区规划和建设既是此前城市土地开发和空间拓展的延续，也是在新一轮对外开放背景下开展的城市工业化和现代化实践。在这次开发区规划、建设高潮中，上海、苏州的开发区显示了国家战略和对外合作的水平，北京及其他一些省会城市的开发区结合自身政治和经济上的综合优势进行资源配置和产业引导，优化了城市功能结构，促进了城市的发展。其他城市的开发区因为临近大都市或易于在沿海设立港口，也朝着现代化的城市新区不断发展。

---

① 何椿霖主编:《中国经济特区与沿海经济技术开发区年鉴（1993年）》，改革出版社，1993，第182页。
② 何兴刚:《城市开发区的理论与实践》，陕西人民出版社，1995，第297页。
③ 盛培德:《南巡旋风：广东改革开放新趋势》，广东旅游出版社，1994，第41页。

（二）开发区建设与郊区城镇化的推进

郊区城镇化主要是指在工业化、城镇化加速推进的背景下，城郊地区转变为人口聚集和配套设施较为完善的城镇化区域，以及由此产生的生产方式和生活方式的逐步转变过程。从郊区城镇化的内部机制来看，20世纪80年代展现出的动力主要有两种：一是郊区乡镇企业的发展，二是市区工业向郊区的扩散。到20世纪90年代，开发区建设成为推动郊区城镇化的重要推动力，而开发区建设中，引进外资对于开发区的发展至关重要，因而，"外资已成为推进郊区城市化的第三种重要动力"[1]。显然，在多层次、全方位对外开放格局下，外资在促进产业发展和城市各要素的流动方面产生了重要作用；加上原有的工业化动力和各城市所拥有的不同资源优势，城镇化得以再次提速，而这种提速集中体现在城市的开发区建设上。对此，有学者认为，经济技术开发区具有位于远郊的区位条件、良好的产业发展前景、良好的居住环境等城市一般郊区所不具有的条件，吸引了区位竞争力较强的郊区化企业，促进了城市的远域郊区化和郊区化的空间分异。[2]因此，20世纪90年代，在各城市兴起的开发区规划和建设，是一次典型的郊区城镇化过程，也是改革开放后中国城镇化的一个突出现象。

开发区的发展大大促进了城市发展。以浦东为例，在设立开发区之初，其国内生产总值不足100亿元，到2000年已增长至920.6亿元，工业生产总值达到1625.7亿元，人口则增加到164.8万人。[3]1998年苏州工业园的国内生产总值已占苏州市区的42%，财政收入占市区的24%，外贸出口占52%。[4]武汉经济技术开发区经过近十年的发展，到1999年实现国内生产总值43.58亿元，工业总产值124.34亿元，综合实力居当时全国32个国家级开发区第九位。[5]开发区经济的迅

---

[1] 顾朝林等：《集聚与扩散：城市空间结构新论》，东南大学出版社，2000，第127页。

[2] 郑国、周一星：《北京经济技术开发区对北京郊区化的影响研究》，《城市规划学刊》2005年第6期，第23页。

[3] 上海浦东新区统计局编：《上海浦东新区统计年鉴·2000》，中国统计出版社，2000年；参看浦东－复旦社会发展研究会编：《2002浦东新区社会发展报告》，上海人民出版社，2002，第125页。

[4] 殷本杰：《试论开发区建设和江苏的城市化》，《江苏统计》1999年第10期，第16页。

[5] 中共湖北省委党史研究室：《湖北改革开放实录（第二辑）》，湖北人民出版社，2016，第96页。

速发展促进了城市相关领域的发展。一是开发区自身基础设施建设的加快,形成了较为完善的道路交通网络和市政基础设施配套;二是开发区的工业生产能力增强,带动了其他产业的发展,产业链得到延伸,城市经济活力进一步提升;三是开发区的发展促进了城市人口流动,不仅开发区人口迅速增多,而且在开发区与主城区相邻的区域也形成了人口聚集区,促进了城市居住空间的变化。例如,上海通过开发区的建设和发展,带动了城市交通网络的发展,一些公路、轨道交通逐步由市中心向浦东新区、闵行、宝山等区域延伸,这些区域的产业聚集程度不断增强,也带来了人口的增长。深圳进入20世纪90年代后,郊区城镇化步伐也进一步加快。工业产业园由特区内向特区外扩张,工业空间沿东西向的北环、深惠和南北向的广深线拓展,这都带动了城市居住空间的变化,同时,一些小的商业网点开始在开发区形成,1994年至2000年,深圳城市建设用地增加了168.29平方千米。[1]天津经济技术开发区在1992年后,也进入空间的快速拓展阶段,开发区依托主要道路向东、北两个方向延伸,一些小型工业园的建设,在空间上"呈现分散趋向",但是到2000年底,这种分散的片块状逐步连为一体。"开发区的优势区位在这个时期得以确立,成为天津滨海地区城市扩展的重要方向。"[2]由此可见,开发区的建设无一例外地促进了城市空间拓展,增强了城市发展的动力;一个城市的开发区也自然被定义为其发展的一个新坐标,对城市居民的生产、生活都产生了较大影响。

从发展方式和总体状况来看,20世纪90年代的开发区基本无一例外地都采取了引进外资、出口创汇以及发展工业园区的思路,多数在基础设施建设和人居环境改善方面较为滞后。这些开发区往往只是城市的一个工作场所,呈现的是白天忙碌、晚上寂静的特殊景象。因为,开发区多是一个由廉价劳动力构成的流动人口聚集的工业生产区,助推工业发展的资本总部、管理机构以及为居民提供服务的住宅小区、商业中心等均不在开发区。开发区并未因工业化而城镇化,或者说,开发区内的城镇化明显滞后于工业化,产城分离现象较为突出。例如,"北京郊区建设完全靠政府投资,郊区土地和企业的所有权和使用权、经营权划分不

---

[1] 许慧:《深圳城市空间结构演变》,《艺术教育》2013年第6期,第169页。
[2] 邢海峰:《开发区空间的演变特征和发展趋势研究——以天津经济开发区为例》,《开发研究》2003年第4期,第40页。

清晰，经营不足。由于政府财力有限，对郊区特别是远郊区建设支持不够，短期信贷资金不足，城镇化建设投入严重不足，造成郊区城市化相对滞后"[1]。对此，有的开发区将以引进外资、出口创汇和发展工业为主的三种导向做了适当调整，变为吸收外资、内资并举，拓展国际、国内两个市场并举，同时保留发展工业的导向。[2]这种变化在20世纪90年代末越来越明显，其发展效益也在开发区建设实践中得到了检验。开发区功能的重新定位是推进开发区建设和促进郊区城镇化进程中的一次突破，产业发展与城市建设相融开始得到重视。于是，在人口、产业郊区化的同时，高标准建设配套的公共服务设施（商店、银行、旅馆、体育中心、科技教育及文化娱乐设施等）和基础设施，促使郊区现有的居住单一功能向兼有居住、购物、娱乐、就业、旅游为一体的综合功能转化，使城市边缘化区成为吸引中心城区人口和产业的新型区域中心，以减轻主城区与郊区之间的通勤流量和交通压力，成为开发区建设的重要内容。在这一背景下，一些城市增强了开发区相关产业和配套设施的规划，以便于人口的聚居，实现将生产和生活统筹起来的目的。有学者认为，"城市化功能开发的形成、功能作用与放大，将成为我国开发区跨世纪发展的新重点"[3]。这是对当时开发区功能完善和发展形势的基本判定，是符合郊区城镇化一般规律的。因此，在进入21世纪之前，开发区的发展实现了逐步的功能调整，由单一的以外向型工业为基础的经济功能，转变为复合的以多向产业聚集为主的城市功能。

二、区域城市体系的初步构建

1993年11月，中共十四届三中全会通过了《中共中央关于建立社会主义市场经济体制若干问题的决定》，明确要求："以开发区和大城市建设为主，加强规划，引导乡镇企业适当集中，充分利用和改造现有小城镇，建设新的小城镇。"随后，小城镇成为中国城市体系的重要组成部分和城镇化的一个重要方向。1998年10

---

[1] 张宝秀、胡楠：《加速北京郊区城市化进程研究（之一）——北京远郊区城市化现状分析》，《北京规划建设》2003年第4期，第21页。
[2] 华宣奎：《发挥开发区在城市化进程中的作用》，《浙江经济》2000年第2期，第34页。
[3] 陈昭锋：《论我国经济技术开发区城市化功能开发》，《城市开发》1998年第4期，第21页。

月,《中共中央关于农业和农村工作若干重大问题的决定》又指出:"发展小城镇,是带动农村经济和社会发展的一个大战略。"这一时期,以大中小城市的发展为主的城镇化一度被以小城镇为主的城镇化代替。2000年7月颁布的《中共中央关于促进小城镇健康发展的意见》再次强调:"加快城镇化进程的时机和条件已经成熟,抓住机遇,适时引导小城镇健康发展,应当成为当前和今后较长时期农村改革与发展的一项重要任务。"同年10月,有关"十五"计划的建议提出:"要有重点地发展小城镇,积极发展中小城市,完善区域性中心城市功能,发挥大城市的辐射作用,引导城市密集区的有序发展,防止盲目扩大城市规模。"[①] 由此改变了此前中国城市发展的方向,形成了大中小城市和小城镇协调发展的新思想和新观念。在新思想、新观念以及一系列政策的引导下,中国城市进入区域城市一体化发展的新阶段,即区域中心城市地位进一步巩固,周边中小城市快速发展,小城镇异军突起。从整体布局来看,包括沿海和内陆各地都形成了规模不同的区域中心城市,并由此带动和辐射其他城市的发展,多中心的区域城市体系开始形成。

(一)沿海区域城市体系的初步构建

随着全方位开放格局的形成,沿海地区城市发展的优势进一步凸显。以沿海经济特区、16个沿海开放城市以及沿海省份的省会城市为主体,构成了各自所在区域的中心城市。这些区域中心城市整体上自北向南沿中国海岸线分布,形成"新月形"带状格局,这些中心与各自周边城市关联日益紧密,发展成为一个个相对独立的城市体系。在区域城市体系的构成上,沿海地区形成了两种模式:一种是以大城市为主导的区域城市体系,另一种是以新兴中小城市为主体的区域城市体系。

大城市是城镇化进程中所形成的一种必然的聚集效应,它在城市空间、人口数量、资源配置等方面都具有明显的比较优势,因此具有较强的虹吸和带动作用。大城市的产生既源于传统基础,也有新因素的促动。在大城市主导下,一批区域次中心城市和节点城市在发展中形成互动关系,构成了一个在农业、工业、商贸、金融、交通、信息等领域相互支撑的系统。

沈阳是东北地区传统的区域中心城市,也是辽宁省的政治、经济和文化中

---

① 方创琳:《改革开放30年来中国的城市化与城镇发展》,《经济地理》2009年第1期,第21页。

心，2000年时户籍人口已达到685万人。大连是东北地区重要的沿海开放城市，也是区域经济中心城市，2000年时户籍人口为551万人，按照当时的标准，沈阳和大连都属于特大城市。沈阳与大连之间修建了高速公路和铁路，这也成为连接两大城市的交通纽带。在此基础上，铁岭、抚顺、本溪、辽阳、鞍山、营口等次中心城市逐步发展起来，同时也形成了开源、铁法、新民、灯塔、海城、大石桥、盖州、瓦房店、普兰店、河庄等小城镇。以沈阳、大连两个大城市为中心，形成的区域城市体系在当时被称作"沈大城市连绵带"。[①]在这一体系下，沈阳、大连主导区域的城市发展，聚集物资资本和人力资本，同时向周边次中心城市辐射，为其发展增添动力，次中心城市继续带动小城镇发展。

胶东半岛作为一个相对独立的空间区域，其城市体系的构成也是以大城市为主导的，但不大相同的是，该区域形成了以青岛为中心、多个次中心城市同步快速发展的格局。青岛是近代才兴起的城市，受西方殖民势力影响较大，城市空间和经济发展以及城镇化都有别于其他一般的城市。新中国成立后，青岛成为山东省的经济中心、国家重要的现代海洋产业发展先行区以及东北亚国际航运枢纽。在改革开放进程中，青岛发挥港口优势，培育新型产业，进一步巩固了在胶东半岛的中心地位。2000年，青岛GDP已达1183亿元，户籍人口为706万人。青岛的发展对胶东半岛的烟台、威海、潍坊都产生了重要的影响。烟台市位于山东半岛东北部，东连威海、西接潍坊、青岛，南邻黄海，北濒渤海，与辽东半岛对峙；1983年，国务院批准撤销烟台地区，组建地级城市烟台市；20世纪90年代，烟台下辖五个区，代管六个县级市，总面积达1.38万平方千米，城镇化快速发展；2000年底，烟台市城镇化水平达到40%。威海市位于山东半岛东端，1987年由县级市升为地级市，辖荣成、文登、乳山三县；20世纪90年代，威海步入新的发展阶段，1992年威海市的GDP为127.4亿元，2000年时已达511.7亿元，城镇化率增至49.7%。潍坊位于山东半岛西部，东与青岛、烟台连接，西邻淄博、东营，南连临沂、日照，北濒渤海莱州湾；潍坊历史悠久，新中国成立后潍坊发展成为山东半岛城市群区域中心城市之一；改革开放以后，潍坊的三大产业都得到较大发展，开放力度不断增强，并确立了在20世纪90年代末建成"辐射能力较强的

[①] 赵子祥、裴志远、曹晓峰等主编：《1998—1999年辽宁省经济社会形势分析与预测》，辽宁人民出版社，1999，第73页。

大城市"目标,"逐步形成以潍坊市区为核心,大中小城市相连接,重点镇为卫星城,呈放射状结构的现代化城市群"[①];潍坊与青岛、烟台三个重要中心城市的发展有效地带动了山东半岛东部区域城市的整体发展,如文登、荣成、乳山、莱阳、招远、栖霞、高密、安丘等中小城镇在大中城市的带动下出现较快的发展,成为胶东半岛中心城市和次中心城市的卫星城镇。

改革开放以后,台湾海峡西岸城市充分利用区位优势和侨胞资源加快开放的步伐,并在20世纪90年代区域城市体系构建中实现了一次跨越。台湾海峡西岸以福州、厦门两个城市为中心,沿海岸线分布有宁德、莆田、泉州、漳州等次中心城市,以及罗源、连江、福清、仙游、惠安、南安、长泰等星罗棋布的中小城镇。2000年,福州GDP为1003亿元,厦门GDP为501.8亿元,在该区域城市体系的发展中形成了比较明显的带动优势。台湾海峡西岸以福州为中心,辐射宁德,带动罗源、连江、长乐、福清等城镇,形成了闽江口城市体系;另外,以厦门为中心,带动漳州发展,向闽西和粤东延展。与此同时,泉州在这一时期发展较为迅速,形成带动莆田发展,向三明拓展之势,逐步建立了以重化工业、能源工业、轻纺工业、建材工业等为主的产业聚集群。台湾海峡西岸的城市经济与台湾经济有着密切联系,福州、厦门与台湾仅一水之隔,都有着天然良港,在引进台资和推动城市经贸繁荣方面发挥着重要作用。随着改革开放的不断扩大,海峡西岸城市在承接世界与中国、台湾与内地之间联系的过程中,加强了与北面长江口上海以及南面珠江口广州等城市的联系和经济互动,并对粤东、浙南、赣南地区的城市产生了辐射带动作用,一个"高度开放、陆海交融、优势互补、产业互动、信息共享以及资源要素流动通畅的区域经济合作体系"[②]已经初现格局。

进入20世纪90年代,随着改革开放步伐的加快,实现新兴中小城市的发展是促进整体城镇化的一个必然要求。沿海地区的一些中小城市在改革开放不断深化的过程中获得了较多的发展资源,迎来了又一次新的发展机遇。浙江在推进城镇化进程中,产生了一批新型中小城市。这些城市主要位于浙南,它们在对外开放和产业发展等方面形成了自身特色,同时又有互补性。尽管城市规模都不大,

---

① 崔乃元、高立基主编:《建设现代化大潍坊》,新华出版社,1997,第99页。
② 罗宗美:《建设海峡西岸经济区:福建发展的战略抉择》,《发展研究》2004年第1期,第8页。

但相互依存度和关联性较强,区域内部交流频繁,构成一个以中心城市牵引、以多个中小城市为主体的城市体系。例如在浙南,形成了以温州为中心的区域城市体系。作为浙南城市中唯一的沿海开放城市,温州在20世纪90年代的城市总体规划明确定位为"浙南经济区的中心城市","随着温州城市的不断发展,其规模将跨入大城市行列,其浙南的中心城市地位将日益突出"[①]。1999年,在国务院批准的《浙江省城镇体系规划1996—2010》中,确立了温州作为浙江三大中心城市之一的重要地位。20世纪末,浙南已经初步形成了以温州为中心的区域城市体系,该区域城市体系呈T形分布,是一种"分散组团"的新兴城镇群类型。[②]一方面,温州与台州沿线分布有苍南、平阳、瑞安、乐清、玉环、温岭等中小城镇;另一方面,温州与丽水沿线分布有永嘉、青田等中小城镇。这些中小城镇在传统的计划经济中发展较为缓慢,城市规模不大,但随着改革开放的推进,其经济逐渐展现出活力。其中,台州在这一时期经过发展,私有经济较为活跃,混合所有制经济成为其新的经济增长点,港口得到有效开发利用,城市日益发展,1994年,台州撤地建市,逐渐发展为区域次中心城市。总体而言,以温州为中心的浙南区域,在社会主义市场经济体制建设中,表现出了较为明显的活力,区域内的城镇各自形成了独特的产业集群和发展方向,成为浙江城镇化的一个先行示范区和重要的农业与海洋资源开发基地。

(二)内陆区域中心城市的崛起与城市体系初步构建

由于历史等多种原因,内陆省份城市的发展多以政治、经济、文化资源集中的省会为中心,同时向重要交通的节点城市延伸,形成省域范围的城市体系。不过,也有若干城市在历史文化的影响以及现实的发展基础上,对周边省份有较大的带动、辐射和关联作用,发展成为跨行政区域的城市体系。

1. 西南地区中心城市的崛起与发展

改革开放以后的十余年间,西南地区形成了以重庆、成都、昆明、贵阳等城市为核心的区域城市体系。20世纪90年代,位于长江上游的重庆和成都两大城市

[①] 温州城市规划设计院编制:《温州市城市总体规划1993—2010》,1993,第5页。
[②] 陆化普、陈宏峰、袁虹等:《综合交通枢纽规划——基础理论与温州的规划实践》,人民交通出版社,2001,第7页。

快速发展,形成了长江上游城市群的雏形。

长江上游历来是中国的腹地,处于秦岭和大巴山以南,主要由四川盆地、川西高原、云贵高原等广大区域构成。这一区域在中国地理版图上属于大西南,该区域的城市发展历史悠久,形成了成都、重庆、昆明、贵阳等重要区域中心城市。重庆在古巴国时期曾是巴国的都城,在历史上重庆也是四川盆地东部的区域中心城市。清末重庆开埠,成为长江上游的经济枢纽,城市的地位得到迅速提升。抗战时期,国民政府移驻重庆,奠定了重庆成为长江上游经济中心的地位。新中国成立后,重庆曾一度为西南首府,后成为四川省辖市,"一五"计划时期和三线建设时期,重庆形成了比较完善的工业体系,工业基础进一步巩固。1983年,重庆成为国家计划单列市。由此,重庆步入了改革开放的快车道,借助集水、陆、空交通于一体的优势,城市得到迅速发展。1994年,江泽民明确提出:"把重庆建设成为长江上游的经济中心。"随着三峡工程建设的推进,长江上游城市迎来了新的发展机遇,重庆对这一区域城市发展的影响进一步增强。1997年,重庆被提升为直辖市,城市发展进入新的发展阶段。1999年,国家提出实施西部大开发战略。随后,重庆被赋予"在西部开发开放中发挥战略支撑、对外窗口和聚散辐射三大功能"[1]。

成都是西南区域城市体系中的另一个重要中心城市。成都的历史更为悠久,秦汉时期即已成为西南地区的政治、经济和文化中心。成都所在的成都平原,地势平坦,河流密布,物产丰富,向来以天府之国著称于世,形成了高度发达的农耕文明和城市文明。新中国成立后,成都作为四川省省会,"一五"计划时期,其现代工业和商业得到较快的发展,在改革开放前已经初步形成了综合性工业体系。改革开放后,成都虽然深处内陆,但改革的步伐一直走在前面,充分发挥科技、商贸、金融、通信以及交通等方面的优势,城市综合功能进一步增强。20世纪90年代以后,成都在改革开放新格局背景下,释放出了巨大的发展潜力和创新能力,在内地省会城市中的地位不断提升,并大大提高了对西南地区特别是川内城市发展的领头带动效果。

云南省省会昆明和贵州省省会贵阳作为省域中心城市,在改革开放以后也出现较快的发展,但是,由于深处内陆,受到多种条件的限制,其在这一时期的发展相对滞后。

---

[1] 陈际瓦:《重庆:长江上游地区的经济中心》,《中国外资》2000年第11期,第22页。

2. 华中地区中心城市的崛起与发展

华中地区的城市一向发达，改革开放以后，长江中游的武汉和长沙优先崛起，分别形成了以武汉和长沙两大城市为核心的长江中游城市雏形。

武汉号称九省通衢，近代以来便是长江中游的工业基地和商贸中心。改革开放后，武汉作为有着较为雄厚工业和商业基础的城市，进一步发挥着联通南北和横贯东西的交通优势，成为长江中游的区域城市体系的中心。长江中游城市体系的核心层城市数量较多，包括武汉、鄂州、黄石、咸宁、黄冈、孝感、仙桃、潜江、天门等，同时拓展至襄樊、随州、荆州及宜昌等长江、汉水中游沿线城市。武汉作为湖北省的省会，对该区域城市的辐射和带动作用十分明显，但随着空间距离的拉大，其聚集与辐射效应呈递减的态势。在鄂西地区的南北两个方向，分别形成了以襄樊为中心的城市组团和以宜昌为中心的城市组团，尤其是宜昌，随着葛洲坝综合水利工程作用的发挥以及三峡工程的修建，逐渐发展成鄂西的区域中心。鄂东地区以山地和丘陵为主，主要有黄冈市、黄石市及鄂州市三个地级市。黄石市于1996年撤地建市，进入快速发展通道，黄石在历史上属于传统资源型城市，改革开放后初步形成食品饮料、医药化工、纺织服装、建筑建材、机械电子等五大支柱产业，吸引了北京汇源、内蒙古伊利、浙江奥康、香港稳健等大批知名企业落户，由此成为鄂东地区的中心。

湖南的省会城市长沙地处中国华中地区、湘江下游、长浏盆地西缘，在改革开放以后逐步形成了电子信息、烟草制品、汽车制造、非金属制品业、新材料等五大支柱型产业。长沙与株洲、湘潭距离相近，在开发开放的发展过程中经济关联度日益加强，到20世纪90年代已初步显现出一体化的趋势，逐步形成了以长沙为中心，株洲和湘潭为两翼的长株潭区域城市体系，进而带动了岳阳、常德、益阳、娄底、衡阳的发展。1997年，湖南省委、省政府作出了推进长株潭经济一体化的战略决策。1998年，长株潭经济一体化协调领导小组及办公室成立，编制实施交通同环、电力同网、金融同城、信息同享、环境同治五个网络规划。2000年，又编制了《长株潭经济一体化"十五"规划》。长株潭城市体系以京广铁路、京珠高速公路成为联通各城市的主动脉，加之湘黔、湘桂铁路公路沿线城市，逐步形成了不同层级的发展支点。其中，长沙、株洲、湘潭三大城市主要在机械、纺织、化工、建材、冶金、制革、电子、食品等方面拥有较为完备的产业链，在承接南北产业转移方面发挥着重要的枢纽作用，"已是湖南经济发展的核心区和最强劲的发展极,对全省经济发展具有很强的集聚效应、辐射效应和带动效应"[1]。

以河南省为主体的中原地区向来被称为"天下之中",河南是中华文明的重要发祥地之一,河南北部黄河中下游沿线分布着较为密集的大中小城市,改革开放以后初步形成了以郑州为中心的中原城市体系。中原城市体系有着丰富的历史资源和共同的文化基础,20世纪上半叶,得益于京广铁路和陇海铁路两大交通要道的交汇,郑州成为中国南北东西的铁路交通枢纽城市,由此形成了得天独厚的交通优势,新中国成立后郑州因其交通区位优势,取代开封成为河南省的省会,集中了河南的政治、经济、文化等方面的资源。改革开放以后,郑州的区位优势更加突出,逐步形成由铁路、公路、航空三种运输方式构成的交通运输网络,成为全国公、铁、航、信兼具的交通枢纽。同时,以郑州为中心,向西形成了洛阳次中心;向东形成了开封次中心;向北形成了焦作、新乡次中心;向南形成了以许昌为次中心的中原城市群雏形。除此之外,郑州、洛阳、开封等城市周边的荥阳、巩义、济源、辉县、兰考、新郑、登封、禹州等中小城镇也日益发展,逐步形成了一个中心明确、层次清晰的区域城市体系。

3. 西北关中地区中心城市的崛起与发展

陕西省分为三大地理板块——关中、陕北和陕南,在关中平原,由于秦岭以北的渭河流域有着较为优越的自然条件,形成了以西安为中心的关中城市体系。20世纪90年代,在改革开放新格局形成的背景下,陕西省以省会西安为中心加大了改革开放的力度,推动了航空航天、电子、机械、仪器等优势产业的发展,西安"已经形成的产业基础和新积蓄的发展实力是国家实施西部大开发战略的重要依托和载体"[2],其综合服务功能和辐射功能不断增强。咸阳、宝鸡、渭南作为关中地区的次中心城市,由于多方面的原因,这些城市的经济发展水平还较低,2000年,这些城市的GDP均在200亿元左右,对区域的带动作用相对较弱。这一时期,处于渭河平原与黄土高原接合部的铜川市的城市规模更小,其在关中城市体系中处于更低一层。

---

[1] 范保宁:《加速长株潭经济中心和长衡经济走廊发展思路》,《湖南商学院学报》1999年第2期,第39页。

[2] 杜跃平:《发挥西安在西部大开发中的改革开放"窗口"作用研究》,《西安电子科技大学学报》(社会科学版)2000年第2期,第13页。

三、沿海三大城市群的初步建设

改革开放的十余年，中国城市发展已呈现出新的格局，一个重要的特征就是20世纪90年代沿海三大城市群初现雏形。城市群是城市发展到成熟阶段的最高空间组织形式。20世纪90年代，中国沿海地区随着开放程度的不断扩大，在社会主义市场经济建设的引领和推动下，中国沿海多个地区的城镇化水平迅速提升，区域内城市与城市之间的联系更加紧密，互为一体，初步形成了以上海、苏州、无锡、南京、杭州、宁波等为主体的长江三角洲城市群，以广州、深圳、珠海、东莞、中山等为主体的珠江三角洲城市群以及以北京、天津、大连、唐山等为主体的环渤海城市群等三大沿海城市群。中国沿海地区三大城市群沿海岸线由北至南分布，成为改革开放以来中国经济发展的三大增长极，这也构成了新的城市空间地理格局。

（一）长三角城市群的初步形成与建设

长三角城市群的形成得益于上海浦东的开发开放和沿江城市的发展。近代以来，上海在内外因素的合力推动下，充分利用地理优势，成为一座经济基础雄厚的现代化都市。改革开放后，随着沿海、沿江开放格局的逐步形成，上海在中国城市现代化中的引领作用更加凸显，尤其是浦东的开发，为上海加速发展提供了动力源，同时还辐射和带动了长江流域特别是下游城市的发展。

长三角城市群的概念在20世纪80年代已开始孕育，最初的设想是建立以上海为中心的经济区。1982年12月，国务院决定成立上海经济区规划办公室，确定上海经济区"以上海为中心，包括长江三角洲的苏州、无锡、常州、南通和杭州、嘉兴、湖州、宁波等城市"[①]。此后，上海经济区的范围在这一基础上有多次调整和扩容。1992年6月，国务院举办长江三角洲及长江沿江地区经济规划座谈会，提出了要建立长江三角洲协作办（委）主任联席机制，明确长江三角洲经济发展的范围为上海、南京、苏州、无锡、常州、镇江、扬州、南通、杭州、宁

[①] 《国务院关于成立上海经济区和山西能源基地规划办公室的通知》，《中国工业经济法规汇编1981.4—1982.12》第2辑，中国社会科学院工业经济研究所情报资料室编印，1982，第43页。

波、嘉兴、绍兴、湖州、舟山等城市。至此，长三角城市群的空间范围和构成城市基本确立。1996年，国务院同意泰州新增入列上海经济区，长三角城市群进一步扩容，其国土空间面积大约为10万平方千米，约占全国国土面积的1%；总人口规模达7534万人，约占全国总人口数量的5.9%。

长三角城市群的地理区位优势明显，城市体系较为完备。从这一时期长三角不同城市的功能和发展水平来看，可分为四个层级：第一层级为上海，上海作为中国规模最大的经济中心城市，当之无愧地成为长三角城市群的核心城市，上海不仅经济总量最大，而且城市规模最大，城镇化程度最高，对周边城市的辐射作用最强；第二层级是南京、杭州、苏州、无锡、宁波五大城市，属于长三角城市群的次核心城市，这些城市的发展基础较好，经济体量和城市规模较大，均位居全国前列；第三层级包括常州、南通、绍兴和嘉兴四个城市，这些城市在长三角城市群中处于中间层级，城市经济规模和人口规模虽然不是很大，但是经济充满了活力，发展速度较快；第四层级包括镇江、扬州、泰州、湖州和舟山五个城市，这些城市的规模相对较小，经济发展基础还有待进一步夯实。

长三角城市群由于历史等原因，自近代以来相互之间在交通、经济和文化等方面就有着比较密切的联系，改革开放以后，特别是随着国家实施长江发展战略，各城市之间的相互联系与协作进一步增强，从而形成了较强的一体化发展之势。改革开放以后，长三角地区的城市都出现较大的发展，尤其是交通、通信等基础设施得到优先发展，20世纪90年代沪宁、沪杭甬高速公路的建成，串联起该区域的主要城市，为长三角城市群的构建奠定了交通互联网络的基础条件。随着浦东开发和长江发展战略的实施，上海出现了后发优势，电子信息产品制造业、航空航天制造业、汽车制造业、生物医药制造业、成套设备制造业等新兴产业兴起，钢铁、石化、通信等产业进一步发展，而纺织、家电等产业则向苏南城市转移，高中低端产业分区布局基本形成。据统计，世纪之交上海有三分之一的经济协作和60%的对外投资集中在长三角地区。[①]在上海的引领和推动下，长三角地区各大城市抓住时机，扩大开放，城镇化加速推进。1993年，苏州、无锡、常州、南通四市的工业生产总值之和首次超过上海，成为全国最大的工业开发区。"苏锡常通"的城镇化也走出了一条新路子，即以发展乡镇企业来实现非农

---

① 本刊编辑部：《"长三角"走向区域合作和一体化》，《浙江经济》2002年第21期，卷首语。

化发展的方式,这种方式被称为"苏南模式"。同时,以南京为中心和以杭州为中心的大都市区也开始形成。20世纪90年代,南京的城市产业加速升级,城市环境进一步改善,城市步入跨江发展阶段,同时也带动沿江城市镇江、扬州、泰州发展。杭州利用优势资源,发展高新技术产业,宁波则在航海运输、港口贸易中迅速发展。浙北由此形成了以杭州为中心、以杭甬为轴线,包括嘉兴、绍兴、湖州、舟山在内的城市群。

长三角城市群是伴随着多层次、多渠道、全方位开放格局的形成而逐步孕育和发展的,显示出了较强的经济活力和城镇化动力。2000年,长三角城市群GDP总量为15351亿元,占全国GDP总量的17.2%,人均GDP为2.05万元,是全国人均GDP的2.9倍。2000年,上海的GDP达4551亿元,高居全国城市榜首,与此同时,上海的城镇化水平也出现快速增长,城市人口占全市总人口的74.6%,远超长三角其他城市,其时南京、苏州、无锡、常州、镇江、扬州、南通、泰州的平均城镇化率为38%,杭州、宁波、嘉兴、绍兴、湖州、舟山的平均城镇化率为31.74%。[①]由于国家政策的引导,长三角城市的外商投资也在全国居于前列,涉及交通、电力、建筑、金融、保险、商业、医疗、娱乐等众多领域。到20世纪90年代末,长三角城市群实际利用外资约占全国的30%。1992年上海的外商实际投资总额为22.38亿美元,1996年增长到75.1亿美元。对外贸易也有较大的变化,苏州的进出口总额,从1992年的11.77亿美元增长到2000年的200.7亿美元;杭州的进出口总额,从1992年的3.42亿美元增长到2000年的104.76亿美元;宁波的进出口总额,从1992年的26.03亿美元增长到2000年的137.25亿美元。总体而言,长三角城市群此时已展现出经济发展的龙头和带动作用,是这一时期中国经济发展速度最快、经济规模总量最大的区域。

(二)珠三角城市群的初步形成与发展

改革开放后,深圳、珠海被列为经济特区,广州被列为沿海开放城市,由此推动了珠江三角洲地区的经济和城镇化的快速发展。珠三角毗邻香港、澳门,该区域的城市充分利用地缘优势,发展外向型经济,极大地吸引了全国的资金、人

---

① 张为付、吴进红:《对长三角、珠三角、京津地区综合竞争力的比较研究》,《浙江社会科学》2002年第6期,第26页。

才、技术等生产要素在这里聚集，为珠三角城市群的形成创造了条件。1997年香港的回归和1999年澳门的回归，进一步加速了珠三角城市群的发展和融合。

珠三角的概念在20世纪80年代已被提及，但作为一个经济区是在1994年中共广东省委在七届三次全会上首次予以正式明确的。珠三角经济区最初由广州、深圳、佛山、珠海、东莞、中山、惠州七个城市及惠州、清远、肇庆三市的一部分组成。后来，珠三角范围调整扩大为由珠江沿岸的广州、深圳、佛山、珠海、东莞、中山、惠州、江门、肇庆九个城市，面积为24437平方千米，占全国陆地面积约0.25%。珠江三角洲地区均属于广东省，与长江三角洲地区和京津冀地区是由多个省级行政区构成不同，在资源协调整合和政策实施等方面更具有优势，因而更利于统一规划和协作。

珠三角城市群形成时已具备比较完整的体系和不同层次的发展格局。从当时的经济发展和城镇化水平来看，广州是该区域的核心城市，具有较好的发展基础，产业门类较齐全，在华南地区发挥着重要的辐射和带动作用；深圳在改革开放的进程中异军突起，特别是进入20世纪90年代后，已由小村镇发展成为一座充满活力的大城市，是珠三角城市群的次核心；佛山、东莞在对外开放中充分发挥紧邻广州、深圳的优势，广泛吸引外资，促进中小企业发展，构成这一时期珠三角城市群的第三层；珠海、中山、惠州、江门、肇庆的经济规模在珠三角城市群中较小，但也呈现出快速发展之势，是该区域城市体系的第四层。

珠三角城市群是以外资导向型的工业化模式为驱动来促进不同层级城市发展的。这一区域位于中国南部，面向南海，在发展外向型经济上有着独特优势。一方面，珠三角拥有市场、资源、廉价劳动力，港澳台拥有资金、科技、人才，在国际金融、贸易上发挥着重要作用，两者经济互补性较强，因此，珠三角与港澳台互动频繁。另一方面，东南亚国家特别是新加坡，大力发展转口贸易，在世界经济体系中发挥独特作用，形成了新兴市场，珠三角是中国与东南亚国家交往的南大门和桥头堡，同东南亚有密切交往的传统，经贸关系不断加强，能迅速地融入国际贸易体系。

珠三角城市群位于珠江下游，都属于岭南文化圈，在形成和发展过程中展现出了较为明显的一体化趋势。这一区域城市十分密集，九个城市中，广州与佛山中心城区直线距离最近，约20千米；肇庆与惠州中心城区直线距离最远，约200千米。广州作为省会，是这一区域传统的中心城市，在改革开放中带动周边城市发展。以广州为中心,佛山、中山、肇庆、江门、珠海为左翼,东莞、深圳、惠州为右翼,形成环抱珠江口之势。珠三角城市群内部交通便捷,往来密切,产业布局互有侧重,形成各自特点,而有利于城市之间的协调融合发展。

20世纪90年代,珠三角城市群在加速现代化建设和城镇化进程中,为中国进一步扩大开放,把社会主义市场经济全面推向新世纪做出了重要贡献。1990年珠三角九城市GDP总和为1006.88亿元,2000年增长到8421.32亿元,是十年前的八倍多。其中,深圳发展最为迅速,经济总量从1990年的171.76亿元,猛增到2000年的2219.2亿元;广州经济总量也从1990年的319.6亿元,增长到2000年的2505.58亿元。到"九五"末,广州、深圳分别位列中国大陆城市GDP排名第三、第四。至此,珠三角城市群形成了双核驱动、多城并进的发展态势。这一时期,珠三角城市群经济的发展还极大地促进了人口的流动,同时也改变了城市人口聚集的态势。广州、佛山是这一区域传统的人口聚集地,到2000年时,深圳、东莞成为珠三角新的人口聚集中心,人口聚集程度高于全国平均水平的20—30倍。[1]同时,广州仍是该区域人口规模最大的城市,到"九五"末已近1000万。这一时期,珠三角外向型产业的快速发展,吸引了大量内陆省份的廉价劳动力,部分劳动力实现了户籍身份的转变,成为珠三角的城市居民。与此同时,在市场经济的作用下,珠三角地区的农村工业化加快,一部分乡镇企业、私营企业在产业竞争中逐步升级,实现了技术更新和产能扩大,带动了中小城镇的发展。因此,除了大城市外,珠三角地区的中小城市星罗棋布,不少城市之间已形成连片区。截至2000年,珠三角城市常住人口达4289万,城镇化率达72%。[2]

(三)环渤海湾城市群的初步形成与建设

环渤海湾城市群是以渤海为地理中心,涉及周边两大直辖市和三个省的城市发展聚集区。这一区域在近代以来,特别是新中国成立后形成了较好的工业基础,城镇化条件较好。改革开放后,环渤海湾地区的城镇化进程加速,辐射和带

---

[1] 游珍、王露、封志明等:《珠三角地区人口分布时空格局及其变化特征》,《热带地理》2013年第33卷第2期,第161页。
[2] 袁媛、古时恒、蒋珊江等:《新型城镇化背景下珠三角城镇群发展研究》,《上海城市规划》2014年第1期,第25页。

动辽宁、河北、山东等省份腹地其他城市的发展。到20世纪90年代末，环渤海湾地区已形成工业化程度较高、交通运输便捷、人口密集且规模不等的城市群。

环渤海湾城市群在20世纪80年代末以"环渤海湾经济区"的概念出现。环渤海湾经济区提出时所指的区域规模十分庞大，它是"以丹东、大连、营口、盘锦、锦州、唐山、秦皇岛、天津、东营、烟台和青岛等十几个大中小沿海城市为主体，以北京、辽宁、河北、山东三省一市为依托，以东北、华北、西北和华中地区为腹地，以五个沿海城市经济技术开发区为'窗口'，以我国北方和亚太地区为主要活动舞台的独具特色的经济区"[1]。在随后十多年的建设过程中，这一区域经济活力进一步激发，经济融合进一步加快，逐步形成了包括京津冀、辽东半岛、胶东半岛在内的城市群发展态势。

环渤海湾城市群所跨区域远超长三角城市群和珠三角城市群，在形成和发展过程中，产生了不同类型的中心城市和不同区域的子城市群。北京是中国的政治、文化中心，其主要体现首都功能，是该区域的核心城市。天津是北方的经济中心，也是渤海湾最大的港口城市，在对外开放和经贸发展中发挥着比较明显的区域引领作用。以北京、天津为主轴，秦皇岛、唐山、沧州是河北省环渤海湾经济圈的重要沿海城市，石家庄、衡水、邯郸、保定、廊坊、承德、张家口是河北省环渤海湾经济圈的重要腹地城市，这些城市在地理空间上同属于环渤海湾的西区；在环渤海湾的北区，大连是辽东半岛的经济中心城市，丹东、营口、盘锦、锦州、葫芦岛是辽宁省环渤海湾经济圈的重要沿海城市，沈阳、辽阳、鞍山、抚顺、本溪、铁岭、阜新、朝阳是辽宁省环渤海湾经济圈的重要腹地城市；在环渤海湾的南区，青岛是胶东半岛的经济中心城市，烟台、威海、潍坊、东营、滨州、日照是山东省环渤海湾经济圈的重要沿海城市，济南、淄博、德州、聊城、济宁、枣庄、临沂是山东省环渤海湾经济圈的重要腹地城市。由此可见，在环渤海湾城市群中，实际上形成了京津冀、辽东半岛、胶东半岛三个子城市群。其中，北京、天津是环渤海湾城市群的两大主核，沈阳、济南、石家庄、青岛、大连是该城市群的次中心，同时也是各自区域城市体系的中心。

环渤海湾城市群覆盖地域辽阔，人口密集，城市密度较大。这一区域是中国

---

[1] 杨海田：《关于建立环渤海湾经济区的初步研究》，《科学学与科学技术管理》1986年第6期，第16页。

重要的工业集聚区，在钢铁、石化、冶金、电子、机械、煤炭、电力、纺织、印刷、造纸等方面都有良好的发展基础。因此，以工业特别是国有大型工业的发展带动城市经济发展是这一区域城镇化的一个重要特点。即便是在全方位开放格局形成后，环渤海湾城市群的外向型经济特征也在总体上不如珠三角城市群和长三角城市群明显。不过，此时北京逐步淘汰一批落后产业，通过实施产业升级和高新技术发展战略，正式获批形成了中关村科技园区，使之成为重要的高新技术成果研发、孵化、转移中心。以天津、大连、青岛、秦皇岛、烟台为代表的沿海开放城市，这一时期也抓住对外开放的机遇，在引进外资、调整产业中展现出了较强的活力。随着大城市加快产业升级和转移，环渤海湾地区中小城市在承接和发展产业中获得了新的发展机遇，城市人口进一步聚集，城市规模不断扩大，成为不同区域的次中心城市和卫星城市。

京津冀鲁所处区域为华北平原，这里城镇密布，路网发达，人口流动频繁。北京是全国的公路、铁路和航空枢纽，天津拥有北方最大的贸易港口，石家庄是河北省的交通枢纽，京石高速连通北京、涿州、保定、定州、石家庄等城市，济南是山东省的交通枢纽，济青高速连接济南、淄博、潍坊、青岛等城市，此外青岛还建有国际贸易港口。辽宁处于东北平原南部，京沈高速公路连接北京、廊坊、天津、唐山、秦皇岛、葫芦岛、锦州、盘锦、鞍山、沈阳等城市，沈大高速连接沈阳、辽阳、鞍山、营口、大连等城市。同时，这一区域的沈阳是东北的铁路、公路和航空交通枢纽，大连则拥有港口和航空优势。因此，"在改革开放后，整个环渤海湾工业化密集区交通运输和信息通信发展与该地区的经济发展互相促进，交通运输和信息通信等基础设施优势不断得到加强。环渤海地区成为中国交通网络最为密集的区域之一，是我国海运、铁路、公路、航空、通信网络的枢纽地带"[1]。总体而言，环渤海湾城市群拥有海、陆、空优势，交通便捷，市场联系紧密，在"九五"末已呈现出一体化趋势。

当然，环渤海湾城市群发展是不均衡的，不同区域之间存在较大差距。1992年至2000年间，北京、天津、沈阳、青岛、济南、大连、石家庄、唐山、烟台等城市发展较快。其中，2000年，经济总量超过3000亿元的有北京，超过1500亿

---

[1] 高鸿鹰：《城市化进程与城市空间结构演进的经济学分析》，对外经济贸易大学出版社，2008，第124页。

元的有天津，超过1000亿元的有沈阳、青岛、大连、石家庄，超过800亿元的有济南、唐山、烟台。这一时期，其他城市发展相对缓慢，经济规模较小，辐射和带动作用亦较小。特别是环渤海湾腹地城市，在地理优势、交通位置以及产业发展方面，远不及沿海城市；环渤海湾北部城市的发展则慢于西、南部城市发展。

四、城市空间分布的变化

改革开放以来，中国城市空间分布出现一定程度的变化。改革开放初期，中国对外开放以沿海特区和开放城市为主，由此带动东部沿海地区城市的发展。随着内地逐步进行城市经济体制改革，内地城市也得到不同程度的发展。特别是随着地方行政制度改革，地改市、县改市等政策的推进，建制市数量迅速增加，由此对城市空间分布产生了很大影响，城市分布的不平衡出现新的特点。

中国疆域辽阔，国土面积的经纬度跨度都很大，自南而北跨纬度超过49度，从东到西跨经度超过60度。从经纬网内城市分布的角度便可以考察出城市空间分布的不平衡特征。

首先，从纬度来看，中国城市无论在历史上还是在当代分布都不平衡，不同的纬度有着很大的差异性。20世纪90年代，中国城市的纬向分布极不平衡，中国城市以北纬25度至40度间最为集中，其间共有城市422个，占全国城市总数的67.78%。北纬20度至25度间的城市占全国城市的12.7%；北纬40度至45度间的城市占全国城市的12.38%；北纬45度以北地区的城市数量较少，仅占全国城市总量的6.27%；北纬20度以南的地区（未包括台湾和港澳地区城市）的城市数量更少，仅占全国城市总数的0.8%。由此可见中国城市主要分布在亚热带、暖温带和中温带，尤其在亚热带几乎集中了全国将近一半的城市。1999年中国共有城市667个，其中位于亚热带的城市299个，占全国总城市数的44.83%，居各气候区城市分布数之首；暖温带的城市177个，占全国总城市数的26.54%，中温带的城市数量最少，密度也最低。

改革开放以来，中国城市的纬向分布也发生了较大变化，1994年与1985年相比，北纬30度至40度间城市数增加最多，达147个，占新增城市的52.88%；其次是北纬25度至30度间的城市增加了54个；北纬20度以南和北纬50度以北的地区的城市也有一定的增加；北纬40度至50度和北纬20度至25度间城市增加相对较少，其所占城市比重量也有所下降。

从经度空间来看，中国城市分布更加不平衡，历史上中国城市的经度分布也有很大变化。农耕时代，农业是城市发展的重要基础，内陆农业地区的城市分布相对密集。古代中国城市主要分布在中部地区；西部地区由于地理环境和气候条件的制约，以游牧业为主，人口总量较少，因而城市数量也少，也非常分散、稀疏；东部沿海地区由于农业经济相对不发达，海洋经济支撑的力度较弱，因而东部沿海地区城市发展较为缓慢，城市数量相对较少，规模也普遍较小。19世纪以来，全球经济格局发生了深刻变化，海洋工业经济从欧洲向亚洲扩展，中国交通地理和社会经济也随之而发生变化，中国经济重心不断向东转移，与此同时，城市分布重心也开始向东转移，呈现出自东而西由密到疏的空间分布特征。19世纪中期以后的半个多世纪，西方列强相继发动了五次大规模战争，不仅用武力强迫中国打开大门，将中国纳入世界资本主义市场体系之中，而且通过不平等条约，使中国的主权大量丧失，最终沦为半殖民地。在此过程中，中国传统社会结构和经济结构解体，工业化、城镇化也相继兴起，与此同时，中国东部沿海地区的上海、天津、宁波、广州等沿海开埠通商城市也随之而崛起，而中西部地区原来相对较发达的城市随之普遍衰落。新中国成立后，国家通过"一五""二五"计划和三线建设等国家战略，加强了对中、西部地区经济与城市的建设，东密西疏的城市分布格局有了一定程度的改变。然而，改革开放以后，中国对外开放的重点在东部沿海地区，因此，东部地区的发展处于优先的地位。20世纪80年代中期，国家在"七五"计划中将我国的国土划分为东、中、西部三大经济带，东部经济带包括北京、天津、河北、辽宁、上海、江苏、浙江、福建、山东、广东、广西等11个省、市；中部经济带包括黑龙江、吉林、山西、安徽、江西、河南、湖北、湖南、陕西、内蒙古等10个省、自治区及四川东部和四川中部地区；西部经济带包括新疆、西藏、青海、云南、贵州、宁夏、甘肃等七个省、自治区。三大经济带呈梯度发展状态，东部沿海地区是对外开放的重点和高地，国内外的资本、技术、人才都向这一地区的城市聚集，因而20世纪90年代，东部沿海省区的城市出现超前发展，尤其长江三角洲、珠江三角洲、京津唐和辽中南城市得到快速发展，城市的数量增加，规模迅速扩大。20世纪90年代中期，东部地带的国土面积只占全国14.2%，却分布着全国44.98%的城市和45%的城市人口，是中国城市分布最密集的地带，其中又以长江三角洲、珠江三角洲、京津唐和辽中南地区城市密度最大。从城市等级规模来看，东部沿海地带集中分布的特大城市和大城市数量也最多，分别占全国同类城市人口的49.4%和51%；中部地区占全国29.2%的国土面积，分布了37.07%的城市和37%的城市人口；西部地区占全国56.5%的国土面积，但其城市数量仅占全国城市总数的17.99%，城市人口也仅占全国城市人口总量的18.0%，城市分布密度仅是东部沿海的10.05%和中部地带的24.66%。

从1949—1994年城市的发展变化来看，中国东、中、西三大地带城市空间分布都有较大变化，但东部地带城市数量增加较快，城市密度增加3.6倍；中部地带城市数量虽然增加了较多，但占全国城市总量的比重却由1949年的37.8%下降为1994年的37.14%；西部地带城市数量增长较大，其占全国城市总量的比重也由1949年的9.1%增加到1994年的18.17%。

除了从纬度和经度对城市空间分布进行考察外，中国城市分布也存在海拔的差异。20世纪90年代，中国大多数城市都分布在海拔低于500米的丘陵、平原地区，其城市数量占全国城市总数的82.8%，尤其是以在华北平原、长江中下游地区、珠江三角洲等低海拔地区的城市分布较为密集。海拔500米至2000米的丘陵、低山、中山区的城市数量约占全国的15.8%。平均海拔2000米以上的中高山区、高原地区的城市数量极少，约占全国城市总数的1.4%，如占全国面积25%左右的青藏高原地区，只拥有全国0.75%的城市数量。由此可见，我国城市体系地域空间分布也明显地表现为"低密高疏"的特点。

总之，我国城市存在着纬度、经度和垂直分布不均的特点，这种城市地域分布不均衡的特征不是某种单一因素或简单的一两种因素作用的结果，而是各地区社会、政治、经济、人口、历史、自然条件等各种因素综合作用的结果，而且这种地域分布格局还将随着这些因素综合作用的变化而产生不同程度的变化。

此外，还需要关注的是，中国城市的省级行政区划分布也不平衡，其省际分布差异十分明显，尤其是在改革开放以后，这种省际分布不平衡的情况更加突出。1994年全国分省区考察，江苏省是中国城市分布最密集的省区，每万平方千米有3.9个城市；浙江、山东、广东、海南四省是城市分布次密集地区，城市密度均在每万平方千米2.3个城市以上；河南、辽宁、湖北、福建、河北、上海、安徽七省市城市密度居中，每万平方千米分布的城市在1.5个以上；吉林、湖南、山西、江西四省城市密度在每万平方千米1—1.5个之间；天津、广西、陕西、贵州、黑龙江、四川、宁夏、北京等八省（区、市）的城市密度达每万平方千米0.6个城市以上，其中天津、广西、陕西三省（区、市）均超过了全国城市密度为每万平方千米0.65个城市的水平；云南、甘肃、内蒙古、新疆、青海、西藏六省区城市密度最疏，每万平方千米不足0.4个城市。1994年中国城市密度与1985年相比，各省区的变化也有较大差异，广东和海南两省的城市密度增长最快，福建省次之，湖南、山西等省城市密度增长较慢。从全国城市密度看，十年中已经从1985年的每万平方千米0.36个城市增加到1994年的每万平方千米0.65个城市，城市密度几乎翻了一番。

第三节 城市建设与市民生活的变化

20世纪90年代，特别是1992年之后，随着经济的快速发展，城市基础设施建设开始发生更为显著的变化。这一时期，城市内部交通网迅速形成，城市配套生活设施日益完善，同时，住房改革带来商品房建设浪潮，这都极大地改变了城市面貌，对城市空间格局产生了重要影响。

一、城市交通建设的加快与多元化发展

交通是城市最重要的基础设施之一，包括城市道路系统间的公众出行和客货运输。城市交通随着时代变迁而发展，在农业时代城市交通是以步行为主，进入工业时代，以汽车为主的交通工具呈现多样化特征，道路系统也从地面向地下和空中延伸，因而城市交通建设所需要资金越来越多。在计划经济时代城市交通建设资金基本靠政府提供，但在改革开放以后，随着社会主义市场经济建设的推进，城市交通建设开始探索新的融资方式，资金来源日益多元化。从投资主体来看，此时的城市交通建设一般有中央与地方政府投资、企业投资、个人投资、国外投资等不同来源。其中，国外投资主要涉及经济特区以及沿海、沿江和沿边开放城市，这些城市允许与我国有邦交的国家的政府、金融机构、企业和个人对城市交通进行直接投资。从投资方式来看，主要有税收、企业自主资金、银行信贷、股票和债券等，特别是银行信贷、股票和债券，在这一时期各大城市的基础

设施建设中得到了逐步推广，并发挥了重要作用。随着改革开放进程的推进，社会主义市场经济建设步伐的加快，各地城市加大了融资力度，调整了筹资方式，有力促进了交通设施建设。作为基础设施建设的重要方面，城市交通为保障人口流动、完善资源配置、增强城市功能、提升城市面貌，发挥了"经脉"作用，为实现新世纪城市新的发展格局奠定了基础。

（一）陆路道路交通的改善与延展

由于城市经济的快速发展和城市空间的不断拓展，这一时期各大城市投入大量人力、物力和财力来促进交通建设。一方面，针对旧城街道较为狭窄和破旧的现象，实施拓宽、翻修、延伸工程；另一方面，加大城市新区的道路交通建设力度，不少城市新区道路主干道一般按照双向六车道以上标准修建，并在配设人行道的前提下预留加宽空间。这一时期，各大城市的交通建设取得了巨大进步，城市内不同区域各要素的流动由此变得更加便捷。

改革开放以后，各级城市都将道路建设作为推动城市发展的重要抓手，不少城市交通建设与城市的开放和重要经济、文化活动有着直接的关联，如北京的道路建设即与举办重大活动紧密相关。1990年亚运会的举行推动了北京城市道路的建设步伐。在此基础上，北京二环路于1992年建成通车，以实现"打通两厢，缓解中央"的目标，也成为当时全国第一条全封闭、全立交的城市快速环线。1993年12月，北京启动对长安街过街通道的修建和改造，新修20座下穿通道，使长安街成为快速机动车道。1998年，为迎接新中国成立50周年，北京市委、市政府决定对长安街及其延长线进行全面整治，经过近一年的整治，长安街及其延长线的面貌为之一新，道路交通、环境景观、照明系统等各方面发生了非常显著的变化，形成了庄重、素雅、大方、协调的长安街风貌。这一时期，北京还加大了城市交通建设力度，改造了平安大街、宣武门外大街等城市街道，修建了三环快速通道、四环快速通道、机场高速、八达岭高速等城市快速通道。到"九五"末，北京已初步形成由多重环路和多条放射路构成的主体道路交通网络。

20世纪90年代初，随着长江战略的实施，上海确立了建设国际化金融、贸易中心的发展目标，从而加大了城市交通建设的力度，逐步完善浦西、浦东的交通网络以及两地的连接通道。上海在浦西中心城区新修和改扩建了淮海中路、四川北路、武宁南路、江苏路、长宁路、西藏南路、复兴东路、曹杨路、曹安路、真北路、金沙江路、大渡河路、长寿路、周家嘴路、虹桥路、徐镇路等城市重要道路，以及中心城区向外延伸的大亭公路、莘奉公路、沪南公路、沪太公路等公路；在浦东，新建和改扩建了杨高路、龙东大道、航津路、金海路、博文路、洲海路、上川路、源深路、沪南公路、锦绣路、罗山路等公路。为连接黄浦江西岸和东岸，上海于1994年启动修建了徐浦大桥、奉浦大桥等桥梁。上海通过对浦西、浦东城市道路的修建和完善，进一步疏通了城市交通，同时也促进了其他城市基础设施的建设。上海城市交通的日渐发达，也极大地推动了上海向国际化大都市的发展，同时也在一定程度上推动了长三角城市群的建设。

城市交通建设是城市空间整体布局的一个重要环节，这一时期不少城市以交通建设为纽带加强了城市空间资源的整合，初步形成了现代化的城市交通网络体系。天津就是一个典型的案例，早在20世纪80年代，天津就规划了14条放射线，同时建设内环、中环、外环，构成市内主要干道，到20世纪90年代中期，天津城市的"三环十四射线"道路体系逐步形成，由此奠定了其城市空间格局，截至1999年底，天津市区有道路1058条，道路总长度达到了936.83千米，总面积达1709.3万平方米；桥梁121座，桥梁总长34833米，总面积55.67万平方米。[①]

位于长江中游的武汉市被长江穿城而过，汉江也在此注入长江，城市被分割为三个自然的地理空间，因而城市交通建设，尤其是桥梁道路建设对于武汉的发展至关重要。早在1957年武汉长江大桥便建成通车，将长江南北两岸的武昌和汉阳连接起来，但是仅有一座长江大桥和相关联的道路系统并不能满足改革开放后武汉社会经济发展所带来的交通运输要求。1995年的武汉市城市总体规划方案，加入了二环线概念，进而形成内环、二环、中环等三个城市主要环线，每个环线之间的平均距离是3千米，由此构成了武汉城市环线的雏形。1995年5月，长江二桥建成通车；1998年5月，汉江月湖桥建成通车；2000年9月，白沙洲大桥建成通车；2000年12月，汉江晴川桥建成试运行。众多桥梁的建设，更好地连通了汉口、武昌和汉阳三地。

广州，在这一时期围绕建设现代化国际大都市的目标，加大了城市道路建设力度。广州作为改革开放前沿城市，进入20世纪90年代以后，城市道路交通建设也进入快速发展阶段，1997年，广州市区道路长度已达到1886千米，道路面积

---

① 中共天津市委党史研究室编：《天津改革开放实录》，天津人民出版社，2018，第113页。

2229万平方米。这一时期，广州新修了江湾大桥、解放大桥、华南大桥、番禺大桥等一批大桥，与之前已经通车的广州大桥、洛溪大桥等大桥，共同把城市不同区域连通起来，成为沟通市中心珠江两岸以及同番禺之间的大动脉，让广州的城市空间发展触角开始伸向更远的南沙。同时，广深高速于1996年正式通车运行，串联起广州、东莞、深圳，大大加速了这一区域城市发展的一体化进程。广州绕城高速、广澳高速等也在这时启动建设，加上此前已经通车的广佛高速，广州的外向通道格局初步形成。

20世纪90年代中国的城市道路建设整体上进入一个加快发展的阶段，除了重要城市以外，不少中小城市也多通过城市道路交通的建设来促进城市发展。

（二）城市立体快速交通的建设

随着城市空间的拓展、城市人口的聚集，交通出行在20世纪90年代已成为制约城市现代化进程和影响市民日常生活的一个突出问题。为了解决这一问题，一些城市在这一时期加快了立体快速交通的建设，进一步促进了城市现代化交通体系的构建。

首先是大量城市公路互通式立交桥的建设，进一步完善了城市的道路交通，为疏通不断增长的车流、人流发挥了重要作用。作为道路交通建设的一部分，城市公路立交桥很早就得到运用。改革开放后，随着城镇化的推进，大型公路互通式立交桥建设开始在城市建成区逐步兴起。到20世纪90年代，各大城市进一步加快了城市公路互通式立交桥的建设步伐，并由此形成了一种新的城市景观。例如，1993年上海浦东新区的罗山立交和龙阳立交竣工通车，罗山立交为苜蓿叶形五层互通式立交桥，龙阳立交桥为哑铃形四层互通式立交桥，这两座立交桥是浦东新区道路建设的关键性枢纽，为连通浦东核心区与外围片区发挥了重要作用。在浦江西岸，1997年动工修建的辛庄立交桥，为当时全国最为复杂的城市立交桥。重庆为解决山城道路交通问题，也大量采取了修建互通式立交的方式。1992年至1997年间先后修建了菜园坝立交、陈家坪立交、上桥立交、嘉陵江大桥南桥头立交、岔路口立交、李家沱长江大桥北桥头立交等。南昌在这一时期的城市道路建设中同样加强了互通式立体交通建设，1996年，南昌银三角立交桥建成通车，该桥分四层，设有四条主线、三条匝道、四条非机动车道、四条人行道，线路总长13.2千米，是当时南昌规模最大的立交桥。

其次是城市轨道交通建设开始成为一种城市发展的新趋势，被纳入了城市立体快速交通规划和建设中。北京的轨道交通建设起步较早，但至20世纪90年代初，仅维持一条线路，且只能东西方向运行，1992年6月，北京地铁复八线（即1号线东段）开工建设，串联起复兴门、西单、天安门、王府井、东单、建国门、永安里等地，延伸至八王坟，这一时期，北京还加大了对轨道交通的规划建设力度，1992年，根据新的城市总体规划，北京对十年前的轨道交通规划进行调整，形成了338千米的轨道线网蓝图，1999年，北京市政府结合城市发展的新趋势，决定增设连接一些区域的轨道线路，进而形成408千米的轨道线网规划。该规划与北京城市用地空间布局紧密结合，"城区线网呈棋盘状，线路末端呈放射状，出城线路延伸到市区外围的边缘集团地区或卫星城市"[1]，由此初步奠定了北京轨道交通的发展格局。上海的轨道交通建设虽然较早提出和规划，但是直到1990年才正式开工建设1号线，1996年，《上海城市轨道交通系统规划方案》编订，并作为新的城市总体规划一部分予以实施，根据该方案，上海的城市轨道交通包括11条地铁和10条轻轨，连接起浦西和浦东等城市建成各主要交通节点。这一时期，除1号、2号两条线路相继建成运行外，还有多条线路也进入建设阶段。

20世纪90年代，中国城市轨道交通建设整体进入起步阶段。由于轨道交通建设需要中央相关部门审批，相当部分城市的轨道交通还停留在规划和待批阶段，开通地铁的城市除了北京、上海以外，只有天津、广州等少数城市，轨道交通运营线路都不长。据统计，"1999年北京地铁运营总里程达到55.1千米，每天平均运送旅客195万人次，占全市公交总量的21%左右。上海市16.35千米的地铁二号线工程也于近日建成通车，大大改善了浦江两岸的交通状况。广州市18.48千米的地铁一号线开通后，平均日客流量16万人次，最高时达到25万人次"[2]。此外，深圳、大连、沈阳、长春、杭州、南京、武汉、重庆、成都等城市均提出了城市轨道交通建设方案，并进行了专门的规划。这些方案和规划虽然还未得到国家批准认可，但却为新世纪中国城市轨道交通的广泛建设奠定了基础。以武汉为例，武汉于1992年9月成立轨道交通建设公司，承担轨道交通的规划设计、建设、运营和管理，以及沿线有关房地产物业的开发和经营。1994年，《武汉市轻轨交通一号线一

---

[1] 郭春安：《北京城市轨道交通线网调整规划》，《城市交通》2004年第1期，第33页。
[2] 陶源明等：《地铁，新世纪城市交通大动脉》，《人民日报》1999年10月30日，第8版。

期工程预期可行性研究报告》通过国家计委组织的评估,武汉轨道交通一号线西起古田一路,沿解放大道经太平洋路折入京广铁路汉口段旧线走廊至黄浦路,向东沿长江二桥、徐东路至岳家嘴,向南沿中北路、中南路止于付家坡,全长27.43千米。其中,一期工程从太平洋路至岳家嘴,长15.9千米。[①]但由于种种原因,武汉轨道交通一号线一期工程直到2000年才正式开工建设,四年后投入运营。

20世纪90年代,航空运输建设也受到极大关注,不少城市开始改扩建原有的机场,部分没有机场的城市也相继规划建设了新机场,进一步完善了中国城市空中交通体系。例如北京于1995年开始建设首都国际机场T2航站楼,并于1999年投入使用。北京首都国际机场T2航站楼作为国家"九五"重点工程,总建筑面积达32.7万平方米,设计满足年客运量3500万人次,是当时国内规模最大的航站楼。1997年上海开工新建浦东国际机场,该机场被定位为国际大型航空枢纽,分期实施建设,1999年9月,由一条4000米长跑道和一座27.8万平方米航站楼构成的第一期工程完工并通航,最初标准为4E级[②],浦东机场的运营,标志着上海实现了"一座城市,两座机场"的航空交通格局。广州白云机场较为老旧,这一时期广州的对外开放不断加大,机场客货运量都呈快速增长态势,相关部门一面对原有的机场航站楼进行改扩建,一面开展机场新址选定工作,经过反复勘定的论证,广州白云机场新址最终选在距市区北部28千米的花都区新华街道、花山镇、花东镇及白云区人和镇的交界处,占地规模比原机场大近五倍。深圳宝安国际机场在1991年通航后,很快进行了扩建,以满足海陆空联运发展的需要,1996年,深圳宝安国际机场跃升为中国第四大航空港。[③]成都双流国际机场于1993年被批准为国际口岸机场,随后对飞行区和航站区进行了大规模改扩建,此次改扩建总投资达27亿元,跑道延长至3600米,同时新建一条跑道,新建站坪和机坪37万平方米,进一步奠定了双流国际机场在西南地区的航空枢纽港和客货集散中心地位。武汉天河国际机场于1990年开始动工兴建,1994年一期工程竣工,次年投入使用,至此,武汉原南湖机场停用,实现了机场从城内向城外的迁移。南京禄口

---

① 湖北省统计局:《湖北固定资产投资"九五"计划与四十六年统计资料》,中国统计出版社,1997,第118页。
② 《南汇交通志》编纂委员会编:《南汇交通志》,方志出版社,2011,第465—466页。
③ 董建中主编:《深圳经济变革大事》,海天出版社,2008,第218页。

国际机场于1995年开工建设，1997年正式通航。此外，这一时期杭州、长沙、厦门、沈阳、长春、哈尔滨、西安、兰州、乌鲁木齐、重庆、昆明等城市均对机场进行了不同程度的改扩建，济南、郑州、石家庄、福州、贵阳、宜昌、绵阳等城市也新建机场并实现了通航。

二、城市配套生活设施的建设

城市的快速发展加速了人口的聚集，由此产生的工作、出行、购物、消费、休闲等行为和现象都是一座现代化城市必然满足的基本功能。20世纪90年代，商业购物中心、城市广场等配套生活设施建设逐步兴起，这进一步完善了城市功能，同时也丰富了市民生活。

（一）商业购物中心与城市步行街建设

商业购物中心作为现代城市综合体的出现是物质文明不断进步的结果，在城市规模迅速扩大和市场经济繁荣的背景下孕育和发展，显示了商品零售业的发展水平。进入20世纪90年代，城市加快"实现了从高度集中的计划经济体制到充满活力的社会主义市场经济体制、从封闭半封闭到全方位开放的历史性转变"[1]。商业购物中心由此在各地城市建设中得到进一步推广，为丰富市民生活发挥了独特作用。

上海是中国最大的都市，经济体量大，活力强。随着社会主义市场经济建设的不断推进，黄浦区、静安区和虹口区等上海传统商业区建立了多个购物中心，浦东新区也兴建了购物中心。其中，规模最大的是南京路步行街购物中心，南京路步行街自近代以来就是上海的商业购物聚集地，改革开放后，一大批新型的综合性商业大楼和国际品牌逐渐入驻南京路。1992—1994年，上海对南京路进行了初步改造，1995年7月，南京路开始试行周末限制机动交通的举措，改为步行制，为了进一步"把南京东路建成具有国际水平的步行商业街"，黄浦区在1997—1998年，完成了九江路—河南路—西藏路以及天津路—四川路—浙江路等路段的

---

[1] 《中共中央关于党的百年奋斗重大成就和历史经验的决议》，《人民日报》2021年11月17日，第5版。

改扩建，1998年8月，上海全面展开南京路步行街建设，一期工程东起河南中路，西至西藏中路，于1999年9月20日竣工。南京路步行街的设计和建设，着眼于"为商业活动提供丰富的活动空间"，"不论是旅游还是休闲购物，都以人的尺度、需求和活动为最根本的出发点，避免受到交通干扰"[①]。此次改造，南京路步行街实现了基本形态的更新，成为集购物、旅游、商务、展示、文化五大功能于一体的城市新地标。

步行街作为城市集中的商业购物中心已成为20世纪90年代众多城市的一种选择，步行街所带来的商务活动在"诱导城市布局发展方向"[②]上也发挥着重要作用。步行街满足了市民日常购物和游览的需要，进一步完善了城市功能，日益成为一个城市的象征。哈尔滨中央大街是一条传统的商业街区，建筑风格独特，改革开放后，中央大街的商业进一步繁荣，但整条街区夹杂了众多破损的房屋，各类商亭、摊贩扎堆，环境脏乱，人车混行，大大限制了这一片区的发展，也有碍于哈尔滨的城镇化进程。1996年8月，哈尔滨市决定改造中央大街，形成"以人为本，注重历史，立足环境，求精求美，突出特色"的步行街，满足商业购物、娱乐、文化和休闲等功能，经过综合整治，中央大街步行街于1997年6月完工，迅速成为"哈尔滨市最有影响的商业精品一条街"。[③]重庆的商业购物中心则在城市空间迅速扩大的背景下，结合山地特征，在不同区域开始形成多中心组团的发展态势，位于渝中区的解放碑是重庆传统的商业购物中心，此时也是重庆规模最大的步行街区，同时在十多公里外的沙坪坝区建立了三峡广场步行街，在长江对面的南岸区建立了南坪步行街，另有九龙坡区的杨家坪步行街和江北区的观音桥步行街也在规划建设中，因此，到"九五"末，重庆主城已孕育出"一主四副"的城市商业购物中心格局。这一时期，北京王府井、天津和平路、武汉江汉路、合肥淮河路、成都春熙路等都进行了不同程度的改造和扩容，其商业功能得到进一步提升，在方便市民购物和休闲的同时，也实现了旧城改造的效果。

除了兴建步行街外，各地城市在一些人口聚集区或交通节点兴建了以大型单

---

① 华霞虹、郑时龄：《同济大学建筑设计院60年（1958—2018）》，同济大学出版社，2018，第240页。
② 冯文炯：《城市现代化与商业步行街（区）的建设》，《城市问题》1994年第2期，第31页。
③ 庄严、葛庆华、杨岩松：《重写老街史，今日换新貌——记哈尔滨中央大街完全步行街建设》，《建筑学报》1997年第12期，第23—27页。

体建筑形式为主的百货大厦和商场,这无疑补充了步行街满足市民购物需求时在空间辐射上的不足。例如北京西单购物中心,距离王府井约三千米,原为西入北京城的交通要道,后逐步形成一些商业网点,改革开放后,西单的商业功能进一步增强,1991年,西单购物中心建成开业,此后五年间累计销售额达到21.1亿元。① 毗邻西单购物中心的西单商场,于1993年实现了股份制,并进行第一次大规模扩建,形成一座营业面积达2.7万平方米的综合性商业体,也是当时北京最大的百货商场。在广州,1991年建成的海珠购物中心"带动了一大片商业群的发展,附近的饮食店、酒廊、歌厅以及经营各业的个体商贩应运而生,流动客源聚增,使其从过去较僻静的居民区变成了区内的繁华地带"②。距离海珠购物中心10多千米外,天河购物中心于1992年动工兴建,被列为当时广州商业发展总体规划的十大项目之一。除北京、广州外,上海、天津、深圳、杭州、宁波、青岛、大连、厦门等沿海城市,南京、武汉、重庆等沿江城市,成都、西安、郑州、长沙、昆明等内陆省会城市,以及潍坊、新乡、芜湖、襄樊、仙桃等中小城市,也都建有购物中心和大型商厦。这些购物中心和大型商厦的建立,是社会零售业不断发展和城镇居民消费水平持续提升的结果,也是当时城镇化稳步推进的产物。

(二)城市广场与城市休闲空间建设

广场是城市的重要公共空间,一般居于城市的空旷地带,为满足现代城市社会功能需要而产生。"城市广场通常是城市居民社会活动的中心,广场上可组织集会,供交通集散,组织居民游览休息,组织商业贸易的交流等。广场上一般都布置着城市中的重要建筑和设施,能集中地表现城市的艺术面貌。"③ 广场具有开阔性,有的城市将广场与公园合建,这也体现了二者在功能上的有机结合。

比较典型的一个例子是1992年9月启动的上海人民广场综合建造工程,该工程将人民广场的修建与已有的人民公园改造结合起来,在两年后的国庆竣工并实现了对外开放。上海人民广场位于浦西中心,是一个集行政、文化、商业、交通

---

① 田光、建枫:《腾飞之魂 成功之路 发展之本——西单购物中心"八五"效益翻番》,《北京统计》1996年第4期,第33页。
② 刘国熊、周晓苑:《建设现代化大商场是广州市建设国际大都市的需要——海珠购物中心开业三年回顾》,《广州市财贸管理干部学院学报》1995年第1期,第15页。
③ 同济大学李德华主编:《城市规划原理》,中国建筑工业出版社,1981,第396页。

于一体的多功能园林式广场，总面积约14万平方米，上海人民广场北临南京西路，南靠延安东路，中间被人民大道分割成北广场和南广场两部分，北广场与人民公园连为一体，由市政大厦、上海大剧院、规划展览馆以及上海图书馆[①]等建筑构成，南广场由上海博物馆等建筑构成，同时配有地铁人民广场站、地下变电站、地下停车库等设施，其余为约8万平方米的景观绿化，整个广场充分利用了城市密集建筑和道路中的原跑马厅空地，保留了历史建筑，在地上、地下新建一批建筑，确保了有足够的城市绿地，市政大厦与博物馆形成南北中轴线，中间的音乐广场是聚集活动中心，使得整个广场空间布局张弛有序。

大连的星海广场是一座滨海的城市露天广场，紧邻星海公园，二者共同构成了大连的标志性城市公共空间。星海广场所处位置原为垃圾场，于1993年启动建设，它充分利用废弃物填埋海岸，于1997年建成投入使用，整个广场占地176万平方米，以南北方向1000米喷泉景观大道为主轴线呈椭圆形布局，分为内外两个环，中心为广场主题雕塑，空地为绿植覆盖，整体现代而庄重大气。星海公园是当时大连最大的海滨公园，由公园绿地和海水浴场构成，公园内有800多米长沙滩，建有鹅卵石小道及多处人工小亭，并设有一些娱乐和玩赏项目，星海广场和公园都面朝大海，舒适怡人。同一时期，大连还兴建和改扩建了海之韵广场、奥林匹克广场、人民广场、中山广场、友好广场、希望广场等数十个广场，极大地改善了大连的城市人居环境。

广州在改革开放后相当一段时期的发展中并不重视城市广场建设，在2000年之前并无标志性的城市广场，且"广场"一词多被商贸大厦滥用。对此，当时的学者呼吁要加强广州的城市广场建设，并将其作为广州实现现代化国际都市发展目标的重要内容，提出要"用广场文化的社会观去对待城市大变化所带来的问题"[②]，强调"建立具有岭南特色的'广场文化'，可以说是广州城市新形象中极为重要的一个方面"[③]。同样地，深圳在这一时期城市发展过程中同步推进了广场建

[①] 原跑马总会大楼，1997年上海图书馆迁出后，为上海美术馆使用，2015年后为上海历史博物馆使用。
[②] 谈锦钊:《广场文化：广州建设国际大都市的城市设计》，《广州经济》1994年第7期，第19页。
[③] 谈锦钊:《大建广场 建大广场——树立广州城市新形象》，《珠江经济》1998年第9期，第18页。

设。1994年开园的深圳世界之窗,既是一座主题公园,也是一座大广场,世界之窗由世界广场、亚洲区、大洋洲区、欧洲区、非洲区、美洲区、世界雕塑园和国际街八大区域构成。其中,"世界广场的设计创作,是在国内第一次运用世界各国标志性建筑符号,精心组织成表演和游客集会的大型露天广场空间"[1]。除此之外,深圳在20世纪90年代还建有龙城广场、公明广场等一大批城市广场。宝安区实施"一镇一广场、一街一景点、一村一公园"的环境建设工程,镇镇有了广场,村村建起了公园。[2] 毫无疑问,城市广场的兴建是改革开放后深圳加快发展、不断满足市民物质和文化生活需要的结果,同时也体现出一座新兴现代化城市的发展理念。

在中国西部内陆地区,武汉、成都、重庆、西安等城市在这一时期也都进行了较大规模的广场建设。武汉洪山广场于1992年建成开放,后又于1999年改建,广场由音乐喷泉广场、中心下沉广场、董必武广场三部分组成,"是一座现代化的,具有交通和休闲功能的复合型广场"[3]。此外,武汉光谷广场也于2000年启动建设。成都则在1997年展开了对人民南路广场的改扩建,后将其命名为天府广场。重庆为迎接直辖,对大礼堂前的空地进行了全面整治,形成了包括"重庆人民大礼堂"牌坊、音乐喷泉、主题雕塑以及若干绿地等在内的广场,1997年6月,重庆人民广场建成对外开放。西安结合钟鼓楼的保护利用,兴建了钟鼓楼广场,广场在空间处理上吸取中国传统空间组景经验,同时结合现代城市空间利用的需要,由地面和地下两部分组成,并巧妙运用了下沉式设计,"成为市民休息、活动的场所和展示钟楼、鼓楼完整形象的舞台,是西安市城市规划、古城保护的杰作"[4]。不难看出,各大城市此时开展的城市广场建设,是城市加速发展过程中城市功能不断完善的表现,也是城市现代性的一种彰显,尤其值得注意的是,随着城市广场的建设,城市的形象和生态环境发生重要改变,其对于改善城市居住环境来说无疑是起到了很大的推动作用,同时还提升了广场周边地区的土地价值,

---

[1] 《深圳世界之窗——世界广场》,《建筑学报》1995年第10期,第12页。
[2] 本报记者:《200广场公园遍布深圳——特色公园、特色广场树起一个个响亮的文化品牌》,《深圳商报》2002年5月3日,第A01版。
[3] 万莉军、李军:《武汉城市广场建设评析》,《规划师》2003年第7期,第63页。
[4] 中国城市规划学会、中国建筑工业出版社编:《城市广场》,中国建筑工业出版社,2000,第75页。

从而促进了20世纪末21世纪初的房地产业的快速发展。城市广场这一新的城市建设理念在大城市的实践,对中小城市起到了非常重要的示范作用。于是,中国各级城市在20世纪末21世纪初的城市建设过程中,纷纷开展了城市广场的建设,以此来带动城市环境改善和土地升值。

三、房地产业的兴起与城市空间格局的变化

改革开放后,一些城市开始了住房制度改革的探索。随着社会主义市场经济体制建设的加快,商品化逐渐成为住房改革的一个方向,由此带来了资本的重新组合,形成了新的产业,推动了城市经济发展,大大改变了城市的空间组合与功能分区,对市民生活产生了持续而深刻的影响。

(一)住房改革的推进

20世纪80年代末、90年代初,国家通过修订宪法和制定专门条例、办法明确了土地有偿出让和使用制度,由此进一步促进了住房制度改革。从1991年开始,国务院先后批复了24个省市的房改总体方案。1992年房改全面启动,住房公积金制度全面推行。在一系列政策的推动下,房地产业迅速发展,仅1993年上半年,就有2万多家房地产企业参与投资运作。然而,这些房地产开发企业只是数量增长快,多数规模小,且市场集中度低,沿海与内地发展严重不平衡,市场较为混乱。

1994年7月,国务院下发了《关于深化城镇住房制度改革的决定》,确定房改的根本目的是:"建立与社会主义市场经济体制相适应的新的城镇住房制度,实现住房商品化、社会化;加快住房建设,改善居住条件,满足城镇居民不断增长的住房需求。"同时指出:"把住房建设投资由国家、单位统包的体制改变为国家、单位、个人三者合理负担的体制","建立以中低收入家庭为对象、具有社会保障性质的经济适用住房供应体系和以高收入家庭为对象的商品房供应体系"。这一决定还提出,要"稳步出售公有住房"和"加快经济适用住房的开发建设"。[①]同

[①] 《国务院关于深化城镇住房制度改革的决定》,中共中央文献研究室编:《十四大以来重要文献选编(上)》,中央文献出版社,2011,第791—800页。

年12月，建设部、财政部等联合制定了《城镇经济适用住房建设管理办法》。通过出台一系列政策和措施，住房改革的方向更加清晰，目标更加明确，住房保障体系的轮廓初步显现。房地产业遂进入了一个相对平稳的发展周期。

1998年，房地产市场化改革步伐加快。这一年7月，国务院发布了《关于进一步深化城镇住房制度改革加快住房建设的通知》。该通知明确指出，深化城镇住房制度改革的目标是："停止住房实物分配，逐步实行住房分配货币化；建立和完善以经济适用房为主的多层次城镇住房供应体系；发展住房金融，培育和规范住房交易市场。"[①]由此，房地产市场开始升温，进入快速发展时期，特别是保障性住房建设和供给相对不足，给商品房建设和房地产金融的发展提供了更多的空间，一些城市的房地产业逐渐发展成当地重要的新兴产业。

（二）商品房建设与城市空间格局的新变化

20世纪90年代，商品房作为房地产业中销售的主要产品，随着住房制度改革的推进，其建设力度也逐步加强，很快发展成为一个新兴的产业。1995年1月1日，《城市房地产管理法》《城市商品房预售管理办法》同时开始施行。根据这些法规，国家明确在一定期限内出让土地使用权，"土地使用权出让，必须符合土地利用总体规划、城市规划和年度建设用地计划"[②]。同时还规定，房地产开发经营企业可以将正式建设中的房屋预先出售给承购人，由承购人支付定金或房价款，而各大城市的建设行政主管部门或房地产行政主管部门"负责本行政区域内城市商品房预售管理"。[③]这样，商品房建设在城市土地出让上的程序便从法律上予以明确，使商品房在各大城市的市场热度进一步增强。随着大规模商品房建设的展开，城市居民通过市场行为满足住房需求的方式逐渐成为生活的一部分，与此同时，商品房建设对城市的住宅、生产、商业以及交通等空间组合产生了新的影响。

---

① 《国务院关于进一步深化城镇住房制度改革加快住房建设的通知》，全国人大常委会法制工作委员会研究室编审：《中华人民共和国行政法律法规全书》第11册，中国民主法制出版社，2000，第6931页。
② 《中华人民共和国城市房地产管理法》，《中华人民共和国全国人民代表大会常务委员会公报》1994年第5期，第35页。
③ 《城市商品房预售管理办法》，《中国房地产》1995年第1期，第4页。

显然，商品房建设的加快表明城市土地用途发生了新的变化，进而促进了这一时期各大城市土地资源的整合利用。土地作为一种生产要素，在人类文明演进的历程中更多是作为农业的发展基础，后受工业革命的影响，为工业发展提供基本场地和原材料。随着城镇化的加快，土地的用途更加多元化，价值也往往与用途紧密相关。国家通过法律明确国有、集体土地可以用于商品房建设，从而增加了城市土地资源的价值。一些城市的老旧街巷、废旧工厂以及垃圾沟谷等地带被利用起来，作为商品房建设的场地。与此同时，新开发的城区因土地价格相对较低，也成为商品房建设的新场域。因此，"土地用途从老旧住宅、工业用地等向CBD、高档消费中心、高档商品房等形式转变，并与居住和工业的郊区化同时发生、相互影响"[1]。具体来看，一方面，城市中心地带部分土地的价值在商品房建设中得到了进一步增强，这得益于一种融商务、住宿、办公以及购物等为一体的复合型商品房的开发；另一方面，部分企业的外迁，使得城市中心地带的土地开始空置，商品房建设改变了其使用功能，由此形成了新的聚居区。此外，在城市的近郊和远郊"出现中高收入阶层的集合住宅，更外围的地区是大量高收入阶层的独立式住宅"；同时也"接纳了因再开发和市政工程建设动迁而从中心地区迁出的城市住户"[2]。由此可见，这一时期的商品房建设至少促成了四类居住空间的调整和构建，新的居住空间的形成与发展对与市民工作和生活紧密相关的城市资源配置产生了非常重要的影响。

商品房建设所带来的城市居住空间的变化，在某种程度上直接反映了城市在空间上的延展，从某种意义上讲，可以说"住房改变了城市"。据对北京城市空间演变的研究显示，北京在改革开放后的十余年时间内，城市建设基本限于三环以内，而在"八五""九五"期间，北京的城市建设迎来了一个高峰，城市在空间布局上开始突破三环，并延伸至五环，随着1998年北京绕城高速的开建，五环之外也开始出现新城区孕育形成发展的态势，这一时期北京的住宅小区开发位于三环以外的高达71.63%，"居住空间结构整体向北和向东突出。北部和东部不仅四环路之内住宅开发相对成熟，而且四环到五环路，甚至五环路以外都成为较好

---

[1] 刘天宝:《中国城市的单位模式》，东南大学出版社，2017，第3页。
[2] 张兵:《我国城市住房空间分布重构》，《城市规划汇刊》1995年第2期，第39页。

的住宅区位"①。在杭州,"地产市场对杭州市城市空间的调控,在一定程度上主要通过转让市场完成","在转让市场的调控下,退出市中心区的用地主体将转向具有地价优势的滨江地区,构成城市空间的跨江态势"。②在1992年之前,杭州的中心城区面积不足90平方千米,在这有限的区域内,商品房建设可利用的土地并不多。随着城镇化进程加快,杭州中心城区环西湖往北面和西面呈扇形向外扩展,至1999年达到171.7平方千米。鉴于中心城区的用地紧张,商品房建设也由城市中央向周边延伸,包括北面的拱墅、下城以及江干东部和滨江一带都成为此时杭州商品房空间布局的重要方向。

城市空间的延展直接拉长了市民日常生活所需的时长,特别是职住空间的分离,使得居住和工作有了明显的空间感。因此,这一时期开发的商品房,已不同于以往的住宅,按照工作单位的集体意愿就近择地而建,而是根据城市土地资源的配置和区位优势以市场行为导向选择地块建设。以上海为例,在改革开放初期,人们仍然坚守"宁要浦西一张床,不要浦东一间房"的观念,但随着浦东的发展,在浦东买房已为不少市民所接受。20世纪90年代,浦东的新建住宅面积达2688.8万平方米,是80年代的3.28倍,这一时期,浦东的房地产开发已突破沿江的局限,开始沿主干道向周边扩展,在浦兴、北蔡、金扬、周家渡、东明、花木、洋泾、川沙、张江、沪东、高桥等地均有不同程度的发展。与此同时,浦西的商品房建设除在黄埔、南市、卢湾、静安等区域的成熟地段布局外,还向虹口、闸北、普陀、长宁、徐汇等区域拓展。其原因是传统的城市空间已大受局限,老旧住宅改造、企事业单位搬迁、商业场地更新等已满足不了快速城镇化背景下人们的居住需求,于是,商品房建设在空间上的突破便成为城市发展的一种必然。由此带来的一种现象是,大量市民的工作和日常生活需要跨区来实现。

商品房建设对城市商业网点、交通组织都产生了较大影响。在市场的驱动下,不同需求和购买力的居民选择在不同的区域购买不同档次的商品房,大型商品房开发区逐渐形成了人口聚居区,高档商品房开发区则往往居住着购买力强或

---

① 刘文忠、刘旺、李业锦:《北京城市内部居住空间分布与居民居住区位偏好》,《地理研究》2003年第6期,第752页。
② 杭州大学《杭州城市跨江发展研究》课题组:《杭州城市跨江发展研究》,杭州大学出版社,1993,第217页。

社会地位较高的市民。这部分市民在城市中占据相当一部分，他们在出行、购物等方面的需求进一步推动了道路、商场等城市基础及其配套设施的完善。例如北京，随着中心城区的居住功能逐渐淡化，更多的商品房布局在三环以外的区域。这一时期，"居住郊区化的发展促进了郊区大型购物中心的发展，因为郊区大量的居住社区需要配备各种购物中心，尤其是大型购物中心，以满足居民需要"。反过来，"随着居住小区生活设施尤其是购物设施的配套，小区对人们居住的吸引力不断增加，它使得城区的居民可以无后顾之忧地迁往郊区，自然推动了居住郊区化的发展"[①]。在出行方面，商品房建设一般会考虑交通规划预期，选择城市新区优势地块进行开发，这反过来也会对后期交通的建设产生新的影响。有研究表明，20世纪90年代末广州市天河新城市中心、海珠区等区域与传统旧城区的交通转换明显增大，这与城市居住空间向外拓展紧密相关。"有能力在新区购置新房的多是具有一定收入、在中心区就业的'白领一族'，而工厂外迁后，大量的'蓝领一族'因无能力在新区购置住宅，依旧居住在老广州中心，于是在高峰时间存在巨大的两个方向钟摆人流过江，给跨江交通设施造成巨大的压力。"[②]故此，这一时期广州在原有人民桥、海珠桥的基础上建成了解放桥、江湾桥、海印桥、广州大桥等跨江大桥，兴建开通了地铁1号线，连接天河、越秀、荔湾等区域，还动工修建地铁2号线，以连接越秀、海珠、番禺等区域。可见，商品房建设的逐步加快，改变了市民的居住空间，由此产生的出行需求也对城市交通的重新规划建设产生了极为深远的影响。

---

① 冯健、周一星、王晓光：《1990年代北京郊区化的最新发展趋势及其对策》，《城市规划》2004年第3期，第20页。
② 邓毛颖等：《广州市居民出行特征分析及交通发展的对策》，《热带地理》2000年第1期，第36页。

第五章

新世纪初期城市发展的新格局

随着21世纪的到来，国际国内形势发生了深刻的变化。20世纪90年代信息产业的突破性发展深刻改变了国际产业分工和竞争格局，经济全球化深入发展，多极化趋势不可逆转。我国的改革开放事业取得了举世瞩目的成就，中国社会发生了意义深远的重大变化，综合国力大幅度跃升，国际影响力显著增强，人民生活总体上实现了由温饱到小康的历史性跨越。2000年10月11日，中共十五届五中全会通过《中共中央关于制定国民经济和社会发展第十个五年计划的建议》（以下简称《建议》），提出："提高城镇化水平，转移农村人口，可以为经济发展提供广阔的市场和持久的动力，是优化城乡经济结构，促进国民经济良性循环和社会协调发展的重大措施。随着农业生产力水平的提高和工业化进程的加快，我国推进城镇化条件已渐成熟，要不失时机地实施城镇化战略。"[①]《建议》的提出标志着中国城镇化发展道路已上升为国家战略，深刻影响着中华民族伟大复兴的发展进程，影响着经济发展水平和区域发展格局。2002年11月，中共十六大提出了全面建设小康社会的奋斗目标，中国特色社会主义进入完善社会主义市场经济体制和扩大对外开放的关键阶段。2007年10月，中共十七大提出了以人为本、全面协调可持续的科学发展观，以科学发展为主题，以加快转变经济发展方式为主线，大力推进中国特色社会主义经济政治文化社会建设，中国城镇化和城市现代化出现全面高速发展的新格局。

第一节　改革深化与城镇化的快速发展

当人类跨进千禧年之际，中国的改革开放也进入一个新的发展阶段，为了推动工业化、城镇化和现代化的发展，党中央决定进一步深化改革开放，一个重要的领域就是对户籍进行改革，户籍改革成为人口城镇化的催化剂，推动了大量农

---

① 《中共中央关于制定国民经济和社会发展第十个五年计划的建议》，中华人民共和国中央人民政府，http://www.gov.cn/gongbao/ content/2000/content_60538.htm。

业人口向城镇转移。此外，21世纪初中国城市发展出现新的模式，即经营城市和城市经营理念与实践兴起，住房制度改革助推房地产业的兴起，而各种类型的开发区建设和基础设施建设也推动了空间城镇化的发展。

一、户籍制度改革与城市发展

进入21世纪，随着工业化进程的不断推进，大量农村人口流入城市，如何解决农村人口的就业、生活、子女就学等问题，解决城乡之间的区隔，推动城乡之间的协调发展，成为各地城镇化进程中面临的重大挑战。在中央的主导下，各省市政府对户籍制度进行了改革，打破户籍制度对城市发展的束缚，以此推动了中国的城镇化进程的快速发展。

（一）户籍管理制度改革及对城镇化的推进

20世纪末至21世纪初，中国改革开放进入一个新的阶段，一方面农村改革持续推进，使大量劳动力得到释放，各地农村允许并鼓励农民进城务工；另一方面城市经济的快速发展，需要大量劳动力，放宽了农民务工的门槛，大量农村人口涌向城市。然而"我国过去没有认识到人口移动的必然性和巨大性，也没有做好接纳大规模人口迁入的准备，因而导致外来人口在城市中的生活和工作受到极大的限制，没有形成城市化应有的从农村向城市定居的人口移动模式"，因此，"如何正视人口移动的力量，利用和诱导它成为中国城市化健康发展的原动力，这无疑是我国21世纪面临的最大挑战"。[1]

为了促使进农村剩余劳动力就近、有序地向小城镇转移，促进小城镇和农村的全面发展，维护社会稳定。同时，继续严格控制大中城市特别是北京、天津、上海等特大城市人口的机械增长，1997年5月20日国务院颁布了《小城镇户籍管理制度改革试点方案》，允许以下人员到小城镇落户：（1）从农村到小城镇务工或者兴办第二产业、第三产业的人员；（2）小城镇的机关、团体、企业、事业单位聘用的管理人员、专业技术人员；（3）在小城镇购买了商品房或者已有合法自建房的居民（上述三类人员的共同居住的直系亲属，可以随迁办理城镇常住户口）；

---

[1] 姜乃力、张婷婷：《城市地理学发展研究》，辽宁大学出版社，2017，第120页。

（4）外商、华侨和港澳同胞、台湾同胞在小城镇投资兴办实业、经批准在小城镇购买了商品房或者已有合法自建房后，如有要求，可为他们需要照顾在小城镇落户的大陆亲属办理城镇常住户口；（5）在小城镇范围内居住的农民，土地已被征用、需要依法安置的，可以办理城镇常住户口；（6）经批准在小城镇落户人员的农村承包地和自留地，由其原所在的农村经济组织或者村民委员会收回，凭收回承包地和自留地的证明，办理在小城镇落户手续。[①]

《小城镇户籍管理制度改革试点方案》的颁布，为农村居民有序流入小城镇提供了政策依据，促进了农业人口有序地向小城镇转移。此后，中央将发展小城镇上升为解决三农问题和推动城镇化进程的一项国家战略。1998年10月，中共十五届三中全会指出："发展小城镇是带动农村经济和社会发展的一个大战略"，它"有利于解决现阶段农村一系列深层次矛盾，优化农业和农村经济结构，增加农民收入；有利于缓解当前国内需求不足和农产品阶段性过剩状况，为整个工业和服务业的长远发展扩展新的市场空间。加快我国城镇化进程，实现城镇化与工业化协调发展，小城镇发挥着重要的作用。发展小城镇，是实现我国农村现代化的必由之路"。不过，由于"一些地方缺乏长远、科学的规划，小城镇布局不合理；有些地方存在不顾客观条件和经济社会发展规律，盲目攀比、盲目扩张的倾向；多数小城镇基础设施不配套，影响城镇整体功能的发挥；小城镇自身管理体制不适应社会主义市场经济的要求"。[②]

为了解决小城镇发展战略存在的弊端，国务院将户籍制度改革作为重要切入点。2001年5月，国务院批转公安部《关于推进小城镇户籍管理制度改革的意见》（以下简称《意见》），提出"通过改革小城镇户籍管理制度，引导农村人口向小城镇有序转移，促进小城镇健康发展，加快我国城镇化进程"[③]。《意见》规定："从今年（2001年）起，凡在县级市市区、县人民政府驻地及县以下小城镇有合法固定住所、稳定职业或生活来源的农民，均可以根据本人意愿转为城镇户口，

---

① 中国社会科学院人口研究所编：《中国人口年鉴（1998）》，中国民航出版社，1998，第35页。
② 中国社会科学院人口与劳动经济研究所编：《中国人口年鉴2001》，《中国人口年鉴》杂志社，2001，第24页。
③ 中国社会科学院人口与劳动经济研究所编：《中国人口年鉴2002》，《中国人口年鉴》杂志社，2002，第59页。

并在子女入学、参军、就业等方面享受与城镇居民同等待遇,不得实行歧视性政策。对在小城镇落户的农民,各地区、各部门不得收取城镇增容费或其他类似费用。对进镇落户的农民,可根据本人意愿,保留承包土地的经营权,也允许依法有偿转让。"[①]《意见》还提出了户籍改革的基本原则:"(1)既要积极,又要稳妥;(2)总体把握,政策配套;(3)严格办理小城镇常住户口的审批工作;(4)因地制宜,协调发展。"[②]其目标是:"通过改革小城镇户籍管理制度,引导农村人口向小城镇有序转移,促进小城镇健康发展,加快我国城镇化进程。同时,为户籍管理制度的总体改革定基础。"[③]此外,随着城镇化战略的持续推进,中央政府从法律层面对城乡户籍进行进一步的规范。2003年,中央要求各地停办"蓝印户口",开始逐步取消农业户口与非农业户口的区别,推行城乡户口一体化。[④]这些举措有利于保障城乡入城居民的合法权益,为城市居民的合理流动提供了政策保障。

2006年,中共中央为优化城镇化结构,推进城乡经济社会发展一体化,下发"一号文件",要求加快推进户籍制度改革。2007年3月,公安部会同国家发展改革委、教育部、民政部等13个部门进行了户籍管理工作综合调研,形成了《公安部关于进一步改革户籍管理制度的意见(送审稿)》,提出了"严密和完善暂住户口登记管理;取消夫妻投靠的户口迁移条件限制;放宽老年人到城市投靠子女的户口迁移政策;视具体情况,可以调整户口迁移政策和逐步建立全国城乡统一的户口登记管理制度"等五大举措,不过这一政策最终未能正式实施。

2007年3月,中央决定逐步取消农业户口与非农业户口的二元户籍管理制度,城乡户口登记制度得以统一,统称为居民户口。然而,与户籍制度配套的社会保障、教育、住房、就业、土地等制度尚未进行彻底的改革,户籍制度改革引导人口合理有序流动的改革目标仍然没有完全实现。为此,中央把户籍制度改革作为

---

① 中国社会科学院人口与劳动经济研究所编:《中国人口年鉴2001》,《中国人口年鉴》杂志社,2001,第24页。
② 中国社会科学院人口与劳动经济研究所编:《中国人口年鉴2001》,《中国人口年鉴》杂志社,2001,第24页。
③ 中国社会科学院人口与劳动经济研究所编:《中国人口年鉴2002》,《中国人口年鉴》杂志社,2002,第59页。
④ 熊贵彬:《国家权力与社会结构视野下的农民工城市化》,中国社会出版社,2009,第32页。

深化经济体制改革和推动乡村改革的重要举措来抓。

2008年，中共十七届三中全会通过的《中共中央关于推进农村改革发展若干重大问题的决定》，首次提出"推进户籍制度改革，放宽中小城市落户条件，使在城镇稳定就业和居住的农民有序转为城镇居民"。

2010年，国家发展改革委颁布了《关于2010年深化经济体制改革重点工作的意见》，对户籍制度提出了改革意见："深化户籍制度改革，加快落实放宽中小城市、小城镇特别是县城和中心镇落户条件的政策。进一步完善暂住人口登记制度，逐步在全国范围内实行居住证制度。"[1] 2011年《政府工作报告》提出"把有稳定劳动关系并在城镇居住一定年限的农民工，逐步转为城镇居民"。

总之，从2001年至2012年，在城乡一体化战略的实施过程中，户籍制度改革成为重要内容，城乡之间的户籍差别逐渐消失，为农民进入城镇提供了政策依据，保证了城市外来人口的合理流动，推进了21世纪前十年城镇化的进程。

（二）户籍制度改革的城市实践

21世纪以来，各地根据中央关于城乡户籍制度改革的政策，对户籍制度改革进行了有益的探索和实践，其中比较典型的有以上海、北京为代表的东部城市，以及以成都等为代表的中西部城市。

1. 外来人口落户政策的改革——上海

21世纪以来，上海作为中国的经济中心，流入了大量的人口。2002年以来，上海市开始实行人才居住证制度。2009年，上海市为了深化本市户籍管理改革，完善居住证制度，吸引人才来沪，发布了《持有〈上海市居住证〉人员申办本市常住户口试行办法》[2]，对来沪创业、就业，并持有《上海市居住证》的境内人员的落户给予规范。该办法指出，符合以下五类条件的人员可申请落户：a.持有《上海市居住证》满七年；b.持证期间按规定参加本市城镇社会保险满七年；c.持证期间依法在本市缴纳所得税；d.在本市被聘任为中级及以上专业技术职务或

---

[1] 《中国投资年鉴》编辑委员会编：《中国投资年鉴2010》，中国计划出版社，2011，第419页。

[2] 《上海市人民政府关于印发〈持有《上海市居住证》人员申办本市常住户口试行办法〉的通知》（沪府发〔2009〕7号），上海市人民政府，http://www.shanghai.gov.cn/nw22592/20200820/0001-22592.17537.html.

者具有技师（国家二级以上职业资格证书）以上职业资格，且专业及工种对应；e.无违反国家及本市计划生育政策规定行为、治安管理处罚以上违法犯罪记录及其他方面的不良行为记录。

该办法还提出了落户上海的激励条件：a.在本市做出重大贡献并获得相应奖励，或在本市被评聘为高级专业技术职务或高级技师（国家一级职业资格证书）且专业、工种与所聘岗位相符的；b.在本市远郊地区的教育、卫生等岗位工作满五年的，持证及参保年限可缩短至五年；c.最近连续三年在本市缴纳城镇社会保险基数高于本市上年度职工平均工资两倍以上的，或者最近连续三年计税薪酬收入高于上年同行业中级技术、技能或管理岗位年均薪酬收入水平的，技术管理和关键岗位人员可不受第五条第四项规定的专业技术职务或职业资格等级的限制；d.按个人在本市直接投资（或投资份额）计算，最近连续三个纳税年度内累计缴纳总额及每年最低缴纳额达到本市规定标准的，或者连续三年聘用本市员工人数达到规定标准的，相关投资和创业人才可不受本办法第五条第四项专业技术职务或职业资格等级的限制。

上海作为中国人口、资源、环境压力巨大的超大城市，能在设置一定门槛的前提下，缓缓打开外来人口入户的大门，对我国其他超大特大城市的户籍改革有典型的示范作用。

2. 基于城乡一体化的户籍改革——北京

21世纪以来，基于国家城镇化战略，为实现乡村人口进入北京市的有序管理，推动城乡一体化，北京市对户籍制度改革采取了一系列举措，逐步落实中央的小城镇化战略，在卫星城和中心城镇逐步打破户籍对城乡人口流动的限制。

2002年9月，北京市政府批转了市公安局《关于推进小城镇户籍管理制度的意见》，规定"在本市14个卫星城和33个中心镇的规划区范围内，有合法固定住所、稳定职业或生活来源的人员及其他共同居住生活的直系亲属，凡持有本市农业户口的，均可根据本人意愿办理城镇常住户口"。

2003年1月，北京市政府出台政策，允许新生小孩和职业高中在校生自愿转为非农业户口。

2007年4月，北京市公安局发布《户政管理工作便民利民服务措施》，"取消小城镇户口登记期满后市内迁移的审批制度，放宽未成年人随父亲在京入户条件，放宽本市人员农转非条件，放宽父母投靠子女农转非条件等"[1]。这些改革为"农转非"的户籍改革起到了较大的推动作用。

3. 中西部城市户籍改革的典型——成都

21世纪以来，成都市的人口规模不断扩大，特别是随着外来人口的不断流入，如何规范外来人口管理，成为成都户籍改革的重点。为了进一步放开农民到城镇和市外人员到成都入户，成都市制定了鼓励农民向城镇集中的政策措施，积极引导农民向城镇和农村新型社区集中。2006年10月20日，成都市出台《关于深化户籍制度改革深入推进城乡一体化的意见（试行）》[2]，主要改革内容包括以下六个方面：

a. 原购房入户中心城区只能是商品房，调整后二手房也能入户。

b. 原购房迁入的，购房面积或金额其中一项符合条件可迁入，调整后的政策只有面积限制，统一为90平方米以上，无金额限制，而且需同时提供劳动管理部门认可的与本市用人单位签订的劳动合同以及社保部门出具的在本市连续缴纳社保一年以上的证明。租房入户限于户籍在本市的农民，租用的是统一规划修建的出租房，且在同一住房居住一年以上的方可在租房地入户。

c. 暂住人员满足一定条件，可登记本人、配偶和未成年子女的常住户口。符合此项入户政策应同时满足以下几个条件：一是暂住必须满三年，二是拥有合法固定住所，三是应与本市用人单位签订劳动合同并不间断缴纳社会保险三年以上。

d. 农民工子女在成都上学可落户。

e. 对投资者、人才落户政策进行调整。一是对入户中心城区的学历和职称进行了适当放宽。原是具有本科学历或中级职称可入户，现在放宽到大专学历、中级职称或技师以上。二是增加了年龄限制。原学历、职称引进的人才无年龄限制，此次调整后年龄限制在45周岁以下，并在本市落实了工作的人员（特殊人才年龄可适当放宽）。

f. 严格控制城镇人口和市外人员向本市农村迁移。除婚迁投靠外，本市的城

---

[1] 张英洪：《新型城市化：北京的探索与前景》，上海人民出版社，2013，第82页。

[2] 成都市发展和改革委员会、成都市经济信息中心编：《2007年成都经济展望》，四川科学技术出版社，2007，第111页。

镇人口、已征地农转非人员以及市外人员,不得向本市农村地区迁移。确因特殊情况迁入的,是指法规和政策已有规定的几种人,但这几种人迁入后,不得享受本市农村的各种待遇和征地补偿政策。[①]

2010年,成都市为了破除城乡二元户籍制度,构建城乡一体的户籍管理体制,又出台了《关于全域成都城乡统一户籍实现居民自由迁徙的意见》,其主要内容包括以下几方面:a.建立户口登记地与实际居住地统一的户籍管理制度;b.统一就业失业登记,完善就业援助制度;c.进一步完善城乡统一的社会保险制度;d.建立分区域统一的城乡住房保障体系;e.分区域统一城乡"三无"人员供养标准和低保标准,2015年底前,全市实现同一区(市)县统一城乡低保标准;f.建立城乡统一的计划生育政策,对迁入城镇的农村居民在五年内继续执行农村计划生育政策;g.实现义务教育公平化;h.统一中职学生资助政策;i.城乡居民在户籍所在地享有平等的政治权利和民主管理权利;j.实行统一的退役士兵安置补偿和城乡义务兵家庭优待政策;k.市外人员入户享受与本地居民同等的待遇;l.加强全域成都统一户籍改革的领导。[②]

成都市所进行的户籍制度改革,是一次比较彻底的户籍改革,一方面,它建立了户籍、居住一元化管理的体制机制,充分保障了农民的基本权益;另一方面,它实现了统一户籍背景下农民享有平等的教育、住房、社保等基本公共服务和社会福利。

总之,这一时期我国不同区域的城市户籍改革主要围绕着如何破解城乡二元化格局而展开,其目的在于通过户籍改革,加速社会主义市场经济改革,促进人才资源配置市场化,以适应社会主义市场经济发展,促进经济又好又快发展,构建城乡统筹的和谐社会,并加速推进城镇化进程。

(三)户籍制度改革与城镇化的推进

20世纪初期的户籍制度改革,虽然一定程度上推动了城镇化进程,尤其是在

[①] 《中共成都市委、成都市人民政府关于深化户籍制度改革深入推进城乡一体化的意见(试行)》(成委发〔2006〕52号)。
[②] 《中共成都市委、成都市人民政府关于全域成都城乡统一户籍实现居民自由迁徙的意见》(成委发〔2010〕23号)。

提高城市人口的城镇化率方面发挥了一定的作用，也是我国以市场导向的人口城镇化的新尝试，但是整体而言，该时期的户籍制度的转型还远远滞后于城镇化转型的需求，户籍制度仍然是限制。

1. 户籍制度改革对城镇化的推进

户籍制度改革一定程度上逐步打破了"城乡二元"机构的束缚，有效推动了乡村向城市的合理流动，进而推动了城市人口的增长。如北京2003年底的常住人口已达1450万人，比2000年又增加了近100万人，其中，每年户籍净迁入人口达12万人，其中，居住北京半年以上的流动人口达307.6万人，比2000年增加50余万人。[1]上海市2000年的户籍人口为1321.63万人，常住人口规模已达到1640.77万人；到2005年，其户籍人口为1360.26万人，常住人口规模为1778万人。[2]到2005年，上海的居住一年以上外来人口达到581万人，比2004年增加45万人，增长8.4%，其中来沪半年以上的外来常住人口438万人，比2004年增加34万人。[3]整体而言，大城市是户籍制度改革的最大受益者，其城市人口因户籍改革得以稳步增长，外来人口的流入一定程度上弥补了大城市人口结构上的不足，为城市社会、经济发展提供了丰富的多元化的人口资源。

随着人口的不断增加，大城市大都通过产业布局、交通建设等举措，引导外来人口向郊区流动，由此扩大了城市的规模，进一步加快了城镇化进程。例如，北京市政府通过调整产业结构，变动经济布局，引导外来人口向郊县流动，据统计，2003年，60%的北京市流动人口分布于近郊四区，1997年至2003年增加的100万人口中，86.9%则又集中在昌平、大兴、通州、房山、顺义五个区。[4]再如，上海郊区2008年的总人口1007.5万人，其中外来人口451.35万人，占44.8%，有38个镇的外来人口数已超过本地人口，其中有三个镇的外来人口与本地人口已呈

---

[1] 北京市人口和计划生育委员会、北京市人口学会编：《人口与发展·第一辑：首都人口与发展论坛文辑》，中国人口出版社，2005，第42页。
[2] 谢玲丽主编：《上海人口发展60年》，上海人民出版社，2010，第14页。
[3] 中国新闻社上海分社、中国新闻社上海分社房地产研究中心编：《上海房地产投资发展与城市交通年鉴2006》，上海文艺出版总社、百家出版社，2006，第452页。
[4] 北京市人口和计划生育委员会、北京市人口学会编：《人口与发展·第一辑：首都人口与发展论坛文辑》，中国人口出版社，2005，第46—47页。

2∶1，有16个镇的本地人口与外来人口的比例在1.5∶1。[①]成都郊区的人口也有了大幅度增长，据统计，从2005年至2007年，成都全市非农业人口增加51.6万人，其中，中心城区非农业人口增量为13万人，近郊区非农业人口增量为32.1万人，远郊区非农业人口增量为6.5万人，分别占全市非农业人口增量的25.2%、62.2%和12.6%，近郊区成为新增非农业人口的主要承载地。[②]从整体看，到2010年，全国城市建成区面积扩张至40058平方千米，城市建成区面积扩张近3倍；城市建成区面积年均净增1245平方千米。[③]不难看出，随着大量人口流入城市，21世纪初期的中国人口规模与土地规模都得到了较快的增长。

值得注意的是，户籍制度改革虽然在推动城乡人口流动过程中发挥了重要的作用，但并没有从制度层面彻底打破城乡人口流动的束缚，只是为农民流入城市设置了一道比较规范的门槛，由此造成的后果就是，流入城市的大量人口没有户籍，流动人口在城市总人口中占比较高。据统计，2005年上海实有人口1921.35万人，其中，户籍人口占实有人口的69.8%，常住外来人口占22.8%，居住半年以下外来人口占7.4%。[④]成都也是如此，2010年成都市常住人口为1404.76万人，在全市常住人口中，外来流动人口为300.19万人，占比高达21.37%。[⑤]从整体看，2010年，我国流动人口达2.21亿人，比2000年增长1亿人，流动人口比重由9.6%上升到16.5%。其中，省内跨县（市）和跨省流动是主体，分别占38.3%和38.9%。流动人口已经成为城镇人口的重要组成部分，在全国31个省区市中，有13个省区市流动人口占城镇人口的比重超过20%，其中，北京、天津、上海、浙江、福建和广东六省市占比甚至超过30%。[⑥]

正是由于流动人口占比较大，我国人口城镇化的水平是低于实际的城镇化水平的。据统计，2009年，北京的城镇化水平按照常住人口计算为85%，按照户籍

[①] 潘培坤、凌岩主编：《城镇化探索》，同济大学出版社，2012，第242页。
[②] 阎星等：《改革开放30年成都经济发展道路》，四川人民出版社，2009，第105页。
[③] 廖洪乐：《中国改革与发展报告2013·农民市民化与制度变革》，上海远东出版社，2013，第76页。
[④] 中国新闻社上海分社、中国新闻社上海分社房地产研究中心编：《上海房地产投资发展与城市交通年鉴2006》，上海文艺出版总社、百家出版社，2006，第452页。
[⑤] 张英洪：《新型城市化：北京的探索与前景》，上海人民出版社，2013，第79页。
[⑥] 韩俊、何宇鹏：《新型城镇化与农民工市民化》，中国工人出版社，2014，第108页。

人口算则为78%；天津的城镇化水平按照常住人口计算为78%，按照户籍人口算为60.9%；上海市的城镇化水平按照常住人口计算为88.6%，按照户籍人口算为88.3%；其他省份的城镇化水平也是如此。①

总体而言，21世纪初，我国户籍改革程度有了进一步的推进，虽然推动了城镇化的发展，但仍存在不足，一是不少地区的城镇化实际成效不大，城市人口的"农业人口"占比仍然相当大，如重庆市从2000年到2010年户籍人口从3091.09万人增长到了3303.45万人，增长幅度不大，其中农业人口从2430.2万人减少至2196.45万人。②故而我国在20世纪初期推行的"户籍制度改革并没有在取消城乡人口差别上取得实质进展，反而某种程度上强化了国家通过户籍制度对城市化人口的控制，与区域城市化之间并没有发生对应的联系"③。二是此一阶段的户籍改革没有从根本上解决农民如何转化为市民的问题以及由此引发的一些城市问题。

2. 户籍制度改革引发的城市问题

城市户籍改革推动了城乡人口的大规模流动，为城市的发展提供了大量的劳动力，大大加快了城镇化进程。不过，大量的乡村人口或外来人口进入城市之后，引发了许多问题。

户籍制度改革带来的城市人口增长，特别是大城市人口机械增长速度可能加快，对城市自身发展产生冲击，不但加大了城市的就业压力以及财政补助支出，而且对交通、供电、供气、供水、医疗、住房、教育等城市基础设施造成了压力。④例如，随着城市外来人口的增加，与之相随的是教育、文化、医疗卫生以及农村社会化服务等各公共服务支出需求的持续增加，这就加剧了城乡公共服务刚性支出需求增加与公共财政短收之间的矛盾。如成都在2018年前，"每年仅住房、教育、医疗卫生、社会保障、城乡基础设施建设等几个方面，每年需要的钱

---

① 廖洪乐：《中国改革与发展报告2013·农民市民化与制度变革》，上海远东出版社，2013，第80页。
② 重庆市统计局、国家统计局重庆调查总队编：《重庆统计年鉴2011》，中国统计出版社，2011。
③ 张立、赵民：《改革开放后中国社会的城市化转型进程与趋势》，同济大学出版社，2020，第96页。
④ 张雷：《当代中国户籍制度改革》，中国人民公安大学出版社，2009，第136页。

不会低于2000亿元"[①]。再如，入城人口的增加导致住房需求大增，推动房价上涨，不少入城人员为了获得城市户口，开始购置房产，而需求的增加也推动房地产投资和炒房热的兴起，导致房价呈持续上涨的态势，"某地区的商品房区外销售率达60%以上，且房价在三四年时间之内几乎涨了近1倍"[②]。此外，由于相当部分进城务工的农民缺乏技能，只能从事简单劳动，成为低收入群体，这在一定程度上增加了他们融入城市社会的难度，使不少农民难以转化为市民，有些地方城镇户籍人口与常住人口差达到20%左右。与此同时，在经济结构调整和产业升级的背景下，农民工的就业依然集中于传统的产业行业，且供大于求，这必然会制约农民工工资收入的增长。而且，少数企业甚至会借机拖欠农民工工资。[③]这些因素导致了入城农民的获得感以及幸福指数不高。

城市户籍改革带来的问题，从根本上说是部分城市的户籍制度改革过急，对大量农村人口进入城市后产生的相关问题缺乏准备和采取积极的应对措施。

国务院针对户籍改革与城镇化进程中出现的上述问题，于2011年2月26日颁布了《国务院办公厅关于积极稳妥推进户籍管理制度改革的通知》，通知指出："有的地方不顾当地经济社会发展实际情况，片面追求城镇规模城镇化速度；有的地方不分城市类别不顾城市综合承载能力，一味放宽落户城市的条件；有的地方擅自突破国家政策，损害群众切身利益。对这些问题如不高度重视并及时妥善解决，就会严重影响城镇化依法健康有序进行，严重影响经济平稳较快发展和社会和谐稳定，也直接影响户籍管理制度改革的顺利推进。"[④]为此，中央要求各地的户籍制度改革必须遵循以下两个基本原则：（1）遵循城镇化发展规律，统筹推进工业化和农业现代化、城镇化和社会主义新农村建设、大中小城市和小城镇协调发展，引导非农产业和农村人口有序向中小城市和建制镇转移，逐步满足符合条件的农村人口落户需求，逐步实现城乡基本公共服务均等化。（2）必须立足人

---

① 王健、徐睿等:《构建一元化户籍管理制度研究》,四川人民出版社,2013,第103—104页。
② 熊贵彬:《国家权力与社会结构视野下的农民工城市化》,中国社会出版社,2009,第35页。
③ 盛明富:《中国农民工40年（1978—2018）》,中国工人出版社,2018,第349页。
④ 中共中央文献研究室编:《十七大以来重要文献选编（下）》,中央文献出版社,2013,第190页。

口大国的基本国情，充分考虑当地经济社会发展水平和城市综合承载能力特别是容纳就业、提供社会保障的能力；必须尊重农民意愿，切实保障农民合法权益；必须坚持统筹规划，着力完善配套政策；必须坚持分类指导，做到积极稳妥、规范有序。①

2013年，中共中央颁布了《中共中央关于全面深化改革若干重大问题的决定》，提出要"创新人口理论，加快户籍制度改革，全面放开建制镇和小城市落户限制，有序放开中等城市落户限制，合理确定大城市落户条件，严格控制特大城市人口规模"②。中央对部分城市过急的户籍制度改革进行了调试，及时纠偏，从而各地城市户籍制度改革更加因地制宜、有序地推进。

二、"经营城市"与空间城镇化的高速发展

21世纪初，中国从社会主义计划经济向社会主义市场经济转变，城市成为政府可资经营的活化国有资产，因此经营城市开始从理论走向实践，越来越多的城市开始像经营企业那样从资产负债角度考察和运作城市，即如何增加城市资产、减少城市负债、加速城市资金流、降低城镇化成本等。

（一）"经营城市"理念提出的背景

在世纪之交，面对捉襟见肘的城市财政和嗷嗷待哺的城市建设，经营城市的概念应运而生。经营城市，就是城市政府为突破城市建设瓶颈，运用公共设施建设、经济宏观调控和社会秩序保障职能，不断提高城市土地资本和地域空间的使用效益，完善经济功能，创造发展环境的运作过程。经营城市的目标是降低投资成本，吸引生产，发展市场主体，以城市的发展带动经济发展。简单说来，经营城市就是城市政府试图把城市作为企业那样来经营，把经营意识贯穿到城市规划、发展、建设、管理的全过程，从整体上推动城市经济持续快速健康发展。

---

① 中共中央文献研究室编：《十七大以来重要文献选编（下）》，中央文献出版社，2013，第191页。
② 中共中央文献研究室编：《十七大以来重要文献选编（下）》，中央文献出版社，2013，第191页。

城市建设事关国计民生，投入大、周期长、公益性强，因此，城市建设长期都是由政府包揽包办、单一投资。但此时期城市政府的财政收入相对较少，不少大的建设项目难以投入，部分工程虽然得以上马，但往往因工程建设资金到位不及时，使城市建设陷入了一方面建设资金严重短缺、一方面工程投资不断增加的恶性循环。随着人们对拓展城市骨架、提升城市品位、完善城市功能的要求越来越高，城市建设所需资金越来越巨大，依靠财政搞城市建设的路子已越来越举步维艰。

要摆脱传统城市建设的困境，必须走经营城市之路。用计划经济的眼光看城建，看到的只有投入，就是缺钱；但用市场经济的眼光看城建，看到的则是产业回报。用经营的眼光看城建，土地、道路、一切可经营的城市元素都是资本。只要符合政府所追求的"社会公益事业总量不断增加"的目标，城市建设就应该放开市场。要彻底改变城市建设政府投入、无偿使用的旧模式，根据"谁投资、谁所有、谁受益"的原则，努力开辟城建资金来源。城市建设既可以由政府投资，也可以由业主投资；既可以由股份制形式投资，也可以由个人投资；既可以启动内资，也可以引进外资。总之，要变一方投资为多方聚资，变政府包建为全民共建，实行多元化开发，谋求和吸纳更多资金投入城市建设。

城市是一个永续发展的地域空间，其中人是主体，生态环境是条件，经济是支柱。要实现富民强市的目标，就必须强化经营城市意识，充分释放增长潜力，着力培育自身的优势。经营城市就是在市场经济条件下盘活城市资产的现实选择和观念创新。

在传统习惯思维中，城市只是给人们提供生产、生活条件的无偿服务型、共享型的公共产品，政府对它只投入、不收益，只建设、不经营。在市场经济条件下，如何用市场的眼光重新认识和审视城市是一个新的课题。应当看到，城市是国家长期巨额资金投入的结果，是资本的实物形态，实际上就是政府最大的一笔有形国有资产。我们完全可以运用市场经济的手段，对构成城市空间和城市功能载体的自然生成资本（如土地）与人力作用资本（如路、桥）及其相关延伸资本（如路、桥冠名权）进行集聚、重组和营运，最大限度地盘活存量、吸引增量，走出一条以城建城、以城兴城的城建市场化之路，实现城市的自我滚动、自我积累、自我增值。为此，要强化经营城市理念，努力完成把城市资产作为公共财产到可经营性资产的转变、把城市建设作为社会公益事业到资本经营的转变、把政府部门作为出资者到经营者的转变。

经营城市包括盘活存量资本和搞活增量资本两个方面。在具体操作中，要把市场经济中的经营意识、经营机制、经营主体、经营方式等多种要素引入城市建设，把凡是可以投入市场营运的城市基础设施推向市场，通过对城市基础设施所有权和经营权实行有效剥离，全面归集和盘活资产，采取能卖的卖、能租的租、能抵押的抵押等办法，促使城市资产重新配置和优化组合，从而建立多元化的投融资渠道，不断扩充城市建设的资金来源。

（二）经营城市与"三个转变"

中共十六大明确提出"逐步提高城镇化水平，坚持大中小城市和小城镇协调发展，走中国特色的城镇化道路"，为我国大力推进城镇化、建设现代化城市指明了方向。为此，全国各地的城市纷纷立足城市实际，做出了全方位经营城市，实现土地资源向土地资本转变、民间资金向民间资本转变、人才资源向人才资本转变的重大决策。"三个转变"是各省市贯彻中共十六大精神、深化对跨越式发展战略的认识、贯彻落实"三个代表"重要思想的具体体现，是全面建设小康社会、富民强省的重大举措，也是全面实施经营城市战略的根本指针。"三个转变"的实质是通过生产要素的市场化配置，把资源转变为资本，实现土地、资金、人才等生产要素的优化配置和效益提升。"三个转变"为经营城市提供了强大的动力，注入了新的活力；全面实施经营城市战略，是实现"三个转变"的切入点和结合点。

首先，推进土地资源向土地资本转变，是全面实施经营城市战略的核心。土地是不可再生的珍贵资源，城市国有土地是政府最大、最具体的资产，是最能增值的资本，是城市建设和发展资金的重要来源。经营城市主要是经营城市资产，核心是经营城市土地。经营土地的实质是在政府集中统一管理的前提下，对土地资源进行市场化运作，发挥土地资源的综合效益，实现土地资源配置最优化和土地资本收益最大化，最大限度地为经营城市提供建设用地和建设资金。四川省2003年1—6月实现土地收益62亿元，超过2002年全年水平。南充市财政于2002年实现土地收益4.5亿元，是一般财政收入的2.6倍。实践证明，经营土地为经营城市提供了建设用地和资金支持；经营城市又为土地资源转变为土地资本、实现土地资源优化配置和土地资本效益提升搭建了平台，提供了契机。

其次，推进民间资金向民间资本转变，是全面实施经营城市战略的保障。经营城市面临的最大瓶颈是资金缺乏，解决资金问题的现实途径是推进投融资体制创新，建立投资主体多元化、融资方式多样化、运作方式市场化的新体制。四川省城市投融资体制改革相对滞后，政府投资领域过宽、战线过长，导致政府负债过多、包袱沉重。而众多分散的民间资金缺乏进入的有效途径，投资预期收益难料，降低了民间投资的进入度，加上市场准入门槛过高，承诺的优惠政策难以兑现，影响了民间投资的快速增长。不断壮大的民间资本是经营城市的重要资金来源，蓬勃发展的民营企业是经营城市的重要投资建设主体，引导和激活民间资金参与城市建设，是全面实施经营城市战略的重要环节和有效途径。成都市积极探索政府投资项目融资新模式，首次采取集合委托贷款方式，吸引民间资金2亿多元投入水环境综合整治项目。实践证明，民间资金是城市建设和发展资金的重要来源，民营企业正在成为城市建设的生力军。同时，经营城市战略的实施，为将民间资金转化为民间资本，参与城市建设和发展的投资打开了新的通道，为民营企业的发展提供了巨大的空间。

最后，推进人才资源向人才资本的转变，是全面实施经营城市战略的关键。人才资本是市场经济条件下实施经营城市战略的核心要素，是所有城市资本要素中最重要的战略资本。全面实施经营城市战略，急需建设一支优秀的公务员队伍，尤其是一大批懂投资、会管理、善经营的复合型人才和专业人才。各级城市的相关部门分别举办各类经营城市培训班，通过多层次、多形式的培训，提高了各级党政领导和专业技术管理人才经营城市的政策理论水平、专业技术水平和解决实际问题的能力。如成都市通过推进城镇户籍制度改革，广泛吸收和引进各类人才，促进了城市建设和发展。实践证明，人才资源是经营城市的第一资源，人才资本是经营城市的第一资本，加快人才资源向人才资本转变，是全面实施经营城市战略的关键。同时，经营城市战略的实施又为人才资源向人才资本转变提供了广阔的舞台，为有真才实学的人才施展才干提供了用武之地。

（三）经营城市的核心理念与城市运作

城市经营是城市整体的经营，它经营的范围和任务主要是城市要素的优化组合。这些要素各自形成一个个独立的子系统，都有自身的特征、结构、功能、目标和运行程序，在经营城市的总体目标规范下有序运行。

经营土地是经营城市的起点。土地是政府掌握的最大的城市资产，同时也是城市的稀缺资源，所以它的收益是直接的，不仅可以解决经营城市起始阶段的资金问题，而且也可为其他城市资产的市场化运作提供经验，如江苏的昆山市近年来实行土地有偿使用制度，每年土地收益达5亿元，占地方财政收入的25%；上海、大连、天津、苏州等城市在经营城市土地方面获得了巨大的收益，也积累了大量宝贵的经验。

首先，明确国有土地有偿使用的观念，依法推行国有土地的有偿使用。除法律规定的国家机关用地、军事用地和国家重点扶持的能源、交通、水利等项目用地可以采取行政划拨外，其他建设用地全部实行有偿使用。其次，城市政府对土地一级市场高度垄断，并严格控制城市土地供应总量和开发总量，实行"一个龙头出水"和非饱和适度供应。只有政府高度垄断和控制土地市场，才能求得城市土地收益的最大化。再次，建立健全土地储备制度，实行"一个池子蓄水"。对城区闲置厂房、土地、机关单位的办公设施、场地等，通过收购、收回、置换等方式，由政府集中储备和开发整理。最后，放活土地二级市场，采取市场运作方式，实行"一个龙头放水"。通过挂牌、招标、拍卖等形式公开出让国有土地使用权，既保证开发城市土地依法进行，又可使城市财政获得丰厚的收益。

随着城市整体价值的提升，城市无形资产也越来越引起人们的重视，许多城市在无形资产市场化运作方面积累了一定的经验。通过出售道路、桥梁、河道、广场、绿地的冠名权，拍卖城市公用设施广告发布权、城市公交线路使用权，甚至拍卖政府专项资金"存款权"，以积累城市建设资金。新疆乌鲁木齐市在2000年8月将金融一条街——人民路两侧的灯箱广告权以136万元的价格拍卖出去；山东淄博市临淄区全区通过出让城市基础设施建设权、经营权和道路冠名权，吸引了近4亿元民间资金；山东省莱州市2001年8月筹建的集中政府24个具有审批和收费职能部门统一办公的便民服务中心缺乏建设资金，便将"中心"18年收费的"存款权"以底价600万元进行拍卖，最终工商银行以680万元竞买成功。

投融资渠道是经营城市的源泉。城市建设的关键问题是资金问题。通过组建城市建设开发公司，确立其城市建设投资主体的法人地位，实行企业化运作，下辖多个分公司，具体负责国有资产经营管理、城市基础设施投资、投资服务等工作，以资本运营为根本，盘活城市存量资产，多渠道为城市建设筹集资金。同时，采用多种经营模式。按照"谁投资、谁经营、谁受益"的原则，采取独资、合资、合作等多种形式，吸引国内外投资者参与城市基础设施建设经营，或采用

BOT（建设—经营—转让）方式建设经营城市基础设施。盘活城市现有基础设施存量资产，通过产权转让、入股、拍卖、使用权出让、经营权转让等方式，吸纳社会资金，进行资产运营，或采用TOT（转让—经营—转让）方式直接把存量资产转让给社会独立法人经营。城市往往采用多种融资方式，发行股票、债券、彩券等方式进行融资，以拓宽城市基础设施融资渠道。

主导产业是经营城市的支撑，各地经营城市不管是从经营土地开始还是从美化城市环境、创造城市品牌、培育城市产业开始，都不得不将培育城市主导产业作为近期或长期的发展战略。

杭州市是21世纪初国内经营城市较成功的案例，杭州提出的城市资源经营基本思路是把城市资源经营作为推进城市经济社会发展的重大战略举措，充分认识城市的资源现状和特色优势，把握未来城市发展趋势，明确城市资源经营的重点领域和重要方面，运用市场经济、可持续发展和新经济的思路和手段，通过夯实基础、强化特色、大胆创新、搞好整合，发挥城市资源经营在城市发展中的主导和基础作用，提升城市的品位和形象，增强城市的综合实力，使杭州在21世纪成为全国乃至世界中，具有较强竞争力的强市名城。杭州市对城市的土地、基础设施和生态环境等基础性资源进行集聚、重组和营运，取得了较好的经济效益、社会效益和生态效益，创造了城市发展的良好条件。在土地资源经营中，他们主要通过建立政府土地收购储备出让制度，对城市土地使用权实行公开招标拍卖，盘活土地资产，确保国有土地资源的收益，推进城市的建设和为企业的发展服务。

（四）经营城市与空间城镇化高速发展

21世纪初，随着经营城市的兴起，中国城镇化呈现出新的特征，即"不仅出现了市场自发的人口城市化，也出现了政府主导的规模宏大的空间城市化"，"空间城市化与人口城市化同时并行推进"，而空间城市也成为"经济高速增长的重要动力"。[①]

在经营城市理念的指导下，开发区和房地产业同时出现井喷式发展，使空间城镇化推进速度加快。1981年，中国城市建成区面积为7438平方千米，到2013

---

① 李英东：《空间城市化与人口城市化相统一的城市化模式与持续经济增长》，《湖北社会科学》2016年第5期，第77—78页。

年，城市建成区面积已达47855.3平方千米，30余年间城市建成区面积增长了5.43倍。2000—2010年的十年间，中国656个建制城市年均城市土地扩展面积为3.82平方千米。[1]此一时期，中国城市建成区增长出现新的特点：一是区域增长不平衡，东部沿海地区的城市空间扩张的速度远大于中西部地区的城市空间扩张的速度，山东半岛城市群、长三角城市群、海峡西岸城市群和珠三角城市群的城市空间扩张速度远超中西部地区城市，由此形成了沿海城市群与其他地区分异的空间格局[2]；二是城市之间增长不平衡，同一省域内省会城市和重要中心城市的空间扩张速度也大于其他城市的空间扩张速度；三是城市行政级别越高，规模越大，城市土地扩展面积越大。直辖市、副省级城市、省会城市相继发展成为超大城市和特大城市，而特大城市年均土地扩展面积均值为26.85平方千米，大城市年均土地扩展面积均值为4.01平方千米，中等城市年均土地扩展面积均值为1.20平方千米，小城市年均土地扩展面积均值仅为0.31平方千米。城市规模越大，其城市土地的价值越高，扩张速度越快。特大城市年均城市土地扩张速度为9.30%、大城市年均城市土地扩张速度为6.40%、中等城市年均城市土地扩张速度为5.04%、小城市年均城市土地扩张速度仅为2.45%。[3]21世纪初的十年间，中国相继形成了40个特大城市，这些特大城市年均增加的建设用地总面积达1074.13平方千米，占全国656个城市建设用地总面积的50.57%，这说明中国的空间城镇化主要发生在特大城市。此一阶段，不同规模等级城市的用地增长类型也各不相同，小城市的主要用地增长类型为居住用地、道路广场用地和绿化用地；大中城市以居住用地增长为主，工业用地增长为辅；特大城市则以居住用地和工业用地同为核心用地增长类型。总体上看，行政级别越高、人口规模越大的城市，工业发展的驱动作用越显著。在土地城镇化进程中，两大城市用地类型在区域空间上有一定的分异，中西部地区城市和东部中小城市多以居住用地增长为核心，房地产业的快速发展成为土地城镇化的主驱动力；而大城市则以工业区开发与房地产业双轮驱动为主。

---

[1] 李英东：《空间城市化与人口城市化相统一的城市化模式与持续经济增长》，《湖北社会科学》2016年第5期，第78页。
[2] 王洋、王少剑、秦静：《中国城市土地城市化水平与进程的空间评价》，《地理研究》2014年第12期，第2233—2234页。
[3] 王洋、王少剑、秦静：《中国城市土地城市化水平与进程的空间评价》，《地理研究》2014年第12期，第2233—2234页。

21世纪初中国出现的空间城镇化有其中国特色,主要表现为政治行政中心城市优先发展,直辖市、副省级城市、省会城市和部分沿海开放城市的建设用地扩展面积最大,呈现出行政等级式分异和空间集聚式分异的格局。而从区域考察,城市土地扩展速度则呈现出沿海城市与中西部城市分异的空间格局。[①] 此外,21世纪初中国城镇化及其城市发展的另一个突出特点就是土地城镇化与人口城镇化并不同步,而呈异速发展态势,即城市土地规模扩张的速度远大于人口城镇化的速度。2004—2014年中国的城镇化率增加了13.1个百分点,而城市建成区的总面积却增加了85%。[②]

21世纪初,推动中国空间城镇化的动力来自多方面,主要有房地产业的兴起、开发区大规模建设和基础设施的全面建设。

1.房地产业成为空间城镇化的重要推动力之一

2000—2010年的十年间,随着住房制度改革和房地产业兴起,城市居住用地出现超常增长。改革开放以后,中国政府逐步推行住房制度改革,1998年则全面停止住房实物分配,推行住房制度市场化改革,城镇住房开发量明显加快,城镇人均住房建筑面积大幅度增加。1979年中国城镇人均住房建筑面积只有6.9平方米,到2012年,城镇人均住房建筑面积已达到32.9平方米。2010年,房地产投资达64877.3亿元,占全年GDP的16.3%。房地产业的快速发展成为推动城市建设用地的主要动力之一,不仅改变了人居环境和生活条件,也改变了城市空间结构,推动空间城镇化快速发展,从旧城改造到新住宅区开发,城市出现向平面和高空立体发展的新态势。房地产业的快速发展显著改善了城镇居民的居住条件,也促进了建筑、钢铁、水泥、电解铝、家电、家具、装修、金融保险、中介服务等相关产业发展,为劳动力市场注入了新的活力。[③]

2.发展城市经济,大规模设立各类开发区助推空间城镇化的快速发展

21世纪初,随着中国改革开放的推进,各城市的自主权增大,每个城市都为了发展经济,大规模地设立各类开发区。开发区有多种类型,分别为在城市规

[①] 王洋、王少剑、秦静:《中国城市土地城市化水平与进程的空间评价》,《地理研究》2014年第12期,第2236页。

[②] 踪家峰、林宗建:《中国城市化70年的回顾与反思》,《经济问题》2019年第9期,第6页。

[③] 李英东:《空间城市化与人口城市化相统一的城市化模式与持续经济增长》,《湖北社会科学》2016年第5期,第78页。

划区内设立的经济技术开发区、保税区、高新技术产业开发区、国家旅游度假区等，实行国家特定优惠政策。开发区在行政审批上有多个层级，分别为由国务院批准设立和由各省、自治区、直辖市人民政府批准设立，部分省级城市政府也自行设立有多种类型的开发区，各类开发区都设置有相关的管理机构，纳入政府管理序列。20世纪90年代，国家级开发区主要设置在特大城市和沿海城市以及部分重要的交通枢纽城市，这些城市空间城镇化多以工业用地增长为主，核心动力是发展工业。[1] 设立开发区的重要目的主要在于吸引外部生产要素、促进自身经济发展，由此，各级城市政府采取各种措施进行招商引资，这与中国加入世界贸易组织（WTO）后，中国向制造业大国转变有着直接的关系。21世纪以后，随着开发区数量的增多，城市政府在招商引资中面临激烈的竞争，开发区出现较为明显的分化，因此，不少城市政府自行出台优惠的土地开发政策和减免税收政策作为吸引资本的重要筹码，虽然对促进开发区和城市经济发展起了重要作用，但也导致城市工业用地规模快速增长，高效益与浪费土地的现象并存。为此，国家高度重视对开发区的发展进行规范和调整，加强了对国家级开发区的用地管理，取得了显著成效。此后，国家级开发区数量出现增长态势，2011年国家级开发区（包括国家级高新区、国家级经开区）的数量达到了219家。

除了房地产业和开发区建设加快城市用地的增长，推动空间城镇化快速发展外，大规模的城市基础设施投资与建设也成为推动空间城镇化的推力。改革开放以来，不仅公路、桥梁、隧道、机场、轨道交通、港口等交通基础设施快速发展，而且城市通信、能源与公用事业、社会基础设施等都出现大发展。1978年，中国城市道路长度只有2.7万千米，2013年已达到33.6万千米，35年间城市道路增长了11.4倍。地铁里程从2000年的117千米增长到2012年的1755千米。中国城市容纳了数亿新增城市人口，避免了贫民窟的蔓延，但污水和垃圾处理服务还需要尽力才跟得上需求。城市基础设施投资降低了成本，支持了经济活动，提高了城市全要素生产率，将城市与国内外市场相连接，还促进了就业。[2]

---

[1] 王洋、王少剑、秦静：《中国城市土地城市化水平与进程的空间评价》，《地理研究》2014年第12期，第2236页。

[2] 李英东：《空间城市化与人口城市化相统一的城市化模式与持续经济增长》，《湖北社会科学》2016年第5期，第78页。

杭州市作为东部的重要区域中心城市,其空间城镇化具有典型性。2000年至2005年间,杭州市域范围进一步扩大,以工业园区外迁、郊区大学城和高教园区建立等形式,大范围进行自发式扩张,并以自发式扩张所产生的新中心为契机,在主城区外建立多个副中心协同发展,如下沙副城、江南副城和临平副城。在主城区和副城的周边仍存在边缘式扩张和填充式扩张,而在连接主城和副城的交通线两侧,出现明显的线性扩张,如下沙路。此外,由于杭州绕城高速的全面通车以及袁浦大桥的建成,西湖区南部的三个乡镇——转塘镇、周浦乡和袁浦镇成为重要的交通枢纽中心,作为320国道和长深高速与杭州绕城高速的共同交汇处,在交通线的作用下,三个乡镇均呈现出多处明显的线性轴状式扩张。2005年至2010年间,杭州市城区在主城和副城的已建成区边界以边缘式扩张不断扩展,同时填充式扩张也不断在建成区的内部出现,以提高城市建成区内土地的利用程度。此外,在"一主三副六组团"发展战略的指导下,杭州市在副城的周围以自发式扩张的形式选择潜在的新增长单元。随着"一环三纵五横"的道路网的不断推进,杭州市域内,出现更多沿交通线呈轴状式扩张的城市单元。[①]

中部地区的长沙市也是空间城镇化的另一典型。2003—2006年,长沙城镇化加速发展,非农产业和非农人口比重急剧增加,城市空间开始向周边地区蔓延,建设用地占用耕地的用地方式最为明显。其间,城镇化水平由2002年的45.50%增至2005年的47.14%,年均增长0.41%。城市空间扩展处于初期蔓延阶段,大量农业人口向城市转移,非农产业比重急剧上升,城市扩张方式以占用耕地为主。2007—2009年,长沙城镇化发展速度有所减慢,非农产业和非农人口比重增幅减慢,但城市扩张速度持续加快,建设用地面积持续增加,耕地面积减幅有所下降。其间,城镇化水平由2006年的47.82%增至2008年的48.32%,年均增长0.17%,建设用地占用耕地的速度减缓,占用其他用地的速度加快。2010—2013年,长沙城镇化发展速度持续放缓,非农产业和非农人口比重增幅持续减慢,但城市扩张速度空前,建设用地面积急剧增加,耕地面积持续减少,但减幅有所下降,林地面积开始减少。其间,城镇化水平由2009年的48.35%增至2012年的49.00%,年均增长0.16%,城市空间扩张速度最大,人口和产业非农化速度增幅

---

① 岳文泽、汪锐良、范蓓蕾:《城市扩张的空间模式研究——以杭州市为例》,《浙江大学学报》(理学版)2013年第5期,第603页。

减缓，用地方式表现为建设用地加速占用林地和其他用地，占用耕地的用地方式开始得到遏制。[①]

随着改革开放由沿海城市向内陆地区发展，关中平原城市发展迎来新契机。2002—2012年，关中地区城市空间扩张的持续增长态势明显。2002—2007年，西安、铜川、渭南、平凉实现了高强度的空间扩张，而咸阳、商洛、运城、天水也各自达到了城市空间扩张强度的最大值；2007—2012年，西安和宝鸡仍旧保持了高强度的扩张，而临汾和庆阳的扩张强度在此阶段内也达到了峰值。因此，这两个时段区域内各个城市的建成区面积都出现了明显的增长，相比东部沿海地区城市空间扩张渐趋稳定，关中平原城市群的城市空间扩张出现了后发增长态势，尤其是陕西省会西安的空间扩展更呈快速态势。[②]

重庆的空间城镇化具有多种模式交替演化的规律。1978—1997年，重庆主城区主要为中心组团的边缘扩展，1997年重庆直辖后，重庆主城区边缘式和跳跃扩张并举[③]，2002年，重庆内环高速公路建成通车，各个组团联系增长，填充式和边缘式增长明显加快。沙坪坝、南坪和观音桥、人和等城市副中心快速扩展，分担渝中区向外扩散的人口与产业。西永、茶园和西彭等外围组团，以行政办公、大型居住、高新技术等为主要功能，突破两山阻隔呈外围跳跃式扩散。2006—2011年，由于二环高速全线开通外围组团快速扩张，山地城市的快速发展和对自然山水限制的突破，使重庆主城区掀起了新区扩张和外围组团建设的浪潮，用以疏解城市过密区的人口与产业，形成新的次中心和外围卫星城。[④]

空间城镇化的高速发展也带来系列问题，其典型特征为"'摊大饼'式的房地产开发+开发区+大马路+大广场"。"摊大饼"是城市空间由老城区层层向外推进，开发区则是在城市边缘建立起的新工业区或新城区，很多开发区本质上属

[①] 陈永林、谢炳庚、李晓菁等：《2003—2013年长沙市土地利用变化与城市化的关系》，《经济地理》2015年第35卷第1期，第153—154页。

[②] 刘傲然：《城市化进程中的城市空间扩张响应模式、机理及策略——以关中平原城市群为例》，硕士学位论文，西北大学，2021，第50—51页。

[③] 参见张星星、刘勇、杨朝现：《重庆山地城市空间扩展形态的定量研究》，《西南大学学报》（自然科学版）2015年第10期，第120页。

[④] 参见张星星、刘勇、杨朝现：《重庆山地城市空间扩展形态的定量研究》，《西南大学学报》（自然科学版）2015年第10期，第123页。

于边缘城市，大马路和大广场这些可视化公共设施也是各城市建设的必备要素。土地城镇化往往采取先圈地，后建房，然后再填充人或产业形式，因此短期或长期的"空城"普遍存在。[1]

另外，城市政府通过土地转让大幅度增加了财政收入，导致出现城市政府一味追求眼前利益，一次性收取未来40至70年的土地出让收益；征地和卖地间的利益空间使土地"寻租"行为盛行；城市政府的土地财政收入通过垄断土地一级市场获得，部分农民因失去土地、补偿不足而不满，社会矛盾与日俱增等问题。同时，城市政府主导的空间城镇化面临征地成本上升、土地出让净收益下降、地方政府债务不断累积、基础设施投融资出现困难等问题。2008年，包括土地征用、拆迁与安置费用在内的土地利用补偿占到GDP的0.5%，占土地总收益的15%；2012年，这一费用上升到GDP的2.6%，占土地总收益的大约一半。不断上升的征地成本，加上地方政府对土地收益的刚性需求，推动土地价格不断上升，地价上升又助长了房价快速上涨，地价与居高不下的房价推高了城市制造业成本和居民生活成本。征地成本上升也导致地方政府来自土地的净收益下降，地方政府的土地出让收入占GDP的比重已由2010年的4.2%下降到2012年的1.2%。为了主导与推进空间城镇化进程，弥补基础设施建设资金的不足，许多城市政府成立城市开发和基础设施公司（UDICs）、政府融资平台公司（LGFVs），通过将城市土地抵押给银行以获得贷款来进行城市建设。虽然平台公司促进了城市基础设施建设，但也积累了巨额债务。[2]

（五）治理整顿土地市场的努力

针对上述问题，中央要求各省市坚决治理整顿土地市场秩序，加快建立统一规范有序的土地市场。2003年8月国务院办公厅下发了《关于清理整顿各类开发区加强建设用地管理的通知》，随后，国家发展改革委、国土资源部、建设部以及商务部又共同发出了《关于清理整顿各类开发区的具体标准和政策界限的通知》，对国内存在的各类开发区进行了整顿和清理，各省市在中央的引导下对土

---

[1] 踪家峰、林宗建：《中国城市化70年的回顾与反思》，《经济问题》2019年第9期，第6页。
[2] 李英东：《空间城市化与人口城市化相统一的城市化模式与持续经济增长》，《湖北社会科学》2016年第5期，第79页。

地市场进行了治理整顿。

一是集中清理供地主体。重点是纠正各类"开发区""园区""指挥部""小区办""城建办"以及乡镇政府等违法违规批地、供地行为,对下放给非法定供地主体的土地供应权,坚决予以收回。仅2003年上半年四川省共清理出非法供地主体320多个,涉及土地24000余亩。

二是全面清理违法用地行为。2002—2003年,全国各地城市在中央的统一部署下,对1999年1月1日新《土地管理法》实施以来的各类土地审批、用地行为进行拉网式全面清理。2003年上半仅四川全省就清理出土地违法行为17277件,涉及土地面积100450亩,其中非法圈占集体土地9770件63816亩、集体土地非法入市1606件3210亩、划拨土地非法入市1567件2514亩,清理出闲置土地3068宗计39371亩。

三是认真查处土地违法违纪案件,把清理整顿工作引向深入。坚持既要查处事,又要查处人的原则,各地集中查处了一批违反经营性用地"招拍挂"规定、集体土地非法入市、违法批地等案件,对一些影响较大的案件进行调查取证,并依法对其中一些案件进行了处理。

四是国土部门自查自纠,建章立制,整顿规范。各级国土管理部门把自查自纠也作为土地市场治理整顿的重点,从管理上查问题。通过查管理制度、查管理环节、查执法效果的自查自纠,解决自身存在制度不落实、管理松懈、执法不严的问题,推进了职能到位,加强了制度建设,提高了对土地市场依法行政监管的水平。

通过治理整顿,各级城市在经营城市、推进土地资源向土地资本转变过程中,依法管理、依法供地、依法用地的土地法制意识日益提高,多头供地、管地主体混乱的局面得到清理,土地供给实现了高度垄断,集中统一管理体制基本建立,各类违规供地、交易行为得到有力纠正。

第二节　科学发展观与新世纪城市发展新态势

2002年11月中共十六大召开,以胡锦涛为总书记的党中央牢牢把握国内外形势的新变化,提出了全面建设小康社会的奋斗目标,中国特色社会主义进入完善社会主义市场经济体制和扩大对外开放的关键阶段。2003年7月28日,胡锦涛总书记提出了科学发展观。科学发展观就坚持以人为本,树立全面、协调、可持续的发展观,促进经济社会和人的全面发展。科学发展观,成为新世纪社会主义建设事业的重大战略思想。在科学发展观的指引下,中共十六届三中全会提出坚持"五个统筹"和重大战略,即统筹城乡发展、统筹区域发展、统筹经济社会发展、统筹人与自然和谐发展、统筹国内发展和对外开放。胡锦涛总书记进一步提出要"树立和落实全面发展、协调发展、可持续发展的科学发展观","必须促进社会主义物质文明、政治文明、精神文明协调发展,坚持在经济发展的基础上促进社会全面进步和人的全面发展,坚持在开发利用自然中实现人与自然的和谐相处,实现经济社会可持续发展"[①]。在科学发展观的指导下,中国城镇化和城市现代化进入高速全面发展的新时期。

一、新型城乡关系的构建

协调城乡关系,实现两者的有效互动,进而推动社会经济全面发展,是我国社会主义经济发展过程中的重要一环。改革开放以后,党中央加速构建设社会主义市场经济,推动城镇化快速发展,城市对乡村的虹吸效应明显,城乡发展不平衡加大,农村的教育、医疗、社保等社会公共事业发展滞后。改革开放初期,我国城乡居民收入比为1.7∶1。但随着改革开放的推进,城乡居民收入差距扩大。2002年,我国城乡居民收入比扩大到3.1∶1。据统计,2000年,中国农村人均收入为2235元,城镇居民人均可支配收入为6200多元。2000年,中国城镇家庭的恩格尔系数为39%,农村家庭的恩格尔系数接近50%。[②] "受长期城乡分割的二元经济体制的影响,特别是伴随着工业化、城镇化的发展,大量失地农民、进城务工人员、农村贫困户的困难问题凸显。1997年至2003年,农民收入连续七年增长不到4%,不及城镇居民收入增量的五分之一。"[③]城乡公共服务发展也不平衡,国家教育资金大多用于支持城市教育事业的发展,对农村地区的教育投入相对较少,农

---

① 中共中央文献研究室编:《科学发展观重要论述摘编》,中央文献出版社、党建读物出版社,2008年。
② 黄平:《不平衡发展格局下的农村困境》,《视界》2002年第9辑。
③ 姚润丰:《十七届三中全会述评:统筹城乡发展共享改革成果》,中华人民共和国中央人民政府,www.gov.cn。

村人口的文化程度普遍低于城市人口。据第五次全国人口普查统计，农村初中及以上文化程度者仅占总人口的39.1%，远低于城市65.4%的水平。另据统计，2002年，我国因家庭经济困难而辍学的中小学生有1000多万人，其中绝大多数集中在西部贫困农村地区。"因为落后，西部地区农村中小学失学率、辍学率高，有的农村中小学失学率达到30%。"[1]从社会保障投入看，2002年，全国城市居民中领取最低生活保障金的达205万人，基本实现了"应保尽保"。而在广大农村，低保制度尚未建立完善，得到低保扶助的人口仅占应保人数的25%。[2]改革开放初期，城乡二元结构未能消解，严重制约着我国社会经济的发展。同时，农村经济的落后也间接影响着城市经济升级和产业提升，城乡分化和农村发展滞后渐渐成为城镇化进一步发展的阻碍，也成为困扰我国经济和社会进一步发展的阻碍。

新世纪初，根据对工农关系、城乡关系的新认识，党和国家对城乡关系做了具有历史性转折的重大调整。从中共十六大开始，中央及地方政府将"统筹城乡发展"作为工作重点，致力于构建新型城乡关系，逐步消除城乡分离和城乡对立的状态。

（一）"统筹城乡发展"战略的提出

2002年11月，中共十六大召开，会议指出我国"城乡二元经济结构还没有改变"，为此提出了"统筹城乡经济社会发展"的战略思想，并成为解决"三农"问题的基本指导思想。2003年10月14日，中国共产党第十六届中央委员会第三次全体会议通过了《中共中央关于完善社会主义市场经济体制若干问题的决定》，明确将"统筹城乡发展"列于"五个统筹"之首，同时将"建立有利于逐步改变城乡二元经济结构的体制"作为主要任务之一，并重点开展农村改革，完善农村经济体制，在土地制度、税费改革、农村就业环境等方面提出具体的改革建议。[3]2004年，党中央召开经济工作会议，会议认为"我国现在总体上已到了以工促农、以城带乡的发展阶段"，因此中央政府将更加自觉地调整国民收入分

---

[1] 白雪秋：《中国统筹城乡发展研究》，北京出版社，2006，第7页。
[2] 伦蕊：《改革开放以来河南经济发展战略演化研究》，中国经济出版社，2020，第134页。
[3] 丛松日、邱正福编：《中国特色社会主义理论基本著作及重要文献选编》，山东大学出版社，2014，第115页。

配格局，在规划制订、体制改革、工作部署等方面，更加积极地支持"三农"发展，把农村的发展全面纳入整个国家现代化进程。①

2007年，中共十七大召开，胡锦涛总书记在中共十七大报告中指出："要加强农业基础地位，走中国特色农业现代化道路，建立以工促农、以城带乡的长效机制，形成城乡经济社会发展一体化新格局。"这次会议站在全面建设小康社会、共享改革开放成果的发展高度，把农业发展放到整个国民经济的大格局中，把农民增收放到国民收入分配和再分配的大格局中，统筹谋划城乡发展规划、产业结构调整、要素配置、基础设施建设、体制改革和公共事业发展②，标志着我国"城乡一体化"进入快速推进阶段。

2008年，在改革开放30周年之际，中共十七届三中全会通过了《中共中央关于推进农村改革发展若干重大问题的决定》，首次提出："把建设社会主义新农村作为战略任务，把走中国特色农业现代化道路作为基本方向，把加快形成城乡经济社会发展一体化新格局作为根本要求，坚持工业反哺农业、城市支持农村和多予少取放活方针，创新体制机制，加强农业基础，增加农民收入，保障农民权益，促进农村和谐，充分调动广大农民的积极性、主动性、创造性，推动农村经济社会又好又快发展。"③中共十六大以后，中央连续五年出台高含金量的"一号文件"，以全面建设小康社会为目标，以统筹城乡科学发展为主线，以"多予、少取、放活"为手段，以社会主义新农村建设为契机，坚持公共财政向农村倾斜、公共服务向农村覆盖，逐步建立以工促农、以城带乡的长效机制，全面推进城乡统筹发展，让广大农民共享改革发展成果。

2010年10月，中央在《国民经济和社会发展第十二个五年规划的建议》中明确提出："加快消除制约城乡协调发展体制性障碍，促进公共资源在城乡之间均衡配置、生产要素在城乡之间的自由流动，统筹城乡发展规划，促进城乡基础设施、公共服务、社会管理一体化。"

20世纪之初的十年间，在党中央治国方略的统领下，以科学发展观为指引，统筹城乡发展的新机制正在形成。一是实行以农村税费改革为核心的国民收入分

---

① 白雪秋：《中国统筹城乡发展研究》，北京出版社，2006，第222页。
② 李炯主编：《城乡统筹：建设社会主义新农村》，浙江人民出版社，2010，第44页。
③ 燕世荣主编：《农村土地相关法规汇集》，浙江工商大学出版社，2015，第40页。

配关系改革，扭转了长期以来农民负担过重的局面；二是实行以促进农村上层建筑变革为核心的农村综合改革，着力解决农村上层建筑与经济基础不相适应的深层次问题；三是推进城乡户籍、就业、财税、金融、社保等方面改革，探索建立城乡统一的劳动力市场和公平竞争的就业制度，加快形成保障农民工合法权益的政策体系和惠及农民工的城乡公共服务体制；四是推进土地管理和使用制度改革，在坚持农村基本经营制度、稳定和完善土地承包关系的基础上，在有条件的地方按照依法自愿的原则，积极稳妥地推进土地承包经营权流转。

（二）停止征收农业税，完善惠农政策体系

停止征收农业税，减轻农民负担，是中国政府构建新型城乡关系、解决"三农"问题的重要举措。从2000年起，国家开始推行农村税费改革并逐步扩大范围，到2003年在全国范围内全面铺开；2004年始取消牧业税和除烟叶外的农业特产税，实行取消农业税试点并逐步扩大试点范围；2005年上半年，中国22个省份免征农业税，是年底，共有28个省、自治区、直辖市及河北、山东、云南三个省的210个县（市）全部免征了农业税。2005年12月29日，第十届全国人民代表大会常委会第十九次会议通过了从2006年1月1日起废止《中华人民共和国农业税条例》的决定。由此，国家不再针对农业单独征税，一个在我国存在两千多年的古老税种宣告终结，正式退出历史舞台。

中共十六大以后，出台了系列强农、惠农、富农政策，以工业反哺农业和城乡一体化为内核的新三农政策体系逐步确立，社会主义新农村建设取得举世瞩目的成就。十六届五中全会明确提出建设"生产发展、生活宽裕、乡风文明、村容整洁、管理民主"的社会主义新农村。2004—2011年，党中央连续发布八个"一号文件"，加强对农业的支持保护，推进城乡统筹发展。中央搭建了生产技术与收入相结合、专项与综合相配套的农业补贴政策体系框架，实施粮食直接补贴、良种补贴、农机具补贴和农业税减免的"三补一减"政策。与此同时，中央财政从2008年起设立现代农业生产发展专项资金，支持农业发展。据统计，2012年，中央财政"三农"投入资金达到12388亿元，较2002年提高了5.5倍。[1]

---

[1] 苟文峰等：《乡村振兴的理论、政策与实践研究——中国"三农"发展迈入新时代》，中国经济出版社，2019，第25页。

中央对农村的资金支持，使农业综合生产能力显著提高，多种农产品产量连续多年稳居世界第一，特别是粮食生产实现高产量的"九连增"，粮食产量牢牢地站在1.1万亿斤台阶上。从2004年恢复增产到2011年，粮食累计增产2810亿斤，年均增产350亿斤，是新中国成立以来粮食产量增产幅度最大的时期之一。2011年中国粮食总产量57121万吨，比2010年增产2473万吨，增长4.5%。[①] 在21世纪初复杂严峻的国内外经济环境压力下，我国粮食产量实现"九连增"，为巩固农业和农村大好形势，为保障农产品有效供给、管理好通胀预期、抑制物价上涨奠定了重要物质基础，为保持经济平稳较快发展、维护社会和谐稳定大局提供了有力支撑。

与此同时，在城镇化和工业化的带动下，农民人均纯收入有大幅度增加，农民人均纯收入由改革开放之初的134元，增加到2012年的7917元，扣除价格上涨因素，年均增长7.3%，农村贫困人口占农村人口的比重从2000年的10.2%下降到2010年的2.8%。[②] 随着农业的发展，农民的收入有所增加，生活水平也得到了较大的提高，农村居民的恩格尔系数大幅度降低，城乡居民消费结构进一步升级。据统计，1978年至2005年，城镇居民家庭恩格尔系数从57.5%下降到36.7%，下降了20.8%；农村居民家庭恩格尔系数从67.7%下降到45.5%，下降了22.2%。恩格尔系数大幅下降，意味着城乡居民生活水平提高，消费结构升级。2006年，全国农村居民收入水平达到3587元。[③] 2012年全国农村居民人均纯收入增加至7917元，比2006年增长了1.2倍。[④]

（三）改革户籍制度，促进城乡人口有序流动

城镇化是指居住在城镇地区的人口占总人口比例增长的过程，确切地说是农业人口向非农业人口转化并在城市集中的过程。对限制城乡人口自由流动的户籍制度进行改革是推动城镇化的重点之一。改革开放之后的20年间，相关部门对户

---

① 胡锦涛：《坚定不移沿着中国特色社会主义道路前进，为全面建成小康社会而奋斗——在中国共产党第十八次全国代表大会上的报告》，2012年11月8日。
② 范晓静：《城乡发展一体化解决"三农"问题的根本途径》，上海人民出版社，2014，第2页。
③ 李炯主编：《城乡统筹：建设社会主义新农村》，浙江人民出版社，2010，第43页。
④ 《2012年农村人均纯收入7917元实际增长10.7%》，中国新闻网，2013年1月18日。

籍制度进行了一定程度的改革，但仍然还有很多限制。21世纪初，为了推动城镇化快速发展，中央决定加快户籍改革，促进城乡人口有序流动。2000年，中共中央和国务院出台《关于促进小城镇健康发展的若干意见》，规定："对县级市及以下的城镇，只要有合法固定住所、稳定职业或生活来源的农民，均可根据本人意愿转为城镇户口。"2001年，国务院批转公安部《关于推进小城镇户籍管理制度改革的意见》，对小城镇的户籍改革进一步放宽，至此绝大多数小城镇的户籍基本上对农民开放了。[1]在中央的指导下，各省区市根据自身实际，纷纷进行户籍制度改革，其模式主要有亲属落户、购房落户、人才落户等多种模式。

亲属落户是各省区市采取较早的落户手段。2001年11月1日，郑州市颁布了《郑州市人民政府关于进一步完善和落实户籍制度改革政策的通知》，规定具有下列条件之一者可以在郑州落户："夫妻分居三年以上，一方在郑州市有常住户口的，准予迁入；男性超过60周岁，女性超过55周岁，身边无子女，需到郑州市投靠子女生活的，准予迁入；郑州市居民的子女，户口在外地，年龄在16周岁以下的（在校学生年龄可放宽到18周岁），准予迁入。"该政策在执行过程当中实际放宽了亲属投靠的条件，只要在郑州有亲属的，不管是直系还是非直系亲属，在当地派出所交纳10元钱，即可办理入户。再如西安市于2006年也开始进行户籍制度改革，规定四种条件可以亲属投靠，具有四个条件之一者，其配偶和未成年子女可迁入本市市区非农业户口。2009年4月，陕西省政府出台了30条便民措施，进一步放宽了夫妻投靠落户的条件，完全取消了对婚姻、年龄的限制。这些户籍改革政策有力地促进了农村人口向城市的流动。[2]

购房落户也是户籍改革的重要模式之一，即外地居民在相关城市规定的区域内购买一定面积的商品房，或购房款达到一定标准者即可在该市申请落户。早在20世纪90年代，天津、大连、沈阳、厦门、福州、南昌、温州、济南、威海等诸多城市就开始实施购房落户政策，其中最有代表性的城市是天津。1994年，天津市就推出了蓝印户口政策，对购房落户标准先后进行了四次调整，天津市规定外省市人员在天津市内六区购买40万元人民币以上的商品房，在滨海三区、环城四区购买25万元人民币以上的商品住房，或在天津所辖五县购买建筑面积80平方

---

[1] 张雷：《当代中国户籍制度改革》，中国人民公安大学出版社，2009，第101—103页。
[2] 王文录：《城市化背景下的户籍制度变迁研究》，河北人民出版社，2015，第88页。

米以上、价值8万元以上商品住房的,均可登记购房者和配偶及一名子女共三人在当地落户,标注为蓝印户口,与原居住民的户籍相区别。2000年,为了更大限度地吸引外来投资、引进外地人才,天津市公安局经市政府批准对蓝印户口政策进行调整:外省市人员及本市农业人口在市内六区购买30万元人民币以上的商品房,在滨海三区、环城四区购买20万元人民币以上的商品房,或在五县购买建筑面积在80平方米、价值8万元人民币以上的商品住房,均可将购买者本人、配偶和一名子女共三人在当地落户。[1]天津的经验很快得到推广,不少城市均采用相同的办法来推动户籍改革。

随着社会经济的不断发展,各省市对人才的需求不断扩大,为了吸引人才,许多城市采取了"人才落户"模式,其中以深圳最为典型。从2005年起,深圳市通过户籍制度改革,拉开了人才竞争的序幕。2005年深圳市出台了《深圳市户籍迁入若干规定(试行)》,2006年进一步颁布《关于实施自主创新战略建设国家创新型城市的决定》及其配套政策,2007年深圳市再次实施《深圳市个人申办人才引进实施办法》。值得注意的是,深圳在全国范围内首次开辟了人才引进的个人申办渠道,突破了以往只能由单位办理的单一模式[2],从而使人才引进出现新局面。其中,海外留学人员申办条件更为宽松,在职专业技术人才则须连缴两年社保,只要是符合条件的高层次人才和创新型人才,引进不受指标名额限制,有多少引进多少。

与上述城市相比,重庆则是重点解决"农民"进城落户的典型代表。2010年8月15日,重庆市户籍制度改革在全市范围内正式实施,推出"两年300万、十年1000万"的农民进城计划,提出了让农民"脱下三件农衣,穿上五件城衣",一步到位享受城市就业、社保、住房、教育、医疗等全方位权益保障的新观念,成为我国60多年户籍制度改革中规模最大、配套制度最完善、影响最为深远的一次改革。[3]

除了北京、上海、天津、重庆等比较典型的户籍制度改革之外,其他省市也

---

[1] 王文录:《城市化背景下的户籍制度变迁研究》,河北人民出版社,2015,第93—94页。
[2] 王文录:《城市化背景下的户籍制度变迁研究》,河北人民出版社,2015,第97页。
[3] 范晓静:《城乡发展一体化解决"三农"问题的根本途径》,上海人民出版社,2014,第76页。

都有相应的户籍改革措施。户籍改革推动了农村人口向城市的有序流动,促进了人口的快速增长,加快了我国的城镇化进程。据统计,1997年至2011年,农村人口非正式迁移对总迁移的贡献度逐步加大,2000年,非正式迁移的占比高达70%,远远超过正式迁移的人口。到2010年离开户口登记地半年以上的人数达到2.61亿,其中流动人口达到2.21亿人,比改革开放初期流动人口数增长了34倍。随着农村人口向城镇的大规模迁移,我国的人口城镇化率出现快速增长,1996年底,我国的城镇化率是30.48%,刚进入城镇化起飞的初步阶段。2011年,我国的城镇化率已经达到51.27%,共提高20.79个百分点,年均增长1.386个百分点。2011年,中国城市人口首次超过农村人口,标志着中国进入城市时代。[1]

(四)改革土地制度,推动农村社会经济转型

改革开放以来,越来越多的农民放弃农村土地来到城市,却由于土地制度未发生变化,土地的非私有性质决定了农民无法把土地的价值转化为财产带入城市,无法摆脱对土地的人身依附关系。与此同时,由于没有土地使用权交易市场,土地无法实现集中使用,只能延续传统分散的、小规模的农地经营方式,限制了农业现代化的发展。这十分不利于农业现代化的发展,也不利于农村人口向城市的流动。

2002年,中共十六大报告提出"有条件的地方可按照依法、自愿、有偿的原则进行土地承包经营权的流转,逐步发展规模经营"。十六届三中全会作出《关于完善社会主义市场经济体制若干问题的决定》,再次强调:"稳定并不断地完善以家庭联产承包经营为基础的统分结合的双层经营体制,在承包期内,农户可以依法、自愿、有偿流转土地承包经营权。"2003年,国务院颁布《农村土地承包法》正式实施,从法律层面保障了农民的土地承包经营权,确立了土地流转的合法性。2005年,中央又颁布了《农村土地承包经营权流转管理办法》,明确了农地流转原则、主体和主管部门等。[2]此后,农村土地进入深度改革阶段。

随着农村土地改革的不断深入,部分地区开始出现土地股份合作、城乡土地同权等新的土地经营方式。土地改革激发了农业活力,解放了农村生产力,使得

---

[1] 闫明明:《中国新型城镇化的进程及模式研究》,中国经济出版社,2017,第14—15页。
[2] 朱道林主编:《土地管理学(第2版)》,中国农业大学出版社,2016,第286—287页。

农业生产方式、土地利用和农产品流通格局朝着现代化、产业化、市场化发展，推动农产品的商品化、市场化水平快速增长。据统计，2011年，全国共有亿元以上农产品综合批发市场702个，当年成交额达6325.11亿元；亿元以上农产品专业批发市场达2020个，当年成交额为12590.26亿元，其中，粮油类批发市场111个，蔬菜类批发市场313个，干鲜果品类批发市场147个，肉禽蛋类批发市场114个，水产品类批发市场157个，其他类批发市场178个。此外，粮食的商品化率有了很大提高。2012年全国粮食、油料、蔬菜三种农产品人均出售量比1981年分别增长了25.72倍、4.75倍和8.46倍，年均递增率分别为10.68%、4.99%、6.90%。此外，农产品商业化交易场所逐步完善。[1]

（五）促进城乡公共服务均等化发展

改革开放以后的一段时间，由于多方面原因的影响，我国的地区差距和城乡差距日益拉大，特别是中西部广大农村的农民无法平等地享受经济社会发展的成果，城乡居民在基础教育、公共医疗、最低社会保障等方面有着显著的差异。[2]例如，在医疗保障方面，优质的医院基本集中在城市，尤其是大城市，农村只有一些简单的诊所，农民无法享受方便有效的医疗卫生服务。2006年占总人口56.1%的农村人口占用的公共卫生资源不到全国卫生资源总量的30%。[3]

2004年9月，中共十六届四中全会提出以人为本、全面协调可持续发展的科学发展观，强调公共服务均等化，统筹推进城乡经济社会发展，重视发展农村教育、科技、文化、卫生、体育等各项社会事业。2005年10月，中共十六届五中全会首次提出"公共服务均等化"原则。2006年10月，中共十六届六中全会提出"逐步实现基本公共服务均等化"。2007年10月，中共十七大进一步重申了"实现基本公共服务均等化"的目标任务。实行城乡公共服务均等化，完善公共服务体系，为促进社会公平和权利平等提供了强大的基础平台，有利于振奋社会成员的精神，提高社会总体效率，缩小城乡差距和贫富差距以及地区间不均衡发展。

---

[1] 高珊:《农产品市场化对农户土地利用行为的影响研究》，东南大学出版社，2013，第34页。
[2] 吴继轩、蔡乾和、金烨:《中国共产党解决"三农"问题的理论与实践》，甘肃文化出版社，2015，第140页。
[3] 陈文魁主编:《城镇化建设与可持续发展》，国家行政学院出版社，2013，第179页。

2006年3月，国家疾病预防控制局、卫生监督局成立后，初步建立了以国家、省、地（市）、县四级疾病预防控制机构为主体，覆盖乡镇、村的各级医疗卫生机构和城市社区卫生服务组织的疾病预防控制体系。2011年，基本医疗保障制度全面覆盖城乡居民，基本药物制度初步建立，城乡基层医疗卫生服务体系进一步健全，基本公共卫生服务进一步普及。2010年2月，国务院批准印发《关于公立医院改革试点的指导意见》，确定全国16个城市作为国家联系指导的公立医院改革试点城市，建立城市医院与基层医疗卫生机构上下联动的分工协作机制，鼓励支持和引导社会资本发展医疗卫生事业。随着公共卫生服务体系建设不断加强，城乡居民享受到更加均等化的基本公共卫生服务。

进入21世纪以后，社会保障体系建设也得到强化与完善。自2003年我国开始试点新型农村合作医疗制度，国家在社会保障制度建设方面作出系列部署。2011年，开展城镇居民养老保险试点，并明确提出有条件的地区可以合并实施城乡居民两项养老保险制度，到2012年底，全国约有一半省市合并实施了两项制度。截至2011年，全国城镇职工基本养老保险、城镇基本医疗保险、失业保险、工伤保险、生育保险的参保人数分别达到2.84亿人、4.73亿人、1.43亿人、1.77亿人、1.39亿人，比2001年分别增长100.2%、549.1%、38.3%、307.1%、301.7%。新型农村合作医疗、城镇居民基本医疗保险、城镇职工基本医疗保险三项基本医疗保险制度覆盖了全国95%以上的城乡居民，人数增加到12.95亿人。[1]城乡社会保障体系的完善，为保障城乡社会可持续发展和促进社会公平正义奠定了基础。

从中共十六大提出的"统筹城乡发展"，再到中共十七大提出"城乡一体化发展"，党和国家将构建新型的城乡关系作为新世纪社会经济工作的重中之重，取得了良好成效。城乡差距不断缩小，城乡之间建立了良好的互动机制，从制度上改变了城乡二元结构，进而从整体上推动了我国的社会经济发展。

二、新型工业化与城镇化的互动

工业化和城镇化是人类社会发展的必然趋势，是人类社会现代化的重要标

---

[1] 《改革开放简史》编写组编著：《改革开放简史》，人民出版社、中国社会科学出版社，2021，第191页。

志。工业化与城镇化的内在联系十分紧密。工业化道路的模式直接制约和影响着城镇化发展的模式，城镇化发展的模式又对工业化道路模式具有巨大的反作用。工业化和城镇化二者之间是相互制约、相互影响、相互促进的关系。传统工业化是以劳动要素、资本要素为基本要素的工业生产，以工业生产为主的第二产业在国民经济中的比重逐渐提高，并替代以劳动要素、土地要素为基本要素的农业生产的过程。中国是后发展工业化的国家，新中国成立后，中国现代工业有了长足的进步，但仍然落后于西方发达国家。20世纪后期，随着科学技术的进步，新型工业形态、新型经济结构、新型增长方式和新型社会形态出现，工业生产的知识化、信息化、全球化和生态化成为新的发展趋势。21世纪初，党中央敏锐地把握了世界经济发展的大趋势，提出新型工业化的概念。2002年，中共十六大报告提出："坚持以信息化带动工业化，以工业化促进信息化，走出一条科技含量高、经济效益好、资源消耗低、环境污染少、人力资源优势得到充分发挥的新型工业化路子。"[①]新型工业化的核心理念就是大力发展以"科技含量高、经济效益好、资源消耗低、环境污染少、充分发挥人力资源优势"为特征的工业。新型工业化道路既包括原来工业化的内容，也包括了利用信息化推动工业化、带动第三产业大发展的内容。新型工业化道路的核心是经济发展的低成本、高效益，特别是资源的低消耗，以实现可持续发展。

21世纪初，我国提出新型工业化战略，主要是针对经济高速发展过程中资源、环境与国民经济高速增长的矛盾、人口与就业的矛盾、城乡二元经济的结构性矛盾、城市产业结构失衡、工业制造业的素质不高、第三产业发展严重滞后等问题。走新型工业化道路，是在总结传统工业化道路以及改革开放前走过的优先发展重工业道路的基础上提出来的；新型工业化也是将传统工业化任务与信息化结合起来的社会发展演进过程，是尚未完全实现工业化的后发展国家跟上发达国家的现代化步伐、在实现工业化的同时步入信息时代的一个新的历史发展阶段。

新型工业化以创新为驱动。新型工业化是科技不断进步、自主创新能力不断提高的工业化，是科学技术对经济增长贡献率不断提高的工业化。走中国特色新型工业化道路，必须推进科技创新与产业转型升级互动发展，积极利用高新技术和先进适用技术改造提升传统产业，加强企业技术改造，提高科技含量，提高生

[①]《中国共产党第十六次全国代表大会文件汇编》，人民出版社，2002，第21页。

产工艺和技术装备水平，促进产品升级换代，提高产品质量、效益和市场竞争力。

新型工业化以优化结构为目标。在短缺经济条件下，我国工业发展很大程度上走的是一条规模扩张的路子。随着工业化进程的发展，产业发展中的结构性矛盾和问题日益突出，这也是造成我国资源消耗多、环境污染大和宏观经济运行不稳定的重要根源。走新型工业化道路，必须坚持以优化升级产业结构为主攻方向，逐步改善产业结构中不平衡、不协调的深层次矛盾和问题，全面优化行业结构、技术和产品结构、产业组织结构和布局结构，推动工业结构向更加协调、优化转变。必须加快形成以战略性新兴产业为先导、先进制造业为支撑、带动农业和服务业全面发展的新的产业格局，建立现代产业体系。要改造提升传统制造业，加速淘汰落后设备和工艺，振兴装备制造业，加快发展战略性新兴产业，培育壮大现代服务业特别是生产性服务业，促进产业合理分工与协调发展。要促进战略性新兴产业与传统产业互动协调，将战略性新兴产业培育成为未来的支柱产业。要加快发展服务型制造业，大力发展生产性服务业，重视研发设计和营销服务等服务环节建设，促进现代服务业与现代制造业融合发展。要按照国家区域发展总体战略和主体功能区战略的要求，发挥区域比较优势，推进产业有序转移和聚集发展，建设一批符合新型工业化本质要求的工业园区和产业基地，加快形成东中西互动、优势互补、产业转移与产业聚集发展相结合的产业布局。

走新型工业化道路，必须抓住信息化发展带来的历史机遇，走信息化和工业化融合发展的路子。依托信息技术发展和应用，在新的技术起点上实现高层次工业化，推动传统生产方式向产业融合、网络制造、智能制造和柔性生产等新型生产方式转变，提高我国工业化水平。

21世纪初，中国加大了改革开放的力度，为工业化发展创造了良好的体制机制环境，拓宽了与发达国家充分交流的渠道，使我国工业化发展逐步与世界接轨，大大加速了我国工业化进程，为我国走新型工业化道路创造了条件。在中央的指导下，各省市政府通过制定实施进入市场及规范市场运营的一系列法律法规，逐步建立市场经济秩序，并通过改善行政执法方式，引导行业自律，鼓励群众参与监督，健全产品质量监管机制，开展企业减负行动等，营造了日益公平的市场环境，为新型工业化道路创造了必要条件。同时，按照"转变职能、精简机构、提高效率"的要求，从中央到地方逐步完成了政府机构改革，通过转变政府职能，完善行政审批制度，不断加强和改善宏观调控，综合运用规划、政策、法律法规、标准等政策工具,为实现新型工业化保驾护航。

中共十六大以后,中国坚持从基本国情出发,在新型工业化道路上迈出了坚实的步伐,工业经济发展突飞猛进。虽然受到过2008年国际金融危机的影响,但在中央"保增长、扩内需、调结构"一系列政策措施的作用下,工业经济保持平稳持续增长。在新型工业化战略的推动下,中国的工业增加值与规模以上工业增加值逐年提高,2002年至2012年中国的工业增加值增长了3倍多,进一步巩固了中国经济的持续发展。

产业结构调整是当今世界各国都面临的经济发展的重要课题,加快经济发展方式转变、促进经济社会长期又好又快发展,成为新型工业的中心工作。在新型工业化方针的指导下,中国政府加强了对工业组织结构调整的引导和促进,工业经济结构调整取得明显成效,工业整体逐渐变大变强,基本形成了门类比较齐全的现代工业体系。2002年至2012年,中国的第二产业在国内生产总值的比重始终保持在45%左右,对经济增长的贡献始终保持在50%上下。21世纪的十多年间,中国产业结构在合理化和高级化两方面取得突出成效,自主创新能力明显增强,产业布局进一步优化,产业结构调整成效卓著,现代产业体系建设也取得较大进展。

在新型工业化的引领与推动下,工业企业加快转变经济发展方式,依托科技的力量,大幅提高自主创新能力。通过实施以工业企业为主体的科技创新驱动战略,大力支持、鼓励、引导工业企业进行产学研结合,工业企业的科技自主创新能力显著增强,全国大中型工业企业新产品开发数与发明专利数逐年提高,分别从2002年的59788项和5770件,提升到2010年的101637项和72523件,九年间分别增长了1.7倍和12.56倍。在新世纪的前十年间,中国"自主创新能力取得新突破。机械工业主要产品中约有40%的产品质量接近或达到国际先进水平。服装、家纺、家电、汽车等行业形成了一批自主品牌,2010年我国自主品牌乘用车国内市场占有率达到45.6%。载人航天、月球探测取得成功,国产新支线飞机实现首飞,特高压输变电设备、百万吨级乙烯成套装置等一批重大技术装备实现自主制造。知识产权和标准化战略取得积极进展。高档数控机床、新一代宽带无线移动通信、'核高基'、极大规模集成电路装备等关键领域取得一批重大自主创新成果"[①]。

[①] 《工业和信息化部发布2010年中国工业经济运行报告》,中华人民共和国中央人民政府,www.gov.cn。

新型工业化以绿色低碳为特征,加快淘汰落后产能,合理控制能源消费总量,加快发展新能源,实现经济社会的可持续发展,实现经济建设和生态建设协调发展。中共十六大以后,国家立足节约、清洁、低碳、安全发展,大力推进工业节能降耗,促进清洁生产和污染治理,发展循环经济和再制造产业,大力推动工业节能降耗,促进节约发展,以用能大户行业为重点,在加强能源管理与排放控制的基础上加快淘汰产能落后工业;积极实施清洁生产与污染治理,不断推进清洁发展;以工业循环经济与资源综合利用为指导,推进循环经济典型示范与工业园区建设,鼓励和促进再生资源产业的研发与生产;以建设资源节约型和环境友好型工业为目标,构建绿色工业发展模式,积极推进节能环保产业的发展。工业是二氧化碳减排的主要领域,中国政府不断寻求应对全球气候变化的合作,探索低碳工业的发展,在全社会的不懈努力下,中国的万元GDP能耗从2002年的1.36下降到2012年的0.76,工业节能减排取得突出进展。

随着新型工业化的不断深化,国内生产总值快速增长,城乡居民收入显著增加,人均GDP从2002年的9398元提高到2012年的38420元,增加了三倍多。新型工业化带动城镇化发展迅速,2002年至2011年,城镇化率以平均每年1.35个百分点的速度发展,城镇人口平均每年增长2096万人,2012年中国城镇化率已达到52.57%,与世界平均水平相当,人民生活质量大幅度提高,生存和发展状况得到极大改善。[①]

中共十六大提出走新型工业化道路以来,各地区纷纷结合自身优势和特色,营造良好政策环境,大力调整、优化产业结构,推进技术创新和两化融合,促进工业绿色发展,努力探索符合各地实际的新型工业化路子。各省市注重从自身资源禀赋、经济状况和发展阶段等角度出发,确定符合本地区的发展路径,制定支持新型工业发展的相关政策措施。为加强新型工业化建设的组织保障工作,各省市纷纷建立了层级较高的综合性领导部门,统筹协调新型工业化推进中出现的问题。

重庆市建立了市级新型工业化领导小组,由市长任组长,相关副市长任副组长,市级有关部门主要负责同志为成员,并要求各级党委、政府提高认识,把推进新型工业化摆在重要位置,在全市范围内形成上下一致、有效贯彻的推进体

---

① 牛文元主编:《中国新型工业化之路研究报告》,科学出版社,2014,第53—57页。

系。同时，重庆加快构建适应新型工业化发展需要的投融资体制，建立和完善出资人自主决策机制、民间创业投资机制，设立高新技术风险投资基金；协助国家开发银行做好中小企业贷款试点，引导商业银行信贷资金流向，切实解决中小企业贷款难问题；对市属国有企业在工商银行的不良贷款实行"打包"处置，减轻企业债务负担；用好国家支持库区产业发展资金和后期移民扶持资金。重庆市把发展特色工业园区作为推进新型工业化的主战场，引导企业向园区集聚，加强关联产业链接，培育发展专业分工突出、协作配套紧密、规模效应显著的产业集群。加快北部新区及两个国家级开发区建设，形成以高新技术为先导、现代制造业为支撑、现代服务业全面发展的产业格局，建成北部新区汽车城和光电产业基地。加强对特色工业园区的分类指导，扬长避短、突出特色，实行合理的产业布局。其中，北部新区和特色工业园区工业增加值占全市工业增加值比重2007年达到45%，2010年达到55%。[①]

上海市成立了市高新技术产业化领导小组和推进工作组，设立100亿元专项资金，实施专项资金管理办法及新能源、新能源汽车、生物医药、信息服务业等"1+4"扶持政策，建立重大项目"绿色通道"，从规划、土地供给等方面优先支持高新技术发展；专门成立推进政策落地服务企业办公室，形成覆盖全市26个部门、18个区县和街道（乡镇）的服务企业网络，针对企业生产经营和市场活动需求，建立经济运行监测、企业诉求反映以及供需对接、产业链和工贸对接等机制，构建起政府服务企业工作体系。上海作为一个国际化大都市，城市产业服务化发展特色明显，特别是在发展先进制造业的过程中，上海大力推进制造业与服务业融合，加快从"生产型制造"向"服务型制造"发展，与工业相关的生产性服务业规模逐步扩大。2010年，上海生产性服务业增加值达到5189亿元，占全市服务业增加值的52.8%，占全市生产总值的比重达到30.2%，重点推动总承包/总集成、节能环保、融资租赁、服务外包、科技研发服务等与制造业密切相关的生产性服务业发展。文化创意产业得到优先发展，2010年，上海文化创意产业从业人员达到108.9万人，实现总产出5499亿元，比2009年增长14.2%，对上海经济

---

① 《中国特色新型工业化的实践与探索》编委会编著：《中国特色新型工业化的实践与探索》，电子工业出版社，2012年。

增长的贡献率达到14%。[1]

湖南省从行业、集群、企业、园区不同角度，大力推进产业集聚发展、集群发展，取得明显成效。制定《关于加速推进新型工业化"四千工程"的实施方案》，明确了机械、石化、冶金、有色、食品、电子信息等10个千亿元产业的发展，打造了长沙工程机械、长沙汽车及零部件、岳阳石油化工等8到10个千亿元产业集群，支持华菱集团、中联重科、三一集团等5个千亿元企业发展，打造长沙高新区、长沙经开区、株洲高新区等10个千亿元园区。同时，通过提升区域产业发展引力，构建湖南集聚国内外优势发展要素、承接产业转移的洼地。长株潭摒弃了传统的"摊大饼"模式，按照紧凑布局、生态隔离的组团式、友好型、集约化发展的新理念，将核心区规划为以长沙为主，株洲、湘潭为辅，相向地区保留大片绿地的"一主两副环绿心"结构，构成组团特色鲜明、内在联系紧密的大都市区。

2009年7月，工业和信息化部开启创建"国家新型工业化产业示范基地"工作，7月23日印发了《创建国家新型工业化产业示范基地管理办法（试行）》，提出了示范基地应具备的基本条件及创建的工作程序，并于2010年、2012年分三次批准185个新型工业化产业示范基地。2010年1月18日，工业和信息化部正式批准北京中关村科技园区等62个申报单位为第一批"国家新型工业化产业示范基地"。2010年12月26日，工业和信息化部正式授牌天津滨海新区等66个申报单位为第二批"国家新型工业化产业示范基地"。2012年2月13日，工业和信息化部正式批准中关村科技园区海淀园、天津子牙循环经济产业区等57个单位为第三批国家新型工业化产业示范基地。

产业集聚已成为我国城市产业发展的重要特征。作为产业集聚的重要载体，工业园区得到迅速发展，在推动新型工业化进程、繁荣城市和区域经济方面，作用日益突出。至2012年，我国已有经国家审核公告的国家级、省级各类开发区（工业园区）近1600个，这些园区在快速发展的同时，也存在产业发展雷同、产业特色不鲜明、土地集约利用程度不高、产业配套体系不完善、公共设施和服务平台共建共享程度不高等突出问题。在走新型工业化发展道路的迫切要求下，开

---

[1] 《中国特色新型工业化的实践与探索》编委会编著：《中国特色新型工业化的实践与探索》，电子工业出版社，2012。

展国家新型工业化产业示范基地创建工作，促进现有工业园区的改造提升，是我国在走中国特色新型工业化道路过程中的重要探索，对加快推动我国工业化进程具有重要意义。

伴随着新型工业化发展，各城市的生产性服务行业蓬勃发展。上海在生产性服务业发展方面起步较早，把发展生产性服务业作为新一轮机构改革中的一项重要职能，上海市经济和信息化委员会专门内设生产性服务业处，直接推进制造业与服务业的融合，推动生产性服务业的发展。市政府形成了生产性服务业相关推进工作机制和体制，明确了总集成总承包、供应链管理与服务、电子商务和信息化服务等重点发展领域，制定了促进电子商务、制造业主辅分离、生产性服务业功能区等发展的政策，编制了《"十二五"生产性服务业发展规划》并纳入上海产业发展规划体系，初步建立了生产性服务业统计制度、统计平台和统计体系。

新型工业化要走信息化与工业化互动发展之路，实现两化融合，以信息技术成果改造提升传统生产技术，创新生产方式，提高管理水平。我国在这方面进行了大胆的尝试和探索，逐渐摸索出推进两化融合的有效模式。

进入21世纪，中国进入以工促农、工业反哺农业，以城带乡、新型工业化与城镇化互动发展的新时期。以新型工业化带动提升城镇化水平提升，扩大城市产业规模，壮大县域经济，引导非农产业和农村人口有序向城镇集聚，加快城镇化进程。

中央坚持"产城互动，产城融合"的发展思路，通过项目带动，扶优扶强，促进产业集聚。大力兴建城市工业园区，为企业提供平整的工业用地，便利的水、电、通信、住房及交通等条件，医院、学校、商店等必要的配套设施，以及供员工自由消遣的娱乐场所，为工业化进程的加速创造了良好的城市环境。全国主要地级以上城市大部分建设了不同规模的工业园区，省会城市及副省级城市以城市支柱型产业为基础建立城中城、卫星城，通过完善的城市设施建设和产业发展条件，吸引更多优秀人才及民间资本向城中城产业聚集，发挥支柱型产业扩散带动作用，带动相关产业发展。

在新型工业化的带动下，城市功能日渐完善，至2012年，各大省会级城市基本建成四通八达的城市交通网，完善的水、电、煤气、宽带等基础网络设施，改变了过去路面窄、质量差，经常停水、停电、停气的状况。邮电通信更加迅速、便捷，网络生活变得不再神秘。城市环境更加优美，空气质量明显好转。

我国把促进工业化和城镇化互动发展作为走新型工业化道路重要支撑的战略取得了初步成效,逐步改变了过去我国大部分地区工业发展迅速但城市建设落后以及城市发展态势良好但工业增速缓慢的状况。特别是工业园区的建设不仅吸引了更多企业和农村劳动力的进城落户,为工业发展增添了活力,更激发了城市建设的需求,促进了城市功能的完善,逐渐实现了工业化与城镇化的同步。但是,目前在体制机制方面,我国工业化和城镇化互动发展有很多问题尚未解决,如农民工的落户问题、其后代的教育问题等,部分地区还存在城市建设速度过快、工业发展滞后的问题,需要在走新型工业化道路过程中逐步解决。

三、城市文化产业的振兴

2000年10月,中共十五届五中全会通过的《中共中央关于"十五"规划的建议》提出要"完善文化产业政策,加强文化市场建设和管理,推动有关文化产业发展",要"推动信息产业与文化产业的结合",有关文化产业的说法达六处之多。2001年3月,这一建议为九届人大四次会议所采纳,并正式被纳入全国"十五"规划纲要。"文化产业"的概念第一次正式进入了党和国家政策性、法规性文件,发展文化产业成为我国下一个阶段国民经济和社会发展战略的重要组成部分。①

改革开放以来,国民经济快速健康发展,经济体制改革全面推进,对外开放水平不断提高,综合国力不断增强,人民生活持续改善,科技、教育、文化等社会事业全面进步,为我国文化产业的发展奠定了历史的基础。随着"八五"和"九五"两个国民经济和社会发展五年计划的顺利完成,我国的经济告别了"短缺时代",社会主义市场经济体制初步建立,全方位对外开放格局基本形成。发展文化产业成为我国应对世界性的新技术革命浪潮和产业结构升级运动、转变增长方式、实现跨越式发展的重要战略选择。同时,随着人民物质生活水平的普遍提高,人民群众在文化娱乐、广播影视、图书出版等精神生活方面也提出了更多

---

① 《迎接中国文化产业发展的新时代——2001~2002年中国文化产业发展报告·总报告》,张晓明:《拓荒者的足迹:中国文化产业改革发展十年路径与政策回顾》,社会科学文献出版社,2013。

的要求。只有发展文化产业才能适应人民群众日益增长的物质和文化生活需要，促进社会主义物质文明和精神文明建设。作为加快发展、深化改革的新举措，扩大开放、应对入世的新战略，党中央与时俱进、不失时机地提出发展文化产业，成为助推城市发展的又一重要动力。

（一）文化产业发展的政策体制保障

中共十六大作出了积极发展文化事业和文化产业、深化文化体制改革的战略部署。2003年中央出台了《文化体制改革试点工作方案》，6月全国文化体制改革试点工作会议召开，正式确定北京、上海、重庆、深圳、沈阳、西安、丽江等城市和广东、浙江等省份为文化体制改革综合性试验区。同年9月，文化部下发《关于支持和促进文化产业发展的若干意见》，重点阐述我国文化产业发展的战略意义、现状、问题、指导思想、基本思路、主要措施以及加强对文化产业工作的领导等方面的问题。

2003年10月，中共十六届三中全会通过了《中共中央关于完善社会主义市场经济体制若干问题的决定》，进一步提出："鼓励多渠道资金投入，促进各类文化产业共同发展，形成一批大型文化企业集团，增强文化产业的整体实力和国际竞争力。"这既是对文化体制改革的肯定，也直接为文化产业提供了政策上的支持。同年12月，国务院办公厅发布《关于印发文化体制改革试点中支持文化产业发展和经营性文化事业单位转制的两个规定的通知》，从财政税收、投资融资、资产管理、工商管理、分配等方面对文化产业的发展作了具体的政策性指导。

自2004年起，文化体制改革试点工作全面铺开。各地积极推进政企、政事分开和管办分离，全国20个省区市的副省级及以下城市基本完成文化市场综合执法机构组建和文化、广电、新闻出版等有关行政管理部门整合，实现出版、影视制作、发行、广电传输和一般国有文艺院团、首批非时政类报刊出版单位等国有经营性文化单位转企改制，文化行政部门与文化企事业单位的关系逐步理顺。随着大批国有经营性文化单位完成企业工商注册登记，事业文化单位开始面向市场，资本、产权、人才、信息、技术等文化要素市场建设步伐加快，社会资本参与文化产业的渠道更加畅通。

在总结试点经验的基础上，2005年12月，中共中央、国务院正式颁布《关于深化文化体制改革的若干意见》，在"十一五"规划开局就对文化产业发展和文化体制改革等工作进行了全面部署，第一次明确提出并划分了文化事业和文化产业的范围和界限，并基本确定了文化体制改革的总体框架，提出要把文化体制改革和文化产业结构、所有制结构调整紧密结合，明确指出社会资本可以进入文化市场，鼓励进行投资主体多元化的股份制改革等。2006年9月，《国家"十一五"时期文化发展规划纲要》颁布。纲要对文化发展的中长期战略目标、任务与内容等提出了全方位的规划，明确了未来五年将着力发展包括影视制作业、出版业、发行业、印刷复制业、广告业、演艺业、娱乐业、文化会展业、数字内容和动漫产业在内的十类重点文化产业，同时提出了一些具体的政策，如提出要完善对外文化贸易制度，积极培育外向型文化企业，要积极发展文化电子商务，指出要加快文化立法步伐。2007年8月，文化部印发《文化标准化中长期发展规划（2007—2020）》，提出要建立较为完善的文化标准体系，在2020年前完成主要标准的制定（修订）工作，我国文化标准化建设走向规范有序、健康发展。

2009年7月，我国通过首部《文化产业振兴规划》，标志着文化产业上升为国家战略性产业。规划提出，到2011年末，文化产业发展要在现有基础上实现五个"进一步"的目标，即文化市场主体进一步完善、文化产业结构进一步优化、文化创业能力进一步提升、现代文化市场体系进一步完善、文化产品和文化服务出口进一步扩大。围绕这一目标，提出在当前要着重发展重点文化产业、实施重大项目带动战略、培育骨干文化企业、加快文化园区和基地建设、扩大文化消费、建设现代文化市场体系、发展新兴文化业态和扩大对外文化贸易等八个方面的重点任务，并提出了一系列非常具体的政策措施和保障条件，文化产业发展政策进一步完善。

2010年3月，中宣部、财政部、文化部、中国人民银行等九部门共同发布了《关于金融支持文化产业振兴和发展指导意见》，这是第一个在国家层面上鼓励金融与文化产业全面对接的政策性指导文件，对拓宽文化产业投融资渠道提供了宝贵支持。

2011年10月，中共十七届六中全会审议通过《中共中央关于深化文化体制改革、推动社会主义文化大发展大繁荣若干重大问题的决定》，提出坚持中国特色社会主义文化发展道路、努力建设社会主义文化强国的战略任务，首次确立了"建设社会主义文化强国"这一长期战略目标，对于提高国家文化软实力，推动社会主义文化大发展大繁荣，作出了全面的战略部署。

在国家战略部署和政策保证下,自2004年开始,我国文化产业呈现高速发展态势,产业增加值从3440亿元增加到2010年的11052亿元,六年增加值的绝对量达7612亿元,年均增长率为23.6%。2011年,我国文化产业法人单位增加值为13479亿元,比2010年增长21.96%。主要文化产业门类全部实现了增长,增长速度除了期刊为8.0%以外,其他全都以两位数的速度高速增长。其中,增长最快的是网络游戏,增长率为34.2%,之后依次为动漫增长32.04%,数字出版增长31.0%,音像制品增长29.1%,电影增长28.93%。2011年,全国共有中央和地方各类国有文化企业10365户,吸纳就业人员总数为106.3万人,资产总额为15966.44亿元,比2010年增长了18.7%;实现营业总收入7976.95亿元,增长了17.1%;创造增加值1994.95亿元,利润总额849.94亿元,增长了21.7%,其中净利润为753.58亿元,增长了23.7%;我国核心文化产品进出口总额达199亿美元,同比增长21.4%,其中出口186.9亿美元,同比增长22.2%,进口12.1亿美元,同比增长10.4%,贸易顺差174亿美元。①

在国家和地方政府财政支持、投资驱动和政策优惠下,各地城市文化产业迅速发展,城市文化建设蓬勃展开。

(二)各地城市文化产业的发展

在国家战略和各地相关政策支持下,城市文化产业迅速发展,文化相关产业迅速形成规模。2013年,我国规模以上文化产业企业法人单位41351个,共带动就业人数7537781人,资产总计57568.5亿元,实现营业收入、营业利润分别为64000.7亿元、4480.6亿元。2013年,环渤海地区文化产业规模以上企业单位数达到10410个,占全国文化产业法人数的25.17%;共创造就业岗位1455440个,其中,山东、北京数量最多,分别为536975个、415823个;环渤海文化及相关产业规模以上单位资产总计14205.9亿元,占到全国的24.68%,2013年实现营业收入和营业利润分别为15302.2亿元、985.5亿元,分别占全国的23.90%、21.99%。城镇人均文化娱乐消费也呈逐年递增趋势,2012年达1213.9元,比2011年同期增长

---

① 张晓明、王家新、章建刚主编:《中国文化产业发展报告(2012—2013)》,社会科学文献出版社,2013,第3—6页。

10.18%，2006年至2012年均增长率为12.74%。①

此一时期，城市文化产业发展势头迅猛，各地城市大力发展特色文化产业，培育文化创新空间，推动文化产业集聚化发展，且集聚形态多样，包括文化产业园、文化遗产保护性生产示范基地、旅游古镇、遗址公园、文化主题公园、文化商业街区、文化旅游综合体、文化旅游城市新区等。城镇人均文化娱乐消费均呈逐年递增态势，但区域不平衡现象明显，环渤海地区、长三角和珠三角地区城市文化产业发展尤为迅速。

环渤海地区城市文化产业发展迅速，文化产业增加值及占GDP比重逐年增长，初步建立了门类齐全、功能完善、布局合理的文化产业体系，以文化艺术、广播影视、新闻出版、广告会展、创意设计、网络服务等为重点发展的产业门类。

2012年，北京文化艺术增加值、资产总计和收入合计均有大幅提高，其中，增加值达76亿元，比2011年增长11.8%，增速仅次于广播、电视、电影业和软件、网络及计算机服务业，占文化创意产业产值的43.4%。2012年，文化艺术从业人数是7.2万人，较2011年降低2.7%；各类演出剧场数量已达81家，艺术表演团体530家，演出经纪机构约占全国演出经纪机构总数的一半，达1363家。②据《中国文化品牌发展报告（2012）》，33个入选的文化品牌中，乐视网、青苹果数据中心、汉王科技、中国教育出版传媒集团、解放日报集团、中国印刷集团、保利文化集团、博纳影业、完美世界、华扬联众、长风拍卖、八达岭长城同属北京地区。截至2012年底，北京已建成30个创意产业集聚区，其中首都功能核心区4个、城市功能拓展区15个、城市发展新区6个、生态涵养发展区5个，这30个集聚区覆盖北京市16个区县，海淀区的中关村创意产业先导基地已有软件、游戏、动漫、音乐等领域的200余家文化创意企业进驻。③

天津建立了一批文化创意产业园区和产业基地，其中包括国家级滨海新区文化产业示范园区、国家动漫产业综合示范园、国家影视网络动漫实验园和研究

---

① 李炎、胡洪斌:《中国区域文化产业发展报告（2015）》，社科文献出版社，2016。
② 张京成、王国华主编:《北京文化创意产业发展报告（2013）》，社会科学文献出版社，2013。
③ 黄梦、安树伟:《京津冀创业产业发展研究》，《西安石油大学学报》2013年第2期。

院、中国影视创意园区、国家数字出版基地等重点项目。①天津市政府相关部门与市委宣传部共同评选出天津滨海广告产业园、6号院创意产业园等17家企业为首批市级文化产业示范园区。国家动漫产业综合示范园、中国3D影视创意园区、国家影视网络动漫实验园、国家影视网络动漫研究院等国家级文化产业项目落户天津。国家级滨海新区文化产业示范园区加紧建设,滨海高新区文化产业聚集区、天津创意街、天津音乐街、盘龙谷文化影视城等一批文化创意产业园区初具规模。

青岛市建成了海尔数字化家电国家重点实验室、海信数字多媒体技术国家重点实验室、动漫产业公共信息服务平台、动漫游戏公共技术服务平台、青岛市科技创新综合服务平台等文化产业科技服务平台,培育了海尔集团、海信集团、广电影视集团、出版集团、网络传媒集团、无线传媒有限公司以及国家现代服务业数字化家电高新技术产业化基地、青岛国际动漫游戏产业园、凤凰岛影视动漫创意城、青岛软件园等新兴文化产业领域的龙头企业和园区。

环渤海地区以北京、天津、大连、青岛等为代表的城市,形成众多国际文化品牌。大连市先后举办中国夏季达沃斯会议、大连国际马拉松赛、大连国际啤酒节、大连艺术博览会、大连国际沙滩文化节以及樱桃节等,为文化创意产业的发展提供重要载体和依托。2008年第二十九届奥运会和第十二届残奥会帆船比赛为青岛市赢得了"奥林匹克帆船中心"的称号,迎来了世界级滨海城市的发展机遇。②

长三角区域文化产业的经济贡献率在2013年已达到8.54%,高于6.64%的全国水平。截至2013年底,长三角地区共有535家文化产业园区,比排名第二位的环渤海地区多11家,占全国总园区数的29.97%,近1/3,文化产业集聚的区域优势地位凸显。③

长三角地区数字动漫产业取得跨越式发展,中国国际动漫节、中国国际动漫游戏博览会、中国国际数码互动娱乐展览会三大国家级动漫节庆与会展纷纷扎根长三角地区。上海已成为中国动漫品牌走向国际的大码头,南京、苏州、无锡、

---

① 蒋梦惟:《京津冀文化一体化:细分市场吸引异地消费》,《北京商报》2014年11月21日。
② 李炎、胡洪斌:《中国区域文化产业发展报告(2015)》,社科文献出版社,2016。
③ 李炎、胡洪斌:《中国区域文化产业发展报告(2015)》,社科文献出版社,2016。

常州四个国家级动画产业基地，地方政府还投资数千万元建起公共技术服务平台，大大降低了企业成本。动漫制作机构基本为民营企业，主要集中在杭州和宁波两地，仅杭州一地，至2015年已快速集聚动漫企业258家，吸引从业人员数万人。[1]上海还拥有征途、九城、久游、网之易、人人网等一批全国知名网游企业，网络游戏企业集聚高地业已形成。

长三角地区文化产业结构转型与优化趋势明显，文化产业与农业、制造业、旅游业、信息产业、体育业等关联产业融合趋势明显，创意农业、工业设计、数字娱乐、文化旅游、网络视听、体育会展等新兴业态层出不穷。上海凭借其国际性大都市独特的文化魅力和城市品牌，大力发展都市观光旅游、时尚购物旅游、商务会展旅游和娱乐休闲旅游等旅游产业。以上海为龙头，杭州、宁波、南京、苏州、合肥等中心城市文化与创意设计、信息技术、金融保险、先进制造等领域融合加快，数字出版、网络游戏、文化金融、文化装备制造等新兴业态不断涌现；扬州、南通、镇江、温州、义乌、芜湖等重点城市的文化产业则在中心城市的带动下实现与农业、旅游、工艺、物流等领域的融合发展，形成各具特色的文化产业门类。[2]

2002年在杭州市开始大规模实施城市更新改造之际，一批艺术家借鉴欧美创意产业园区经验在拱墅区运河沿岸创办LOFT49园区。园区启动之后得到了杭州市、区两级政府的政策支持，并且产生了产业带动效应，其他城区纷纷效法，直接推动了杭州市文化创意产业的规模扩张。2007年，杭州市委、市政府提出"打造全国文化创意产业中心"的战略目标，2010年，国务院正式批准实施的《长江三角洲地区区域规划》明确提出"杭州建设全国文化创意中心"，文化创意产业在杭州城市GDP中的比例逐年提高，成为杭州市经济发展的新引擎。2012年杭州市文化创意产业增加值达1060亿元，占全市GDP的比重达13.59%。在台湾亚太文化创意产业协会发布的《2013年两岸城市文化创意产业竞争力调查报告》中，杭州市在两岸42个城市的文化创意竞争力排行榜中位列第四，在大陆35个城市中仅次于上海、北京，位居第三。在第六届"创意中国·和谐世界"文化产业国

---

[1] 李炎、胡洪斌：《中国区域文化产业发展报告（2015）》，社科文献出版社，2016。
[2] 李炎：《长三角地区：现代城市集群构筑产业发展航母》，张晓明、王家新、章建刚主编：《中国文化产业发展报告（2014）》，社会科学文献出版社，2014。

际论坛上,杭州市与澳大利亚悉尼市共同获得全球文化产业领军城市"创意示范奖",成为国内唯一获此殊荣的城市。[①]

珠三角地区市场经济发展较早,随着非公资本进入文化产业的规模日益扩大,投资主体多元化、融资渠道社会化、投资方式多样化的格局基本形成。以广州、深圳为中心的珠三角地区依托现代制造业、现代服务业、现代信息业、现代物流业,文化创意产业集群发展已形成一定规模,成为我国六大文化创意产业基地集聚区之一。珠三角地区各种文化产业集群形成了政府主导型、企业主导型、自主集聚型等发展模式。多种发展模式之间相互渗透、互为补充,园区成为文化产业集群发展的主要载体。

广州把推进文化与科技融合发展、文化与旅游融合发展作为加快发展文化产业的重要举措,形成了以民营企业为主体、多种投资主体共同发展的格局。广州高新区聚集了网易、励丰、毅昌、原创动力等一大批具有代表性的文化和科技融合企业,2012年实现文化科技产业产值310亿元,预计2015年实现文化科技总产值超过500亿元。文化及相关产业法人单位中,民营企业居主体地位,占全市文化及相关产业的80.86%。文化及相关产业全年营业收入中,也是民营企业居主体地位,占全市文化及相关产业的34.73%。可见,民营企业成为广州文化产业主力军。[②]

深圳高新技术产品产值占工业总产值的比例一直遥遥领先,2013年高新技术产品增加值4652亿元,占GDP的23.25%;深圳的电子信息技术产业在全国也具有举足轻重的地位,这为深圳推动文化创意和科技创新相融合创造了有利条件。每年一次在深圳举办的两个国家级盛会——中国国际高新技术成果交易会和中国(深圳)国际文化产业博览交易会,成为推动科技和文化融合的强力推手。2013年深圳文化产业增加值实现813.97亿元,占全市GDP比重5.61%。全市年营业收入超亿元的文化创意企业超过100家,年营业收入超10亿元的企业超过20家。动漫游戏、文化软件、新媒体及文化信息服务业等以数字内容为核心的新兴文化创意产业快速发展,腾讯、华强、环球数码、迅雷、中青宝等一批领军企业继续领

[①] 李明超:《创意城市推动文化创意产业发展的政府导向研究——以杭州市为例》,《管理学刊》2013年第6期,第31—36、42页。

[②] 李炎、胡洪斌:《中国区域文化产业发展报告(2015)》,社科文献出版社,2016。

跑全国。[1]

2012年，香港文化及创意产业的增加值为978.29亿港元，占GDP比重为4.9%，文化及创意产业具有很高的成长性，是香港最具活力的经济产业之一。2005年至2012年香港文化创意产业的增加值年平均增幅为9.4%，远大于香港地区生产总值同期5.6%的年平均增幅。文化及创意产业为香港提供了可观且持续增长的就业岗位。2012年，香港文化及创意产业就业人数为200370人，占香港总就业人数的5.5%。2005年至2012年文化及创意产业就业人数年均增幅为2.2%，高于香港总就业人数同期1.3%的年均增幅。2012年，文化及创意产品的整体出口（包括香港产品出口和转口产品）达5379亿港元，较2011年增加8.5%，有关产品的整体出口占香港商品整体出口总额的15.7%。2012年，文化及创意产品的进口达6096亿港元，较2011年增加11.7%。2005年至2012年，文化及创意产品出口的年均增幅为3.5%。有关产品的进口则以平均每年7.9%的速度快速增长，文化及创意产品的进口需求强劲。[2]

澳门拥有独特的历史文化资源和资金优势，文化产业依据本地发展特色，按行业特征分为创意设计、文化展演、艺术收藏及数码媒体四个核心领域，涵盖数十个行业门类。其中，视觉艺术、设计、电影录像、流行音乐、表演艺术、出版、服装及动漫为八大重点项目。澳门文化产业将发展文化旅游、文化贸易及文化金融作为推动产业发展的方向。特区政府首阶段计划充分运用现时旅游博彩优势，重点推动文化旅游，带动创意设计、视觉艺术及文化展演发展，并运用区域合作平台和自由港优势，大力发展文化贸易，通过金融工具鼓励社会资本流入文化产业领域，拓展文化金融，壮大资本规模。2010年澳门特区政府先后在文化局辖下设立了"文化创意产业促进厅"及"文化产业委员会"，2013年底设立"文化产业基金"，作为落实政策的主体责任部门。2014年5月出台《澳门特别行政区文化产业发展政策框架》，逐步厘清了澳门文化产业的定位、目的、范围、分类、支撑体系、发展模式和途径，为文化产业发展提供了具体、明确的政策支持。

中部地区城市文化产业发展以武汉最为突出。武汉市文化产业园区建设和发

---

[1] 李炎、胡洪斌：《中国区域文化产业发展报告（2015）》，社科文献出版社，2016。
[2] 《香港的文化及创意产业》，《香港统计月报》2014年3月。

展迅速，孵化培育功能逐渐彰显，文化产业园区成为推动文化产业发展的有效途径和重要平台。据2012年初统计，武汉市建成并运营的文化创意产业园区、基地已达21个，涵盖动漫、网游、创意设计、出版、传媒等多个行业，入驻企业1525家，吸纳就业人数近8万人，实现经营收入72.74亿元。各大文化创意产业园形成了各具特色，优势互补，错位式、集聚式发展的态势。武汉光谷创意产业园、洪山创意大道、楚天181文化创意产业园以及"汉阳造"文化创意产业园等便是这些园区中的翘楚。2012年武汉市文化产业增加值达到216亿元，占地区GDP比重为2.8%，较2011年增长17.34%。[1]

西部的成都文化产业稳步发展，形成了以园区化、楼宇化为载体，以重大产业项目为带动，以骨干企业为支撑，传媒、文博旅游、创意设计、演艺娱乐、文学与艺术品原创、动漫游戏和出版发行等行业快速发展的新格局。2011年，成都市文化产业法人单位实现增加值322.86亿元，占GDP的比重为4.8%，较2010年上升了0.16%。截至2011年，成都市共建成文化产业园区、基地和重大项目11个，地理范围涉及9个区市县，全市文化产业初步形成了集群集聚的发展格局。成都市还成功地打造了一批以创意设计、文博旅游、数字音乐、艺术品原创等为特色的文化（创意）产业园区、基地和产业功能区。同时成都各区（市）县依托产业功能区，结合自身的优势资源，定位于文化产业不同的发展方向，形成整体突进，错位竞争的发展格局。2010年成都市成为亚洲首个被联合国教科文组织正式批准为（创意）城市网络的"美食之都"的城市。2011年，继北京之后，成都成功举办了"2011中国国际创意设计推广周"，突显了成都市文化（创意）产业在全国产业格局中的重要地位。[2]

2011年9月30日武汉开幕的楚河汉街项目，规划面积1.8平方千米，总建筑面积340万平方米，是万达集团投资600亿元倾力打造的以文化为核心，兼具旅游、商业、商务、居住等五大功能的世界级文化旅游项目。2012年5月，武汉东湖高新技术开发区获批"国家级文化和科技融合示范基地"。武汉文化科技创新

---

[1] 武汉市统计局：《2013年武汉市国民经济和社会发展统计公报》，武汉市统计局网站，2014年3月21日。
[2] 罗子欣、车欣怡：《成都市文化产业现状及对策建议》，《资源与人居环境》2013年第11期，第62—65页。

研究院、长江数字文化产业园等14个园区总投资额达555.4亿元，预计年产值近600亿元的文化创意项目落户东湖高新区，为文化与科技融合发展提供战略性研究，并为优秀创意作品提供推广平台。东湖高新区共有文化创意企业630多家，2012年文化创意产业总收入为450亿元，同比增长34%，其中动漫游戏企业近200家，在各大电视台上映动画片共9部，4部优秀动画片在央视开播，共有30余款游戏上线，其中包括6款大型网页游戏及20余款手机游戏。

"十二五"期间，政府大力推进金融支持文化产业发展工作。以北京、天津为例，2010年，北京市文化创意产业促进中心与中国农业银行北京市分行签订《文化创意产业与金融资本对接的战略合作协议》，将为首都文化创意产业提供200亿元的融资额度，重点支持优质文化创意企业、文化创意产业聚集区和重点文化创意项目集群建设，同时在利率上给予适当优惠，并设立文化创意产业专业支行提供服务。北京市还建立了北京文化产权交易中心，设立了"北京文化创意企业投融资服务平台"，创立了各项文化产业投融资基金，其中2011年就有15只，占全国总数的34.88%，共募集资金近300亿元。2012年，北京市国有文化资产监督管理办公室成立，分别与10家银行签订文化创新发展合作协议，授信额度达1000亿元。2010年以来，中共天津市委先后组织国家开发银行、中国银行、民生银行、浦发银行等十余家金融机构与市委宣传部签署战略合作协议，充分发挥金融功能，为文化产业发展提供资金支持和金融服务。2011年12月，天津文化产权交易所和天津文化产业股权投资基金等专业文化金融机构成立。

四、生态城市建设

自然生态环境是人类生存和发展的根基，自然生态环境变化直接影响文明兴衰演替。城市生态化，是新型工业化道路下城市发展模式与传统工业化道路下城市发展模式的根本区别之一，其核心是根据当地的自然生态环境，应用生态学、城市科学以及高新技术，既利用天然条件人为地创造舒适良好的生存环境，又控制和减少人类对自然的破坏和对自然资源的掠夺性使用，把人、城市和自然视为统一的有机整体，力求实现城市向自然索取与城市对自然回馈相平衡。

工业革命以来，由于高耗能、高污染的工业生产大规模地在全球范围内推进，造成了日益严重的大气、水体、土地等环境污染，森林等植被减少，水土流失，部分地区沙漠化加剧，对社会、自然、生态造成巨大破坏，甚至危及人类自身生存。中国改革开放以来以经济建设为中心，二、三产业不断发展，由于对环境保护重视不够，不少城市提倡先污染后治理，环境问题日益突显；随着工业和城镇化的推进，城市边界不断向周边蔓延，城市功能布局结构不合理状态也较为突出，由于政府财政经费跟不上城市发展的需要，城市基础设施出现建设滞后，导致城市生态环境逐步恶化。从20世纪80年代中期到90年代，越来越多的城市生态环境出现恶化现象，对城市生态进行治理成为新的战略任务。21世纪初，党中央高度重视工业化进程中出现的生态环境问题，及时地调整发展战略，并提出建设"两型社会"和发展"生态文明"的新思路。

（一）"两型社会"和"生态文明"战略的提出

2005年，中共中央通过《中共中央关于制定国民经济和社会发展第十一个五年规划的建议》（以下简称《建议》）。《建议》提出，"十一五"时期经济社会发展的主要目标是：在优化结构、提高效益和降低消耗的基础上，实现2010年人均国内生产总值比2000年翻一番；资源利用效率显著提高，单位国内生产总值能源消耗比"十五"期末降低20%左右，生态环境恶化趋势基本遏制。《建议》明确提出"建设资源节约型、环境友好型社会"，大力发展循环经济，加大环境保护力度，切实保护自然生态环境。《建议》将"建设资源节约型、环境友好型社会"提到前所未有的高度，确定其为基本国策。建设资源节约型、环境友好型社会的提出，对于全面落实科学发展观，不断提高资源环境保障能力，实现国民经济健康、快速发展具有重要意义。建设环境友好型社会是符合可持续发展理念的、具有中国特色社会主义的发展指针，是实现全面建成小康社会目标的必然选择，是转变现有高消耗、低产出、高污染的粗放型发展方式的必然要求，是调整产业结构、提高经济增长质量和效益的关键途径，是落实科学发展观和构建社会主义和谐社会的重要举措和实践形式。

资源节约型社会是指整个社会经济建立在节约资源的基础上，建设资源节约型社会的核心是提高资源利用效率，利用有效的资源投入获取最大限度的经济效益，关键是更加依靠现代技术和创新实现效益的提高。环境友好型社会是一种人与自然和谐共处的良性状态，其核心内涵是人类的生产和消费活动与自然生态环境协调、可持续发展。环境友好型社会要求注重节能减排，减少污染物排放，追求绿色发展，发展循环经济。建设"两型社会"，深刻体现了中国特色新型工业化的深刻内涵。科技创新、绿色发展、人本发展，是新型工业化的内在要求和深刻体现，是科学发展观的必然要求。

2006年10月，中共十六届五中全会首次提出建设"资源节约型和环境友好型社会"的战略任务。中共十七大报告特别提出，要"建设生态文明，基本形成节约能源资源和保护生态环境的产业结构、增长方式、消费模式"。2007年12月14日，国家发展改革委颁发了"发改经体〔2007〕3428号"通知，正式批准武汉城市圈和长株潭城市群为全国资源节约型和环境友好型社会建设综合配套改革试验区，并赋予两地先行先试的政策创新优先权。资源节约型重点探索和解决集约用地方式、建设循环经济示范区、深化资源价格改革等，环境友好型则囊括了建立主体功能区，制定评价指标、生态补偿和环境约束政策和完善排污权有偿转让交易制度等。以此为契机，开启了我国建设"两型社会"的具体实践，也为解决我国的资源环境问题开辟了一条现实的途径。此后，"两型社会"建设在全国各省区全面推广，各地城市纷纷按照城乡统筹、人地协调的和谐理念，突出了城市生态和城市环保，提出了多项高品质人居环境建设的指标体系，建设了若干城市生态项目。

2007年中共十七大召开，第一次把"建设生态文明"作为一项战略任务，确定为全面建设小康社会的一项战略目标，强调要建设生态文明，基本形成节约资源能源和保护生态环境的产业结构、增长方式和消费模式。胡锦涛详细描述了生态文明的主要目标，即："循环经济形成较大规模，可再生能源比重上升。主要污染物排放得到有效控制，生态环境质量明显改善。生态文明观念在全社会牢固树立。"[1]十七大召开并提出关于生态文明及"两型社会"的决策是两件大事。十七大在强调坚持中国特色社会主义经济建设、政治建设、文化建设的基础上，首次提出了生态文明建设，并赋予了生态文明建设与物质文明建设、精神文明建设和制度文明建设同等重要的地位。

生态文明作为一种新的文明形态，也是一种新的社会革命，将人类住区带入一个崭新的发展阶段和新的人类聚居模式。生态城市是按照生态学原则建立起来的社会、经济、自然协调发展的新型社会关系，是有效的利用环境资源实现可持

---

[1] 胡锦涛：《高举中国特色社会主义伟大旗帜 为夺取全面建设小康社会新胜利而奋斗——在中国共产党第十七次全国代表大会上的报告》，人民出版社，2007年10月15日。

续发展的新的生产和生活方式,就是按照生态学原理进行城市设计,建立高效、和谐、健康、可持续发展的人类聚居环境。生态城市是生态文明的产物,也是生态文明的表现形式和实现途径,是城乡发展的高级阶段。[1]我国提出生态文明、建立生态文明城市是城镇化进入高速发展阶段的客观要求,是时代的必然选择,生态城市体现了工业化、城镇化与现代城市文明的交融。

"两型社会"与生态城市二者的最终目标都是实现经济、社会、自然的可持续发展,即建立低消耗的生产体系和高效稳定的经济体系,实现人与自然和谐相处的可持续发展。"两型社会"与可持续发展战略一脉相承,是对可持续发展更为直观易懂的解释。[2]"两型社会"是生态城市另一种形式的尝试,是我国在生态城市的实践上做出的努力。

中共十七大报告指出,要"建设生态文明,基本形成节约能源资源和保护生态环境的产业结构、增长方式、消费模式"。这既是对我国多年来在环境保护与可持续发展方面所取得的成果的总结,也是对人类在20世纪末所取得的最关键的认识成果的继承和发展。对生态文明中循环经济的阐述,对我国生态城市后续转型低碳方向有很大影响。随着可持续发展战略的推行、生态文明理念的传播和科学发展观的深入人心,我国掀起了生态城市建设的潮流。同时针对出现的雾霾问题,"循环经济""低碳经济"等理念不断引入,我国开始以低碳节能、开发新能源为重点建设生态城市。

(二) 各地生态城市建设的措施与成效

2003年5月23日,国家环保局发布《生态县、生态市、生态省建设指标(试行)》,从经济发展、环境保护、社会进步三个方面分别为生态县、生态市、生态省制定了明确的建设指标,其中生态市的建设指标共28项。2005年至2007年国家环保局先后发布了《全国生态县、生态市创建工作考核方案》《国家生态县、生态市考核验收程序》《国家环保总局关于加强生态示范创建工作的指导意见》;2005

---

[1] 马腾:《倡导生态文明,建设生态城市》,《赤峰学院学报》(自然科学版)2010年第26卷第3期,第117—119页。
[2] 陈志端:《新型城镇化背景下的绿色生态城市发展》,《城市发展研究》2015年第2期,第1—6页。

年由中国科学院编制，环保总局颁发了《生态功能区划暂行规程》，规定了生态功能区划的一般原则、方法、程序、内容、要求，此后全国开展了生态功能区划的编制工作，生态功能区的划分成为生态城市建设规划的重要内容之一。[1] 2008年1月15日，颁布了《生态县、生态市、生态省建设指标（修订稿）》，其中生态市建设指标包括经济发展、环境保护和社会进步三类19项指标，修订了试行中的多项指标，使其具指导性和可操作性，为生态示范区的创建工作打下坚实基础。

在国家相关政策的推动下，各省市开展生态城市建设的工作稳步提升，大量的自上而下型生态城市开始涌现，包括新颁布的生态省市等，国家和地方政府积极投身于生态城市的建设中。

2001年大庆被评为全国内陆首家环保模范城市，并于2005年起实施了"东移北扩"的城市发展战略，采用了依托自然设计，依湖建城的规划思想，加紧了五湖生态城的建设。2006年大庆市入选中国十大魅力城市。[2] 2002年，贵州省贵阳市被国家环保总局批准为全国循环经济型生态城市建设试点城市，为资源性城市建设生态城市做出了积极探索。

2008年1月，世界自然基金会（WWF）启动中国低碳城市发展项目，上海和保定入选首批试点城市。2009年，由新加坡和天津共同建设的全球首个国家间合作开发的生态城在天津滨海新区动工建设，标志着我国生态城市建设在国际合作开发方向迈出了积极的步伐。[3]

2008年汶川特大地震之后，专家指出灾后重建城市规划规模应以中小型为主，并以生态化为目标，建成安全、舒适、生态友好之城；住房和城乡建设部仇保兴副部长在"2008城市发展与规划国际论坛"上也明确提出，灾后重建的目标是建设生态城市。[4]

---

[1] Fan Jie. Analysis on The Restrictive Factors of Regional Coordinative Development. Strategy and Decision-making Research, 2007, 22 (3): p.194-201.
[2] Rao Rong, Eco-local Urban Planning in Northern Europe and Lessons, Planner, 2004, 20 (12): p.105-108.
[3] 王晓军、斯庆：《生态型城市的规划设计探讨》，《城市建设理论研究》2014年第11期，第66—69页。
[4] Schienke E W. "Ecocity China": An Ethos Under Development. Engineering, Development and Philosophy, 2012: p.69-85.

(三) 低碳城市理念的提出

2009年,住房和城乡规划部副部长仇保兴在国际城市规划与发展论坛上首次提出低碳城市的概念,受到社会各界的普遍关注和认可。低碳生态城市就是要把低碳城市和生态目标相结合,使城市的增长模式发生根本转变,建立起低耗能、低排放、高效能、高效率、高效益的中国特色的城镇化发展模式。[①]低碳生态城市实际上属于生态城市概念,是针对温室效应和全球生态危机提出的,从减少碳排的角度进行生态城市建设的探讨。可以说是以生态文明为指导,以零(低)碳排放量为特征,以生态宜居技术为构成的复杂人工生态系统。[②]同年,中国城市科学研究会的《中国低碳生态城市发展战略》发布,作为生态城市基础性内容之一的生态城市指标系统构建与生态城市示范评价项目合作也正式确定开展。[③]

2010年,国家发展改革委发布了《关于开展低碳省区和低碳城市试点工作的通知》,以低碳为主要目标建设城市,明确将在广东、辽宁、湖北、陕西、云南五省和天津、重庆、深圳、厦门、杭州、南昌、贵阳、保定八市开展试点工作。国家能源局发布《关于申报新能源示范城市和产业园区的通知》,鼓励创新城市新能源发展模式,提高城市清洁能源比例,促进资源节约型和环境友好型社会的建设。1月,深圳成为全国首个"国家低碳生态示范市";7月,住建部与江苏省无锡市人民政府签署《共建国家低碳生态示范区——无锡太湖新城合作框架协议》;10月,住建部与河北省共同签署了《关于推进河北省生态示范城市建设促进城镇化健康发展合作备忘录》。低碳示范市在这种部市共建的模式下,在规划建设低碳产业、公共交通、绿色建筑、资源利用等方面进行探索,先试先行,节节推进发展观念、发展模式的根本性转变。

2011年10月,第12届中国西部国际博览会"生态城市与绿色建筑高峰论坛"在成都召开。论坛提出"以低碳发展方式推动生态城市建设"的发展模式。同年,住建部发布了《住房和城乡建设部低碳生态试点城(镇)申报管理暂行

---

① 仇保兴:《我国低碳生态城市发展的总体思路》,《建设科技》2009年第15期,第12—17页。
② 沈清基:《低碳生态城市理论与实践》,中国城市出版社,2012,第91—93页。
③ 李迅、曹广忠、徐文珍等:《中国低碳生态城市发展战略》,《城市发展研究》2010年17卷第1期,第32—39页。

办法》，并于同年成立了低碳生态城市建设领导小组，组织研究低碳生态城市的发展规划、政策建议、指标体系、示范技术等工作，引领国内低碳生态城市的发展。

2012年11月，胡锦涛在中国共产党第十八次全国代表大会的报告中进一步提出："把生态文明建设放在突出地位，融入经济建设、政治建设、文化建设、社会建设的各方面和全过程，努力建设美丽中国，实现中华民族永续发展。"

21世纪，随着实践和认识水平的提高，尤其是在科学发展观的指导下，人们对生态城市有了更加深刻的认识，在城市建设中倡导遵循生态学规律，使城市内部各功能之间及城市人工环境与生态自然环境之间相协调，确保城市的可持续发展。到2012年，中国287个地级以上城市已经有280个明确提出"以生态城市"为建设目标[1]，同年评选出首批八个全国绿色生态示范区。各省区以项目形式大批推进的各类自下而上型生态城建设，它们处于中国生态城市建设科学探索的最前沿。但由于各类项目数量多、起步快，在实践中也出现一些问题，部分项目重形式、轻实效，对客观限制因素重视不够，致使建设效果与预想目标有相当的差距，但建设生态城市已成为我国现阶段城市更新和未来城市发展的主流模式。[2]

第三节　区域发展战略与城市群发展

中国幅员辽阔，自然地理环境类型丰富，不同区域间长期存在着经济、社会发展不平衡现象。自新中国成立以来，党中央始终高度重视区域均衡发展问题，在不同历史时期采用了不同的战略和措施来协调和促进不同区域的均衡发展。新中国成立至改革开放，国家通过"五年计划""三线建设"等国家战略，将工业布局从沿海向内地推进，着力发展中、西地区的城市和工业，在较大程度上改变

---

[1] Girardet H. Which way China? Will the world's most populous country embrace sustainable development? Is Dongtan City, Shanghai's new eco-city, the mode for saving our cities and sustainable urban development?. Public Events, 2007, 9 (3): p.48–50.

[2] 姜晓雪：《我国生态城市建设实践历程及其特征研究》，硕士学位论文，哈尔滨工业大学，2017，第23—32页。

了区域发展的不平衡状态。改革开放以后，实行区域非均衡发展战略，优先开放和发展沿海地区部分城市，然后逐渐向内地梯度推进。20世纪70年代末至80年代，沿海四个经济特区和珠江三角洲地区得到快速发展；90年代以后，以浦东开发开放为龙头，带动长三角地区出现长足发展；90年代中后期，京津唐地区及环渤海三角开发受到重视。区域非均衡发展战略推动东部沿海区域城市和经济的快速发展，带动了中国经济的整体发展，但是区域间发展不平衡问题越发显著，东、中、西三地域的发展差异加大，城乡差距也进一步扩大，不同群体之间的收入差距也逐渐扩大。[①]因而，在21世纪初，中国政府相继实施"西部大开发战略""东北振兴战略""中部崛起战略"，促进了西部、东北和中部地区城市与经济发展。与此同时，东部地区发展出现新的变化，城市群的建设成为新的发展趋势。发展城市群，提高城镇化水平，利用中心城市的集聚效应和规模效应，推动区域经济一体化进程，进一步优化资源配置，成为中国经济发展的重要战略。

一、新世纪中国城镇化方针的演变与城市的发展

2001年至2011年，中国城市发展历经了"十五""十一五"两个规划时期，国家城市发展方针发生了重大变化。《国民经济和社会发展第十个五年计划纲要》提出把推进城镇化提升为国家战略，"应当走符合我国国情、大中小城市和小城镇协调发展的多样化城镇化道路，逐步形成合理的城镇体系。有重点地发展小城镇，积极发展中小城市，完善区域性中心城市的功能，发挥大城市的辐射带动作用，引导城镇密集区有序发展"。"十五纲要"首次提出要走大中小城市和小城镇协调发展的多样化城镇化道路，从政策层面放松了对于大城市发展的限制。中共十六大报告又进一步明确应当"要逐步提高城镇化水平，坚持大、中、小城市和小城镇协调发展，走中国特色的城镇化道路"。

2006年，《国民经济和社会发展第十一个五年计划纲要》进一步指出，"促进城市化健康发展，坚持大中小城市和小城镇协调发展，提高城镇综合承载能力，按照循序渐进、节约土地、集约发展、合理布局的原则，积极稳妥地推进城

---

① 陆大道：《关于我国区域发展战略与方针的若干问题》，《经济地理》2009年第29卷第1期，第2页。

市化，逐步改变城乡二元结构"，"把城市群作为推进城市化的主体形态，逐步形成若干城市群为主体，其他城市和小城镇点状分布，永久耕地和生态功能区相间隔，高效协调可持续的城市化空间格局"。①中央坚持加快构建以城市群为主体形态，大中小城市和小城镇协调发展的城镇格局，成为城镇化发展方针的主要内容，充分肯定了大城市在城市规模体系中的核心作用。从2001年以后，人口规模500万人以上的大城市得到快速发展，中国城市规模体系出现集中化趋势。②2006年"十一五"规划首次提出城市群战略："将城市群作为推进城镇化的主体形态。"中国将逐步形成以沿海及京广京哈线为纵轴，长江及陇海线为横轴的空间格局，并分别提出东部、中部、西部、东北等区域的城镇化空间策略。规划强调城镇群的建设，确定了珠江三角洲、长江三角洲、京津冀三个重点城镇群以及成渝、关中、辽中南、海峡西岸、北部湾、中原等十余个城镇群地区。2007年10月，中共十七大报告又再次提出要"按照统筹城乡、布局合理、节约土地、功能完善、以大带小的原则，促进大中小城市和小城镇协调发展。以增强综合承载能力为重点，以特大城市为依托，形成辐射作用大的城市群，培育新的经济增长极"。③2011年3月，"十二五"规划提出"以大城市为依托，以中小城市为重点，逐步形成辐射作用大的城市群，促进大中小城市和小城镇协调发展"；2012年11月，中共十八大报告指出"科学规划城市群规模和布局，增强中小城市和小城镇产业发展、公共服务、吸纳就业、人口集聚功能"。

2012年12月召开的中央城镇化工作会议首次提出把城市群作为推进新型城镇化的主体，提出继续优化建设好京津冀、长江三角洲、珠江三角洲三大国家级城市群并争取建成具有国际竞争力的世界级城市群外，要在中西部和东北有条件的地区，依靠市场力量和国家规划引导，逐步发展形成若干城市群，成为带动中西部和东北地区发展的重要增长极。国家"十一五"规划明确提出："要把城市群作为推进城镇化的主体形态，逐步形成以沿海及京广京哈线为纵轴，长江及陇海线

---

① 方创琳：《改革开放30年来中国的城市化与城镇发展》，《经济地理》2009年第29卷第1期，第22页。
② 任旲、宋迎昌、蒋金星：《改革开放40年中国城市化进程研究》，《宁夏社会科学》2019年第1期，第29页。
③ 胡锦涛：《高举中国特色社会主义伟大旗帜，为争取全面建设小康社会新胜利而奋斗——在中国共产党第十七次全国代表大会上的报告》，2007年10月15日。

为横轴，若干城市群为主，其他城市和小城镇点状分布，永久耕地和生态功能区相间隔，高效协调可持续的城镇化空间格局。"国家"十二五"规划进一步明确提出：积极稳妥推进城镇化，坚持走中国特色城镇化道路，遵循城市发展客观规律，以大城市为依托，以中小城市为重点，逐步形成辐射作用大的城市群，促进大中小城市和小城镇协调发展。

21世纪以来，由于中国城市发展方针的变化，城市在国家和区域中的地位更加重要，由此推动中国城镇化的发展速度不断加速，具体数据参见表5-1：

表5-1 2002—2012年中国城镇人口变动情况[①]

年份	总人口（万人）	城镇人口（万人）	城镇人口比重（%）	比重比上年提高（百分点）
2002	128453	50212	39.09	1.43
2003	129227	52376	40.53	1.44
2004	129988	54283	41.76	1.23
2005	130756	56212	42.99	1.23
2006	131448	58288	44.34	1.35
2007	132129	60633	45.89	1.55
2008	132802	62403	46.99	1.1
2009	133450	64512	48.34	1.35
2010	134091	66978	49.95	1.61
2011	134735	69079	51.27	1.32
2012	135404	71182	52.57	1.3

从表5-1可见，中国城镇化在21世纪初的十年间进入加速发展阶段，城镇化增速每年都在1%以上，2010年增速达到了1.61%，2011年，中国城镇人口超过全国总人口的50%，中国进入城市时代。

整体来看，中国的城镇化速度持续加速，并出现了新的趋势，即大部分省份都面临人口自然衰减与人口持续流向特大城市和超大城市的双重趋势。此一阶

[①] 《中国城市发展报告》编委会：《中国城市发展报告（2012）》，中国城市出版社，2013，第42页。

段，中国城市常住人口变化主要表现为以一、二线城市常住人口持续大幅流入，三线城市稍有流入，四线城市基本维持平衡。从常住人口增长率来看，2001—2010年一线城市人口增长率远高于二三四线城市，其中北京、上海、广州和深圳等一线城市的常住人口年平均增长率为3.4%，二线城市的常住人口年平均增长率为2.8%，三线城市常住人口年平均增长率为1.4%，四线城市常住人口年平均增长率为0.6%，尽管2011年至2016年一、二、三、四线城市的增长率分别下滑至1.5%、1.3%、0.8%、0.6%[1]，但以超大城市人口持续流入为主的趋势没有变。

随着国家对城镇化发展方针的改变，农民进城的户口限制被进一步放开，相关部门还采取了给予农民工应有的城市公共服务待遇以及尽最大可能减少对外来人口的歧视等一系列改革措施，因而，在21世纪初，大量农民脱离土地，由于大城市就业机会相对较多、薪资待遇也相对较高、公共服务也相对较好，大城市和超大城市成为人口主要流入的城市。然而，中国绝大部分城市的公共服务水平、资源环境承载能力无法与快速的城镇化发展相匹配，一系列影响城市经济、社会、文化和生态发展的"大城市病"随之而生。[2]一方面，一些人口净流入的特大城市和超大城市在规划管理、基础设施建设等方面缺乏有效的跟进措施，人口拥挤、住房紧张、交通拥堵、环境污染等"大城市病"突出，城市宜居水平显著降低。另一方面，人口净流出地区由于未能够及时调整相应的经济发展模式，城市的服务性和功能性严重不足，资源枯竭、产业升级缓慢等。人口向公共服务和行政权利高的城市集聚的特征会进一步导致中小城市无法吸纳过多的人口，缺乏承接大城市转移的相关产业的能力，不能有效缓解大城市病问题，进而形成一种恶性循环累积的双重病态局面。以第六次人口普查为例，中国的2.3亿流动人口中有将近80%的人口集中于东部区域。这种人口过度集聚在大城市和超大城市所产生的"大城市病"与中小城市功能性萎缩问题并存的双重困境在一定程度上制约着新型城镇化下大、中、小城市和小城镇协调发展。[3]

---

[1] 任泽平：《中国人口大流动：一二线流入，四五线持续流出》，界面新闻，https://m.jiemian.com/article/2775885.html.
[2] 石忆邵：《中国"城市病"的测度指标体系及其实证分析》，《经济地理》2014年第34卷第10期，第1—6页。
[3] 刘秉镰、朱俊丰：《新中国70年城镇化发展——历程、问题与展望》，《经济与管理研究》2019年第40卷第11期，第3—14页。

二、西部大开发与城市发展

中国经济地理可划分为东部、中部和西部三大区域，狭义上的西部地区主要是指西南（渝、云、贵、川、藏）及西北（陕、甘、宁、青、新）10个省、自治区、直辖市，广义的西部地区还包括广西及内蒙古部分地区（除东四盟外），即"10+2"；西部十省区的国土面积达540万平方千米，超过全国国土面积的56%，1997年，西部地区共有121个设市城市，占全国设市城市总数668个城市的18.11%，其中百万人口以上的特大城市共有7个（重庆、成都、贵阳、昆明、西安、兰州、乌鲁木齐），50万至100万人口的大城市只有一个（西宁），20万至50万人的中等城市有32个，20万人以下的小城市有81个。西部的城市规模普遍较小，城市建成区总面积为20791.3平方千米，是东部城市建成区总面积的33%，仅占全国城市建成区总面积的15%。[1] 改革开放以来，随着经济发展和社会进步，我国城镇化进程加快，1999年中国城镇化水平整体达到了30.89%，而同期西部地区城镇化水平仅为22.5%，比全国平均水平落后近8.39个百分点，总体发展落后于东部地区。

西部地区经济发展迟缓也影响到中国经济的区域协调发展。1999年6月，江泽民在西北召开的座谈会上提出了西部大开发的战略构想，提出建设一个经济繁荣、生活安定、民族团结、山川秀美的西部地区。同年9月，中共十五届四中全会决定国家将实施西部大开发战略，并写入《中共中央关于国有企业改革和发展若干重大问题的决定》。2000年1月，国务院西部大开发领导小组召开会议，研究加快西部地区发展的基本思路和战略任务，6月国务院决定，西部大开发的实施范围为"10+2"，即重庆市、四川省、云南省、贵州省、西藏自治区、陕西省、甘肃省、宁夏回族自治区、青海省、新疆维吾尔自治区、内蒙古自治区、广西壮族自治区12个省、直辖市、自治区。2000年10月，中共十五届五中全会决定："实施西部大开发战略、加快中西部地区发展。"把实施西部大开发、促进地区协调发展作为一项战略任务。2001年3月，《第十个五年计划纲要》对实施西部大开发战略再次进行了具体部署，即依托亚欧大陆桥、长江水道、西南出海通道等交通干线，发挥中心城市作用，以线串点，以点带面，逐步形成我国西部有特色

---

[1] 任致远、王明浩、刘颖秋等：《西部开发与城市发展座谈会发言（摘要）》，《城市发展研究》2000年第4期，第1页。

的西陇海兰新线、南（宁）贵、成昆（明）等跨行政区域的经济带，带动其他地区发展，有步骤、有重点地推进西部大开发。[①]2006年12月8日，国务院常务会议审议并原则通过《西部大开发"十一五"规划》。自党中央、国务院决定实施西部大开发战略以来，陆续发布了《西部大开发"十一五"规划》《西部大开发"十二五"规划》《关于深入实施西部大开发战略的若干意见》等规划和政策，有力地推动了西部大开发的进程，特别是以成渝城市群为代表的西部城市社会经济得到了快速发展，取得了显著成效。在西部大开发战略推动下，西部地区经济有了重大发展，2000年至2008年，西部地区社会固定投资年均增长23.4%，比全国平均增速高1.9个百分点[②]，地区生产总值从2000年的16655亿元增加到了2011年的99619亿元，西部地区生产总值占全国生产总值的比例亦从2000年的17.1%增加到2011年的21.1%。[③]在这一背景下，西部地区城镇化也出现跨越式发展，到2011年，西部地区城镇化率由2000年的24.1%提高到了43.2%。[④]

西部大开发战略在城市发展方面采取了"以线串点，以点带面"的方针，通过铁路、公路、水运等交通线路串联起主要城市，带动城市经济发展，以主要城市经济发展带动区域经济发展，并且通过中心城市的辐射带动作用，实现"以城带乡"、城乡统筹发展。2007年6月，国务院批准重庆市和成都市设立全国统筹城乡综合配套改革试验区，四川成都以土地改革为纽带，大力推进"三个集中"（工业向园区集中、耕地向规模经营集中、农民向城镇集中），由此促进了城镇化水平和城乡居民收入的提高，城镇居民可支配收入从2005年的11360元增长到2011年的23932元，农村居民纯收入从2005年的4486元增长到2011年的9895元，统筹城乡发展效果显著。[⑤]

---

① 《中华人民共和国国民经济和社会发展第十个五年计划纲要》（2001年3月15日第九届全国人民代表大会第四次会议批准），中华人民共和国中央人民政府，www.gov.cn。
② 贾青松、林凌主编，刘世庆、蒋同明副主编：《四川区域综合竞争力报告2009》，社会科学文献出版社，2010，第58页。
③ 周谷平主编，董雪兵、陈健副主编：《中国西部大开发发展报告（2012）》，中国人民大学出版社，2012，第15页。
④ 周谷平主编，董雪兵、陈健副主编：《中国西部大开发发展报告（2012）》，中国人民大学出版社，2012，第8页。
⑤ 周谷平主编，董雪兵、陈健副主编：《中国西部大开发发展报告（2012）》，中国人民大学出版社，2012，第118页。

西部大开发战略有力地推动了西部城市的发展，并以部分中心城市为核心逐渐形成了一些初具规模的城市群和城市带，这些新兴城市群和城市带成为当地经济发展的增长极和动力源。其中较为典型的就是长江上游成渝城市群、关中城市群，此外还有滇中城市群、黔中城市群、兰西城市群、天山北坡城市群。

成渝城市群是以重庆、成都为中心的城市密集区，包括重庆市的渝中、万州、黔江、涪陵、大渡口、江北、沙坪坝、九龙坡、南岸、北碚、綦江、大足、渝北、巴南、长寿、江津、合川、永川、南川、潼南、铜梁、荣昌、璧山、梁平、丰都、垫江、忠县等27个区（县）以及开州、云阳的部分地区；四川省的成都、自贡、泸州、德阳、绵阳（除北川县、平武县）、遂宁、内江、乐山、南充、眉山、宜宾、广安、达州（除万源市）、雅安（除天全县、宝兴县）、资阳等15个市，总面积18.5万平方千米。该区域经济发展水平相对较高，是我国西部人口密度最高、城镇分布最稠密的地区。成渝城市群是西部大开发的重要平台，成为长江经济带的战略支撑，并且成为国家推进新型城镇化的重要示范区。

2004年末，成渝城市群共有城市33座，其中超大城市2座，无特大城市，大城市3座，中等城市14座，小城市14座，另建制镇2169座，基本形成了以超大城市为中心，大、中城市为骨干，小城市及中心镇为结点的等级规模结构。在西部大开发战略的牵引之下，成渝城市群，尤其是成都、重庆两大中心城市，城市人口和城市经济发展迅速，2004年末总人口达7982.28万人，人口密度达到490人/平方千米，全区实现地区生产总值7482.71亿元，人均地区生产总值9373.40元/人。到2010年，成渝城市群地区生产总值达到23202.13亿元，占全国生产总值的5.78%，重庆常住人口2010年达到2884.6万元，成都为1404.8万元，分列全国第一和第四位。[①]人口空间分布上，成都、重庆两个超大城市属于人口高聚集地区，并且围绕各自中心城区形成了大量卫星城镇，人口聚集特征表现为以中心城区为中心，向四周逐步减少。其中人口密度最高的是成都，全区人口的12%集中在市区，人口密度是雅安市的7倍多；其次是自贡、广汉、德阳、内江、达州等城市，其人口密度大都在900人/平方千米以上；人口密度最低的区域主要分布在万源、雅安等城市，这些城市多属丘陵和山区，自然条件和经济发展水平相对较差，受中心城区的辐射弱，人口

---

① 上海财经大学区域经济研究中心张学良：《2013中国区域经济发展报告——中国城市群的崛起与协调发展》，人民出版社，2013，第264—267页。

分布稀疏，城市人口密度不足400人/平方千米。①成渝城市群的经济高度集中于重庆和成都两大城市，二者地区生产总值分别占到33个城市总量的22%和23%，而其他城市占总量比重在1%至4%之间。从人均GDP的空间差异来看，人均GDP高的地区集中在成德绵一线、重庆市和宜宾市，人均GDP由城市群中心向外围递减。成都市人均GDP指标最高，是最低的阆中市的近6倍。人均GDP最低的是川东北地区的遂宁、南充、广安、万源、阆中等城市。②到2010年，重庆市地区生产总值达到了7925.58亿元，居全国第七位，成都为5551.33亿元，居全国第十二位。③

除了成渝地区，陕西省也是西部大开发中城市发展较快的省份，"十五"期间，在西部大开发战略的推动下，陕西省的经济年均增长11.5%，比"九五"期间提高了0.7个百分点，增长速度逐年加快，经济运行质量不断提高。2005年陕西省的国民生产总值达到3674.75亿元，比2000年翻了一番；人均生产总值达到全国平均水平的72%，比"九五"末提高了8个百分点；全社会固定资产投资累计完成6598亿元，是"九五"期间的2.4倍。财政总收入达到528.6亿元，是2000年的2.8倍。陕西的经济结构调整也在西部大开发战略实施进程中取得新进展，六大特色产业增势强劲，占生产总值的比重不断提高；四大基地建设取得新突破，初步形成各具特色的区域经济发展格局；三大产业结构由16.8∶44.1∶39.1调整为11.4∶50.3∶38.3，工业占生产总值比重提高近5个百分点；城镇化水平由32.3%提高到37.23%。④陕西省的"十一五"规划提出"构建合理的城镇体系"，"加快西咸经济一体化进程，把西安都市圈建成西部现代服务中心、金融中心、文化中心和先进制造业基地。加强区域中心城市建设，增强集聚和辐射带动能力"⑤。陕西省"十二五"规划又进一步提出："全力打造西安（咸阳）国际化大都市"，"以建设大西安、带动大关中、引领大西北为方向，以2020年主城区面

---

① 钟海燕：《成渝城市群研究》，博士学位论文，四川大学，2006，第110页。
② 钟海燕：《成渝城市群研究》，博士学位论文，四川大学，2006，第112页。
③ 上海财经大学区域经济研究中心张学良：《2013中国区域经济发展报告——中国城市群的崛起与协调发展》，人民出版社，2013，第268页。
④ 《陕西省国民经济和社会发展第十一个五年规划纲要》（2006年1月22日陕西省第十届人民代表大会第四次会议批准），陕西省人民政府，http://www.shaanxi.gov.cn。
⑤ 《陕西省国民经济和社会发展第十一个五年规划纲要》（2006年1月22日陕西省第十届人民代表大会第四次会议批准），陕西省人民政府，http://www.shaanxi.gov.cn。

积达到850平方千米、都市区人口达到1000万以上为目标"[1]，同时扎实推进陕西大中小城市建设。此一时期，在西部大开发战略推动下初步形成了关中城市群，该城市群以西安为中心，包括了铜川、宝鸡、渭南等6个地级市和3个县级市。2008年陕西省通过了《关中—城市群建设规划》，确定"一轴一环三走廊"城镇空间发展模式，以西安都市圈为核心板块，做大做强西安市，同时做大宝鸡、咸阳、铜川、渭南等地级城市，并做强小城市的发展策略；将"推进关中地区的城镇化进程，把关中城市群建设成为既有一定综合实力又有明显地方特色，既有浓厚历史气息又充满现代活力的城市群"作为陕西推进西部大开发、促进城镇化发展的重要目标。2009年，在国家相关部委的指导下，关中城市群的建设出现了新变化，即将关中城市中发展成为关陇城市群。《关中—天水经济区发展规划》提出构筑关陇城市群的新构想，并以建设"一核、一轴、三辐射"的空间发展框架体系为发展方向。"一核"即以西安（咸阳）大都市为经济核心区；"一轴"即以宝鸡、铜川、渭南、商洛、杨凌、天水等次核心城市作为节点的发展轴；"三辐射"即核心城市和次核心城市依托向外放射的交通干线，加强与辐射区域的经济合作，促进生产要素合理流动和优化配置，带动经济区南北两翼发展。西部大开发战略的深入实施，加快推进了西（安）咸（阳）一体化建设，西安又恢复了昔日的辉煌，2010年西安常住人口超过800万人，达到历史最高水平，关中城市群地区生产总值达到6891.74亿元，其中西安达到了3241.69亿元[2]。

滇中城市群，以昆明市为中心，包括周边的曲靖市、玉溪市和楚雄彝族自治州，在西部大开发战略推动下，滇中城市群城镇化率从2004年的39.83%增长到2008年的42.4%，其中昆明市最高，分别达到了56.81%和60%。2007年滇中城市群总人口达到1601.39万人，地区生产总值达到2805亿元。[3]

黔中城市群，以贵阳市为中心，包括周边遵义市、毕节市、安顺市、黔南布依族苗族自治州、黔东南苗族侗族自治州。到2010年，黔中城市群总人口达到

---

[1] 《陕西省国民经济和社会发展第十二个五年规划纲要》（2011年1月22日陕西省第十一届人民代表大会第四次会议批准），陕西省人民政府，http://www.shaanxi.gov.cn.
[2] 上海财经大学区域经济研究中心张学良：《2013中国区域经济发展报告——中国城市群的崛起与协调发展》，人民出版社，2013，第271—275页。
[3] 上海财经大学区域经济研究中心张学良：《2013中国区域经济发展报告——中国城市群的崛起与协调发展》，人民出版社，2013，第336—341页。

2602.8万人，地区生产总值3533.58亿元[①]。

兰州—西宁城市群，位于甘肃和青海两省交界处，以兰州和西宁两省会城市为核心，包括白银市、定西市和临夏回族自治州在内，到2010年，兰州—西宁城市群总人口达到1218.8万人，地区生产总值达到2302.25亿元。[②]

天山北坡城市群，是指以乌鲁木齐市为中心，东起哈密市，西至伊犁哈萨克自治州，包括克拉玛依市、石河子市、昌吉回族自治州、博尔塔拉蒙古自治州、塔城地区、吐鲁番市在内的，带状分布于天山北坡的城市群，到2010年，天山北坡城市群人口达到1065.4万人，占全国总人口的0.79%，地区生产总值达到3974.64亿元，占全国的0.99%。[③]

在西部大开发战略推动下，西部地区经济水平迅速提高，城镇化进程加快，逐渐形成了成渝城市群、关中城市群、滇中城市群、黔中城市群、兰州—西宁城市群、天山北坡城市群等具有代表性的城市群。虽然西部城市群相比于东部沿海地区的三大城市群尚处于发育状态，但已成为西部地区重要的经济增长中心，实现了"以线串点，以点带面"的聚集效应，成为西部地区经济发展的重要核心区域。

三、东北振兴与城市发展

东北地区资源丰富，农林发达，矿产资源丰富多样，是近代中国较早发展起来的区域之一，新中国成立后，国家实施重工业优先发展的工业化战略和以国有经济为主导的发展模式，使东北地区成为新中国成立初期中国经济发展最快和最重要区域之一，城镇化也因此得到快速发展。新中国成立以后的半个世纪中，东北地区的城镇化水平一直高于全国平均水平，根据1990年第四次人口普查统计，东北地区城镇化水平为47.51%，远远高于全国城市平均水平（26.41%），也远高于同期的京津冀、长三角和珠三角城市群的城镇化水平。但东北城市发展长期存

---

① 上海财经大学区域经济研究中心张学良：《2013中国区域经济发展报告——中国城市群的崛起与协调发展》，人民出版社，2013，第345—348页。
② 上海财经大学区域经济研究中心张学良：《2013中国区域经济发展报告——中国城市群的崛起与协调发展》，人民出版社，2013，第334、335页。
③ 上海财经大学区域经济研究中心张学良：《2013中国区域经济发展报告——中国城市群的崛起与协调发展》，人民出版社，2013，第321页。

在若干不足，如城市职能单一，传统工业和资源产业占比较大；城市之间的联系较弱，缺乏产业分工，城市群发展受阻；城乡二元结构矛盾突出，城乡差别较大等。东北城市的这些缺陷在20世纪末越来越显形化，并且开始严重制约东北城市经济的进一步发展，不少资源型城市和重工业基地城市的经济发展减缓，面临资源衰竭和经济转型的双重压力。2000年第五次人口普查时，东北地区城镇化平均水平为52.14%，但增长速度已经落后于同期的长三角和珠三角城市群。2010年第六次人口普查，东北地区城市率为57.71%，虽然还领先于47.5%的全国平均水平，但已经明显落后于京津冀、长三角和珠三角城市群的城镇化水平[1]，东北地区的城市实际上在20世纪末已经成为人口、技术和资本的净流出地区。

  2001年，国务院为了解决东北老工业区相对衰退的问题，决定将辽宁阜新市确定为全国资源型枯竭城市经济转型的首个试点城市，同时推进实施振兴东北战略。2002年11月，中共十六大报告首次提出振兴东北老工业基地的战略思路。2003年10月，中共中央、国务院下发《关于实施东北地区等老工业基地振兴战略的若干意见》，将东北老工业基地振兴战略提上正式实施议程。此后国务院相继批准成立了五个国家级经济技术开发区和七个国家级高新技术开发区，涉及大连、沈阳、营口、鞍山、长春、吉林、哈尔滨、大庆等城市。2009年，国务院下发《国务院关于进一步实施东北地区等老工业基地振兴战略的若干意见》，提出积极推进资源型城市转型，发展接续替代产业实现资源枯竭城市的经济转型。2009年的《辽宁沿海经济带发展规划》提出以大连为核心，强化"大连—营口—盘锦"主轴，壮大"渤海翼"（盘锦—锦州—葫芦岛渤海沿岸）和"黄海翼"（大连—丹东黄海沿岸及主要岛屿），带动区域加快发展，构建以特大城市为龙头、大城市为主体、中等城市及各类中小城镇有序发展的网络化城镇体系。

  东北地区老工业基地振兴战略实施以后，东北地区的经济社会发展取得了显著进步，在近十年的东北振兴战略实施期间，东北地区GDP年均增长值为14.7%，高于10.5%的全国平均水平。[2] 从2003年至2012年，东北地区城镇化率

---

[1] 梁振民：《新型城镇化背景下的东北地区城镇化质量评价研究》，博士学位论文，东北师范大学，2014，第57页。

[2] 鲍振东、曹晓峰主编：《东北地区发展报告（2013）：实施振兴东北战略10年回顾与展望》，社会科学文献出版社，2013，第5页。

从44.8%提升到57.2%，高于全国平均水平，但增幅低于全国平均水平。辽宁经济发展和城镇化的速度相对较快，在2000年第五次人口普查时，辽宁城镇化率为54%，到2010年第六次人口普查的时候，辽宁城镇化率已经增长到63.6%，2012年又达到65.7%。2010年吉林城镇化率为53.4%，黑龙江城镇化率为55.4%，都低于辽宁的水平。2003年至2012年，东北地区GDP总量从13732.26亿元增加到53737.41亿元，人均GDP从11612元提升到41679元；三大产业占比由2003年的13.64∶47.44∶38.92发展为2012年的11.03∶51.90∶36.80[①]，第一产业和第三产业占比下降，第二产业占比提升。2010年东北地区经济总量占全国经济总量比重提高到8.6%，人均GDP达到34202元，高于西部和中部地区。[②]

随着国家实施东北振兴战略，推动东北地区城市的发展，分别形成了以沈阳、大连为核心的辽中南城市群，以及以哈尔滨和长春为核心的哈长城市群。上述两大城市群，集中了东北地区大部分城市人口和产业集群。2003年，东北地区的四个核心城市集中了东北地区24.5%的人口和43.4%的GDP，其中长春更是占据了吉林省GDP的53%。[③]随着东北振兴战略的实施，四大城市建成区域规模不断扩大，在各自区域的首位度愈发突出，并依托高铁等交通干线，推动"哈大经济区""哈大产业带"的形成。

辽中南城市群以沈阳和大连为核心，包括鞍山、抚顺、本溪、辽阳、丹东、营口、盘锦、铁岭等地级城市。其中沈阳的城镇化率最高，2000年沈阳的城镇化率为63.25%，2010年提升至77.07%；大连作为东北重要的经济动力源和增长极之一，2010年城镇化率为65%。2010年，辽中南城市群中，沈阳地区GDP达到5017.54亿元，大连为5158.16亿元，鞍山地区为2125.01亿元，其他城市地区生产总值均未超过千亿规模，沈阳和大连的首位度非常突出。[④]哈长城市群以哈尔滨和长春为中心，包含有大庆、齐齐哈尔、牡丹江、吉林、松原、延边等城

[①] 王雪微、王士君、范大龙：《东北地区城市群组空间重构：格局·过程·效应》，科学出版社，2017，第1页。
[②] 晏涛：《促进中部崛起研究》，博士学位论文，中国社会科学院，2012，第47页。
[③] 王士君、宋飏：《中国东北地区城市地理的基本框架》，《地理学报》2006年第6期，第579页。
[④] 上海财经大学区域经济研究中心张学良：《2013中国区域经济发展报告——中国城市群的崛起与协调发展》，人民出版社，2013，第244页。

市。哈长城市群在空间格局上又分为哈大齐地区（哈尔滨、大庆、齐齐哈尔）、牡绥地区（牡丹江、绥芬河）和长吉图地区（长春、吉林、延边、松原）三个区域。2010年，哈尔滨地区GDP达到3664.85亿元，长春为3329.03亿元，大庆市为2900.06亿元，哈长城市群经济发展相对均衡，吉林市和松原市地区GDP也突破千亿元，2010年分别达到了1800.64亿元和1102.85亿元。[1]与四大核心城市及两大城市群相比，东北地区的其他中小城市的发展相对较为滞后，城乡二元结构较为突出，城镇居民收入低于全国平均水平，与全国平均水平差距还在拉大。[2]

东北地区的城市以资源型城市为主，其中不少资源型城市都相继面临资源枯竭的困境，东北振兴的重要任务之一就是对资源枯竭型城市进行产业结构调整与升级。东北资源型城市数量众多，分布地域广，城市规模相对较大。新中国成立以来，以鞍山、抚顺、大庆、本溪等资源型城市为主的东北资源型城市为东北和全国经济发展做出了巨大贡献，但由于资源逐渐枯竭，城市产业未能及时进行转型和升级，这些城市开始走向衰落。东北地区资源枯竭型城市占全国确定的69个资源枯竭型城市的三分之一以上，在这一背景下，对资源枯竭型城市进行产业结构调整和升级就成为东北振兴战略的紧迫任务。2001年阜新被确定为全国第一个资源枯竭型城市经济转型试点城市，2003年《中共中央、国务院关于实施东北地区等老工业基地振兴战略的若干意见》中提出：要推进资源型城市经济转型和可持续发展。东北各省针对资源枯竭型城市制订了总体建设规划，针对各城市具体情况，分别采取了接续产业发展、生态产业、产业转型、多元发展等不同发展模式，特别是在大型贫矿资源开发利用体系建设、环境污染整治、可持续发展与产业结构调整、基础设施建设等方面加大了投入，并采取了若干改革与创新措施，逐步推进资源型城市的可持续发展。在中央东北振兴战略的推动下，东北资源枯竭型城市的经济转型取得了显著成绩，2006年，吉林省资源枯竭型的辽源市和白山市工业增加值分别达到37.9%和26.5%，增速分列全省前两位，2007年，辽宁

---

[1] 上海财经大学区域经济研究中心张学良：《2013中国区域经济发展报告——中国城市群的崛起与协调发展》，人民出版社，2013，第287页。

[2] 鲍振东、曹晓峰主编：《东北地区发展报告（2013）：实施振兴东北战略10年回顾与展望》，社会科学文献出版社，2013，第16页。

省阜新市非煤产业比重接近九成,标志着经济转型取得了阶段性的成果。[①]

振兴东北战略在一定程度上遏制了东北老工业区和资源枯竭城市的衰败,为东北经济转型提供了支持,在此基础上,东北城市也取得了进一步发展,城镇化率不断提高。但相比于全国其他区域,东北地区相对衰落的态势并未得到完全扭转,中小城市发展也处在较为滞后的状态。

四、中部崛起与城市发展

中部地区主要包括山西(晋)、安徽(皖)、江西(赣)、河南(豫)、湖北(鄂)和湖南(湘)六省,中部地区地处中国内陆腹地,位于全国经济、政治、社会发展的重心位置,是东部沿海地带与西部深内陆地带的结合部,具有连通东西部的区位优势,因而发挥中部地区地理区位优势推动中部崛起,是实现我国区域协调发展战略的重要组成部分。

中部地区的城市经济区域主要有武汉城市圈、长株潭城市群、鄱阳生态经济区、皖江城市经济带、中原经济区、山西经济区等。相比于东部发达区域,中部地区经济和社会发展一度相对滞后,形成了"中部塌陷区"。1980年,中部地区人均GDP相当于全国平均数的88%,1990年下降到83%。2005年,中部地区人均GDP只相当于全国平均水平的75%。2005年,中部六省GDP总量为37230.30亿元,仅占全国比重的20.34%,社会消费品零售总额为13184亿元,仅占全国比重的19.4%。[②] 2002年前后,中部地区的城镇化率为35.2%,相比于39.1%的全国平均水平要低4个百分点左右,与东部地区44%的城镇化率差距更是有较大差距,特别是河南、安徽、江西等省份,城镇化率平均为28.23%,差距更为明显。

2001年3月15日,第九届全国人民代表大会第四次会议批准的《中华人民共和国国民经济和社会发展第十个五年计划纲要》提出要加快中部地区发展,"充分发挥中部地区承东启西、纵贯南北的区位优势和综合资源优势,加快发展步伐,

---

[①] 鲍振东、曹晓峰主编:《东北地区发展报告(2013):实施振兴东北战略10年回顾与展望》,社会科学文献出版社,2013,第12、13页。

[②] 上海财经大学区域经济研究中心编:《2007中国区域经济发展报告:中部塌陷与中部崛起》,上海人民出版社,2007,第3页。

提高工业化和城镇化水平"。2002年中共十六大明确了西部、中部、东部和东北四大经济区域的划分。2004年中共十六届四中全会召开,正式确立中部地区崛起战略。2006年4月,《中共中央、国务院关于促进中部地区崛起的若干意见》明确了中部地区"三个基地,一个枢纽"的战略定位,即中部地区是全国重要粮食生产基地、能源原材料基地、现代装备制造及高技术产业基地和综合交通运输枢纽。2009年9月国务院通过《促进中部地区崛起规划》,提出应当"以发展现代制造业和服务业为重点,突出特色,错位发展,加快武汉、郑州、长沙、合肥、南昌、太原的产物集聚和结构升级,完善城市功能。强化一体化发展机制,加快形成产业和人口高度集聚、充满活力的城市群,成为推动中部地区经济社会加快发展的重要增长极","大力加强小城镇建设,以县城和中心镇为重点,引导乡村工业和人口向镇区集聚,促进基础设施和公共服务向农村延伸"[①]。力争到2015年中部地区经济发展水平显著提高,"三个基地、一个枢纽"地位进一步提升。2012年,国务院颁布《关于大力实施促进中部地区崛起战略的若干意见》,在肯定自2006年起中部地区经济振兴的成绩基础上,提出"到2020年,中部地区经济发展方式转变取得明显成效,年均经济增长速度继续快于全国平均水平,整体实力和竞争力显著增强,经济总量占全国的比重进一步提高"的总战略目标。[②]

在国家中部崛起战略指导下,中部各省纷纷推出各自的发展规划和扶持政策,提出以中心城市、城市带为核心的城市发展战略。2002年,湖北省启动了武汉城市圈建设,以武汉为核心,加上周边的黄石、孝感、黄冈等八个城市构建城市圈,重点推进城市圈基础建设一体化、产业布局一体化、区域市场一体化、城乡建设一体化。河南省提出发展以郑州都市圈为中心,以洛阳为次中心,以开封、新乡、焦作、许昌等九城市为节点,构建"中原城市群"。安徽省制定的《安徽省沿江城市群"十一五"规划纲要》中,重新明确了以皖江八市为发展重点的沿江城市带建设规划。江西出台《"十一五"昌九工业走廊区域规划》,确定将南昌和九江两市整体纳入规划,力求将其发展为一个重要的区域经济板块。山

---

① 国家发展和改革委员会:《促进中部地区崛起规划》,中华人民共和国国务院新闻办公室,http://www.scio.gov.cn/index.htm.
② 国家发展和改革委员会:《促进中部地区崛起规划》,中华人民共和国国务院新闻办公室,http://www.scio.gov.cn/index.htm.

西省在2006年提出建设"大太原经济圈"规划，以太原为核心城市，强化太原与介（休）、孝（义）、汾（阳）、阳（泉）、忻（州）、原（平）城镇组群的组合发展。[1]在中部各省发展战略中，除了建设自身城市群，同时也加强与东部经济发达的经济圈和城市群的联系。如：安徽提出主动融入长三角经济圈；湖南、江西提出主动融入珠三角经济圈，成为泛珠三角经济圈的成员；山西省也提出积极加入京津唐和环渤海经济圈。[2]

在中部崛起战略推动下，中部地区各省经济和城市发展提速明显，2007年中部地区GDP保持16%以上的增速。2008年，在受到国际金融危机的外部冲击下，中部地区GDP增速仍达到12.2%，同比高出全国平均水平3.2%。[3]中部各省的工业增加值占全国的比重从2005年的17.4%增加到2008年的20%。[4]2009年，中部六省的地区生产总值超过7万亿元，占全国比重由2005年18.8%上升到19.4%，人均GDP达到2万元，比2005年翻了一番。[5]2011年，中部地区固定资产投资总额达到72649.41亿元，占全国的23.36%，比2006年提高了51377.19亿元，是2006年固定资产投资总额的3.42倍。[6]

中部崛起战略也推动了中部各省城市的发展，《促进中部地区崛起规划》明确了培育壮大武汉城市圈、长株潭城市群等中部六大城市群（圈、带），形成具有较强辐射功能和带动作用的增长极。2006年至2009年，中部六省的城镇化水平不断提高，城镇化率从2005年的36.5%提高到2009年的42.3%，年均增长1.45%，比全国平均水平快0.55%，其中城镇化水平最高的山西和湖北的城镇化率于2009

---

[1] 上海财经大学区域经济研究中心编：《2007中国区域经济发展报告：中部塌陷与中部崛起》，上海人民出版社，2007，第315页。
[2] 上海财经大学区域经济研究中心编：《2007中国区域经济发展报告：中部塌陷与中部崛起》，上海人民出版社，2007，第334页。
[3] 范恒山主编，张建清、刘苏社副主编：《"十二五"时期促进中部崛起若干问题研究》，武汉大学出版社，2011，第18页。
[4] 国家发展改革委地区经济司：《促进中部崛起：五年来的成效及政策建议》，《宏观经济管理》2011年第10期，第17页。
[5] 范恒山主编，张建清、刘苏社副主编：《"十二五"时期促进中部崛起若干问题研究》，武汉大学出版社，2011，第178页。
[6] 朱有志主编，罗波阳、方向新执行主编：《中国中部地区发展报告（2012~2013）：中部崛起战略平台建设回顾与展望》，社会科学文献出版社，2012，第12页。

年均达到46%，城镇化水平最低的河南省2009年城镇化率为37.7%，但河南的城镇化水平在2006年至2009年间提高了5.2个百分点，为中部六省中增长最快的省。[1] 2010年末，中部六省的地级以上城市人口为0.9亿人，占全国地级及以上城市年末人口的22.7%；创造地区生产总值3.7万亿元，占全国地级及以上城市经济总量的14.9%。[2] 2011年底，中部地区城镇人口达到16278万人，比2006年增加了2882万人，增长了21.51%，城镇化水平提高到46.3%[3]，但仍然落后于全国平均水平。中部地区湖北省城镇化率最高，2011年达到51.8%，高于全国平均水平，其他五省则低于全国平均水平，其中河南最低，低于全国平均水平10.7个百分点。[4] 中部崛起战略推动下，中部地区各省城镇化率增长变化主要见表5-2：

表5-2 中部地区各省份2005—2008年城镇化率[5]

地区	2008年	2007年	2006年	2005年
山　西	45.11	44.03	43.01	42.11
安　徽	40.5	38.7	37.1	35.5
江　西	41.36	39.8	38.68	37
河　南	36.03	34.34	32.47	30.65
湖　北	45.2	44.3	43.8	43.2
湖　南	42.15	40.45	38.71	37
中部地区	41.72	40.27	38.96	37.57
全　国	45.68	44.94	43.9	42.99

从表5-2可以看出，在中部崛起战略推动下，中部各省城镇化率有一定提高，但都距全国平均水平还有一定差距，中部地区城市发展仍然任重道远。

---

[1] 晏涛：《促进中部崛起研究》，博士学位论文，中国社会科学院，2012，第59页。
[2] 晏涛：《促进中部崛起研究》，博士学位论文，中国社会科学院，2012，第40页。
[3] 喻新安主编，谷建全、王建国副主编：《中国中部地区发展报告（2013）：新城镇化与中部崛起》，社会科学文献出版社，2013，第2页。
[4] 喻新安主编，谷建全、王建国副主编：《中国中部地区发展报告（2013）：新城镇化与中部崛起》，社会科学文献出版社，2013，第8页。
[5] 范恒山主编，张建清、刘苏社副主编：《"十二五"时期促进中部崛起若干问题研究》，武汉大学出版社，2011，第399页。

中部崛起战略对于核心城市圈的推动作用十分明显，武汉城市圈等中部六大城市群在中部崛起战略的促进下发展势头迅猛，"十二五"期间，六大城市群的人口规模超过1.4亿人，占中部地区人口总量的40.2%；地区生产总值超过3.9万亿元，占中部地区生产总值的56%。[1]

　　武汉城市圈以特大城市武汉为中心，包括了黄石、鄂州等五个地级市和三个省直辖市[2]，成为中部地区经济中心，武汉市的经济规模占全省比重30%左右，武汉城市圈的八个城市经济规模占全省比重60%左右。[3]2008年，武汉城市圈实现地区生产总值6972亿元，占湖北省GDP的61.5%，其中武汉市的贡献达到近六成。[4]2009年1月至8月，武汉城市圈的GDP达3397.3亿元，同比增长10.9%，占全省比重为63.2%，其中，城镇以上固定资产投资达287861亿元，增长37.41%，占全省比重为64.2%；社会消费品零售总额2287.71亿元，增长18.4%，占全省比重为62.8%；实际外商直接投资18.4亿美元，增长3.4%，占全省比重为79%。[5]2010年底，武汉城市圈地区生产总值增至9585.2亿元，在全国生产总值的占比为2.39%。[6]

　　2005年，河南全省有郑州、洛阳、南阳、安阳、平顶山、新乡、许昌、焦作、商丘、信阳和周口11个市，生产总值超过500亿元。中原城市群以郑州为中心，包括洛阳、开封、新乡等九个地级市，2005年，中原城市群九市生产总值总量达到5915亿元，占全省的比重达56.1%，比2000年提高近4个百分点。2010年，中原城市群的地区生产总值达到13375.37亿元，占全国国内生产总值的

---

[1] 范恒山主编，张建清、刘苏社副主编：《"十二五"时期促进中部崛起若干问题研究》，武汉大学出版社，2011，第5页。

[2] 肖巍：《城市化与中部崛起》，《湖北经济学院学报》（人文社会科学版）2007年第1期，第24页。

[3] 刘勇：《充分发挥武汉市及武汉城市群在中部崛起中的龙头带动作用》，《学习与实践》2004年第5期，第16页。

[4] 范恒山主编，张建清、刘苏社副主编：《"十二五"时期促进中部崛起若干问题研究》，武汉大学出版社，2011，第32页。

[5] 范恒山主编，张建清、刘苏社副主编：《"十二五"时期促进中部崛起若干问题研究》，武汉大学出版社，2011，第159页。

[6] 上海财经大学区域经济研究中心张学良：《2013中国区域经济发展报告——中国城市群的崛起与协调发展》，人民出版社，2013，第253页。

3.33%。①中原城市群整体发展优势逐步显现，在全省经济社会发展中的地位不断提高，对区域经济的辐射带动作用不断增强。②

长株潭城市群是以长沙、株洲、湘潭为中心的城市圈，包括了衡阳、岳阳等五市，2010年，长株潭城市群地区生产总值达到12558.81亿元，占当年国内生产总值的3.13%。③

太原城市群以太原为核心，包括晋中、阳泉、吕梁等五市，2010年，太原城市群地区生产总值达到4254.27亿元，占当年国内生产总值的1.06%。④

在中部崛起战略助推下，到2009年，占据中部六省29%面积的中部六大城市群已经聚集了40.2%的人口和55.6%的地区产值⑤，其经济聚集效应越发显著，逐渐发展壮大的中部城市群成为中部地区经济崛起的中心。

五、沿海城市与三大城市群的快速发展

21世纪以来，中国进入了城镇化发展的新时期。此时期城市发展也体现出自己的特点。首先，设市城市增加的速度减缓，部分地区城市数量甚至出现下降；其次，在西部大开发战略、中部崛起战略以及重建东北老工业基地战略等一系列国家战略的引导下，中、西部地区的城市出现较大发展，数量有所增加，规模有所扩大，东、中、西部三大区域城市数量的差距在不断缩小，城市发展不平衡的状态有所改善；再次，此一阶段城市规模出现较大的扩张，一些特大城市和超大城市周边的县级市或县级行政区划被撤销，被纳入大都市区行政体系之中成为市辖区，其功能和作用由此发生了较大变化，中国城市体系趋于完善。与此同时，中国东部沿海地区开始形成规模巨大的城市群。城市群是城市化发展到高级阶段

---

① 上海财经大学区域经济研究中心张学良：《2013中国区域经济发展报告——中国城市群的崛起与协调发展》，人民出版社，2013，第278页。
② 《河南省城镇化"十一五"规划》，河南省人民政府，https://www.henan.gov.cn/2006/10-24/237217.html。
③ 上海财经大学区域经济研究中心张学良：《2013中国区域经济发展报告——中国城市群的崛起与协调发展》，人民出版社，2013，第259页。
④ 上海财经大学区域经济研究中心张学良：《2013中国区域经济发展报告——中国城市群的崛起与协调发展》，人民出版社，2013，第296页。
⑤ 范恒山主编：《促进中部地区崛起重大思路与政策研究》，人民出版社，2011，第53页。

的空间组织形式,通常是指在特定地域范围内,以一个以上特大城市为核心,由至少三个以上大城市为构成单元,依托发达的交通通信等基础设施网络,所形成的空间组织紧凑、经济联系紧密、高度同城化和高度一体化的城市群体。城市群一般以一至二个经济实力较强的中心城市为核心,逐渐形成较为完备的城镇体系,城市群的构建是以一定规模的人口与广阔的地域空间为基础,城市之间要有较为完善的道路交通、通信网络等基础设施,城市的产业水平较高,城市之间初步形成了产业分工与协作。[1]

(一)沿海城市的快速发展

20世纪70年代末,中国进入改革开放新时期,以沿海地区的改革开放来带动内地的改革开放。东部沿海城市在国家实施特殊的开放政策的作用下,成功地吸引了大量国内外的资本、技术、信息和人才等,全面推动了该区域的经济社会发展,进而实现高速增长。2001年,中国正式加入世界贸易组织(WTO),经济全球化对中国城镇化的影响效果明显,中国凭借自身所拥有的大量廉价劳动力优势和广阔的消费市场,吸引了全球众多的资本、技术和人员,大量外资、中外合资的现代化制造业工厂如雨后春笋般在中国发展起来,中国逐步成为全球重要的制造业基地,这对国民经济发展产生了极大影响,特别是东部沿海城市成为许多跨国技术型企业的聚集地。2001年至2010年是中国城镇化发展速度较快的十年,特别是东部沿海地区出现一批依托制造业发展起来的城市,北京、天津、上海、广东、深圳、苏州、东莞、无锡等城市的经济出现跨越式发展,现代制造业、金融业、商业和科技产业迅速崛起,城市之间的联系加强,以北京、天津为核心的京津冀城市群,以上海为核心的长三角城市群,以广州、深圳为核心的珠三角城市相继形成,成为沿海城市经济发展的三大核心区域。2005年,京津冀、长三角和珠三角地区城镇化率分别为49.32%、57.06%和60.68%,均高于全国平均水平。2006年"十一五"规划制定,正式提出将城镇化的主体形态定为"城市群",中国城市由此进入新的发展阶段。2007年,京津冀、长三角和珠三角三大城市群区域GDP占全国的比重分别为12%、24%和11%,利用外资的比重为15%、44%

---

[1] 余沛、王晓梅、程嘉等:《城市群交通系统协调发展的理论与实证研究》,中国经济出版社,2017,第133—134页。

和19%，财政收入占全国财政收入比重分别为11%、21%和8%。[1] 改革开放以来，沿海城市经济快速发展，一直是人口净流入的地区，2007年，东部沿海地区人口净流入最多的城市依次为深圳、东莞和上海，分别为650万人、524万人和479万人，2010年沿海城市人口密度普遍高于全国平均水平，其中高密度城市主要集中在京津冀、长三角和珠三角地区，辽东半岛和北部湾地区人口密度相对较低。[2] 自改革开放以来，中西部人口大规模流入京津冀、长三角和珠三角的城市，2000—2005年和2005—2010年迁入三大城市群的省际人口分别达到4515.3万人和5587.5万人。2005年以前，珠三角为三大城市群人口流入的最多区域，2005年以后长三角超越珠三角成为吸引人口流入最多的区域。[3] 大量人口流入对于沿海三大城市群发展贡献巨大，不仅带来人口的显著增加，提高了区域城镇化水平，也助推了经济的发展。

（二）京津冀城市群的构建与初步发展

京津冀城市群的形成是一个历史过程。新中国成立以后，北京作为首都奠定了政治中心、经济中心和文化中心的地位，一改民国时期的发展颓势，迅速成为中国规模最大的城市之一，对于京津冀地区的带动作用增强。改革开放以来，北京和天津都因行政地位得到优先发展和快速发展，同时由于公路、高速公路和铁路等现代交通的发展，以及电话、网络等现代通信技术的发展，北京、天津与河北省城市之间的经济、文化联系不断加强，跨行政区划的经济、文化合作逐渐形成，经济要素、社会要素和文化要素的整合与融合成为新的趋势，由此，国家发展改革委在新世纪来临之际进一步着手推进京津冀城市圈的发展。2004年，国家发展改革委制定京津冀城市圈区域规划，采用"8+2"模式，即以北京、天津为核心，加上周边围绕的石家庄、唐山、保定等八个河北城市，共同构成京津冀城市群。相比于长三角城市群和珠三角城市群，京津冀城市群虽然经济水平

---

[1] 张贡生：《论沿海经济地带城市群一体化格局的形成与发展》，《青岛科技大学学报》（社会科学版）2009年第25卷第1期，第9页。

[2] 张耀军、任正委：《基于GIS方法的沿海城市人口变动及空间格局研究》，《地域研究与开发》2012年第31卷第4期，第153页。

[3] 毛新雅：《人口迁移与中国城市化区域格局——基于长三角、珠三角和京津冀三大城市群的实证分析》，《经济研究参考》2014年第57期，第46页。

相对较弱，但却有着政策优势和文化优势。北京作为中国首都，有着中国其他城市都不可能相比的政治优势，而且聚集了大量的企业总部和科学技术人员。改革开放以后，北京经济出现高速度发展，2000年全市实现国内生产总值2460.5亿元，比1999年增长11%，经济增长率连续四年稳步上升；人均国内生产总值达到2.2万元，比1999年增长10.3%，比1995年增长61%。1996年至2000年的五年间，北京全市经济年均增速达到10%，全市国内生产总值累计超过10000亿元，比"八五"时期增加1.2倍。2000年，北京的户籍人口达1107.5万人。[1]天津作为直辖市也在改革开放以后出现快速发展，2000年天津的国内生产总值达到1639.41亿元，比1999年增长10.8%，继续高于全国平均增长水平；人均国内生产总值由1999年的15976元增加到2000年的17940元，增长10.0%；户籍人口达到912万人。河北省省会石家庄在改革开放以后也有长足发展，2000年全年实现国内生产总值1001.2亿元，比1999年增长10.5%；一、二、三产业全面发展，产业结构更加合理。"九五"期间，石家庄地区生产总值年平均增长13.3%，超额完成了"九五"计划的目标，石家庄地区生产总值也首次突破千亿元。2000年末石家庄全市总人口为889.8万人，比1999年增长1.64%，其中市区人口166.7万人、增长3.57%，非农业人口213.5万人、增长4.61%。新世纪以来，在国家的统筹下，京津冀城市群出现了区域经济一体化发展的趋势，2009年，京津冀城市群总人口8000.32万人，地区生产总值3.35万亿元，始终稳定在占全国生产总值10%的水平。[2]北京是京津冀城市群的核心城市，2010年北京市全年实现地区生产总值13777.9亿元，比2009年增长10.2%。2010年天津全市生产总值完成9108.83亿元，比2009年增长17.4%。[3]2010年石家庄地区生产总值3400亿元，增长12.7%，高于计划1.7个百分点，经济总量实现持续较快增长，第二、三产业对经济发展的拉动作用进一步提升。

由于北京、天津主城区的虹吸效应等原因，京津冀城市群的发展出现不平衡

---

[1] 北京市统计局：《北京市2000年国民经济和社会发展统计公报》，中国统计信息网，http://www.tjcn.org/tjgb/01bj/67.html。
[2] 王宏玉：《京津冀城市群空间结构与发展模式选择》，硕士学位论文，中央民族大学，2011，第19页。
[3] 上海财经大学区域经济研究中心张学良：《2013中国区域经济发展报告——中国城市群的崛起与协调发展》，人民出版社，2013，第206—209页。

状态，形成了高水平发展区域、中高水平发展区域、中低水平发展区域和低水平发展区域等四个圈层，京津冀城市群建设还有待进一步完善和优化。

（三）长三角城市群的形成与初步发展

长江三角洲地处中国沿海开放带和沿长江经济带的交汇处，2002年，长三角地区聚集了7400多万人口，占中国人口总数的5.8%，贡献了中国18.7%的国内生产总值和22%的财政收入[①]，是中国人口最稠密、经济最发达的区域，是中国经济增长的重要引擎之一。长三角城市群城市众多，主要包括一个直辖市上海，三个副省级城市南京、杭州、宁波，以及苏州、无锡、常州等11个地级城市和64个县级市。长三角城市群大体可以分为上海、南京、杭州、苏锡常四大都市圈，以及甬台温、江（阴）泰（州）两个城市（镇）集群[②]。长三角城市群的国土面积达到了21.17万平方千米，约占全国的2.2%。2014年，长三角城市群的地区生产总值为12.67万亿元，约占全国生产总值的18.5%，总人口约1.5亿人，约占全国总人口的11%。长江三角洲是全球经济最具竞争力的城市群之一，是全世界的主要制造业和服务业集聚中心，也是亚太地区重要的国际门户之一。从产业结构角度，与全国其他城市相比，长三角城市群第一产业比重相对较低，低于全国平均水平。上海、南京、杭州等城市第三产业较为发达，第三产业生产总值超过了第二产业，其他长三角城市以第二产业为主。上海是整个长三角城市群的经济龙头，2010年，上海地区生产总值达到17165.98亿元，是第二位苏州的1.86倍，财政收入2873.58亿元，是苏州的3.19倍。2010年上海市经济密度达到27075.68万元/平方千米，为长三角城市群之冠，是第二名无锡市的2.16倍。[③]

2008年，国务院《关于进一步推进长江三角洲地区改革开放和经济社会发展的指导意见》指出：长江三角洲应当"培育具有较强国际竞争力的世界级城市群"，"加快建设以特大城市和大城市为主体，中小城市和小城镇合理发展的网络

[①] 邹军、徐海贤:《以统筹规划促进统筹发展——刍议长江三角洲一体化规划》,《城市规划》2004年第11期，第48页。

[②] 顾朝林、张敏、张成等:《长江三角洲城市群发展展望》,《地理科学》2007年第1期，第6—8页。

[③] 上海财经大学区域经济研究中心张学良:《2013中国区域经济发展报告——中国城市群的崛起与协调发展》，人民出版社，2013，第160、161页。

化城镇体系",在继续发挥上海的龙头作用的基础上,进一步提升南京、杭州等特大城市的综合承载能力和服务功能,扩大辐射半径。2010年5月,国务院正式批准实施《长江三角洲地区区域规划》,该规划明确将长江三角洲的范围定为江浙沪皖三省一市,从国家层面正式确立了长江三角洲的战略发展地位。长三角城市群以上海为中心,上海以建设国际大都市为主要目标,"发挥上海的龙头作用,努力提升南京、苏州、无锡、杭州、宁波等区域性中心城市国际化水平,走新型城镇化道路,全面加快现代化、一体化进程,形成以特大城市与大城市为主体,中小城市和小城镇共同发展的网络化城镇体系,成为我国最具活力和国际竞争力的世界级城市群"[1]。

"十五"期间,上海地区生产总值年均增长率达到11.5%,实现连续14年保持两位数增长,2005年,上海全市生产总值预计达到9125亿元,按常住人口计算的人均生产总值达到5万元。2005年,上海城市居民家庭人均可支配收入达到18640元。[2]"十一五"期间,上海进一步提出"构建城市创新体系"和"建设资源节约型、环境友好型城市"。2010年上海世博会成功举办,上海的国际影响得到提升。

江苏省积极推动长三角城市发展战略,江苏省"十五规划"提出大力推进特大城市和大城市建设,积极合理发展中小城市,2005年,形成100万人口以上城市五个,50万—100万人口城市六个,20万—50万人口城市20个左右。江苏着力构建南京城市圈、苏锡常城市圈和徐州城市圈。南京城市圈以南京为核心,以长江为主轴,东西伸展,南北呼应,形成由南京辐射至镇江、扬州及邻省部分地区的环形放射式城镇空间格局。苏锡常城市圈以苏州、无锡和常州三个已经或正在形成中的特大城市为核心,以沪宁交通走廊为主轴,呼应上海,加强对周边地区的辐射,强化中心城市功能,提高在上海国际性大都市圈中的地位和作用。徐州城市圈以徐州为核心,形成由徐州辐射淮海经济区各中心城市的放射式空间布局,建成京沪之间重要的交通枢纽和物流中心。[3]"十五"期间,江苏省经济实力

---

[1] 国家发展和改革委员会:《长江三角洲地区区域规划》(2010)(国发〔2008〕30号)。
[2] 上海市人民政府:《上海市国民经济和社会发展第十一个五年规划纲要》,上海市人民政府,http://www.shanghai.gov.cn。
[3] 江苏省人民政府:《江苏省国民经济和社会发展第十个五年规划纲要》(苏政发〔2001〕159号)。

快速提升，2005年，江苏全省地区生产总值达到18272.12亿元，年均增长13.1%，人均地区生产总值达到24515元，城镇居民人均可支配收入和农民人均纯收入分别达到12319元和5276元。江苏省"十一五"规划提出新的发展目标："建立城乡统筹发展机制"，发挥中心城市的辐射带动作用，要"抓住长江三角洲城市群快速发展的重要机遇，依托南京、苏锡常和徐州三个都市圈，加快建设沿江城市群，积极推动东陇海城市发展"[①]。2010年，江苏省地区GDP 40903亿元，年均增长13.5%，人均地区生产总值超过5万元；财政总收入突破万亿元大关，其中地方一般预算收入4080亿元。2010年，江苏省城镇化水平达到57%，城镇居民人均可支配收入达到22944元。[②]

浙江在21世纪初也强化以城市为中心的区域发展模式，增强杭州、宁波、温州三大中心城市的集聚效应和辐射功能，突出三大中心城市在省域城镇体系中的龙头地位，加快山区和海洋两大区域的综合开发。"十五"期间，浙江全省生产总值迈上万亿元台阶，人均生产总值突破3000美元，地方财政收入超过1000亿元，进出口总额达到1000亿美元。[③]"十一五"期间，杭州市以建设长江三角洲重要中心城市为目标，强化政治、经济、文化中心功能；宁波市以发展为现代化国际性港口城市和长江三角洲南翼经济中心为目标；温州市以继续成为民营经济的先行区为发展目标；同时加快培育包括金华、义乌等城市在内的浙中城市群，使之成为中国小商品制造基地和贸易中心、浙江中西部现代物流中心和区域发展极核。

（四）珠三角城市群的构建与初步发展

珠三角城市群在中国是与长三角城市群、京津冀城市群并列的三大城市群之一，也是中国城镇化率最高、经济发展最活跃的城市群之一。珠三角城市群核心区域位于珠江口两岸，形成了以广州、深圳、珠海等城市为核心圈层的多中心分

---

① 江苏省人民政府：《江苏省国民经济和社会发展第十一个五年规划纲要》，江苏省发展和改革委员会网站，http://www.fzggw.jiangsu.gov.cn。
② 江苏省人民政府：《江苏省国民经济和社会发展第十二个五年规划纲要》，《中国日报》2011年3月22日。
③ 浙江省人民政府：《浙江省国民经济和社会发展第十一个五年计划纲要》，浙江省发展和改革委员会网站，http://www.fzggw.jiangsu.gov.cn。

布的空间格局。珠三角城市群可以划分为涵盖香港、澳门的"大珠三角"城市群，以及只包括内地城市的"小珠三角"城市群。除香港、澳门外，珠三角城市群的所辖城市均在广东省，因此，在资源协调整合方面，珠三角城市群相比长三角城市群和京津冀城市群有着天然的优势，这使得珠三角城市群可以更好地规划和整合资源，有利于城市群结构优化和效率提高。除香港、澳门外，珠三角城市群包括广东省的广州、深圳、珠海、佛山、惠州、东莞、中山、江门、肇庆市，共九个城市。珠三角城市群兴起的早期动力来自香港、澳门的产业转移和外资投入，随着深圳等新兴城市的崛起，最终由广州单一中心的城市格局发展为多中心的形态。经过30多年的发展，广州、深圳、香港和澳门为珠三角城市群的第一层级，珠海、佛山、东莞和中山为第二层级，这两个层级的城市共同构成了珠三角城市群的多中心分布的经济格局。2008年，国家发展和改革委员会针对珠三角城市群多中心、多层级的特征，编制了《珠江三角洲地区改革发展规划纲要（2008—2020年）》，提出将广州建成珠江三角洲地区一小时城市圈的核心；珠江口东岸地区城市，以深圳市为核心，以东莞、惠州市为节点；珠江口西岸城市，以珠海市为核心，以佛山、江门、中山、肇庆市为节点，最终实现珠江三角洲地区九市区域经济的一体化，并以此带动环珠江三角洲地区加快发展，在粤东、粤西、粤北地区扩大区域中心城市规模，培育新的经济增长极。

珠三角城市以广州、深圳发展最为迅速，两个城市的建成区域面积在30年来年均增长率分别为4.62%和5.58%，次中心城市中东莞和佛山的建成区扩张速度更高，达到7.44%和9.37%，珠海、中山、江门、肇庆、惠州等城市建成区年均增长率为4.11%、3.68%、3.79%、2.98%、4.03%。[①]"十五"期间，珠三角城市群形成了多中心发展格局，与长三角城市群和京津冀城市群相比，珠三角城市群内部差异相对较小，城市群周边城镇人口规模略高于长三角城市群，更高于京津冀等城市群，呈现出总体均衡、相对聚集的形态。改革开放以来，因为特殊优惠政策和外资涌入，珠三角地区经济发展迅速，城镇化水平不断提高，根据第五次人口普查，2000年珠三角地区城镇化水平已经达到72.2%，其中深圳的城镇化达

---

① 朱政、郑伯红、贺清云：《珠三角城市群空间结构及影响研究》，《经济地理》2011年第31卷第3期，第406页。

到92.46%，其次为珠海85.48%、广州83.79%。[①]珠三角城市群经济格局呈现双核特征，地区生产总值最高的是广州和深圳，2010年分别达到了10748.28亿元和9581.51亿元，远高于其他城市。[②]2000年以后，京津冀、长江三角洲和珠江三角洲三大城市群进一步高速发展，不仅成为中国东部沿海地区经济最为发达、发展最为活跃的区域，也是中国经济发展的重要核心区域。尤其是"十一五"规划提出发展城市群战略，以及2012年中央提出把城市群作为推进新型城镇化的主体战略以后，京津冀、长江三角洲、珠江三角洲三大国家级城市群得到了更进一步的长足发展，已经初步形成具有国际竞争力的世界级城市群。

六、城镇化水平的提升与城市数量的变化

步入21世纪，中国城镇人口规模的增长率继续快速增长，城镇化水平快速提升。根据世界城镇化发展的基本规律来看，城镇化水平超30%以后，城镇化就进入快速起飞阶段。2000年，中国总体城镇人口规模有了历史性的新增和突破，城市水平达到了36%，城镇化进入快速发展新阶段，2000年至2010年，中国各省区市的城市人口出现大幅度增加，城镇化水平也有很大提高。但由于中国各省区市的自然地理条件、经济发展水平和社会文化环境发展极不平衡，城镇化发展水平也极不平衡。参见表5-3。

表5-3 2000—2010年各省人口普查城镇人口数据表

地区	第五次人口普查（2000年）			第六次人口普查（2010年）		
	总人口（万人）	城镇总人口（万人）	城镇化率（%）	总人口（万人）	城镇总人口（万人）	城镇化率（%）
全国	126228	46567	36.89	134091	67001	49.95
广东	8642	4753	55.00	10441	6903	66.18
山东	9079	3450	38.00	9588	4762	49.70

[①] 魏立华、阎小培：《快速城市化中城市规划和行政区划的关系研究——以珠三角为例》，《规划研究》2004年第2期，第48页。

[②] 上海财经大学区域经济研究中心张学良：《2013中国区域经济发展报告——中国城市群的崛起与协调发展》，人民出版社，2013，第189页。

续表

地区	第五次人口普查（2000年）			第六次人口普查（2010年）		
	总人口（万人）	城镇总人口（万人）	城镇化率（％）	总人口（万人）	城镇总人口（万人）	城镇化率（％）
江苏	7438	3086	41.49	7869	4737	60.58
河南	9256	2147	23.20	9405	3622	38.50
四川	8329	2223	26.69	8045	3234	40.18
河北	6744	1759	26.08	7194	3158	44.5
浙江	4677	2277	48.69	5447	3355	61.62
湖南	6440	1916	29.75	6570	2845	43.30
湖北	6028	2424	40.21	5728	2845	49.70
安徽	5986	1665	27.81	5957	2558	43.01
辽宁	4238	2299	54.25	4375	2719	62.10
福建	3471	1443	41.57	3693	2106	57.10
江西	4140	1146	27.68	4462	1950	44.06
广西	4489	1264	28.16	4610	1842	40.00
黑龙江	3689	1901	51.53	3833	2132	55.66
云南	4288	1002	23.37	4602	1596	34.70
陕西	3605	1163	32.26	3735	1706	45.76
山西	3297	1151	34.91	3574	1716	48.05
上海	1674	1478	88.29	2303	2055	89.3
重庆	3090	1023	33.11	2885	1530	53.02
北京	1382	1072	77.57	1962	1686	85.96
贵州	3525	841	23.86	3479	1174	33.81
内蒙古	2376	1014	42.68	2472	1372	55.50
吉林	2728	1355	49.67	2747	1465	53.35
天津	1001	721	72.03	1299	1028	79.55
甘肃	2562	615	24.00	2560	919	36.12

续表

地区	第五次人口普查（2000年）			第六次人口普查（2010年）		
	总人口（万人）	城镇总人口（万人）	城镇化率（%）	总人口（万人）	城镇总人口（万人）	城镇化率（%）
新疆	1925	651	33.82	2185	934	43.01
海南	787	316	40.15	869	431	49.80
宁夏	562	182	32.38	633	302	47.90
青海	518	180	34.75	563	252	44.72
西藏	262	50	19.08	301	68	22.67

资料来源：国务院人口普查办公室、国家统计局人口和社会科技统计司编：《2000年第五次全国人口普查主要数据》，中国统计出版社，2001，第18页；国家统计局人口和就业统计司编：《中国人口和就业统计年鉴2011》，中国统计出版社，2011，第47—48页；国家统计局人口和就业统计司编：《中国人口和就业统计年鉴2018》，中国统计出版社，2018，第61页。

2000年，中国城镇人口数量最多的省区是广东省，达4753万人，城镇化水平达55%，仅次于上海、北京、天津三个直辖市的城镇化水平。上海的城镇人口总数为1478万人，但城镇化水平达88.29%，已经与世界发达国家的城镇化水平基本相当；北京的城镇人口为1072万人，城镇化水平达到77.57%；天津的城镇人口总数为721万人，城镇化为72.03%。2000年城镇人口超3000万人的省区还有山东和江苏，这两个省也是人口大省，虽然山东的城镇人口总数超过江苏，但是城镇化水平仅只有38%，低于江苏的41.49%。辽宁、黑龙江和吉林三省的城镇人口总量虽然分别只有2299万人、1901万人和1355万人，但城镇化水平都高于山东和江苏，分别为54.25%、51.53%、49.67%，在全国各省中排名前列，这表明东北三省的经济在20世纪后期有较大发展。城镇化水平超过40%的还有内蒙古（42.68%）、福建（41.57%）、湖北（40.21%）、海南（40.15%），四川、湖南、安徽、云南、陕西、山西、重庆、新疆、宁夏、青海、贵州等其余各省区市的城镇化水平都低于全国城镇化平均水平，2000年西藏的总人口仅有262万人，居于全国各省区之末位，城镇人口仅50万人，城镇化水平也最低，仅为19.08%。由此可见，2000年，中国的城镇化虽然有较大发展，但是发展极不平衡，大部分省区的城镇化水平还比较落后，尤其是西部地区的省区城镇化都普遍低于全国平均水平。

经过"十一五"和"十二五"近十年的发展，中国各省的城镇化水平都有普遍的提高。2010年，上海、北京的城镇化水平均超85%，居于全国前列；天津紧随其后，达79.55%；城镇化水平超过60%的省市区分别有辽宁（62.10%）、浙江（61.62%）、江苏（60.58%）；城镇化水平超50%的省区有福建（57.10%）、黑龙江（55.66%）、内蒙古（55.50%）、吉林（53.35%）、重庆（53.02%）；城镇化水平超过40%的有海南（49.8%）、山西（48.05%）、宁夏（47.9%）、陕西（45.76%）、青海（44.72%）、江西（44.06%）、新疆（43.01%）、四川（40.18%）、广西（40.00%），然而这些省区除海南以外，其城镇化水平都低于全国城镇化平均水平；此外，贵州、甘肃、西藏的城镇化更是落后于全国平均水平。不过，值得注意的是，相比2000年，这些中西部地区的城镇化有了很大进步，十年提高了十个以上百分点，平均每年一个百分点以上，这也充分说明在西藏大开发战略和中部崛起战略的引导下，中、西部省区的城镇化有较大的发展，相比改革开放初期城镇化率年增速有很大提升，基本符合世界城镇化起飞阶段加速发展的定律。

城镇化按照省级行政单位的城镇等级规模分类，城镇人口总数在5000万以上的省份，共有三个，为广东省、山东省和江苏省。这三省分属东部沿海地区的南中北部，除四个直辖市以外，城镇化率超过60%的只有这三个省份。这也体现出进一步深化改革后城镇高速发展的区域不再仅限于广东省份，华东和华北地区也有了较快发展。

城镇人口在3000万人至5000万人之间的省级行政单位，共有七个。分别为河南省、四川省、河北省、浙江省、湖南省、湖北省、安徽省。17年间，河南、四川、河北、安徽的涨幅分别为2648万、1994万、2377万、1680万。其中浙江和湖北的城镇人口增幅最少，分别为1570万和1075万。

城镇人口在1000万人至3000万人之间的省级行政单位，共有17个。分别为辽宁、福建、江西、广西、黑龙江、云南、陕西、山西、上海、重庆、北京、贵州、内蒙古自治区、吉林、天津、甘肃、新疆。与2000年城镇人口排序相比，辽宁、黑龙江和吉林三个省份的排序分别下降六位、五位、九位。直辖市中上海的城镇人口规模排序下降也较为明显，下降六位。

城镇人口低于1000万人的省级行政单位，共有四个。分别是海南、宁夏、青海省、西藏自治区。

总体上看，全国有75%的省区的城镇人口突破千万，2017年除海南、宁夏、青海、西藏，2017年各地区的城镇人口规模普遍超过1000万人，61%的省区市普遍超过2000万人。整体而言，21世纪初期，中国省级城镇等级规模形成了如下的特征：

一是各省市城镇规模与城镇化率均有大幅增长，但是差异明显。2017年城镇人口规模排序前三位的省份与后四位的省份均与2000年的一致，省级城镇规模极值越来越大。

二是东北三省的城镇规模位序继续下降，辽宁、黑龙江、吉林城镇人口年平均增速分别为1.47%、1.00%、1.40%，为全国各地区最末三位。其中吉林下降最为明显，在2010年至2017年间总人口与城镇人口总体呈现负增长，分别减少30万人和15万人。

三是广东、江苏和山东的城镇人口规模继续保持全国前列，2000年至2017年的增幅分别达到30485465人、26116348人、24347404人。

四是内陆省份河南、湖南、安徽、云南、贵州、新疆、宁夏、西藏等的城镇人口年平均增长率均超过4%，属于高速增长阶段。

由此可见，东部省份在城市人口规模继续保有较大优势的前提下，中西部省份的人口规模速度相对提升，有利于区域协调发展。

|第六章|

新时代城市的高质量发展

中共十八大以来，中国特色社会主义进入新时代。城市是我国经济、政治、文化、社会等方面活动的中心，在党和国家工作全局中具有举足轻重的地位。以习近平同志为核心的党中央深刻认识到市在我国经济社会发展、民生改善中的重要作用，不断加强党对城市工作的领导，坚持人民城市为人民，推进以人为核心的新型城镇化，走出了一条中国特色城市发展道路。新时代之"新"表现于中国城市发展与建设，不仅意味着城市中国时代的来临，新型城镇化战略成为指引着城市发展的根本遵循，也意味着中国城市群的飞速形成和国家中心城市错位布局的展开，还体现在城市治理体系的完善与城市治理能力现代化水平的提高。

第一节　新时代城市发展的成就与转型

改革开放以来，中国经济发展迅速，出现了快速城镇化的发展趋势，城镇化率从1978年的17.92%上升到2013年的53.73%，城镇人口超过总人口的半数，标志着城市中国时代的来临。但与此同时，由城乡分离导致的进城农民工半城镇化现象成为中国城镇化进程中的重要特征。[1]2013年的中央城镇化工作会议上就农民工的落户问题提出"全面放开建制镇和小城市落户限制，有序放开中等城市落户限制，合理确定大城市落户条件，严格控制特大城市人口规模"。[2]以新型城镇化建设推动新时代中国城市发展和城乡融合发展，对于决胜全面建成小康社会、夺取新时代中国特色社会主义伟大胜利、实现中华民族伟大复兴的中国梦具有重大现实意义。

---

[1] 宁越敏：《中国城市化特点、问题及治理》，《南京社会科学》2012年第10期，第19—27页。
[2] 新华社：《中央城镇化工作会议在北京举行》，《人民日报》2013年12月15日。

一、新时代城市发展的巨大成就

中共十八大以来，在以习近平同志为核心的党中央坚强领导下，城市建设和发展步入了新的阶段，城镇化水平进一步提高，城市发展质量明显改善，城市功能全面提升，为全面建设社会主义现代化国家搭建了坚实的平台。中国特色社会主义进入新时代后，无论是城镇化速度，还是城镇化质量，都取得了巨大的成就，这主要表现在以下五个方面：

一是城镇人口迅速增加，城镇化进程加快发展。

十年来，我国城镇常住人口数量快速增长，城镇化率显著提高。据统计，2011年我国城镇常住人口已经达到6.91亿人，城镇化率为51.27%。到2022年末，城镇常住人口增至9.2亿万人，城镇人口占全国人口比重（城镇化率）为65.22%。2022年与2011年相比，城镇常住人口增加了2.29亿人，城镇化率提高了13.95个百分点。城镇常住人口的增加，一方面大大扩展了城市市场需求规模，另一方面为城镇制造业、服务业发展提供了源源不断的劳动力供给。

二是城市规模进一步扩大，城镇数量增长较快，完善了以大城市为中心、中小城市为骨干、小城镇为基础的多层次协调发展的城镇体系。

2002年以后，中国的城市建成区面积由2.6万平方千米左右不断扩大，截至"十三五"期末，我国城市建成区面积达6.03万平方千米，是2002年的2.32倍。2011年底，全国共有建制城市657个，建制镇为19683个，其中有30个城市的常住人口超过800万人，有13个城市超过1000万人。经过新时代以来的飞速发展，到2018年末，城市数量增加为672个，其中，地级以上城市297个，县级市375个，建制镇21297个。2021年末，全国城市数量更是增加到691个，比2012年末增加34个，其中，地级以上城市297个，增加8个；县级市394个，增加26个。2021年末，全国建制镇21322个，比2012年末增加1441个。①

城市数量的增加推动了城市体系的完善。城市人口规模不断扩大，按2020年末户籍人口规模划分，100万—200万人、200万—400万人、400万以上人口的地级以上城市分别有96个、46个和22个，分别比2012年末增加14个、15个和8个；50万人以下、50万—100万人口的城市分别有47个和86个，分别减少7个和22

---

① 《10年来我国城镇化水平稳步提高》，《工人日报》2022年9月30日，第4版。

个，基本上形成了超大城市、特大城市、大城市、中小城市齐头并进、协调发展的格局。①

三是城市空间形态从城市单体发展向大都市和大规模城市群发展转变。

中国的城市发展，尤其是大城市发展，逐步进入大都市区、城市群、城市带的发展阶段，尤其是城市群建设成效显著。"19+2"城市群布局总体确立，京津冀协同发展、粤港澳大湾区建设、长三角一体化发展取得重大进展，成渝地区发展驶入快车道，长江中游、北部湾、关中平原等城市群集聚能力稳步增强。长三角以上海为核心，带动南京、杭州、合肥、苏锡常、宁波五大都市圈共同发展。粤港澳大湾区以香港、澳门、广州、深圳四大中心城市为引擎，辐射周边区域。京津冀以北京、天津为核心城市，带动河北省及周边省区邻市，成为我国北方经济规模最大、最具有活力的经济圈。成渝、长江中游、关中平原等城市群省际协商协调机制不断建立健全，一体化发展水平持续提高。②另外，"两横三纵"城镇化战略格局已经初步构建，经济带内部以及经济带之间的发展差距呈现缩小趋势，人口与经济分布的匹配程度明显提高。③

四是城市发展方式从单纯的规模扩张向规模和质量并举转变，加速城镇化进程。

新时代以来，新发展理念引领中国城市总体发展，城市改变过去规模扩张为主的发展模式，逐步实现既注重规模发展，更强调城市发展质量的转变，促进经济结构和城市功能优化。具体表现在：城市经济持续高速增长，城市GDP占全国的比重进一步提高；同国家经济转轨、社会转型相适应，大城市注重经济增长方式的转变，进行了经济结构特别是产业结构的战略性调整，进而促进了城市性质的变化或功能的转型，有助于形成资源节约型、环境友好型城市；城市基础设施的现代化程度显著提高；新技术、新手段得到大量应用，基础设施功能日益增加，承载能力、系统性和效率都有了显著的进步，改善了城市经济发展和居民生活的条件。推动城镇化由数量扩张向质量提升转变，加强城市规划、土地利用、

---

① 《新型城镇化建设扎实推进，城市发展质量稳步提升——党的十八大以来经济社会发展成就系列报告之十二》，《中国信息报》2022年9月30日，第1版。
② 《新型城镇化建设扎实推进，城市发展质量稳步提升——党的十八大以来经济社会发展成就系列报告之十二》，《中国信息报》2022年9月30日，第1版。
③ 蔡翼飞：《"两横三纵"经济主骨架》，《中国投资（中英文）》2021（ZA），第34—37页。

基础设施建设等方面的管理，提高城镇化质量和效益。

五是城乡隔离局面逐步被打破，城乡关系进一步改善，加快构建新型工农城乡关系。

新时代以来，党中央高度重视城乡关系，着力以四化同步推动城乡关系协调发展。中共十八大报告明确指出要"促进工业化、信息化、城镇化、农业现代化同步发展"，推动工业化与城镇化良性互动，推动城镇化与农业现代化相互协调，形成四化并举，协同发力，共促社会主义现代化国家建设。为此，2013年召开的中央城镇化工作会议就认为要促进城乡一体化发展，走出一条新路，破解城乡二元结构，促进社会公平和共同富裕。2014年，《国家新型城镇化规划（2014—2020年）》发布，2017年，中共十九大提出实施乡村振兴战略，2018年，《乡村振兴战略规划（2018—2022年）》发布。2019年，中共中央、国务院印发《关于建立健全城乡融合发展体制机制和政策体系的意见》，明确提出要加快形成新型工农城乡关系。首先是推进城乡一体化发展，加强城乡规划、土地利用、产业布局、公共服务等方面的统筹协调，促进城乡融合发展；其次是提高城市基础设施和公共服务水平，加强城乡基础设施建设，提高公共服务水平，满足人民群众多样化的需求；最后是保护和改善城市环境和生态环境，加强城市环境和生态环境保护，推进生态文明建设，提高城市可持续发展能力。

随着城乡经济一体化的改革和市场经济体制进一步的发展，分割和隔离的城乡二元体制逐渐被打破，城乡之间劳动力、人口、资本、人才和技术的流动日益增多，城乡商品流通关系和市场结构不断发生变化，城乡经济社会呈现出融合发展的态势。中共十八大以来，户籍制度、城乡公共资源配置制度、土地制度等关系城乡二元体制的关键性制度改革取得历史性突破，城乡关系得到历史性改善，城乡加快融合发展，城乡关系进入高质量发展的新阶段。

新时代城市发展取得的巨大成就，与以习近平同志为核心的党中央高度重视城市高质量发展，进行了一系列城镇化顶层设计的政策密切相关。中共十八大和2012年中央经济工作会议不仅前所未有地提升了城镇化的战略地位，将发展城镇化提高到"城镇化是现代化的必由之路"和"现代化建设的历史任务"的高度，强调城镇化与工业化、信息化、农业现代化同步发展。同时，对城镇化发展进程出现的问题也空前重视，提出要"着力提高城镇化质量"，"要围绕提高城镇化质量，因势利导，趋利避害，积极引导城镇化健康发展"，为中国新型城镇化政策的着眼点和演化轨迹做出了重要的安排。中共二十大报告指出："坚持农业农村优先发展，坚持城乡融合发展，畅通城乡要素流动。"[①]把握好工农关系、城乡关系，对于推进中国式现代化和中国式城镇化至关重要。加快形成工农互促、城乡互补、协调发展、共同繁荣的新型工农城乡关系，是全面推进乡村振兴、加快建设农业强国的必然要求，是破解城乡发展不平衡不充分问题的重要举措。

总体而言，新时代以来我国经济社会已经进入一个新的发展阶段，城市中国时代的来临标志着传统城镇化向新型城镇化发展转型。中共十八大后，以习近平同志为核心的党中央高度重视我国城市发展，高位谋划，整体推进，逐步确立起以"人为中心"的城镇化高质量发展阶段，取得了城市发展的重大成就，实现了中国城镇化道路从追随者向领跑者的转变。[②]

在取得重大成就的同时，也应注意到，在今后一个时期，城镇化发展要以提高城镇化质量、促进城镇化健康发展为宗旨，有效避免城镇化加速发展和城市病显性化和集中发作的叠加现象。我国人口压力、生态文明建设、经济结构转型、东西部差距、城乡差距、收入分配差距等问题，以及一列城市病都是在推进新型城镇化系统工程中会面临的矛盾和问题，需要正确的思想方法，抓住重点难题，积极有序地稳步推进。

二、中国式城镇化：从传统城镇化向新型城镇化的转变

城镇化是现代化的必由之路，中国式城镇化则是中国式现代化的必由之路。中国城镇的兴起虽然历史悠久，但现代意义上的城镇化起步却较晚。19世纪中叶以后，西方资本主义国家不断加深对中国侵略，将中国一步步推向半殖民地半封建社会的深渊，与此同时，中国城镇化也随着新式工业化在中国的出现而逐步兴起。但在半殖民地半封建社会中，中国城镇化进程与工业化进程一样十分艰难而曲折。1949年，中国的城镇化水平仅为10.64%。新中国成立后，开始大规模

---

① 习近平：《高举中国特色社会主义伟大旗帜　为全面建设社会主义现代化国家而团结奋斗——在中国共产党第二十次全国代表大会上的报告》，人民出版社，2022，第31页。
② 何一民、何永之：《从跟随者到领跑者：新中国城市发展的成就与经验回眸》，《福建论坛》2022年第7期，第28—45页。

地进行工业化、现代化建设，城镇化也出现一定程度的发展。但由于世界长期处于冷战状态，中国工业发展受到西方发达国家的制约，也受到人口多、资源少等国情制约，中国被迫形成"二元社会结构"。改革开放以后，中国城镇化进入快速发展阶段，"1978—2013年，城镇常住人口从1.7亿人增加到7.3亿人，城镇化率从17.9%提升到53.7%，年均提高1.02个百分点；城市数量从193个增加到658个，建制镇数量从2173个增加到20113个"。城镇化推动了国民经济持续快速发展，带来了社会结构深刻变革，促进了城乡居民生活水平全面提升，取得的成就举世瞩目。[1]但由于传统城镇化是在世界资本主义上升时期形成的，是以"物"的城镇化为中心，以牺牲广大民众的利益和生态环境为代价，存在若干弊端。中国在改革开放初期，以学习西方发达国家为主，发展城镇化也受到西方发达国家城镇化发展的较大影响，无论在理论上还是在实践上都成为其跟随者和模仿者，以"物"的城镇化为主要发展方向，中国的传统城镇化在一定程度上形成了对西方的路径依赖。传统城镇化的发展迅速较快，城镇化以每年1到2个百分点的速度增长。此时期，中国城镇化发展虽快，但却呈现粗放型发展特征，由此带来很多弊端，如环境问题、交通问题、就业问题、住房问题、安全问题等若干"城市病"在各级城市中相继出现。中国是继续沿着西方城镇化的路径发展，还是另辟蹊径，走一条适合中国国情的城镇化发展道路，这成为摆在中国共产党领导层面前亟须解决的重大战略决策问题。进入中国特色社会主义新时代，以习近平同志为核心的党中央把马克思主义基本原理同中国具体实际相结合、同中华优秀传统文化相结合，提出了走新型城镇化发展道路，为建设中国式现代化和中华民族现代文明寻找到一条适合中国实际的城镇化发展新路径。

（一）从传统城镇化向新型城镇化转型的基本逻辑

距今五六千年前，农业革命的兴起使人类创造了城市，但是在漫长的传统农业时代，全球城市的数量甚少，规模普遍很小，城市人口仅占人类总人口的百分之几。但随着18世纪中后期工业革命在欧洲兴起，并在19世纪至20世纪的200余年间迅速向全球扩展，世界主要国家都经历了从以农业生产为主的农业社会向

---

[1] 中共中央、国务院印发《国家新型城镇化规划（2014—2020年）》，中华人民共和国中央人民政府，http://www.gov.cn/gongbao/content/2014/content_2644805.htm.

以工业和服务业为主的现代工业社会转型，大量人口从农村向城市转移，这一过程被简称为城市化（也可称为城镇化）[1]。城镇化主要表现为：农村人口向城市流动，城市人口比重不断增大，农业人口比重不断减少；城市占地范围不断扩大，城市规模越来越大，城市数量不断增多；城市生产方式和生活方式逐步居于主导地位，并不断向农村渗透。其中，农业人口不断流入城市是城镇化最本质的特征。城镇化一方面给人类带来了巨大的进步和发展，但也同时带来了各种各样的问题，特别是西方发达国家在城镇化初期都以牺牲广大民众的利益和生态环境为代价，近200年来，人类对自然资源和能源的消耗、对地球生态环境的破坏，达到了空前的程度，与此同时，随着城市人口的规模增加，失业严重、犯罪突出、居住困难、贫富分化、环境恶化、交通拥堵等各种社会矛盾相互交织。中国的城镇化起步之时正值中国遭到世界主要资本主义国家的侵略、沦为半殖民地半封建社会的时期，因此中国的早期城镇化更是举步维艰，多重矛盾交织。新中国成立后，面临西方国家对中国的政治打压、经济封锁，中国发展城镇化只能艰苦奋斗、自力更生，被迫形成了"二元"经济结构和社会结构，城乡出现隔离，因而城镇化发展较缓慢，发展水平较低。

改革开放以后，中国以经济建设为中心，宏观经济管理体制逐步由集权式的计划经济向社会主义市场经济转型，经济发展和工业化进程开始步入正轨，城镇化进程明显加快。由于中国经济相比世界发达国家落后甚至多，在对外开放初期，中国更像一个小学生一样，努力地向西方发达国家学习发展工业化和城镇化的经验，中国的理论界对西方发达国家的城市化理论几乎是全盘地接收，缺乏与中国实际相结合的理论创新。而不少城市管理者与建设者对城镇化的复杂性也缺乏足够的认识，只是简单地将城镇化作为一个目标来看待，对于城镇化过程出现的问题，往往也是头痛医头、脚痛医脚，只聚焦于个别问题的应对与解决，故而多造成顾此失彼的被动局面。由于中国体制转轨时期新旧体制并存，城镇化进程也遇到了一些明显的障碍，如城市中就业需求相比就业机会明显不足，户籍制度等二元化制度对

---

[1] 城市化是人类社会具有现代城市特征之演化的历史过程，主要表现为农村人口向城市转移，以农业为主的传统乡村型社会向以工业和服务业等非农产业为主的现代城市型社会逐渐转变的历史过程。中国的城市化也称为城镇化，这是基于中国有大量小城镇存在等实际而提出的新概念。城镇化与城市化的内涵基本相同。

城市人口与农村人口的人为阻隔，城市基础设施投入不足，基础教育、医疗服务、社会保障等公共服务发展相对滞后，等等。由于中国城镇化起步阶段，在理论上缺乏创新，实践上则以西方城镇化为模仿对象，难免出现一些不适合中国国情的做法，特别是我国城镇化长期滞后于工业经济发展水平，不少地区的城市管理者都有一种"只争朝夕"的追赶型跨越式心态，希望能够以快速简单的方式来推进城镇化，促进城市经济的发展，故而多以"物的城镇化"为主，而"以人为中心"的城镇化被忽略，导致城镇化长期呈现粗放式发展，城市问题不断积累，除了生态环境问题、交通问题越来越突出外，还存在若干具有中国特色的城市问题。

一是农民工转化为市民非常困难，大量农民工进入城市后，受多种因素的制约，职业虽然发生了变化，实现了地域转移和职业转换，但却没有实现身份和地位的转变，他们尽管长期在城市居住，却仍然是农村人口，没有享受或者没有完整地享受城市居民应该有的国民教育、医疗卫生、社会保障、低保、社会救助、住房保障等公共服务，还有选举权和被选举权等政治权利也不能在城市中履行。

二是城市基础设施建设滞后，由于历史欠账较多，而城镇化发展速度太快，不少城市的规划、建设跟不上城市扩张的速度，不少城市在发展中又急功近利，不顾及资源环境承载能力极限，大力推行土地财政，随意扩大城市规模，大力增设各类开发区扩大经济总量，大力经营土地发展房地产，对旧城区大拆大迁导致传统城市的肌理被破坏，同时也出现了大量的棚户区和城中村。城市的供水、供电、供气跟不上人口增长的需要，道路建设也跟不上交通发展的需要，导致城市交通堵塞问题日益严重。

三是生态环境治理滞后，导致城市空气污染问题越来越突出，尤其是雾霾问题成为焦点，酸雨现象也频繁出现。21世纪初，越来越多的大中城市的空气污染日益严重，热岛效应和温室效应加剧。城市及周边地区的水污染也变得突出，生物多样性快速减少，土壤污染也较为突出。城市地面硬化面积扩大导致地表水下渗减少，地下水蕴藏量减少。由于工业生产的快速发展和城市人口大增，对生产用水和生活用水的处理滞后，导致城市河流水质恶化，水污染事件频繁发生。

四是对城市历史文化的破坏。由于粗放式城镇化以开发经济和扩张城市空间为主，片面追求增加GDP，导致相当部分历史文化名城的传统街区在短期内遭到严重破坏，城市历史文脉出现中断，传统城市的细胞和肌理荡然无存，城市的个性和特色也快速消失，城市景观变得千城一面。

由于对西方发达国家城市化的发展路径形成依赖，不少地区在发展工业和城镇化进程片面强调物质建设，更是忽略了人作为城市主体的地位和作用。因此当中国开始进入以城市为主的发展阶段以后，以追随西方发达国家城镇化为主的传统城镇化道路陷入困境。

中国是一个后发展工业化、现代化和城镇化的国家，中国要发展城镇化，既要借鉴西方的经验，又必须结合中国具体实际，走出一条中国式发展道路，这是中国的国情决定的。中国的基本国情与西方主要发达国家有着很大不同，除了政治制度不同以外，主要有以下几点：

第一，人口规模巨大。无论历史上还是当下，中国都一直是人口规模超大的国家。1900年，全世界的总人口约为16亿人，而中国人口为4.5亿人，约占世界总人口的35.5%，是同年美国人口0.75亿人的6倍多，法国人口0.3亿人的15倍。2000年，世界总人口为66.56亿人，中国人口增至12.67亿人，约占世界总人口的19.35%，是同年美国2.82亿人口的4.48倍，法国0.692亿人口的20.76倍。[1]由于中国人口规模巨大，而且长期以来都是以农立国，农村人口占绝大多数，中国城镇化需要转移的农村人口数量十分庞大，每增一个百分点就相当于西方国家增加几个百分点，甚至十几个百分点，巨量的农村人口为中国城镇化的发展带来巨大压力。中国这样一个发展中的拥有14亿人口的国家要实现城镇化，在人类发展史上没有先例，也不具有可比性。

第二，中国虽然地大物博，资源丰富，但是由于长期以来人口数量庞大，人均资源相对短缺，远低于世界人均水平。另外，中国南北东西的地理条件有着很大的差异，资源分布极不平衡，不少地区生态环境十分脆弱，区域差异极大，发展极不同步。中国资源总量在世界各国中排名第3位，但是人均资源却排名第53位。我国的耕地资源仅占全世界的9%，水资源占6%，森林资源占4%，石油资源占1.8%，天然气资源占0.7%，铁矿石资源不足9%，铜矿资源不足5%，铝土矿资源不足2%。中国土地总面积居于世界第三位，但人均耕地面积却远低于世界平均水平：2000年中国耕地总面积为192364.7万亩，人均耕地面积为1.51亩[2]，

---

[1]《全世界人口历年数据》，聚汇数据网，https://www.population.gotohui.com/pdata-3409/.
[2] 中华人民共和国农业部编：《中国历年耕地面积统计（1991—2008）》，《2009中国农业发展报告》，中国农业出版社，2009。

不足世界人均耕地面积的一半。2013年,二次全国土地调查显示全国耕地面积增至20.3亿亩(13538.5万公顷)[①],人均土地面积增至1.52亩,但仍然只是世界人均土地资源量的1/3。21世纪初年,中国的耕地面积以每年平均数万公顷的速度递减。"2013年为例,全年因建设占用、灾毁、生态退耕等原因减少耕地40.2万公顷,通过土地整治、农业结构调整等增加耕地32.18万公顷,年内净减少耕地8.02万公顷。"[②]除耕地数量下降外,耕地的土壤质量也呈下降趋势,耕地有机质含量平均降至1%,明显低于欧美发达国家耕地有机质含量2.5%—4%的水平。

第三,中国与欧美发达国家在社会制度等方面有着根本性区别。欧美发达国家是资本主义国家,而中国是共产党领导的社会主义国家,中国与欧美发达国家在社会制度的根本区别对城市化的进程也产生了重要影响。

20世纪中叶至21世纪初,中国城镇化发展的实践表明,向世界发达国家学习是必要的,吸取其城市化进程中好的做法也是应该的、合理的,但是单纯地跟随和简单地模仿,不顾中国国情、省情、市情走西方发达国家的城市化发展老路,最终只能使中国的城镇化走入歧路,脱离中国的发展实际,带来越来越多的城市问题。在向西方发达国家学习的过程中,需要进行科学的分析,要有鉴别有比较,需要择其善者而从,不善者而弃之,需要与中国的实际相结合。历史发展的逻辑表明,在中国城镇化进入高速发展阶段,不能再按照西方发达国家传统城市化老路走下去。中共十八大以后,习近平总书记深刻地指明了中国放弃老路,走新路的基本逻辑和现实必要性:"粗放扩张、人地失衡、举债度日、破坏环境的老路不能再走了,也走不通了","如果城镇化目标正确、方向对头,能走出一条新路,将有利于释放内需巨大潜力,有利于提高劳动生产率,有利于破解城乡二元结构,有利于促进社会公平和共同富裕,而且世界经济和生态环境也将从中受益"。以习近平同志为核心的党中央为中国城镇化指明了发展的方向,即必须走一条适合中国国情的城镇化发展新路子,即以人为本的新型城镇化道路。以习近平同志为核心的党中央所提出的"四个有利""两个受益",深刻地阐述了中

---

① 中新网:《二次全国土地调查显示耕地面积增至135838.5万公顷》,中国新闻网,http://www.chinanews.com.cn/house/2013/12-30/5677282.shtml.
② 周怀龙:《〈2013中国国土资源公报〉解读之一》,《国土资源》2014年第5期,第40—41页。

国走新型城镇化道路不仅对于中国的发展具有重要意义,而且对于世界的发展也具有重要意义。

(二)新型城镇化是中国式城镇化的理论创新与实践结合的必然选择

中共十六大明确提出"走中国特色的城镇化道路",中共十七大进一步明确了走中国特色城镇化道路要坚持的原则,中共十八届三中全会把"中国特色城镇化"和"新型城镇化"有机结合起来,创造性地提出了"坚持走中国特色新型城镇化道路,推进以人为核心的城镇化"。

城镇是人类聚落的高级形式,是人类文明进步的重要标志,城镇化的规模和水平体现着一个国家与社会的发展水平。近几十年我国在城镇化建设过程中取得了举世瞩目的成就,自改革开放以来城镇化率长期保持年均增长在1%左右,2011年我国城镇化率首次超过了50%,进入城镇化的高速发展阶段。我国的城镇数量增加、城镇规模扩大,城镇社会事业和公共服务水平持续提高,城镇化与工业化关系更加密切,城镇居民收入水平与消费结构不断改善。据预测,城镇化率每提高1%,可以替代10万亿元的出口额,成为未来我国经济的巨大增长点。城镇化是发展最大的潜力,是扩大内需的最大潜力所在,也是破解"三农"难题的一条路径,还是解决社会矛盾及问题的钥匙。

2013年,中央城镇化工作会议召开,习近平总书记首次系统提出以人为核心的新型城镇化理念,明确提出新型城镇化的指导思想、主要目标、基本原则、重点任务,指明了新型城镇化工作新方向,开启了我国新型城镇化的新篇章。

2015年召开的中央城市工作会议是中国特色社会主义进入新时代后召开的第一次中央城市工作会议。习近平总书记在中央城市工作会议上明确提出:"要顺应城市工作新形势、改革发展新要求、人民群众新期待,坚持以人民为中心的发展思想,坚持人民城市为人民。"[1]他进一步将"人民城市"重要理念概括为:"人民城市人民建,人民城市为人民。"[2]习近平总书记还详细分析了当下中国城市发展面临的形势,明确未来城市工作的指导思想、总体思路、具体部署,明确提出

---

[1]《中央城市工作会议在北京举行》,《人民日报》2015年12月23日,第3版。

[2] 习近平:《城市是人民的城市,人民城市为人民》,《人民日报》(海外版)2019年11月4日,第1版。

了做好城市工作的系列要求,为城市发展提供了根本遵循。2017年中共十九大召开,习近平总书记在报告中深入阐述了新型城镇化的新要求、新方向,进一步完善了"人民城市"的重要思想,强调一定要把人民生命安全和身体健康作为城市发展的基础目标。人民的利益是发展新型城镇的出发点和落脚点,人民立场是中国共产党的初心和根本立场,"城市的核心是人,城市工作做得好不好,老百姓满意不满意、生活方便不方便,是重要评判标准"[①]。因此,新型城镇化和价值导向首先强调人民性,即城市治理的核心功能是满足人民日益增长的对美好生活的向往和追求,切实提升人民的获得感、幸福感、安全感,城市治理的"人民性"有利于推动人民群众广泛参与城市治理和积极创新创造。

2022年,中共二十大胜利召开,报告用专门的篇幅对新型城镇化进行了系统的阐述,将"人民城市"等重要理念写入报告。"坚持人民城市人民建、人民城市为人民,提高城市规划、建设、治理水平,加快转变超大特大城市发展方式,实施城市更新行动,加强城市基础设施建设,打造宜居、韧性、智慧城市。"[②] "人民城市思想"不是一种抽象的理论,更不是乌托邦式的幻想。而是要将满足人民对美好生活的追求作为完善城市治理体系的出发点和落脚点,要把以人为本的发展作为核心目的。这是马克思主义的基本原则和价值遵循,也是新型城镇化的核心内容。"人民城市"就是要以人为本,而以人为本则是以人的全面发展作为城市发展的主要目的,要以人民城市为完善城市治理体系的价值和目标导向。在新的目标和价值导向下,政府要改变职能,要从"管理者"向"服务者"转变。但需要注意的是,强调完善人民群众在城市治理体系中的主体地位和作用,并不是要放弃党的领导,而是要进一步坚持和加强党的领导地位和作用,要充分发挥各级党委、政府在发展新型城镇化和城市治理中的引领作用,要在城市中确立以党委和政府为主导,以人民为主体的城市治理体系,要让多层次、多群体的人民群众和社会团体成为城市治理体系的参与者和建设者,要让人民群众有参与城市治理的权利和机会,确保城市治理体系的建设在人民群众的广泛参与下日趋完善。

---

① 学而实习:《做好西藏工作,习近平总书记强调"十个必须"》,求是网,http://www.qstheory.cn/zhuanqu/2021-07/29/c_1127707898.htm.
② 习近平:《高举中国特色社会主义伟大旗帜　为全面建设社会主义现代化国家而团结奋斗——在中国共产党第二十次全国代表大会上的报告》,中国政府网,https://www.gov.cn/zhuanti/zggcddescqgdbdh/sybgqw.htm.

在推进新型城镇化进程中，只有在党中央的统一领导下，才能凝聚城市健康发展、可持续发展的最大合力；只有坚持党建引领，才能打造新型城镇化共建共治共享社会治理格局，实现城市治理主体之间的协同化。因此，新型城镇化"人民城市"的理论逻辑就是坚持在党的领导下，通过提高执政水平和能力，构建多元主体参与的城市治理共同体，充分发挥党委、政府、各类社会组织以及广大市民在城市治理中的积极作用。

新型城镇化战略的提出有着历史的必然性，是"两个结合"和"六个坚持"的历史选择。新型城镇化的基本内涵就是坚持"以人为本，推进以人为核心的城镇化，提高城镇人口素质和居民生活质量，把促进有能力在城镇稳定就业和生活的常住人口有序实现市民化作为首要任务"①。这是新型城镇化的重要任务之一，也是最突出的一个特点，同时也是"两个结合"的中国化和当代化的表达。

马克思主义唯物史观的本质就是以人为本，马克思主义强调人的发展与社会的发展相统一，未来理想社会就是"以每个人的全面而自由的发展为基本原则"，因而人的全面发展是衡量社会进步的标志。以人为本也是中华优秀传统文化的重要理念，中华优秀传统文化强调重人伦，重道德，以人为本，人是宇宙万物的中心，由此形成了以家庭、家族为本位，以儒家伦理观念来处理人与人之间关系的人本主义。新型城镇化确立了以人为本的基本原则，就是把马克思主义基本原理同中国具体实际相结合、同中华优秀传统文化相结合，强调人在城镇化发展中的主体性和核心作用，高度重视人的发展，主张以人为中心进行城市规划建设，以人为本、四化同步、优化布局、生态文明、传承和发展优秀历史文化，建设人民的城市，不断满足人民群众日益增长的物质的、精神的需要。②

（三）加快新型城镇化进程推动中国式现代化建设

新型城镇化是中国共产党领导人民经过数十年艰苦而曲折的探索和实践之后，在总结包括中国在内的世界各国城镇化经验和教训基础所提出的推进城镇化新方案，这种新方案超越了传统城镇化的理论范式，摆脱了传统城镇化的路径依

---

① 《中央城镇化工作会议在北京举行 习近平李克强作重要讲话》，《人民日报》2013年12月15日，第1版。
② 习近平：《加快构建新发展格局把握未来发展主动权》，《求是》2023年第8期。

赖，成为新时代建设中国式现代化的必然选择，也是建设中华民族现代文明的重要抓手。

以习近平同志为核心的党中央着力推进我国新型城镇化的发展。"十三五"以来，新型城镇化取得重大进展，城镇化水平和质量大幅提升，2020年末全国常住人口城镇化率达到63.89%，户籍人口城镇化率提高到45.4%。农业转移人口市民化成效显著，户籍制度改革取得历史性突破，一亿农业转移人口和其他常住人口在城镇落户目标顺利实现，居住证制度全面实施，基本公共服务覆盖范围和均等化水平显著提高。城镇化空间格局持续优化，"两横三纵"城镇化战略格局基本形成，中心城市和城市群成为带动全国高质量发展的动力源，京津冀、长三角、珠三角等城市群国际竞争力显著增强，城市规模结构进一步优化，2020年末城市数量增至685个，其中超大城市、特大城市达到21个。

进入中国特色社会主义新时代以来的十年间，新型城镇化充分显示了其科学性、先进性和人民性，在城镇化的数量和质量两方面都取得很大进展。

十年来，新型城镇化一方面在促进农村人口向城镇转移方面发挥了重要的作用，2022年中国的城镇化水平达到了65.22%。另一方面也有力地推动了城镇化质量的提高，首先三个"1亿人"的目标得以实现；其次在提高农业转移人口的市民化质量方面成绩突出，2021年，"城市落户门槛继续降低，城区常住人口300万人以下城市的落户限制基本取消，城区常住人口300万人以上城市的落户条件有序放宽"；最后，城镇常住人口的基本公共服务水平有很大提高，尤其在义务教育、就业服务、医疗、养老、住房保障等方面都有很大改变，社保、医保在城市中全覆盖。

十年来，新型城镇化战略的实施使城市的综合承载能力得到进一步提升，一批城市老旧小区得到更新，基础设施和公共服务配套进一步完善。2021年，全国市政设施固定资产投资2.75万亿元，全国市政设施实际到位资金合计3.07万亿元。2021年，全国城市人均日生活用水量185.03升，供水普及率99.38%，燃气普及率98.04%，管道燃气普及率79.84%，集中供热面积106.03亿平方米，城市排水管道总长度87.2万公里，污水处理厂处理能力2.1亿立方米/日，生活污水集中收集率68.6%，生活垃圾无害化处理率99.88%，生活垃圾无害化处理能力105.7万吨/日，焚烧处理能力占比为68.1%，城市已建成轨道交通8571.4千米，在建轨道交通5172.3千米，道路面积105.4亿平方米，道路长度53.2万千米，人均道路面积

18.8平方米。城市社区综合服务的覆盖范围进一步提高，便民服务得到全面发展。

十年来，在新型城镇化战略的引导下，中国东中西部和南北各省区的城镇化空间继续优化，城市群成为引领城镇化发展的重要载体，19大城市群承载了中国70%的城市人口；京津冀城市群、长三角城市群、粤港澳大湾区等世界级城市群建设得到进一步推进；成渝城市群、长江中游城市群、中原城市群、关陇城市群等国家级城市群被纳入优先发展的国家战略之中。以中心城市为核心的都市圈建设成为新的发展方向之一，以优化中心城市能级，提升其城市核心竞争力来带动区域城市成为新型城镇化的发展重点，同城化、区域一体化发展成为共识，相关城市政府不仅在道路交通基础设施、产业等方面大力推进同城化进程，而且在体制、机制和公共服务等方面着力和创新。以县城为重要载体的新型城镇化建设、边境地区新型城镇化建设、大型搬迁安置区新型城镇化建设也得到全面推进，新型城镇化的基础逐渐夯实。

十年来，城乡融合发展得到加强，城乡公共服务一体化发展有较大推进，初步搭建成了以县城为载体的城乡产业协同发展平台，明确了县级土地储备公司和融资平台公司参与产权流转及抵押，进而完善了农村产权抵押担保权能；有效地引导了大量城市工商资本进入农村，推动农村一二三产业融合发展。过去十年间，新型城镇化与精准扶贫相结合，促进了中国全面迈入小康社会，而今新型城镇化又与乡村振兴相结合，以新型城镇化和新型工业化来带动城乡振兴，城乡并进，促进城乡和区域协调发展。

2022年，中共二十大召开，习近平总书记在全会报告中明确指出：当前中国城市发展面临的挑战与机遇并存，亟须转变城市发展方式，城镇化要以发展速度为主转变为提升质量为主。"坚持人民城市人民建、人民城市为人民，提高城市规划、建设、治理水平，加快转变超大特大城市发展方式，实施城市更新行动，加强城市基础设施建设，打造宜居、韧性、智慧城市。"从而进一步为新时代新型城镇化指明了基本方向。未来中国应以中共二十大报告和习近平新时代中国特色社会主义思想为指引，全面推进新型城镇化。

要深刻认识城镇化发展规律。城镇化的发展并非随心所欲、杂乱无章，而是有着一定的规律，如阶段发展规律，大城市优先发展规律，城镇化与工业化、现代化互动发展规律等。因而，必须提高站位，认识规律、尊重规律、顺应规律、掌握规律，按照规律来推进新型城镇化的发展，尤其是要探索中国式城镇化的发展规律和发展特点。中国是世界人口大国，人口总量多，平均资源少，因而中国城镇化需要结合中国的发展实际，走一条适合中国国情的发展之路。当下中国的城镇化已经从起飞阶段进入平稳发展阶段，因而要科学把握城镇化平稳发展阶段的特点和工作重点，要在党中央的统一部署下，以推动新型城镇化为中心，以提升城镇化质量为重心，处理好城镇中新与旧的关系、产业与城镇的关系、人与自然的关系、人与人之间的关系。切实以创新发展、协调发展、绿色发展、开放发展、共享发展等新发展理念来推动新型城镇化，落实好人民城市共建、人民城市为人民的发展要求。

要深刻地认识到新型城镇化与中国式现代化的内在关系。2013年12月，习近平总书记在改革开放后首次中央城镇化会议中指出："城镇化是现代化的必由之路。"深刻地阐明了新型城镇与中国式现代化有着十分密切的内在逻辑。新型城镇化既是中国式现代化的必由之路，也为中国式现代化的发展提供强大的动能。城市是人类文明的载体，现代化是人类社会文明从农业时代发展到工业时代的新形态，因而现代化也是以城市为主要载体。随着大量农村人口向城市转移，城市在地区和国家的地位越来越重要，成为政治、经济、文化、科技的中心和交通的枢纽，推动人类文明向前发展。新型城镇化不仅以城市、城市群为中国式现代化的主要载体，而且也为现代化的发展赋能。由于中国式现代化以现代化城市、城市群的发展为载体，需要进一步强化城市群建设，提高中心城市的经济首位度、要素集聚度、功能优化度和环境宜居度，培育经济增长极。新型城镇化的发展既着眼于目前，又考虑长远，要以五大新发展理念为指引，坚持"新型工业化、信息化、城镇化、农业现代化"四化同步发展，互动共生，以新型城镇化为支撑，推动新型工业化和信息化融合发展，以新型城镇化为载体，带动新型工业化和农业现代化同步发展。

要切实确立以人为本的新理念。所谓"人"并不是一个抽象的概念，在当代中国以"人"为中心，就是以人民为中心。人民的基本概念是以劳动群众为主体的社会基本成员，但人民也是分群体、分层级的，因而以人民为中心的新型城镇化的发展，要充分考虑到不同群体、不同阶层的需求。现代城市之中异质化不断加深，职业分工越来越细化，已经由原来的工人、农民、干部、教师、医生、职工等多个劳动职业群体演变成数百种数千种劳动职业，不同群体之间和同一群体之内的不同的人其收入也有很大差异，因而不同群体和阶层的人对生活的诉求也有很大差异性。新型城镇化以"人"为本的发展，就是要充分考虑到不同群体的需求，既要考虑到社会中下阶层的发展需求，也需要考虑到社会中高阶层的发展需求。要把宜居、宜业作为城市工作的重要目标，真正为不同群体的人民群众提供安身之所，无论是大城市还是中小城市或小城镇，不仅能宜业、宜居，而且还要安全、舒适、方便。城市发展要从注重规模扩张、形态建设，转向注重功能提升、内涵发展、高质量发展，由城市增长的速度外延型向提升城市整体功能的质量内涵型转变。要不断完善城市公共服务体系，坚持以人为本，把不断满足人民群众增长的物质和精神需要放在第一位，把关注民生作为核心目标，致力于完善城乡公共服务体系。要坚持以农民工市民化为核心，积极引导和吸引农村人口向不同层次城市和小城镇集聚，有效减少农业人口，使城乡社会保持稳定和同步发展。

要进一步确立城乡统筹、城乡融合发展的新理念，全面推进乡村振兴，实现城乡一体化发展。新型城镇化不仅要发展城市，而且也不能忽略农村的发展，要坚持以城乡一体化发展为目标，全面推进乡村振兴和农业现代化。一是要加大新型城镇化发展的水平和发展质量，进一步提升城市吸纳农村劳动力的能力，让更多的农村人口进入城市二、三产业就业并在城市中能安居乐业；各级城市必须落实国家提出的"公平对待，合理引导，完善管理，搞好服务"的方针，要在各方面善待农民工，为农民进城务工创造有利条件，政府相关部门要做好对农民工的服务和管理工作，让他们能够尽快融入城市并向市民转化。二是要建立以城带乡、以工补农的新机制，以新型工业化来带动农村的发展，让现代科学技术和工业配套产业向农村和农业转移，加大一、二、三产业在农村的融合发展，促进现代商业模式在农村的推广，推动现业工商业产业链在农村的延伸。三是抓好土地综合整治、农居优化整理和要素资源整合，推动农业与旅游休闲产业的整合。四是着力构建新型现代农业体系，促进传统农业向现代农业转化。五是将城市公共服务向农村全覆盖，加快现代中小学教育、医疗服务在城乡均衡化发展，推动医保和社保在农村全覆盖；加快城市基础设施向乡村延伸，城市文明向农村全面辐射。

要牢固树立和践行"绿水青山就是金山银山"的生态文明理念。改革开放以来，随着中国经济的高速发展，中国不少城市也曾走过先污染后治理的老路，城市的生态环境问题较为突出。但在世纪之交，中国政府开始高度重视城市生态环境的治理与建设，中共十八大以后，更是将绿色发展、生态文明作为城市规划、建设的重要指导思想。十年来，在生态文明新理念的指引下，中国各级城市的生态环境得到很大改善，生态化、园林化和特色化成为中国城市发展趋势之一。生态化就是要在一定的空间范围内保持生态平衡系统，在城市中为人们的生存和活动提供生态位。生态化还要求城市的水体、大气、土地、地形等都要保持优化，人们在城市这个空间中感到人与自然的协调；与此同时，还进一步要求在生态化基础上发展园林化，建设人类与自然协调为宗旨的城市园林，既可体现可持续发展、生态建设、环境保护的多种要求，也可以使城市成为社会—经济—自然复合生态系统，使城市成为居民满意、经济高效、生态良性循环的人类居住区。

新型城镇化要求城市管理者应站在人与自然和谐共生的历史高度来立足当下、规划未来。要加强党对生态文明建设的全面领导，以新发展观为引领，正确处理好生态环境保护与经济发展之间的关系，坚决打好蓝天、碧水、净土保卫战；要进一步加大城市生态保护修复的力度，"加快实施重要生态系统保护和修复重大工程"，正确处理好生态环境的修复和人工修复的关系；加快构建清洁低碳安全高效能源体系，促进新能源高质量发展，以"双碳"引领城市绿色经济的发展，走人与自然和谐共生的中国式现代化道路。

中国式城镇化从传统城镇化向新型城镇化转型，有其历史必然性和基本逻辑，这是以习近平同志为核心的党中央在科学地总结全球不同地区不同国家城市化的成功经验和失败教训之后所做出的正确选择。

新时代中国新型城镇化是在传统城镇化基础上的创新发展。传统城镇化是"以物为中心"，新型城镇化则是"以人为中心"，这是"两个结合"的重大理论创新。新时代发展城市的目的不是为了扩大城市，而是"发展为了人民、发展依靠人民、发展成果由人民共享"，因此以人为中心、以人民为中心的城市发展既是化解各种"城市病"的突破口，也是城市发展必须始终把握的根本性方向。党中共十九大明确提出了当前中国的主要矛盾是人民日益增长的美好生活需要和不平衡不充分的发展之间的矛盾，要解决人民群众"急难愁盼"的问题，就需要依靠高质量发展，尤其是高质量的城镇发展。

新时代中国新型城镇化是人与自然互动共生的发展之道，是以绿色发展等系列新理念为指引，对涉及生产方式、生活方式、思维方式和价值观念的绿色城市建设带来革命性变革，公园城市建设以"人产城"高度和谐统一的美丽宜居新型城市形态，在动静相宜中"望得见山、看得见水、记得住乡愁"。

新时代中国新型城镇化道路是保护和弘扬优秀传统文化，延续城市历史文脉的城镇化道路。习近平强调"历史文化是城市的灵魂,要像爱惜自己的生命一样保护好城市历史文化遗产"。城市是精神文明的物质载体,是中华民族共同精神家园的守望者,加强历史文化名城保护体现出中华优秀传统文化的创造性转化、创新性发展,在返本开新中留住城市风貌、打造文化名片。

新时代中国新型城镇化道路是规划科学、尊重发展规律的城镇化道路。优化国土空间布局,优化城镇发展,以国家中心城市建设引领城市群、都市圈发展,破解区域发展不充分不平衡,在认识、尊重、顺应城市发展规律基础上,发挥国家经济的引擎、人口聚集、消费拉动的内涵式发展。

新时代中国新型城镇化道路是城乡融合发展的城镇化道路。实现全体人民共同富裕,是社会主义的本质要求,也是中国式现代化的重要目标。在完成全面小康建设基础上,着力推进乡村振兴与城乡融合发展,彻底破除城乡二元结构,在以工补农、以城带乡中不断形成工农互促、城乡互补、协调发展、共同繁荣的新型工农城乡关系。

中国从传统城镇化向新型城镇化转型,是改革开放以来历史发展逻辑的选择,也是理论创新和实践创新内在逻辑统一的必然结果。以习近平同志为核心的党中央在把握世界和中国城市发展规律的基础上,坚持把马克思主义基本原理同中国具体实际相结合、同中华优秀传统文化相结合,进行了理论创新,果断地提出了新型城镇化理论与新型城镇化战略。这个新方案不仅符合世界城市发展规律,更符合中国城市发展规律,符合中国的国情和发展实际,从此扭转了中国城镇化的发展方向,开启了中国城镇化从粗放式向高质量发展转型的新阶段。这不仅为中国建设社会主义现代化强国选择了一条正确的道路,也为世界其他未完成城市化和现代化转型的国家提供了新的发展方案,提供了中国智慧。

第二节 城市群发展与都市圈建设

20世纪末至21世纪初,随着中国城镇化的快速发展,城市之间的联系进一步加强,城市分工日益明显,城市群雏形开始出现。中共十八大以来,随着中国特色社会主义进入新时代,城市之间的相互联系和分工进一步加强,城市群数量逐渐增加、空间布局日趋合理、体量日益扩大,城市群逐渐成为我国新型城镇化建设的主体，以及参与全球竞争和国际地域分工的重要地域单元。城市群的发展以都市圈的构建为基础，随着城市群的发展，都市圈建设也在同步发展。都市圈是由中心城市及周边大中小城市和地域所共同组成的相对紧密的一体化区域。城市建设不仅关心产业分工与集群、供应链与物流网络等问题，还应秉承以人为本的城市发展理念，将关注诸如中长距离通勤、跨城公共服务配套、公共空间营造、公共环境联合整治及都市圈文化认同等围绕"人"展开的问题。这些问题既不能由单个城市应对，也无法依靠城市群发展来解决。在中国当前以创新为核心的转型升级趋势及以轨道交通为主体的交通技术进步趋势下，城市区域治理的尺度和模式都在发生新的改变，城市群的治理聚焦生产要素的主张，以及生态、生活、生产空间的保护与发展等问题，要求在区域基础设施布局、土地功能管控和区域性重大平台布局等方面做出统筹性的安排与要求。相比于城市群，都市圈的尺度更小，面临的对象与问题更加集中，可以更好地落实相关理念和措施。

一、新时代城市群的发展与转型

新时代我国新型城镇化建设所取得的一个主要成果是构建了以城市群为主体的城镇化格局，城市群的布局、建设质量、功能定位都有了进一步的改善和优化，并打造出一个包含国家级、区域级、地方级三个层级城市群的城市群等级体系。

（一）新时代城市群建设

第十一个五年计划（2006—2010）期间，中国的城市群建设进入推进阶段。《"十一五"规划纲要》明确规定："要把城市群作为推进城镇化的主体形态，逐步形成以沿海及京广京哈线为纵轴，长江及陇海线为横轴，若干城市群为主体，其他城市和小城镇点状分布，永久耕地和生态功能区相间隔，高效协调可持续的城镇化空间格局。"2007年10月中共十七大召开，进一步赋予城市群更大的功能与作用，"以特大城市为依托，形成辐射作用大的城市群，培育新的经济增长极"[1]。

---

[1] 胡锦涛：《高举中国特色社会主义伟大旗帜 为夺取全面建设小康社会新胜利而奋斗——在中国共产党第十七次全国代表大会上的报告》，中国人大网，http://www.npc.gov.cn/zgrdw/npc/zggcddsbcqgdbdh/2012-11/06/content_1742192.htm.

城市群首次被明确为"新的经济增长极",其建设与发展成为进一步推动中国特色社会主义现代化建设的重要动力。"十一五"规划期间,中国的城市群数量增加至23个,其中达到发育标准的城市群有长江三角洲城市群、珠江三角洲城市群、京津冀城市群、山东半岛城市群、辽东半岛城市群、海峡西岸城市群、长株潭城市群、武汉城市群、成渝城市群、环鄱阳湖城市群、中原城市群、哈大长城市群、江淮城市群、关中城市群和天山北坡城市群等。[1]这些城市群形成了强大的虹吸效应,成为我国高密度人口集聚区、高密度经济集聚区和高密度城镇集聚区。[2]

"十一五"规划期间,我国城市群得到快速发展,但同时也存在城市群发育程度低、紧凑程度低、投入产出效率低、资源环境保障程度低等"四低"现象。[3]

2011年,《中华人民共和国国民经济和社会发展第十二个五年规划纲要》提出,继续扩大城市群的辐射和带动作用,要求科学规划城市群内各城市功能定位和产业布局,缓解特大城市中心城区压力,强化中小城市产业功能,增强小城镇公共服务和居住功能,推进大中小城市交通、通信、供电、供排水等基础设施一体化建设和网络化发展。同时强调:"在东部地区逐步打造更具国际竞争力的城市群,在中西部有条件的地区培育壮大若干城市群。"[4]

2012年11月中共十八大召开,会议提出:"科学规划城市群的规模和布局,

---

[1] 城市群的发育标准依据城市数量(≥3个)、100万人口以上的特大城市数量(≥1个)、人口规模(≥2000万人)、城市化水平(≥50%)、人均GDP(≥3000美元)、非农产业产值比率(≥70%)、核心城市GDP中心度(≥45%)、经济密度(≥500万元/平方千米)、经济外向度(≥30%)这九项指标判定,其中2/3以上达标即为达到发育标准,参见方创琳:《中国城市群形成发育的新格局及新趋向》,《地理科学》2011年第9期,总第1025—1026页。

[2] 中华人民共和国国家统计局编:《2008中国统计年鉴》,中国统计出版社,2008,第23—125页;国家统计局城市社会经济调查司编:《中国城市统计年鉴:2008》,中国统计出版社,2008,第18—238页。

[3] 方创琳:《中国城市群形成发育的新格局及新趋向》,《地理科学》2011年第31卷第9期,总第1028—1029页。

[4] 《中华人民共和国国民经济和社会发展第十二个五年规划纲要(全文)》(2011年3月),中央政府门户网站,http://www.gov.cn/2011lh/content_1825838_6.htm。

增强中小城市和小城镇产业发展、公共服务、吸纳就业、人口集聚功能。"[①]2013年12月12—13日，中共中央召开首次城镇工作会议，明确提出走中国特色、科学发展的新型城镇化道路，城市群建设"要以盘活存量为主，不能再无节制扩大建设用地，不是每个城镇都要长成巨人"。[②]2014年3月16日，中共中央、国务院印发《国家新型城镇化规划（2014—2020年）》，指出："我国仍处于城镇化率30%—70%的快速发展区间，但延续过去传统粗放的城镇化模式，会带来产业升级缓慢、资源环境恶化、社会矛盾增多等诸多风险，可能落入'中等收入陷阱'进而影响现代化进程"，故在新时期"城镇化必须进入以提升质量为主的转型发展新阶段"，城市群则要"发展集聚效率高、辐射作用大、城镇体系优、功能互补强的城市群，使之成为支撑全国经济增长、促进区域协调发展、参与国际竞争合作的重要平台"。[③]按照《国家新型城镇化规划（2014—2020年》，一些聚集效率低、辐射作用小、城镇体系差、功能互补弱的城市群需要撤销或重新整合。我国城市群的建设与发展逐渐告别过去的粗放式增长而趋向紧凑型、集约化、高密度、高质量，城市群整合的一个典型案例就是将武汉城市群、长株潭城市群、环鄱阳湖城市群整合为长江中游城市群。

2012年2月，湘鄂赣三省负责人在武汉东湖国际会议中心签署《加快构建长江中游城市集群战略合作框架协议》，标志着长江中游城市群一体化进入全面启动和实践新阶段。2012年8月，国务院下发《国务院关于大力实施促进中部地区崛起战略的若干意见》提出："鼓励和支持武汉城市圈、长株潭城市群和环鄱阳湖城市群开展战略合作，促进长江中游城市群一体化发展。"[④]2013年9月，国家发

[①] 胡锦涛：《坚定不移沿着中国特色社会主义道路前进为全面建成小康社会而奋斗——在中国共产党第十八次全国代表大会上的报告》（2012年11月8日），中国文明网，http://www.wenming.cn/djw/gcsy/zywj/201305/t20130524_1248116.shtml.
[②] 《中央城镇化工作会议在北京举行》（2013年12月13日），共产党员网，http://news.www.12371.cn/2013/12/15/ARTI1387057117696375.shtml.
[③] 中共中央、国务院印发《国家新型城镇化规划（2014—2020年）》第一编第四章、第四编，中华人民共和国中央人民政府，http://www.gov.cn/gongbao/content/2014/content_2644805.htm.
[④] 《国务院关于大力实施促进中部地区崛起战略的若干意见》（国发〔2012〕43号），中华人民共和国中央人民政府，http://www.gov.cn/gongbao/content/2012/content_2218027.htm.

展改革委在武汉组织召开长江中游城市群一体化发展规划前期工作会议,长江中游城市群战略进入实施阶段。2014年9月,国务院印发《关于依托黄金水道推动长江经济带发展的指导意见》,提出"把长江中游城市群建设成为引领中部地区崛起的核心增长极"。2015年3月26日,国务院发布《国务院关于长江中游城市群发展规划的批复》,范围涵盖湖北、湖南、江西三省,此前一直参与长江中游城市群规划的安徽省因被划入长江三角洲城市群的范围之中,退出长江中游城市群格局。[①]2015年4月13日,国家发展改革委印发《长江中游城市群发展规划》,决定培育以"武汉城市圈、环长株潭城市群、环鄱阳湖城市群为主体形成的特大城市群",以"探索城市群合作发展的新路径、新模式",要求将长江中游城市群建设成为长江经济带的重要支撑和具有一定国际影响的城市群,并将长江中游城市群定位为中国经济新增长极、中西部新型城镇化先行区、内陆开放合作示范区、"两型"社会建设引领区。[②]

可以说,长江中游城市群的建设从概念到具体推进与落实,是我国城市群建设进入调整阶段的重要标志。它的实施标志着中国城市群建设从粗放式发展向集约化和高质量发展的转型。其后,西北地区的"酒嘉玉城市群"被撤销,两广地区的"南钦防城市群"则被扩充为"广西北部湾城市群"。中国城市群数量从"十一五"时期的23个减少为"十二五"时期的20个。

2016年,既是"十三五"规划实施的开局之年,也是新发展理念确立的起始之年。《"十三五"规划纲要》(2016—2020)强调:"创新、协调、绿色、开放、共享的新发展理念是具有内在联系的集合体,是'十三五'乃至更长时期我国发展思路、发展方向、发展着力点的集中体现,必须贯穿于'十三五'经济社会发展的各领域各环节。"[③]2017年10月中共十九大召开,对我国经济社会发展进程

---

① 《长江中游城市群发展历程》,荆楚网,http://www.news.cnhubei.com/xw/2015zt/cjtl/201504/t3227151.Shtml.
② 中华人民共和国发展和改革委员会:《长江中游城市群发展规划》前言、第1章第3节、第2章第3节,中华人民共和国国家发展和改革委员会,https://www.ndrc.gov.cn/xxgk/zcfb/tz/201504/W020190905507411236008.pdf.
③ 《中华人民共和国国民经济和社会发展第十三个五年计划规划纲要》(2016年3月17日)第一篇第四章,中华人民共和国中央人民政府,http://www.gov.cn/xinwen/2016-03/17/content_5054992.htm.

作出历史性判断，指出"我国经济已由高速增长阶段转向高质量发展阶段"，必须"转变发展方式、优化经济结构、转换增长动力"①。相应地，我国城市群建设与发展亦进入高质量发展阶段，主要表现是进一步提升城市群推动城市化进程的主体性作用，"以城市群为主体构建大中小城市和小城镇协调发展的城镇格局"②，制定了优化东部城市群、培育西部城市群、强化城市群协调发展的城市群总体性发展格局。③我国城市群建设进入高质量、高水平、高效率发展阶段。城市群的空间范围不断扩大，城市群的等级大幅提升。"十三五"时期中国城市群数量比"十二五"时期的20个减少了1个，江淮城市群被并入长三角城市群。另外，珠三角城市群则扩大为粤港澳大湾区城市群，海峡西岸城市群升级为粤闽浙沿海城市群。

进入中国特色社会主义新时代，我国城市群建设基本完成了从粗放增长到集约化和高质量发展的转型，形成了星罗棋布、各有侧重的总体发展格局。城市群逐渐成为推进我国城镇化的主体形态，在促进大中小城市和小城镇合理分工、功能互补、协同发展方面发挥着越来越重要的作用。

经过40余年的孕育发展，我国城市群等级体系日趋成型，逐渐形成了国家级城市群、区域性城市群、地区性城市群三个层级构成的层次分明、配置合理的城市等级体系，并为构建"世界级城市群"留下了空间。截至2022年，我国先后规划了19个城市群，土地面积为322.79万平方千米，常住人口达10.52亿人，占全国总人口的75.4%，创造的国内生产总值达81.81万亿元，占全国生产总值总量的88.98%。④这些大大小小的城市群，根据其规模和发展水平，大致可以划分为国家级、区域级、地方级三个层级，详见表6-1：

---

① 习近平：《决胜全面建成小康社会 夺取新时代中国特色社会主义伟大胜利——在中国共产党第十九次全国代表大会上的报告》（2017年10月18日），中华人民共和国中央人民政府，http://www.gov.cn/zhuanti/2017-10/27/content_5234876.htm.
② 习近平：《决胜全面建成小康社会 夺取新时代中国特色社会主义伟大胜利——在中国共产党第十九次全国代表大会上的报告》（2017年10月18日），中华人民共和国中央人民政府，http://www.gov.cn/zhuanti/2017-10/27/content_5234876.htm.
③ 中共中央、国务院：《国家新型城镇化规划（2014—2020）》第九章，中华人民共和国中央人民政府，http://www.gov.cn/gongbao/content/2014/content_2644805.htm.
④ 申现杰、袁朱：《城市群高质量发展的理论逻辑与路径选择》，《开放导报》2021年第4期，第24—31页。

表6-1 中国城市群等级体系一览表

城市群等级	名称	中心城市	发育度
国家级 （5个，打造世界级）	京津冀城市群	北京、天津、石家庄	成熟型
	长三角城市群	上海、南京、杭州、合肥、苏州、徐州	
	粤港澳大湾区城市群	广州、深圳、香港、澳门	
	长江中游城市群	武汉、长沙、南昌	
	成渝城市群	成都、重庆	
区域级（8个）	辽中南城市群	沈阳、大连	发展型
	山东半岛城市群	济南、青岛	
	粤闽浙沿海城市群	厦门、福州、温州、汕头	
	中原城市群	郑州	
	哈长城市群	哈尔滨、长春	
	关中平原城市群	西安	
	北部湾城市群	南宁	
	天山北坡城市群	乌鲁木齐	
地方级（6个）	晋中城市群	太原	培育型
	呼包鄂榆城市群	呼和浩特	
	黔中城市群	贵阳	
	滇中城市群	昆明	
	兰西城市群	兰州、西宁	
	宁夏沿黄城市群	银川	

资料来源：本表据方创琳等著的《2016中国城市群发展报告》数据修订编制。方创琳、鲍超、马海涛：《2016中国城市群发展报告》，科学出版社，2016。

从表6-1可见，截至2022年，我国的城市群共计有19个，其中5个为国家级、8个为区域级、6个为地方级。国家级城市群主要由超大型国际大都市为主导，是国家的政治、经济和文化重心所在。区域级城市群由区域性特大城市为主导，是辐射影响数个省域范围内的政治、经济和文化重心所在。地方级城市群由某一大城市为主导，为地方性的经济中心。这三级城市群构成我国城市体系的主骨架，主导着城市的发展。其中京津冀、长三角、粤港澳大湾区、长江中游以及成渝城市群成为中国最具发展潜力的地区，正在打造和预期打造为世界级城市群。一个多中心、多层级、多节点的橄榄型城市群已经初具雏形。

（二）新时代中国城市群建设的特点

中共十八大以后，中国特色社会主义建设进入新时代，与新的建设蓝图、新的发展理念相适应，城市群建设有了新的特点。

1. 突出顶层设计，明确城市群在我国新型城镇化建设中的主体性地位，以新发展理念建设城市群

在新时代，党中央和国务院以前所未有的力度出台了一系列政策、措施，支持、引领我国城市群建设，从而巩固和明确了城市群在我国新型城镇化战略的主体性地位。

2013年12月12—13日，中共中央召开城镇工作会议，习近平总书记在会议上指出："城市群是人口大国城镇化的主要空间载体，像我们这样人多地少的国家，更要坚定不移，以城市群为主体形态推进城镇化。"① 这次会议明确了城市群在我国城镇化进程中的主体地位。② 2014年3月16日，中共中央、国务院印发《国家新型城镇化规划（2014—2020年）》，强调要"发展集聚效率高、辐射作用大、城镇体系优、功能互补强的城市群，使之成为支撑全国经济增长、促进区域协调发展、参与国际竞争合作的重要平台"③。2016年，"十三五"规划明确提出"加快城市群建设发展"，还根据实际情况对东部地区和中西部地区的城市群提出了不同的建设目标：在发育度较高的东部地区进行优化提升，"建设京津冀、长三角、珠三角世界级城市"；在中西部地区则大力"培育"，形成更多支撑区域发展的增长极。④ 2017年10月中共十九大召开，标志着中国经济由高速增长阶段转向高质量发展阶段。城市群的主体地位再次明确："以城市群为主体构建大中小城

---

① 习近平：《在中央城镇化工作会议上的讲话》（2013年12月12日），载中共中央文献研究室编：《十八大以来重要文献选编》（上），中央文献出版社，2014，第600页。
② 《中央城镇化工作会议在北京举行》（2013年12月13日），共产党员网，http://www.news.12371.cn/2013/ 12/15/ARTI1387057117696375.Shtml.
③ 中共中央、国务院印发《国家新型城镇化规划（2014—2020年）》第一编第四章、第四编，中华人民共和国中央人民政府，http://www.gov.cn/gongbao/content/2014/content_2644805.htm.
④ 《中华人民共和国国民经济和社会发展第十三个五年规划纲要》（2017年3月17日），新华网，http://www.xinhuanet.com//politics/2016lh/2016-03/17/c_1118366322_9.htm.

市和小城镇协调发展的城镇格局,加快农业转移人口市民化。"[1]

中共十八大以后,党中央明确了新时代我国城市群是推进新型城镇化主体形态,要求城市群建设从粗放式向高质量转型。2014年,习近平总书记在北京市考察工作,针对"大首都城市群体系"的发展方向指出:"发展城市群,不能只考虑居住空间,还要考虑就业容量、配套设施、服务功能、资源环境等","要加强规划和建设,提高城市综合承载能力和内涵发展水平,突出城市地域特点和人文特色"。[2]2018年11月,中共中央、国务院发布《关于建立更加有效的区域协调发展新机制的意见》,要求"建立以中心城市引领城市群发展、城市群带动区域发展新模式,推动区域板块之间融合互动发展"。2019年10月,中共十九届四中全会针对制约城市群发展的行政区划问题指出:"优化行政区划设置,提高中心城市和城市群综合承载和资源优化配置能力,实行扁平化管理,形成高效率组织体系。"[3]2021年3月,《中华人民共和国国民经济和社会发展第十四个五年规划和2035年远景目标纲要》发布,要求"发展壮大城市群和都市圈,分类引导大中小城市发展方向和建设重点,形成疏密有致、分工协作、功能完善的城镇化空间格局","以促进城市群发展为抓手,全面形成两横三纵"城镇化战略格局。[4]总之,新时代以来城市群的功能和作用越来越为党和国家所重视,出台、发布一系列指示、政策支持、指导城市群建设,城市群作为国家新型城镇化主体的战略引领地位被提升到了前所未有的高度,城市群将为中国经济带来新的机遇,也将是实现新型城镇化战略的主要模式。

2.新时代城市群建设不仅重视城市群的紧凑性、集约性、协同性、带动性、辐射性,而且强调差别化发展,推动有条件的城市群建设为"世界级城市群"

中共十八大以来,中国各级城市群在要素资源互补,信息互通,推动区域战

---

[1] 习近平:《决胜全面建成小康社会 夺取新时代中国特色社会主义伟大胜利——在中国共产党第十九次全国代表大会上的报告》,中华人民共和国中央人民政府,http://www.gov.cn/zhuanti/2017-10/27/content_5234876.htm。

[2] 习近平:《在北京市考察工作结束时的讲话》(2014年2月26日),中共中央文献研究室编:《习近平关于社会主义经济建设论述摘编》,中央文献出版社,2017,第353页。

[3] 《中共中央 国务院关于建立更加有效的区域协调发展新机制的意见》(2018年11月8日),中华人民共和国中央人民政府,http://www.gov.cn/zhengce/2018-11/29/content_5344537.htm。

[4] 《中华人民共和国国民经济和社会发展第十四个五年规划和2035年远景目标纲要》,中华人民共和国中央人民政府,http://www.gov.cn/xinwen/2021-03/13/content_5592681.htm?pc。

略、规划和政策衔接互动,基础设施互联互通,产业协同互补发展,区域共同市场建设,生态共保联治,公共服务便民共享等方面,都较各自为政时期有了显著的提高。[1]"十二五"期间国家重点"在东部地区逐步打造更具国际竞争力的城市群,在中西部有条件的地区培育壮大若干城市群"。[2]京津冀、长江三角洲和珠江三角洲城市群,"以建设世界级城市群为目标"[3],"世界级城市群"从此成为我国城市群评价体系的一个新层级。2015年6月,中共中央、国务院印发实施《京津冀协同发展规划纲要》,京津冀城市群被定位为"以首都为核心世界级城市群"[4],"京津冀城市群"成为我国第一个规划打造的世界级城市群。2016年"十三五"规划纲要完善细化了城市群差别化发展策略,要求"优化提升东部地区城市群,建设京津冀、长三角、珠三角世界级城市群,提升山东半岛、海峡西岸城市群开放竞争水平。培育中西部地区城市群,发展壮大东北地区、中原地区、长江中游、成渝地区、关中平原城市群,规划引导北部湾、山西中部、呼包鄂榆、黔中、滇中、兰州—西宁、宁夏沿黄、天山北坡城市群发展,形成更多支撑区域发展的增长极。促进以拉萨为中心、以喀什为中心的城市圈发展"[5]。可见,京津冀、长三角、珠三角这三大城市群的发展目标定位为建设世界级城市群。其后,随着陆海经济联动发展的需要,成渝城市群的发展目标也确定为"实现由国家级城市群向世界级城市群的历史性跨越"[6]。

2017年中共十九大报告明确提出:"要支持香港、澳门融入国家发展大局,以

---

[1] 车靖宇、欧阳利、周诚等:《新发展理念下长江中游城市群高质量发展现状与策略研究》,《企业改革与管理》2021年第20期,第222—224页。
[2] 《中华人民共和国国民经济和社会发展第十二个五年规划纲要》,中央政府门户网站,http://www.gov.cn/2011lh/content_1825838_6.htm.
[3] 《国家新型城镇化规划(2014—2020年)》,中华人民共和国国家发展和改革委员会,https://www.ndrc.gov.cn/xwdt/ztzl/xxczhjs/ghzc/201605/t20160505_971882.html?code=&state=123.
[4] 中共中央、国务院:《京津冀协同发展规划纲要》,北京市昌平区人民政府,http://www.bjchp.gov.cn/cpqzf/315734/tzgg27/1277896/.
[5] 《中华人民共和国国民经济和社会发展第十三个五年规划纲要》,新华网,http://www.xinhuanet.com//politics/2016lh/2016-03/17/c_1118366322_9.htm.
[6] 国家发展和改革委员会、住房城乡建设部:《成渝城市群发展规划》,中华人民共和国国家发展和改革委员会,https://www.ndrc.gov.cn/fzggw/jgsj/ghs/sjdt/201605/t20160504_1170022_ext.html.

粤港澳大湾区建设、粤港澳合作、泛珠三角区域合作等为重点，全面推进内地同香港、澳门互利合作，制定完善便利香港、澳门居民在内地发展的政策措施。"①粤港澳大湾区城市群建设进入国家战略。2018年11月，中共中央、国务院《关于建立更加有效的区域协调发展新机制的意见》要求，以香港、澳门、广州、深圳为中心引领粤港澳大湾区建设，带动珠江—西江经济带创新绿色发展。2019年2月18日，中共中央、国务院印发《粤港澳大湾区发展规划纲要》，明确划定粤港澳大湾区的范围，其建设目标是"充满活力的世界级城市群"②。截至2021年，京津冀城市群、长三角城市群、粤港澳大湾区城市群、长江中游城市群、成渝城市群这五个城市群构成我国以"世界级城市群"标准展开建设的城市群方队。

在新时代我国已经形成替代区域经济的城市群经济，城市群已经成为中国人口和各种生产要素的高度集中地、成为参与全球经济竞争的主体。一个多中心、多层级、多节点的网络型城市群格局日趋成型，为实现更大区域的均衡发展、提升中国城市的全球竞争力与话语权奠定了深厚基础。因此，2022年10月，中共二十大勾勒全面建设社会主义现代化国家蓝图仍然赋予城市群重要使命："以城市群、都市圈为依托构建大中小城市协调发展格局。"③

3. 城市群发展不平衡不充分

城市与城市群发展不平衡是中国城镇化长期存在的一个特点。中国幅员辽阔，资源和人口分布不平衡，经济和社会发展不平衡，决定了城镇化和城市群发展的不平衡。

一是表现为东中西部城市发展不平衡。由于多种因素作用，东部地区的城市数量多，城市之间的分工合作相对广泛，人口密度大，经济发展水平高，尤其是长三角城市群、粤港澳大湾区城市群、京津冀城市群、山东半岛城市群、海峡西岸城市群的发展质量较高。东部城市的数量仅占全国城市群数量的1/4，土地面积

---

① 习近平：《决胜全面建成小康社会 夺取新时代中国特色社会主义伟大胜利——在中国共产党第十九次全国代表大会上的报告》，中华人民共和国中央人民政府，http://www.gov.cn/zhuanti/2017-10/27/content_5234876.htm.
② 中共中央、国务院印制：《粤港澳大湾区发展规划纲要》(2019年2月)，第12页。
③ 习近平：《高举中国特色社会主义伟大旗帜为全面建设社会主义现代化国家而团结奋斗——在中国共产党第二十次全国代表大会上的报告》，中华人民共和国中央人民政府，http://www.gov.cn/xinwen/2022-10/25/content_5721685.htm.

约占1/5，但人口却占2/5，生产总值更是占1/2。

二是表现为城市群之间规模结构差异较大。从人口和经济规模看，有人口亿级的城市群，也有常住人口不足千万人的宁夏沿黄城市群；有生产总值超过十万亿元的长三角、粤港澳大湾区城市群，也有天山北坡、兰西等生产总值只有几千亿元的城市群。东北地区两个城市群（辽中南、哈长）规划面积、人口和生产总值数量所占份额最低，分别约占全国的4%、6%和5%。

三是城市群之间区域协调发展不充分。为此，近年来中央推进区域协调发展，提出京津冀协同发展、长三角一体化发展、粤港澳大湾区建设等重大区域发展战略。京津冀地区以构建完善的区域协调发展政策体系为重点，加快构建利益共同体，加快建设雄安新区、北京城市副中心以及天津等新的区域增长中心，辐射带动北方腹地发展。长三角地区加强区域合作机制建设，紧扣"一体化"和"高质量"要求，加快消除人为壁垒，提高区域整体效率，全面提升全球竞争力。粤港澳大湾区抓住全球湾区经济由港口经济、工业经济向服务经济、创新经济演化发展的基本趋势，加强顶层设计，以开放服务贸易为重点，推动粤港澳经济合作的深度对接。其他城市群根据各自资源禀赋，重点强化区域中心城市、省会城市与周边小城市发展的协同机制，打造同城效应明显、带动能力较强的新增长极。[①]与此同时，国家加强城市群内部机制健全完善，例如在长三角、粤港澳大湾区等地区试点设立联席会议制度，打破行政区划的束缚，建立经济层面的跨区域合作协调机制，实现统一规划、统一市场、协同发展，推动城市群区域内重大基础设施、重大项目布局"一张蓝图"，提升区域内公共服务均等化水平。

二、新时代都市圈建设

所谓都市圈，指"城市群内部以超大城市、特大城市或辐射带动功能强的大城市为中心、以1小时通勤圈为基本范围的城镇化空间形态"[②]。也就是说，都市圈

[①] 范晓敏：《城市群如何带动区域经济增长》，《人民论坛》2020年第16期，第72—73页。
[②] 《国家发展改革委关于培育发展现代化都市圈的指导意见》（发改规划〔2019〕328号），中华人民共和国国家发展和改革委员会，https://www.ndrc.gov.cn/xxgk/zcfb/tz/201902/t20190221_962397.html?code=&state=123.

从属于城市群，在城市群发展中居于战略支撑地位。在新时代，都市圈的带动作用得到重视、作为城市群高质量发展的战略支撑地位得到明确。

应该指出的是，区域城市发展的常态是先有都市圈的支撑、后有城市群的聚集。①但改革开放以来我国城市群建设虽然成绩巨大，然而，"部分城市群建设超越了都市圈发育这一不可逾越的发展阶段，导致城市群发育缺少都市圈的鼎力支撑"②，城市群建设"空心化"现象较为突出，无法发挥有效的辐射带动作用。所以，2014年，国家发展和改革委员会编制《国家新型城镇化规划（2014—2020年）》指出："直辖市、省会城市、计划单列市和重要节点城市等中心城市，是我国城镇化发展的重要支撑"，要"增强中心城市辐射带动功能"，"特大城市要适当疏散经济功能和其他功能，推进劳动密集型加工业向外转移，加强与周边城镇基础设施连接和公共服务共享，推进中心城区功能向1小时交通圈地区扩散，培育形成通勤高效、一体发展的都市圈"。③"十三五"规划纲要进一步指出："超大城市和特大城市要加快提高国际化水平，适当疏解中心城区非核心功能，强化与周边城镇高效通勤和一体发展，促进形成都市圈。"④都市圈建设开始成为新时代我国新型城镇化建设的一个重要内容。

"十三五"期间各省对城市群建设十分重视，但对都市圈建设重视不足，导致城市群中心城市的发展较弱，都市区域内同城化程度不够，导致城市群建设实施缓慢。⑤例如，长三角城市群生产总值与全球五大城市群（美国东北部大西洋沿岸城市群、北美五大湖城市群、日本太平洋沿岸城市群、英伦城市群、欧洲西北部城市群）相比处于倒数第二位，略高于英国中南部城市群；人均生产总值与

---

① 马燕坤、肖金成：《都市区、都市圈与城市群的概念界定及其比较分析》，《经济与管理》2020年1月第34卷第1期，第21页。
② 方创琳：《新发展格局下的中国城市群与都市圈建设》，《经济地理》2021年4月第41卷第4期，第2页。
③ 《国家新型城镇化规划（2014—2020年）》，中华人民共和国国家发展和改革委员会，https://www.ndrc.gov.cn/xwdt/ztzl/xxczhjs/ghzc/201605/t20160505_971882.html?code=&state=123.
④ 《中华人民共和国国民经济和社会发展第十三个五年规划纲要》，新华网，http://www.xinhuanet.com//politics/2016lh/ 2016-03/17/c_1118366322_9.htm.
⑤ 方创琳：《新发展格局下的中国城市群与都市圈建设》，《经济地理》2021年4月第41卷第4期，第2页。

五大湖城市群相差近五倍，地均生产总值更是与日本太平洋沿岸城市群相差近十倍，在全球产业链中处于低端加工环节。而"长三角城市群全球竞争力的不足与上海未能充分发挥中心城市作用有关"[1]，因此，增强城市群的中心城市、核心城市辐射带动作用、打造都市圈越来越迫切。

2019年2月，国家发展改革委印发《关于培育发展现代化都市圈的指导意见》要求从推进基础设施一体化、强化城市间产业分工协作、加快建设统一开放市场、推进公共服务共建共享、强化生态环境共保共治、率先实现城乡融合发展、构建都市圈一体化发展机制等七个方面大力培育发展都市圈。2019年3月，"培育发展现代化都市圈"被国家发展改革委列为当年推进新型城镇化建设的重点任务之一。[2] 2020年4月，国家发展改革委确定本年度发展新型城镇化和城乡融合发展的重点任务之一仍然是"大力推进都市圈同城化建设"[3]。2021年3月发布实施的《中华人民共和国国民经济和社会发展第十四个五年规划和2035年远景目标纲要》进一步要求："依托辐射带动能力较强的中心城市，提高1小时通勤圈协同发展水平，培育发展一批同城化程度高的现代化都市圈。"[4] 2021年4月，国家发展改革委发布《2021年新型城镇化和城乡融合发展重点任务》，要求"培育发展现代化都市圈，增强城市群人口经济承载能力，形成都市圈引领城市群、城市群带动区域高质量发展的空间动力系统"[5]。这一系列政策表明，通过都市圈建设以增强中心城市和城市群综合承载能力、资源优化配置能力、辐射和带动能力，已经是我国破解城市群"空心化"现象、推进城市群高质量发展的重要战略。都市圈建设因此如火如荼地在全

---

[1] 嵇尚洲：《发挥上海中心城市作用，建设长三角世界级城市群》，《科学发展》2018年第7期，第50页。

[2] 《2019年新型城镇化建设和城乡融合发展重点任务》（发改规划〔2019〕617号），中华人民共和国国家发展和改革委员会，https://www.ndrc.gov.cn/xwdt/ztzl/xxczhjs/ghzc/202012/t20201224_1260132.html?code=&state=123。

[3] 《2020年新型城镇化建设和城乡融合发展重点任务》（发改规划〔2020〕532号），中华人民共和国国家发展和改革委员会，https://www.ndrc.gov.cn/xxgk/zcfb/tz/202004/t20200409_1225431.html?code=& state=123。

[4] 《中华人民共和国国民经济和社会发展第十四个五年规划和2035年远景目标纲要》，中华人民共和国中央人民政府，http://www.gov.cn/xinwen/2021-03/13/content_5592681.htm?pc。

[5] 《2021年新型城镇化建设和城乡融合发展重点任务》，中华人民共和国中央人民政府，https://www.ndrc.gov.cn/xwdt/tzgg/202104/t20210413_1272201.html?code=&state =123。

国各地展开。截至2021年,我国初步形成的现代化都市圈共有38个,详见表6-2:

表6-2 中国38个都市圈及其依托的城市群、涵盖的主要城市

名称	依托的城市群	涵盖的主要城市
首都都市圈	京津冀城市群	北京、雄安新区、廊坊、保定、张家口、承德等
天津都市圈	京津冀城市群	天津、廊坊、唐山、沧州等
石家庄都市圈	京津冀城市群	石家庄、邯郸、邢台、衡水、定州等
上海都市圈	长江三角洲城市群	上海、苏州、无锡、常州、南通、泰州、嘉兴、湖州、绍兴、宁波、舟山等
杭州都市圈	长江三角洲城市群	杭州、嘉兴、湖州、绍兴、宁波、金华等
南京都市圈	长江三角洲城市群	南京、镇江、扬州、泰州、常州、滁州、马鞍山、芜湖、宣城等
苏锡常都市圈	长江三角洲城市群	苏州、无锡、常州
宁波都市圈	长江三角洲城市群	宁波、舟山、台州
合肥都市圈	长江三角洲城市群	合肥、马鞍山、六安、淮南、芜湖等
徐州都市圈	长江三角洲城市群	徐州、连云港、宿迁等
广州都市圈	粤港澳大湾区城市群	广州、佛山、东莞、肇庆、清远、惠州、珠海、中山、江门、云浮等
深港都市圈	粤港澳大湾区城市群	深圳、香港、东莞、惠州、汕尾、河源、珠海、中山、江门等
澳珠都市圈	粤港澳大湾区城市群	澳门、珠海、中山、江门等
成都都市圈	成渝城市群	成都、德阳、绵阳、遂宁、资阳、眉山、雅安、乐山、内江、自贡等
重庆都市圈	成渝城市群	重庆、泸州、广安、南充、遂宁、内江、自贡等
武汉都市圈	长江中游城市群	武汉、孝感、黄冈、鄂州、黄石、咸宁、随州、仙桃、天门、潜江等
长沙都市圈	长江中游城市群	长沙、株洲、湘潭、益阳、岳阳、常德、娄底、衡阳、萍乡、宜春

续 表

名称	依托的城市群	涵盖的主要城市
南昌都市圈	长江中游城市群	南昌、抚州、新余等
厦门都市圈	粤闽浙沿海城市群	厦门、泉州、漳州等
福州都市圈	粤闽浙沿海城市群	福州、莆田、宁德等
郑州都市圈	中原城市群	郑州、开封、洛阳、焦作、新乡、鹤壁、许昌、平顶山、漯河、济源、晋城等
济南都市圈	山东半岛城市群	济南、泰安、淄博、莱芜、德州、聊城等
青岛都市圈	山东半岛城市群	青岛、潍坊、烟台、莱阳、海阳等
沈阳都市圈	辽中南城市群	沈阳、本溪、抚顺、辽阳、鞍山、铁岭、盘锦等
大连都市圈	辽中南城市群	大连、营口、鞍山等
哈尔滨都市圈	哈长城市群	哈尔滨、绥化等
长春都市圈	哈长城市群	长春、吉林、辽源、四平等
西安都市圈	关中平原城市群	西安、咸阳、渭南、铜川、商洛等
太原都市圈	晋中城市群	太原、晋中、阳泉、沂州等
呼和浩特都市圈	呼包鄂榆城市群	呼和浩特、包头等
银川都市圈	宁夏沿黄城市群	银川、石嘴山、吴忠、宁东等
兰州都市圈	兰西城市群	兰州、武威、白银、临夏州等
西宁都市圈	兰西城市群	西宁、海东、多巴等
乌鲁木齐都市圈	天山北坡城市群	乌鲁木齐、昌吉、五家渠、吐鲁番等
昆明都市圈	滇中城市群	昆明、玉溪、曲靖、楚雄等
贵阳都市圈	黔中城市群	贵阳、安顺等
南宁都市圈	北部湾城市群	南宁、钦州、崇左等
台北都市圈	——	台北、新北、桃园、基隆、新竹等

资料来源：本表依据肖金成、马燕坤等《都市圈科学界定与现代化都市圈规划研究》（《经济纵横》2019年第11期）和方创琳《新发展格局下的中国城市群与都市圈建设》（《经济地理》2021年4月第41卷第4期）修订编制。

从表6-2可见，我国都市圈空间分布极不均衡，呈现出东南密、西北疏的特征，这与我国地理、人口、经济布局基本保持一致，除呼和浩特、银川、西宁、兰州、乌鲁木齐之外，其他33个都市圈都位于"胡焕庸线"东南侧。据测算，"胡焕庸线"西北侧都市圈的平均密度为0.2个/100万平方千米，而"胡焕庸线"东南侧以43.8%的国土面积分布了我国96.3%的都市圈，都市圈的平均密度达到6.0个/100万平方千米。[1]同时，38个都市圈有22个沿江、沿海，占我国现有都市圈数量的56.8%，这表明我国都市圈空间分布以沿海和沿江布局为主，形成了以"一纵一横"为骨架的T字形都市圈发展轴带。我国都市圈的数量与城市群的发育度是正向的，城市群越成熟，支撑其发展的都市圈就越多。如长江三角洲城市群有七个都市圈，京津冀城市群、珠三角城市群各有三个都市圈。这些城市群之所以在我国城市体系里居于龙头，与它们所辖的综合实力领先的都市圈的支撑是不可分割的。同时，我国都市圈的空间分布还与重大国家战略保持高度一致。中共十八大以来，国家陆续推出了京津冀协同发展、长江经济带发展、粤港澳大湾区建设、长三角一体化发展、黄河流域生态保护和高质量发展等重大国家战略。这些国家战略所涉及区域也正是我国都市圈的主要分布区，比如，长江经济带发展关联14个都市圈（上海都市圈、杭州都市圈、南京都市圈、合肥都市圈、苏锡常都市圈、宁波都市圈、徐州都市圈、武汉都市圈、长沙都市圈、南昌都市圈、成都都市圈、重庆都市圈、贵阳都市圈、昆明都市圈），黄河流域生态保护和高质量发展战略相关都市圈共计9个（青岛都市圈、济南都市圈、郑州都市圈、西安都市圈、太原都市圈、呼和浩特都市圈、兰州都市圈、西宁都市圈、银川都市圈）。这不仅表明重大国家战略在都市圈形成中的重要引导作用，也体现出都市圈已事实上成为我国区域发展战略的重要支撑。例如，随着黄河生态保护和高质量发展战略的启动，黄河中下游青岛都市圈、济南都市圈、郑州都市圈、西安都市圈、太原都市圈这五大都市圈日新月异，截至2021年，占全流域面积仅6.3%的五大都市圈，却有全流域37%的人口、46.7%的地区生产总值，成为黄河流域动能转换的核心区、产业集聚区、协调发展的主体形态、高质量发展的空间载体。[2]

---

[1] 黄艳、安树伟:《我国都市圈的空间格局和发展方向》，《开放导报》2021年第4期，第17页。
[2] 安树伟、张晋晋:《都市圈带动黄河流域高质量发展研究》，《人文杂志》2021年第4期，第22—25页。

总之，在新时代我国城市群的建设与发展日趋科学化，其表现之一便是重视培育都市圈，大力挖掘、提升超大城市、特大城市、中心城市的辐射带动功能，以促进城市之间的功能互补、分工协作。其目的在于以高质量的都市圈为根基支撑城市群高质量发展，又借助城市群的高质量发展推动都市圈向更高效率、更高质量和高度同城化方向发展，走出一条都市圈与城市群相辅相成、并驾齐驱的科学发展之路。

第三节　新时代中小城市小城镇与国家中心城市建设

促进大中小城市和小城镇协调发展是我国新型城镇化战略的一个主要目标，为此，党和国家在新时代制定、出台了一系列政策推动中小城市和小城镇的建设与发展。中小城市和小城镇在新时代逐渐成为城乡融合发展和乡村振兴的重要战略支点，为我国经济社会发展做出了重要贡献。同时，为了充分发挥大城市的引领、带动作用，国家中心城市建设在新时代亦进一步展开，一个定位明确、区位功能清晰、覆盖沿海与内陆、联结中部与西部的国家中心城市布局基本成型。

一、新时代中小城市小城镇的建设与成就

21世纪以来，中国城市的规模相较20世纪出现很大的变化，20世纪后期对城市规模等级划分的标准已不再适应发展的需要。2014年，国务院下发《关于调整城市规模划分标准的通知》（国发〔2014〕51号），规定城区常住人口50万人以下的城市为小城市，其中20万人以上50万人以下的城市为Ⅰ型小城市，20万人以下的城市为Ⅱ型小城市；城区常住人口50万—100万人的城市为中等城市，100万—300万人的城市为大城市，300万—1000万人的城市为特大城市，1000万人以上的为巨型城市。[①] 中国的城市以中小城市以及小城镇为主，它们是中国城镇体系金字塔的底座和基础，也是沟通城乡、疏解大城市压力、推动乡村振兴的

---

① 国务院：《关于调整城市规模划分标准的通知》（国发〔2014〕51号），中华人民共和国中央人民政府，http://www.gov.cn/zhengce/content/2014-11/20/content_9225.htm.

关键节点。据统计，2012年底，中国有建制市657个，其中直辖市4个，地级城市285个，县级建制市368个。4个直辖市常住人口均超过千万，属于巨型城市。285个地级城市中，163个城市属于中小城市，占比57.2%。368个县级建制市中，除了极个别发达城市的市区人口接近或略超过百万之外，多数建制市市区人口在数万至数十万之间，基本上都可以归属为中小城市。除建制市之外，全国有48个地级区划、1624个县级行政区划并非建制市，但这些地区（州、盟）、县（自治旗县、旗）的中心城镇，也已经聚集了相当规模的人口，在基础设施、公共服务等方面与建制市的市区较为接近，中心城镇居民享受着城镇化的生活方式。因此，这些中心城镇，也可以归属为中小城市或小城镇。由此可见，我国中小城市的占比非常之大，直接影响和辐射的区域，行政区面积达881万平方千米，占国土面积91.7%，总人口达10.24亿人，占全国总人口的75.24%；中小城市及其影响和辐射的区域其经济总量达32.34万亿元，占全国经济总量的56.85%；地方财政收入达29661.3亿元，占全国公共财政收入的22.96%。[1]这充分表明，中小城市在我国社会经济发展和人民生活中具有极其重要的地位，其建设与发展与中国建设现代化强国，以及城乡协调发展、乡村振兴、新型城镇化等息息相关。

2012年，中共十八大报告明确要求"增强中小城市和小城镇产业发展、公共服务、吸纳能力、人口集聚功能"[2]，为今后中小城市和小城镇发展与建设的重点方向。2014年，《国家新型城镇化规划（2014—2020）》发布，明确指出必须"优化城镇规模结构"，"增强中心城市辐射带动功能，加快发展中小城市，有重点地发展小城镇，促进大中小城市和小城镇协调发展"，"把加快发展中小城市作为优化城镇规模结构的主攻方向"。[3]此后，"十三五"规划要求"以提升质量、增

---

[1] 中国中小城市科学发展评价体系研究课题组：《2014年中国中小城市科学发展评价》，载《中国中小城市发展报告》编纂委员会、中国城市经济学会中小城市经济发展委员会：《中国中小城市发展报告（2014）：生态文明时代的中小城市发展》，社会科学文献出版社，2014，第320页。

[2] 胡锦涛：《坚定不移沿着中国特色社会主义道路前进为全面建成小康社会而奋斗——在中国共产党第十八次全国代表大会上的报告》（2012年11月8日），中国文明网，http://www.wenming.cn/djw/gcsy/zywj/201305/t20130524_1248116.shtml。

[3] 《国家新型城镇化规划（2014—2020年）》，中华人民共和国国家发展和改革委员会，https://www.ndrc.gov.cn/xwdt/ztzl/xxczhjs/ghzc/201605/t20160505_971882.html?code=&state=123。

加数量为方向,加快发展中小城市","因地制宜发展特色鲜明、产城融合、充满魅力的小城镇";"十四五"规划聚焦县城建设,"推进以县城为载体的城镇化建设"。①随着城市群、都市圈建设的推进,中小城市也得到较大发展。如《成渝城市群发展规划》就强调以成、渝两大中心城市为发展主轴,"辐射带动资阳、遂宁、内江、永川、大足、荣昌、潼南、铜梁、璧山等沿线城市加快发展,打造支撑成渝城市群发展的'脊梁'";以"培育沿江城市带""优化成德绵乐城市带""培育川南城镇密集区""培育遂广城镇密集区""培育达万城镇密集区"带动沿线南充、广安、自贡、内江、泸州、宜宾、江津、长寿、涪陵、丰都、忠县、万州、眉山等节点城市发展;此外,还要"培育发展一批小城市","有重点地发展小城镇"。②《长江三角洲城市群发展规划》的主要目标之一就是打造"一核(上海)五圈(南京都市圈、杭州都市圈、苏锡常都市圈、宁波都市圈、合肥都市圈)四带(沿海发展带、沿江发展带、沪宁合杭甬发展带、沪杭金发展带)",网络化空间格局,增强核心城市、都市圈、经济带的辐射带动作用,牵引区域内九座中等城市、42座小城市协同发展,并要求"加快推进特大镇行政管理体制改革,开展特大镇功能设置试点和设市模式改革创新试点,在降低行政成本和提升行政效率的基础上不断拓展特大镇功能,充分发挥长三角城市群数量众多的特大镇作为区域生产网络重要节点的作用"③。

进入新时代以来,我国中小城市、小城镇建设取得很大的进展,主要表现如下:

第一,中小城市数量增多,城市经济发展水平和经济发展质量稳步提升,城市功能日趋完善,城市综合承载力增强。

2009年,我国城市规模等级还未调整,50万人以下为中等城市,20万人以下

---

① 《中华人民共和国国民经济和社会发展第十三个五年规划纲要》,新华网,http://www.xinhuanet.com//politics/2016lh/2016-03/17/c_1118366322_9.htm;《中华人民共和国国民经济和社会发展第十四个五年规划和2035年远景目标纲要》,中华人民共和国中央人民政府,http://www.gov.cn/xinwen/2021-03/13/content_5592681.htm?pc.

② 国家发展和改革委员会、住房城乡建设部:《成渝城市群发展规划》,中华人民共和国国家发展和改革委员会,https://www.ndrc.gov.cn/fzggw/jgsj/ghs/sjdt/201605/t20160504_1170022_ext.html.

③ 国家发展和改革委员会、住房城乡建设部:《长江三角洲城市群发展规划》,2016,第21页。

为小城市，是年，我国的中等城市计有236个、小城市265个，中小城市合计501个。2014年以后，城市规模等进行了调整，过去的大城市也只能算为中等城市，中等城市也只能归属于小城市。然而随着中国城镇化的发展，新标准的中小城市数量仍然大幅度增加。2020年，新标准的中小建制城市数量达到591个（不包含台港澳地区，其中有13个辖区人口不足10万人），自然形态的中小城市有2634个，其中有近80%的城市没有设置为建制市，为县城所在地城镇。[①]非建制市城镇的城镇人口达到中小城市规模，其城镇功能与中小城市无异。新时代以来，各级中小城市的经济实力有着显著的增强，人民生活明显改善，尤其是部分中小城市凭借得天独厚的区位条件和发展基础，在发展经济、改善民生、生态建设等方面走在了前列。2020年，全国有38个县市的GDP达到1000亿元以上，其中6个县市超2000亿元，江苏昆山和江阴超过4000亿元。据2020年相关县市区统计，2020年全国人均GDP超2.5万美元的中小城市计有24个（仅限县级行政区），在人均GDP指标上已达到现代发达国家水平。其中，广州市黄埔区、内蒙古伊金霍洛旗人均GDP超28万元，已达到4万美元以上。详见表6-3：

表6-3 2020年度全国人均GDP超2.5万美元中小城市名单

序号	县市名称	人均GDP（人民币：万元）
1	广东广州市黄埔区	28.97
2	内蒙古伊金霍洛旗	28.66
3	江苏泰州市高港区	24.55
4	江苏江阴市	23.12
5	内蒙古鄂托克旗	22.93
6	陕西府谷县	22.82
7	陕西神木市	22.63
8	广东广州市南沙区	21.81

---

① 牛凤瑞、吕伟华、张央清：《中国中小城市2021年度发展报告》，载《中国中小城市发展报告》编撰委员会、国信中小城市指数研究院主编：《中国中小城市发展报告（2020—2021）》，社会科学文献出版社，2021，第6页。

续表

序号	县市名称	人均GDP（人民币：万元）
9	湖南岳阳市云溪区	21.33
10	广西北海市铁山港区	21.05
11	内蒙古准格尔旗	20.93
12	贵州仁怀市	20.82
13	福建泉州市泉港区	20.73
14	福建福州市马尾区	20.72
15	江苏昆山市	20.44
16	浙江宁波市镇海区	20.18
17	内蒙古乌审旗	19.98
18	广东佛山市高明区	18.81
19	江苏张家港市	18.76
20	江苏南京市溧水区	18.44
21	宁夏灵武市	18.12
22	江苏苏州市虎丘区	17.37
23	湖南长沙市雨花区	17.28
24	江苏太仓市	16.68

资料来源：牛凤瑞、吕伟华、张央清：《中国中小城市2021年度发展报告》，载《中国中小城市发展报告》编撰委员会、国信中小城市指数研究院主编：《中国中小城市发展报告（2020—2021）》，社会科学文献出版社，2021，第10页。

随着新时代我国中小城市数量、经济发展质量显著飞跃，城市基础设施建设、公共事业建设乃至城市形态等都有了根本改观，大大提升了中小城市在推进区域城镇一体化协调发展中的作用，促进了城乡融合，带动了乡村振兴。如湖南宁乡市于2011年开始启动城镇棚户区改造，十年间累计完成棚户区改造34031户，10万余人的居住环境得到改善。通过实施棚改使城市基础设施、城市功能日趋完善，促进了宁乡市城市建设与发展，使城市品质出现大幅提升，吸引了"大学城等一批影响宁乡长远发展的重大产业项目落地,不仅直接拉动固定资产投资,还能通过产业发展吸纳约5万人就业,真正实现安居乐业"[①]。又如四川省遂宁市,借助"旧城改造"实施"城镇提升行动",优化了城市的行政功能、公共服务功能、商业功能、宜居生活功能等,"城镇品质大大提升,迈上了高质量发展之路"。[②]

第二,在资源节约、绿色生活、污染治理和生态建设等方面成效显著,生态环境不断优化,绿色发展指数不断提升。

"生态文明,绿色低碳"是我国新型城镇化建设的一个基本原则。新时代以来,中小城市在节能减排、污染治理、绿色生活等方面持续发力,生态文明建设成就喜人。如2014年,浙江省推行"美丽浙江""美丽县城"建设,各中小城市大力开展环境污染治理、交通治堵、城市更新、绿色城镇行动等各项工作,浙江桐庐县以"美丽中国,桐庐先行"为要求,以建设"最美的山水型现代化中等城市"为目标,积极推进精美规划、精致建设、精细管理,全力打造"五大桐庐",即风景桐庐、低碳桐庐、人文桐庐、活力桐庐、幸福桐庐,由此推动城乡经济与社会健康持续发展,先后荣获国际花园城市、中国最美县城、全国文明县城、国家园林县城、国家级生态县等荣誉称号。[③]河南长垣市以创建黄河流域生态保护和高质量发展示范县为目标,瞄准"花园城市"定位,大力推进生态景观廊道、森林公园、围城林、围村林等建设,高标准打造森林长垣,截至2020年3月,全市已完成总造林绿化面积4.5万亩,植树300余万株,新建公园、游园23个,建设围村林累计达到411个,建成国家级森林乡村10个、省级森林乡村16个。

新时代以来我国中小城市生态环境有了很大的改善,绿色发展指数逐年提升,尤其是空气质量相对大城市更好,自然生态环境更好。[④]2021年,中国中小

---

① 陈洪波、谢兰:《湖南宁乡:棚改托起百姓"安居"梦》,《中国报道》2020年第11期,第112页。
② 彭志萍、周淼葭:《旧城改造,遂宁念好绿色经》,《当代县域经济》2018年第3期,第58—59页。
③ 缪磊磊:《美丽县城理念下的新型中小城市发展模式研究——以浙江省桐庐县为例》,《建筑与文化》2018年第5期,第69页。
④ 《中国中小城市发展报告》编撰委员会、国信中小城市指数研究院主编:《中国中小城市发展报告(2020~2021)》,社会科学文献出版社,2021,第11—12页。

城市绿色发展指数比2019年上升了0.5达到62.2。①

第三，新时代中小城市的城镇化水平和城镇化质量不断提高，体制机制不断创新。

2010年，我国中小城市城镇常住人口为2.87亿人，城镇化率为39.6%，但随着中小城市建设发展的不断推进，城镇化水平有较大提高，2018年末，全国中小城市城镇人口已经增长至3.70亿人，城镇化率达到50.4%。②城镇化的质量也有提高，以城镇化水平、基本公共服务、基础设施和资源环境为指标测算的城镇化质量指数亦逐年上升，如2018年，中小城市的总体城镇化质量指数为45.7，2019年上升到47.2，提高1.5。③以现代经济发展、社会民生改善、生态环境建设、城乡融合发展、创新驱动引领、现代治理效率等为指标的高质量发展指数亦持续提升，2018年为70.3，2019年为70.5，2021年为70.8。④同时，中小城市持续深化"放管服"改革，简政放权、改进服务。在扩大县级单位管理权限的基础上，进一步推动机构精简，合并职能相近的部门。在行政审批的改革方面，深入实施"最多跑一次"审批改革，优化经济发达镇行政管理体制，下放行政审批许可权。四川省泸州市设置综合政务服务窗口，通过流程再造实现去部门化，分类推行政务服务事项"一窗受理"，实现161项行政许可事项"一章办结"，其中158项"行政审批事务只跑一次"，企业名称预先核准等20项事务"一次都不用跑"。浙江省义乌市全面优化政务办事流程，实现高频事项"就近能办、同城通办、异地可办"，让群众办事从"最多跑一次"升级为"就近跑一次"。⑤此外，为推动县域经济社会发展，进一步推行省直管县体制改革，并取良好效果。

第四，以打造"特色小镇"为突破口，小城镇建设日新月异，城乡融合水平

---

① 《中国中小城市发展报告》编撰委员会、国信中小城市指数研究院主编：《中国中小城市发展报告（2020～2021）》，社会科学文献出版社，2021，第49页。
② 《中国中小城市发展报告》编撰委员会、国信中小城市指数研究院主编：《中国中小城市发展报告（2018）：中国中小城市乡村振兴之路》，社会科学文献出版社，2018，第321页。
③ 《中国中小城市发展报告》编撰委员会、国信中小城市指数研究院主编：《中国中小城市发展报告（2019）：高质量发展之路》，社会科学文献出版社，2019，第28页。
④ 《中国中小城市发展报告》编撰委员会、国信中小城市指数研究院主编：《中国中小城市发展报告（2020～2021）》，社会科学文献出版社，2021，第35页。
⑤ 《中国中小城市发展报告》编撰委员会、国信中小城市指数研究院主编：《中国中小城市发展报告（2020～2021）》，社会科学文献出版社，2021，第12页。

不断提升。

"十二五"期间,小城镇作为统筹城乡的着力点和发力点得高度重视,建设"特色小镇"应时而兴,成为新时代我国建设小城镇、推进城乡融合的重要突破口之一。

2014年10月17日,时任浙江省省长李强参观"云栖小镇",首次提及"特色小镇"。2015年4月22日,浙江省政府出台《关于加快特色小镇规划建设的指导意见》推进浙江特色小镇建设,明确浙江特色小镇规划建设要聚焦信息经济、环保、健康、旅游、时尚、金融、高端装备制造等支撑未来发展的七大产业,兼顾茶叶、丝绸、黄酒、中药、青瓷、木雕、根雕、石雕、文房等历史经典产业,坚持产业、文化、旅游"三位一体"和生产、生活、生态融合发展。浙江省打造特色小镇的实践获得了习近平总书记的肯定。2015年12月,习近平总书记对浙江特色小镇做出批示,指出特色小镇对产业转型、新型城镇化具有重要作用。特色小镇成为新时代我国小城镇建设一股热潮。"十三五"规划还将其列为推进新型城镇化一个重要内容:"因地制宜发展特色鲜明、产城融合、充满魅力的小城镇。"2016年7月,住房和城乡建设部、国家发展和改革委员会、财政部这三部委联合公布的《关于开展特色小镇培育工作的通知》中提出培育特色小镇,引领带动全国小城镇建设。此后,甘肃、安徽、辽宁、河北、山东、内蒙古、天津等省(区、市)陆续出台建设特色小镇的相关政策措施,陆续在原有小城镇建设基础上升级建设为特色小镇。2016年10月,住建部公布了第一批127个"全国特色小镇"名录,2017年7月公布了第二批276个"全国特色小镇"名录。2017年12月国家发展改革委等部门印发《关于规范推进特色小镇和特色小城镇建设的若干意见》,将第一、二批公布的403个"全国特色小镇"正式更名为"全国特色小城镇"。[1]特色小镇建设全面铺开。除了住建部以外,国家有关部委、地方政府、企业亦纷纷参与推动特色小城镇建设,从而形成了多层级、多类型的特色小城镇建设体系。截至2019年9月,我国建成、在建的特色小城镇总计1992个。[2]经过科

---

[1] 《中国中小城市发展报告》编撰委员会、国信中小城市指数研究院主编:《中国中小城市发展报告(2020～2021)》,社会科学文献出版社,2021,第106—110页。
[2] 叶欠、刘春雨、闰浩楠:《特色小镇发展现状与政策选择》,《宏观经济管理》2020年第9期,第26页。

学规划布局并依托地方特色资源而建成的特色小镇,成为新时代破解城乡融合发展难题,推进地方经济发展,带动传统产业转型升级,承接产业转移,舒缓大中城市人口压力,推动农民市民化,促进历史文化传承保护等重大经济社会问题的前沿阵地。如2019年浙江省级特色小镇平均拥有高新技术企业11.2家,占浙江全省总量的12.7%,以全省1.8%的建设用地面积,贡献了浙江全省7.9%的工业企业营业收入和6.5%的税收收入,将小城镇产业做到了"特而强",其中浙江宁波"膜幻动力小镇"还作为"聚力发展主导产业"的代表,入选了"第二轮全国特色小镇典型经验",创造了近400项发明专利,形成了从基膜到功能膜的完整产业链,并完成了进口替代。[1]再如海南省万宁市兴隆农场,依托热带植物园和中国热带农业科学院香料所,发挥区域内归国华侨来源国多、人数多的优势,打造东南亚风情小镇,每年吸引游客近百万人,仅香料所技术转化产业产值就超过6000万元,并带动当地就业500余人。[2]在特色小镇建设带动下,各省区以特色小镇建设为引领,大力培育和发展小城镇,为城乡融合、生态保护、产业发展、人口城镇化注入活力。如四川省从2013年开始启动"百镇建设行动",分三批建设了300个试点镇,通过加大基础设施和公共服务设施建设,改善和提升了城镇承载能力和吸纳能力,从而让四川全省2000多个小城镇比翼齐飞。[3]

随着新时代新型城镇化战略的实施,我国中小城市、小城镇获得了发展的契机,城镇化水平提高,经济实力显著提升,城市环境和生态明显改善,在推动地区经济发展、促进城乡融合、助力乡村振兴等方面发挥着越来越重要的作用。

---

[1] 张晓欢、蒋建辉:《2021年中国特色小镇建设报告》,载《中国中小城市发展报告》编撰委员会、国信中小城市指数研究院主编:《中国中小城市发展报告(2020~2021)》,社会科学文献出版社,2021,第111、123页。
[2] 史育龙、王大伟:《海南、福建特色小镇建设案例》,《宏观经济管理》2020年第9期,第41页。
[3] 唐琼:《四川省就地城镇化困境研究——基于南充市的调查》,《四川行政学院学报》2018年第2期,第26—29页。南充市2020年城镇化率数据来源于南充市统计局编制:《2020年南充市国民经济和社会发展统计公报》。

二、国家中心城市的布局与发展

国家中心城市并非行政建制市，而是城市体系的顶端，是针对我国城市体系、从战略层面综合考虑城市布局以推进中国城镇化和现代化建设的一大创举。在新时代，国家中心城市不仅是引领我国城镇化建设的重要抓手，也是完善对外开放区域布局的重要节点。

2005年，建设部编制的《全国城镇体系规划（2006—2010）》正式提出在中国城镇体系的最高位置设立国家中心城市，以发挥这些城市在金融、管理、文化和交通等方面的中心和枢纽作用，以及推动国际经济发展和文化交流的门户作用。该规划确定了北京、上海、天津、广州四个大城市为首批国家中心城市。[1]2010年2月，住建部根据中国城镇化发展的新形势，编制了新一轮《全国城镇体系规划（2010—2020）》。该规划再次提出建设国家中心城市，认为国家中心城市是"处于城镇体系最高位置的城镇层级"，是"全国性的政治与文化中心、全国性经济中心、我国重要的中心城市"，规划将北京、上海、天津、广州、重庆建设为国家中心城市。[2]

进入中国特色社会主义新时代以后，国家明确将建设"国家中心城市"作为一项国家发展战略，肯定了北京、上海、天津、广州、重庆等城市作为国家中心城市的地位。2016年4月，为推动"一带一路"倡议、长江经济带发展，加快中西部地区发展、拓展全国经济增长新空间，国家发展和改革委员会、住建部联合印发了《成渝城市群发展规划》，支持成都"以建设国家中心城市为目标"[3]。同年4月12日，国务院批复同意《成渝城市群发展规划》，成都成为我国国家中心城市。2016年12月26日，经国务院正式批复，国家发展和改革委员会发布《促进

---

[1] 张占仓：《建设国家中心城市的战略意义与推进对策》，《中州学刊》2017年第4期，第22页。

[2] 住房和城乡建设部城乡规划司、中国城市规划设计研究院编：《全国城镇体系规划（2006—2020年）》，商务印书馆，2010。

[3] 国家发展和改革委员会、住房城乡建设部：《成渝城市群发展规划》，中华人民共和国国家发展和改革委员会，https://www.ndrc.gov.cn/fzggw/jgsj/ghs/sjdt/201605/t20160504_1170022_ext.html。

中部地区崛起"十三五"规划》,"支持武汉、郑州建设国家中心城市"[①]。国家发展和改革委员会于2016年12月14日、2017年1月22日分别下发了《关于支持武汉建设国家中心城市的指导意见》《关于支持郑州建设国家中心城市的指导意见》两份文件,明确要求武汉"增强辐射中部的现代服务功能","打造全国重要的综合交通枢纽","构筑面向全球的内陆开放高地","建设国家知名的美丽宜居城市";要求郑州"夯实产业基础,全面提升综合经济实力","突出改革创新,加快培育壮大新动能","发挥区位优势,打造交通和物流中枢","坚持内外联动,构筑内陆开放型经济高地","彰显人文特色,建设国际化现代都市"。[②]至此,我国国家中心城市已经扩容到八座,即北京、天津、上海、广州、重庆、成都、武汉、郑州。

2018年1月,国家发展和改革委员会、住房城乡建设部联合编制《关中城市群发展规划》,明确提出"建设西安国家中心城市"。[③]至此,我国共规划建设北京、天津、上海、广州、重庆、成都、武汉、郑州、西安等9个国家中心城市,一个定位明确、区位功能清晰、覆盖沿海与内陆、联结中部与西部的国家中心城市布局基本成型,详见表6-4:

表6-4 九大国家中心城市的定位和区位功能

城市名	国家中心城市确定时间(年)	定位	区位功能
北京	2005	全国政治中心、文化中心、国际交往中心、科技创新中心	首都
上海	2005	国际经济、金融、贸易、航运、科技创新中心	直辖市,对外开放的标杆,长三角发展的引领者

[①] 国家发展和改革委员会:《促进中部地区崛起"十三五"规划》,2016,第27页。
[②] 国家发展和改革委员会:《关于支持武汉建设国家中心城市的指导意见》(2016年12月14日)、《关于支持郑州建设国家中心城市的指导意见》(2017年1月22日)。
[③] 国家发展和改革委员会、住房城乡建设部:《关中城市群发展规划》,2018,第3、8、13页。

续表

城市名	国家中心城市确定时间（年）	定位	区位功能
天津	2005	环渤海地区的经济中心，国际航运中心和北方国际物流中心	直辖市，京津冀协同发展的重要支柱
广州	2005	国家历史文化名城，全国重要的中心城市、国际商贸中心和综合交通枢纽	广东省省会，综合性门户城市，引领、助推华南经济发展
重庆	2010	全国重要的中心城市之一，国家历史文化名城，长江上游地区经济中心，国家重要的现代制造业基地，西南地区综合交通枢纽	直辖市，西部大开发的重要平台，长江经济带的战略支撑
成都	2016	国家历史文化名城，国家重要的高新技术产业基地、商贸物流中心和综合交通枢纽，西部地区重要的中心城市	四川省省会，西部大开发的重要平台，长江经济带的战略支撑
武汉	2016	国家历史文化名城，中国中部地区的中心城市，全国重要的工业基地、科教基地和综合交通枢纽	湖北省省会，辐射带动中部和长江中游地区，支撑长江经济带发展
郑州	2017	国家历史文化名城，中国中部地区重要的中心城市，国家重要的综合交通枢纽	河南省省会，引领中原发展、支撑中部崛起
西安	2018	国家历史文化名城，中国西部地区重要的中心城市，国家重要的科研、教育和工业基地	陕西省省会，共建"一带一路"支点，辐射、引领西北及周边地区发展

资料来源：住房和城乡建设部城市规划司、中国城市规划设计研究院：《全国城镇体系规划（2006—2020）》，2010；国家发展和改革委员会、住房城乡建设部：《成渝城市群发展规划》，2016；国家发展和改革委员会：《关于支持武汉建设国家中心城市的指导意见》，2016；国家发展和改革委员会：《关于支持郑州建设国家中心城市的指导意见》；国家发展和改革委员会、住房城乡建设部：《关中城市群发展规划》，2018。

中国的国家中心城市是人口规模最大、行政等级最高、经济发展水平最高的超大城市，是一定区域内的中心城市，也在全国经济社会发展中占据举足轻重的地位。其中，北京、天津、上海、广州是京津冀、长三角、珠三角三大城市群的中心城市；重庆、成都是川渝城市群的中心城市，也是西南地区的枢纽城市、长江经济带的重要支撑；西安是西北地区的枢纽城市；武汉、郑州是中部地区的枢纽城市，此外武汉还是长江中游经济带的战略支点。从行政等级来看，在目前的九个国家中心城市中，北京、天津、上海、重庆为直辖市，广州、成都、武汉、郑州、西安为省会城市（副省级城市），均属于中国行政等级较高的城市。

随着国家中心城市布局的基本完成，国家中心城市建设成为拉动区域协调发展的重要抓手和推动城镇化、城市群发展的"加速器"。以郑州为例，在成为国家中心城市之前，郑州经济首位度不高，高端要素资源集聚力不强，区域辐射带动作用发挥不足，城市人口吸引力弱，在被确定建设国家中心城市后，郑州经济、社会、文化发展高歌猛进，2018年郑州经济总量突破万亿元大关，常住人口突破千万，正式跨入超大城市行列，经济形态也加快由生产型城市向服务消费型城市转型，各项社会事业更趋协调。[①]成都也借国家中心城市之东风，以新发展理念全面推动城市经济、社会、文化的发展，产业结构实现了从要素驱动向创新驱动的转换，城市动能实现了从内陆盆地向全面开放的转换，城市空间、城市动力、城市经济、城市文化、城市生态、城市民生、城市治理等方面更是成就斐然[②]，2021年5月，成都常住人口突破2000万人。各入选城市都以国家中心城市建设为推力，极大地提升了城市综合实力、城市层级、城市形象、城市辐射力和影响力，城市生活质量也发生很大的变化。

新时代以来，国家中心城市作为我国综合国力的体现，作为推动我国工业化与城镇化协调同步发展和区域创新转型的重要力量，作为带动我国经济、科技、文化与世界其他国家交往联系的主要桥梁，其建设成效可谓举世瞩目，主要表现如下：

第一，新时代以来，九大国家中心城市作为我国城镇体系中辐射范围最广、对外服务能力最强的中心地，在践行服务和融入新发展格局中取得了重要成效。如在落实"十四五"规划所明确的首要任务"创新"方面成绩显著，2021年，九

---

① 夏先清、刘芳芳：《郑州：以建设国家中心城市为目标深化改革加快发展》，《经济日报》2019年1月22日。
② 文君：《成都加快国家中心城市建设，冲刺世界城市》，《四川日报》2019年9月24日。

大国家中心城市都将创新作为推动发展的第一动力，北京积极推进高精尖产业发展壮大，上海着力打造"五型经济"，成都实施产业建圈强链行动，郑州大力布局高能级创新平台等，这些城市的创新能力、竞争力和综合实力持续提升，提高了就业率和居民收入水平，提升推展了城市发展能力。2021年，九大国家中心城市以不足全国总人口1/8的人口量，创造了占全国18.91%的GDP，社会消费品总额占全国1/5，进出口总额超过全国3/10。即便是在疫情干扰下，2021年上海和北京经济实力仍然再创新高，上海的全社会固定资产投资总额、社会消费品零售总额、进出口总额分别较2020年增长8.1%、13.5%、16.5%，北京的全社会固定资产投资总额、社会消费品零售总额、进出口总额分别较2020年增长4.9%、8.4%、30.6%，上海的GDP和进出口总额均超过4万亿元，北京的GDP超过4万亿元、进出口总额超过3万亿元，经济循环顺畅度不断提升。武汉在2021年也实现了12.2%的GDP增速、21.8%的一般公共预算收入增速、12.9%的全社会固定资产投资增速、10.5%社会消费品零售总额增速，以及24.0的进出口总额增速，实现了"十四五"的良好开局。[1]

此外，根据2021年各地统计局发布的统计数据，九大国家中心城市在"十四五"开局之年国民经济与社会发展进程中所取得的成效可见一斑，详见表6-5：

表6-5　2021年九大国家中心城市经济与社会发展概况

地区	GDP（亿元）	GDP增速（%）	出口总额（万元）	社会消费品零售总额（亿元）	社会固定资产投资总额同比增长（%）	常住人口（万人）
上海	43214.85	8.1	15718.67	18079.3	8.1	2489.4
北京	40269.6	8.5	6118.5	14867.7	4.9	2188.6
广州	28232	8.1	6312.2	10122.6	11.7	1881.1
重庆	27894.02	8.3	5168.3	13967.7	6.1	3212.4
成都	19917	8.6	4832.6	9251.8	10.0	2119.2

---

[1] 郑州师范学院国家中心城市研究院课题组：《2021年"三重压力"下的超大、特大型城市经济增长报告》，载孙先科、蒋丽珠、杨东方主编：《国家中心城市建设报告（2022）》，社会科学文献出版社，2022，第13—14页。

续表

地区	GDP（亿元）	GDP增速（%）	出口总额（万元）	社会消费品零售总额（亿元）	社会固定资产投资总额同比增长（%）	常住人口（万人）
武汉	17717	12.2	1929	6975	12.9	1364.89
天津	15695.05	6.6	3875.61	3769.2	4.8	1373
郑州	12691.02	4.7	3552.8	5389.2	-6.2	1274.2
西安	10688.28	4.1	2361.9	4963.4	-11.6	1316.3

资料来源：各地统计局。转引自杜思远等：《成都市应对"三重压力"推动经济合理增长的对策建议》，载孙先科、蒋丽珠、杨东方主编：《国家中心城市建设报告（2022）》，社会科学文献出版社，2022，第200—201页。本表已根据GDP总量对九大国家中心进行顺序调整。

表6-5统计数据充分说明，九大国家中心城市是推动我国国民经济和社会发展的领头羊、排头兵，其GDP总量、GDP增速、出口总额、社会消费品零售总额、社会固定资产投资总额、常住人口等都在中国城市体系中居于顶层。

第二，新时代以来，九大国家中心城市以高质量、高水平持续构建现代化经济体系，推动城市产业迈向全球价值链中高端，极大地提升了城市经济的国际竞争力。

上海积极培育新产业新业态新技术新模式，全市高新技术企业数量在2021年突破2万家，集成电路、生物医药、人工智能三大先导产业2021年工业总产值达3254.74亿元，比2020年增长18.3%；战略性新兴产业产值为16055.82亿元，比2020年增长14.6%，其中，新能源汽车产值同比增长1.9倍，新能源、生物、数字创意产值分别增长16.1%、12.1%、11.5%，增速均高于归上工业总产值增速。[①]

广州积极推行先进制造强市战略、构建新发展格局、赋能高质量发展，2021年，广州第二产业增加值占GDP比重相对2020年提升近1个百分点，现代服务业和先进制造业在产业体系所占比重进一步提高，高新技术企业在广州城市经济体

[①] 马方彪、吴玉鸣：《三重压力下上海推动经济高质量发展的经验、问题与对策分析》，载孙先科、蒋丽珠、杨东方主编：《国家中心城市建设报告（2022）》，社会科学文献出版社，2022，第101页。

系的权重日益增强。2021年,广州高新企业数量达到11435万家,技术合同成交总额达到2413.11亿元,发明专利授权数量达到2.4万件。同时以数字经济为代表的新经济快速发展,2022年广州评选的63家未来"独角兽"企业中,34家企业为人工智能、云计算、物联网、大数据等数字化核心企业。[1]

成都作为成渝城市群两大国家中心城市之一,在新时代坚持用新发展理念引领发展全局。2021年实现地区生产总值1.99万亿元,比2020年增长8.6%,其中集成电路、光纤、新能源企业产值分别增长31.4%、78.6%、112.2%。高新技术企业增长迅猛,2021年高新技术企业达到7821家,比2020年增长27.8%,高新技术营收11692.0亿元,增幅高于规模以上工业增速。2021年成都全社会研发经费投入新增长8%,全球创新指数排名第39位,相较2020年提升8位。数字经济核心产业增加值为2580.6亿元,占全市GDP比重为13.0%,数字经济指数全国排名第四。[2]

西北地区国家中心城市西安通过推进经济数字化转型、强化突出高新技术服务业、大力发展生产性等措施积极构建高质量、高水平现代经济体系。2020年,西安市建成1万个5G基站,完成1万个企业在云工业平台的注册,光纤、光缆、集成电路等新产品分别增长48.0%、29.3%和42.8%,实现高技术制造业产值增速高于全市20.8个百分点,占全市规模以上工业产值的三分之一。同时,2020年西安规模以上高新技术服务业投入研发费162.31亿元,同比增长15.1%,规模以上高技术服务业企业资产同比增长10.5%。西安还聚焦研发设计实力,以其作为城市核心竞争力,打造"主链长、支链多、延伸广、覆盖多"的研发设计产业链,为整个产业体系提供技术支撑,增强科技软实力。[3]

总之,新时代以来,各国家中心城市积极发挥引领作用,大力推进质量变革、效率变革、创新驱动,逐步构建现代产业体系,推动经济的高技术、高质

---

[1] 覃剑、尹涛:《2021年广州国家中心城市建设进展与未来展望》,载孙先科、蒋丽珠、杨东方主编:《国家中心城市建设报告(2022)》,社会科学文献出版社,2022,第138—141页。

[2] 杜思远等:《成都市应对"三重压力"推动经济合理增长的对策建议》,载孙先科、蒋丽珠、杨东方主编:《国家中心城市建设报告(2022)》,社会科学文献出版社,2022,第200—201页。

[3] 班斓:《西安推动经济合理、高质量增长的问题及对策建议》,载孙先科、蒋丽珠、杨东方主编:《国家中心城市建设报告(2022)》,社会科学文献出版社,2022,第221—223页。

量、高效益发展。

第三,新时代以来,九大国家中心城市充分结合各自产业优势,大力建设科技创新平台,强化产业链韧性,在推动城市经济转型升级、融入新发展格局方面取得巨大成效。

在"十三五""十四五"期间,广州逐步打造了南沙科学城、北部中新广州知识城,强化广深港澳科技创新走廊建设,挂牌运作了广州实验室、粤港澳大湾区国家技术创新中心,同时将人类细胞谱系、冷泉生态系统列入国家专项规划,目前域内国家、省重点实验室分别增至21家和256家;广州以国有企业为抓手,通过联合重组和资本运作强化、延伸产业链,辐射带动民营企业共同发展。2021年,广州市属国有企业资产总额达到4.91万亿元,同年民营经济增加值达到1.15万亿元,占GDP的比重达到40.7%。[1]新时代以来,天津先后打造了以自主创新、原始创新为目标的现代中医药、先进计算与关键软件(信创)、细胞生态、合成生物学、物质绿色创造与制造等高水平科技平台,聚集3000余名各类人才,联合30多家龙头企业深度参与联合建设;天津以高质量、高标准积极打造信息技术应用创新、生物医药、新材料、高端装备、集成电路等12条重点产业链,以产业链为载体抓项目、抓企业、抓园区、抓科技创新、抓制度改革、抓人才聚集,有力支持制造业高水平高效益高质量发展;2021年,天津在链企业产值、增加值同比增长20.7%、9.6%,合计增速分别高于全市2.3个、1.4个百分点。[2]重庆的两江协同创新区新引进科研院所10家,集聚院士团队14个;北京大学重庆大数据研究院、重庆医科大学国际体外诊断研究院、西工大重庆科创中心等研发机构已建成投用,西部(重庆)科学城、超瞬态实验装置、中国科学院重庆科学中心等科研平台也在加速建设中;重庆扎实推进汽车、电子信息、医药等基础产业、战略性信息产业,加快补链成群,汽车产业实现"整车+零部件"双提升,增加值增长12.6%,计算机年产量首次突破1亿台,电子产业增加值增长17.3%,医药产业集

---

[1] 覃剑、尹涛:《2021年广州国家中心城市建设进展与未来展望》,载孙先科、蒋丽珠、杨东方主编:《国家中心城市建设报告(2022)》,社会科学文献出版社,2022,第139—140页。
[2] 李燕:《天津以"制造业立市"推动经济高质量发展研究》,载孙先科、蒋丽珠、杨东方主编:《国家中心城市建设报告(2022)》,社会科学文献出版社,2022,第249—250页。

群也逐步成型，增加值增长14.5%，产业逐步向高端化、智能化、绿色化升级。[1]总之，新时代以来，各国家中心城市大力打造建设科技创新平台，为城市经济高水平自立自强提供了战略支撑。同时，各国家中心城市基于自身产业发展优势，通过对产业基础能力的加固、关键核心技术的攻关，积极采取各种措施稳定强化产业链，提升了对品牌、技术、关键资源和市场优势等控制力和影响力。

第四，新时代以来，九大国家中心城市通过制度创新，积极融入全球化、全方位参与国际竞争，成为具有引领和示范作用的开放新高地，为城市经济社会持续稳定发展带来了巨大机遇。

北京在"三片区七组团"等功能区建设中，推出了外国人工作和居留许可"两证联办"等一批创新举措，率先出台国际交往语言环境建设条例，加大自贸试验区建设，开放的引领度、贡献度、显示度不断增强。2021年，实际利用外资超过150亿美元，新设外资企业数量增长53.2%，其中自贸试验区以0.7%的面积贡献了全市12%的进出口额和约三成的外资企业增量。[2]作为改革开放前沿的广州，新时代以来，通过国际化环境建设、国际化街区试点建设、国际传播基地建设、国际朋友圈拓展、推进国际会议活动举办、制定广州建设国际交往中心"十四五"发展规划等措施，不断拓展对外开放空间。2021年，广州商品进出口总额比2020年增长13.5%，达到10825.88亿元，实际使用外资金额比2020年增长10.%，达到543.26亿元，330家世界五百强企业进驻投资。广州在国际交往中的地位进一步提升，在新时代外国驻广州总领馆数量增加到66个，国际友谊城市增加到100个。

在新时代，成都充分利用"一带一路"的建设机遇、国家中心城市的地缘特点，全力推进"成渝地区双城经济圈"的建设，不断深化对外交流，优化外贸外资结构，逐步将城市融入国际大循环。2021年成都一般贸易增长43.8%，跨境电商交易规模增长57.2%，新增外商投资企业713家，外商直接投资额增长67.2%。中共二十大召开以后，成都市委、市政府制定了《关于全面贯彻新发展理念加

---

[1] 郑州师范学院国家中心城市研究院课题组：《2021年"三重压力"下的超大、特大型城市经济增长报告》，载孙先科、蒋丽珠、杨东方主编：《国家中心城市建设报告（2022）》，社会科学文献出版社，2022，第15—16页。

[2] 赵弘等：《2021年北京国家中心城市建设成就与展望》，载孙先科、蒋丽珠、杨东方主编：《国家中心城市建设报告（2022）》，社会科学文献出版社，2022，第87—88页。

快建设国际消费中心城市的意见》,通过发展"首店经济"、"夜间消费"、打造"公园城市"等,全面启动成都"三城(世界文创名城、旅游名城、赛事名城)三都(国际美食之都、音乐之都、会展之都)"建设,预计2035年把成都全面建成"具有全球影响力、吸引力的国际消费中心"。[1]

总之,九大国家中心城市充分挖掘利用自身优势,通过制度创新不断提升城市的国际影响力、吸引力,对外交往的引领和示范作用得到充分发挥。

第五,新时代以来,九大国家中心城市充分利用自身优势,整合优化各种资源,不断提升民生保障水平、打造生态宜居城市环境。

北京在就业方面突出抓好重点群体就业,积极扩大就业容量。2021年,北京地区新增城镇就业26万人,城镇调查失业率、城镇登记失业率均控制在年度预期目标之内;在文化方面,不断扩大优质公共文化供给,北京国际戏剧中心、北大红楼、大运河源头遗址公园、三山五园艺术中心等一大批文化公共空间涌现;在教育方面,仅2021年便扩增普惠性学前教育学位1.3万个、中小学学位2.8万个,实现义务教育阶段课后服务全覆盖;在养老方面,不断完善养老设施,2021年城六区新建成养老家庭照护床位2000张,怀柔、密云、延庆新建成农村邻里互助养老服务点200个。同时,北京通过城市更新和疏解整治,大力改造老旧小区,市民居住环境得到明显改善。城市生态治理能力稳步提升,2021年实现了六项空气质量指标全部达标,城市绿色空间规模不断扩大,2021年新增造林绿化16万亩,新添2个万亩以上郊野公园。[2]

广州在民生保障方面,创新推出保费价格平民化、年龄病史不受限、医保卡缴费保全家、门诊住院待遇全、自付自费保障广、一站结算赔付快的"穗岁康",医疗费用的个人负担率降低40%左右。[3]

---

[1] 徐海鑫、杨继瑞等:《聚优势、扬特色、抓重点:成都建设国际消费中心的具体实践》,载孙先科、蒋丽珠、杨东方主编:《国家中心城市建设报告(2022)》,社会科学文献出版社,2022,第293页。

[2] 赵弘等:《2021年北京国家中心城市建设成就与展望》,载孙先科、蒋丽珠、杨东方主编:《国家中心城市建设报告(2022)》,社会科学文献出版社,2022,第88—89页。

[3] 郑州师范学院国家中心城市研究院课题组:《2021年"三重压力"下的超大、特大型城市经济增长报告》,载孙先科、蒋丽珠、杨东方主编:《国家中心城市建设报告(2022)》,社会科学文献出版社,2022,第17页。

总之，国家中心城市在财政收支压力较大的情况下，努力保障就业、教育、社保、医疗卫生等重要民生领域的投入并持续加大，人民群众获得感、幸福感、安全感不断提升。

国家中心城市建设有利于中国的工业化与城镇化协调同步发展，有利于推动区域创新转型，产业结构优化升级，拉动内需消费增长，促进科技与文化创新发展，提高城市发展品质，改善城乡二元关系。国家中心城市具有引领中国城市群发展的重任，并带动我国经济、科技、文化与世界其他国家的密切联系。

第四节 城市治理体系与治理能力现代化

中共十八大以后，中国式城镇化从传统城镇化向新型城镇化发展，新型城镇的核心就是以人为本，从粗放式发展向高质量发展转变，而城镇化高质量发展与城市治理体系完善、城市治理能力现代化有着直接的关系。2013年，习近平总书记在中共十八届三中全会上提出"推进国家治理体系和治理能力现代化"。[1]城市治理体系是国家治理体系的重要组成部分，城市治理能力现代化也是国家治理能力现代化的重要部分。随着中国进入城市时代，城市在区域中的地位和作用日益提升，都市圈和城市群成为城镇化的主要形式，加快完善城市治理体系和提升城市治理能力现代化，对于推进国家治理体系和治理能力现代化有着十分重要的作用。

一、中国式城市治理体系形成的历史逻辑

中国式城市治理体系的形成与发展是与新中国的成立和发展同步的，经历了新中国成立初期对城市体系的早期探索，改革开放新时期中国式城市管理体系开始转变，新时代中国式现代城市治理体系逐步形成，城市管理向城市治理发生系统性、全局性转变，其历史逻辑十分清晰。

---

[1] 中共中央文献研究室编：《习近平关于全面深化改革论述摘编》，中央文献出版社，2014，第23页。

（一）新中国成立初期对城市现代管理体系的早期探索

1949年新中国成立前夕，中共中央召开了七届二中全会，会议对中国革命即将取得全国胜利的形势进行了科学的判断和分析，作出了全党工作重心进行战略转移的重大决定，"工作重心必须放在城市，必须用极大的努力去学会管理城市和建设城市"，"党要立即开始着手建设事业，一步一步地学会管理城市，并将恢复和发展城市中的生产作为中心任务。城市中的其他工作，都必须围绕着生产建设这个中心工作并为这个中心工作服务"。[1]

新中国成立以后，随着中央人民政府的建立，各级城市也相继建立了党委领导下的人民政府。中共中央率领全党全军和全国人民对经受了长期战争破坏满目疮痍的城市进行重建，经过社会主义革命和社会主义改造，各级城市得到有效治理，经济恢复，社会安定，旧中国遗留下的破烂不堪的城市旧貌换新颜。从"一五"计划开始，城市管理紧紧围绕建设社会主义这个中心任务展开，以工业化引导城市建设，以城市建设推动工业发展，促进消费型城市向生产型城市转变。20世纪50年代中期，中国式"城市管理具体举措主要是在城市实行单位制管理，在城市各种政府机构组织、国有管理及服务机构、国有企业等单位，通过单位吸纳、组织和管理城市居民，将城市居民由个体人变为单位人。单位制社会是这一时期最具特色的组织制度。在此基础上，我国城市逐步形成了工业化、组织化、条块化的管理模式"[2]。

1962年、1963年，中共中央先后召开了两次城市工作会议，深刻地总结了新中国成立以后的十余年间的城市建设、城市治理的成就、经验以及存在的问题。"高度肯定了加强党对城市工作领导的重要性，认为必须充分发挥党的政治特质和独特优势，推动城市治理不断完善。"[3]中央认为，中国"初步形成了组织化、条块化的城市管理体系"，因此"城市治理要服务于国家工业化建设需要的

---

[1] 毛泽东：《在中国共产党第七届中央委员会第二次全体会议上的报告》，《毛泽东选集·第四卷》，人民出版社，1991，第1424—1439页。

[2] 张文华、康宗基：《我国推进城市治理现代化的内在逻辑与创新路径——基于国家与社会关系视角》，《合肥工业大学学报》（社会科学版）2021年第35卷第3期，第132页。

[3] 张建：《中国共产党探索城市治理的百年历程、经验和现实路径》，《南海学刊》2022年第8期，第36页。

需要"①。新中国成立以后十余年，党委和政府的地位和作用得到极大提升，以计划经济为基础的高度集中的城市管控模式，使城市人民政府从新中国成立初期功能简单的"小政府"转变为"全能型"的"大政府"。全能型城市管理模式在社会主义建设初期有利于集中资源进行城市建设，发展城市经济，有利于直接处理城市出现的各种问题，也有利城市治安管理和社会稳定。但是也存在多种不足，如管理主体单一，管理方法和手段较为简单，在某种程度上制约了我国城市的科学规划、建设和管理。

（二）改革开放新时期中国城市管理体系的转变

1978年，中共十一届三中全会召开，开启了中国改革开放和社会主义现代化建设的新时期。随着思想解放的深化和改革开放的推进，城乡生产力得到极大释放，由此推动了我国城镇化的发展，大量农村人口向城市转移，流动人口大幅度增加，城市人口规模和空间规模也不断扩大，城市二、三产业出现快速发展，城市基础设施建设也进入快车道。与此同时，计划经济时代"自上而下"的行政命令式城市管理方式和户籍管理模式越来越不适应时代发展的要求。

1978年3月，中央在京召开了第三次全国城市工作会议。会后，中共中央转发了本次会议形成的《关于加强城市建设工作的意见》。"《意见》强调了城市在国民经济发展中的重要地位和作用，要求城市适应国民经济发展的需要，提出了城市整顿工作的一系列方针、政策。"②1979年5月，中央决定成立直属国务院领导的城市建设总局，指导和组织城市规划、建设和管理工作。各省、市都相应建立城市建设部门，参与城市经济建设的规划、建设和管理工作，为城市规划改革、城市建设的发展提供了组织保障和制度保障。城市工作会议的召开和城市建设总局的成立，对经历了十年"文化大革命"动乱之后我国城市规划、建设工作的恢复、发展起了十分重要的推进作用，成为新中国城市建设史上的一个新起点，并开启了中国城市管理模式的转型。

---

① 张建：《中国共产党探索城市治理的百年历程、经验和现实路径》，《南海学刊》2022年第8期，第36页。
② 王黎锋：《回顾中国共产党历史上召开的历次城市工作会议》，《党史博采（纪实）》2016年第7期（上），第58—60页。

改革开放初期，党中央对城市管理进行了大量的改革探索，重点在于建立激发城市活力、适应改革开放的城市管理制度，各级城市党委和政府开始由计划经济条件下的城市"管控"向多元主体的城市"管理"转变。改革开放初期，城市政府重点在于推动工业化和城镇化，进行合理的资源配置，建立激励机制，推动城市经济和建设从低效的管控向高效的管理转变。这一时期政府将城市管理权力逐渐下放至城市基层和社会组织，以发挥城市基层的作用和吸纳社会力量参与城市管理。邓小平在谈及城市经济体制改革时强调，"城市的改革要将权力下放给基层，调动广大市民参与城市管理的积极性，推动城市管理的民主化进程"[①]。1989年12月26日全国人大常委会通过了《中华人民共和国城市居民委员会组织法》，赋予了城市居委会新的权限和职能。该组织法的制定和实施，为城市基层治理落到实处提供了法律的保障，极大地激活了城市基层自治组织参与城市治理的积极性。与此同时，越来越多的城市开始探索适合自身特点的管理模式，城市政府也逐渐由"全能型"管控政府向"服务型"管理政府转变。这一时期，城市管理主体开始发生变化，由政府一元化管控模式向以政府为主的多元化管理模式转变，虽然城市管理主体和主导力量仍然是政府，但开始有越来越多的社会组织、企业单位、城市居民等参与到城市管理之中。这种以政府为主导的多元主体参与城市管理的形成，在一定程度上可以弥补政府在管理城市时存在的不足，也在一定程度上减轻了政府的管理负担，提升城市政府的行政效率。

这一时期，城市管理亦开始向法治化转型，在一定程度上弥补城市管理的法制短板，提升了城市管理水平。1984年1月，为了更好地开展城市工作，国务院颁布了新中国成立以来我国第一部指导城市工作的行动指南——《城市规划条例》。1989年底，中国政府又颁布了首部城市规划法——《中华人民共和国城市规划法》。《城市规划条例》和《中华人民共和国城市规划法》的颁布标志着在改革开放的背景下，在中国共产党的领导下，我国城市规划建设和管理工作开始走上法治轨道。此后数年间，国务院相继出台了涉及城市生态环境建设、绿化管理、道路管理及房屋拆迁管理等多项法律法规条例，这些法律法规条例的颁布不仅使中国共产党领导下的城市工作顺利开展有了法律保障和法律依据，而且也为应对快速工业化和城镇化出现的各种问题解决提供了重要依据，为共建共治共享

---

① 《邓小平文选·第三卷》，人民出版社，1993，第180页。

的城市发展格局的形成奠定了基础。

（三）新时代中国式现代城市治理体系的形成

进入21世纪，随着中国城镇化率不断提高，"城市病"也越来越多地表现出来，如人口膨胀、就业困难、交通拥挤、住房紧张、环境污染、治安恶化等问题愈发突出，中国式城镇化在此一时期还是一种"不完全的城镇化"，城镇化进程出现的问题严重制约着人民群众对城市美好生活的向往和实现，同时也推动了中国共产党对城镇化理论的探索。

2007年，中共十七大召开，全会"深入贯彻落实科学发展观，继续解放思想，坚持改革开放，推动科学发展，促进社会和谐"。[1]此后，在科学发展观的指导下，中国式"城市管理"逐步向中国式"城市治理"转型。"城市管理"虽然已从单一的管理主体向多元化管理主体转变，但仍存在若干不足，未能在城市管理中充分体现社会主义民主，因而从城市管理向城市治理转变成为必然要求。城市"治理"的主体不但包括政府，也包含社会组织、市民。"城市治理"强调的是经过科学的顶层设计，"通过决策、计划、组织、指挥、安排等手段，对城市各方面事务进行有效控制和协调，使城市各项事务井然有序而平安和谐"，"城市治理"与"城市管理"相比，更加强调政府、市民与社会组织的共建共治共享。[2]

2012年，中共十八大召开，中国特色社会主义进入新时代，以习近平同志为核心的党中央将实现国家治理现代化为目标，由此推动对城市治理展开理论探索和实践。[3]2014年中国政府颁布《国家新型城镇化规划（2014—2020）》，强调要以"以人为本、公平共享"的理念来推动城市的发展质量，提升城市治理水平。[4]2015年12月，习近平总书记在第四次中央城市工作会议上强调，城市是我国经济、政治、文化、社会等方面活动的中心，在党和国家工作全局中具有举足

---

[1] 胡锦涛：《高举中国特色社会主义伟大旗帜　为夺取全面建设小康社会新胜利而奋斗》，共产党员网，www.12371.cn。
[2] 蒋晓伟：《城市治理法制化研究》，人民出版社，2016，第11页。
[3] 中共中央文献研究室编：《习近平关于全面深化改革论述摘编》，中央文献出版社，2014，第23页。
[4] 中共中央文献研究室编：《十八大以来重要文献选编》，中央文献出版社，2014，第888页。

轻重的地位[①]，因此要进一步"完善城市治理体系，提高城市治理能力"[②]。2016年，党中央、国务院发布《关于深入推进城市执法体制改革改进城市管理工作的指导意见》，要求全国各省市深入推进城市管理执法体制改革，改进城市管理工作；深入落实全面建设社会主义现代化国家、全面深化改革、全面依法治国、全面从严治党等"四个全面"的战略布局，提高政府治理能力，增进民生福祉。《指导意见》对城市管理与城市管理执法进行了系统的顶层设计，标志着中国城市从管理向治理转型。

2017年，中共十九大召开，以习近平同志为核心的党中央对现代城市治理高度重视，进一步提出了"人民城市"的观念，并要求将"以人民为中心"的思想贯穿到城市规划、建设和管理工作的全过程和各方面。十九大报告强调基层治理的重要性，要求"加强社区治理体系建设，推动社会治理重心向基层下移，发挥社会组织作用，实现政府治理和社会调节、居民自治良性互动"[③]。从而探索出一条城市治理现代化的有效路径。

2022年，中共二十大召开，党中央将现代城市治理上升到一个新的高度，强调将"共建、共治、共享"新理念引领城市建设和治理之中，"要坚持协调协同，尽最大可能推动政府、社会、市民同心同向行动，使政府有形之手、市场无形之手、市民勤劳之手同向发力"[④]。形成各界和社会力量共建、共治，并共享城市发展成果的良性格局。

二、城市治理体系建设的理论和实践逻辑

中国式城市治理体系建设有其理论逻辑支撑，它根植于马克思主义国家理论与中国革命和建设的具体实践相结合。马克思、恩格斯"对国家的本质属性及其演进规律作出了深入解析"，并就提出了建立无产阶级政领导的国家和国家相对自主性等观点。新中国成立以来，我们党将马克思主义国家理论与中国社会主义

[①] 中共中央党史研究室编：《党的十八大以来大事记》，人民出版社，2017，第63页。
[②] 《中央城市工作会议在北京举行》，《人民日报》2015年12月23日，第1版。
[③] 《中国共产党第十九次全国代表大会文件汇编》，人民出版社，2017，第40页。
[④] 《中央城市工作会议在北京举行》，《人民日报》2015年12月23日，第1版。

革命和建设相结合,十分强调建设以人民为主体的国家治理体系建设,从而确立了"人民性是过渡时期社会主义国家发挥相对自主性的价值遵循","实现国家与社会的真正统一是发挥国家相对自主性的应有之义"。[1]新时代国家治理体系建设就是要回答"把权力关进笼子","在扼制国家机关、公职人员超脱于人民之上的自主性的同时,如何更好地发挥作为一般管理职能的相对自主性"。[2]

恩格斯对城市治理理论也有研究,他认为在私有制条件下,城市化可区分为两种类型,"一种是服务人类整体利益的城市化即正义的城市化,代表了未来城市建设的趋势;另一种是服务少数人利益的城市化即异化的城市化"[3]。中国作为社会主义国家,要发展的是"正义的城市化",即服务于人类整体利益的城市化。中国式城镇化发展的逻辑就是摒弃异化的城市,而走"正义的城市化"之路,建设具有中国特色的城市治理体系,满足人民群众对美好生活的向往和追求。进入新时代以来,推进"国家治理体系和治理能力现代化",成为我国全面深化改革的总目标。中共十九届六中全会进一步指明了推进国家治理体系和治理能力现代化的重要意义,并对国家治理方向、路径和目标给予新的指引,提出在中国城镇化取得突出成就的时代背景下,城市为国家治理体系和治理能力现代化这一宏伟目标的实现、为中国发展成为现代化强国和中华民族伟大复兴提供了重要场域。新时代以来,以习近平同志为核心的党中央在城市治理体系建设方面,将马克思主义与中国实践相结合,与中华优秀传统文化相结合,进行了理论创新,提出了"人民城市"与"城市全周期管理"等新的理念,从而为城市治理体系和治理能力现代化提供了理论遵循。

(一)中国式城市治理的理论遵循——"人民城市"新理念

2015年12月,中央城市工作会议召开,明确提出:"要顺应城市工作新形势、改革发展新要求、人民群众新期待,坚持以人民为中心的发展思想,坚持人民城

---

[1] 石德金、刘顺娜:《国家治理能力现代化的马克思主义溯源及其逻辑进路》,《贵州社会科学》2022年第8期,第30—36页。

[2] 石德金、刘顺娜:《国家治理能力现代化的马克思主义溯源及其逻辑进路》,《贵州社会科学》2022年第8期,第30—36页。

[3] 付高生:《恩格斯城市思想视阈下新时代城市治理体系的建构——纪念恩格斯诞辰200周年》,《重庆理工大学学报》(社会科学版)2020年第11期,第145—152页。

市为人民。"①习近平总书记进一步将"人民城市"重要理念概括为："人民城市人民建，人民城市为人民。"②"人民立场"是中国共产党的初心和根本立场，以人民的利益为根本利益是城市治理的出发点和落脚点。"人民城市"的基本理念，就是"人民当家作主"。习近平总书记指出："城市的核心是人，城市工作做得好不好，老百姓满意不满意、生活方便不方便，是重要评判标准。"③因此，"提高人民生活水平和满足多样化需求"，成为城市治理的核心理念和价值导向。

新时代，"人民城市"思想的提出，要求政府转变职能，要从"管理者"向"服务者"转型，各级干部和公务员要减少管理意识，增强服务意识，要让多层次、多群体的人民群众和社会力量参与到城市治理之中，推动城市治理体系日趋完善和治理能力的现代化。值得注意的是，强调加强人民群众在城市治理体系中的主体地位和作用，并不是要放弃党的领导，而是要进一步确立以党委和政府在城市治理体系中的领导地位，只有在党的坚强和正确领导下，才能凝聚城市治理的最大合力；也只有坚持党建引领，才能实现城市治理主体之间的协同化。因此，新时代"人民城市"的理论逻辑就是坚持在党的领导下，通过提高执政水平和能力现代化，构建以人民和社会力量为多元主体，进而实现城市的共建、共治、共享的发展格局。

（二）中国式城市治理的理论创新——"全周期管理"

2020年，习近平总书记提出："要着力完善城市治理体系。城市是生命体、有机体，要敬畏城市、善待城市，树立'全周期管理'意识，努力探索超大城市现代化治理新路子。"④"全周期管理"是现代管理学的一种新理念和新模式。习近平总书记创造性地将"全周期管理"理念运用到城市治理之中，进行了理论创新。城市作为一个有机的生命体，其发展变迁是有周期性的、阶段性，因此，"全周

---

① 《中央城市工作会议在北京举行》，《人民日报》2015年12月23日，第3版。
② 习近平：《城市是人民的城市，人民城市为人民》，《人民日报》（海外版）2019年11月4日，第1版。
③ 学而实习：《做好西藏工作，习近平总书记强调"十个必须"》，求是网，http://www.qstheory.cn/zhuanqu/2021-07/29/c_1127707898.htm。
④ 习近平：《在湖北省考察新冠肺炎疫情防控工作时的讲话》，《奋斗》2020年第7期，第4页。

期管理"的理论逻辑就是要求城市治理者对城市的治理不能"就子打子""头痛医头，足痛医足"，而是要把城市治理视为一项综合性、系统性的工程，对城市的各大系统要素、城市的结构功能、城市的规划建设、管理运行机制、城市发展的各个层面进行全过程统筹，要充分认识城市发展规律，遵循城市发展规律，"敬畏城市、善待城市"，才能科学地治理城市，使城市能够健康地可持续地发展。

（三）中国式城镇化理论与实践的结合："五位一体总体布局"建设城市

中国共产党从创立之始就十分重视理论与实践相结合。新民主主义革命时期，党对根据地和解放区的城市规划建设高度重视，根据不同的历史条件和人民群众的需要，加强了对根据地和解放区的城市管理，进行了若干城市政治制度建设和文化建设。新中国成立后，党的工作的重心从农村转移到城市，党中央要求全党同志要努力认识城市，学习相关知识，管理好、建设好城市。与此同时，在城市中建立起了独具中国特色的城市管理体系，加强了城市经济建设、政治建设、文化建设。把马克思主义的城市理论运用到城市建设和管理之中，建立了以计划经济为主的经济体制。在当时的历史条件下，刚刚站起来的中国突破了外部封锁，自力更生地推动了工业、农业和科技的现代化，改变了旧中国一穷二白的落后面貌。20世纪70年代末，党中央审时度势，推进改革开放，以经济建设为中心，以工业化为引领，加快城市经济建设、政治建设、文化建设和社会建设。进入中国特色社会主义新时代，以习近平同志为核心的党中央确立了建设社会主义现代化强国，中华民族实现复兴的伟大目标，以新发展观为引领，构建了城市经济建设、政治建设、文化建设、社会建设和生态文明建设"五位一体总体布局"的城市治理体系。"五位一体总体布局"充分体现了马克思主义与中国建设实践相结合，与中华优秀传统相结合，从而形成了新的理论逻辑，即"五大建设"之间有着内在的逻辑关系，"经济建设是完善城市治理体系的基础，政治建设是完善城市治理体系的前提，文化建设是完善城市治理体系的动力，社会建设是完善城市治理体系的关键，生态文明建设是完善城市治理体系的重点"[1]。

---

[1] 闻言：《新时代做好城市工作的科学指南》，《湖南日报》2023年5月27日。

三、中国式城市治理体系的特点

新中国成立初期，城镇化发展较为缓慢，特别是在以"阶级斗争为纲"的思想指导下，资本主义国家在城镇化进程中出现的城市病并不突出。然而随着改革开放的推进，城镇化步伐加快，大量农村人口进入城市，流动人口也大幅度增加，给城市带来了很大压力，就业问题、住房问题、交通问题、环保问题、治安问题等都相继出现，各种城市社会问题日益多发频发，这给城市社会治理工作提出了挑战，也给城市从管理向城市治理的转型带来了新的发展机遇。进入中国特色社会主义新时代，中国式城市治理体系基本形成，城市治理能力现代化水平不断提高，并呈现出以下特点：

（一）从顶层设计到贯穿基层社会的城市治理体系

2023年1月17日，根据国家统计局统计，2022年底，按常住人口计算中国城镇化率为65.22%。为了科学地治理城市、建设城市，党中央对建设中国城市体系进行了科学的顶层设计。2021年，中国政府发布了《国民经济和社会发展第十四个五年规划和2035年远景目标纲要》，明确提出："完善新型城镇化发展战略，提升城镇化发展质量"，"完善城市信息模型平台和运行管理服务平台，构建城市数据资源体系，推进城市数据大脑建设。探索建设数字孪生城市"。[①]2022年，中共二十大报告进一步提出："提高城市规划、建设、治理水平，加快转变超大特大城市发展方式，实施城市更新行动，加强城市基础设施建设，打造宜居、韧性、智慧城市。"[②]这是新时代党中央站在历史和时代高度所做出的科学的战略部署。同时，党中央也基于中国国情强调完善城市治理体系要加强基层社区治理。社区作为城市治理的基本单元，能否实现高效治理直接影响到城市治理的效能，因此要以党建引领，完善社区治理体系。"城市基层治理是国家治理体系的重要组成部分，理所当然要加强党的领导，把党的建设放在首位，以党的建设贯穿基层治

---

① 《中华人民共和国国民经济和社会发展第十四个五年规划和2035年远景目标纲要》，中华人民共和国中央人民政府，www.gov.cn。
② 习近平：《高举中国特色社会主义伟大旗帜　为全面建设社会主义现代化国家而团结奋斗——在中国共产党第二十次全国代表大会上的报告》，共产党员网，http://www.12371.cn。

理、保障基层治理、引领基层治理。"城市治理不仅要进行顶层设计,而且还要进行精细化治理。近年来,我国众多城市致力于城市治理精细化的实践探索,积累了许多有效的城市精细化治理经验。例如,北京和上海等通过对城市交通、生态、绿化等制定较为细致的治理标准,使其数字化和科学化,进而制度化、法治化。习近平总书记指出:"人类社会发展的事实证明,依法治理是最可靠、最稳定的治理。"[①]精细化的城市治理不再是治理主体依照主观经验的随意决策,而是建立在科学的精准治理的措施之上,并以制度化和法制为保障。

(二)系统性与协调性相结合的城市治理体系

"城市是各种要素聚集的有机整体,各要素之间相互依存、相互支撑、相互渗透,城市亦是各种功能汇集的平台,是生产空间、生活空间、生态空间内在联系的共同体。"[②]因此城市治理也必须具有系统思维。2015年12月,习近平总书记在中央城市工作会议上明确指出,城市工作是一个系统工程,需要做好六个统筹,即一要尊重城市发展规律;二要统筹空间、规模、产业三大结构,提高城市工作全局性;三要统筹规划、建设、管理三大环节,提高城市工作的系统性;四要统筹改革、科技、文化三大动力,提高城市发展持续性;五要统筹生产、生活、生态三大布局,提高城市发展的宜居性;六要统筹政府、社会、市民三大主体,提高各方推动城市发展的积极性。[③]

中国式城市治理体系不仅具有系统性,也具有协同性。中国式城市治理体系建设强调将协商民主运用到城市治理之中,一是要广泛发动群众参与到社会公共事务治理之中[④];二是在党委和政府相关部门的领导下构建各社会群体和社会组织之间的协调机制,推动各种利益群体和社会组织之间的主动性与平等协作,在政府的引导下制定城市治理的共同规则和共同目标,从而逐步实现城市基层组织和

---

① 中共中央文献研究室编:《习近平关于全面依法治国论述摘编》,中央文献出版社,2015,第8页。
② 姜晓萍、董家鸣:《城市社会治理的三维理论认知:底色、特色与亮色》,《中国行政管理》2019年第5期,第60—66页。
③ 中共中央党史研究室编:《党的十八大以来大事记》,人民出版社,2017,第63页。
④ 《中央城市工作会议在北京举行习近平李克强作重要讲话》,中华人民共和国中央人民政府,http://www.gov.cn。

社区和自我治理。①

中国式城市治理体系的协同性还表现为法的强化，一是要进一步完善城市治理的相关法律法规，让城市治理有法可依。二是要执法必严，违法必究，将"以法治城"理念贯穿到城市治理全领域和全过程，执法必严还表现为相关部门不能缺位，让法律形同虚设；三是将法治与德治相结合，要提高城市居民的人文素质和文明水平，形成普遍遵纪守法的意识；四是建立科学的协作制度，以此作为连接沟通政府与民众及社会组织之间纽带润滑剂，充分发挥人民群众性的社会组织的多元主体作用，特别是面对突发应急事件时，政府、民众和社会组织之间的沟通和协作十分重要。

（三）以高新技术为支撑方法多样化智慧性的城市治理体系

中国式城市治理体系的构建正值人类社会进入信息化、智能化、大数据时代，这也推动中国式城市治理从传统的城市治理向智慧治理转型，建设智慧城市成为新的发展趋势。智慧城市是在数字城市、感知城市、无线城市、智能城市等基础上形成的新型城市，新型城市"以物联网、云计算、下一代互联网等新技术应用为依托，使城市运行更安全高效、市民生活更便捷舒适"②，"通过物联网基础设施、云计算基础设施、地理空间基础设施等新一代信息技术以及维基、社交网络、Fab Lab、Living Lab、综合集成法、网动全媒体融合通信终端等工具和方法的应用，实现全面透彻的感知、宽带泛在的互联、智能融合的应用以及以用户创新、开放创新、大众创新、协同创新为特征的可持续创新。"③ "2013年，住房和城乡建设部分两批确定了193个国家智慧城市试点。同年10月，中国智慧城市产业联盟成立，推动制定智慧城市产品技术标准、服务标准及评价体系。2014年公布的《国家新型城镇化规划（2014—2020年）》提出，推进智慧城市建设，统筹城市发展的物质资源、信息资源和智力资源利用，推动物联网、云计算、大数据等新一

---

① 姜晓萍、董家鸣：《城市社会治理的三维理论认知：底色、特色与亮色》，《中国行政管理》2019年第5期，第60—66页。
② 新华社：《我国将于2020年建成一批智慧城市》，中华人民共和国中央人民政府，http://www.gov.cn。
③ 唐斯斯、张延强、单志广等：《我国新型智慧城市发展现状、形势与政策建议》，《电子政务》2020年第4期，第70—80页。

代信息技术创新应用,实现与城市经济社会发展深度融合。"①2016年3月,中国政府在《中华人民共和国国民经济和社会发展第十三个五年规划纲要》中明确提出要"建设一批新型示范性智慧城市","新型智慧城市"理念被首次提及。新型智慧城市是适应我国国情而对西方智慧城市的中国化表述,"新型智慧城市是以为民服务全程全时、城市治理高效有序、数据开放共融共享、经济发展绿色开源、网络空间安全清朗为主要目标,通过体系规划、信息主导、改革创新,推进新一代信息技术与城市现代化深度融合、迭代演进,实现国家与城市协调发展的新生态。其本质是全心全意为人民服务的具体措施与体现"②。中共二十大以来,中央明确提出"加快城市运行管理服务平台体系建设,推动城市运行'一网统管',加快形成部、省、市三级互联互通、数据同步、业务协同的平台体系"。③北京、上海、广州、深圳、杭州、成都等超大城市率先"运用现代科技手段推动社会治理体系架构、运行机制和工作流程创新"。④依托云计算、大数据等新一代信息技术实现了城市治理智慧化,不仅为广大市民生活带来了空前的便利,同时也提高了城市治理效能,加强了以科技创新为城市治理现代化赋能,充分发挥大数据的资源优势,通过"云端"数据库授权、数据交换应用等方式,为所在城市以及各省级相关业务部门提供基础数据共享,为其提高城市治理提供精准服务,建立起一个开放的智慧城市体系架构,一张全方位的、立体的天地一体栅格网,一个支撑智慧城市运行的通用功能平台,一个开放共享的大数据体系,一个高效精准安全可靠的运行中心,一套统一的标准系统,从而为城市的科学治理和决策提供可靠的大数据,有效地解决了过去长期制约城市管理的信息分散、不对称、缺整合、流转烦琐等瓶颈问题。⑤习近平总书记高度重视现代信息技术在城市治理过程中的促进作用,他指出:"运用大数据、云计算、区块链、人工智能等前沿技术推动

---

① 新华社:《我国将于2020年建成一批智慧城市》,中华人民共和国中央人民政府,http://www.gov.cn。
② 智慧福州管理服务中心:《新型智慧城市概述》,2020年7月24日。
③ 住房和城乡建设部:《2023年住房和城乡建设系统重点工作》,《中国建设报》2023年1月18日。
④ 住房和城乡建设部:《2023年住房和城乡建设系统重点工作》,《中国建设报》2023年1月18日。
⑤ 王欢:《以"城市之治"助力"中国之治"——推进城市治理现代化的着力点》,《中国社会科学报》2021年9月23日。

城市管理手段、管理模式、管理理念创新,从数字化到智能化再到智慧化,让城市更聪明一些、更智慧一些,是推动城市治理体系和治理能力现代化的必由之路,前景广阔。"①2022年,"住建部决定将北京市等24个城市列为智慧建造试点城市,试点自公布之日开始,为期3年"。②新型智慧城市将通过"公共服务便捷化""城市管理精细化""生活环境宜居化""居民生活数字化""网络安全长效化"等"五化"建设,来进一步完善城市治理体系和提升城市治理能力现代化水平。新型智慧城市不仅要强调技术的作用,而且更加强调顶层设计和人的智慧参与。

四、中国式城市治理能力的现代化提升

中共十八届三中全会以来,围绕着"实现什么样的城市治理、怎样实现城市治理"这一中心问题,以建设新时代中国特色社会主义现代化城市为目标,进行了多维度的探索。习近平总书记强调"一流城市要有一流治理"。要科学地治理城市,就需要治理能力现代化水平的不断提升,包括社会动员功能、社会组织功能、监管功能、服务功能、配置功能的现代化水平的提升。通过五大功能提升的共同作用,凝聚城市治理各主体力量,将个体融入组织,保持政治、经济和社会的总体和谐稳定,最大程度地提供规模化、优质化、多样化的公共服务和社会保障,提高资源配置效率。

(一)城市动员能力的现代化水平提升

治理不完全只是管理,更不仅仅是管控,治理的基础是多元共治,因而需要城市居民的全员参与,作为城市治理主体的政府也需要提升城市动员能力。城市动员能力是城市治理协同性的有力体现,是城市治理主体自我动员和动员其他治理主体及要素参与治理的能力。首先,中国式城市治理必须发挥中国共产党的核心领导作用,构建"政党—政府—社会"的三分关系模式。③"党建引领"是"中

---

① 本报评论员:《让智慧城市更富生机活力》,《贵阳日报》2023年3月30日,第1版。
② 新华社:《我国将于2020年建成一批智慧城市》,中华人民共和国中央人民政府,http://www.gov.cn。
③ 潘博:《党建引领城市基层社会治理的运作逻辑与实践路径研究》,博士学位论文,吉林大学,2020。

国之治"、中国式城市治理模式的重要组成部分,城市治理只有依托党的领导才能形成强大凝聚力,为城市动员提供最基本的组织保障。其次,城市动员能力需要一个强有力的政府。在城市治理过程中,政府并非"隐身"和"撤离",而是新的政府能力概念被诠释的过程,一种全新评估政府能力强弱的标准。"相较于过于传统的政府主导型管理模式,新时代城市治理需要强有力的政府管理能力、市场监管能力、经济调控能力、社会治理能力、公共服务能力、交通治理能力、环境治理能力、风险应对能力等。"[1]最后,充满活力的社会组织和具有现代公民精神的市民是参与城市治理的关键力量。社会组织在公益事业、提升社会福祉等方面发挥着不可或缺的作用,作为城市治理重要参与者的市民的能力现代化水平的提升,将使他们发扬"主人翁精神",提高其时代使命感、责任感,更加理性、自发地参与城市治理。以企业为主的市场主体在城市治理中则扮演了先锋队的角色,为城市治理提供竞争性因子,从而持续激发创新活力。城市动员能力是如何构建城市治理联合体的能力,即在党的领导下形成政府、市场、社会、公民的治理协作网络,在共同分担责任的基础上形成新的治理联合体。[2]

(二)公共服务能力的现代化水平提升

公共服务能力是城市治理公共性和包容性的必然要求,是公共部门获取、配置和运用资源进行公共服务的本领。[3]良好的城市治理是可以实现市民对美好生活的向往和追求的治理模式,其中,实现市民对美好生活的向往和追求关键往往取决于城市政府执政水平和能力,尤其是城市政府的公共服务能力。[4]优质而完善的公共服务不仅能够给城市居民带来归属感和幸福感,也能够增强人才的根植性。公共服务能力包括了公共服务财政能力、公共服务供给能力以及公共服务治

---

[1] 夏志强、谭毅:《城市治理体系和治理能力建设的基本逻辑》,《上海行政学院学报》2017年第18卷第5期,第11—20页。

[2] 夏志强、谭毅:《城市治理体系和治理能力建设的基本逻辑》,《上海行政学院学报》2017年第18卷第5期,第11—20页。

[3] 张序、劳承玉:《公共服务能力建设:一个研究框架》,《理论与改革》2013年第2期,第25—29页。

[4] 何艳玲、郑文强:《"回应市民需求":城市政府能力评估的核心》,《同济大学学报》(社会科学版)2014年第25卷第6期,第56、65页。

理能力三个方面内容。公共服务财政能力指的是公共财政用于公共服务的能力，即公共服务型财政规模与素质的总和。公共服务供给能力是指各公共部门和企业为满足社会的公共需求，向公民个人和组织提供所需公共服务的数量大小和质量高低的本领。除了政府可以直接提供公共服务外，还可以通过购买"第三方服务"实现更加专业、精准、有效的公共服务供给。公共服务治理能力是指参与公共服务的各主体通过互动、合作等形式，寻求共识，达成一致，共同对公共服务活动进行管理的能力。[①] 高质量、高效率的公共服务是城市治理能力现代化的重要体现，是当前城市治理和城市建设的重要抓手，要以高质量公共服务推进城市治理现代化。

（三）风险治理能力的现代化水平提升

风险治理能力是城市治理人民性的重要保障，是城市对风险识别、风险预防预控以及事后应急处置和恢复重建的能力。[②] 随着我国城市经济、社会发展的深刻变革，人们对安全的需求越来越强烈，"安全城市"成了城市建设的题中应有之义，城市公共安全风险治理能力现代化决定了城市的稳定和可持续发展。各种地质条件变化或极端天气的影响，往往引起城市灾害突发，城市政府以及相关团体和组织对这些突发事件要有科学的预警监测措施和应对预案，当危机发生之时才能临危不乱，妥善加以解决，从而将破坏和损失减少到最小程度。这就要求政府相关部门提高风险治理能力和治理水平，自觉主动地担负起应对重大城市突发公共事件方面的责任和使命。城市风险治理能力源于对风险生成和发展规律的精准研究。在面对风险时，政府发挥着主导作用，即政府要依托公共权力和公共资源配置实现对风险治理。其中，风险治理能力现代化要求政府不能囿于传统的基于管理导向的应急处置和快速响应，更要重视风险发生前的风险识别和预控防控。政府要持续更新城市安全治理体系，要不断提高城市的经济"韧性"、社会安全"韧性"、生态环境"韧性"等，尽可能规避隐形风险向现实风险转化。对

---

① 张序、劳承玉：《公共服务能力建设：一个研究框架》，《理论与改革》2013年第2期，第25—29页。
② 曹惠民：《治理现代化视角下的城市公共安全风险治理研究》，《湖北大学学报》（哲学社会科学版）2020年第47卷第1期，第146—157页。

于生活在城市中的其他主体而言,一方面他们是遭受风险的潜在对象,另一方面他们也是协助政府治理风险的合作伙伴。充分接受风险教育能够强化他们的自组织能力,自发地识别、防控、处理各类风险。

(四)精细治理能力的现代化水平提升

精细治理能力是城市治理系统性和智慧性的充分表达,是在城市治理过程中通过技术层面和制度层面的创新,"实现城市治理的细分、精准、智慧和效能,从而构建繁荣和谐、安全有序、充满活力、富有温度的宜居城市,创造美好城市生活的能力"[1]。第一,细分化是城市精细化治理的前提,细分化是为了转变传统的粗放式治理取向,使治理更加高效便捷,细分化包括治理领域的细分、治理职责的细分和治理工具的细分。第二,精细化治理的第二层维度是精准化,针对的是传统的模糊化治理模式,精准化要求治理目标的精准定位、治理问题的精准识别、治理技术的精准选择与治理效果的精准达成。第三,精细化治理依靠新技术的使用,尤其是计算机技术、大数据、互联网技术和网格化等治理技术,实现城市治理的智能化与便捷化。在广泛应用技术的同时,还要实现治理的科学技术与社会人文的统一,减少现代技术应用对人文价值的侵蚀,让"智慧城市"更有烟火气和温度。第四,精细化治理最终要回归到治理效能上,这是城市精细化治理的目标。治理效能不仅仅是经济效益,而是经济效益、社会效益、文化效益、环境效益的统一,要统筹治理目标、治理过程和治理结果。城市精细化治理是一个全过程、全覆盖、全时段的治理系统。总而言之,精细化治理的价值取向是回归"人"的生活世界[2],要服务于人,回应人的真实需求,从而满足人民群众对美好生活的向往与追求。不同的城市形成了各具特色的城市治理模式。如上海等城市"围绕城市运行安全高效健康、城市管理干净整洁有序、为民服务精准精细精致,搭建形成城市运行管理服务平台,构建城市运管服平台'一张网'"。杭州市则着力"整合城市治理各领域数据资源,加快建设城市运行管理服务平台,推进城市

---

[1] 陈水生:《我国城市精细化治理的运行逻辑及其实现策略》,《电子政务》2019年第10期,第99—107页。

[2] 吴新叶:《社会治理精细化的框架及其实现》,《华南农业大学学报》(社会科学版)2016年第4期,第127—134页。

管理模式、管理手段、管理理念创新，促进城市运行管理'一网统管'，让城市更智慧、生活更便捷、治理更精细"。[1]在信息化时代，城市治理体系建设与科技创新紧密结合，建设智慧城市，发展智慧交通、智慧生活、智慧出行等成为新的趋势。如成都建成了一套完备的交通电子监管设备体系，包括事件监测设备、电子眼、智能交通综合监控设备、视频监控以及图像识别、声源定位、光源监测、视频事件检测等新技术。成都在智慧交通方面还在全国首创"蓉e行"交通众治公益联盟平台，有效地改善了成都的交通状况。[2]成都交警还与百度地图等互联网高新企业开展战略合作，研发推广成都交通实时监测与分析平台，为城市交通运行态势，治理交通拥堵提供了可靠的大数据。另外，成都还与滴滴打车平台、西门子等企业合作，对交通信号进行优化配置，提升交通指挥的准确度。[3]

当中国特色社会主义进入新时代，城市治理体系的完善与治理能力的现代化水平的提升成为城市高质量发展的必然要求。中国式城市治理体系建设是马克思主义基本原理与中国具体实际相结合、同中华优秀传统文化相结合的中国化、时代化的理论创新和社会实践。

"中国城市治理现代化"既是一个理论范畴，又是一个实践课题。近年来在城市治理方面进行了一系列理论创新，对中国式城市治理体系进行了系统的理论阐释，为解决复杂的城市问题提供理论支撑和实践指导。从实践层面看，当下我国各级城市都围绕如何完善城市治理体系，提升城市治理能力现代化水平进行了创新性实践，这些理论探索和创新性实践在一定程度上反映了中国式城市治理的特色，不仅对中国建设现代化强国具有重要意义，而且对世界其他后发展工业化、城镇化和现代化的国家和地区，以及推动人类命运共同体的构建也具有重要的参考价值。

---

[1] 张佳丽:《城市治理现代化迈开新步伐》,《中国建设报》2023年3月6日。
[2] 张肇婷:《破解拥堵成都交警用"智慧"打头阵》,新华网,http://www.news.cn。
[3] 罗琦佳:《城市治理体系和治理能力现代化研究——以成都市为例》,硕士学位论文,西南交通大学,2019,第66页。

结语：新中国城市发展的成就与特征

中国是一个历史悠久的国家，新中国成立以来，传承了中国城市数千年的历史遗产，同时也借鉴了世界城市发展的经验，在短短70余年间中国城市发展取得了前所未有的大发展，超越了历史上任何一个时期，并形成了城市发展的时代特征。

一、城市数量增加，规模扩大，城市群成为国家发展的增长极

新中国成立以来，城市发展最为显著的一个成就和突出特征就是城市数量的增加和城市规模的普遍扩大，大城市向特大城市和超大城市发展，城镇化区域快速扩展，城市群快速形成，成为引领国家发展的增长极和动力源。

在农业时代，城市的发展是建立在自给自足的自然经济基础之上的，城市发展受到很大制约，城市的数量和规模也被限制，从先秦至清代的数千年间，大部分城市都处于低水平发展状态。清代城市的发展达到农业时代的顶峰，1911年，清朝共有各级行政建制城市1772个。[1] 农业时代的城市规模普遍较小，除都城及个别区域政治中心城市外，一般城市的规模均在万人以下，甚至不少县级城市长期停留在2000人到3000人的发展水平。19世纪末20世纪初，随着中国从农业社会向工业社会转型，城市开始得到较大发展，但是发展的速度和规模仍然十分有限。据统计，1947年中国人口超过5万人的城市有116个，其中10万人以上的城市为21个，100万人以上的城市仅有5个。[2]

---

[1] 参见何一民：《清代城市数量的变化及原因》，《社会科学》2014年第8期，第146—159页。以上统计不包括西藏和蒙古国，这两地的城市情况没有明确的记载。

[2] 何一民：《中国城市史》，武汉大学出版社，2012，第613页。

1949年新中国成立后，在中国共产党领导下，加快推进工业化、城市化和现代化，在不到70年的时间内实现了从农业社会向工业社会转型，经济持续高速发展，成为世界第二大经济体，创造了世界经济发展的奇迹，城市也随之发生巨大变化，一个突出的表现就是城市数量的增加。2020年，中国大陆（不包括港澳台）共有设市城市684个，另有建制镇21013个，其中常住人口超过4.5万人的建制镇约5500个，甚至有不少城镇人口达数十万人，严格地讲这些城镇都是正规意义上的城市。当下中国城市的数量较20世纪上半叶至少增加了数倍。

城市发展的另一个突出表现就是城市规模的扩大、城市功能的变化。不同历史时期城市规模的标准有所不同。农业时代的城市人口规模普遍较小，5万人以上的城市就可称之为大城市，10万人以上的城市则是特大城市，50万人以上的城市则是超大城市。工业时代以来，随着城市化的推进，大量农村人口向城市聚集，城市的规模迅速扩大，城市规模的标准也随之发生变化。1955年，国家建委根据中国的基本国情，在给中央的报告中首次提出大中小城市的划分标准："50万人口以上为大城市，50万人以下、20万人以上为中等城市，20万人口以下的为小城市。"[①]1980年国家建委修订的《城市规划定额指标暂行规定》进一步明确了100万人口以上的城市为特大城市。1981年，中国共有百万人口以上的特大城市18个，较1947年增加了近3倍，其中上海城区人口为608.6万人，是中国规模最大的城市；北京作为中华人民共和国的首都，城市人口较前也有较大幅度增加，1981年达到465.5万人；百万人口以上的大城市还有天津（382.9万）、沈阳（293.7万）、武汉（266.2万）、广州（233.8万）、哈尔滨（209.4万）、重庆（190万）、南京（170.2万）、西安（158万）、成都（137.6万）、长春（130.9万）、太原（123.9万）、大连（120.8万）、兰州（107.5万）、青岛（101.3万）、抚顺（101.2万）、济南（101万）。这些百万人口大城市大多数是直辖市或省会城市，都是一定区域的政治中心和经济中心，由此可见，在此一

---

① 国家建设委员会：《关于当前城市建设工作的情况和几个问题的报告》，内部资料，1955。

阶段中国城市仍然遵循了农业时代政治中心城市优先发展规律,政治力量所形成的虹吸效应成为推动城市发展的重要动力。

改革开放以后,随着户籍政策的变化、二元社会结构的解体和城市经济的高速发展,城市人口快速增长,百万人口以上的城市如雨后春笋般涌现,2006年,中国城区人口在100万人以上的城市增至57个,2017年更是多达78个,同时相继出现了人口500万—1000万人的城市和1000万以上的城市。因此1980年制订的城市规模标准已经不能适应快速扩张的城市发展现状。2014年,国务院印发《关于调整城市规模划分标准的通知》,对中国城市规模等级标准做了新的规定。

改革开放以前,中国还没有出现千万人级别的超大城市,随着改革开放的深入,人口500万至1000万人的特大城市和1000万人以上的超大城市数量快速增加。2020年,中国共有设市城市684个,其中1000万人口以上的超大城市12个,500万至1000万人口特大城市有10个,100万至500万人口城市238个,50万至100万人口城市177个,50万人口以下城市254个。[①]可以说改革开放以来中国城市发展形成了与西方国家不同的特征,即以超大、特大和大城市为主体,大中小城市和小城镇同步发展的格局。可以说,中国城市规模的扩大已经成为几千年来城市发展史上最显著的特征之一,这在世界城市发展史上也是非常特殊的案例,没有哪个国家的超大、特大城市数量有如此之多。2020年,世界人口排名前10位的城市中有四个是中国的城市。

在农业时代,城市发展是以自给自足的自然经济为基础,因而城市与城市之间、城市与区域之间的联系薄弱,城市对区域的带动能力较弱,单体城市孤立发展成为主要模式。[②]但随着工业化的快速发展,陆路、水路和航空等交通运输方式的变革,全国性市场和全球性市场相继形成,城市之间的联系普遍加强,单体城市不再是孤立地发展,加强

[①] 国家统计局城市社会经济调查司编:《中国城市统计年鉴2020》,中国统计出版社,2021,第13—26、347—350页。

[②] 何一民、范瑛、付春:《中国城市发展模式研究》,《社会科学研究》2005年第1期,第49—54页。

城市之间的分工与合作成为发展的新趋势，大都市区和城市群相继出现。城市群是城市发展到成熟阶段的空间组织形式，是随着城市化进程加快，在大都市区的基础上由多个大都市区形成的城镇化一体化发展形态。城市群最早出现在欧美发达国家，对于区域发展起到十分重要的推动作用。20世纪末，随着世界城市的发展，新的城市空间组织——世界级超大城市群也开始出现，如美国大湖区、日本东京—大阪地区、英格兰地区、西北欧地区等世界级超大城市群。这些世界级超大城市群集聚了若干个大都市区，每一个大都市内的城市在人口和经济活动等方面彼此密切联系，结成一个庞大的多核的区域整体，超越了此前的城市群，这些世界级超大城市群与一般城市群之间的区别，除了人口规模大小不同外，城市群内部的城市与区域之间同城化和一体化程度更高，另外，超大城市群所形成的聚集效应使其在国内或国际政治、经济、社会地位都得到进一步提升，影响力更大，往往成为全国性或国际性的技术、贸易、文化和人口交往的枢纽，因而其聚集力和辐射影响力都具有全球性。世界级超大城市群的出现对于城市化发展和经济高质量发展起着十分重要的推动作用。

改革开放以来，中国城市的发展路径也由单体城市向城市群方向转型，成为西方城市发展模式的跟随者，相继形成了若干城市群。但中国城市群与欧美城市群仍然有很大的区别，其中最大的区别就是欧美城市群的形成是以市场化和社会化导向为主，而中国城市群的形成则是国家力量的规划导向与市场化、社会化相结合为主，国家力量对于城市群构建起了十分重要的推动作用。改革开放以来，中央就确定了以中心城市来带动区域城市和农村的发展，中心城市在区域发展中的作用不断增强。2010年，中国政府正式确立了发展国家中心城市的新型战略，先后确定了北京、天津、上海、广州、重庆、成都、武汉、郑州、西安等九个城市为国家中心城市，赋予这些城市在国家政治、经济、文化、对外交流等多方面的新功能，要求这些国家中心城市引领和带动相关城市群和国家的整体发展。国家中心城市的建设推动了多层级的城市群发展，尤其推动长三角城市群、粤港澳大湾区城市群、京津冀城市群、成渝城市群等正在向中国的世界级超大城市群发展。中国政府正是通过顶层设计和规划，通过各种政策措施与市场化、社会化相结合，塑造了中国城市群的发展格局。

二、城市经济快速发展

改革开放以来，城市在区域和国家发展中的地位和作用越来越重要，成为不同层级的区域经济中心和国家经济中心。

改革开放之初，中国的城市经济虽然较新中国成立以前有巨大的发展，但是相比世界发达国家和地区的城市仍然严重落后。1980年，中国（不包括港澳台）的GDP（国内生产总值）仅为4587.60亿元人民币，而香港一个城市的GDP就达到了1422亿元人民币，相当于中国GDP的约30%，也相当于上海、北京、天津、重庆、广州、沈阳、武汉等十余个最重要城市GDP的总和，是年上海GDP为311亿元人民币，仅为香港GDP的约22%，北京GDP为139.1亿元人民币，仅为香港GDP的9.78%。由此可见，当时中国内地重要大城市与香港在经济发展水平上存在着巨大差距，至于与纽约、伦敦、东京、巴黎等世界大城市相比更是差距巨大——1988年，纽约的GDP是上海的21倍。

改革开放以后，中国的发展以经济建设为中心，市场配置资源的活力增强，产业结构发生变化，绝大多数城市都已经完成了工业化转型，部分城市开始从工业城市向数字城市和智慧城市转型。城市经济更是较前有巨大的发展，2018年中国城市GDP超万亿元的城市为17个[1]，但分布不平衡：从省区分布来看，除4个直辖市皆达万亿外，广东省万亿城市有3个，江苏省也有3个，浙江省有2个，四川、湖北、湖南、山东、河南等省各1个；从南北分布来看，北方仅有4个，南方则多达13个；从东中西部分布来看，东部地区有12个，中部地区有3个，西部地区仅有2个。2020年中国GDP过万亿元的城市增至23个，分布仍然不平衡：从省区分布来看，除直辖市外，江苏省有4个，广东省有3个，浙江省

---

[1]《2018年各大城市GDP排名，中国城市GDP百强榜》，排行榜，https://www.phb123.com/city/GDP/31855.html。

有2个，山东省有2个，福建省有2个，四川、湖北、湖南、河南、陕西、安徽诸省各1个；从南北分布来看，北方有6个，南方则增至17个；从东中西部分布来看，东部地区有16个，中部地区有4个，西部地区有3个。总体来看，中国经济最发达、活力最强的城市在空间上分布极不平衡，一半以上的省区没有GDP过万亿元的城市，万亿城市主要集中在南方和东部地区。

改革开放以来中国大陆城市经济增长速度加快。2018年香港GDP为28453.17亿港元（大约相当于人民币2.418万亿元），与1980年相比，增长了16倍。但是中国大陆重要城市的经济增幅却远比香港大得多，2018年中国大陆重要城市GDP较1980年增加倍数分别为：上海增加了105倍，北京增加了217倍，天津增加了181倍，广州增加了403倍，重庆增加了224倍，其他重要城市的GDP都是成百倍地增加。2020年，世界GDP前20位的城市中有6个中国城市，其中上海和北京分别为第5、6位，深圳第12位，广州、重庆分别排名第15、16位，香港排名第17位。可以说中国城市创造了数千年来发展的一大奇迹。新中国成立以来，人民的收入有了巨大提高，据统计，1949年中国人均收入仅27美元，而2020年中国人均GDP约为10504美元，全国居民人均收入为4894美元[1]，较1949年增加了180倍。

当然，也需要看到，中国大陆城市经济发展增速虽然很快，经济总量很大，但在人均GDP方面仍然与世界发达国家和地区重要城市有一定的差距。2020年世界经济最发达的五大都市为纽约、伦敦、东京、巴黎、香港，而第5位的香港人均GDP为36.23万港元（折合32.3万元人民币），是上海的2.03倍，是北京的1.92倍，是深圳的1.57倍。[2]

改革开放以后，中国以经济建设为中心，从社会主义计划经济向社会主义市场经济转型，但是中国所实行的社会主义市场经济是基于中国

---

[1] 《2020年统计公报出炉：我国人均GDP连续两年超1万美元》，百家号，https://baijiahao.baidu.com/s?id=1692949507278770422&wfr=spider&for=pc.

[2] 《2020年香港GDP为2.41万亿元》，百家号，https://baijiahao.baidu.com/s?id=1693292722626278911&wfr=spider&for=pc.

特殊的国情而独创的,即在拥抱市场的同时,也充分保留了国家力量在资源配置方面的重要支配地位和作用,因而国家政策的制定和实施,国家主导的科学发展规划对于城市和经济发展作用巨大,城市经济的可持续性更强。

三、城市基础设施大发展,人民生活水平有巨大提升

新中国成立以前,由于政治腐败、经济落后、战乱频仍、社会动荡,"城市的供电、供水、供气及排水、排污和垃圾处理等市政设施极为匮乏,市容市貌破败不堪"。[1]新中国成立后,党和国家高度重视城市基础设施建设,改善城市居民的生活条件。经过半个多世纪的发展,城市基础设施日益完善和现代化,人民的生活水平不断提高,城市人居环境发生根本改变,绿化、美化、生态化、宜居化,以人为本,成为城市发展的新趋势。

一是市政设施逐渐完善,生活方式日益现代化。新中国成立以前,"全国只有72个城镇建有自来水厂,供水管道6589公里;污水处理厂仅4座,日处理能力4万吨,排水管道6035公里;有供气设施的城市仅9个"。[2]邮电通信也极为落后,电话数量非常少,相互间的联系极为不便。新中国成立后,尤其是改革开放以后,党和国家高度重视城市基础设施建设,城市供水、排水、供热、供气、垃圾和污水处理等维持城市运转和发展的支撑系统得到前所未有的建设,各种配套基础设施日益健全和完善。住房制度改革更使城市居民的居住条件和居住环境发生了根本性的变化,商品房发展改变了城市空间布局和城市的宜居性,推动了城市的发展,并增强了聚集力。2020年,中国城市供水综合生产能力

---

[1] 国家统计局城市司:《城镇化水平不断提升城市发展阔步前进——新中国成立70周年经济社会发展成就系列报告之十七》,央视网,http://news.cctv.com/2019/08/15/ARTId9HA9O BLjeTixWUMetVd190815.shtml.

[2] 国家统计局城市司:《城镇化水平不断提升城市发展阔步前进——新中国成立70周年经济社会发展成就系列报告之十七》,央视网,http://news.cctv.com/2019/08/15/ARTId9HA9O BLjeTixWUMetVd190815.shtml.

达32072.7万立方米/日，城市供水年总量达6295420万立方米，城市供水管道长度达1006910千米，城市供水普及率达98.99%；2020年中国城市天然气供气总量达15637020万立方米，其中城市居民家庭天然气供气总量为3815984万立方米，城市天然气管道长度达850552千米，年供气总量为27.1亿立方米，城市天然气用气人口数量达41302万人；2020年中国城市污水处理厂数量达到2679座，并呈不断上升趋势；城市污水日处理能力达到1.92亿立方米；生活垃圾处理率达99.0%，无害化处理率为97.7%；2020年城市公厕达到153426座，城市环卫专用车辆设备25.25万台；城市集中供热面积达83.1亿平方米，管道长度达27.6万千米；城市地下综合管廊长度为2418千米；安装路灯道路长度为38.6万千米。① 无论大城市还是小城镇，市政基础设施日益完善，人们的生活日益现代化。

　　二是交通基础设施快速改善，城市居民出行极为方便。改革开放以来城市对外交通形成了以高铁、铁路、高速公路、公路、航空和水路密集交织的立体交通网络，市市通高铁、县县通高速正在成为现实。城市内部交通也得到改变。2019年，中国城市道路长度为45.9万千米，全国36个主要城市道路网总体平均密度为6.1千米/平方千米，2019年全国城市客运总量为673亿人次，30多个城市开通了轨道交通，轨道交通运营线路171条，全国轨道交通客运量233亿人次。城市公交、地铁、城铁、出租车、网约车和共享单车等构成了城市出行交通网络体系，极大地方便了城市居民的出行。

　　三是信息化彻底改变了人们的工作和生活。半个世纪以来中国的通信业呈蓬勃发展态势，计算机、智能手机全面普及，网络使用者达10亿人，"互联网+""智能化+"渗透到经济和社会生活的各个领域，移动互联网和物联网彻底改变了人们的经济工作、生活方式和时空观念。2021年全国移动互联网接入流量消费达2216亿GB；电子商务成为新的

---

① 国家统计局城市司：《城镇化水平不断提升城市发展阔步前进——新中国成立70周年经济社会发展成就系列报告之十七》，央视网，http://news.cctv.com/2019/08/15/ARTId9HA9O BLjeTixWUMetVd190815.shtml.

发展趋势，2021年全国实物商品网上零售额13.1万亿元，占全社会消费品零售总额的24.5%。近年来，在国家的引领下，各级城市之间各种基础设施的互联互通水平正在快速提升，数字城市、智慧城市建设正推动和提升政治、经济、社会和文化等各领域的融合发展，城市治理水平和能力得到大幅度提升，更加科学化和精细化、精准化，从而正在改变城市空间结构、经济结构和社会结构，改变着人们的经济生活、日常生活。

四是公共服务能力和服务水平不断提升。新中国成立后，党和政府努力发展学校正规教育和社会教育，快速提高人民群众的文化素质。改革开放以来，多层次的教育全面展开、快速发展。2021年全国有各级各类学校53.71万所，在校学生2.89亿人。[1]九年制义务教育普及化，使城市适龄儿童都能就近接受义务教育。城市各类公共文化设施也得到大发展，2020年末，"全国共有公共图书馆3212个、美术馆618个、博物馆5788个、文化馆3327个、文化站4万多个、村级综合性文化服务中心57.54万个。所有的公共图书馆、文化馆、文化站、美术馆和90%以上的博物馆已经实行了免费开放，实现了'无障碍、零门槛'"。[2]文化领域呈现出百花齐放的繁荣局面，中华优秀传统文化得到创造性转化与创新性发展，越来越多的城市文化软实力得到提升。

五是社保医疗体系不断健全。新中国成立后，城市政府机关、国营企业事业单位及部分大型集体企业职工的社会保险制度迅速建立。改革开放后，就业和社会保障体系日益完善，覆盖城乡。此外，国家还在城市先后建立了"失业保险""下岗职工基本生活保障"和"城市居民最低生活保障"三条保障线；其后又相继增加了养老保险、医疗保险。2020年末，全国城镇职工基本养老保险参保人数达4.56亿人。2020年全国医疗卫生机构数达100.7万个，全国基本医疗保险参保人数达13.6

---

[1] 国家统计局城市司：《城镇化水平不断提升 城市发展阔步前进——新中国成立70周年经济社会发展成就系列报告之十七》，央视网，http://news.cctv.com/2019/08/15/ARTId9HA9OBLjeTixWUMetVd190815.shtml。

[2] 国务院新闻办公室：《截至2020年底，全国共有公共图书馆3212个》，新华社，2021年8月27日。

亿人，全民医保体系基本建立。近年来各级城市大力推进公共服务标准化、均衡化、便利化，推动全民共享高品质的教育和医疗资源，推动城市社区共建公平包容的社会环境。

六是城市人居生态环境更加美好，城市更加宜居。城市生态环境的发展变化也是新中国成立以来城市的重要变化之一。19世纪以后，欧洲国家因早期工业革命的发展，首先面临环境的大规模污染，城市的生态环境问题变得十分严峻。二战以后，美国城市也面临相同的问题，富人们为逃避城市环境问题，纷纷向郊区转移，城市出现空心化现象。改革开放以来，随着中国经济的高速发展，中国部分城市也跟随西方城市走上了先污染后治理的老路，城市的生态环境问题较为突出。21世纪以来，中国政府高度重视城市生态环境的治理与建设。中共十八大以来更在新发展理念的指导下，将以人为本、绿色发展作为城市建设的核心价值观，生态城市建设成为中国城市的发展目标之一。城市生态化就是要在一定的空间范围内保持生态系统平衡，城市的水体、大气、土地、地形等都应保持优化，人们在城市这个空间中可以感受到人与自然的和谐共存，城市应成为社会—经济—自然复合生态系统的最优居住空间。中共十九大以来，中国各级城市都在生态文明、绿色发展等新理念指导下，将城市生态环境保护与建设提高到战略发展高度，生态化、园林化、公园化成为城市发展的趋势之一。2019年末，全国有城市公园18038个，城市公园绿地面积达75.64万公顷；城市建成区绿化覆盖率40.9%。[1] 各级城市在新发展理念的指引下，走上了绿色发展、生态发展之路，城市生态环境建设方面实现了跨城市、跨区域的共保联治、协同防治、协同监管。

在中国共产党的坚强领导下，在以人为本思想的指导下，中国城市在发展进程中没有出现严重的贫富分化，没有在城市中形成"贫民窟"，改革开放初期出现的"城中村"现象已经逐步消除，各级城市更加绿

---

[1] 国家统计局城市司：《城镇化水平不断提升城市发展阔步前进——新中国成立70周年经济社会发展成就系列报告之十七》，央视网，http://news.cctv.com/2019/08/15/ARTId9HA9O BLjeTixWUMetVd190815.shtml.

化、美丽、亮化。城市的发展不仅使人们的生活水平得到巨大提升，而且也带来了人们的政治生活、经济生活、社会生活和精神文化生活的变化。新时代城市的发展出现了新的特点。

新时代、新格局、新发展，未来中国城市将释放出更多更大的发展潜力，为21世纪中叶将中国建设成为社会主义现代化强国奠定基础。

四、从传统城镇化向新型城镇化转型的历史逻辑与理论创新

城市是人类文明的载体。人类文明经历了农业文明时代，进入工业文明时代，开启了城市化进程。中国的城镇化相比西方发达国家的城市化起步晚，因此中国城镇化前期无论是在理论上还是在实践上都是西方发达国家的跟随者和模仿者，以"物"为主的城镇化成为发展的方向，也出现了若干城市病。新中国是共产党领导的国家，以人民群众为国家的主人，西方传统城镇化的发展不符合共产党所提出的"人民城市人民建、人民城市为人民"的初心，也不符合中国的国情和发展规律。因而，以习近平同志为核心的党中央果断选择了以人为本的新型城镇化道路，并以新型城镇化为抓手和新路径，扭转了中国城镇化的发展方向，有力地推动了中国式现代化建设与中华民族现代文明的构建。中国从传统城镇化向新型城镇化转型有其历史逻辑，也是"两个结合"与理论创新的推动。

中国是世界城市文明的发祥地之一，有着数千年的城市文明史，但中国的城镇化起步较晚，1949年中国城镇化水平仅为10.64%。新中国成立后，开始工业化、现代化建设，城镇化也出现一定程度的发展。但是在城镇化发展的初期，中国受到西方发达国家城市化发展的较大影响，无论在理论上还是在实践上都成为其跟随者和模仿者，以"物"的城市化为主要发展方向。另外，由于世界长期处于冷战状态，中国工业发展受到西方发达国家的制约，也受到人口多、资源少等国情制约，被迫形成"二元社会结构"。改革开放以后，中国城镇化进入快速发展阶段，"1978—2013年，城镇常住人口从1.7亿人增加到7.3亿人，城镇化

率从17.9%提升到53.7%，年均提高1.02个百分点；城市数量从193个增加到658个，建制镇数量从2173个增加到20113个"。城镇化推动了国民经济持续快速发展，带来了社会结构深刻变革，促进了城乡居民生活水平全面提升，取得的成就举世瞩目。但由于传统城市化是在世界资本主义上升时期形成的，是以"物"的城市化为中心，是以牺牲广大民众的利益和生态环境为代价，存在若干弊端，如果对传统城市化形成了路径依赖，将对中国建设现代化和构建现代文明形成极大阻碍。进入中国特色社会主义新时代，以习近平同志为核心的党中央把马克思主义基本原理同中国具体实际相结合、同中华优秀传统文化相结合，提出了走新型城镇化发展道路，为建设中国式现代化和中华民族现代文明寻找到一条适合中国实际的城镇化发展新路径。

新型城镇化的基本内涵就是坚持以人为本，这是新型城镇化的核心，也是最突出的一个特点。马克思主义唯物史观的本质就是以人为本，马克思主义强调人的发展与社会的发展相统一，未来理想社会就是"以每个人的全面而自由的发展为基本原则"，人的全面发展是衡量社会进步的标志。以人为本也是中华优秀传统文化的重要理念，中华优秀传统文化强调重人伦，重道德，以人为本，人是宇宙万物的中心，由此形成了以家庭、家族为本位，以儒家伦理观念来处理人与人之间关系的人本主义。新型城镇化确立了以人为本的基本原则，就是把马克思主义基本原理同中国具体实际相结合、同中华优秀传统文化相结合，强调人在城镇化发展中的主体性和核心作用，高度重视人的发展；主张以人为中心进行城市规划建设，以人为本、四化同步、优化布局、生态文明、传承和发展优秀历史文化，建设人民的城市，不断满足人民群众日益增长的物质的、精神的需要。以人为本就是要有序推进农村进城人口市民化，把农民工变市民，使农业转移人口和城镇居民共建共享城市现代文明。

2012年以来，在以习近平同志为核心的党中央领导下，新型城镇化得到全面推进，尤其是以人为本从理念转化为实践，在解决城镇化进程中相关问题取得极大突破。一是各地城市在以人为本思想的指导下，不断地深化户籍和土地制度改革，释放了发展的巨大潜力，保持了源头活力和持久动力。二是将以人为本的理念注入人口管理制度改革中,实施分类明确的户口迁移政策,及时解决了大量符合条件的农业转移人口落户城镇问题,有力地推动了农村人口向城镇转移。"以深化改革户籍制度和基本公共服务提供机制为路径,打破阻碍劳动力自由流动的不合理壁垒,促进人力资源优化配置。其中,对于城区常住人口300万人以下城市,督促全面取消落户限制。城区常住人口300万人以上城市,推动基本取消重点人群落户限制。"三是在以人为本理念的引领下,逐步扩大进城务工人员平等享受城镇公共服务的范围,各地城市相继出台城市公共服务政策,原则上不再与户籍挂钩,努力实现城镇基本公共服务"常住人口"全覆盖。四是依法保障农民土地财产权益,积极开展农村集体建设用地使用制度改革,探索集体建设用地使用权以转让、出租、作价入股等方式流转,确保土地资源合法、合理自由流动。

新型城镇化以新型工业化为基础和支撑,从传统城镇化的分散粗放发展,向新型城镇化集约高效、高质量发展转变。新型城镇化要求相关城市领导层要根据不同城市的要素禀赋、资源环境承载能力、比较优势等,大力发展数字经济,实现产业经济数字化,数字经济产业化;大力发展信息技术产业、发展生物、新材料、新能源等战略性新兴产业,形成各具特色的城市产业体系。

新型城镇化更加注重城市功能的完善,注重城市的服务功能、生活功能,注重不断完善城市的各项功能,提高城市综合承载力,把新型城镇化与城市现代化结合起来,实现集群式发展。

新型城镇化强调协调社会各群体之间的关系,推动社会和谐发展。新型城镇化要求经济、社会和文化协调发展,要与构建社会主义和谐社会相结合,走社会和谐发展之路、包容性发展之路,指导思想要从效率优先向公平优先转变。但并不是主张搞平均主义,而是强调公平公正,结构稳定,利益协调,安全有序。

新型城镇化强调城乡共同发展,推动城乡一体化。形成城乡互动共生关系,通过城乡统筹发展,城乡一体化发展,特别是城乡公共服务均衡化发展,把城市基础设施向农村延伸,把城市公共服务向农村覆盖,推进农村工业化、农业企业化,提高农村城镇化水平,逐步改变城乡二元结构，实现城乡一体化发展。

新型城镇化强调人与自然的和谐，树立热爱大自然、敬畏大自然的理念，坚定不移地走环境友好和资源节约的城镇化道路。环境友好就是着力减少污染排放，加大污染治理力度，突出城市生态建设，推动城市与自然、人与城市环境和谐相处，建设生态城市。资源节约就是要在城市建设、工农业生产、商品流通、产品消费的各个环节以及社会发展的各个方面，都要切实保护和合理利用好各种资源，尽可能地减少资源消耗，提高资源利用效率，以并获得最大的经济效益和社会效益。

新型城镇化是中国共产党领导人民经过数十年的艰苦而曲折的探索和实践之后，在总结包括中国在内的世界各国城镇化经验和教训基础上所提出的推进城镇化新方案，这种新方案超越了传统城镇化的理论范式，并摆脱了传统城镇化的路径依赖，成为新时代建设中国式现代化的必然选择，也是建设中华民族现代文明的重要抓手。

进入中国特色社会主义新时代以来的十余年，充分显示了新型城镇化的科学性、先进性和人民性，在城镇化的数量和质量两方面都取得很大进展。未来中国应以中共二十大报告和习近平新时代中国特色社会主义思想为指引，进一步推进新型城镇化。

中国从传统城镇化向新型城镇化转型，是改革开放以来历史发展逻辑的选择，也是理论创新和实践创新内在逻辑统一的必然结果。以习近平同志为核心的党中央在把握世界和中国城市发展规律的基础上，坚持把马克思主义基本原理同中国具体实际相结合、同中华优秀传统文化相结合，进行了理论创新，果断地提出了新型城镇化理论与新型城镇化战略。这个新方案不仅符合世界城市发展规律，更符合中国城市发展规律，符合中国的国情和发展实际，因而扭转了中国城镇化的发展方向，开启了中国城镇化从粗放式向高质量发展转型的新阶段。这不仅为了中国建设社会主义现代化强国选择了一条正确的道路，也为世界其他未完成城市化和现代化转型的国家提供了新的发展方案，提供了中国智慧。

五、新中国城市建设的经验和发展趋势

新中国成立以来,中国城市取得了巨大的发展,形成了具有时代特征和中国特色的发展模式。中国城市之所以能够在较短的时间内取得如此巨大的成就,其原因是多方面的,其中最为重要的有以下三方面:

(一)坚持和加强中国共产党对城市建设工作的全面领导,是城市发展取得成功的根本政治前提

回顾百年来中国城市发展的历程,只有用"天翻地覆"这样的形容词才能加以描述。在中国共产党的坚强领导下,中国仅用了半个多世纪的时间就完成了西方国家上百年才能完成的城市化进程,创造了近8亿人平稳地从农村转移到城市的人间奇迹;城市空间结构、产业结构、规模结构和社会结构发生了巨变,城市数量增加,规模扩大,并构建了较为完善的城市体系,城市群成为引领地区和国家发展的动力源;城市公共设施日益完善和现代化,城市公共服务体系日益完备,人民的生活水平得到巨大提升。可以说这些伟大历史成就的取得,都是建立在坚持和加强党的全面领导这个基础之上,这是新中国城市建设和发展的最重要特征和最大优势。

新中国发展的历史充分证明,一旦放松了党对城市建设的领导,城市发展就会停滞,甚至还会倒退。可以说,"没有中国共产党的坚强领导,新中国城市建设就不可能在百废待兴中恢复发展,在艰难曲折中砥砺前进,在停滞徘徊中奋起直追,在改革开放中绽放光彩,在新的时代走向辉煌"。[①]

进入中国特色社会主义新时代以来,党中央更是强化了对城市工作的全方位领导,在党中央的正确领导下,形成了国家层面的科学、高效的顶层设计,形成了城市发展的正确方向和发展目标。坚持和加强党的全面领导,是保持社会主义方向不断前行,推进中国城市现代化建设不

---

① 《新时代城市建设必须始终坚持党的领导》,搜狐网,https://www.sohu.com/a/403830071_120736774.

断发展的根本保证。在新时代，要实现中华民族伟大复兴，建设社会主义现代化强国，更是必须要加强党对城市工作的全面领导。

（二）坚持把马克思主义基本原理同中国具体实际相结合、同中华优秀传统文化相结合，走出了一条具有中国特色的城市发展之路

城市发展是一个自然历史过程，有其自身规律。如果遵循城市发展规律，城市就会健康地可持续发展；如果违背了城市发展规律，城市发展就会受到影响。马克思主义经典作家早就对此有所论述，形成了科学的城市发展理论。因而只有在马克思主义的引导下，充分认识、尊重、顺应城市发展规律，端正城市发展指导思想，才能做好城市工作。

纵观百年来中国城市发展的历史进程，中国共产党始终以极大的政治智慧努力去学会管理城市和建设城市，把马克思主义与中国城市建设具体实际相结合，与中华优秀传统文化相结合，逐步探索和走出了一条"中国特色"城市发展之路：一方面，我们立足自身，结合中国城市建设的客观实际，坚持自主发展，坚持以人民的利益为中心，坚持绿色发展、生态环境保护；坚持保护和弘扬优秀传统文化，延续城市历史文脉；另一方面，也不失时机地关注和把握世界发展潮流，在开放包容中博采众长、兼容并蓄，积极融入世界城市化潮流，总结和吸取发达国家城市建设的经验和教训，使中国的城镇化进程避免了很多弯路。在全球化的进程中，在人类命运共同体的构建过程中，相互学习、交流交融是大势所趋，因而中国城市发展，一是要改革开放，二是要兼容并蓄，三是要择其善而从之，不善者而弃之，要结合中国国情、中华优秀传统文化，探索符合中国实际的城市建设和治理模式，中国城市的发展也才能够具有可持续性和世界意义。

（三）坚持以人民为中心的发展思想，坚持人民城市为人民

城市的形成、发展都是以人为主体，城市承载了人们对美好生活的追求和希望。以人民为中心，为中华民族谋复兴，为中国人民谋幸福，为人民服务，是中国共产党人的初心。新中国成立后，党始终坚持以人民的利益为中心，对城市进行改造和建设。改革开放以后，党更是强调以人为本，高度关注城镇化进程中农民如何转化为市民问题，高度关注如何解决城市就业、教育、医疗、居住等各种民生问题。新时代以来，习近平总书记多次强调要坚持以"为人民服务"为中心，人民城市为人民，坚持从社会全面进步和人的全面发展出发，不断地满足人民群众对美好生活的向往和需求。

实践证明，以人民为中心的根本立场是党领导城市建设和城市治理的基本出发点和落脚点，也是中国城市建设与治理的独特优势。当前以城市为中心建设社会主义现代化强国，更需要在历史维度中把握基本发展脉络，坚持"人民城市为人民"的政治本色与价值追求，通过不断完善城市空间结构、规模结构、产业结构和社会结构，不断完善城市治理体系，不断提高城市综合治理能力，不断提升城市竞争力，持续推进"以人为核心"的新型城镇化，让人民生活更美好，努力在中华民族伟大复兴的进程中开拓人类城市文明新境界。

自人类文明兴起以来，城市作为文明的载体，其发展路径和模式从来就不是只有一种，多路径和多模式具有普遍性。近代以来，尽管欧美国家的城市化最先起步，并取得了巨大的成功，但也不能说明这就是唯一的发展路径和模式。中国城市无论是在农业时代还是在工业时代，其发展路径与演化都与西方国家和其他发展中国家有很大区别。改革开放以来，中国城市发展既延续和传承了历史城市的发展特点，也吸取了世界城市发展的优点，既保留了国家和规划的作用，同时也重视市场化和社会化的作用，是政府导向规划导向与市场化社会化相结合的城市发展模式。中国城市发展的道路表明，构建完善的、强大的国家治理体系，不断提升治理能力的现代化，对于城市科学化发展、可持续发展有着重要的关系。在城镇化3.0发展阶段，大都市区和城市群已经成为推动国家与区域发展的主要动力，同城化、区域一体化、生态化和绿色发展正成为未来发展的新趋势。中国城市发展积累了丰富的经验，走出了一条发展中国家后发展城市化、现代化的道路，中国智慧将使中国城市在人类命运共同体构建进程中起到领跑者的作用。

未来30年，中国将完成以人为本的新型城镇化进程，并将以城市为主要载体把中国建设成为社会主义现代化强国。在这个过程之中，城市的地位和作用还将进一步增强，不同层级的城市都将以共建、共进、共保、共赢、共享为基本原则，建立跨区域合作机制，城市发展将出现新的趋势。

一是以国家中心城市和区域中心城市为单核或双核的多层级的城市群发展将成为未来城市发展的主要方向，城乡一体化与区域一体化将成为新的发展趋势，以城市为主体强化区域联动协调发展，都市圈同城化、城市群一体化、城乡融合化是新的发展方向；打破行政区划的界限，推进城市群内各级城市的经济要素、社会要素、文化要素跨界、跨区域流动，在经济、社会、文化和社会等方面共建共享；加强产业分工协作，协同创新产业体系建设，构建区域创新共同体，推动城市群内不同层级城市产业与创新深度融合。

二是提升城市之间基础设施互联互通水平也将成为未来发展的新趋势。在中央一系列政策引导下，各省区市的发展战略都正在发生重大变化，都以城市群建设来促进经济、社会的发展，未来将进一步加大城市群一体化和都市区同城化建设，尤其是加大对高速公路、高速铁路，城际轨道交通、通信网站等新基础设施的投入，并逐步采取各种措施消除行政区划壁垒，使经济要素和社会要素能够在区域城市之间自由地、有序地流动，城市群内部不同层级城市，城市群之间都要协同建设一体化综合交通体系，推动信息基础设施达到世界先进水平，共同打造数字城市；加快推进5G网络建设，实现卫星导航定位基准服务系统互联互通；大力发展基于物联网、大数据、人工智能的专业化服务，提升城市群内部各领域新老基建的融合发展，加强城市之间信息化协同创新，加强城市综合治理体系建设，提升城市现代化治理能力和精细化管理水平。

三是加强城市群生态环境建设，打破城市边界限制，尤其是水生态环境、大气生态环境和土壤环境保护方面实现城市之间、城市群之间的共保联治、协同防治和协同监管。

四是以人为本，大力提升城乡公共文化服务，不断满足人民群众对精神文化服务方面的需求也将是未来城市发展的新趋势。城市群内部和城市群之间要大力推进公共文化服务标准化、便利化，共享高品质教育、医疗资源；城市之间和城市群之间将进一步推动文化和社会建设的合作发展。

五是城市群内部和城市群之间将进一步开放合作，共建高水平开放平台，共建公平包容的社会环境和营造一流的营商环境。

六是城市群内不同层级城市将努力创新一体化发展体制机制，共同建立规则统一的制度体系，促进要素市场一体化，完善多层次多领域合作机制；此外，在重点领域创新一体化发展制度，加强改革举措的集成创新。未来中国不同层次的城市群将通过制度创新与建设释放出更多更大的发展潜力，为21世纪中叶将中国建设成为社会主义现代化强国奠定基础。

不过仍需看到的是，改革开放以来中国城市所取得的成就虽然巨大，但发展中所出现的问题仍然存在，这些问题既有与发达国家"城市病"雷同的，如交通问题、环境问题、就业问题等，也有一些是中国特有的，如"二元结构"问题、"未富先老"问题等。因而加强对新中国成立以来城市发展变迁研究十分必要，不仅具有重要的学术意义，而且也具有现实意义。

新中国成立以来，作为社会主义建设重要载体的城市取得了巨大的成就，这种成就不仅表现在数亿农村人口向城市迁移，也不仅表现为城市的数量、规模、形态、空间和物质等外在形式都发生了巨大变化，也表现为城市的性质、功能、结构、地位和作用等发生了巨大变化。70年来中国现代城市治理体系逐步建立完善，现代治理能力和水平不断提高；现代城市经济结构、社会结构、文化结构和空间结构基本形成，从而完成了从传统农业时代城市向现代工业时代城市的转型。中国城市生产力发展水平空前提高，政治、经济、社会、文化和生态等领域都发生了划时代的变革，城市功能不断增强，聚集力和辐射力不断扩大，经济要素、社会要素向城市快速聚集，推动大中小城市协调发展和城市群整体发展。可以说，在中国城市产生以来的5000多年间，没有一个历史时期的城市发展可以和这70余年相比，也可以说当代中国城市正在悄然无声地发生一次深刻的革命，这次"城市革命"正在进行和延续之中，将对中国和世界都产生深远的影响。

近代以来中国在城市发展方面曾经是世界发达国家虚心的跟随者、

虔诚的模仿者，但同时也是具有创新能力的学习者，在跟随、模仿和学习过程中，中国在马克思主义理论指导下将世界城市化发展的一般规律与中国国情和城市发展实际相结合，找到了一条符合中国国情的城市发展道路，并取得了阶段性的成功，初步实现了从跟随者向领跑者的转变。中国城市发展的成就和中国经验、中国智慧，不仅对于中国未来城市发展将起到重要的借鉴作用，也将在推进人类命运共同体的进程中供其他发展中国家参考。

六、新时代城市发展面临的挑战与对策

新中国成立以来，城市发展取得了举世瞩目的伟大成就，城市居民的生活水平得到空前提高，也为国家经济增长做出了巨大贡献。然而，在城市发展的过程中，也相应出现了若干问题和矛盾，对城市可持续发展构成了挑战，所以应在总结历史经验基础上，积极采取相应的对策和措施。

（一）城市发展面临的问题与挑战

1.人口与资源环境的压力与挑战

当前，城市发展面临着诸多挑战，其中人口与资源环境压力尤为突出。近20年来我国城市化进程加快，城市人口规模持续扩大。2023年，中国城镇人口总数达到93267万，相当于美国总人口的2.75倍。如此巨量的城镇人口给城市基础设施、公共服务等带来巨大压力。同时，人口结构的变化也影响着城市的发展。2023年，中国人口出现连续两年的负增长，总和生育率降至1.0左右，位居全球主要经济体倒数第二。出生人口自2017年以来连续七年下降，2023年中国新出生人口为902万，创下大半个世纪以来人口出生量新低。同时，老龄化问题逐渐凸显，截至2023年底60岁及以上人口已超过2.96亿。

城市发展在资源环境方面也面临压力。一是土地资源变得日益紧张。由于城镇化加速，城镇用地需求不断增加，导致土地资源供需矛盾加剧，优质耕地面积减少，影响粮食安全和生态平衡。二是城市用水

压力加大。当前我国600多个设市城市中有400多个在不同程度上缺水，其中有110个城市面临较为严重的缺水问题。同时，水污染情况也不容忽视，可利用水资源进一步减少。三是能源分布不均衡，部分城市出现能源紧张问题，传统能源资源减少和能源消耗带来的环境污染问题日益突出。四是环境污染问题没有得到彻底解决，城市工业排放、交通尾气、建筑扬尘等在不同程度上造成城镇空气、水体和土壤污染，城市产生的固体废弃物数量逐年增加，处理能力不足，污染问题日益突出。

2.城市发展不平衡的挑战

城市间发展不平衡问题也尤为突出，不仅制约了经济的整体协调发展，也影响到了人民群众的幸福感。城市间发展不平衡主要表现在以下几方面。一是地区间的发展不平衡。2023年东部地区生产总值652084亿元，中部地区生产总值269898亿元，西部地区生产总值269325亿元，东北地区生产总值59624亿元。东部地区生产总值是中部的2.41倍，是西部的2.42倍。一线城市与二、三线城市之间的经济发展水平差距也较大。2023年，上海人均GDP为19.03万元，人均可支配收入达到8.48万元，而同年贵阳人均GDP为8.17万元，可支配收入为2.36万元，兰州人均GDP为7.89万元，人均可支配收入为1.86万元。[①]这种城市间经济发展不平衡会导致资源配置效率低下，还可能引发社会问题，如人口流动、贫富差距扩大等。二是区域城镇化发展不平衡。目前中国有9个省级行政区的城镇化率超过全国平均水平，达到70%以上，其中上海、北京、天津超过85%，有21个省级行政区城镇化率低于全国平均水平。三是城镇体系结构不合理，城市发展差异不断扩大，少数超大特大城市虹吸效应特别强，而中小城市则发展严重不足，成为人口净流出地。例如，四川省成都市人口超过2100万，GDP占全省三分之一，每年人口净流入达6位数，而四川有十余个城市的人口每年都净流出。

3.城市功能调整的挑战

随着经济快速发展和城市化进程加快，城市功能也面临转型挑战。

---

① 参见国家统计局：《中华人民共和国2023年国民经济和社会发展统计公报》，《人民日报》2024年3月1日，第10版。

一是如何避免交通拥堵、环境污染等"城市病"问题加剧，如何优化空间布局，实现产业、居住、生态等功能区的合理配置。二是如何构建生态城市，实现环境保护与生态建设平衡。三是如何避免资源过度集中，实现超大特大城市与周边城市的协调发展。四是如何以科技创新推动城市功能转型。五是如何保护和传承城市文化特色，实现优秀传统文化创造性转化、创新性发展，增强城市软实力和吸引力。

4.产业结构转型升级的挑战

随着第四次工业革命的来临，产业结构升级成为必然发展趋势。尤其是在当今百年大变局背景下，面对以美国为首的西方国家对中国不断增强的打压，中国城市进行产业结构调整更是当务之急。一是传统产业升级，如何以新质生产力赋能传统产业，将资源从衰退产业转移到新兴产业，涉及传统企业重组、员工再就业等问题。二是对新兴产业的培育和发展，涉及营造良好的投资和创新环境，包括研发投入、人才集聚、政策支持等。三是就业结构调整，关键是对现有劳动力技能的提升，对高技能人才的培育和引进。四是应对就业市场变化，特别是如何处理传统产业衰退带来的就业市场波动和劳动力转移等。

5.城市治理能力不足的挑战

城市治理能力不足主要表现在以下几个方面。一是城市规划与管理水平有待提高，部分城市规划缺乏前瞻性、科学性和可持续性，导致城市功能分区不明确、交通拥堵、环境污染等问题日益突出。二是公共服务体系不完善和建设相对滞后，难以满足人民群众日益增长的需求。三是社会治理创新不足，在交通管理、社会管理、环境治理等方面效率不高。另外，城市社区治理、网络治理、安全治理等方面也面临挑战，公众参与城市治理的渠道和机制不健全，参与度不高。四是城市治理人才队伍的整体水平有待提升。

（二）应对城市发展挑战的对策建议

在新时代背景下，中国城市发展需要积极应对各种挑战，采取有效对策和措施，推动城市高质量发展，为实现全面建设社会主义现代化国家目标做出贡献。

1.优化人口政策，加强社会保障能力

为了应对城市化进程中人口压力所带来的挑战，党和政府正在调整生育政策，鼓励生育，并努力降低生育、养育、教育的成本。中共二十届三中全会提出要完善生育支持政策体系和激励机制，推动建设生育友好型社会，包括建立生育补贴制度、提高基本生育和儿童医疗公共服务水平、加大个人所得税抵扣力度等措施。党和政府还强调提升人口素质，提高人民健康水平、优化教育体系，实现人口高质量发展，将人口规模优势转变为发展优势，促进国家竞争力整体提升。

人口老龄化是社会发展的重要趋势，是一个复杂的社会问题，需要多方面的应对策略。一是完善养老保险体系，增强基本养老保险的覆盖面和保障水平。二是鼓励企业年金、个人储蓄型养老保险等多元化养老保险产品的发展。三是发展养老服务业，建立和完善居家养老、社区养老、机构养老相结合的养老服务体系，鼓励社会资本投入养老服务业，提供多样化的养老服务。四是促进健康老龄化，加强老年疾病预防控制，提高老年人健康水平，推广适合老年人的体育健身活动和健康生活方式。五是调整生育政策，实施全面二三孩政策，逐步放宽生育限制，以平衡人口结构，提供生育支持措施，减轻家庭生育和育儿负担。六是加强劳动力市场灵活性，鼓励延迟退休，提高老年人的就业率和劳动参与率，为老年人提供再就业培训和职业咨询服务。七是推动经济社会全面发展，加快产业升级，提高劳动生产率，以应对劳动力供给减少的压力。八是进一步完善法律法规，制定和实施老年人权益保障法律法规，确保老年人的合法权益，加强对老年人法律援助和司法保护。此外，要在全社会培育尊老爱老的社会风尚，加强老年教育和终身学习，提高老年人的社会参与能力，促进社会和谐稳定和可持续发展。

2.优化城市空间布局

优化城市空间布局，有助于提高城市核心竞争力，促进产业协调发展，提高城市发展质量和效益，有助于满足人民群众日益增长的美好生活需要。一是创新城市规划理念，以人民为中心，提高城市规划的科学性、前瞻性和实用性。二是优化城市空间结构，合理配置城市资源，提高城市土地利用效率，强化城市功能区划分，实现城市空间结构的优化。三是加强基础设施建设，加大投入和提高服务水平。四是推动绿色发展战略，实现城市空间布局优化与生态环境改善的有机结合。五是完善政策法规体系，建立健全相关法律法规，加强政策引导和监管。

3.推进城乡融合发展

城乡融合既是城市发展的重大战略任务，也是解决"三农"问题的根本途径。一是实现城乡规划布局一体化，加强城乡规划的统筹协调，合理安排城乡空间布局，优化城乡产业结构，促进城乡产业互动，实现城乡一体化发展。二是推进城乡基础设施建设一体化，实现城乡公共服务设施共建共享，为城乡融合发展提供基础保障。三是实现城乡生态环境保护一体化，强化城乡环境保护和治理，确保城乡居民享有良好的生态环境。四是实现城乡居民全面发展一体化，加强城乡居民教育、就业、医疗、养老等方面的一体化政策支持，实现城乡居民共同发展。

4.促进产业结构调整与升级

一是以科技创新作为突破口，推动产业结构优化升级，促进新兴产业的发展和服务产业的智能化、高质化、集约化，要注重引导企业加大研发投入，培育具有核心竞争力的高新技术，推动现代服务业与先进制造业、现代农业深度融合发展；加强产学研合作，搭建创新平台，促进科技成果转化。二是不同城市根据自身资源禀赋和产业基础，培育特色产业集群。三是加大人才培养和人才引进，加强职业教育和现有员工技能培训，为产业结构调整提供人才支持。四是推动绿色低碳发展，提高能源利用效率，降低产业发展对环境的影响。《中共中央国务院关于加快经济社会发展全面绿色转型的意见》要求，要加快经济社会发展"全面绿色转型""协同转型""创新转型""安全转型"，"形成节约资源和保护环境的空间格局、产业结构、生产方式、生活方式，全面推进美丽中国建设，加快推进人与自然和谐共生的现代化"[1]，为今后的发展指明了方向。

---

[1] 新华社电:《中共中央　国务院关于加快经济社会发展全面绿色转型的意见（2024年7月31日）》，中华人民共和国中央人民政府，http://www.gov.cn/zhengce/202408/content_6967663.htm.

5.加强城市治理体系建设与治理能力现代化水平的提升

一是坚持以党建引领城市治理体系和治理能力现代化，推动城市党建与城市治理的有机融合，形成一体协同的整体治理框架。要推行权力下放和事权下移，增强基层治理能力。二是加强城市治理的法治化，运用法治思维和法治方式解决城市治理的难题，通过法律制度有效统筹社会力量、平衡社会利益、调节社会关系、规范社会行为、化解社会矛盾。三是城市治理向科学化、精细化、智能化转变，加强城市信息化、智能化建设，提升城市治理效能。四是提高公共服务供给能力和供给质量，推广"互联网+政务服务"，实现政务服务的一网通办、一次办好。要加强社会共治，激发社会组织、企业和公民参与城市治理的积极性，构建共治共享的社会治理格局。五是建立健全城市应急管理体制，提高应对自然灾害、事故灾难、安全危机等突发事件的能力。六是健全城市治理监督评价机制。随着我国城市化进程的不断推进，城市发展已经成为国家发展的重要支柱。在新时代背景下，为了更好地应对各种挑战，要始终坚持党的领导，坚持以人民为中心的发展理念，以创新驱动发展，坚持绿色发展、协调发展、开放发展，努力营造宜居宜业的城市环境，为人民群众创造更加美好的生活。

七、小结

中国作为文明之邦，历史虽然悠久，但在近代却遭受西方资本主义国家的侵略，沦为半殖民地半封建社会，现代化转型滞后，发展缓慢。因而，新中国成立初期城市发展的起点很低，远远落后于西方发达国家。新中国成立以来的75年里，在中国共产党的坚强领导下，中国人民在一穷二白的基础上，逐步建立起了一批又一批现代化城市，这些城市成为国家经济和社会发展的重要引擎，人民生活水平不断提高，城市面貌日新月异。中国城市发展取得了一个又一个的奇迹，充分显示了社会主义制度的优越性。中国在75年城市发展的历程中，积累了丰富的经验，为今后的城市建设提供了有益的启示和借鉴，其中最重要的一条就是坚持党的正确领导和以人民为中心的发展理念。展望未来，中国城市发展面临诸多挑战，也充满机遇。一方面，我们要应对人口老龄化、资源环境约束等问题，实现城市可持续发展；另一方面，我们要把握新一轮科技革命和产业变革带来的机遇，大力发展智慧城市，提高城市治理水平。在新的历史起点上，我们要紧紧围绕全面建设社会主义现代化国家这个总目标，坚定不移推进城市发展，为实现中华民族伟大复兴的中国梦而努力奋斗。

参考文献

一、经典著作、重要文献

1.《刘少奇选集》，人民出版社1981年版。
2.《朱德选集》，人民出版社1983年版。
3.《列宁选集·第四卷》，人民出版社1984年版。
4.《周恩来选集·下卷》，人民出版社1984年版。
5.《毛泽东选集·第三卷》，人民出版社1991年版。
6.《毛泽东选集·第四卷》，人民出版社1991年版。
7.《邓小平文选·第三卷》，人民出版社1993年版。
8.《毛泽东文集·第三卷》，人民出版社1996年版。
9.《毛泽东文集·第七卷》，人民出版社1999年版。
10.《毛泽东年谱（1893—1949）》，中央文献出版社2013年版。
11. 薄一波：《若干重大决策与事件的回顾》（上卷），中共党史出版社2008年版。
12. 胡锦涛：《高举中国特色社会主义伟大旗帜　为夺取全面建设小康社会新胜利而奋斗——在中国共产党第十七次全国代表大会上的报告》，人民出版社2007年版。
13. 胡锦涛：《坚定不移沿着中国特色社会主义道路前进为全面建成小康社会而奋斗——在中国共产党第十八次全国代表大会上的报告》，人民出版社2012年版。
14. 刘少奇：《中国共产党中央委员会向第八次全国代表大会

第二次会议的工作报告》，人民出版社1958年版。

15. 毛泽东:《我们共产党是要努力于中国的工业化的》，《党的文献》1993年第2期。

16. 习近平:《城市是人民的城市，人民城市为人民》，《人民日报》（海外版），2019年11月4日，第1版。

17. 习近平:《高举中国特色社会主义伟大旗帜 为全面建设社会主义现代化国家而团结奋斗——在中国共产党第二十次全国代表大会上的报告》，人民出版社2022年版。

18. 习近平:《加快构建新发展格局把握未来发展主动权》，《求是》2023年第8期。

19. 习近平:《决胜全面建成小康社会 夺取新时代中国特色社会主义伟大胜利——在中国共产党第十九次全国代表大会上的报告》，人民出版社2017年版。

20. 习近平:《在湖北省考察新冠肺炎疫情防控工作时的讲话》，《奋斗》2020年第7期，

21. 中共中央文献研究室编:《习近平关于全面深化改革论述摘编》，中央文献出版社2014年版。

22. 中共中央文献研究室编:《习近平关于全面依法治国论述摘编》，中央文献出版社2015年版。

23. 中共中央文献研究室编:《习近平关于社会主义经济建设论述摘编》，中央文献出版社2017年版。

24. 中共中央文献研究室、中共西藏自治区委员会、中国藏学研究中心编:《毛泽东西藏工作文选》，中央文献出版社、中国藏学出版社2008年版。

25. 中共中央文献研究室、中央档案馆编:《建国以来刘少奇文稿（1952.1—1952.12）》第四册，中央文献出版社2005年版。

二、档案文献、历史资料汇编

1.《党的政策重要文件汇集》，华北军政大学政治部印，1948年。

2.《中华人民共和国发展国民经济的第一个五年计划（1953—1957）》，人民出版社1955年版。

3.《中国共产党第十六次全国代表大会文件汇编》，人民出版社2002年版。

4.《中共中央国务院关于"三农"工作的一号文件汇编》，人民出版社2010年版。

5.《中国共产党第十九次全国代表大会文件汇编》，人民出版社2017年版。

6.《本会关于接管人员条例、纪律、接管对象范围总结及查封、解散学校、妇女、会报社及其他资料》，成都军事管制委员会（1949—1950），四川省档案馆，全宗号：建西006，案卷号：5。

7.《成都市军事管制委员会工商处关于二月来物价动态及我们的措施的报告》（1950年3月3日），四川省档案馆，全宗号：建西006，案卷号：10，原卷号：12。

8.《三明市概况》，三明市档案馆，案卷号：105-18-3。

9.《上海市军事管制委员会接收机构草案》，上海市档案馆，档号：B1-1-1853。

10.《收容蒋军溃散官兵的决定》，《关于蒋匪在乡军人登记管理办法》，上海市档案馆，档号：B1-1-20。

11.《一九四九年上海军事管制委员会组织系统表》，上海市档案馆，档号：B1-2-244。

12. 北京市档案馆编：《北平和平解放前后》，北京出版社1988年版。

13. 北京市档案馆编：《北平解放》，中国档案出版社2009年版。

14. 北京市公安局编：《北京封闭妓院纪实》，中国和平出版社1988年版。

15. 丛松日、邱正福编：《中国特色社会主义理论基本著作及重要文献选编》，山东大学出版社2014年版。

16. 广东省档案馆编：《改革开放三十年重要档案文献·广东》，中国档案出版社2008年版。

17. 国家建设委员会：《关于当前城市建设工作的情况和几个问题的

报告》，内部资料，1955年。

18. 全国人大常委会法制工作委员会研究室编审:《中华人民共和国行政法律法规全书》，中国民主法制出版社2000年版。

19. 韶关市史志办公室、清远市史志办公室:《中国共产党韶关历史》，中共党史出版社2013年版。

20. 西安市档案馆编:《西安解放》，陕西人民出版社1989年版。

21. 燕世荣主编:《农村土地相关法规汇集》，浙江工商大学出版社2015年版。

22. 中共成都市委党史研究室编:《接管成都》，成都出版社1991年版。

23. 中共广东省委党史研究室编:《广东党史资料》第20辑，广东人民出版社1992年版。

24. 中共河南省委党史研究室编:《二十世纪六十年代河南国民经济调整》，中共党史出版社2017年版。

25. 中共湖北省委党史研究室编:《湖北改革开放实录（第二辑）》，湖北人民出版社2016年版。

26. 中共上海市委党史研究室编，黄金平、龚思文著:《潮涌东方：浦东开发开放30年》，上海人民出版社2020年版。

27. 中共天津市委党史研究室编:《天津改革开放实录》，天津人民出版社2018年版。

28. 中共天津市委党史资料征集委员会、天津市档案馆编:《天津接管史录》，中共党史出版社1989年版。

29. 中共天津市委党史资料征集委员会、天津市公安局编:《难忘的岁月——天津市解放初期的社会治理纪实》，中共党史出版社1994年版。

30. 中共乌鲁木齐市委党史工作委员会编:《城市的接管与改造（乌鲁木齐卷）》，中共党史出版社1997年版。

31. 中共浙江省委党史研究室、中共浙江省委统战部编:《中国资本主义工商业的社会主义改造·浙江卷》，中共党史出版社1991年版。

32. 中共中央党史研究室编:《党的十八大以来大事记》，人民出版社2017年版。

33. 中共中央文献研究室编:《建国以来重要文献选编》,中央文献出版社1994年版。

34. 中共中央文献研究室编:《三中全会以来重要文献选编》,人民出版社1982年版。

35. 中共中央文献研究室编:《十八大以来重要文献选编》,中央文献出版社2014年版。

36. 中共中央文献研究室编:《十七大以来重要文献选编》,中央文献出版社2013年版。

37. 中共中央文献研究室编:《十三大以来重要文献选编》,人民出版社1991年版。

38. 中共中央文献研究室编:《十三大以来重要文献选编》,中央文献出版社2011年版。

39. 中共中央文献研究室编:《十四大以来重要文献选编》,中央文献出版社2011年版。

40. 中共重庆市委党史研究室编:《中国共产党重庆历史第二卷》（1949—1978）,重庆出版社2016年版。

41. 中国人民解放军政治学院党史教研室编:《中共党史参考资料》第19册,内部编印,1979年。

42. 中国社会科学院、中央档案馆编:《1953—1957中华人民共和国经济档案资料选编:固定资产投资和建筑业卷》,中国物价出版社1998年版。

43. 中华人民共和国民政部编:《中华人民共和国行政区划（1949—1997）》,中国社会出版社1998年版。

44. 中华人民共和国内务部编:《中华人民共和国行政区划简册》,法律出版社1958年版。

45. 中央档案馆编:《中共中央文件选集》（第8、17、18册）,中共中央党校出版社1992年版。

46. 中央人民政府法制委员会编:《中央人民政府法令汇编》,人民出版社1952年版。

47. 周勇主编:《重庆直辖时刻——设立重庆直辖市文献选编1996.7—1997.6》,重庆出版社2017年版。

三、统计资料及年鉴

1.《中国工业经济法规汇编1981.4—1982.12》,中国社会科学院工业经济研究所情报资料室编印,1982年。

2.《银川市2000年国民经济和社会发展统计公报》,银川市统计局,2001年2月16日。

3. 财政部综合计划司编:《预算管理制度选编》,中国财政经济出版社1984年版。

4. 国家统计局编:《中国统计年鉴1983》,中国统计出版社1984年版。

5. 国家统计局城市经济社会调查总队编:《新中国城市50年》,新华出版社1999年版。

6. 国家统计局城市社会经济调查司编:《中国城市统计年鉴2020》,中国统计出版社2021年版。

7. 国家统计局城市社会经济调查总队编:《中国城市四十年》,中国统计信息咨询服务中心1990年版。

8. 国家统计局国民经济综合统计司编:《新中国五十年统计资料汇编》,中国统计出版社1999年版。

9. 国家统计局国民经济综合统计司编:《新中国五十五年统计资料汇编》,中国统计出版社2005年版。

10. 国家统计局人口统计司编:《中国人口统计年鉴1990》,科学技术文献出版社1991年版。

11. 国家统计局人口统计司编:《中国人口统计年鉴1988》,中国展望出版社1988年版。

12. 国家统计局人口统计司编:《中华人民共和国人口统计资料汇编(1949—1985)》,中央财政经济出版社1988年版。

13. 国家统计局社会统计司编:《中国劳动工资统计资料(1949—

1985）》，中国统计出版社1987年版。

14. 国务院全国工业普查领导小组办公室、国家统计局工业交通物资统计司编：《中国工业经济统计资料1986》，中国统计出版社1987年版。

15. 国务院三线建设调整改造规划办公室《三线建设》编写组编：《三线建设》，内部资料，1991年。

16. 海南年鉴编辑委员会编：《海南年鉴（1993）·卷二：《海南政治与法制年鉴》，海南年鉴社1993年版。

17. 何椿霖主编：《中国经济特区与沿海经济技术开发区年鉴（1993年）》，改革出版社1993年版。

18. 湖北省统计局：《湖北固定资产投资"九五"计划与四十六年统计资料》，中国统计出版社1997年版。

19. 吉林省开发区管理协会编：《吉林开发区年鉴（1988—1995年）》，吉林人民出版社1996年版。

20. 沈阳市财政局、沈阳市统计局编：《历史的跨越：纪念沈阳对外开放二十周年》，辽宁人民出版社1999年版。

21. 武汉市统计局《2013年武汉市国民经济和社会发展统计公报》，武汉市统计局网站，2014年3月11日。

22. 中国城市建设年鉴编委会编：《中国城市建设年鉴（1986—1987）》，中国建筑工业出版社1989年版。

23. 中国社会科学院人口研究所编：《中国人口年鉴1998》，中国民航出版社1998年版。

24. 中国社会科学院人口研究中心《中国人口年鉴》编辑部编：《中国人口年鉴（1985）》，社会科学文献出版社1986年版。

25. 中国社会科学院人口研究中心《中国人口年鉴》编辑部编：《中国人口年鉴（1986年）》，社会科学文献出版社1987年版。

26. 中国社会科学院人口研究中心《中国人口年鉴》编辑部编：《中国人口年鉴（1987）》，社会科学文献出版社1988年版。

27. 中国社会科学院人口与劳动经济研究所编：《中国人口年鉴2001》，《中国人口年鉴》杂志社2001年版。

28. 中国社会科学院人口与劳动经济研究所编:《中国人口年鉴2002》,《中国人口年鉴》杂志社2002年版。

29. 中国新闻社上海分社、中国新闻社上海分社房地产研究中心编:《上海房地产投资发展与城市交通年鉴2006》,上海文艺出版总社、百家出版社2006年版。

30. 中华人民共和国国家统计局编:《中国城市统计年鉴2008》,中国统计出版社2009年版。

31. 中华人民共和国国家统计局编:《中国统计年鉴2008》,中国统计出版社2009年版。

32.《中国投资年鉴》编辑委员会编:《中国投资年鉴2010》,中国计划出版社2011年版。

四、报纸

1.《总部公布解放战争伟大战绩,半年来歼匪军百六十九万,两年半共歼敌四百卅三万,克城二百七十座,解放人口五千余万》,《人民日报》1949年1月31日,第1版。

2.《变消费城市为生产城市》(社论),《人民日报》1949年3月17日,第1版。

3.《北平是处理国民党流散官兵的工作总结》,《人民日报》1949年4月3日,第4版。

4.《解放军总部发表战绩公报,三个月歼敌三十万,起义和投诚敌舰艇五十六艘,解放南京等九十四座城市,敌军被俘达廿五万》,《人民日报》,1949年5月28日,第1版。

5.《陈毅将军在沪各界代表会上关于上海市军管会和人民政府六七两月的工作报告》,《人民日报》1949年8月13日,第1版。

6.《南京市军管会和市政府工作,柯庆施副市长在各界代表会议上的报告》,《新华日报》1949年9月11日,第1版。

7.《中共迪化市委的成立》,《新疆日报》1949年12月11日。

8.《匪特阴谋全部瓦解,市场各货跌势凶猛,卖声一片,市场仍看跌》，《工商导报》1950年2月24日，第1版。

9.《市场趋向正常，物价继续下跌，疋头百货低价少交》，《工商导报》1950年2月25日，第1版。

10.《记取二月涨风的教训，商人们不要再投机》，《工商导报》1950年3月1日，第1版。

11. 中华全国总工会：《救济上海及全国各地失业工人告全国工人书》，《新华月报》1950年第2卷第1期。

12. 毛齐华：《一年来救济失业工人工作的成就》，《新华月报》1951年5月。

13.《贯彻重点建设城市的方针》，《人民日报》，1954年8月11日。

14.《我们的行动口号——反对浪费，勤俭建国》（社论），《人民日报》1958年2月2日，第1版。

15.《新华社关于西藏叛乱事件的公报》，《中华人民共和国国务院公报》1959年第6期。

16.《国务院关于西藏地区市、县行政区域划分的决定》，《中华人民共和国国务院公报》1960年第2期。

17.《关于第六个五年计划的报告》，《人民日报》1982年12月14日，第1版。

18.《浦东规划将达到"四个一流"》，《文汇报》1993年10月15日。

19.《中华人民共和国城市房地产管理法》，《中华人民共和国全国人民代表大会常务委员会公报》1994年第5期。

20. 光明：《长沙市确定"九五"奋斗目标》，《湖南政报》1996年第1期。

21.《国务院关于南宁市城市总体规划的批复》，《中华人民共和国国务院公报》1999年第6期。

22. 陶源明等：《地铁，新世纪城市交通大动脉》，《人民日报》1999年10月30日，第8版。

23. 袁文良：《郑州奋力向国家区域性中心城市跨越》，《中国旅游报》2000年8月4日，第B04版。

24.《崛起的现代化商贸城市——郑州》，《中国信息报》2000年9月

7日,第5版。

25. 本报记者:《200广公园遍布深圳——特色公园、特色广场树起一个个响亮的文化品牌》,《深圳商报》2002年5月3日,第A01版。

26.《改革开放以来哈尔滨发展成就及展望》,《哈尔滨日报》2006年4月30日。

27.《中央城镇化工作会议在北京举行习近平李克强作重要讲话》,《人民日报》2013年12月15日,第1版。

28. 周怀龙:《〈2013中国国土资源公报〉解读之一》,《中国国土资源报》,《国土资源》2014年第5期。

29. 蒋梦惟:《京津冀文化一体化:细分市场吸引异地消费》,《北京商报》2014年11月21日。

30.《中央城市工作会议在北京举行》,《人民日报》2015年12月23日,第3版。

31. 夏先清、刘芳芳:《郑州:以建设国家中心城市为目标深化改革加快发展》,《经济日报》2019年1月22日。

32. 文君:《成都加快国家中心城市建设,冲刺世界城市》,《四川日报》2019年9月24日。

33.《中共中央关于党的百年奋斗重大成就和历史经验的决议》,《人民日报》2021年11月17日,第5版。

34.《新型城镇化建设扎实推进,城市发展质量稳步提升——党的十八大以来经济社会发展成就系列报告之十二》,《中国信息报》2022年9月30日,第1版。

35.《10年来我国城镇化水平稳步提高》,《工人日报》2022年9月30日,第4版。

36. 住房和城乡建设部:《2023年住房和城乡建设系统重点工作》,《中国建设报》2023年1月18日。

37. 张佳丽:《城市治理现代化迈开新步伐》,《中国建设报》2023年3月6日。

38.《数实相融,算启未来:让智慧城市更富生机活力》,《贵阳日报》2023年3月30日。

39. 闻言:《新时代做好城市工作的科学指南》,《湖南日报》2023年5月27日。

五、专著

1. 白雪秋:《中国统筹城乡发展研究》,北京出版社2006年版。
2. 鲍振东、曹晓峰主编:《东北地区发展报告（2013）:实施振兴东北战略10年回顾与展望》,社会科学文献出版社2013年版。
3. 北京市人口和计划生育委员会、北京市人口学会编:《人口与发展·第一辑:首都人口与发展论坛文辑》,中国人口出版社2005年版。
4. 本书编写组编:《中国共产党简史》,人民出版社、中共党史出版社2021年版。
5. 曹子西主编:《北京通史》(第10卷),中国书店1994年版。
6. 陈潮、陈洪玲主编:《中华人民共和国行政区划沿革地图集》,中国地图出版社2003年版。
7. 陈潮、王锡光编:《中国县市政区沿革手册》,中国地图出版社1992年版。
8. 陈文科:《大国发展的十大困惑大国发展经济学难点探索》,湖北人民出版社1994年版。
9. 陈文魁主编:《城镇化建设与可持续发展》,国家行政学院出版社2013年版。
10. 陈夕主编:《中国共产党与三线建设》,中共党史出版社2014年版。
11. 陈夕主编:《中国共产党与156项工程》,中共党史出版社2015年版。
12. 陈锡文、赵阳、陈剑波等:《中国农村制度变迁60年》,人民出版社2009年版。
13. 程子良、李清银主编:《开封城市史》,社会科学文献出版社1993年版。
14. 崔龙鹤:《东北经济概论》,延边大学出版社1993年版。

15. 崔乃元、高立基主编:《建设现代化大潍坊》,新华出版社1997年版。

16. 戴均良:《中国市制》,中国地图出版社2000年版。

17. 《当代中国》丛书编辑部编:《当代中国的劳动力管理》,中国社会科学出版社1990年版。

18. 《当代中国》丛书编辑部编辑:《当代中国的城市建设》,中国社会科学出版社1990年版。

19. 邓小兵、车乐:《制度变革:城市规划管理的效能之路》,华南理工大学出版社2018年版。

20. 丁伟志、王恒生主编:《中国国情丛书——百县市经济社会调查（格尔木卷）》,中国大百科全书出版社1992年版。

21. 董建中主编:《深圳经济变革大事》,海天出版社2008年版。

22. 董鉴泓主编:《中国城市建设史》,中国建筑工业出版社2004年版。

23. 董志凯、吴江:《新中国工业的奠基——156项建设研究（1950—2000）》,广东经济出版社2004年版。

24. 范恒山、陶良虎:《中国城市化进程》,人民出版社2009年版。

25. 范恒山主编:《促进中部地区崛起重大思路与政策研究》,人民出版社2011年版。

26. 范恒山主编,张建清、刘苏社副主编:《"十二五"时期促进中部崛起若干问题研究》,武汉大学出版社2011年版。

27. 范宏贵、刘志强等:《中越边境贸易研究》,民族出版社2006年版。

28. 范晓静:《城乡发展一体化解决"三农"问题的根本途径》,上海人民出版社2014年版。

29. 费孝通:《费孝通文集》,群言出版社1999年版。

30. 费孝通:《论小城镇及其他》,天津人民出版社1986年版。

31. 《改革开放简史》编写组编著:《改革开放简史》,人民出版社、中国社会科学出版社2021年版。

32. 《改革开放实录》编写组编:《改革开放实录》,中共党史出版社

2018年版。

33. 高鸿鹰：《城市化进程与城市空间结构演进的经济学分析》，对外经济贸易大学出版社2008年版。

34. 高珊：《农产品市场化对农户土地利用行为的影响研究》，东南大学出版社2013年版。

35. 公保扎西：《图说拉萨》，北京出版社2008年版。

36. 苟文峰等：《乡村振兴的理论、政策与实践研究——中国"三农"发展迈入新时代》，中国经济出版社2019年版。

37. 顾朝林等：《集聚与扩散：城市空间结构新论》，东南大学出版社2000年版。

38. 顾朝林等：《中国城市地理》，商务印书馆1999年版。

39. 顾朝林：《中国城镇体系——历史、现状、展望》，商务印书馆1992年版。

40. 顾洪章主编：《中国知识青年上山下乡始末》，人民日报出版社2009年版。

41. 国家经济体制改革委员会编：《中国经济体制改革十年》，经济管理出版社、改革出版社1988年版。

42. 韩俊、何宇鹏：《新型城镇化与农民工市民化》，中国工人出版社2014年版。

43. 杭州大学《杭州城市跨江发展研究》课题组：《杭州城市跨江发展研究》，杭州大学出版社1993年版。

44. 何沁主编：《中华人民共和国史》，高等教育出版社1997年版。

45. 何兴刚：《城市开发区的理论与实践》，陕西人民出版社1995年版。

46. 何一民：《成都学概论》，巴蜀书社2010年版。

47. 何一民：《中国城市史》，武汉大学出版社2012年版。

48. 何一民主编：《革新与再造：新中国建立初期城市发展与社会转型（1949—1957）》，四川大学出版社2012年版。

49. 胡焕庸等：《中国人口地理》，华东师范大学出版社1984年版。

50. 胡忠、杜光、刘兆文主编：《中国国情丛书——百县市经济社会调查（包头卷）》，中国大百科全书出版社1997年版。

51. 华霞虹、郑时龄：《同济大学建筑设计院60年（1958—2018）》，同济大学出版社2018年版。

52. 贾青松、林凌主编，刘世庆、蒋同明副主编：《四川区域综合竞争力报告2009》，社会科学文献出版社2010年版。

53. 姜乃力、张婷婷：《城市地理学发展研究》，辽宁大学出版社2017年版。

54. 蒋晓伟：《城市治理法制化研究》，人民出版社2016年版。

55. 金大陆、金光耀主编：《中国知识青年上山下乡研究文集》（中），上海社会学院出版社2009年版。

56. 金逸民、张军主编：《中国小城镇发展战略研究》，中国农业科学技术出版社2004年版。

57. 李建钊：《小城镇发展与规划指南》，天津大学出版社2014年版。

58. 李炯主编：《城乡统筹：建设社会主义新农村》，浙江人民出版社2010年版。

59. 李炎、胡洪斌：《中国区域文化产业发展报告（2015）》，社会科学文献出版社2016年版。

60. 李玉荣：《中共接管城市的理论与实践》，首都师范大学出版社2000年版。

61. 廖洪乐：《中国改革与发展报告2013·农民市民化与制度变革》，上海远东出版社2013年版。

62. 刘豪兴、冯月根等：《中国乡村考察报告：乡镇社区的当代变迁——苏南七都》，上海人民出版社2002年版。

63. 刘健：《基于区域整体的郊区发展：巴黎的区域实践对北京的启示》，东南大学出版社2004年版。

64. 刘君德等：《制度与创新——中国城市制度的发展与改革新论》，东南大学出版社2000年版。

65. 刘剀：《武汉三镇城市形态演变研究》，华中科技大学出版社2017年版。

66. 刘淇主编：《辉煌的二十世纪新中国大纪录》，红旗出版社1997

年版。

67. 刘宋斌：《中国共产党对大城市的接管（1945—1952）》，北京图书馆出版社1997年版。

68. 刘天宝：《中国城市的单位模式》，东南大学出版社2017年版。

69. 陆化普、陈宏峰、袁虹等：《综合交通枢纽规划——基础理论与温州的规划实践》，人民交通出版社2001年版。

70. 路遇主编：《新中国人口五十年》，中国人口出版社2004年版。

71. 吕拉昌、黄茹：《新中国成立后北京城市形态与功能演变》，华南理工大学出版社2016年版。

72. 伦蕊：《改革开放以来河南经济发展战略演化研究》，中国经济出版社2020年版。

73. 罗宏翔：《中国小城镇发展研究（1949—2002年）》，高等教育出版社2005年版。

74. 马洪等主编：《中国改革全书（1978—1991）》，大连出版社1992年版。

75. 马维纲：《禁娼禁毒：建国初期的历史回溯》，警官教育出版社1993年版。

76. 马晓河：《中国城镇化实践与未来战略构想》，中国计划出版社2011年版。

77. ［美］R.麦克法夸尔：《剑桥中华人民共和国史（上）：革命的中国的兴起（1949—1965）》，［美］费正清编，谢亮生等译，中国社会科学出版社1990年版。

78. 孟建民：《城市中间结构形态研究》，东南大学出版社2015年版。

79. 牛文元主编：《中国新型工业化之路研究报告》，科学出版社2014年版。

80. 潘培坤、凌岩主编：《城镇化探索》，同济大学出版社2012年版。

81. 皮明庥主编，陈芳国、黄建芳本卷主编：《武汉通史·中华人民共和国卷》，武汉出版社2006年版。

82. 浦东—复旦社会发展研究会编：《2002浦东新区社会发展报告》，上海人民出版社2002年版。

83. 浦善新主编：《中国城市小百科》，星球地图出版社1997年版。

84.（清）魏源撰：《海国图志》，岳麓书社1998年版。

85. 上海财经大学区域经济研究中心编：《2007中国区域经济发展报告：中部塌陷与中部崛起》，上海人民出版社2007年版。

86. 上海财经大学区域经济研究中心张学良：《2013中国区域经济发展报告——中国城市群的崛起与协调发展》，人民出版社2013年版。

87. 沈璧：《萧山城厢镇志》，浙江大学出版社1989年版。

88. 沈清基：《低碳生态城市理论与实践》，中国城市出版社2012年版。

89. 盛明富：《中国农民工40年（1978—2018）》，中国工人出版社2018年版。

90. 盛培德：《南巡旋风：广东改革开放新趋势》，广东旅游出版社1994年版。

91. 宋迺工主编：《中国人口·内蒙古分册》，中国财政经济出版社1987年版。

92. 孙全胜：《中国特色城市化道路的历史透视和现实选择（下）》，中国书籍出版社2019年版。

93. 孙兴科、蒋丽珠、杨东方主编：《国家中心城市建设报告（2022）》，社会科学文献出版社2022年版。

94. 唐凤岗、李九燕编著：《城市管理基础教程》，河北科学技术出版社2009年版。

95. 同济大学李德华主编：《城市规划原理》，中国建筑工业出版社1981年版。

96. 汪德华：《中国城市规划史》，东南大学出版社2014年版。

97. 汪德华：《中国城市规划史纲》，东南大学出版社2005年版。

98. 汪海波等：《新中国工业经济史》，经济管理出版社2017年版。

99. 汪亮等：《上海改革开放40年大事研究·卷十一·对内开放合作》，上海人民出版社2018年版。

100. 王德第编著：《城市管理理论与实践》，南开大学出版社2014年版。

101. 王铎主编:《当代中国的内蒙古》，当代中国出版社1992年版。

102. 王鸿模、苏品端:《20世纪的中国:改革开放的征程》，河南人民出版社2001年版。

103. 王健等:《国家战略与上海发展之路(1949—2019)》，上海人民出版社2019年版。

104. 王健、徐睿等:《构建一元化户籍管理制度研究》，四川人民出版社2013年版。

105. 王军:《城记》，生活·读成书·新知三联书店2003年版。

106. 王文录:《城市化背景下的户籍制度变迁研究》，河北人民出版社2015年版。

107. 王雪微、王士君、范大龙:《东北地区城市群组空间重构:格局·过程·效应》，科学出版社2017年版。

108. 王勇、李广斌:《中国城市群规划管理体制研究》，东南大学出版社2013年版。

109. 温州城市规划设计院编制:《温州市城市总体规划1993—2010》，1993年。

110. 乌杰主编:《中国城市概览》，改革出版社1996年版。

111. 吴殿廷编著:《区域分析与规划高级教程》，高等教育出版社2004年版。

112. 吴继轩、蔡乾和、金烨:《中国共产党解决"三农"问题的理论与实践》，甘肃文化出版社2015年版。

113. 吴静等编:《上海卫星城规划》，上海大学出版社2016年版。

114. 武力主编:《中华人民共和国经济史》，中国经济出版社1999年版。

115. 谢玲丽主编:《上海人口发展60年》，上海人民出版社2010年版。

116. 谢文蕙、邓卫编:《城市经济学》，清华大学出版社1996年版。

117. 熊贵彬:《国家权力与社会结构视野下的农民工城市化》，中国社会出版社2009年版。

118. 熊学忠、刘建荣主编，方虹副主编:《乡镇企业概论》，云南人民出版社1995年版。

119. 熊月之、周武主编:《上海——？一座现代化都市的编年史》,上海书店出版社2009年版。

120. 熊月之主编,承载著:《上海通史·第13卷》,上海人民出版社1999年版。

121. 许玲:《大城市周边地区小城镇发展研究》,陕西人民出版社2007年版。

122. 许英:《城市社会学》,齐鲁书社2002年版。

123. 薛冰:《南京城市史》,南京出版社2008年版。

124. 闫明明:《中国新型城镇化的进程及模式研究》,中国经济出版社2017年版。

125. 阎星等:《改革开放30年成都经济发展道路》,四川人民出版社2009年版。

126. 杨洁曾、贺宛男编:《上海娼妓改造史话》,上海三联书店1988年版。

127. 杨云彦:《区域经济的结构与变迁》,河南人民出版社2001年版。

128. 杨子慧主编:《中国历代人口统计资料研究》,改革出版社1996年版。

129. 有林、郑新立、王瑞璞主编:《中华人民共和国国史通鉴》,红旗出版社1993年版。

130. 余沛、王晓梅、程嘉等:《城市群交通系统协调发展的理论与实证研究》,中国经济出版社2017年版。

131. 喻新安主编,谷建全、王建国副主编:《中国中部地区发展报告（2013）:新城镇化与中部崛起》,社会科学文献出版社2013年版。

132. 袁木:《历史的足迹——中国在改革开放中前进》,新华出版社1996年版。

133. 曾伟玉主编:《转型与跨越——广州改革开放四十年（上）》,广州出版社2018年版。

134. 张本效主编:《城市管理学》,中国农业大学出版社2017年版。

135. 张京成、王国华主编:《北京文化创意产业发展报告（2013）》,社会科学文献出版社2013年版。

136. 张京祥、胡嘉佩:《中国城镇体系规划的发展演进》,东南大学出版社2016年版。

137. 张雷:《当代中国户籍制度改革》,中国人民公安大学出版社2009年版。

138. 张立、赵民:《改革开放后中国社会的城市化转型进程与趋势》,同济大学出版社2020年版。

139. 张弥:《中国人口史论纲》,中国财富出版社2018年版。

140. 张神根主编,中共中央党史研究室第三研究部编:《新时期城市经济体制综合改革》,中共党史出版社2011年版。

141. 张书成:《新中国城市化政策演化进程与评价研究》,上海交通大学出版社2019年版。

142. 张树军主编,荆彦周副主编:《图文共和国年轮（全六卷）》,河北人民出版社2009年版。

143. 张晓明、王家新、章建刚主编:《中国文化产业发展报告（2012—2013）》,社会科学文献出版社2013年版。

144. 张一耿主编:《城市统计工作实用手册》,中国统计出版社1990年版。

145. 张英洪:《新型城市化：北京的探索与前景》,上海人民出版社2013年版。

146. 赵聚军:《中国行政区划改革研究——政府发展模式转型与研究范式转换》,天津人民出版社2012年版。

147. 赵连钧:《沿边开放的理论与实践》,黑龙江人民出版社1998年版。

148. 赵慎应:《张国华将军在西藏》,中国藏学出版社1988年版。

149. 赵永革、王亚男:《百年城市变迁》,中国经济出版社2000年版。

150. 赵子祥、裴志远、曹晓峰等主编:《1998—1999年辽宁省经济社会形势分析与预测》,辽宁人民出版社1999年版。

151. 政协石家庄市委员会编:《石家庄历史文化丛书·石家庄城市

发展史》，中国对外翻译出版公司1999年版。

152. 中共南京市委党史工作办公室编：《风雨同舟：南京探索前进三十年（1949—1978）》，中共党史出版社2002年版。

153.《中国城市发展报告》编委会编：《中国城市发展报告（2012）》，中国城市出版社2013年版。

154. 中国城市规划学会编：《中国城乡规划学学科史》，中国科学技术出版社2018年版。

155. 中国城市规划学会、中国建筑工业出版社编：《城市广场》，中国建筑工业出版社2000年版。

156. 中国城市经济学会中等城市经济研究会编：《中等城市经济改革与发展》，南京出版社1992年版。

157. 中国计划出版社编：《中国城市建设标准规范与政策法规大全》，中国计划出版社1994年版。

158.《中国市县经济社会发展概览》编委会主编：《中国市县经济社会发展概览（第一卷）》，中国言实出版社、改革出版社1998年版。

159.《中国特色新型工业化的实践与探索》编委会编著：《中国特色新型工业化的实践与探索》，电子工业出版社2012年版。

160.《中国中小城市发展报告》编撰委员会、国信中小城市指数研究院主编：《中国中小城市发展报告（2019）：高质量发展之路》，社会科学文献出版2019年版。

161.《中国中小城市发展报告》编撰委员会、国信中小城市指数研究院主编：《中国中小城市发展报告（2020—2021）》，社会科学文献出版社2021年版。

162.《中国中小城市发展报告》编撰委员会、国信中小城市指数研究院主编：《中国中小城市发展报告（2018）：中国中小城市乡村振兴之路》，社会科学文献出版社2018年版。

163.《中国中小城市发展报告》编纂委员会、中国城市经济学会中小城市经济发展委员会：《中国中小城市发展报告（2014）：生态文明时代的中小城市发展》，社会科学文献出版社2014年版。

164. 中华人民共和国农业部编：《2009中国农业发展报告》，中国农业出版社2009年版。

165. 周谷平主编，董雪兵、陈健副主编：《中国西部大开发发展报告（2012）》，中国人民大学出版社2012年版。

166. 周红妮：《中国共产党接管大中城市纪实》，河北人民出版社2013年版。

167. 周霞：《广州城市形态演进》，中国建筑工业出版社2005年版。

168. 周志纯等主编：《跨世纪的举措——湖北大城市研究》，湖北科学技术出版社1996年版。

169. 朱道林主编：《土地管理学》，中国农业大学出版社2016年版。

170. 朱军献：《因革之变——中原区域中心城市的近代变迁》，山西人民出版社2013年版。

171. 朱士光主编：《西安的历史的变迁与发展》，西安出版社2003年版。

172. 朱有志主编，罗波阳、方向新执行主编：《中国中部地区发展报告（2012~2013）：中部崛起战略平台建设回顾与展望》，社会科学文献出版社2012年版。

173. 住房和城乡建设部城乡规划司、中国城市规划设计研究院编：《全国城镇体系规划（2006—2020）》，商务印书馆2010年版。

174. 庄林德、张京祥编著：《中国城市发展与建设史》，东南大学出版社2002年版。

175. SchienkeEW."EcocityChina"：AnEthosUnderDevelopment [M]. Engineering, DevelopmentandPhilosophy, 2012.

六、论文

1. 《城市商品房预售管理办法》，《中国房地产》1995年第1期。

2. 《深圳世界之窗——世界广场》，《建筑学报》1995年第10期。

3. 《迎接99世博会，昆明城市建设掀高潮》，《建筑》1998年第7期。

4. 《长三角走向区域合作和一体化》，《浙江经济》2002年第21期。

5. 艾伟、庆大方、刘友兆:《北京市城市用地百年变迁分析》,《地理信息科学》2008年第4期。

6. 安树伟、张晋晋:《都市圈带动黄河流域高质量发展研究》,《人文杂志》2021年第4期。

7. 蔡翼飞:《"两横三纵"经济主骨架》,《中国投资(中英文)》2021(ZA)。

8. 曹惠民:《治理现代化视角下的城市公共安全风险治理研究》,《湖北大学学报》(哲学社会科学版)2020年第1期。

9. 车靖宇、欧阳利、周诚等:《新发展理念下长江中游城市群高质量发展现状与策略研究》,《企业改革与管理》2021年第20期。

10. 陈洪波、谢兰:《湖南宁乡:棚改托起百姓"安居"梦》,《中国报道》2020年第11期。

11. 陈际瓦:《重庆:长江上游地区的经济中心》,《中国外资》2000年第11期。

12. 陈启宁:《苏州工业园区的城市规划》,《规划师》1999年第2期。

13. 陈水生:《我国城市精细化治理的运行逻辑及其实现策略》,《电子政务》2019年第10期。

14. 陈永林、谢炳庚、李晓菁等:《2003—2013年长沙市土地利用变化与城市化的关系》,《经济地理》2015年第1期。

15. 陈昭锋:《论我国经济技术开发区城市化功能开发》,《城市开发》1998年第4期。

16. 陈志端:《新型城镇化背景下的绿色生态城市发展》,《城市发展研究》2015年第2期。

17. 成都市建设管理委员会:《浓墨重彩绘蓉城——成都改革开放以来城市面貌大变样》,《城市发展研究》1999年第3期。

18. 仇保兴:《我国低碳生态城市发展的总体思路》,《建设科技》2009年第15期。

19. 邓毛颖等:《广州市居民出行特征分析及交通发展的对策》,《热带地理》2000年第1期。

20. 丁桂节:《工人新村:"永远的幸福生活"——解读上海20世纪

50、60年代的工人新村》，博士学位论文，同济大学，2007年。

21. 董瑞海、春兴：《呼和浩特城市规划历史研究（1949—1979年）》，载董卫、李百浩、王兴平主编：《城市规划历史与理论》第3辑，东南大学出版社2018年版。

22. 杜跃平：《发挥西安在西部大开发中的改革开放"窗口"作用研究》，《西安电子科技大学学报》（社会科学版）2000年第2期。

23. 范保宁：《加速长株潭经济中心和长衡经济走廊发展思路》，《湖南商学院学报》1999年第2期。

24. 范晓敏：《城市群如何带动区域经济增长》，《人民论坛》2020年第16期。

25. 方创琳：《改革开放30年来中国的城市化与城镇发展》，《经济地理》2009年第1期。

26. 方创琳：《新发展格局下的中国城市群与都市圈建设》，《经济地理》2021年4月第41卷第4期。

27. 方创琳：《中国城市群形成发育的新格局新趋向》，《地理科学》2011年第9期。

28. 费孝通：《小城镇、大问题》，《江海学刊》1984年第1期。

29. 冯健、周一星、王晓光：《1990年代北京郊区化的最新发展趋势及其对策》，《城市规划》2004年第3期。

30. 冯文炯：《城市现代化与商业步行街（区）的建设》，《城市问题》1994年第2期。

31. 付高生：《恩格斯城市思想视阈下新时代城市治理体系的建构——纪念恩格斯诞辰200周年》，《重庆理工大学学报》（社会科学版）2020年第11期。

32. 付志刚、王肇磊：《新中国成立初期中国共产党对新疆城市的接管与政权重构》，《南都学坛》2016年第6期。

33. 顾朝林、张敏、张成等：《长江三角洲城市群发展展望》，《地理科学》2007年第1期。

34. 广西省社科院：《实施开放带动战略，加快南宁经济发展——提高南宁市对外开放水平对策研究》，《广西社会科学》1997年第6期。

35. 郭春安：《北京城市轨道交通线网调整规划》，《城市交通》2004年第1期。

36. 国家发改委地区经济司：《促进中部崛起——五年来的成效及政策建议》，《宏观经济管理》2011第10期。

37. 何艳玲、郑文强：《"回应市民需求"：城市政府能力评估的核心》，《同济大学学报》（社会科学版）2014年第6期。

38. 何一民、范瑛、付春：《中国城市发展模式研究》，《社会科学研究》2005年第1期。

39. 何一民、何永之：《从跟随者到领跑者：新中国城市发展的成就与经验回眸》，《福建论坛》2022年第7期。

40. 何一民：《建设国际大都会初探——以成都为例》，《四川大学学报》（哲学社会科学版）1994年第3期。

41. 何一民：《跨越传统历史分期的界线：开拓20世纪中国城市史研究新方向》，《天府新论》2012年第2期。

42. 何一民：《清代城市数量的变化及原因》，《社会科学》2014年第8期。

43. 何一民：《我国西部城市发展的方针》，《城市发展研究》1996年第6期。

44. 胡冬冬：《1949—1978年广州住区规划发展研究》，硕士学位论文，华南理工大学，2010年。

45. 华宣奎：《发挥开发区在城市化进程中的作用》，《浙江经济》2000年第2期。

46. 黄梦、安树伟：《京津冀创业产业发展研究》，《西安石油大学学报》2013年第2期。

47. 黄平：《不平衡发展格局下的农村困境》，《视界》2002年第9辑。

48. 黄雪良：《苏州工业园区借鉴新加坡规划建设经验的实践》，《城市规划汇刊》1999年第1期。

49. 黄艳、安树伟：《我国都市圈的空间格局和发展方向》，《开放导报》2021年第4期。

50. 嵇尚洲：《发挥上海中心城市作用，建设长三角世界级城市群》，

《科学发展》2018年第7期。

51. 姜晓萍、董家鸣：《城市社会治理的三维理论认知：底色、特色与亮色》，《中国行政管理》2019年第5期。

52. 姜晓雪：《我国生态城市建设实践历程及其特征研究》，硕士学位论文，哈尔滨工业大学，2017年。

53. 焦华富：《试论煤炭城市人口自然结构的演化特征——以淮南、淮北市为例》，《经济地理》2001年第4期。

54. 康志新：《1980年的中国基本建设》，《中国经济年鉴（1981）》，经济管理杂志社1982年版。

55. 李立民等：《南宁增加出口、利用外资和扩大对外开放对策选择》，《改革与战略》2000年第2期。

56. 李明超：《创意城市推动文化创意产业发展的政府导向研究——以杭州市为例》，《管理学刊》2013年第6期。

57. 李若建：《"大跃进"时期的城镇化高潮与衰退》，《人口与经济》1999年第5期。

58. 李若建：《"大跃进"与困难时期小城镇人口变动研究》，《中山大学学报》（社会科学版）2001年第1期。

59. 李迅、曹广忠、徐文珍等：《中国低碳生态城市发展战略》，《城市发展研究》2010年第1期。

60. 李英东：《空间城市化与人口城市化相统一的城市化模式与持续经济增长》，《湖北社会科学》2016年第5期。

61. 梁振民：《新型城镇化背景下的东北地区城镇化质量评价研究》，博士学位论文，东北师范大学，2014年。

62. 刘傲然：《城市化进程中的城市空间扩张响应模式、机理及策略——以关中平原城市群为例》，硕士学位论文，西北大学，2021年。

63. 刘秉镰、朱俊丰：《新中国70年城镇化发展——历程、问题与展望》，《经济与管理研究》2019年第11期。

64. 刘国熊、周晓苑：《建设现代化大商场是广州市建设国际大都市的需要——海珠购物中心开业三年回顾》，《广州市财贸管理干部学院学报》1995年第1期。

65. 刘瑞华:《昆明城市发展战略目标》,《城市发展研究》1998年第4期。

66. 刘文忠、刘旺、李业锦:《北京城市内部居住空间分布与居民居住区位偏好》,《地理研究》2003年第6期。

67. 刘勇:《充分发挥武汉市及武汉城市群在中部崛起中的龙头带动作用》,《中部论坛》2004年第5期。

68. 卢守祥:《抢抓机遇,加快贵阳现代化城市建设步伐》,《城乡建设》2000年第7期。

69. 陆大道:《关于我国区域发展战略与方针的若干问题》,《经济地理》2009年第29卷第1期。

70. 罗琦佳:《城市治理体系和治理能力现代化研究——以成都市为例》,硕士学位论文,西南交通大学,2019年。

71. 罗子欣、车欣怡:《成都市文化产业现状及对策建议》,《资源与人居环境》2013年第11期。

72. 罗宗美:《建设海峡西岸经济区:福建发展的战略选择》,《发展研究》2004年第1期。

73. 马麟、朱绍宝:《北京经济技术开发区总体规划的充实与完善》,《北京规划建设》1997年第S1期。

74. 马腾:《倡导生态文明,建设生态城市》,《赤峰学院学报》(自然科学版)2010年第3期。

75. 马燕坤、肖金成:《都市区、都市圈与城市群的概念界定及其比较分析》,《经济与管理》2020年1月第34卷第1期。

76. 马正辉:《接管与经营:国家视野下西藏城镇现代化历程探析(1951年至今)》,《西藏民族大学学报》(哲学社会科学版)2020年第4期。

77. 毛新雅:《人口迁移与中国城市化区域格局——基于长三角、珠三角和京津冀三大城市群的实证分析》,《经济研究参考》2014年第57期。

78. 缪磊磊:《美丽县城理念下的新型中小城市发展模式研究——以浙江省桐庐县为例》,《建筑与文化》2018年第5期。

79. 宁越敏:《中国城市化特点、问题及治理》,《南京社会科学》2012年第10期。

80. 潘博:《党建引领城市基层社会治理的运作逻辑与实践路径研究》,博士学位论文,吉林大学,2020年。

81. 彭勇:《福建省"大跃进"运动研究》,硕士学位论文,福建师范大学,2008年。

82. 彭志萍、周森葭:《旧城改造,遂宁念好绿色经》,《当代县域经济》2018年第3期。

83. 邱靖基:《中心城市经济体制综合改革的成就与经验》,《经济管理》1987年第12期。

84. 任杲、宋迎昌、蒋金星:《改革开放40年中国城市化进程研究》,《宁夏社会科学》2019年第1期。

85. 任致远、王明浩、刘颖秋等:《西部开发与城市发展座谈会发言(摘要)》,《城市发展研究》2000年第4期。

86. 邵辛生:《上海浦东新区总体规划初探》,《城市规划》1992年第6期。

87. 申现杰、袁朱:《城市群高质量发展的理论逻辑与路径选择》,《开放导报》2021年第4期。

88. 石德金、刘顺娜:《国家治理能力现代化的马克思主义溯源及其逻辑进路》,《贵州社会科学》2022年第8期。

89. 石忆邵:《中国"城市病"的测度指标体系及其实证分析》,《经济地理》2014年第34卷第10期。

90. 史育龙、王大伟:《海南、福建特色小镇建设案例》,《宏观经济管理》2020年第9期。

91. 宋毅军、任元娜:《陈云和周恩来在1956年反冒进前后》,《党史文苑》2015年第17期。

92. 苏宁:《中国共产党城市政策的变革与探索》,上海市中国特色社会主义理论体系研究中心编:《中国特色社会主义理论体系与科学发展理论研讨会文集》,上海人民出版社2012年版。

93. 苏少之:《1949—1978年中国城市化研究》,《中国经济史研究》

1999年第1期。

94. 谈锦钊：《大建广场　建大广场——树立广州城市新形象》，《珠江经济》1998年第9期。

95. 谈锦钊：《广场文化：广州建设国际大都市的城市设计》，《广州经济》1994年第7期。

96. 唐琼：《四川省就地城镇化困境研究——基于南充市的调查》，《四川行政学院学报》2018年第2期。

97. 唐斯斯、张延强、单志广等：《我国新型智慧城市发展现状、形势与政策建议》，《电子政务》2020年第4期。

98. 唐协平：《西安市"大跃进"运动研究》，硕士学位论文，西北工业大学，2002年。

99. 田光、建枫：《腾飞之魂　成功之路　发展之本——西单购物中心"八五"效益翻番》，《北京统计》1996年第4期。

100. 万莉军、李军：《武汉城市广场建设评析》，《规划师》2003年第7期。

101. 汪永国：《浓墨重彩绘华章——日新月异的兰州城市建设》，《党的建设》1999年第9期。

102. 王放：《论中国可持续的城市化道路兼论现行城市发展方针的局限性》，《人口研究》1999年第5期。

103. 王宏玉：《京津冀城市群空间结构与发展模式选择》，硕士学位论文，中央民族大学，2011年。

104. 王欢：《以"城市之治"助力"中国之治"——推进城市治理现代化的着力点》，《中国社会科学报》2021年9月23日。

105. 王金瑞：《论河南省的"大跃进"运动》，硕士学位论文，河南大学，2002年。

106. 王凯：《我国城市规划五十年指导思想的变迁及影响》，《规划师》1999年第4期。

107. 王黎锋：《回顾中国共产党历史上召开的历次城市工作会议》，《党史博采（纪实）》2016年第7期（上）。

108. 王士君、宋飏：《中国东北地区城市地理的基本框架》，《地理学报》2006年第6期。

109. 王晓军、斯庆:《生态型城市的规划设计探讨》,《城市建设理论研究》2014年第11期。

110. 王洋、王少剑、秦静:《中国城市土地城市化水平与进程的空间评价》,《地理研究》2014年第12期。

111. 魏立华、阎小培:《快速城市化中城市规划和行政区划的关系研究——以珠三角为例》,《规划研究》2004年第2期。

112. 吴良镛:《关于浦东新区总体规划》,《城市规划》1992年第6期。

113. 吴新叶:《社会治理精细化的框架及其实现》,《华南农业大学学报》(社会科学版)2016年第4期。

114. 霞飞:《陈云与反冒进》,《世纪风采》2018年第6期。

115. 夏志强、谭毅:《城市治理体系和治理能力建设的基本逻辑》,《上海行政学院学报》2017年第18卷第5期。

116. 肖巍:《城市化与中部崛起》,《湖北经济学院学报》(人文社会科学版)2007年第1期。

117. 邢海峰:《开发区空间的演变特征和发展趋势研究——以天津经济开发区为例》,《开发研究》2003年第4期。

118. 邢鹏:《中国城市化进程与不断变化的风险格局度》,《上海保险》2006年第21期。

119. 许慧:《深圳城市空间结构演变》,《艺术教育》2013年第6期。

120. 晏涛:《促进中部崛起研究》,博士学位论文,中国社会科学院,2012年。

121. 杨海田:《关于建立环渤海湾经济区的初步研究》,《科学学与科学技术管理》1986年第6期。

122. 叶欠、刘春雨、闰浩楠:《特色小镇发展现状与政策选择》,《宏观经济管理》2020年第9期。

123. 殷本杰:《试论开发区建设和江苏的城市化》,《江苏统计》1999年第10期。

124. 游珍、王露、封志明等:《珠三角地区人口分布时空格局及其变化特征》,《热带地理》2013年第2期。

125. 余黔明等:《贵阳城市的发展与区街经济》,《贵阳师范大学学报》(社会科学版)1996年第4期。

126. 袁媛、古时恒、蒋珊江等:《新型城镇化背景下珠三角城镇群发展研究》,《上海城市规划》2014年第1期。

127. 岳文泽、汪锐良、范蓓蕾:《城市扩张的空间模式研究——以杭州市为例》,《浙江大学学报》(理学版)2013年第5期。

128. 张爱珠:《城市发展方针与城市化》,《城市开发》1989年第12期。

129. 张宝秀、胡楠:《加速北京郊区城市化进程研究(之一)——北京远郊区城市化现状分析》,《北京规划建设》2003年第4期。

130. 张兵:《我国城市住房空间分布重构》,《城市规划汇刊》1995年第2期。

131. 张凤霞、马超:《建国初期党和政府成功治理乞丐问题历程及经验追溯》,《西南民族大学学报》(人文社会科学版)2015年第2期。

132. 张贡生:《论沿海经济地带城市群一体化格局的形成与发展》,《青岛科技大学学报》(社会科学版)2009年第25卷第1期。

133. 张建:《中国共产党探索城市治理的百年历程、经验和现实路径》,《南海学刊》2022年第8期。

134. 张为付、吴进红:《对长三角、珠三角、京津地区综合竞争力的比较研究》,《浙江社会科学》2002年第11期。

135. 张文华、康宗基:《我国推进城市治理现代化的内在逻辑与创新路径——基于国家与社会关系视角》,《合肥工业大学学报》(社会科学版)2021年第3期。

136. 张星星、刘勇、杨朝现:《重庆山地城市空间扩展形态的定量研究》,《西南大学学报》(自然科学版)2015年第10期。

137. 张序、劳承玉:《公共服务能力建设:一个研究框架》,《理论与改革》2013年第2期。

138. 张耀军、任正委:《基于GIS方法的沿海城市人口变动及空间格局研究》,《地域研究与开发》2012年第4期。

139. 张占仓:《建设国家中心城市的战略意义与推进对策》,《中州学刊》2017年第4期。

140. 张志安:《新疆和平解放原因浅析》,《实事求是》1988年第1期。

141. 赵真理:《刍议西宁城市定位与城市发展》,《大开发探索——西部大开发青海大发展理论研讨会论文集》,青海省社会科学界联合会,2000年6月。

142. 郑国、周一星:《北京经济技术开发区对北京郊区化的影响研究》,《城市规划学刊》2005年第6期。

143. 钟海燕:《成渝城市群研究》,博士学位论文,四川大学,2006年。

144. 朱政、郑伯红、贺清云:《珠三角城市群空间结构及影响研究》,《经济地理》2011年第31卷第3期。

145. 庄严、葛庆华、杨岩松:《重写老街史,今日换新貌——记哈尔滨中央大街完全步行街建设》,《建筑学报》1997年第12期。

146. 踪家峰、林宗建:《中国城市化70年的回顾与反思》,《经济问题》2019年第9期。

147. 邹军、徐海贤:《以统筹规划促进统筹发展——刍议长江三角洲一体化规划》,《城市规划》2004年第11期。

148. FanJie. Analysison The Restrictive Factors of Regional Coordinative Development [J]. StrategyandDecision-makingResearch, 2007, 22 (3).

149. GirardetH. Whichway China? Will the world's mostpopulouscountry embracesustainabledevelopment? Is Dongtan City, Shanghai's neweco-city, themodeforsavingourcitiesandsustainableurbandevelopment? [J]. PublicEvents, 2007, 9 (3).

150. RaoRong, Eco-local Urban Planningin Northern Europeand Lessons [J]. Planner, 2004, 20 (12).

七、文史资料、地方史志、工作报告

1. 安徽省地方志编纂委员会编纂:《安徽省志·计划统计志》,方志出版社1998年版。

2. 成都市地方志编纂委员会编纂:《成都市志·城市规划志》,四川辞书出版社1998年版。

3. 成都市地方志编纂委员会编纂:《成都市志·计划志》,中国计划出版社1995年版。

4. 成都市发展和改革委员会、成都市经济信息中心编:《2007年成都经济展望》,四川科学技术出版社2007年版。

5. 成都市人民政府研究室编:《2015成都调查与思考》,四川文艺出版社2016年版。

6. 福建省福州市人口志编纂委员会编:《福州市人口志》,方志出版社1999年版。

7. 藁城市地方志编纂委员会编:《藁城县志》,中国大百科全书出版社1994年版。

8. 广东省地方史志编纂委员会编:《广东省志·城乡建设志》,广东人民出版社2006年版。

9. 广宗县地方志编纂委员会编:《广宗县志》,方志出版社1999年版。

10. 合肥市地方志编纂委员会编纂:《合肥市志》,安徽人民出版社1999年版。

11. 湖北省地方志编纂委员会编:《湖北省志·城乡建设志》,湖北人民出版社1999年版。

12. 湖南省地方志编纂委员会编:《湖南省志·建设志》,湖南出版社1997年版。

13. 滑县地方史志编纂委员会编:《滑县志》,中州古籍出版社1997年版。

14. 江苏省地方志编纂委员会编:《江苏省志·城乡建设志》,江苏人民出版社2008年版。

15. 津南区《葛沽镇志》编修委员会编:《葛沽镇志》,葛沽镇志编修委员会出版,1993年。

16. 李宝锟主编:《武清县志》,天津社会科学院出版社2004年版。

17. 辽宁省地方志编纂委员会主编:《辽宁省志·统计志》,辽宁民族出版社2001年版。

18. 漯河市地方史志编纂委员会编:《漯河市志》,方志出版社1999年版。

19.《南汇交通志》编纂委员会编:《南汇交通志》,方志出版社2011年版。

20. 南浔镇志编纂委员会编:《南浔镇志》,上海科学技术文献出版社1995年版。

21. 宁河县地方史志编修委员会编:《宁河县志》,天津社会科学院出版社1991年版。

22. 山东省寿光市羊口镇志编委会:《羊口镇志》,山东潍坊新闻出版局1998年版。

23. 陕西省地方志编纂委员会:《陕西省志·计划志》,陕西人民出版社1995年版。

24. 陕西省地方志编纂委员会:《陕西省志·建设志》,三秦出版社1999年版。

25.《上海城市规划志》编纂委员会编:《上海城市规划志》,上海社会科学院出版社1999年版。

26.《上海人民政府志》编纂委员会编:《上海人民政府志》,上海社会科学院出版社2004年版。

27. 石家庄地区地名办公室等编:《石家庄地区集镇志》,河北人民出版社1988年版。

28. 石家庄市地方志编纂委员会编:《石家庄市志》第1卷,中国社会出版社1995年版。

29. 天津市地方史志编修委员会编著:《天津通志·城乡建设志》,天津社会科学院出版社1996年版。

30. 武汉地方志编纂委员会主编:《武汉市志·城市建设志》,武汉大学出版社1996年版。

31.《武汉文史资料》编辑部:《武汉文史资料一九八九年第三辑:建国初期武汉大事选记》,武汉市政协文史资料委员会,1989年。

32. 西安市地方志编纂委员会编:《西安市志》第二卷《城市基础设施》,西安出版社2000年版。

33.《小站镇志》编修委员会编:《小站镇志》,内部编印,1993年。

34. 政协北京市委员会文史资料研究委员会编:《北京的黎明》,北京出版社1989年版。

35. 政协上海市委员会文史资料工作委员会编:《上海解放三十五周年》,上海人民出版社1989年版。

36. 中共上海市委组织部、中共上海市委宣传部、上海市地方志办公室编:《上海通志(干部读本)》,人民出版社2014年版。

37. 重庆市地方志编纂委员会总编辑室编纂:《重庆大事记》,科学技术文献出版社1989年版。

八、网络资料

1. 北京市统计局:《北京市2000年国民经济和社会发展统计公报》,中国统计信息网,http://www.tjcn.org/tjgb/01bj/67.html。

2. 曹源:《陈云与新中国共同走过的路》(上),中国共产党新闻网,http://dangshi.people.com.cn/n/2015/0615/c85037-27157611.html,2015年6月15日。

3.《长江中游城市群发展历程》,荆楚网,http://news.cnhubei.com/xw/2015zt/cjtl/201504/t3227151.shtml,2015年4月8日。

4.《关于加强城市建设工作的意见》,中国城市规划网,http://www.planning.org.cn/news/view?id=3460,2015年12月18日。

5.《国家发展和改革委关于培育发展现代化都市圈的指导意见》,中华人民共和国国家发展和改革委员会,https://www.ndrc.gov.cn/xxgk/zcfb/tz/201902/t20190221_962397.html?code=&state=123,2019年2月21日。

6. 国家发展和改革委员会:《促进中部地区崛起规划》,中华人民共和国国务院新闻办公室网站,http://www.scio.gov.cn/index.htm,2010年2月6日。

7. 国家发展和改革委员会、住房城乡建设部:《成渝城市群发展规划》,中华人民共和国国家发展和改革委员会,https://www.ndrc.gov.cn/fzggw/jgsj/ghs/sjdt/201605/t20160504_1170022_ext.html,2016年5月4日。

8.国家统计局城市司:《城镇化水平不断提升城市发展阔步前进——新中国成立70周年经济社会发展成就系列报告之十七》,央视网,http://news.cctv.com/2019/08/15/ARTId9HA9OBLjeTixWUMetVd190815.shtml,2019年8月15日。

9.《国家新型城镇化规划（2014—2020年）》,中华人民共和国国家发展和改革委员会,https://www.ndrc.gov.cn/fggz/fzzlgh/gjfzgh/201404/t2014 0411_1190354.html,2014年4月11日。

10.《国务院关于调整城市规划分标准的通知》,中华人民共和国中央人民政府,http://www.gov.cn/zhengce/content/2014-11/20/content_9225.htm,2014年11月20日。

11.《河南省城镇化"十一五"规划》,河南省人民政府门户,https://www.henan.gov.cn/2006/10-24/237217.html,2006年10月24日。

12.《2000年南昌市政府工作报告》,南昌市人民政府网站,http://mzj.nc.gov.cn/ncszf/zfgzbga/200001/20f7a43917fe4b93b12f05a879244c22.shtml。

13.《2020年新型城镇化建设和城乡融合发展重点任务》,中华人民共和国国家发展和改革委员会,https://www.ndrc.gov.cn/xxgk/zcfb/tz/202004/t20200409_1225431.html?code=&state=123,2020年4月9日。

14.《2021年新型城镇化建设和城乡融合发展重点任务》,中华人民共和国国家发展和改革委员会,https://www.ndrc.gov.cn/xxgk/zcfb/tz/202104/t20210413_1272200.html,2021年4月13日。

15.《2019年新型城镇化建设和城乡融合发展重点任务》,中华人民共和国国家发展和改革委员会,https://www.ndrc.gov.cn/xwdt/ztzl/xxczhjs/ghzc/202012/t20201224_1260132.html?code=&state=123,2019年3月31日。

16.《批转公安部关于推进小城镇户籍管理制度改革意见的通知》,中华人民共和国中央人民政府,http://www.gov.cn/gongbao/content/2001/content_60769.htm。

17.新华社:《我国将于2020年建成一批智慧城市》,中华人民共和国中央人民政府,https://www.gov.cn/xinwen/2014-08/29/content_2742353.htm,2014年8月29日。

18.《新时代城市建设必须始终坚持党的领导》，搜狐网，https://www.sohu.com/a/403830071_120736774，2020年6月24日。

19.《中共中央关于制定国民经济和社会发展第十个五年计划的建议》，中华人民共和国中央人民政府，http://www.gov.cn/gongbao/content/2000/content_60538.htm，2000年10月17日。

20.《中共中央 国务院关于建立更加有效的区域协调发展新机制的意见》，中华人民共和国中央人民政府，http://www.gov.cn/zhengce/2018-11/29/content_5344537.htm，2018年11月29日。

21.《中共中央、国务院关于批转〈沿海部分城市座谈会纪要〉的通知》，中国经济网，http://www.ce.cn/xwzx/gnsz/szyw/200706/07/t20070607_11633951.shtml，2007年6月7日。

22.《中共中央 国务院印发国家新型城镇化规划2014——2020》，中华人民共和国中央人民政府，https://www.gov.cn/xinwen/2014-03/18/content_2641108.htm，2014年3月18日。

23. 中共中央文献研究室编：《科学发展观重要论述摘编》，中国共产党新闻网，http://theory.people.com.cn/GB/68294/137720/index.html.

24. 中华人民共和国发展和改革委员会：《长江中游城市群发展规划》，中华人民共和国国家发展和改革委员会，https://www.ndrc.gov.cn/xxgk/zcfb/tz/201504/W020190905507411236008.pdf，2015年4月16日。

25. 中华人民共和国国家统计局：《第七次全国人口普查公报（第七号）》，国家统计局，http://www.stats.gov.cn/tjsj/tjgb/rkpcgb/qgrkpcgb/202106/t20210628_1818826.html，2021年5月11日。

26. 中华人民共和国国家统计局：《关于1979年国民经济计划执行结果的公报》，国家统计局网站，https://www.stats.gov.cn/sj/tjgb/ndtjgb/qgndtjgb/202302/t20230206_1901922.html，1980年4月30日。

27. 中华人民共和国国家统计局：《2011年城镇化率达到51.27%》，人民网，2012年08月17日。

28.《中华人民共和国国民经济和社会发展第六个五年计划（摘要）》，中国人大网，http://www.npc.gov.cn/wxzl/gongbao/1982-11/30/content_1478459.htm。

29.《中华人民共和国国民经济和社会发展第七个五年计划（摘要）》，中国人大网，http://www.npc.gov.cn/wxzl/gongbao/2000-12/26/content_5001764.htm。

30.《中华人民共和国国民经济和社会发展第十二个五年规划纲要》，中华人民共和国中央人民政府，http://www.gov.cn/2011lh/content_1825838_6.htm，2011年3月16日。

31.《中华人民共和国国民经济和社会发展第十三个五年计划规划纲要》，中华人民共和国中央人民政府，http://www.gov.cn/xinwen/2016-03/17/content_5054992.htm，2016年3月17日。

32.《中华人民共和国国民经济和社会发展第十四个五年规划和2035年远景目标纲要》，中华人民共和国中央人民政府，http://www.gov.cn/xinwen/2021-03/13/content_5592681.htm?pc，2021年3月13日。

33.《中央城镇化工作会议在北京举行》，中华人民共和国中央人民政府，https://www.gov.cn/ldhd/2013-12/14/content_2547880.htm，2013年12月14日。

34.《做好西藏工作，习近平总书记强调"十个必须"》，求是网，http://www.qstheory.cn/zhuanqu/2021-07/29/c_1127707898.htm，2021年7月21日。

后 记

今年是新中国成立75周年。75年来，中国城市发展取得了举世瞩目的伟大成就。城镇化进程不断加快，城市规模日益扩大，城市功能不断完善，城市经济持续发展，城市文化高度繁荣。在这一过程中，城市的发展变化成为我国社会进步的一个重要标志。然而，关于新中国城市发展的系统研究尚显不足，至今并未出版一本系统研究新中国城市发展史的专著。为此，我们着手撰写了《新中国城市简史》，以期填补这一空白。

在撰写《新中国城市简史》的过程中，我们深感责任重大。这部作品旨在回顾新中国成立以来，我国城市发展的历程，展示城市建设的辉煌成就，以及探讨未来城市发展之路。在此，我们谨以此篇后记，对本书的编写过程及意义进行简要总结。

近年来，中央号召学习四史。四史教育是党史、新中国史、改革开放史和社会主义发展史教育的统称。四史都与新中国城市发展史有着十分密切的关系，因为无论是党的领导还是社会主义革命和建设，无论是新中国的历史变迁还是改革开放的发展，在很大程度上都是以城市为载体，并在城市中进行。但是有关新中国城市史的研究一直较为薄弱。近年来，我撰写了多篇文章一直呼吁加强新中国城市史研究，但响应者并不多。仅从知网（CNKI）查询，已经发表的有关新中国城市史的研究论文十分有限，而已经出版的相关专著更是寥寥可数。这种对新中国研究史研究薄弱的状况，与新中国城市发展取得的成就明显不成正比。

20世纪90年代，我撰写了《中国城市史纲》（30万字），本世纪初撰写了《中国城市史》(60万字),并主编了《中国城市通史》(7卷本,450万字)。由于新中国城市史研究的基础薄弱,各书所写的时间下限均止于新中国成立之前,这一直是我心中的一件憾事。《中国城市史》特别是《中国城市通史》,如果缺少了新中国城市史的内容显然是不完整的。从21世纪初开始,我们就着手对新中国城市史进行系统疏理和研究,并于2012年出版了新中国城市史第一卷《革新与再造:新中国成立初期城市发展与社会转型(1949—1957)》,该书共80余万字,由四川大学出版社出版。其后,由于其他研究任务持续不断,对新中国城市史的系统研究没有持续下去。2019年是新中国成立70周年,中国城市相比70年前发生了天翻地覆的巨大变化,我作为与新中国几乎同龄的人,亲眼见证了这些变化,切身地感到了这些变化所带来的幸福感。因此,我决定先编写一部《新中国城市简史》,其后再在此基础上加以拓展。此一设想得到了四川大学研究所副所长范瑛教授、鲍成志教授的赞同。我们决定以四川大学城市研究所为主体,联络重庆、天津、武汉的部分同仁一起编写该书。2020年10月,当新冠疫情紧张的局势有所松动时,我们在成都召开了《新中国城市简史》编纂会议,对编写大纲进行讨论和分工。原计划在2021年完成相关研究和修改。但是,由于多种原因,该研究工作的进度并不一致。由于编写人员较多,质量参差齐,相当部分文稿的修改难度很大,有的部分几乎需要重写,我作为主编不得不对全书进行统筹协调和改写,为此足足花了大半年的时间。《新中国城市简史》终于在2023年上半年完成定稿,并交付出版社。

在本书即将出版之际,首先,我们要感谢新中国成立以来,无数为城市发展付出辛勤努力的劳动者,其中既包括从事体力劳动的工人、农民、工商业者等,也包括从事脑力劳动的干部、规划设计者、管理者、老师、医生等,以及千千万万为城市发展做出贡献的人们,正是他们用智慧和汗水铸就了今天中国城市的崛起和繁荣,本书所记录的中国城市每一个进步,都凝聚着他们的智慧和辛勤付出。在此,我们对他们表示由衷的敬意。其次,我们还要感谢四川人民出版社黄立新社长和江澄副总编,以及蒋科兰等编辑,本书没有他们的全力支持,就难以顺利出版,他们在审稿、编辑、校对和版设计等各个环节,认真把关,精益求精,不仅是付出了大量的精力,更是一种对出版事业的执着和追求。在此,我也代表本书作者向他们表示感谢。

《新中国城市简史》以时间为脉络,从新中国成立初期开始,梳理了我国城市的三个阶段发展变迁过程:社会主义建设初期(1949—1978年)城市重建与起步阶段、改革开放时期(1979—2012年)城市快速发展阶段、中国特色社会主义新时代(2012年以来)城市转型升级和高质量阶段,并对未来进行了展望。在这三个阶段中,我们力求客观、全面地展现我国城市发展的历程,总结经验教训,为未来城市发展提供借鉴。

在撰写《新中国城市简史》的过程中,我们秉持真实、客观、整体、多样、理论与实践相结合的编写理念,旨在为读者呈现一部全面、系统的《新中国城市简史》。一是力求真实、客观地反映新中国城市的发展历程。通过对大量历史资料的挖掘与分析,力求还原城市发展的历史脉络,展现城市在政治、经济、文化等方面的变迁。二是强调城市发展的整体性。我们将新中国城市的发展划分为若干阶段,力求展现每个阶段的特点,同时注重各阶段之间的联系,体现城市发展的连续性。三是关注城市发展的多样性。在新中国城市发展历程中,不同地区、不同类型的城市呈现出各自的特点。我们力求展现这种多样性,以丰富读者的认识。四是注重理论与实践相结合。在分析城市发展历程的同时,我们还关注城市发展的理论探讨,以期对新中国城市发展的规律进行总结,为今后城市史研究提供借鉴。

在本书的撰写过程中,我们还力求做到以下几点:一是史料的丰富性。本书广泛搜集了新中国成立以来的城市史料,包括政策文件、统计数据、新闻报道、学术论文等,力求为读者呈现一部真实、立体的城市发展史。二是观点的鲜明性。本书在梳理城市发展历程的基础上,对各个时期的城市发展特点、成就和不足进行了深入分析,提出了对未来城市发展的思考。三是研究的学术性与普及性,力求两者的并重,既然要有学术研究为支撑,又要通俗易懂,让广大读者能够轻松阅读,了解新中国城市发展的脉络、成就和经验。

在本书即将付梓之际，我们深知尽管付出了极大的努力，但由于受到学识和学术水平的制约，仍存在若干不足之处。敬请广大读者批评指正，以便我们在今后能够不断改进。

最后，要感谢所有为本书编写提供过帮助支持的单位和个人，感谢他们的支持与鼓励。同时，也要感谢我们生活的这个伟大时代，为我们提供了丰富的素材和广阔的思考空间。

展望未来，在百年未有之大变局背景下，在中国式现代化建设进入关键期之时，我国城市发展仍面临诸多挑战。但我们相信，在党的坚强领导下，在全国人民的共同努力下，智慧城市、韧性城市、生态城市、宜居城市正在成为未来中国的发展目标，中国城市必将迈向更加美好的明天。让我们一起见证中国城市现代文明之光，照亮中华民族伟大复兴的梦想之路。

谨以此书献给新中国成立以来为城市发展做出贡献的每一个人！

何一民

四川大学城市研究所二级教授

2024年8月30日于成都锦江之畔

图书在版编目（CIP）数据

新中国城市简史/何一民主编；范瑛等副主编. --成都：四川人民出版社，2024.11
ISBN 978-7-220-13604-7

Ⅰ.①新… Ⅱ.①何… ②范… Ⅲ.①城市史—中国 Ⅳ.①K928.5

中国国家版本馆CIP数据核字（2024）第053151号

XINZHONGGUO CHENGSHI JIANSHI
新中国城市简史
何一民　主编

出 版 人	黄立新
策划组稿	江　澄
责任编辑	蒋科兰
版式设计	张迪茗
封面设计	今亮後聲HOPESOUND·王非凡
责任校对	吴　玥　申婷婷　林　泉
责任印制	周　奇

出版发行	四川人民出版社（成都市三色路238号）
网　　址	http://www.scpph.com
E-mail	scrmcbs@sina.com
新浪微博	@四川人民出版社
微信公众号	四川人民出版社
发行部业务电话	（028）86361653　86361656
防盗版举报电话	（028）86361661
照　　排	四川胜翔数码印务设计有限公司
印　　刷	四川五洲彩印有限责任公司
成品尺寸	170mm×240mm
印　　张	32.75
字　　数	540千
版　　次	2024年11月第1版
印　　次	2024年11月第1次印刷
书　　号	ISBN 978-7-220-13604-7
定　　价	108.00元

■版权所有·侵权必究
本书若出现印装质量问题，请与我社发行部联系调换
电话：（028）86361656